I0821632

Afb. omslag — *Bedudinghe op Cantica Canticorum*. – Hs. Leiden, Universiteitsbibliotheek, Ltk. 240, f. 1r (detail eerste kolom).

MISCELLANEA NEERLANDICA

XXXV

BEDUDINGHE OP CANTICA CANTICORUM

II

Kritische editie

MISCELLANEA NEERLANDICA

Gesticht door en onder hoofdredactie van
Drs. Frans HENDRICKX

Academisch Bibliothecaris
Ruusbroecgenootschap
(Instituut voor de Geschiedenis van de
Spiritualiteit in de Nederlanden tot ca. 1750)
UNIVERSITEIT ANTWERPEN

XXXV

Kees SCHEPERS

BEDUDINGHE OP CANTICA CANTICORUM

Vertaling en bewerking van *Glossa Tripartita super Cantica*

Teksthistorische studies en kritische editie

II. Kritische editie

PEETERS
LEUVEN

2006

De uitgave van deze studie, in 2 delen, werd mogelijk gemaakt door subsidie van NWO.

D/2006/0602/22
ISBN 90-429-1057-7

INHOUD

I. Editieprincipes

Aan het maken van een teksteditie gaan twee belangrijke keuzes vooraf: ten eerste, op een principieel niveau, de keuze van het type editie[1]; ten tweede, op een meer practisch niveau, de keuze van het basishandschrift (of de basishandschriften)[2]. In het navolgende wordt eerst de keuze van het type editie toegelicht, daarna wordt de keuze van de basishandschriften voor de editie verantwoord. Vervolgens worden de principes van de editie beschreven.

1. Het type editie

Aan drie wezenlijke aspecten van *Bedudinghe* moet door de editie recht worden gedaan: **(1)** *Bedudinghe* is een anonieme tekst, **(2)** *Bedudinghe* bestaat in twee redacties, **(3)** beide redacties hebben gezien de handschriftelijke overlevering een levendige receptie gekend.

Het belangrijkste doel van de editie is het zichtbaar maken van beide redacties van *Bedudinghe*; het doel is niét de reconstructie van dé oorspronkelijke versie van *Bedudinghe*. *Bedudinghe* is immers geen auteurstekst die dient te worden gereconstrueerd, maar een intensief gebruikte meditatietekst waarvan de levende tekstgestalte van belang is. De twee overgeleverde redacties zijn veelvuldig afgeschreven, intensief gerecipieerd, en hebben tot nieuwe teksten aanleiding gegeven. Er is daarom gekozen voor de editie van de eerste redactie, waarbij het evenwel de bedoeling is dat de eigenheid van de tweede redactie gestalte krijgt via de varianten[3]. Bovendien zijn de inlassingen van de tweede redactie niet puristisch uit de editie geweerd, maar duidelijk gemarkeerd in de tekst opgenomen. Op deze wijze dient de editie zicht te verschaffen op de complete tekst- en overleveringstraditie van *Bedudinghe*. Dit editiedoel en deze editiewijze zijn geïnspireerd door de opvattingen over

[1] Cf. A. Dain, *Les manuscrits*, 3de editie, Parijs 1975, p. 180: "Savoir ce que l'on fait, en matière d'édition, consiste à savoir comment on utilisera la tradition manuscrite. Or, le problème est très différent suivant le type d'édition envisagé et les raisons du choix fait par l'éditeur responsable".

[2] Deze keuze is van groot gewicht bij een tekst van onbekende herkomst die, bijvoorbeeld, in meerdere redacties en/of dialecten is overgeleverd. De editie zal de beeldvorming van de anonieme tekst in hoge mate beïnvloeden, daarom is een beredeneerde keuze van een basishandschrift zo belangrijk.

[3] Cf. G. Steer, *Hugo Ripelin von Straßburg. Zur Rezeptions- und Wirkungsgeschichte des 'Compendium theologicae veritatis' im deutschen Spätmittelalter*, Tübingen 1981, p. 578-579: "... dem Historiker und jedem an der Rezeption einer Schrift Interessierten <muß> an der Kenntnis der Wirkform eines Textes gelegen sein; sie sollte nach Möglichkeit bei einer Ausgabe sichtbar werden, und sei es nur in einem klar gegliederten Variantenapparat".

Überlieferungsgeschichtliche Prosaforschung, zoals geformuleerd door de Würzburger Forschergruppe[4]. Belangrijkste gezichtspunt is dat het bij anonieme gebruiksteksten vooral zinvol is de *Überlieferungsgeschichte* te onderzoeken; dat wil zeggen, de gang en ontwikkeling van een tekst door de tijd, onder invloed van lezers- en gebruikersgroepen, te analyseren en te beschrijven. Dat is wat de voorgaande studie beoogde; het betreffende tekstuele materiaal wil de navolgende editie leveren.

Editiedoel en editievorm moeten voor elke tekst of tekstencorpus opnieuw *ad hoc* worden bepaald. Vaste voorschriften zijn zelfs niet wenselijk[5].

2. De keuze van de basishandschriften

In het geval van *Bedudinghe* is eerst de redactie gekozen die als basistekst zal dienen. Al eerder werd aangetoond dat de Hollands-Utrechtse redactie aan de Oost-Nederlandse redactie voorafgaat. Daarenboven is de Hollands-Utrechtse redactie rijker overgeleverd dan de Oost-Nederlandse. Om deze twee redenen is het evident dat de Hollands-Utrechtse redactie het basishandschrift (de basishandschriften) voor de editie moet leveren[6].

Het ligt uiteraard voor de hand om een van de handschriften met de complete tekst als basis voor de editie te kiezen. Al deze handschriften vallen echter om verschillende redenen als mogelijk basishandschrift af.

[4] K. RUH & H.-J. STAHL (eds.), *Überlieferungsgeschichtliche Prosaforschung. Beiträge der Würzburger Forschergruppe zur Methode und Auswertung*, Tübingen 1985, i.h.b. de bijdragen: Georg STEER, *Gebrauchsfunktionale Text- und Überlieferungsgeschichte*, p. 5-36; Georg STEER, *Textgeschichtliche Edition*, p. 37-52; Kurt RUH, *Überlieferungsgeschichte mittelalterlicher Texte als methodischer Ansatz zu einer erweiterten Konzeption von Literaturgeschichte*, p. 262-272. Naar aanleiding van de editieproblemen van de >Rechtssumme< Bruder Bertholds, zegt Steer: "Der Blick durfte sich nicht mehr allein, wie sonst üblich, auf eine Textform richten, etwa die des postulierten Archetyps oder die einer alten und guten Handschrift, sonder mußte sich auf alle Textformen der >Rechtssumme< konzentrieren, die in ihrer Gesamtheit das historische Spektrum des Textes und seiner Wirksamkeit repräsentieren. Es war vom Modell der Eintext-Edition (Archetyp-Text, Text einer Einzelhandschrift) zugunsten einer Mehrtext-Edition abzugehen, wobei das entscheidend Neue im Vergleich zur herkömmlichen Editionspraxis in der Vergegenwärtigung der Textredaktionen der >Rechtssumme< zu sehen ist" (p. 46). Zie ook: K. KUNZE (ed.), *Überlieferungsgeschichtliche Editionen und Studien zur deutschen Literatur des Mittelalters, Kurt Ruh zum 75. Geburtstag*, Tübingen 1989.

[5] STEER, *Textgeschichtliche Edition*, p. 52 "Es sollte versucht werden, vor allem Edieren zunächst einmal auf das gründlichste und intensivste die Geschichte der Überlieferung des Textes zu studieren, und zum zweiten die Editionsprinzipien (Editionsziel, editionspraktische Verfahrensweisen) nur der speziellen Überlieferungsgegebenheiten des untersuchten Textes zu entnehmen und nicht etwa einer Theorie oder einer Wunschvorstellung". DAIN, *Les manuscrits*, p. 181: "La vérité est que, en ce qui concerne l'usage des manuscrits, le problème n'est jamais le même d'une édition à l'autre".

[6] Cf. dl. 1, p. 127-146.

(**1**) Hs. Brussel, KB, 2580 (**Br1**) is zuiver Brabants, van late datum (1535), en bovendien een samengesteld handschrift dat de complete tekst bijeen brengt op basis van verschillende leggers. Het bevat de tekst van versie *H2.
(**2**) Hs. Berlijn, SBB-PK, Ms. germ. qu. 1252 (**Be3**) is ook een laat, samengesteld handschrift. Over de oorspronkelijke bezitter is niets bekend. De codex bevat tekstversie *H2.
(**3**) Hs. Hamburg, StUB, Theol. 1312 (**Ham**) is een late convoluut. De beide samengebonden tekstdelen zijn 1538 en 1555 gedateerd. De codex bevat verder nog Pseudo-Richard van St.-Victor, *Explicatio in Cantica Canticorum*, waarvan de kopiist aannam dat het een deel van *Bedudinghe* was. De *H1-versie van *Bedudinghe* is afgeschreven.
(**4**) Hs. Leiden, UB, Ltk. 359 (**Le4**) is van ca. 1530, het bevatte *Bedudinghe* compleet, maar de hoofdstukken tot Cant. 1,4 zijn verloren gegaan. Zoals hs. Hamburg bevat het tevens (een deel van) Ps.-Richard van St.-Victor. Ook in dit hs. is versie *H1 afgeschreven.
(**5**) Hs. Berlijn, SBB-PK, Ms. germ. oct. 760 (**Be4**) is een samengesteld handschrift dat verschillende leggers reproduceert. Daarmee verliest het zijn gepriviligieerde status ten opzichte van de handschriften die slechts een deel van de tekst bevatten. Het handschrift is niet bijzonder vroeg - ca. 1475 -, het heeft een onbekende herkomst, en de tekst heeft zeer vele individuele fouten. Bovendien is het feit dat het handschrift aan een augustijns klooster toebehoorde in de tekst benadrukt, doordat alleen in dit handschrift Augustinus vaak *Sinte Augustinus, onse heilige vader* wordt genoemd. In het eerste deel volgt de tekst duidelijker *H1 dan in het tweede deel.

Vier van deze vijf handschriften zijn van ca. 1525 of nog later, ze brengen de complete tekst van *Bedudinghe* in één codex samen, op basis van telkens twee leggers. Blijkbaar voltrok zich rond 1530 een tweede, late receptiegolf van *Bedudinghe*. Het is duidelijk dat deze handschriften niet als basis voor de editie kunnen dienen. Hs. Berlijn, SBB-PK, Ms. germ. oct. 760 is weliswaar ouder, maar heeft een onduidelijke herkomst en vele particulariteiten, en valt daarom ook als mogelijk basishandschrift af.

Voor de editie moet dus onvermijdelijk worden gekozen voor twee basishandschriften die samen de gehele tekst bevatten, volgens versie *H1 of versie *H2. Om de geëditeerde tekst de vereiste tekstuele samenhang te geven, moeten de beide basishandschriften idealiter uit dezelfde omgeving en tijd stammen, en geschreven zijn in hetzelfde dialect.

Voor versie *H1 vormt een combinatie van de tekst uit handschriften Göttingen, theol. 160 (**Gö**) en Leiden, UB, Ltk. 240 (**Le1**) de beste keuze. Beide handschriften stammen uit kloosters die aangesloten waren bij het Generaal Kapittel, uit respectievelijk Amsterdam en Delft, en dateren uit het tweede kwart van de vijftiende eeuw. Daarmee is op alle mogelijke manieren consistentie van de tekst gewaarborgd: zelfde tijd, milieu en taal.

Voor versie *H2 zijn er meerdere combinatiemogelijkheden. Voor het tekstgedeelte tot Cant. 4,1 komen twee handschriften in aanmerking, voor het tekstgedeelte vanaf Cant. 4,1 tot 5,16 gaat het om vijf handschriften. Het samengestelde handschrift Berlijn SBB-PK, Ms. germ. qu. 1252 (**Be3**) geeft voor beide tekstdelen een goede tekst, is echter nogal laat - ca. 1525 -, is van onbekende herkomst en vertoont grote lacunes in beide delen[7]. Hs. Amsterdam, I G 7 (**A2**) is van ca. 1460 en behoorde toe aan een Delfts tertiarissenklooster. Voor het tweede tekstdeel beschikken we echter niet over een handschrift uit een tertiarissenklooster. Zowel **Be3** als **A2** zijn in Hollands dialect geschreven. Voor het tweede tekstdeel, vanaf Cant. 4,1, geeft hs. Brussel, KB, 11169 (**Br3**) een zeer goede tekst. Het handschrift stamt uit het Windesheimse regulierenklooster Eemsteyn, en dateert van omstreeks 1440. Samen met hs. **Be3(1)** of **A2** vormt dit handschrift een goede keuze voor de editie van de complete tekst.

Zo komen twee mogelijke combinaties met de complete tekst tegenover elkaar te staan:
(**1**) *H1: Gö + Le1.
(**2**) *H2: Be3/A2 + Br3.

Principieel heeft de combinatie van *H1-basishandschriften een voordeel boven die van de *H2-basishandschriften, daar immers is aangetoond dat de inlassingen van *H2 oorspronkelijk niet tot de tekst behoorden. Maar dit geringe principiële nadeel van *H2 valt weg, indien zou blijken dat *H2 een betrouwbaarder tekst zou bieden.

Voor het eerste tekstdeel is hs. Göttingen een onovertroffen tekstgetuige. Dit blijkt uit volledige collaties met hss. van versie *H2 en redactie *O[8]. Het aantal fouten is in dit deel van *Bedudinghe* overigens in alle versies en redacties opvallend gering, maar hs. Göttingen heeft de minste fouten. Hs. Göttingen voorziet voor een flink deel van *Bedudinghe* in een zeer betrouwbare tekstgestalte. Voor het tweede tekstdeel moet hs. Leiden, Ltk. 240 met hs. Brussel, KB, 11169 worden vergeleken. De beide handschriften zijn, voorafgaand aan de keuze van het basishandschrift, volledig gecollationeerd. Conclusie was dat beide hss. een vergelijkbaar aantal te emenderen plaatsen hadden; hs. Leiden evenwel iets meer dan hs. Brussel. Dat relatieve nadeel van hs. Leiden werd dan weer op verschillende wijzen opgeheven. Ten eerste bleek dat de kopiisten van hs. Leiden tamelijk veel individuele fouten maakten, die gemakkelijk konden worden hersteld. Ten tweede bleek dat hs. Leiden op een zeer goede legger terugging, en daardoor soms zelfs correcte individuele

[7] De lacunes in **Be3** zijn: 3,295-631, 1036-1079, 1122-1212, 1255-1298; 5,340-497, 613-859, 1797-2042, 2167-2329, 2486-2637.

[8] We besloten eerder de Hollands-Utrechtse redactie aan te duiden met *H (verdeeld in versies *H1 en *H2) en de Oost-Nederlandse redactie met *O.

lezingen behield die in alle andere handschriften verloren waren gegaan. Ten derde omdat hs. Leiden kon worden gecombineerd met hs. Göttingen, uit hetzelfde milieu en in hetzelfde dialect geschreven. Ten vierde omdat de taal een iets minder gemoderniseerd aanzien heeft dan die in hs. Brussel.

Er is uiteindelijk gekozen voor de hss. Göttingen, theol. 160 en Leiden, UB, Ltk. 240. Een gelukkig aspect van deze keuze is, dat beide handschriften toebehoorden aan vrouwenkloosters van het Generaal Kapittel. We zagen eerder dat deze deel uitmaakten van het milieu waarvoor de tekst bedoeld was (*supra*, p. 238).

3. De handschriften van het variantenapparaat

De tekst van het basishandschrift is gecollationeerd met die van een beperkt aantal handschriften. Aangezien een belangrijk doel van de editie is via de varianten ook de tweede redactie zichtbaar te maken, zijn ook handschriften met die redactie uitgekozen. Eén collatiehandschrift per tekstdeel van *O is niet voldoende, aangezien er dan geen verschil te zien is tussen individuele afwijkingen van het collatiehandschrift en redactionele afwijkingen. Daarom zijn voor elk tekstdeel twee collatiehandschriften van redactie *O opgevoerd. Hierdoor wordt duidelijk waar de *O-handschriften als groep van *H afwijken.

Om dezelfde reden – het zichtbaar maken van het onderscheid tussen individuele afwijkingen van het basishandschrift en afwijkingen van *H1 – werd voor elk tekstdeel een bijkomend handschrift van versie *H1 gecollationeerd.

Tenslotte, opdat ook de afwijkingen van *H1 ten opzichte van *H2 plus *O zichtbaar zouden zijn, werd voor elk tekstdeel een handschrift van versie *H2 gecollationeerd.

Na het uitvoeren van beperkte collaties om uit elke groep de geschikte handschriften te kiezen, is gekomen tot de groep van collatiehandschriften die in het navolgende schema is opgenomen.

	Bed. 1,1	**2,17|3,1**	**4,1**	**5,16**
basishs.:	**Gö** ————	**Le1**————	————	————
collatiehandschriften:				
*O	**De** +++++++	+++++++	**Da**+++++++	+++++++
*O	**Ha2**+++++++	+++++++	**Be2**+++++++	+++++++
*H1	**Le3** ————	————	**(Le4)Le5**————	————
*H2	**Be3(A2)*********	*******	**Be3(Br3)*********	*******

Basishandschriften:

versie *H1: **Gö** = Göttingen, theol. 160

Le1 = Leiden, UB, Ltk. 240

Collatiehandschriften:

versie *O:	**De** = Deventer, Athenaeumbibliotheek, 101 F 2
(2e red.)	**Da** = Darmstadt, HLHB, 2554
	Ha2 = Den Haag, KB, 76 J 6
	Be2 = Berlijn, SBB-PK, Ms. germ. qu. 1093
versie *H1:	**Le3** = Leiden, UB, Ltk. 350
(1e red.)	**Le4** = Leiden, UB, Ltk. 359
	Le5 = Leiden, UB, Voss. G.G.Q.7II
versie *H2:	**Be3** = Berlijn, SBB-PK, Ms. germ. qu. 1252
(1e red.)	**Br3** = Brussel, KB, 11169
	A2 = Amsterdam, UB, I G 7

In het variantenapparaat zijn alle varianten van de primaire collatiehandschriften van *O, namelijk de handschriften Deventer (**De**) en Darmstadt (**Da**), ten opzichte van de basishandschriften opgenomen. Van de secundaire collatiehandschriften van *O (**Ha2** en **Be2**) zijn alleen die plaatsen bekeken waar **De** en **Da** van de basishandschriften afwijken. In het geval dat de secundaire collatiehandschriften van *O dezelfde lezing hebben als **De** of **Da**, gaat het om groepsafwijkingen en mogelijk om redactionele afwijkingen van *O. Hebben de secundaire collatiehandschriften niet de lezing van de primaire, dan gaat het om individuele afwijkingen van de primaire collatiehandschriften. Het heeft geen zin ook de individuele afwijkingen van de secundaire collatiehandschriften te noteren, aangezien daarmee geen tekstkritisch doel wordt gediend; integendeel, deze zouden het variantenapparaat slechts belasten en minder inzichtelijk maken.

Na de notatie van de *O varianten, volgt die van het collatiehandschrift van *H1; i.c. **Le3** en **Le5**[9]. Wanneer **Le3** en **Le5** de lezing van *O bevestigen, dan heeft het basishandschrift veelal een individuele afwijking[10]; indien de secundaire *H1-handschriften de lezing van het basishandschrift volgen, dan zijn de varianten van *O vermoedelijk groeps- of redactionele afwijkingen.

Wat betreft de variante plaatsen van het basishandschrift ten opzichte van het primaire collatiehandschrift van *O, is tenslotte, om de zaak nog scherper te stellen, een collatiehandschrift van *H2 bekeken (hs. **Be3** (**A2** en **Br3**[11]). Met behulp van dit collatiehandschrift kan nog beter de aard van de varianten worden vastgesteld. Staat het basishandschrift alleen tegenover alle gecollationeerde handschriften, dan heeft het basishandschrift een te emenderen indivi-

[9] Zoals ook uit bovenstaand schema blijkt is voor een klein deel **Le4** als collatiehss. van *H1 gebruikt. **Le3** eindigt bij Cant. 3,10 en **Le5** begint pas bij Cant. 4,1. Alleen bij Cant. 3,11 is **Le4** gebruikt. Hs. **Le5** is een bijzonder nauwe verwant van **Le1**, getuige de vele gezamenlijke fouten in afwijking van *H2 en *O.

[10] Alleen in het begin van de tekst van **Le3** blijkt enige contaminatie met *O te zijn opgetreden.

[11] **Be3** vertoont grote lacunes in zowel het eerste als het tweede deel; voor die tekstgedeelten zijn **A2** en **Br3** gecollationeerd en in het variantenapparaat verwerkt.

duele onjuiste lezing, of, in zeldzame gevallen, een alleen in het basishandschrift behouden oorspronkelijke lezing. Onderschrijft *H2 de lezing van *O tegenover *H1 als geheel, dan gaat het om een al of niet te emenderen afwijking van *H1. Gaat *H2 akkoord met *H1 tegenover *O, dan betreft het een groeps- of redactionele variant van *O[12].

Omdat de tekst van *H2, zoals eerder werd gezegd, kwalitatief vergelijkbaar is met *H1, werd een volledige collatie van *H1 en *H2 uitgevoerd. De varianten hiervan zijn niet alle in het apparaat opgenomen, om dezelfde reden dat niet alle varianten van de secundaire collatiehandschriften van *O en van *H1 zijn opgenomen. In het geval van individuele- of groepsafwijkingen zouden deze het zicht op de primaire oppositie die tussen *H en *O alleen maar hinderen. In die gevallen echter dat alleen *H2 een juiste lezing heeft (*H1 en *O hebben samen een andere), is de lezing van *H2 gebruikt om de tekst te emenderen. Deze gevallen zijn niet talrijk.

Bij de vier inlassingen is telkens een handschrift van *H2 als basishandschrift gebruikt, aangezien de inlassingen in *H1 ontbreken. Als collatiehandschriften zijn tekstgetuigen van de versies *O en *H2 gebruikt.

Inlassing 1 (1,247-365):	Be3 De Ha2 A2
Inlassing 2 (2,1125-1171):	Be3 De Ha2 Be4
Inlassing 3 (4,85-141):	Be3 Da Be2 Br3 Be4
Inlassing 4 (5,1125-1179):	Be3 Da Be2 Br3 Be4

4. De emendaties

Om het onderscheid tussen beide tekstgestaltes in de editie niet te vertroebelen zijn emendaties terughoudend toegepast. Het gevaar bij emenderen vanuit twee redacties met de Latijnse brontekst ernaast, is dat een tekstgestalte wordt geconstrueerd die een benadering is van een ideaalvorm die wellicht ooit heeft bestaan, maar die niet op die wijze heeft gefunctioneerd of is overgeleverd.

Emendaties zijn dus in beperkte mate uitgevoerd. Belangrijk punt hierbij is dat *niet altijd* is geëmendeerd waar de tweede redactie op grond van de Latijnse brontekst de juiste lezing heeft. Het is immers een niet te verwaarlozen feit dat de tekst in het overgrote deel van de handschriften probleemloos met dergelijke 'fouten' in de eerste redactie (*H1 en *H2) is overgeleverd. Latere kopiisten keken natuurlijk niet meer naar de Latijnse brontekst. Wanneer een lezing binnen de Middelnederlandse context begrijpelijk en zinvol was, werden dergelijke 'fouten' zonder meer gekopieerd. De emendaties zijn om die reden in het algemeen beperkt tot zinsverstorende fouten in de tekstu-

[12] In zeldzame gevallen een oorspronkelijke lezing van *O.

ele context van de basishandschriften. In veel gevallen gaat het daarbij om kopiistenfouten. In deze gevallen staat het basishandschrift tegenover *H2, *O, de Latijnse tekst én het controlehandschrift van *H1 (**Le3** en **Le5**).

Toch werden vooral bij het tweede basishandschrift, *Le1*, 'fouten' geëmendeerd waar versie *H1 staat tegenover *H2, *O én de Latijnse brontekst. Meestal gaat het hier om plaatsen die een op zich coherente lezing geven, maar die toch objectief onjuist zijn. Bijvoorbeeld:

Paulus segghet: *Ghevoelt* alle een dinc (**Le1**, 4,890).
Alse Paulus seit: *Segget* alle een dinc (**Da**, f. 49vb).
quod ait apostolus ad chorinthios i: Idipsum *dicatis* omnes (hs. München, f. 61vb).

..ghi selt vanden borsten *uwer* vertroestinge versadet worden (**Le1**, 4,930/1).
gi sult vanden borsten *oerre* troestinge versadet werden (**Da**, f. 51ra).
repleamini ab uberibus consolacionis *eius* (f. 61va).

De lezing van **Le1** is in beide gevallen inhoudelijk en grammaticaal zinvol, maar toch onjuist.

Gering in aantal zijn de emendaties waar de beide H-versies tegenover *O en de Latijnse brontekst staan. In de regel moet er dan ook wel een anomalie in de zinsbouw van *H voorkomen (bijvoorbeeld: 1,2009).

In enkele gevallen waar *O een gehele zin of een passage in een oorspronkelijker versie heeft behouden dan *H1 en *H2, is die versie van *O in het apparaat opgenomen met daarnaast de Latijnse brontekst (bijvoorbeeld: 1,1786-95). In dergelijke gevallen zou het een te grote ingreep in de geëditeerde tekst hebben betekend om de versie van *O in plaats van die van *H op te nemen.

Bijna op de vingers van één hand te tellen, zijn de ingrepen waar de tekst vanuit het Latijn is geëmendeerd, ondanks dat de juiste lezing in geen van de handschriften bewaard is gebleven. Het gaat uitsluitend om gevallen waar de Middelnederlandse tekst evident en zinsverstorend onjuist is.

Samenvattend: de volgende verhoudingen tussen basishandschrift en de overige handschriften zijn mogelijk:

basishs.	*H1	⇔	collatiehs. *O, *H1, *H2, Latijn.
	*H1	⇔	*O, *H2, Latijn.
	*H1, *H2	⇔	*O, Latijn.
	*H1, *H2, *O	⇔	Latijn.

In de editie is geprobeerd de beide redacties zoveel mogelijk ongeschonden zichtbaar maken, anderzijds is getracht in beperkte mate zinvolle emendaties toe te passen. Tussen het een en het ander bestaat een zekere spanning, en enige subjectiviteit bij de keuze van de te emenderen plaatsen is onvermijdelijk. De lezer kan zelf bepalen of hij/zij het met de emendaties eens is door de varianten te bestuderen. In essentie is immers elke emendatie niet meer dan een hypothese.

In veel gevallen waar tot emendatie werd besloten, kan deze ingreep worden verantwoord door simpelweg naar de Latijnse brontekst te verwijzen. In de gevallen waar dit in één of enkele Latijnse woorden mogelijk is, is of zijn deze in het variantenapparaat onmiddellijk na de geëmendeerde lezing tussen scherpe haakjes genoteerd. De emendatie zal daardoor in de meeste gevallen evident zijn. In gevallen waar het Latijn geen uitsluitsel biedt, moet de emendatie voor zich spreken. Hier is geen afzonderlijk kritisch commentaar aan gewijd. Ook in die gevallen zal de emendatie idealiter vanzelfsprekend zijn.

In enkele gevallen heeft (o.a.) het basishandschrift een schijnbaar evident onjuiste lezing, die echter wordt ondersteund door de Latijnse brontekst. In deze gevallen wordt tussen haakjes het Latijn geciteerd, gevolgd door een uitroepteken, om aan te geven dat het Latijn hier het basishandschrift bevestigt en niet - zoals gebruikelijk - de variante lezingen. Bijvoorbeeld:

So sel ic ganghen uut minen *onuutgangeliken* lichte (**Le1**, 4,1105/6).
So sal ic gaen uut mynen *ontoegancliken* lichte (**Da**, f. 56va).
Vadam de *inexcessibili* lumine meo ad montem mirre (hs. Utrecht, f. 92r)[13].

De lezing van **Da**, representant van *O, is mystiek-theologisch juist, maar de lezing van **Le1** (*H) is afgeleid van de Latijnse brontekst, die weliswaar ook een 'foute' lezing heeft.

worden.. beteykent.. onder die *figueren* der WELRUKENDER SALVEN (**Le1**, 4,1999).
werden.. beteykent.. onder die *figure* der WALRUKENDER SALVEN (**Da**, f. 83va).
modo UNGUENTORUM *figuris* sunt presignate (f. 69ra).

Opnieuw, de lezing van *O (**Da**) - enkelvoud i.p.v. meervoud - lijkt juist, maar het Latijn geeft **Le1** gelijk.

[13] Hss. Utrecht en Oxford hebben *inexcessibili*; hs. Assisi: *inaccessibili*; hs. München: *excessibilis*.

5. De weergave van de Middelnederlandse tekst

5.1. *De interpunctie*

De interpunctie en het gebruik van *i, j, u, v,* en *w* zijn aangepast aan het hedendaags gebruik. Allografemen van de *s*, de *r* en de *v* zijn gestandaardiseerd. Hoofdletters zijn alleen geschreven bij eigennamen en aan het begin van de zin. Vanzelfsprekend impliceren deze ingrepen een interpretatie van de tekst, met als doel deze voor de lezer toegankelijker te maken.

Bij de notitie van de varianten - d.w.z. alle niet-geëditeerde tekst - is de spelling van de handschriften gehandhaafd.

De paragraaftekens uit de basishandschriften zijn niet in de tekst opgenomen.

Bij citaten van autoriteiten en bijbelplaatsen worden geen aanhalingstekens gebruikt. Het is bij citaten uit autoriteiten in veel gevallen onduidelijk waar het citaat ophoudt en waar de compilator weer begint te spreken. In sommige gevallen is ook niet tot een definitieve vaststelling van de begrenzing te komen wanneer de compilator al parafraserend het woord overneemt.

5.2. *De woordscheiding*

De kopiisten hebben de gewoonte om van vele woorden de woorddelen los te schrijven. In de editie is de schrijfwijze van de kopiisten gevolgd, met echter de volgende uitzonderingen. Wél aaneengeschreven, ten behoeve van de duidelijkheid, werden de delen van zelfstandige naamwoorden, werkwoorden en bijvoeglijke naamwoorden, bijv. *in ghedoemte*, *in leyden*, *mede formich.* Niet aaneengeschreven bleven voegwoorden als *op dat*, *om dat*, voornaamwoordelijke bijwoorden als *daer in*, *hier mede*, voornaamwoorden als *die ghene*, *den ghenen*, *hoe sulc*, *hem selven*, bijwoorden als *al daer*, *al hier*.

Op de schrijfwijze van enkele woorden en woordgroepen dient in het bijzonder te worden gewezen:
De woordgroep *al desghelijc* (in MNW bij *desghelijc*) wordt door de kopiisten willekeurig geschreven als: *al des ghelijc*, *aldes ghelijc*, maar nooit als *al desghelijc* zoals in het MNW. Ik heb hier geen uniformering aan de tekst op willen dringen, en dus de kopiisten gevolgd. Andere woorden die de kopiisten soms los en soms aaneenschrijven, zijn: *hoe danich*, *rechte voert*, *menich sins*, *som tijt*, *ander warve*, *over al*, *onder tiden.* In deze en dergelijke gevallen werd de schrijfwijze van de kopiisten gevolgd.

5.3. *De ingrepen in de tekst*

Aan de ingrepen in de tekst is op de volgende wijze vorm gegeven[14]:
(1) Tussen spitse haken (<>) staan woorden of letters die toegevoegd zijn. De spelling van de ingelaste woorden of woorddelen is aangepast aan de spelling van het basishandschrift.
(2) Tussen vierkante haken ([ ])staan de woorden of letters die moeten worden weggelaten.
(3) Vóór woorden waarin letters zijn veranderd of die in de plaats komen van een ander woord, staat een asterisk (*).
(4) Begin en eind van een woordgroep waarin de volgorde is gewijzigd, worden aangeduid met een suprascripte o (°).
(5) Begin en eind van een woordgroep van meer dan twee woorden die in zijn geheel een woordgroep uit het basishandschrift vervangt, worden voorafgegaan en afgesloten met een asterisk (*).

6. De vormgeving van het variantenapparaat

De vormgeving van het variantenapparaat is afgeleid van de principes die worden gehanteerd voor de *Opera Omnia* van *Ruusbroec*[15]. Ik noem hier de belangrijkste aspecten.

6.1. *Het variantenapparaat*

Het apparaat bevat in principe alleen de afwijkingen van de handschriften van de tweede redactie *O t.o.v. de handschriften van de eerste redactie, versie *H1. De kenletters van de handschriften van *O worden eventueel gevolgd door de kenletters van de gecollationeerde handschriften van *H1 en *H2, en wel in die volgorde. In enkele gevallen zijn ook afzonderlijke varianten uit *H1 en *H2 genoteerd. Bijvoorbeeld waar deze handschriften op een minder radicale manier afwijken van het basishandschrift dan de eerste collatiehandschriften van *O, of waar een enkele authentieke lezing alleen in een van de secundaire collatiehandschriften is overgeleverd. In deze laatste gevallen dringt deze variant overigens door in de geëditeerde tekst.

6.2. *De selectie van de varianten*

De volgende varianten zijn genoteerd:
(1) Weglating van woorden en lettergrepen.
(2) Toevoegingen van woorden en lettergrepen.

[14] Zie volgende noot.
[15] *Opera Omnia*, dl. I, 1981, p. 84-90.

(3) Wijzigingen in de woordvolgorde.
(4) Vervangingen van woorden door andere woorden.

De beperkingen wat betreft de opname van varianten zijn gelijk aan die in de *Opera Omnia* van Ruusbroec, met uitzondering van de klaarblijkelijke spellingsfouten van de basishandschriften die in de *Opera Omnia* wél, in deze uitgave níet als varianten worden behandeld. Deze spellingsfouten zijn naar de paleografische commentaar verwezen.

6.3. *De voorstelling van de varianten*

(1) Weglatingen: het weggelaten gedeelte wordt vermeld, gevolgd door de afkorting *om.*
(2) Toevoegingen: het toegevoegde gedeelte wordt vermeld, vergezeld van het tussen haakjes geplaatste voorafgaande of volgende woord.
(3) Wijzigingen in de volgorde: het gedeelte met de gewijzigde volgorde wordt vermeld, waarbij een schuine streep (/) het scharnier van de omzetting aangeeft als dit scharnier geen woord is. Als een woord of een reeks woorden vrij ver van de oorspronkelijke plaats verwijderd staat, wordt aangeduid op welke regel en voor of na welk woord dat verplaatste woord resp. die verplaatste reeks staat. Aan de kenletter van het betreffende handschrift gaat dan de aanduiding *trnsp* vooraf.
(4) Vervangingen: als het wegens de vormelijke gelijkenis duidelijk is op welke woorden van de tekst de vervanging slaat, wordt alleen de variant vermeld. In het andere geval gaan de betreffende woorden van de tekst vooraf en worden van de varianten gescheiden door een dubbele punt.

6.4. *De volgorde van de varianten*

Aangezien de editie eerst en vooral de varianten van *O ten opzichte van *H1 noteert, staan als regel de handschriften van *O als eerste genoteerd, eventueel gevolgd door de handschriften van *H1 en *H2. Boven het variantenapparaat staat een regel met de sigla van de handschriften die voor het betreffende tekstgedeelte zijn gecollationeerd.

6.5. *Ontbrekende tekstdelen*

Wanneer in het basishandschrift of een collatiehandschrift een tekstgedeelte ontbreekt, dan wordt het afbreken van de tekst aangeduid met *breekt af tot*, voorafgegaan door het laatste woord voor de afbreking en gevolgd door het nummer van de regel waar de tekst opnieuw wordt opgepakt; waar de tekst opnieuw hernomen wordt, wordt dit aangeduid met het woord *herneemt*, voorafgegaan door het woord waarmee de tekst hervat, tussen haakjes gevolgd door de verwijzing *cf.* naar het regelnummer waar de tekst afbrak.

7. De paleografische commentaar

De paleografische commentaar bevat alle eigenaardigheden van het schrift in de hss. Göttingen, theol. 160 en Leiden, Ltk. 240. Dat wil zeggen: handelingen van de kopiisten - of anderen - zoals doorstrepingen, toevoegingen in de marges, woorden op rasuur etc.[16]

Daarenboven zijn twee categorieën van tekstuele elementen in de paleografische commentaar opgenomen, waarvan opname in het variantenapparaat evenzeer te verdedigen is.

Ten eerste: evidente schrijffouten van de basishandschriften. Deze evidente schrijffouten zijn in de editie stilzwijgend verbeterd en de foute schrijfwijze van het basishandschrift is niet in het variantenapparaat opgenomen. Het betreft hier gevallen waar het basishandschrift in een woord een letter te veel of te weinig heeft, of een verkeerde letter. Het is niet nodig het variantenapparaat met dergelijke gevallen te belasten, wanneer ze alle in de paleografische commentaar worden genoteerd.

Ten tweede: een eigenaardigheid van het schrift die alleen in basishandschrift Leiden, Ltk. 240 voorkomt. De kopiiste heeft de neiging om de letter *-h-* tweemaal te schrijven wanneer een woord waarvan de laatste lettergreep *-heyt* is, aan het eind van een regel wordt afgebroken. In het handschrift staat dan bijvoorbeeld: *gehoersamich/heyt*. Deze merkwaardige woordvormen zijn stilzwijgend door de reguliere woordvormen vervangen. Alle gevallen zijn genoteerd in de paleografische commentaar.

[16] Hoewel paleografische commentaar strikt genomen een te eng begrip is om al de genoemde aspecten van schrift en codex te omvatten, is de term gangbaar ter aanduiding van deze aspecten; cf. *Ruusbroec, Opera Omnia*, dl. I, 1981, p. 89, § 2.2.

II. Kritische editie van

Bedudinghe op Cantica Canticorum

BEDUDINGHE OP CANTICA CANTICORUM

/2ra/ Sinte Johan sach in Apocalipsi een boec in des gheens hant die op den troen sat, dat beyde binnen ende buten bescreven was. Dit boec is die heylighe scrifture, die, als sinte *Gregorius* seyt, mitter historien van buten nader lettere die jonghe beghinnende menschen eerst mitter melke opvoedet, ende mitten gheesteliken sinnen, daer dat boec van binnen mede ghescreven is, gheoefende menschen recht als van harder spisen teten gheeft. *Augustinus*: Die heylige scrifture verscalct ende bespot die hoverdighe mit haerre hoecheit, si vervaert die leeraers mit haerre afgrondicheit ende si leert die oetmoedighe mit hare simpelheyt, want onder die simpelheyt der */2rb/* letteren is menigherhande manier van verstaen verborghen. *Dyonisius*: Dat is mit godliker voersienicheyt also gheordiniert, op dat die waerheyt den ghelovighen ende den vercoerne gods gheopenbaert worde, ende den hoverdighen ende den wederspannighen, recht als den ghenen die der waerheyt niet weerdich en sijn, verborghen blive[n]. *Augustinus*: Die afgrondicheyt der heyliger scrifturen is also diep, al waert dat ic van mijnre jongher joght tot minen ouden daghen toe, mit goeden ontfangheliken sinnen ende mit groter vliticheyt daer in hadde pinen te leeren, nochtan soude ic ten lesten, als ic al dat mine daer toe ghedaen hadde, moten segghen dat ic dan eerst lerens begonnen */2va/* hadde. Want al isset dat alle menschen totter scriften van buten moghen comen, nochtan isser seer luttel die daer te rechte binnen connen gheraken. Want mocht ment al lichtelike verstaen dat daer in verborghen is, so soude die waerheyt die men daer in soect ende vijnt, te min gheacht wesen. Daer om selmen, als sinte *Ambrosius* seit, die woerde der hemelscher scrifturen mit alle den ghemoede in der herten langhe drucken ende persen ende overlegghen, op dat dat sap der gheesteliker spisen in alle die aderen der zielen ghedronghen worde, ende bughe<n> die halse onder haer gheboede, op dat men overmids den ghelove totten verstande moghen comen. Desen boec, */2vb/* die aldus beyde van binnen ende van buten bescreven is, sel men recht ghebruken als een spieghel, dat daer onreyn is of te wasschen, dat daer scoen is scoen te houden ende noch scoenre te maken. Want dese boec is vet ende vruchtbaer ende alle ghenuechten ende weelden

---

Gö *De Ha2* *Le3* *Be3*

titel om Gö, Hiert*(!)* beghint die voerreden op die bedun*(!)*dinghe van cantia*(!)* canticorum *titel De*, Hijr beghint die bedudinghe van dat boeck cantica canticorum *titel Ha2, titel om Le3 Be3*

6 harder *:* crachtigher *De Ha2 Le3* ghegeven *De* **10** Dyonisius: Dat is*:* Ende dat is als dyonisius seit *De Ha2* **14** bliven *Gö Le3* <occultetur> **16** leeren : lesen *De* **19** scriftueren *De Ha2 Be3* **20** van *(*binnen*) De Ha2* Want *:* Ende *De Ha2 Be3* **24** der*:* dier *De Le3 Be3* **25/6** ende – gheboede *:* Ende *(om Be3)* men sal die halse bughen onder hoer ghebode *(*onder haer gebode / bughen *Be3) De Ha2 Be3* **25** bughe *Gö* **26** den *:* dien *De Le3* **27** moghe *Ha2*, mach *Be3* beyde *om Ha2* van buten ende van binnen *De Ha2* **28** ghebruken / recht *De Ha2* dat daer *:* om datter *De Ha2* **30** ende weelden *om De* sijn daer binnen in verborghen; recht als dat manna, dat hemelsche broet, na eens yghelics wille die dat at, smaecte in sinen monde. Welc smaec niet ghelegen en is in den woerden der scriften van buten, mar in den sin die daer binnen bescreven is; niet van buten in der ghedaenten ende in den ghelude, mar van binnen in der vruchten; niet in den uutwendighen bladen, mar in *der */3ra/* wortelen der verlichter redene. Ende hier om, also als die nacht die sterren anden hemel niet en verduustert, also en moghen die ghemoeden der ghelovigher die den boec der heyligher scriften te rechte van binnen lesen, van der boesheyt der werlt niet verduustert worden, want daer in mach men claerlic den wille godes vernemen. Dese heylighe scrift gheliket sinte *Gregorius* eenre revieren die also droghe is ende also slecht, dat daer een lammeken in gaen mach – dat is, dat een simpel ongheleert mensche wel mit droghen voeten doerwandert –, ende also diep, dat een elephant – dat is een mensche die van groten subtilen sinne is – daer in swemmen mach, ja ver-*/3rb/*drencken hem selven, wil hi niet mit soberheden mar te hoghe hem vermeten. Onder die ander boeke der heyligher scrifturen heeft Salomon een boec ghescreven dat Cantica Canticorum hiet, welc boec luttel of niet van buten bescreven is, mar meest altemael van binnen als die leerars der heyligher kerken daer of scriven, ende beghint: OSCVLETVR ME etc.

Hier beghint dat eerste capittel van Cantica Canticorum ende daer op der leeraersen glose.

HI CUSSE MI MITTEN CUSSEN SIJNS SELFS MONDE. *Barnardus*: Salomon heeft drie boeke ghemaect: in den eersten worden beghinnende menschen gheleert die sonden te scuwen, in den */3va/* anderen worden die voertgaende menschen gheleert der werlt begheerlicheyt te versmaden, in den derden worden die volcomen menschen gheleert haerre sielen brudegom te minnen. *Gregorius*: Het sijn drie manieren van leven: zedich leven, natuerlic leven ende godscouwende leven. In Salomons eerste boec leert men zedelic leven, daer hi seit: Mijn soen, hoer mijn wijsheyt ende neyghe dijn oer tot mijnre vroetscap. In den anderen boec wort dat natuerlike leven gheleert, hoe dat alles dinghes een eynde coemt, daer hi seyt: Ydelheyt der ydelheden ende alle dinghen sijn ydel. In den derden sijn dese Cantica Canticorum, daer dat scouwende leven in gheleert */3vb/* wort, daer si des heren toecoemst ende sijns selfs ghebruuc begheerlic begheren, alst beghin des boecs wel bewijst: HI CUSSE MI MITTEN CUSSEN SIJNS SELFS MONDE. Canticum beduut een dancbaerlic lofsanc, alst ghe-

---

Gö De Ha2 Le3 Be3

33 scrifturen *De* **35** der*(2)* : die *Gö Le3* **36** also *om De* **38** den : dat *De Ha2* scrifturen *De* **41** droghe – slecht : also slecht ende droghe is *De* ende also slecht / is *Ha2* **43** si *(*doer wandert*) De Ha2* **44/5** hem selven / verdrenken *De Ha2 Be3* **49** het *(*beghint*) De Ha2* etc: osculo oris sui *De Ha2 Be3* **50/1** Hier – glose : Hier eyndet die voerredenne. Hier beghint die bedudinghe op cantica canticorum coninc salomons *(*coninc salomons *om Ha2) opschrift De Ha2,* Explicit prologus. Hier *(twee regels lager:)* Hier beghint die exposicie op cantica canticorum. Osculetur me osculo oris etc *opschrift Be3*, Hier beginnen salomons cantica canticorum teerste capittel *opschrift Le3* **58** alse *(*sedich*) De Ha2* **61** ydelheden : eydelheit *De* **63** si : die siele *De Ha2 Le3* **64** begheren : begheert *De Ha2*

moede overmids der ewigher goetheit gods vroelic wort ende dan uutborst mit ghelude. Recht gheliker wijs als die uutwendighe sanc mit noten nu hoghe nu laghe gaet, also gaet dese gheestelike lofsanc die begheerten hoghe in den ghemode te gode opwarts te clymmen, ende somtijt tot sijns selfs cleynheyt te kennen ende tot sijnre evenmenschen medeliden neder warts te dalen. *Barnardus*: Desen lofsanc gaet in sonderlin-/*4ra*/gher weerdicheyt ende sueticheyt sijns selfs boven alle sanghe die wi kennen. Dese sanc leert alleen die salvinghe des heylighen gheests ende eyghen ondervindinghe. Want het en is gheen uutberstende gheluut des monts, mar een volhertelike bliscap des ghemoets; het en is gheen gheluut der lippen, mar een inrelike vrouchde der zielen; men hoert daer gheen uutwendighe woerde van buten int openbaer, mar men wort daer vrolike ende reyn beweghinghe der ghemode ende eendrachtighe minne van binnen ghewaer. *Richardus*: Want dit een lofsanc ghehieten is, soe motet na den sanghe op ende neder gaen. Want alse nu so wort den minres /*4rb*/ reesscap ende veel ghenaden hier toe ghegheven, op dat si bekennen souden wat si van gods ghenaden sijn, op dat si te meer tot sijnre minnen ghetoghen worden; somtijt gaet desen sanc neder als die reesscap ende die ghenade hem weder ontoghen wort, op dat si weten wat si van hem selven sijn ende also hem selven te bet versmaden moghen. *Bernardus*: Merc naerstelic dat Salomon dit boec mitten cussen beghint. Salomon beduut vreedsamich, dat cussen is een teyken des vreets. Hier uut merc dat alleen die vreedsamighe ghemoede ghenodet sijn dit boec te verstaen, want die onrustighe, onpuer ghemoden, die de begheerlicheyt des vleyschs niet en dwin-/*4va*/ghen, die pompen der werlt niet en versmaden, en connens niet begripen. *Origenes*: Ic vermaen ende rade enen ygheliken die de begheerlicheyt der naturen niet verwonnen en heeft ende noch van den mateerliken dingen niet ghesceiden en is, dat hi hem hoede dit boec te lesen ende al dat daer in ghescreven is. Want die oude vaders onder die Joeden haddent verboden: so wie tot riper, volcomenre outheyt niet ghecomen en was, die en moste dit boec in sinen handen niet nemen. *Barnardus*: Dit boec en is uut ghenen menscheliken verstande mar uut den heylighen gheest ghedicht; ende al sijn die centencien swaer te verstaen, nochtan sijnse ghenochlike na te soeken. *Gregorius*: Wi moten neerstelic toe-/*4vb*/sien so wanneer dat wi woerde der uutwendigher minnen in desen boec horen, dat wi in dien horen niet buten en bliven, mar wi sellen in den uutwendighen woerden soeken dat daer heymelic in verborghen is, ende al spreke wi van lichaemliken dinghen, nochtan altoes daer buten [te] bliven. Want die heylighe scriftuer is in den woerden ende in den bevolen gheleghen

---

Gö De Ha2 Le3 Be3

68/9 hoghe in dien ghemode / die begheerten *De Ha2* **73** ondervinden *De Ha2 Le3 Be3* **79** motet na den : moetmen naden (van den *Ha2*) *De Ha2* so *om De Ha2* **86** ende (dat) *De Ha2* **87** sijn : worden *De*, werdet *Ha2* **88** bedwinghen *De Ha2* **89** ende (die) *De Ha2 Be3* **90** rade ende vermaen *De* **91** niet / van dien mateerliken dinghen *De* **93/4** volcomenre / riper *De* **98** dat / wanneer *De* **100** den : dien *De* **101** sulle wi (altoes) *De Ha2* (buten) te *Gö Le3 Be3*

recht als een figuer in der verwen, ende hi is seer onwijs die de verwe in der malinghe aensiet ende dat daer ghemaelt is niet en merct. Ende also dat caf dat coern bedect, also bedect die letter den gheest. Hier om sel een redelic sachtmodich mensche dat caf der beesten verwarpen ende pinen hem dat coern des gheests /*5ra*/ teten. In desen boec sijn vierre hande personen die malcander toespreken: als die brudegom, die bruut, die ghesellen ende die jonghe maechden. Die brudegom is Cristus, die bruut die heylighe kerke of een godscouwende ziele, die ghesellen des brudegoms sijn die enghelen in den hemel ende alle volcomen mannen in der eerden. Want so wie gode volcomelike mint, is een bruut, ende die den brudegom te rechte beliet, is een van den ghesellen, ende die den wech der heylighen noch nyliken beghint, die is een jonghe deerne ghehieten. HI CUSSE MI. *Gregorius*: Salomon, mitter wijsheyt gods ende mitten gheest der prophecien verlicht, voersach den toecoemst Cristi in den vlei-/*5rb*/sche, ende bat ende begheerde mitten ouden vaders dat god die vader sinen ghebenediden soen tot enen teyken der volcomenre minnen menschelike natuer dede annemen, doe hi seide: HI CUSSE MI MITTEN CUSSEN SIJNS SELFS MONDE. *Barnardus*: Als ic dat vuerighe verlanghen der ouder vaders na der teghenwoerdigher mensceliker natueren Cristi dicwile overdenke, soe worde ic weemoedich ende bescaemt in mi selven ende mach mi nauwe van tranen onthouden, alsoe seer verdriet mi der tijt ende der onsaligher lawicheyt die nu is. Want dat bewisen sijnre minnen mit sijnre menscheliker teghenwoerdicheyt verblidet ons nauwe also seer als die toecomende hope /*5va*/ die oude vaders dede, doe si seyden: HI CUSSE MI MITTEN CUSSEN SIJNS SELFS MONDE. Daer die brulocht tusschen den woerde gods ende der menscheliker naturen in begheert is, daer wi sonder brulochts cleet – dat is sonder inrelic verstant der godliker waerheit – niet sculdich en sijn toe te comen, op dat wi uut der brulochten sijnre minnen in die uutterste duusternisse der onbekender blintheyt niet gheworpen en worden. Want die wise, alser ghescreven staet, verberghen die verstandelheyt, ende dat woert te helen is die glorie gods. Want hoe hi den ghemode dat hem soect glorioseliker openbaert, hoe dat hi subtijlliker ende inreliker ghesocht wort. Hier om ist den ghenen die wel leven /*5vb*/ eerlic ende te prisen dat si die heymelicheyt der scrifturen ondersoken, mar so wanneer si woerde der menscheliker minnen horen, so sellen si hem selven buten die menschen setten. Want die heylighe scrift is een bernende berch, so wat beestelic ghemoede dien berch ruert ende begripen wil na sinen sin, die sel mitten stenen der gruweliker gheesteliker sentencien ghesteent worden. Aldus sel wi die vuericheyt der godliker minnen in den ouden woerden leren, ende bidden, begherende mit der heyligher kerken, dat die

Gö *De Ha2* *Le3* *Be3*

103 figuer *:* pictuer of malinghe *(*of malinghe *om Le3) De Ha2 Le3* **104** als *(*dat caf*) De Ha2* **110** heilighe *(*enghelen*) De* **114** Osculetur *(*Hi*) opschrift De*, Hie cusse my *(*Hie*) opschrift Ha2* **117** der *om De* **118** an / dede *De* **129** duusternissen *De* **131** helen *:* verhuden *De Ha2* **137** dien *:* den *De Ha2*

vader ons mitter teghenwoerdicheyt sijns soens cusse, troest ende verlichte. In desen cussen sijn twee lippen an des brudegoms side, dat is */6ra/* sijn godlike ende sijn menschelike natuer, ende twe lippen an der bruut side, dat is die staet der volcomenre ende der crancker menschen, van wies weghen onse moeder, die heylighe kerke, in desen woerden die vergaderinghe sijnre godliker ende menscheliker naturen begheert inden persoen Cristi, op datter volcomenre menschen begheerten voldaen worden ende die cranke ghesterket in den ghelove. *Barnardus*: Dit cussen is om twee saken ons ghegheven ende in den beghin voergheleyt, op dat dat blide aensicht der scrifturen ons te lichteliker mit minnen tot hem trecken mochte, ende dat wi mit ghenochliken arbeyde soeken souden dat daer in verborghen */6rb/* is. Die mont is een doer des lichaems ende beteykent den soen gods, die een doer al des gheesteliken lichaems der heyligher kerken is, ende wort bewiset bi der doren die an Noes archa was, daer dat menschelike gheslacht in die diluvie mede behouden *wort. Want so wie doer die dore in die archa niet en quam, verdranc in die diluvie. Al des ghelijc en wort niemen behouden die doer Cristum in die ghemeenscap der heyligher kerken niet en coemt. Dat opluken der doeren openbaert ons wat in den huse is; alsoe wort ons overmids Cristum die vaderlike moghentheit ende hoecheyt te kennen ghegheven, want nyement en kennet die va-*/6va/*der dan die soen ende dient die soen openbaren wil. Tot deser kennisse was sinte Jan verheven, doe hi in *Apocalipsi* sprac: Siet, in den hemel is een doer opgheloken, ende een setel in den hemel gheset, ende daer sat die vader op. *Paulus*: Mi is een grote doer opgheloken, mar der wedersaken sijn veel. Die soen gods seyt oec selve: Ic bin die doer: [ende] so wie doer mi ingaet, sel behouden worden, ende gaet hi in, gaet hi uut, hi sel weide vinden. Die *wise man*: Salich is hi, die daghelics voer mijn dore wacht. Die mont openbaert so wat in der herten verborghen is, al des ghelijc wort ons den wille des ewighen */6vb/* vaders overmids den soen te kennen ghegheven. Mitten monde spreect men die woerde, al des ghelijc is die soen selve dat eerste woert ende alles dinghes beghin, want in den beghinne was dat woert. Die mont dient al den lichaem ende houtet levende; <al> des ghelijc soe levet al dat lichaem der heyligher kerken overmids Cristum. Mitten cussen van desen monde begheer ic ghecusset te wesen, mitter leeringe der heyligher ewangelien van sijns selfs monde te horen. *Barnardus*: Nu en hoer ic van *Moyses* niet: Ic bin becommert in der tonghen; noch van *Ysaias* niet: Mijn lippen sijn onreyn; */7ra/* noch van Ieremias niet: Ic bin een kint, ic en can niet spreken; mar hi, daer die

---

Gö De Ha2 Le3 Be3

144 wies *:* vier *De* **147** worde *De* **153** bi *:* an *De* **154** wart *Gö* <saluatur> **161** Jan *:* iohan *De,* iohannes *Ha2* **162** *(*setel*)* is *De Ha2* **164** *(*doer*(1))* ende *Gö* **165** Die wise man *:* Inder wijsheit boec staet *De Ha2* **166** waect *De Ha2 Be3* **171** al*(1) om Gö* **173** *(*monde*)* begheer ic *De Ha2* **174** Barnardus – ic *:* Nu en hoer ic seit sancte bernardus *De Ha2*

propheten of gheprophetiert hebben, spreke mi selve toe, ende CUSSE MI MITTEN CUSSEN SIJNS SELFS MONDE.

Na enen anderen sin.

HI CUSSE MI MITTEN CUSSEN SIJNS SELFS MONDE. *Vercellencius*: Na dat een scouwende ziele alle dinghen doersien heeft, ende begheert van al datter is ontcommert te wesen ende mitten overweseliken brudegom salichlijc verenicht, dan eysschet si een cussen, dat is een vereninghe of een minnentlike vergaderinghe mitten brudegom, al soude si noch weder ter tijt daer of sceiden. Nochtan bidt si mit *Job* ende seyt: Mijn siel heeft een verhanghen begheert, ende mijn been be-*/7rb/*gheren den doot. Dit verhanghen der zielen is een uutreckinghe des ghemoets in die overschinende godlike raeyen. Die bene sijn die alre starcste crachten des ghemoeds, alse dat scouwende verstant ende die overste begheerten, daer die siele niet starkers boven en heeft in godliken dinghen te stueren. Die doot is een ghesceit of een ontbreken haers selfs. Want so wanneer dat scouwende ghemoede overmids den alren puersten begheerten totten cussen des brudegoms opghenomen wort, dan ontblijft ende ontbrect alle werckelicheit ende alle cracht des verstants ende der begheerten, als *Daniel*, die propheet, */7va/* seit: Here, in dinen visione sijn alle die vergaderinghe mijnre lede ontbonden, ende in mi en is gheen cracht ghebleven. *Dionisius*: Dat hiet een doot in ons te wesen, alst ghemoede van allen dinghen sceit ende hem selven daer na ghelaten heeft ende dan den overweseliken brudegom salichliken gheenighet wort. Desen doot en vernietet onse wesen niet, mar die voncke der overster begheerlicheyt wort deelachtich der godliker goetheyt ende onsprekelike versceiden van alre nederheyt, ende godformich getransformiert boven verstande – na dattet haer moghelic is – na der engelen wise in godliker ghelijcheyt. *_Origenes_: Sinte */7vb/* Jan was aldus gods deelachtich gheworden, doe hi seyde: Int beghin was dat woert. Na deser eninghe is die innighe siel mit begheerten verhanghen, ende seyt: HI CUSSE MI MITTEN CUSSEN SIJNS SELFS MONDE. *Barnardus*: Sich hoe heymelic ende hoe vriendelic is dese medespraec tusschen dat woert ende die ziele die noch in den vleische woent. Si bidt dat si begheert, nochtan en noemt si hem niet dien si minnet. Si en seyt niet die of die, mar alleen: HI CUSSE MI. Also en noemde oec Maria Magdalena niet dien si minde, want si waende dattet alle menschen openbaer hadde gheweest dat si in der herten droch. *Gregorius*: Dat ghemoede */8ra/* daer die ziel in overmids begheerten ende minnen den hemelschen brudegom verenighet wort, en mach van ghenen troest der creaturen vernoghet worden, mar hanghet hem inrelic an dien si mint. Si *sucht, si hoept, si heeft anst, nyement en

---

Gö De Ha2 Le3 Be3

180 dien *(*dat*) De Ha2* **183** *(*verenicht*)* te wesen *De Ha2* **187** wtrecken *De* **192** ontbreect ende ontblivet *De* **196** in ons / een doot *De* **199** der*(1) :* onser *De Ha2 Le3* **200** getransformiert *:* overgheformet *De Ha2* **202** Orienis *Gö* Origenes – aldus *:* Aldus was sancte iohan als origenes seit *De Ha2* **204** innighe *:* minnende *De* **212** si *(*hanghet*) De Ha2* **213** suect *Gö* <suspirat>

machse troesten, want si mitten scutte der minnen ghewont is, ende seyt: HI SELVE CUSSE MI. Want sonder di en ghenoghet mi niet, sonder di en smaect mi niets niets, sonder di en is mi gheen dinc suet, sonder di en dunct mi gheen dinc scoen, sonder di en staet mi gheen dinc costelic in, sonder di veronweerden mi alle dinge. So wat van di ghekeert staet, dat is mi lastelijc ende swaer, ende dijn wel-*/8rb/*behaghen is mijn eenperlike begheerte sonder ophouden. Visionen ende dromen en wil ic niet meer ontfanghen, figueren ende ghelikenissen en moghen mi niet custen, der enghelen openbaringhe en moghen mi niet vernoghen; ic begheer den ghenen die die enghelen ende mi ghescapen heeft: mijn Jhesus, die altemael begheerlic is, begheer ic boven allen dinghen. Ic en begheer gheen loen, ic en begheer gheen brieve van sekerheden, ic en begheer gheen leeringhe, ic en begheer gheen erve, mar ic begheer dat HI MI CUSSE MITTEN CUSSEN SIJNS SELFS MONDE, dat een teyken der minnen is. *Barnardus*: Si en mochte die */8va/* vierighe minne niet verberghen die si hadde, ende begheerde van den groten groete dinghe. Si en maecte gheen langhe prologe, si en ghebruucte gheen smeecachtighe woerde, mar uut volicheyt des herten, recht of si dronken gheweest hadde, als si oec was, berste si uut ende sprac: HI CUSSE MI MITTEN CUSSEN SIJNS SELFS MONDE. O hoe groet was die cracht der minnen, hoe groet was dat betruwen der vriheyt in den gheest. Si en wort niet van der reden, mar van der vierigher begheerte gheleyt; het en quam haer uut gheenre vermetelheit, want die minne en ghebruuct[e] gheens raets, noch en wort van der scaemten niet wederhouden, */8vb/* noch en is der reden niet onderdanich, mar gaet daer al boven, ende seyt: HI CUSSE MI MITTEN CUSSEN SIJNS SELFS MONDE. Dat is: hi selve ruer mi van binnen, hi selve ommeschijn mi mitten lichte sijnre waerheit, dat ic der uutwendigher woerde niet en behoeve, mar van hem selven verstaen mach ende bekennen dat mijn ghemoede begheert. Veel isser die gode ontsien ende ontfanghen den here in vresen mit goeden werken, die den brudegom nochtan niet en cussen, want si van sijnre minnen niet beweghet en *worden. Alst wel sceen in des Pharizees werscap, daer dat wijf die Jhesus voete cussede varre boven gheset was, want die vuericheyt der minnen van binnen gaet */9ra/* varre boven alle gaven der tijtliker dinghen.

[Inlassing 1]

<Dat cussen gods is drierhande. Inden yersten cusset die minnende siel des brudegoms voeten, op dat si also voert na ordinancien tot anderen cussen opclymmen mach. *Bernardus*: Die minnende siel en moet niet vermetelic

---

Gö De Ha2 Le3 Be3

215 selve *om De* **219** niets niet *(*niet / niets *Le3) De Ha2 Le3* **223** jhesum *De Ha2* **228** maect *De Ha2* **229** prologe *:* voerreden *De Ha2* **233** si – gheleyt *om De* **234** ghebruucte *Gö* <non captat beneuolenciam> **242** warden *Gö* <compunguntur> **245** (dingen) dat capittelken dat aldus begint. dat cussen gods is drierhande. ende aldus endet niet wt mijnre vermetelheit dat sel di scriven eer ghi desen text beghinnet dat cussen gods etc *Le3* dinghen *breekt af tot 455 Gö Le3*

Be3 De Ha2 A2

248 tot *:* totten *De Ha2*

inden yersten totten monde des groten reynen brudegoms opclimmen, mer gaen met mide, met anxt ende met vresen yerst tot sinen voeten ligghen; niet totten hemel opwaerts te sien, mer metten puplicaen met vresen totter eerden waerts, op dat haer aensicht, datter duysternissen ghewoen is, vanden lichte des hemels niet te seer verscricket en worde ende vander glorien gods verdrucket ende ondergehouden. Want worde haer aensicht vanden onghewoenliken schijnsel gods onversienlic wederslaghen, so soudet lichte weder in meerre duysternisse */10v/* vallen. O yeghelike siel, hoe sulc du oec biste, en laet di die stede niet smadeliken instaen, daer die grote sondersse ghenade van al haren sonden ontfinck ende daer dat overspeelsche wijf onveroerdelt quijt ghelaten waert. Ende op dattu totten cussen des monds te bat gheraken mochte, so leegt een bedrucket herte onder sijn weerdige mogentheit, op dattu also een cussen des vredes totten voeten des heren mogheste vercrigen. Ist dattu vraechste wat die voete, die hande ende die mont gods is, ic segge di dat hi dese heeft na grade der minnen te rekenen ende niet naden leden. Want een scamel belien daer haer die siel oetmoedelic mede nederwerpt, dat vijnt rechtevoert voer gode dat cussen der voeten; ende een bereyde ynnicheit vijnt, daer si haer selven mede verniet ende vermaket, totten cussen der handen; ende een vrolike godscouwinge vijnt, daer si haer selven uutstrecket ende rustet, totten cussen des mondes. Want hi is al in al, die aldus in graden alle dinghen aendient. Hier om, neemt dat cussen des vreden tot des heren voeten, op dattu met Maria Magdalenen horen moechste: Dijn sonden sijn di vergheven, ganc in vreden. Want in dien cussen der voeten so versoent god die siel met hem selven met enen minliken beroeren ende met enen lichte van ghenaden, recht als met enen cussen dat versoende lude tot enen teyken des vreeds */11r/* malcanderen pleghen te gheven. Ende dan ontfangt onse here god die siel recht als tot sijnre dochter, ende van desen cussen ist dat die heer selve seet: Vander tijt dat ic inden huse, dat is in alsulken veroetmoedichden herte quam, so en hevet die siele niet opgehouden mijn voeten te cussen. Des brudegoms enen voet is gherechticheit ende die ander voet is ontfermherticheit, ende men pleechse beyde te cussen. Want ist dattu anxt ende vrese met hopen ghenade te vercrighen te gader mengste, so cussestu den voet der ontfermherticheit; ende ist dattu van rouwe der sonden ende van vresen des oerdels beanxt wortste, so cussestu den voet der gherechticheit. Ende dese twee cussen en doeghen niet ghesceyden, want alleen der vresen ende des strengen oerdel gods te ghedencken, werpt di in wanhopen; ende alleen op die ontfermhert-

Be3 *De Ha2* *A2*

251 met mide : mit mi *De*, *om Ha2*, mit vermiden *A2* **252** werts / op *De Ha2 A2* **255** (onder gheholden) worde *De A2* **256** weder / licht *De* **257** hoe sulc du : hoedaen dattu *De Ha2* **260** des : sijns *De Ha2* **263** (voete) ende *De Ha2* di *om De* **265** die siele / hoer *De Ha2* **270** tot – voeten : totten voeten des heren *De Ha2* **271** moegheste / horen *De Ha2* **272** dien : den *Da Ha2* so *om De Ha2* **277** van dier *De* **279** voet(2) *om De Ha2* ende *om De* **284** alleen : alle *Ha2* der : te *De Ha2* **285** (ontfermherticheit) gods *De Ha2*

icheit te *lenen ende dier alleen te ghedencken, brenghet den mensche tot eenre bedriegheliker sekerheit. Want ist dat ic totten voeten des heren gae sitten ende alleen sijn oerdel sonder ontfermherticheit voerneme ende yet lange daer bi blive, so worde ic met eenre duysterre verveerlicheit ende met ongheoerdineerden anxt verslagen, ende roepe ende segghe: Wie soude den toern des almechtigen gods moghen versoenen? Ende ist dat ic sinen voet der gherechticheit vergheet te cussen ende houde */11v/* mi alleen aenden voet sijnre ontfermherticheit, so worde ic weder daer teghens rechtevoert onachtsamich, versumel ende lichtverdich. Mijn ghebet wort laeu, mijn werken traghe, ic worde onvoersichtich inden woerden, bereet tot alre lichtverdicheit, ende onghestadich beyde van buten ende van binnen. Hier om wil ic die ontfermherticheit ende die gherechticheit beyde tesamen prisen ende loven. Ten anderen mael sal men vanden cussen der voeten opclymmen totten cussen der handen. *Bernardus*: Al hebstu yerst die voete ghecust, nochtan en selstu di rechtevoert niet vermeten totten cussen des mondes te comen, mer du moeste enen graet der handen daer tusschen sueken. Die een hant des brudegoms is mildicheit, die ander hant is stercheit, op dat hi met sijnre macht behuede ende bescerme dat hi mildelic ende overvloedelic ghegeven heeft. Soe wie vanden gaven gods dancsamich is, die cusset beyde dese hande als hi den brudegom enen ghever ende enen onthouder alre goeden belijet ende <be>kennet. Ende hier om, als die hande des brudegoms mildelic uutghereyct worden di met doechden te vercieren ende met gheesteliken troest te vueden ende di daer in te onthouden, dan worden di die handen gods metten lippen des ghemoets in geesteliker aenrijninghe ingheprent ende vander sielen */12r/* ghecusset, als si metten monde der dancsamicheit totten weldadighen handen gods gheneyget wort, ende seet: Niet ons, heere, niet ons, mer gheeft dinen name die glorie. Dese hande hadde *Job* ghecusset, doe hi seide: Heb ic mijn hande met minen monde ghecusset, dat is alte grote boesheit. Dat is: heb ic minen handen dat goede toeghescreven ende gode niet, dat is alten groten sonde. Ten derden mael sal men na den cussen der handen opclimmen totten cussen des heylighen mondes. *Bernardus*: O heere, du hebste mi dijn ontfermherticheit vroech doen horen, doen ic dijn voetstappen cussede ende du mijn sonden vergaveste, ende daer na inden voertgaen des daechs verblijdestu dijns knechts siele, doe du hem inden cussen dijnre handen ghenade des levens gaefste te wanderen inden lichte. Ende, o Jhesu, goede heere, wat ontbreket daer nu meer, dan dattu mi nu in die vollicheit des lichts, in die vuericheit des gheests

---

Be3 De Ha2 A2

286 leven *Be3* **293** onachtsam *De Ha2* **294** ende *(*mijn*) De Ha2* **296** onghestadicheit *De*, onstadich *Ha2* **297** Ten *:* Totten *De Ha2 A2* **300** niet / rechtevoert *De* **303** heeft / ghegheven *De Ha2* **305** kennet *Be3* <recognoscit> **309** aenrijninghe *:* antastinghen *De*, antastinghe *Ha2* **311** dinen naem / ghif *De Ha2* **314** niet / gode *De Ha2* Ten *:* Totten *Ha2* **316** ontfermherticheiden *De* **317** *(*sunden*)* mi *De Ha2* **320** Jhesu *om Ha2* Jhesu, goede *:* goedertieren *De* **321** nu *om De Ha2*

totten cussen dijns monts leydeste, ende mi met dinen aensicht van blijscappen vervulleste. Ic bidde di, en latet gheen vermetelheit gherekent wesen, want ic worde vander minnen voertghedreven ende niet gheleyt vander redenen; het en coemt uut gheenre vermetelheit, mer uut den ghewelde der minnentliker begeerten. Die scamel vrese weder-*/12v/*houdet mi, mer die minne verwinnet alle scaemte. Ic weet wel dat die eer des conincs recht ende oerdel begheert, mer die druystighe minne en mach daer niet mede beyden; si en can gheens raets ghebruken, gheen scamelheit en machse ophouden, si en can der redenen niet ghehoersamich wesen, mer si wil dat die redene haer te ghebode staet. Daer om bid ic, daer om begheer ic, dat mi mijn gheminde CUSSE MET SIJN SELFS MONDE, want mi niemant anders custen noch vernoeghen en mach. Der sielen minlike begeerten sijn menigerhande, mer welc van dien der bruyt betaemt, dat moghen wij mercken. Ist dat si vanden aensicht des heren verveert staet, so *is *si noch een knecht; ist dat si vander hant des heren gaven begeert, so is si een huerlinc; ist dat si haer oren opluyckt recht als teghen enen meyster, so is si als een discipel; ist dat si en eert recht als enen vader, so is si een kijnt; mer ist dat si hem om sijns selfs willen ende om edelheit der minnen wil minnet, so is si sijn bruyt ende begheert van sijn selfs monde ghecust te wesen. Want dese begheerlicheit der minnen die der bruyt alleen toehoert, gaet boven allen anderen gaven. Want die brudegom cusset alsulken siele met sijn selfs heylige */13r/* mont so wanneer die godlike minne den lippen der minliker begheerten der scouwender sielen ingheprent wort; want also menichwerven als si in sijnre minnen beweget wort, also dick wort si van hem ghecusset. *Bernardus*: Dit cussen en is niet met enighe gadervoeghinge der lippen – die oec wel pleghet te gheschien daer gheen vrede der herten en is –, mer het is slechts een instortinge der geesteliker vroechden, een ontdeckinge der heymeliker godliker dinghen ende een wonderlike versameninge die boven redene gaet des hemelschen lichts ende des ghemoets dat daer verlicht wort. Want die gode aenhanget, wort een gheest met hem. Hier om en wil ic gheen visioenen ontfangen, noch dromen gheloven, noch figuren noch ghelikenissen hebben; ic en begheer oec der enghelen ghedaente niet, want Jhesus, mijn brudegom, gaet met sijnre scoenheit hem alle °verre te boven°. Aldus cusset die gheminde die minnende siel metten heyligen cussen, ende si cusset den gheminden weder met inreliker minnen, ende omvattet hem met gheesteliker ghenoechten, ende houdet hem vaste overmits instortinge sijnre sueticheit.

Be3 *De Ha2* *A2*

322 dijns *:* des *(*dijns *Ha2)* heilighen *De Ha2* **322/3** vervulleste / van blijtscappen *De Ha2* **323** latet *:* laet dit *De Ha2* gheen *:* niet *Ha2* **330** ghehoersam *De Ha2* **323** menigerhande *:* alrehande *De Ha2* **335** is si *:* ist *Be3* een knecht *:* knechtlic ende dienstmaghet *De Ha2* **336** noch *(*een*) De Ha2* oren *om De Ha2* **337** als*(1) om De Ha2* recht *om De Ha2* **340** toebehoert *De Ha2 A2* **343** minliker *:* innerliker *De*, innichliker *Ha2* **344** in *:* mit *De Ha2* **345** niet met *:* nu niet *De Ha2* te *(*gadervoeghinghe*) De Ha2* **353** te boven / verre *Be3* te *om De Ha2* **354** metten heylighen cussen *om De Ha2* **355** omvanghet *De Ha2*

Bernardus: Ic vermoede dat die brudegom somtijt der woerde niet en verwacht, mer dat hi alleen metten ghedachten gheroepen wort */13v/* te comen, want die heere heeft der armer lude begheerte gehoert. Ende daer om, als die bruyt des brudegoms toecoemst verneemt, dan pijnt si haer rechtevoert tot hem te keren ende ontsculdicht haer als si best can van eniger vermetelheit, ende seet: WANT DIJN BORSTEN SIJN BETER DAN WIJN. Ende ist dat ic niet soberlic en smake, heere, dat hebstu mi gedaen, want du mi vander sueticheit dijnre borsten met also groter weerdicheit die melke ghegeven hebste, dat ic alle vrese achterwaerts sette in dijnre minnen, niet *uut mijnre vermetelheit>.

[Einde inlassing 1]

Dat ander capittel.

WANT DIJN BORSTEN SIJN BETER DAN WIJN ENDE WELRUKENDE BOVEN DIE BESTE SALVE. DIJN NAEM IS EEN UUTGHESTORTE OLIE, DAER OM HEBBEN DI DIE JONGHE MAECHDEN GHEMINT. Hier heeft die bruut een manier van spreken recht als <een> die van groetheit der minnen sijns selfs niet en is. Nu sprect si recht of haer gheminde teghenwoerdich waer, hier te voeren sprac si of hi varre van hoer hadde gheweest, want die minne en can gheen rechte mate van spreken houden noch recht uut in woerden gaen. Ist dat wi des brudegoms borsten in sijnre menscheliker naturen willen nemen, so sijnse gheheten ontfarm-*/9rb/*herticheyt ende waerheyt, daer die propheet *David* te voeren of seyde: Die ontfarmherticheyt ende die waerheyt sijn malcander te ghemote comen, dat in den aennemen der menscheliker natueren volbrocht wort. Die ontfarmherticheyt voedet die minne ende die waerheyt leert dat verstant, ende aldus is ons die ghenade ende die waerheyt overmids Jhesum Cristum ghecomen. Ende dese twee borsten in der nier ewen sijn beter dan die scarpicheyt des wijns in Moyses ee. Die nie ewe seit: Ganc, ende en wil niet meer sondigen. Gaet ende leert wat dat is: Ic wil ontfarmherticheyt ende niet die offerhande. Mar Moyses ee seit: Oghe om oghe, lit om lit, lijf om lijf. Die nie ewe ma-*/9va/*ket ons van minnen dronken, mar die oude vreset ons mit anxte. Als *David* seyde: Du hebste dinen volke harde dinghen bewijst ende van den scarpen wijn te drincken ghegheven. Dese borsten en gheven niet alleen uut sueticheyt <der> goedertierenheyt ende blenckende puerheyt gheliken der sachter sueter melc, mar gheven oec roeke ghelike den alre best rukenden balseme, als hier na volghet: ENDE SIJN WELRUKENDE BOVEN DIE BESTE SALVE. Ende ist dat wi des brudegoms borsten in die leeringhe der ewangelien willen

---

Be3 *De Ha2* *A2*

365 uut *:* met *Be3*

Gö *De Ha2* *Le2* *Be3*

367 Dat *herneemt (cf 304) Gö Le3* Dat ander capittel *:* quia meliora sunt ubera *opschrift De, om Ha2 Le3 Be3* **371** een *om Gö* **461** *(*of*)* si *De* **372** recht *(*of*) De Ha2 Le3 Be3* **377** ghecomen *De Ha2 Le3 Be3* **383** die *om De Ha2* **384** seide *De Ha2* **385** vreset *:* verveert *De Ha2* **386** seit *De Ha2 Be3* **386/7** den scarpen *:* sueren *De Ha2* **387** te *om De Ha***2** **388** der *om Gö* <dulcore pietatis> goedertieren *De* **389** si *(*gheven*) De Ha2*

nemen, so moghense hieten die leeringhe der onvolcomenre menschen, daer hi seyt: Ghevet dat u overloept, ende des ghelijc; ende die leeringhe der volcomenre men-/*9vb*/schen, daer hi seit: Wilstu volcomen wesen, so ganc ende vercoep al dattu hebste, ende ghift den armen, ende com ende volghe mi na; du selste enen groten scat in den hemel hebben, ende des ghelijc. DESE BORSTEN SIJN BETER DAN enich WIJN der werliker wijsheyt die in den sinnen gheleghen is. Want so wie van den wijn drinct, verliest den smaec der ewangelien ende en can dat licht der waerheyt niet begripen. DESE BORSTEN SIJN BETER DAN WIJN, want hoe seer si ghemolken *worden op een tijt, men macher altoes op een ander tijt meer uuttrecken; mar so wanneer die wijn eens gheperset is, so en is in den druven niet meer te vinden. Ende wat wonder ist dat die borsten der ewangelien Cristi boven alle leeringhe welruken, /*10ra*/ want hi een wijs propheet, een heylich biscop ende een glorioes almachtich coninc is. Mar ist dat wi dese borsten in den gaven des heylighen gheests willen nemen, die men alle goedertierenheyt toeleyt, so moghen se heten twerehande goedertierenheden die *Cristus, die brudegom, op de sondaren heeft. Die ene is dat langhe modighe verbeiden of se hem yet bekeren wouden, die ander is een vry vergheven so wanneer si recht penitencie doen. *Barnardus*: Des brudegoms borsten sijn twee ingheboren sachtmodicheden: dat hi den sonder lijtsaemlijc verbeyt, ende goedertierlic ontfanct als hi coemt. Daer om seit hi voert: Slechts, here, om der sachtmoedicheyt willen die wi van di ghewaer worden, o here /*10rb*/ Jhesu, so lopen wi na di, want wi hebben ghehoert dat du den armen sondaer niet en versmaetste. Du en hebste den beliende moerdenaer, noch die rouwighe sondersche, noch die biddende Cananeensche, noch dat wijf die in den overspeel ghevonden was, noch die man die in die tolle sat, noch dien *discipel die di versaecte, noch den vervolgher dijnre discipulen, noch die gheen die di selve cruceden; alle dese en hebstu niet versmaet noch van di gheworpen, doe se tot di quamen.

Na enen anderen sin.

WANT DIJN BORSTEN SIJN BETER DAN WIJN etc. Dit sijn recht woerde der inniger minnender zielen tot Cristum, haren brudegom. *Barnardus*: O brudegom, al isset dat ic wat hoghe ende vermetelic scijn te spreken, het is /*10va*/ dijn scout, du hebstet mi ghedaen, want du mi in die sueticheyt dijnre borsten mit also groter weerden hebste inghelaten ende te drincken ghegheven, dat ic alle vrese besiden gheset hebbe, ende darre van dijnre ghenaden, [ende] niet van mijnre

---

Gö De Ha2 Le3 Be3

392 die – menschen *:* der onvolcomenre mensche / leringhe *De Ha2* **396** ende *(*du*) De Ha2* **400** warden *Gö* **401** wt *(*gheperset*) De Ha2* **404** *(*propheet*)* ende *De* ende een *(*aelmechtich*) De* **405/6** willen – toeleyt *:* die men alle goedertierenheit toe scrivet willen nemen *De Ha2* **406** goedertierenheit *De Ha2* **407** cristum *Gö* dat *om De* **408** lancmoedighe *De Ha2 Be3* verbeidinghe *De* yet *om De* **409** of *(*so*) De* **411** seide *De* **412** o *(*here*)* jhesu *De Ha2* *(*willen*)* die willen *De* **412/3** o here Jhesu *om De Ha2* **416** den *om De Ha2* **417** discipel *:* iongher *Gö Le3 Be3* <discipulus> **419** gheworpen *:* verworpen *De* **426** besiden *:* en wech *De Ha2* ende *(*niet*) Gö*

vermetelheyt, licht meer bidden dan nut is overmids mijnre snoetheit. Slechts gheseit, ic darret aventuren ende vergheten dijnre groetheyt ende ghedenken alleen dijnre goedertierenheyt. Want daer om ophoudeste langhe dijn sentencie ende spaerste den versmader, op dattu namaels hem dijn ghenade mochste gheven als hi tot kennissen quaem. Hoe menichwarf als ic mit enen dorren herten totten ghe-*/10vb/*bede ende totter missen ghinc, hebstu mi dijn ghenade inghestort ende dat herte mit dijnre salven vet ghemaect? O hoe menichwarf hebstu mijn ghewonde ziele na veel druckeliken versuchten mitter salven dijnre ontfarmherticheyt ghesont ghemaect, ende ghegheven dat ic vroelic mit groter hopen uut den ghebede ghinc, daer ic luttel hopen of vermoede in den beghin des ghebeets? Hier om mach ic wel mit rechte segghen dat die borsten dijns godliken troests beter sijn dan enich wijn der werliker ghenochten. *Gregorius*: Menschelic troest is den ghenen suet die ghene sueticheyt van hemelschen dinghen ghesmaket en hebben; mar so wie mitten monde des */11ra/* herten van den hemelschen loen yet vernomen heeft, dien wortet also veel te sueter dat hi van binnen siet, alst hem bitter is dat hi van buten lijt. *Cassianus*: Wi en moghen die ghenoechten der tijtliker dinghe gheens sins versmaden, het en si dat dat ghemoede overmids der scouwinghe gods in die minne der doechden ende in der hemelscher scoenheyt sijn ghenuechte[n] set. *Augustinus*: O mijn hulper, Jhesu Criste, doe du quaemste, hoe licht wast mi doe rechtevoert alle lichtverdighe ghenochten te laten, ende dat ic te voeren vreesde te verliesen, dat wort mi rechte voert een vroechde te derven. Want du, die de overste sueticheyt biste, worpstese uut mi ende */11rb/* ghingheste selve weder voer hem in mi. Du biste selve sueter dan enighe weelde wesen mach, mar niet den vleysche ende den bloede. Du biste boven allen lichte noch claerre, du biste alre heymelicheden alre heymelicste, du biste alre eeren hogher, mer niet den ghenen die in hem selven hoghe sijn. *Gregorius*: Die WIJN is die wijsheyt gods, daer wi of in desen leven verlicht worden, mar die BORSTEN sellen wi in den ewighen leven in sijnre teghenwoerdicheit ghebruken. Dese BORSTEN SIJN BETER DAN WIJN, want al isset groet wijsheyt van hem in desen leven te hebben, dat die dorstighe ziele van den wijn sijnre kennisse al hier drincken mach, nochtan */11va/* gaen die borsten sijns ghebrukens in den ewighen leven varre daer boven. *Barnardus*: Want die waerachtighe overste vroechde en ontfanghet men niet van den creaturen, mar uutten schepper der creaturen; ende alle vremede vrolicheit daer tegens gheleit, is rouwe

---

Gö De Ha2 Le3 Be3

427 van di *(*bidden*) De Ha2* dant *De Ha2* **430** hem / namaels *De Ha2 Le3 Be3* **433** dat *:* mijn *De Ha2 Le3* salven *:* ghenaden *De Ha2* **441** den *om De Ha2* **441/2** also – lijt *:* also vele bitter dat *(*dan *Ha2)* hi van buten lidet. alst hem suet is dat hi van binnen siet *De Ha2*, also veel te bitter dat hi van buten siet. alst hem zueter is dat hi van binnen siet *Le3* **445** ghenuechten *Gö* **448** vreesde *:* ontsach *De Ha2* in *(*een*) De* **456/7** van hem / wijsheit *De Ha2* **457** als *(*dat*) De Ha2* **459** Barnardus: Want *:* want als sancte bernaert seit *De Ha2*

ende seericheyt, alle sueticheyt is daer teghens bitterheyt, alle scoenheyt is daer teghens lelicheyt, ende alle ghenuechte lastelicheyt. So wanneer een ziele deser borsten sueticheyt ghedenct, wat wonder ist dat si volhertelic daer of verblijt? Dese BORSTEN SIJN WELRUKENDE BOVEN DER BESTER SALVE. Die salve verdrijft den stanc, si onthout die ghesondicheyt ende gheeft den mensche starcheyt. Also verdriven dese borsten den stanc der sonden, si ma-*/11vb/*ken die siele ghesont ende gheven haer cracht in allen wederstaen. Dese beste salve<n>, die de godscouwende ghemoede mit ghenuechliker sueticheyt besturten, *sijn oververstandelic opcrighende oefeninghe<n>, die die ghemoeden die daer in verenicht sijn, besalven ende mit eenre vetter uutstortinghe alre sueticheyt, alre scoenheyt, alre claerheyt ende alre begheerlicheyt vervullen ende versadense, recht als van der vetter vetticheyt deser salven. Dit is die salvinghe die de ghene die leerlic sijn alle dinghe leert. *Barnardus*: Die salve des berouwes, die van den venijnden cruden der sonden ghemaect wort, is goet; die salve des medelidens, die van der sorchfoudicheyt voer */12ra/* onsen evenmensche ghemaect wort, is beter; mer die salve der dancberliker vroelicheyt, die van den bloemen der goetheyt gods ende der verdienten Cristi ghemaect wort, is alre best. Die eerste salve des berouwes en is niet cleyn te rekenen, want si niet alleen die menschen mar oec die enghelen in den hemel verblijt. Die die ander salve heeft, ende sijnre brueder crancheit niet alleen des lichaems mar der zielen lijdsamlic dracht ende oec trouwelic troest ende helpt, die is veel beter. Mar die derde salve, gode mit dancbarheden te loven, is alre best. Want in der eerden en is niet dat den staet der hemelscher vroechden alsoe wel ghelijct als een ghe-*/12rb/*estelike vroelicheyt der gheenre die te samen gode dancken ende loven. Dese salve en kennet nyement dan diese ontfanghet. *Barnardus*: O waerheyt, o minne, o ewicheyt, o salicheyt, o salichmakende drievoudicheyt, na di verlanget mijn onsalicheyt. Mar hope in gode, want ic sel hem noch belien als alle wee van den wille, alle dwalinghe van der reden, alle vrese van der memorien sceiden sel, ende dan die wonderlike sueticheyt, die reyne onvermenghede vroelicheyt ende die ewighe sekerheyt mi daer voer wederghegheven wort. Hier om ghelijct DIJN NAEM der UUTGHESTORTER OLIE die onbesloten is. Als ic dit suetelic in mi selven overdenke, so worden mijn inaderen */12va/* vervullet ende mijn alre inreste ghemeestet ende al mijn been bloeyen dat lof gods. Dese UUTGHESTORTE OLYE gheeft daghelics mijnre herten tlicht der verstandelheyt, minen monde woerde der stichticheyt ende minen hande dat werc der gherechticheyt. Daer om ist recht,

---

Gö De Ha2 Le3 Be3

468 wederstoten *De Ha2* **469** salve *Gö Ha2 Le3* <unguenta> **470** sijn *:* is een *Gö De Ha2 Le3 Be3* <sunt> oefeninghe *Gö De Ha2 Be3* <superintellectuales theorie> **472** ende *om De* **480** die*(1) :* den *De* **482** *(*mer*)* oec mede *De Ha2* **583** als *(*god*) De Ha2* dancberlicheiden *De Le3* **586** samen *:* gader *De* **587** O waerheyt *om De* **490** memorien *:* ghehoechnisse *De Ha2* **494** ghemeestet *:* vet ghemaect *De Ha2*

wi die gode in den wesen niet scouwen en moghen, dat wi die sueticheyt sijns naems boven alle dingen setten. *David*: Here, onse here, hoe wonderlic is dijn naem in alle die werlt. HIER OM HEBBEN DI DIE JONGHE MAECHDEN GHEMINT. DIE JONGHE MAECHDEN die seer minnen ende begheeren seer ghemint te wesen, dat sijn beweghinghe der inreliker crachten die reyn /*12vb*/ ende puer ende vruchtbaer sijn, ende gheoefent in den smaec der godliker sueticheyt. Dese sijn starc ende crachtich, ende dwinghen die siele mit onverwinliker minnen te minnen, die allen anderen begheerlicheden niet en wijct ende uut der memorien niet en sceit, noch ghenen gheselle hebben en wil, ende en mach nymmermeer versadet worden. Somtijt ghesciet hier ghewach van den coninghinnen, daer die sielen gheestelic bi verstanden sijn die deser werlt minne ghelaten hebben ende alleen des brudegoms vrienscap begheren. Ende want si mitten groten coninc[s] brulochts voerwarde ghemaect hebben, so moghen si wel coninghinnen hieten. Somtijt wort hier ghe-/*13ra*/seit van den vriendinnen, daer die sielen bi beteykent sijn die dicwile totten brudegom selve comen ende van hem mit innicheden rijc ende vruchtbaer ghemaect worden. Nochtan worden si somtijt mitter sorghen der werlt also onmate seer becommert, dat si onbequaem worden mitten brudegom die brulochts vorwarde te houden. Daer om en moghen sie niet mit rechte coninghinnen hieten, mar vriendinnen. Somtijt wort hier gheseit van den JONGHEN MAGHEDEN, daer die sielen mede beteykent sijn die noch totten bedde des groten brudegoms niet gheraken en connen, mar si sijn daer wel eens deels bequaem toe, want si van den vlecken der sonden ghereynicht sijn. Bi der /*13rb*/ joncheyt mach men nemen die nuwe bekeeringhe: *die wise man*: Verblijt di, jonghelinc, in dijnre joecht ende laet dijn herte int goede wesen; ende somtijt enen strenghen toekeer: *Yheremias*: Ic ghedochte dijnre, ende mi ontfarmde dijnre joncheyt ende der minnen dijnre eerster trouwen, doe du mi naghevolghet waerste in der woestinen; ende somtijt mach men bi der joncheyt verstaen gheestelike vruchtbaerheyt: *Job*: Wie sel mi gheven dat ic naden verledenen maenden wesen mach, als ic was in den daghe mijnre joecht, doe mi god heymelic in minen tabernakel was: sijn lanteern sceen op mijn hoeft, ic wanderde /*13va*/ in sinen lichte. Die almachtighe was mit mi doe ic in der butteren mijn voet wesch, ende mi die olye uten steen vloeyde. Ic troestede der weduen herte, ic was den blinden een

---

Gö *De Ha2* *Le3* *Be3*

498 den : sinen *De Ha2* **500** in alle die werlt : in (over *Ha2 Be3*) al eertrijc *De Ha2 Be3* **505** memorien : ghehoechnisse *De Ha2* **507** ghewach : ghehoechnisse *De Ha2* **508** verstaen *De Ha2 Be3* **510** conincs *Gö* **516** mit rechte *om De* **521** als (*om Le3 Be3*) (die wise man) seit *De Ha2 Le3 Be3* **522** (somtijt) nemt men bider ioecht *De Ha2* Als (ieremias) seit *De Ha2* **525** als (iob) seit *De Ha2* **527-9** sijn – mi : ende sijn lanteerne op mijn hovet scheen Doe ic wanderde in sinen lichte en die aelmechtighe mit mi was *De Ha2* **530/1** Ic – armen : Doe ic der weduwen herte troestede ende doe ic den blijnden een oghe (was *add Ha2*) den cropel een voet ende een vader (der *add Ha2*) armen *De Ha2* ic was den blinden een oghe *om Be3*

oghe, ic was den crepel een voet, ic was een vader der armen. *Barnardus*: Als die mensche in deser joncheyt gheleert hevet onderscheit tusschen dat reyn ende dat onreyn, dan wort sijn ghemoede ghenomen uut der menichfoudicheyt ende wort ghebrocht totter vroechden stilheyt; sijn herte wort gherenighet totter minnen, sijn ghemoede wort puerre totten scouwen ende stadiger totten ghebruken, ende coemt hem inder ghelikenisse weder bi, daer hi verre overmids der onghelijcheyt of ghesceiden was. Het */13vb/* waer onmoghelijc dat overste goet te sien ende niet te minnen, ja also veel ende meer te minnen, alst hem ghegeven is te kennen. Dan wort in den mensche een opneminghe des heren ende ons heylighen conincs van Israhel, dat goedertieren ghemode wort wijs ende aensiet die regelen der onwandelbaerre waerheyt, ende formiert haer selven daer uut een manier eens hemelscen levens ende een forme der heylicheyt. Want si scouwet die overste waerheit ende dat daer waer of is, dat overste goet ende dat daer goet of is, dat overste wesen ende dat daer sijn wesen of heeft. Dier waerheyt, dier goetheyt ende dier ewicheyt hanghet si aen mit begheren ende mit minnen. Ende dit is */14ra/* een ghelikenise des aensichts der overster reden, daer die ghelikenisse gods onbeweghelic aen ghevestighet is; dit is een ghedaente die alleen die siele volcomelic in den aensichte gods scoen maket. Als men van Marien, der moeder ons heren, seit: Heylighe moeder gods, du biste scoen ende suet in dinen weelden gheworden. Want si was weerlic in deser pilgrimaedse alleen mitten lichaem, mar mitten ghedachten ende mitten begheerten wanderde si in den ewighen vaderlande. Ende hoe puerre, hoe doerscouwender; ende hoe doerscouwender, hoe scoenre, ende scoenre dan die sonne.

Dat derde capittel.

TREC MI NA DI, WI SELLEN IN DIE ROEKE DIJNRE SALVEN */14rb/* LOEPEN. Dit sijn woerde der bruut, onser moeder der heyligher kerken, die den brudegom, want hi alrede ghecomen is, niet en bidt dat hi coem, mar dat hi die sijn haestelic na hem trecken wil, want si van der werlt sueticheyt ende van der natueren crancheyt seer in den comen ghehindert worden. Daer om badt die propheet *David*: Here, leyde mijn siel uut den carker, dat si dinen naem belien mach. *Gregorius*: So wie begheert ghetoghen te wesen, die heeft wat dat hi wil, ende yets wat dat hi niet en vermach. Want die menschelike natuer, al wil si den here volghen, die ghewoente haerre crancheyt en ghehenghets niet. Want dat

---

Gö De Ha2 Le3 Be3

531/2 Barnardus – joncheyt *:* Als die mensche in deser ioncheit. als sancte bernardus seit *De Ha2* **539** des *:* ons *De Ha2* **540** goedertieren *:* goddienstighe *De Ha2* **541** haer *:* hem *De Ha2* **543** si *:* het *De Ha2* **545** Dier*(1) :* der *De* dier*(2) :* der *De Ha2* dier*(3):* der *De Ha2* hanghet si *:* hanctet *De,* hanget *Ha2* begheerten *De Ha2* **552-4** Ende – sonne *:* puere *(*ende *add Ha2)* doerscouwender ende *(om Ha2)* scoenre ende *(*velle *add Ha2)* scoenre dan die sonne *De Ha2*, Ende hoe puerre hoe doerscouwender hoe scoenre ende scoenre dan die sonne *Be3* **555** Dat derde capittel *:* Na enen anderen sinne *opschrift De*, Die ierste sin *Ha2*, *om Le3 Be3* **556** lopen / in die roke dijnre salven *De* **560** inden comen / seer *De Ha2* **561** David *:* david *(om Ha2)* ende seide *De Ha2*, daniel *Be3*

verderflike lichaem be-/*14va*/swaert die ziel ende die eertsche inwoninghe verdrucket tverstant mit veel ghedachten. *Barnardus*: Dese bruut, die heylige kerke, hadde van Cristo, den brudegom, ghehoert: Ist dat ic vander eerden verheven worde, so sel ic alle dinc tot mi selven trecken. In wilken woerden si vernam een treckelike crachte sijnre verdienten, diese toech totter hopen sijnre ghenaden; een bewesen sijnre exempelen, diese toech totter hoechster volcomenheyt; die sericheyt sijnre pinen, diese toech tot suchten ende tot medeliden; die welrukende salve sijns minnentliken levens, daer hise mede toech tot innicheden ende tot minnen. Dit sijn die vier treckelike ban-/*14vb*/de daer *Ozeas*, die propheet, of seyt: Ic selse in den bande<n> der minnen trecken. *Barnardus*: So wat ic wist dat mi ghebrac, dat haelde ic uutten wonden Cristi. Want die godlike ontfarmherticheyt vloeit mi toe doer die gaeten sonder ophouden, ende die heymelicheyt sijns herten wort mi doer die wonde sijnre side gheopenbaert, ende die inghedoemte der ontfarmherticheden gods, daer hi ons mede ghevandet heeft, worden daer opgheloken. Ende om dat te bewisen, so heeft hi sijn hoeft an den cruce nedergheneyghet, om al die gheen die hem bekeren te cussen mit sinen monde; sijn armen heeft hi uutgherect, want hi die wederkeerres daer-/*15ra*/in wil ontfanghen. *Augustinus*: Here, ic wetet wel dat ic gheens sins totti comen en mach, het en si dat ic di volghe; ende dat vervolghen en vermach ic oec niet, het en si dattu mi helpeste. Daer om bid ic di, dattu mi trecken wilste na di. O hoe salich is die man, die van di sijn hulpe is. Ende hier om, al voelste di trach ende verdrietelijc in den volghen, daer om en wil niet oflaten noch mistruwen in den volghen, mar beghere des hulpers hant ende bidt, als die bruut dede, dat hi di trecke, thent du van sijnre ghenaden vrolic segghen mogheste: Ic heb den wech dijnre gheboden ghelopen, doe du mijn herte wide ontdedeste. /*15rb*/ TREC MI NA DI etc. Die brudegom trecket die sijn in drierrehande wijs. In den eersten mit gaven tot hem te locken, daer die minne in verwackert wort. *Jheremias*: In ewiger minnen heb ic di gheminnet ende daer om ontfarmelike tot mi ghetoghen. In den anderen suetelic van binnen mit innicheden te begaven, daer dat verstant in verlicht wort. Want nyeman, seyt hi, en coemt tot mi, het en si dat hem mijn vader trecke. *Augustinus*: Bistu niet ghetoghen, so bidt dattu ghetoghen moetste worden. Ende waer om hi desen trecket ende dien niet, dat en wil niet vraghen wilstu niet dwalen. In den derden trect hi ons mit hamerslaghen /*15va*/ te castien, daer onse werken opten rechten wech mede ghestuert worden. *Ozeas*: In Adaems banden sel icse in den banden der minnen trecken. Mit desen banden der godliker ghesel worden die boese bekeert, die bekeerde gheproeft ende die gheproefde gheloent. Daer om hietent bande der minnen te wesen, want die sondaer daer mede

---

Gö *De Ha2* *Le3* *Be3*

570 een : ende *De* **571** wenen (medeliden) *De* **574** bande *Gö Be3* **580** neder gheneyghet / anden cruce *De* **581** bekennen *De* **588** dede : bad *De Ha2* **593** In den anderen : Inder ander wise *De Ha2* **597** dat (hi) *De Ha2* **597/8** Inder derder wisen *De Ha2* **599** mede / op den rechten wech *De* **601** die(2) : ende die *De*, ende *Ha2*

ghegheselt wort, niet dat hi bederve, mar dat hi daer of ghebetert wort. Want die hi mit sueticheden niet trecken en mach, die pijnt hi mit slaghen te trecken. Na desen menichfoudighen trecken beghinnet die innighe ziele haestelic te lopen, op dat si niet achter en blive. Also liep David tot dier steden daer hi Golyam, den gigant, niet */15vb/* mit des conincs wapen, mar mit vijf cleen steenkens versloch. Die innighe ziele loept oec mit wiser voersichticheyt, op dat si hoer niet en stote. *Paulus*: Si lopen alle, mar een ontfanghet den prijs. Loept alsoe dat ghijt begrijpt. Die innighe ziel loept oec naden trecke den rechten sekeren wech, op dat si niet en verdwale. *Paulus*: Ic lope also niet als int onseker, die lucht slaende, mar ic castie minen lichaem. WI SELLEN IN DIE ROKE DIJNRE SALVEN LOEPEN. Die salve Cristi is drierhande daer die bruut in lopen sel. Die eerste is sijn godlike leeringhe der ewangelien, daer dat verstant in verlicht wort ende alle dwalinghe verdreven. Die ander is sijn */16ra/* minlike eersamighe leven, daer die minne mede ontfonct wort ende scicket alle goede seden. Die derde is dat werc sijnre overnatuerliker mieraculen die hi dede, die beide verstant ende minne tot hem trecken ende in den goeden weghe onthouden. *Barnardus*: Ic en ontsies mi niet te belien, doe ic selven dicwijl ende alre meest in den beghin mijnre eerster bekeringhe ende noch mit droeghen herten sochte dien mine ziele woude minnen, als ic gheestelike lude of <oec> volcomen mannen sach ende sprac of daer of hoerde, al waren si doot of varre van mi, dat somtijt alleen overmids een ghehuechnisse daer of die gheest gheestede in mi ende dat water der tranen vloeide, ende waren nacht ende dach mijn broet. */16rb/* Wat dede dat, dan die welrukende salve daer si mede bestort waren? Het is groter scaemten waert, dat wi meer van der menschen dan van der ghehuechnisse gods beweghet worden. Daer om roep ic mit versuchten: Honeer sel ic comen ende openbaer wesen voer dat aensichte °mijns gods°? Cristus heeft den wech sijns levens mit onsprekeliker sueticheyt sijnre salven wel doen ruken, also dat hi mit reden wel segghen mach: Wat soude ic di meer doen, ic en hebt di ghedaen? Ic heb di gheplant als mijn alre scoenste wijngaert, ende du biste mi alte bitter gheworden, ende du hebste minen dranc mit galle ende mit edic ghemenghet. Mijn volc wat heb ic di ghedaen, of waer in heb ic di ghedrucket? */16va/* Ic leyde di uut Egipten duer die woestine ende voede di xl. jaer mit hemelschen broede, ende brochte di in een lant dat goet ghenoch was, ende du hebste dinen behouder een cruce bereyt. Ic heb den blinden siende ghemaect, ic heb den ghevanghen verlossent, ic heb den verdwaelden weder te weghe ghebrocht, ic heb den misdadighen

---

Gö De Ha2 Le3 Be3

603 verbetert *De Ha2* **608** voersichticheyt *:* voersienicheit *De,* sorchvoldicheiden *Ha2* **610** begripen *De Ha2* **611** niet / also *De Ha2* **616** eersame *De Ha2* scicket *:* besettet *De Ha2* **620** ende *om De Ha2* **621** dat *(*als*) De Ha2* **622** oec *om Gö* <eciam> ende *:* of *De Ha2* **624** in mi / gheestede *De Ha2* **625** anders *(*dan*) De Ha2* **628** wanneer *De Ha2 Be3* openbaer wesen *:* openbaer verschinen *De,* openbaren mi *Ha2* **629** gods mijns *Gö* **631** di*(1) om De* **632** du*(2) om De Ha2* **634** bedruct *De Ha2 Be3* **636** goet *(*goetghenoch*) De*

versoent. Ende wie en soude niet gheern lopen na dien, die ons van der dwalinghe helpt, die die misdaet vergheeft, die mit sinen leven ons die verdiente meerret, die mit sinen sterven ons dat loen verdient heeft? Hi is die wijsheyt in der leeringhe, gherechticheyt in die sonden te vergheven, heylicheyt in sinen leven, verlossinghe in sinen liden. Daer om, mijn alre liefste, LAET ONS LOPEN IN DIE */16vb/* ROKE VAN DESER SALVEN, ende segghen mitter bruut: Verlicht mijn oghen, op dat ic gheen tijt in der doot ontslaep en worde, so bin ic wijs. Die misdaet ende die onbekentheyt mijnre joecht, here, en wil niet ghedencken, so bin ic gherechtich. Here, leit mi in dinen weghe, so bin ic heylich. Nochtan, here, het en si saec dat dijn bloet voer mi bidde, ic en mach niet behouden worden.

Na enen anderen sin.

TREC MI NA DI. Dit sijn woerde der innigher zielen, die, want si van den smaec der godliker sueticheyt verwackert was, so bidt si van den brudegom opwarts ghetoghen te worden totten ontoegangheliken licht daer nyement toe comen en mach, het en si dat hi van den vader daer toe ghetoghen worde. */17ra/* Daer om seit si: TREC MI NA DI, dat is, stort in mi dijn treckelike raeyen, die mi opwarts trecken ende werken totti. Want ic bi di begheer te comen, mar overmids mi en vermach ics niet. Daer om, here, Jhesu Criste, verlicht, ontfonc ende maec reyn mijn herte, op dat ic di in dinen lichte bekennen mach, ende als ic di kenne, minnen mach, ende als ic di kenne ende minne, soeken mach, ende als ic di soeke, totti come, ende als ic totti ghecomen bin ewelic dijns te ghebruken, rusten mach. Ende waer om die innighe ziele dese ruste suect, bewijst sinte *Augustinus* inden boec sijnre biechten, daer hi aldus tot onsen lieven here gode seyt: In alle dese dinghen die ic mitten ghemoede doer-*/17rb/*loepe om raet ende om hulpe te vercrighen, en vinde ic den voeten mijnre zielen gheen seker stede, here, dan in di. Somtijt laetstu mi in [mi] een seer onghewoenlike minlike begheerlicheit, ic en weet wat sueticheit dat dat is, ende wordse te vollen volbrocht in mi, ic en soude mijns selfs niet moghen bliven. O mijn god, daer om ghif mi di ende anderwarf ghif mi di, op dat al mijn leven in dijnre minnen loep ende nymmermeer daer of en keer, thent dattet int verborghen dijns aensichts verborghen *worde. Want ic weet dat mi nymmermeer wel worden en mach sonder di, ende alle volle rijcheyt die god niet en is, is mi een armoede. O du oude sueticheyt, hoe nye bistu, hoe laet heb ic di ghekent,

---

Gö *De Ha2* *Le3* *Be3*

640 ons / mit sinen leven *De Ha2* **641** ons / mit sinen sterven *De Ha2* **643** ende *(*verlosinghe*) De Ha2* **645** ende *(*so*) De Ha2* **647** ende *(*so*(1)) De Ha2* ende *(*so*(2)) De Ha2* **652** was *:* is *De Ha2* **659** kenne*(1) :* bekenne *De Le3*, *om Ha2* minnen – kenne *om Be3* **659/60** kenne*(1)* – di *om Ha2* **660** come *:* comen mach *De Ha2 Le3* **661** mach / rusten *De Ha2* dat *(*bewijst*) De Ha2* **662/3** onsen lieven here gode : gode *De Ha2*, onsen here *Be3*, onsen here gode *Le3* **663** seyt *:* spreect *De Ha2* **665** *(*in*(2))* mi *Gö* **666** *(*begheerlicheit*)* comen *De Ha2* **670** verborghen *:* verhudet *De Ha2* warde *Gö* **671** die – is*(1) :* die du mijn god niet en biste *De Ha2* **672** bekent *De Ha2 Be3*

/17va/ hoe laet heb ic di ghemint; ic bin van di ghegleden ende van dijnre stadicheyt in mijnre joecht seer ghedwaelt, ende bin mi selven een lantscap der armoede gheworden. Hier om mochte die minnende ziel, gheruert van der godliker sueticheyt, wel segghen: TREC MI NA DI. O Jhesu, fonteyn der godliker claerre wijsheyt, TREC MI mitter levendigher invlietinghe dijnre godliker goedertierenheyt NA DI, tot di ende in di, want du biste beghin ende eynde, die eerste ende die leste, ende ruste ende vrede, ende dat sloteynde van allen begheerten der innigher zielen, op dat ic ende mijn ghelijc mit vierigher begheerten sonder ophouden loepen moghen in die roeke dijnre salven */17vb/* die allen begheerten boven *gaen. [*Na enen anderen sin*] WI SELLEN IN DIE ROEKE DIJNRE SALVEN LOEPEN. *Vercellencius*: Bider ROEKEN is die oververstandelike suete lucht die dat ghemoede verwect, beteikent; bi DEN LOEP die vierige begheerte[n], die mit ghewelde tghemoede doet mit enen verhanghen opwart crighen, ende is hier in ghelijc den herten dat een snel dier is ende veel loepen mach ende grote ghenuechte heeft in veel te loepen. Al des ghelijc is een scouwende ghemoede recht als een uutghesent hert, want overmids der ghenade des scouwens loeptet veel ende mach veel loepen, ende hoe dattet meer loept, hoe dattet hem inder sueticheyt des scouwens meer te loepen begheert. */18ra/* Hier in en gheliket alsulken ghemoede den vlienden voeghel niet, mar den loependen herten. Want een voeghel is varre van der eerden in der luchte verhanghen, ende die eerde moet dat herte in sinen loepen draghen, ende al wortet somtijt van der eerden mit allen verheven, nochtan en isset in sinen hoechsten spronghen niet verre van der eerden ghesceiden ende moet cort weder op die eerde nederdalen. Die innighe ziele en seit niet sonder sake totten brudegom van sijnre salven, want al ist dat die roeke van menigherhande ander salve<n> die ziele na den brudegom doet gaen, die roeke van sijnre salven doetse na hem loepen. *Barnardus*: Here, mijn herte en is */18rb/* noch niet ghecomen totter menichfoudicheyt dijnre sueticheyden die du dinen kinderen verborghen hebste, mar ic worde een luttelken alleen vander roeken ghetroest die van varren tot mi coemt, ende is mi suet boven allen roeke der balsamen. TREC MI NA DI. Die innighe ziele begheert ghetoghen te wesen van den drie personen in der heyligher drievoldicheyt. In den eersten van den vader, die een oerspronghelike fonteyn alre godliker uutvlietinghe ende een eerst beghin alre volcomenre, inreliker treckinghe is. Want elke beste gave[n] ende elke volcomen ghifte[n] is van boven nederdalende van den vader des lichts, die sonder alle wandelbaer-*/18va/*heyt is. Dese trecket die minnende

---

Gö *De Ha2* *Le3* *Be3*

673 ende *(*hoe*) De Ha2* **684** moghe *De* **682** gaet *Gö* <exsuperant> **682** *(*gaen*)* na enen anderen sin *Gö* **684** verweect *De* die *:* der *De* **685** begheerten *Gö De Le3 Be3* <desiderium> **690** -tet *om De Le3* **691** begheert *:* lustet *De Ha2* vlieghenden *De Ha2 Be3* **695** spronghe *De Ha2 Le3* **698** salve *Gö Le3* <unguentorum> Trec*(703)* – begheeren*(774) na* gaen *trnsp De Ha2* **706** elke *:* alle *De Ha2* gaven *Gö De Be3* <datum> **707** elke *:* alle *De Ha2* ghiften *Gö Le3* <donum> **707/8** der lichten *De Ha2*

ziele tot hem selven, die der uutvloyender fonteynen ghelijct ende weder in hem selven keert. Hi is een overschinende licht, hi is een eenvoldich simpel licht, hi is een levenmakende cracht, hi vervollet ons mit hem selven, hi bekeert ons, hi trect ons tot sijns selfs eenheyt ende tot sijnre godliker simpelheyt, als sinte *Dionisius* in den boec van den enghelen seit. Van desen trecke seit oec sinte Augustinus: O vader der waerheyt, vader der wijsheyt, vader des oversten ende des waerachtighen levens, vader der goetheyt, vader der salicheyt, vader alle dies datter */18vb/* goet ende scoen is, vader des verstandeliken lichts, vader alle onse<r> verwackeringhe ende inlichtinghe, vader des pandes daer wi in vermaent worden weder totti te keren. Dit pant trect die siel overmids verwackeringe der innerster begheerten ende heymelike ingheestinghe des ghemoeds. Want vleysche ende bloet en mach dit den innighen mensche<n> niet openbaren, mar die vader die inden hemel is. Aldus wort die memorie of die ghehuechnisse vanden vader ghetoghen, want si een beelde des vaders is, als in *Moeyses boec* ghescreven staet: In elke stede daer men mijns naems ghedenct, sel ic comen ende die benedien. Inden */19ra/* anderen *begheertse ghetoghen te wesen vanden soen, ende dat in der verstandelheyt, want die verstandelheyt hiet een beelde ende een ghelikenisse des soens te wesen. So wanneer wi in desen leven gode yets wat verstaen, so coemt in onsen verstande iets wat ghelikenisse gods, ende dat is dat woert daer ons god hem selven in openbaert. Daer om bidt die minnende ziele van den soen in den verstande ghetoghen te wesen, want si overmids haer selven hem niet volghen en mach totter fonteynen daer die vader in ghescouwet wort. Want [dat] die soen die dat woert des vaders is, heeft hem in den oversten deel des verstaents */19rb/* recht als een springhende hert, op dat hi die innighe ziele verwackeren mochte totter ewigher scouwinghe opwarts al springhende te prighen. Mar dese treckinghe en wort niet volbrocht, het en si dat hem dat verstant vander ydelheyt der wandelbaerre creaturen trecke ende leen alleen op die waerheyt die onwandelbaer is. Recht als die berch van Syon, die boven die ghemeen eerde van der werlt ydelheden verheven is. Dit is die salighe ure die coemt ende nu is, dat ons in ghelikenissen niet toeghesproken en wort, mar openbaerlic vanden vader gheboetscapt. Dit is die salighe ure die comet ende nu is, dat die waerachtighe aenbeders – */19va/* die de vader soect – noch te Jherusalem, noch in den berch den vader en bidden, mar in den gheest ende in der waerheyt. Dit is die ure daer die ziele een voersmakende beghinsel des ewichs levens in ontfanghet. Want dat is ewich leven, vader, di alleen een waerachtichen god te kennen, ende Jhesum Cristum dien du hebste ghesendet.

Gö De Ha2 Le3 Be3

715 groetheyt *De Ha2* **716** is / ende schoen *De* **717** onse *Gö* <euigilacionis> **720** den *om De Ha2* **721** mensche *Gö* <deuotis> **725** begheerdse *Gö*, begheerdese *Le3* <petit> **732** *(*want*)* dat *Gö*, daer *De Ha2* heeft hem / die soen die dat woert des vaders is *De Ha2* **735** prighen *:* presentieren *De Ha2*, springhen *Be3* **741** *(*dat*)* ons in ghelikenissen niet toe ghesproken en wort mer openbaerlic *De* **745** bekennen *De*

Augustinus: Men minnet niet dan dat men kennet, ende hoe ment meer kent, hoe dat ment meer begheert ende minnet; ende wantet den wille toehoert overmids der minnen te begripen, te smaken, te ghebruken ende in den gheminden ghenuechelic te vreden te wesen – ende als *Hugo* seit, so en rust die minne niet, thent si alle begheerlike afgrondicheyt des ghe-*/19vb/*minden doervaren heeft –, daer om begheert die minnende ziele, als si mitten scijnsel der godliker kennisse verlicht is, oec ghetogen te wesen van der minliker goetheyt des heylighen gheests totten oerspronghheliken ghebruken ende onversceideliker eninge der godliker goetheyt, ende begheert ende seyt: TREC MI NA DI. Ende dat daer om, als oec *Dionisius* seyt: God baert mit sijnre overweseliker goetheyt sijn minne mit begheerten in allen creaturen, ende is hoerre alre een toetreckelike cracht tot hem selven. Want minne is een beweghende opwerckende cracht alle dinghe weselic haer te begheren. Dese minlike treckinghe ghesciet in den wille, daer die ziel na totten beelde des */20ra/* heylighen gheests ghescepen is. *Augustinus*: Niet en is den heylighen gheest alsoe ghelijc als die minnende wille, *Hugo*: Want die minne wil die ziele eenmaken mitten gheminden. Mar dese treckinghe en wort niet volbrocht, het en si dat die wille ghelijc in hem selven vergadert si, ende ontfoncket mitter viericheyt des heylighen gheests, ende volcomelic in sijn overste begheerlicheyt ghestuert, ende onversceidelic daer in ghetransformiert; want die minlike god alle die begheerten der gheenre die sijnre begheren, inrelijc ende onwederboghelijc mit */20rb/* allen sonder ophouden tot hem selven trect. *Vercellencius*: Ende hier om, als die innighe ziele in den berghe<n> der alre vierichster begheerten doer die weghe der ewicheyt aldus ghetoghen wort, dan en hietse in dese werlt niet te wesen, want si waerliker is daer si minnet dan daer si den lichaem tleven gheeft. Hier na bewijst si dat si die overvloedicheyt des godliken troest vercreghen heeft, daer si seit: WI SELLEN LOPEN IN DIE ROKE DIJNRE SALVEN. Dese roke doet alle ander dinc missmaken ende na Jhesum alleen dorsten ende begheeren.

Dat iiii capittel

DIE CONINC HEEFT MI INGHELEYT IN SIJN KELREN. WI SELLEN HOGHE VERVROUDEN ENDE VERBLIDEN IN DI, ENDE GHEDENKEN DIJNRE BORSTEN BOVEN DEN WIJN. */20va/* Die coninc der coningen ende die here der heren heeft sijn bruut, die heylighe kerke, ingheleyt hier in desen teghenwoerdighen leven, daer si in enen spieghel scouwen mach dat si in den toecomenden leven van aensicht tot aensichte ghebruken sel. *Gregorius*: Ons conincs kelren sijn die heymelicheden der scrifturen, die men ondersoken sel, ende deser kelren en is

---

Gö De Ha2 Le3 Be3

746 *(*hoe*)* dat *De* **752** wesen *:* werden *De Ha2* **761** Hugo – minne *:* Want als hugo seit die minne *De Ha2* **765** ghetransformiert *:* overgheformet *De Ha2* **767/8** Vercellencius – hier om *:* Ende hier om als verselencis seit *De Ha2* **768** berghe *Gö* <montibus> **775** Dat iiij capittel *:* Introduxit me rex *opschrift De Ha2, om Le3 Be3* **778** den *om De*

niet een mar veel, overmids menigherhande sin der bedudinghen die wi daer in vinden. Die sommich is na der letter, recht als die ystorie gheleghen is daer die uutwendighe menschen mede gheleert worden; die sommich is die seden te recht mede te scicken; die sommich is ieghens */20vb/* die wedersaken ons mede te wapenen; die sommich is vanden ewighen costeliken dinghen, als van der vroechden der hemelscher saligher gheesten, van haerre woeninghen, ende van der glorien der drier parsonen in der heyliger drievoudicheyt. Na enen anderen sin moghen wi bi den kelre verstaen dat hulpelike onderstant der heyligher kerken, dies die ziele, doe si overmids den sonden van gode sceide, haer onweerdich hadde ghemaect ende nu weder te ghenaden ontfanghen is. Die mach wel segghen: DIE CONINC HEEFT MI INGHELEIT IN SIJN KELREN. Die kelren sijn steden daer men in pleghet te onthouden voetsel daer men bi levet, medicinen daer men */21ra/* bi gheneest, ende scat die men vergadert heeft. Dat voetsel daer men of levet, is die gheestelike kerstelike leeringhe; die medicinen sijn die sacramenten der heyligher kerken; die gheestelike scatten sijn die costelike claer verdienten Cristi ende alre heylighen, die men in der heyligher kerken vijnt. Hier of staet in *Moyses boeken* ghescreven: Die here sel uutsenden sijn benedictie over al die kelren. WI SELLEN HOGHE VERVROUDEN ENDE VERBLIDEN IN DI, ENDE GHEDENKEN DIJNRE BORSTEN BOVEN DEN WIJN. Hier beliet die bruut, die heylighe kerke, die vrucht van dierre inleydinghe, daer si haer niet in en verheffet, mar in den ghemoede hoghe verblidet ende ver*/21rb/*vroechdet. Want hoe een volcomeliker na verdienten sijns levens ingheleyt wort die verborghenheit der heyligher scrifturen te verstaen, hoe dat hi van der goetheyt sijns inleyders meer verhueghet ende hoghe verblidet. *Augustinus*: Daer worden die reyn weelden uut gheputtet, tot gheenre stat en vijnt men riker materie te verwonderen, nerghent en vijntmen meerre reescap ghenuecht uut te sceppen.

Na enen anderen sin.

DIE CONINC HEEFT MI INGHELEYT IN SIJN KELREN etc. Dit moghen oec woerde wesen der innigher zielen die haer seer verblijt dat si overmids den scouwen in die kelren des oversten conincs ghebrocht wort. Want die godlike wijs*/21va/*heyt lichtelic ghevonden wort van den ghenen die se minnen, so toernt si haer seer dat men haer volle mildicheyt niet en acht ende dese cleyne verganckelike dinghen stadelijc van haer bidden wil. Ende daer om, so wie begheert verhoert te wesen, die sel mit reynen ghebede die onghescepen wijsheyt, die een besitster der stolen gods is, van gode eysschen – diese overvloedeliken gheeft ende niement en verwijt, als sinte *Jacob* seyt –, want

---

Gö De Ha2 Le3 Be3

783 alleen *(*een*) De Ha2* **785** die*(1) om De Ha2* **786** die*(1) om De Ha2* **787** mede *om De* die *om De Ha2* **791** den *om De Ha2* **802** dierre *:* -der *De Ha2* **803** in*(1) om De* **804** vervroechdet *:* vervrouwet *De Ha2* **806** verhueghet *:* vervrouwet *De Ha2* **807** Augustinus – worden *:* Daer worden als augustinus seit *De Ha2* die *om De Ha2* **813** wijn *(*kelren*) De* wort / ghebracht *De*

die bruut die een luttel hier te voeren na den brudegom begheerde ghetoghen te wesen, gheliet nu mit volherteliker vroechden dat si alrede ingheleyt is, ende seyt: DIE CONINC HEEFT MI IN SIJN KELREN GHELEYT. */21vb/* Die coninc is in desen boec die eerste naem die die bruut haren brudegom gheeft, ende bewijst daer in dat die edel hoghe gheboren ghemoeden niet mitter minnen der nederster snoeder dinghen, mar mitter minnen der groter costeliker hemelscher dinghen becommeren sellen. *Seneca*: Ic bin groet ende tot meeren dinghen gheboren dan een knecht mijns lichaems te wesen, den vergancliken lichaemliken dinghen aen te hanghen. Want nader waerheyt wort die edelheyt des herten veel bet ghedient overmids edelheyt der minnen dan edelheyt des bloets, want minne is een leven datten minre een maect mitten gheminden. *Augustinus*: */22ra/* Min heeft een overformende cracht. *Hugo*: Dit is der minnen cracht, dat si di van noede alsulc maect, als dat is dattu minneste. Ende want die bruut haer edelheyt meerre maken woude, so veronweerdese al dat beneden den brudegom was mit minnen daer an te hanghen. Ende hoe sulc of hoe groet dat hi was daer si haer mit minnen an ghebonden hadde, bewijst si mitten woerden, daer si seit: DIE CONINC, mar niet een yghelic coninc, mar die coninc die in sinen clede ghescreven heft: die coninc der coninghen ende here der heren; die ist die MI INGHELEYT HEEFT IN SIJN KELREN overmids den scouwen in desen leven, ende sel mi */22rb/* inleyden in den ghebruken van aensichte sonder middel tot aensicht in den toecomenden leven. O hoe salich is hi die van sinen wijn drincken mach ende des goedertieren vrien brudegoms minre gheworden is. Si badt eerst mit reynen ghebede oetmoedelic van hem ghetoghen te wesen, ende cort daer na wort si in sinen kelren gheleyt. *Barnardus*: Isser yement van u die licht een corte ure van hem selven ghetoghen wort, also dat hem gheen misdaet en wroghet, gheen sorghe en belast, noch gheen lichaemlike beelden en becommeren, die mach hem wel verbliden ende segghen als hi weder tot ons coemt: DIE CONINC */22va/* HADDE MI IN SIJN KELREN GHELEYT. Die innighe ziele, op dat si overmids ondancsamicheyt niet onweerdich en worde des godliken troests, so en wil si die gaven der godliker minnen niet vergheten. Want al dat ander dat men der zielen gheven mach, en vordert niet; ende al vorderdet wat, het en versadet niet; ende al versadet eens deels, het en vernoghet niet. *Augustinus*: Ic, onsalich mensche, hoe seer waer ic minen god sculdich te minnen, dit ende dit heeft mi mijn god ghedaen, daer mi ghenuechlic is altoes of te denken, altoes of te spreken ende hem altoes of te danken, op dat sijn minne altoes in mi ghemeerret worde. *David*: Mijn herte is warm */22vb/* in mi gheworden, ende in minen ghedachten is dat vier ontsteken. Is hi om dinen willen totter eerden nederghedaelt, so begheer du

---

Gö *De Ha2* *Le3* *Be3*

822 wijn *(*kelren*) De Le3* ingheleit *De Ha2* **833** veronweert si *De Be3* **834** hoe sulc *:* hoe daen *De Ha2* **843** wesen *:* worden *De Ha2* **848** ondancsamheit *De Ha2 Be3* **853** want *(*dit*) De Ha2* **856** in mi / warm *De Ha2* **857** nederghedaelt *:* neder gheclommen *De Ha2*

doch den hemel om dijns selfs wil. Is die werlt suet, Cristus is veel sueter, die alle pijn an den cruce om dinen willen gheleden heeft. *Ancelmus*: Heer di in ghehuechnisse te hebben is suete boven honich, dijnre te ghedenken versadet meer dan alle die werlt, van di te spreken is volle ghenoecht, di te kennen is een seker troest, di aen te hangen is ewich leven, van di te sceyden is die ewighe doot. Du biste een fonteyn des levens den ghenen die na di dorsten, du biste een onver-*/23ra/*ganclike spise den ghenen die di hongheren. Hier om moghe wi wel mit rechte HOGHE VERVROECHDEN ENDE VERBLIDEN, GHEDACHTICH DIJNRE BORSTEN.

Dat vijfte capittel.

DIE RECHTE MINNEN DI. Dit sijn recht woerde der gheenre die kerstelic in den ghelove staen ende rechte werken doen. Want alle die recht van herten sijn, minnen gode boven al, ende so wie iet boven sijnre minnen set, daer hijt al of heeft dat hi heeft, die en mach niet recht hieten. Dat hiet oec recht te wesen, als dat middel beide den utersten eynden ghelijc is. Nu is god onse beghin ende onse eynde, hier om, so wie in al sinen werken gode in den be-*/23rb/*ghin ende in den [den] eynde voerneemt, die mach wel recht hieten. *Barnardus*: En achts niet, so wie du biste, al ist dat die verkeerde ende die den rechten smaec niet en hebben, om enigherhande ghenade die di van gode ghegheven is, op di spreken ende dat int best niet en trecken, want die sachtmoedighe ende die rechte van herten sijn verbliden des te meer mit di. En acht die onrechte berespinghe niet der blasphemierren, alstu weetste dat di die rechte minnen. Het is een salich volcomen troest als wi al weldoende van den boesen benidet worden, want DIE RECHTE MINNEN DI. Een goet gherucht */23va/* onder die goede mitten ghetughe der goeder consciencien is ons ghenoch teghen al die quaetsprekende monde. Wat is onbehoerliker dan in enen rechten lichaem een crom ghemoede te draghen? Een eerden vat heeft sijn mont ende sijn oren opwaerts staende, mer een gheestelic hemels creatuer keertse neder in der afterspraec totter eerden. O ziele gods, scame di dattu in die ghelikenisse der varken ghewandelt biste; scaem di int slijc te legghen bliven, want du biste van den hemel. Het en behoert daer niet toe datter beesten gheest in enen menscheliken lichaem wonen sel. Aldustanighe zielen en moghen den brudegom niet minnen, */23vb/* mar DIE RECHTE MINNEN DI. O heylighe ziele, so wanneer du den quaden mishageste, so verblijt di des te meer ende scrijf der quader ghetughe dinen waerachtighen love toe.

Na enen anderen sin.

DIE RECHTE MINNEN DI. Dit sijn woerde der scouwender zielen die hier te voeren van haren overgroten troest haers brudegoms sprac ende hem nu mit

---

Gö De Ha2 Le3 Be3

859 om dinen wil / anden cruce *De Ha2 Le3 Be3* **862** een *om De* **865** vervroechden *:* vervrouwen *De Ha2 Be3* **867** Dat vijfte capittel *:* recti diligunt te *opschrift De*, Die ierste sin *opschrift Ha2*, *om Le3 Be3* **868** recht *:* rechte *De Ha2*, *om Be3* **868/9** in den ghelove *om De* **872** ghelijct *De* **874** *(*den*)* den *Gö* **882** -ten *om De Ha2* **887** te *(*bliven*) Ha2* bliven *om De* **888** daer niet toe *:* niet *Da Ha2* **890** so *om De Ha2*

groten love verheffet, daer si seyt: DIE RECHTE MINNEN DI. Want du den ghenen die di minnen mildelic gheveste dijn gaven, du biste den dorstighen een fonteyn des levens, du biste den hongherighen dat levende broet. *Vercellencius*: Die alre beste manier gode te soeken, is recht /*24ra*/ opwarts boven alle verstande ghewrocht ende ghestrecket te wesen, thent dat overste des ghemoets van alre materien ghesceiden is ende loep in den ghenen die overweselic boven allen dinghen is ende mit volre onbekentheyt den onbekenden kenne. Want een volcomen onweten is den ghenen te kennen die boven allen dinghen is die men kennen mach; dit is mit Moeysen in die duusternisse ghegaen ende op den berch van Syna, daer hem alle goet vertoghet wort doe hi als ghebuer mit ghebuer ende vrient mit vriende mit gode sprac. Dat is recht, dat sijnre regulen daert na ghemaect is, medeformich ende ghelijc is. God is een rechte /*24rb*/ reghel alle dies dat hi ghemaect heeft, ende so wie na dier reghel ghereghelt staet, die mach wel recht hieten; ende op dat wi dese rechte reghel te bet souden gheliken, so heeft hi ons enen rechten lichaem ghegheven. Alle gheestelike rechtheyt moet recht staen na der hoecheyt, na der diepheyt, na der breetheyt ende na der lancheyt. Die hoecheyt is gheleghen in den scouwen der overster dinghen. *Job*: Is<t> dat du vroe tot gode warts recht opstaetste, ende den almachtighen bidste, ende du reyn ende recht voer hem biste, rechte voert sel hi hem wackerlic tot di keren sijn sueticheyt di mede te deylen. Hier om seit *die wise man*: Laet dijn oghen rechte /*24va*/ dinghen sien. Die diepheyt is gheleghen in den ofsniden alre eerdscher aenhanghelicheyt. *Die wise man*: Des gherechtighen menschen toepat is recht in te wanderen. Dese rechte toepat is ghewillighe armoede in den gheest, want dat middel daer of is beide den beghin ende den eynde ghelijc. Wi en hebben in dese werlt niet ghebrocht, ende wi en selre sonder twivel niet uut moeghen draghen. Dese ghewillighe armoede nader diepte mach wel een recht toepat hieten, want men daer eer ende naerre mede te gode coemt, overmids dat dat rijc der hemelen alrede in der teghenwordicheyt der ghewilliger armen is. Daer om heeft die here selve den rechten /*24vb*/ toepat der willigher armoeden beide mitten leven ende mitter leren ons bewijst, als *die wise man* seyde: Hi sel dijn voertganghe recht maken, ende dijn weghe sellen in vreden ghestuert worden. Die breetheyt is gheleghen in die wide uutreckinghe der caritaten noch vriende noch viande buten der minnen te sluten. *Augustinus*: Mijn minne is mijnre zielen voet, daer van wordic ghedraghen so waer ic gae. Dan sijn onse voete der sielen recht, so wanneer onse minlike begheerten niet weder omghecromt en staen tot uutne-

---

Gö De Ha2 Le3 Be3

906 een (recht*) De* reghelen *De Ha2 Be3* **908** dier *:* -der *De* **911** rechticheit *De Be3* **912** ende *om De* **913** Ist *:* Is *Gö Ha2 Le3* **915** di *:* hem *De* **917** *(*man*)* seit *De Ha2* **918** gherechten *De* **919** willighe *De Ha2* **921** willighe *De Ha2* **924** willigher *De Ha2 Be3* armen *:* armoeden *De Ha2* **925** -ten *om De* **926** -ter *om De* **927** breetheyt *:* brede *De* **928** caritaten *:* minnen *De Ha2* **929** ende *(*daer*) De Ha2 Be3* **930** so*(1) om De* onse – sielen *:* die voete onser sielen *De Ha2* so*(1) om De Ha2*

minghe der parsonen overmids vermengheder minnen, mar tot allen menschen uutgherecket na ghelikenisse der god-/*25ra*/liker minnen, daer wi dit ghebot of hebben: So wie gode mint, dat hi oec sinen brueder minne. Die lancheyt is gheleghen in die heylighe volherdinge totten eynde toe, want die volherdet, die sel die croen ontfanghen ende behouden bliven. *David*: Hi selse leyden inden rechten wech, op dat si gaen moghen in die stat der woeninghen. *Die wise man*: Die here heeft den gherechtighen doer die rechte weghe gheleyt ende hem vertoghet dat rike gods. Hier om mach die minnende ziele wel segghen totten brudegom: Die aldus recht staen, dese RECHTE MINNEN DI. Ende al isset dat alle die rechte di minnen, nochtan die in der hoecheit die ewighe dinghen scouwen, /*25rb*/ die minnen di alre suetelicste ende alre ghenuechlicste; mar die recht sijn na der diepheyt in den ofsniden alre eertsheyt, die minnen di alre reynlichste ende puerlicste, want haer minne van alre onpuerheyt alre reynste is; mar die recht sijn in der breetheyt mit wider uutghesperder caritaten, die minnen di alre hoechlicste; mar die recht sijn in die lancheyt der saligher volherdinge, die minnen di alre trouwelicste ende alre orberlicste. Den rechten mensch behoert in den eersten mael een rechte meyninghe te hebben in al sinen werken, die sonder enighe ommecromminghe tot gode als totten utersten eynde sijnre begheerten te stueren, want hi van hem sijn we-/*25va*/sen, sijn leven, sijn bevolen, sijn wil ende al dat hi vermach, ontfanghen heeft. *Gregorius*: Die heylighe manne sellen alle dinghen totten love hoers sceppers doen ende alleen tot hem warts tiden, op dat die rivieren wederkeren tot dien steden daer si uutghecomen sijn om anderwarf weder te vloien. Dese rechte meninghe begheerde *David*, doe hi badt: O here, vernie den rechten gheest in minen binnensten. *Paulus*: Eet ghi, drinct ghi, ende so wat ghi doet, dat doet totten love gods. Ten anderen mael moet die toernlike cracht in hem oec recht wesen, dat hi hem inder voerspodicheyt niet en verheffe, noch in der wederspodicheyt niet te seer en verwarpe, op dat hi seg-/*25vb*/ghen mach mitten rechten *Job*: Isset dat wi dat goede van ons heren gods hant ontfanghen hebben, waer om en soude wi [oec] dat quade oec niet mede liden? God gaf, god nam, hi dede als hem behaghelic was, sijn naem si ghebenedijt. *Gregorius*: God, die den mensche uut sijnre goedertierenheyt ghescapen heeft, en laets nymmermeer mit onrecht liden. *Augustinus*: Die sijn in der heyliger scrifturen recht van herten ghehieten, diet quade der werlt liden ende dat gode niet en witen. Ende wie sijn recht van herten, dan die haren wille mitten wille gods verenighen? Niet die den wille gods na den haren willen rechten, mar die mit Cristo willen seggen: Vader, niet mijn wille, /*26ra*/ mar dijn wille moet ghescien. Van

---

Gö *De Ha2* *Le3* *Be3*

935 die*(3) om De* **938** *(*man*)* seit *De Ha2* **939** heeft *(*hem*) De Ha2* **940** staet *De* **942** di *om De* **945** uutghesperder *:* wtghespreider *De Ha2 Be3* caritaten *:* minnen *De Ha2* **948** mensch – den *:* menschen behoren ten *De Ha2* **955/6** binnensten *:* innersten *De Le3 Be3* **956** ende so *om De* **958** inder voerspoedicheit / hem *De Ha2* **959** hem *(*niet*) De Ha2* **960** handen *De* **961** *(*wi*)* oec *Gö*

aldustanigen rechten wille was die rechte *Job* seer ghepriset dat hi een simpel man was ende een recht man was, gode ontsiende, ende keerde hem van allen quade. *Hugo*: Nieman en mach ghequetst worden in enighen dinghen, dan in dien dinghen die hi minnet. Ende daer om, die god alleen mint, die men hem niet ontnemen en mach, die en pleghet niet ghequetst te worden; ende want hi alle vernoghen in gode hevet, so en wil hi buten hem niet soeken. Ten derden mael moet dat verstandelike oghe des ghemoets in die waerheyt des gheloefs, overmids enen ghehelen onweten alre creaturen, recht */26rb/* opwarts sonder bughen in gode ghestuert worden. Ende want hi varre boven allen dinghen is die[n] men kennen mach, so moet dat oghe der verstandelheyt mit Moysen recht opwarts in die duusternisse wanderen, niet tot hem selven weder om te keren, daer die rechte volcomenheyt der minnen in gheleghen is. *Hugo*: So wie aldus gherecht staet, die minnet gode mitter minnen scarpicheyt, dat anders niet en is dan mit rechter kennisse tot hem warts te tiden. Die twee apostelen die tot Emaus wanderden, hadden die beroerlicheyt ende die viericheyt der minnen, want si arbeiden van buten ende waren seer vierich van binnen. Mar hem ghebrac die scarpicheyt */26va/* der minnen, want si hem niet en kenden dien si minden. Die scarpicheyt der minnen beduut een overgrote druusticheit der minnen ende der doerdringhender vierigher begheerten daer te willen wesen daer die gheminde selve is; ende niet alleen daer hi is, mar mit hem; ende niet alleen van hem *verwermt te wesen, mar oec in hem mitter scarpicheyt der minnen te dringhen. Want gaestu niet in dinen gheminden, so blijfstu buten staende; du mogheste minnen, mar die scarpicheyt der minnen en hebstu niet, want du bliveste plomp ende onverstandel ende trach, buten hem ghesceiden ende een ander van dinen gheminden, ende daer om en mogheste niet een mit hem worden. **Linconiensis*: Die min-*/26vb/*ne en rust niet, thent si alle die afgrondicheyt des gheminden na haerre moghelicheyt doervaren ende doerdronghen heeft, ende dan wort die minnende ziele ghedwonghen te segghen ende te roepen: MIJN GHEMINDE IS ALTEMAEL BEGHEERLIC. Ten vierden mael behoert enen rechten mensche toe, dat hi in allen creaturen niet begheerlics en sette, dan in dien daert gods deelachtich is. *Augustinus*: Die ziele minnet god veel te cleyn, die mit hem yet minnen wil dat si om sinen wille niet en mint. Tot deser rech<th>eyt vermaent ons die here, daer hi in Moyses boec seyt: Ic hebbe die ketene uwer halse ghebroken, dat ghi recht op voert sout gaen. Ende om dese */27ra/* oprechtinghe des ghemoeds ons te leeren, so hout die scriftuer dat die hemelsche enghelen ende die gheestelike *manne staen. *Richardus*: Als die siele aldus opgherecht staet, so minnet si

---

Gö *De Ha2* *Le3* *Be3*

972 dien *:* den *De Ha2* **978** die *:* dien *Gö* **981/2** Hugo – staet *:* So wie aldus ghericht staet als hugo seit *De Ha2* **983** apostelen *:* discipulen *De Ha2*, iongheren *Be3* **986** over- *om De* **989** verwermt *:* vervremt *Gö* **992** ende*(1) om De Ha2 Le3 Be3* **994** linco *Gö Le3* **1001** recheyt *Gö* **1003** solt / voert *De Ha2 Le3 Be3* **1005** manne *:* minne *Gö* Richardus – si *:* ende als die siele dus *(*aldus *Ha2)* opghericht staet so minnet si. alse richardus seit *De Ha2*

gode vierlichlic, wilke viericheyt anders niet en is dan een uutwallinghe der bornender begheerten. *Hugo*: Als die ziele dat vier der overster minnen ontfanghen hevet ende mitten ghedachten ende mitten begheerten alleen opwarts in den gheminden ghedraghen wort, dan wort si buten hoer selven gheworpen ende boven haer selven opghevoert, dat si haers selfs noch niement anders en ghedenct, dan alleen dien si minnet, */27rb/* ende seit mit sinte *Paulus*: Ic leve <ic> nu niet, mar Cristus leeft in mi; ende seit mitter bruut: MIJN GHEMINDE MI ENDE IC HEM.

Dat vi capittel.

GHI, DOCHTEREN VAN JHERUSALEM, IC BIN SWART MAR SCOEN, ALS *CEDARS TABERNACULEN, ALS SALOMONS VELLEN. EN WILT MI NIET MERKEN DAT IC BLEEC BRUUN BIN, WANT DIE SONNE HEEFT MI ONTVERWET. Na dat die bruut, die heylighe kerke, in des conincs kelren gheleyt wort ende den gheminden mit reynre rechter herten leerde minnen, so wil si nu ons tot enen exempel bewisen hoe dat si in reghen, in wijnde van alre tribulacien veel heeft gheleden, ende seit: IC BIN SWART. Mar, O DOCHTEREN VAN JHERUSALEM, AL BIN */27va/* IC SWART, IC BIN SCOEN. Dese DOCHTEREN VAN JHERUSALEM beduden ons die innighe zielen die in hemelschen dinghen gheleert sijn ende vast ghelove ende goede hoep totter hemelscher woninghe hebben. Hier seit si toe: IC BIN SWART in menigherhande arbeideliken wederstoet in der vleyscheliker menschen oghen, MAR ic bin SCOEN overmids menigherhande doechdelike verdienten in den oghen gods ende alre minnender menschen; ja hoe dat ic voer die onwise menschen meer verdruct ende mismaecter schijn te wesen, hoe dat ic scoenre in des rechters oghen van binnen bin. *Barnardus*: O salighe swarticheyt, die den ghemoede een blenckende claerheyt ghevet, */27vb/* die de wijsheyt mit godliken lichte verlicht ende puerheyt in der consciencien baert. O weerlike overscoen ziele, al woenstu in een cranc lichaemkijn, nochtan en heeft di die hemelsche scoenheyt niet versmaet; die enghelen en hebben di niet aftergheset, noch die godlike hoecheyt en heeft di niet verworpen. Dese woerde moghen oec wel segghen alle godminnende menschen, die van buten sculdich sijn SWART te wesen overmids versmadinghe alre eerdscher dinghen, ende van binnen SCOEN overmids hemelscer begheerten, als *David*, die profeet, *seit: Al die glorie des conincs dochter is van binnen. *Barnardus*: Alre goeder menschen vliticheyt sel wesen die *overtollighe vercieringhe des uutwendi*/28ra/*ghen mensch te versmaden ende te vergheten om den inwendighen men-

---

Gö *De Ha2* *Le3* *Be3*

1006 wtvlamminghe *De Ha2*, wtwalminghe *Be Le3* **1012** ic *om Gö* ic nu niet *:* nu niet ic *De Ha2* **1012/3** mi ende ic hem *:* is mi ende ic bin (*om Ha2*) sijn *De Ha2* **1014** Dat vi capittel : Nigra sum *opschrift De*, Die ierste sin *opschrift Ha2*, *om Be Le3* **1015** ceder *Gö* **<Cedar>** **1019** ons / nu *De Ha2* **1022** nochtant *(*schoen*)* *De Ha2* ons *om De Ha2 Le3* **1023** goede *om De* **1024** toe / seit si *De Ha2* **1026** doghentlike *De* **1027/8** meer / voer die onwise menschen *De* **1028** ghedruct *De Ha2 Le3 Be3* **1031** waerlic *De Ha2 Be3* **1037** siet *Gö* **1039** overtollighe *:* vertoninge ende *Gö* <ornatu cultuque superfluo>

sche van binnen scoen te houden, want gode en is niet ghenamer dan sijns selfs beelde, isset dattet in sijns selfs scoenheyt ghehouden wort. Daer om wil ic gaern in mijns selfs crancheyt verbliden, op dat die doechde Cristi in mi woen. Wie sel mi gheven niet alleen van buten cranc te wesen, mar mit allen ontset ende onghetroest te wesen, op dat ic mitter doechde mijns gods verciert mochte worden? Men vint menigherhande swarticheyt. Die eerste is sondich ende lachterlic, gheleghen in den overtret des willen gods, ende dit is die swartheyt der sonden. Ende also die swarte verwe alre verste van der witter blenc-*/28rb/*kender verwen is, also is die mismaectheyt der sonden alre verste van den ewighen lichte. *Jheremias*: Haer aensicht is swarter gheworden dan die colen, ende en sijn in den straten niet bekent. Die ander swarticheyt is verdrietelic mar orberlic, in den menichfoudighen liden des drucs gheleghen, overmids der verdiender pinen. *Ezechiel*: Ic sel die sterren des hemels swart laten worden. Dese sterren sijn gods uutvercoren, die, overmids den goeden werken in den firmament der heyligher kerken, gheliken den sterren in den hemel lichten. Dese laet onse here god gheestelic swart worden, als si vander verhenghenisse gods van menigherhande tribulacien gheoefent worden. Die */28va/* derde swarticheyt is goet ende seer te prisen ende gheleghen in der hoecheyt des godliken scouwens, dat een swarticheyt der overdraghender claerheyt ghehieten is, als in den selven boec hier na bescreven staet: SIJN HAER IS ALS LOTEN DER PALMBOEME ENDE SWART RECHT ALS EEN RAVEN. Dat haer sijn die opverheven ghedachten der scouwender zielen in den onbegripeliken licht, SWART GHELIKEN DEN RAVEN. IC BIN SWART MAR SCOEN. Dese woerde mach wel mit rechte segghen die menschelike natuer ons heren Jhesu *Cristi, overmids sinen doot ende overmids sinen liden, doe hi om onser sonden willen verworpen ende vertreden was, ende om onser boesheyt willen gheghe-*/28vb/*selt, ghewont ende gheslaghen, ende also mismaect, dat men waende dat hi malaetschs hadde gheweest ende van gode gheslaghen ende verworpen. *Barnardus*: Doe was hi te mael swart, want in hem en was scoenheyt noch ghedaente; doe was hi te mael swart, doe hi wel segghen mochte: Ic bin een worm ende gheen mensche, een lachterlike scande der menschen ende een verwarpinghe der lude. Nu sich dinen Jhesum Cristum aen: in verworpenen clederen ghecleet, van slaghen verswartet, mit spekelen bevlecket ende mit eenre bleecker doot verwen bevanghen; dat schijnsel des ewighen lichts verduustert in der doot, ende die */29ra/* scoenste in der ghedaenten voer alle der

---

Gö De Ha2 Le3 Be3

1044 christi *(*mijns*) De Ha2* **1046** sundelic *De Ha2* **1047** lasterlijc *De Ha2* **1048** swartheyt *:* zwaerheit *Ha2*, swarticheit *Le3 Be3* also *:* alse *De Ha2* **1048/9** witblenkender *De* **1051** die*(1) om De Ha2 Le3 Be3* **1058** swertheit *De* is *(*gheleghen*) De Ha2* **1059** swertheit *De* **1061** loten *:* die overste telghen *De Ha2* **1064** oec *(*wal*) De Ha2* **1065** criste *Gö* **1067** *(*mismaect*)* was *De Ha2* **1069** Barnardus – te mael *:* Doe was hi als bernardus seit te mael *De Ha2* noch *(*schoenheit*) De Ha2* **1071** lasterlijc *De Ha2* lachterlike scande *:* laster *Be3* **1072** der lude *:* des volkes *De Ha2 Be3* heren *(*jhesum*) De*

menschen kinderen wort verswart in sinen liden. SWART na Herodes duncken, MAR SCOEN in des moerdenaers belien; SWART na den sinnen van buten, MAR SCOEN in den ghelove van binnen; SWART in den oghen der onwiser menschen van buten, MAR SCOEN in den oghen der trouwer innigher zielen. EN WILT MI NIET MERKEN DAT IC BLEEC BRUUN BIN, dat is, en wilt mi niet aensien recht of ic om groetheyt des lidens mit allen ghelaten waer, mar merct liever die vrucht ende orbaer die van den liden ghecomen is. *Gregorius*: Onse here god maect sinen vercoren die tot hem comen, in dese werlt */29rb/* enen scarpen wech, op dat si overmids ghenuechte des weghes niet en vergheten, dat si in den hemelschen vaderlande souden soeken. WANT DIE SONNE HEVET MI ONTVERWET, dat is, Cristus, die sonne der gherechticheyt, heeft mi mit tribulacien laten drucken. *Gregorius*: Als die quade die goede vervolghen, so help sise van der werlt begheerlicheden ontcommeren.

Na enen anderen sin.

GHI, DOCHTEREN VAN JHERUSALEM, IC BIN SWART MAR SCOEN. *Vercellencius*: Dit sijn woerde der vierigher zielen, doe si opter overster minliker begheerlicheyt in die duusternisse der onbegripeliker godscouwinghe gheset was, ende sprac uut vrier boutheyt der minnen recht als een die */29va/* lovende ende vol loefs ende droncken van des brudegoms wijn was [ende sprac] totten nedersten crachten: GHI, DOCHTEREN VAN JHERUSALEM, IC BIN SWART MAR SCOEN. IC BIN SWART, in die overlichtende scijnsel der godliker onbegripelicheyt ghesloten. Swerticheit is een duuster verwe ende beduut die verberghinghe des onbegripeliken lichts. MAR IC BIN SCOEN, mitten overschinenden godliken claren raeyen verciert. IC BIN SWART ALS *CEDARS TABERNAKELEN. *Cedar was Ysmahels sone. Sijn tabernakelen daer hi in woende, waren vanden wijnde, vanden reghen ende van der hetten der sonnen verswart; also is die heylighe kerke of die minnende ziele, die overmids tribulacien ende banghicheyt die */29vb/* si verwachten moten, of overmids der onbegripeliker godscouwinghe swart hieten te wesen. Dese moghen wel den vasten tabernakel gheliken inder crachticheyt des lidens. *Ysaias*: Dijn oghen sellen een tabernakel sien dat men ghien sins van sijnre steden brenghen en mach. Dit tabernakel is wide uutgherecket minne in alre goetwilligher sueticheyt. *Ysayas*: Maec die stede dijnre tenten wijt, ende maec die vellen van dinen tabernakelen vast. Dit tabernakel is oec scoen ende verciert in der heyliger reynicheyt, alser ghescreven staet: O Jacob, hoe scoen sijn dijn tabernakelen. MAR IC BIN SCOEN ALS SALOMONS VELLEN, daer hi die archa gods mede */30ra/* deckede, thent sijn tempel volmaect was. SCOEN overmids vercieringhe der doechden ende sonder-

---

Gö *De Ha2* *Le3* *Be3*

1076 verswart *:* beswert *De Ha2* na *:* in *De* **1079** van buten *om De* mar *om De* den oghen *om De Ha2* ghetruwigher *De*, ghetrouwer *Ha2* **1081** den dode *(*mit*) De Ha2* **1082** den *(*orber*) De Ha2* god *om De* **1083** wtvercorenen *De Ha2 Le3 Be3* **1088** ontcommeren *:* ontcommert te werden *De Ha2* **1093** boutheyt *:* coenheit *De Ha2* een *om De Ha2* **1094** *(*was*)* ende sprac *Gö* **1098** -ten *om De* claren *om De* **1099** ceders *Gö De Ha2* ceder *Gö De*

linge der godliker minnen. *Vercellencius*: *CEDARS TABERNAKELEN die in *den raeyen der sonnen ende in der hetten die van oesten quam altoes stonden, beduden die ghemoeden die altoes oververstandelijc opghestrecket staen, daer si waerlike die vierighe godlike raeyen ontfanghen die hem van der sonnen der gherechticheyt toeghescenen worden. SALOMONS VELLEN die seer ghenuechliken waren, beduden die enghelike vlammighe viericheden der innigher zielen, die den brudegom boven alle ander sacraficie des ghemoedes alre best ghenoghen, want /*30rb*/ sijn weelden sijn mitter menschen kinderen te wesen. Alsulken siele mach wel Salomons vellen gheliken, want overmids der soberheyt is si vermaghert, overmids der reynicheyt is si verdroghet, overmids der minnen is si wide uutgherecket, ende overmids alre doechden heylicheyt is si scoen gheverwet. EN WILT MI NIET MERKEN DAT IC BLEEC BRUUN BIN, WANT DIE SONNE HEEFT MI ONTVERWET. *Barnardus*: Die grote vierighe begheerte[n] ontverwet die ziele die noch in den lichaem haer pelgrimaedse doet, ghelijc der barnender sonnen, als si den aensichte der glorien gods gheern naerre soude wesen ende niet en mach; ende want si also of ghewi-/*30va*/set wort, so heeft si haer in den verbeiden seer te liden. Wie ist van u, die in deser heyligher minnen alsoe bornt dat hem alle verwe der teghenwoerdigher glorien ende der wereltliker vroelicheden verdriet, ende hem selven in die tegenwoerdicheyt dier alre blenckenster sonnen versmadet ende recht als ontverwet swert ende onreyn rekent te wesen, ende segghe: Mijn ziele heeft versmadet ghetroest te wesen; ic ghedachte gods ende mi ghenuechede. IC BIN SWART MAR SCOEN. SWART in den lichaem van buten, SCOEN in den beelde der zielen van binnen. SWART in den vergancliken lichaem, dat die ziele menichsins verswaert ende in der godscouwinghe menichsins hinderlic is, dat si wel mit *David* /*30vb*/ claghen mach: Ic bin nedergheset in dat slijm des afgronts, daer gheen fondament en is. Daer die ziele also menigherhande swarticheyt der menscheliker onsalicheyt of ontfanghet, dat si mitten heylighen *Job* wel segghen mach: Mijn vel is verswartet ende mijn vleische is verdorret. *Barnardus*: *CEDARS TABERNAKEL is onse lichaem, dat die ziele recht als een grof middel hindert dat si dat onghescapen licht claerlic niet scouwen en mach dan overmids der ghelikenisse eens spieghels. Ende dit was dat sinte *Paulus* beclaghede, doe hi al suchtende seyde: Ic, onsalich mensch, wie sel mi verlossen vanden lichaem deser doot. *Petrus*: Ic bins seker, dat dat ofsetten mijns /*31ra*/ tabernakels haestelic ghescien sel. *Hugo* seit aldus tot sijns selfs ziele: Waer om en minnestu niet liever di selven, die mit dijnre ghedaenten alre

---

Gö De Ha2 Le3 Be3

1113 ceders *Gö Le3* der *Gö* <radiis solaribus> **1114** van *:* vanden *De*, vander *Be3* **1115** overstandelic *De Ha2 Be3* opghetrect *De*, opgherect *Ha2* **1119** ander *om De* sacraficie *:* offerhande *De Ha2* **1120** wanttet *De Le3 Be3* **1125** begheerten *Gö* <ardor desiderii> **1129** beiden *De* **1133** swert *:* sweer *De* seit *De Ha2*, seggen *Le3 Be3* <dicat !> **1136/7** beswaert *De Ha2* **1137** scouwinghe *De Ha2* **1141** vel *:* siele *De* **1142** ceders *Gö* **1143** niet / claerlic *De Ha2 Le3 Be3* **1144** der *om De Ha2* **1146** Petrus *:* peterus *Gö*, Ende sancte peter seit (seghede *Ha2*) *De Ha2* ontsetten *De Ha2*

dinghen scoenheyt die men sien mach, bovengaeste? O, of du di selven scouweste ende dijns selfs aensichte mochtste sien, dan soudestu kennen hoe groter berespinghe du weerdich biste, als du iet buten di dijnre minnen waenste weerdich te wesen. Want dat is die natuer der minnen, dattu van noede alsulc moetste worden als dat is dattu minneste; ende so wien du mit begheerten anhangheste, in sijnre ghelikenisse wordestu overmids dat gheselscap der minnen ghetransformiert. Ende daer om, minnestu eerdsche dingen, /*31rb*/ du wortste eerdsche; minnestu gode, du wortste godformich. Dese godformicheyt is, als **Linconiensis* seit, een medeformicheyt ende een medeghelikinghe tot gode na dattet moghelic is, die overmids die onghemiddelde aenhanghinghe tot hem warts pleghet te ghescien. Als sinte *Paulus* seyt: Die gode aenhanghet, wort een gheest mit hem. Die bruut is oec swart van buten in die menschelike hantieringhe, nochtan scoen van binnen in die hemelsche scouwinghe. *Barnardus*: Die bruut heeft ontverwinghe der swarticheyt mitter scoenheyt ghemenghet, mar dat is in deser pilgrimaedsen, ende seide si dat si gheen swerticheyt en hadde, si verleyde haer selven, ende die waerheyt /*31va*/ en waer niet in haer; mar in den hemelschen vaderlande, daer sel si gloriose ende scoen wesen sonder vlecke. Daer om en verwonder di niet dat si SWART is, want si onder den prince deser werlt in eerdschen dinghen wanderen moste. En verwonder di oec niet dat si SCOEN is, want si dat beelde der hemelscher ghelijcheit also ontfanghen heeft dat die brudegom tot haer seyt: Du biste te mael scoen, mijn vriendinne. Van deser swartheyt ende scoenheit seit die propheet *Baruch*: Haer aensichten sijn swart, van binnen blencken si als die sonne in die teghenwoerdicheyt gods. Aldus is die bruut van buten SWART, van binnen SCOEN ALS SALOMONS VELLEN. *Barnardus*: Salomon en hadde in al /*31vb*/ sijnre glorien niet dat hi teghens der scoenheyt der bruut legghen mochte. Want wat ist al dat van buten scijnt, als ment teghens der scoenheit der zielen leit? Want het is al snoede ende onweert daer teghens, dat dese werlt gheven mach. En wil desen Salomon niet aensien, al ist dat die bruut in der scoenheyt haer selven sinen vellen ghelijct. Mar sich, hier is een meerre dan Salomon, die den hemel uutrecket als een vel. Het is een harde scoen vel aen te sien, dat als een grote tente also wide uutgherecket is, dattet alle die ghedaenten der eerden, der sonnen, der manen ende alder sterren begripen mach ende onder hem bedecken. Wat mochte scoenre wesen dan aldustanighen vel? Nochtan en isset jeghen die glorie /*32rab*/ *(blanco)* /*32va*/ ende die scoenheyt der bruut, die een beelde der ewicheyt is, niet teghens te gheliken. Dit overscoen vel is mitter ghenaden ghepuergiert, mitter doghede

---

Gö De Ha2 Le3 Be3

1150 bekennen *De* **1151** di *om De* **1155** ghetransformiert : overformt *De Ha2* **1157** lynconus *Gö Le3* **1159** anhanghen *De* **1160** hem *om De* **1163** swertheit *De Ha2* **1166** scoen ende glorioes *De* **1168** oec *om De Ha2* **1170** swerticheyt *Ha2 Le3 Be3* **1170/1** scoenheit ende swerticheit *De* **1171** mer *(*van*) De Ha2* **1173** mer *(*van*(2)) De Ha2* **1184** is / der ewicheit *De Ha2*

scoen ghemaect, mitten gaven gods verciert, *mitten salicheden volmaect, mitter glorien volbrocht, vander heyligher drievoldicheyt bewoent. *Barnardus*: Wat sijn der zielen doechden dan eenrehande costelike margariten, die in die vercieringhe der bruut als een ewich schijnsel sellen blencken? Die bruut is oec SWART in die vervolghinghe der quader van buten, ende nochtan SCOEN in den godliken troest van binnen; ja, die swarticheyt der uutwendigher vervolghinghe is selve der bruut */32vb/* een grote scoenheyt. *Barnardus*: Die uutwendighe scandelike confusie des crucen is een swarticheyt, mar wanttet een form ende een ghelikenisse ons heren gods is, so gheeftet den inwendighen mensche een overgrote vroude ende bliscap. Daer om en rekent haer die bruut niet eerlikers noch glorioser te wesen, dan haers brudegoms lachterlike scande mede te draghen, ende seyt mit vroeliker stemmen: Dat si varre van mi in enighen dinghen te glorieren, dan in den cruce ons heren Jhesu Cristi, daer dat leven ende die salicheyt ende onse verrisenisse in gheleghen is. Het is een salighe swarticheyt die dat ghemoede blencken doet, die die consciencie reyne maect ende god-*/33ra/*like wijsheyt gheeft. Wiltu dat ic di bewise hoe dat die ziele SWART ende SCOEN is? So en versmaet Paulum niet, die een seer ontverwet menschelkijn was, ghepinicht in hongher, in dorst, in siecheden, in bloetheden, in seer veel arbeits, in slaghen boven maten. Dit was dat hem swart maect<e>. En wasset die selve Paulus niet, die int paradijs ghegrepen wort, ende overmids sijnre puerheyt in den derden hemel quam? O, scone ziele, al woende si in den crancken lichaem, die hemelsche scoenheyt en versmadet niet al daer mit haer te wonen, der enghelen hoecheyt en veronweerde se niet, die hemelsche claerheyt en */33rb/* verwarpse niet. In onsen oghen schijntse SWART, mar in den oghen gods ende sijnre enghelen is si SCOEN ende suverlic. Hier om is Paulus swarticheyt scoenre dan enighe coninclike uutwendighe vercieringhe; gheen scoenheyt des vleisch en mach men teghen haer legghen, gheen wit blenckende vel dat noch verscrimpen sel, gheen verwe des aensichts dat cort verrotten sel, gheen gout, gheen costelic ghesteent, noch gheen dinc dat verganghen sel. Die bruut neemtet al tot haerre eeren ende tot haerre glorien, so wat haer ter oneren ende ter scanden van haren wedersaken gheboden wort. Si wil gheern in haer crancheyt verbliden, si en */33va/* scaemt haer gheenre swarticheyt die si kennet dat haer brudegom te voeren ghedraghen heeft. Si gheliet dat hi beyde SWART ende SCOEN is: SWART in der doot des crucen, SCOEN in sijn overforminghe op den berch van Tabor; SCOEN in hem selven, mar SWART gheworden om haren wille. Ende want ghelijcheyt een saec der minnen is, so begheert die minnende siel haren brudegom in alle sinen weghen te gheliken.

Gö *De Ha2* *Le3* *Be3*

1186 mitten*(2)* : mitter *Gö* **1191** den *om De* **1193** swertheit *De* **1197** lasterlike *De Ha2 Be3* vroeliker : volre *De* **1204** armoeden *(*arbeides*) De* **1205** maect *Gö Le3* **1208/9** veronweert *De Ha2 Be3* **1209** verwerpt si *De Ha2 Le3 Be3* **1216** te scanden ende te oneren *De*

Dat vii capittel.

MIJNRE MOEDER KINDER HEBBEN TEGHENS MI GHEVOCHTEN, SI SETTEN MI EEN BEHOEDER IN DEN WIJNGAERDE<N>. MINEN WIJNGAERT EN HEB IC NIET BEHOET. Dit sijn woerde der bruut, der heyligher kerken, daer alle goede /*33vb*/ menschen mede ghemeent sijn, ende bewijst den strijt die si jeghens die boese, dat haer evenmenschen sijn, van beghin der werlt gheleden heeft. Dese strijt began alre eerst doe Caym Abel, sinen broeder, benide ende versloech, daer na doe Ysmahel Ysaac, sinen bruder, vervolghede, ende daer na doe Ezau Jacob, sinen broeder, dreigede doot te slaen ende uten lande verdreef. In den beghin der heyligher kerken began desen strijt alre eerst in der Joeden vervolghinghe, daer na wort desen strijt meerre bi der martelaer tiden van der aenvechtinghe der onghelovigher tyrannen, daer na wort die strijt noch swaerre, doe die onghelovighe heretici mit haren onghe-/*34ra*/love dat heylighe ghelove bestreden. Ende een groet strijt isser tot noch toe ghebleven, ja dat die bitterheyt daer of in desen vercouden lauwen tiden is alre bitterste gheworden, also dat een yghelic levendich lit der heyliger kerken wel segghen mach: MIJNRE MOEDER KINDER HEBBEN JEGHENS MI GHEVOCHTEN. Ten anderen mael mach dese woerde een yghelic mensche, daer Eva een moeder of is, wel segghen ende claghen over hem selven, want alle ongheoerloefde begheerlicheden ende alle onnaerdighe vleyschelike neyghinghe die jeghen die reden ende jeghens die puerheyt des herten striden, dat sijn sijnre moeder Even kinder, die enen eenperliken strijt jeghens hem /*34rb*/ opghenomen hebben. *Barnardus*: Wee mi, here, die scutten comen van allen siden; soe waer dat ic come, ende warwerts dat ic mi keer, ic en vinde nerghent sekerheit. Ja dat mit mi smeect ende licht te doen is, ende dat mi swaer ende lastelic is, al stridet jeghen mi. Ten derden mael worden dese woerde ghesproken ende beduut van eenre ygheliker goeder vergaderinghe, die altoes van sommich hoers selfs huusghenoten wort verswaert ende aenghevochten mit enen swaren stride van binnen. *Barnardus*: Het is eenre ygheliker vergaderinghe een lastelic dinc dat des menschen huusghenoet<en>, alser ghescreven staet, sijn viande *sijn. Ic bids, doet dien lasterliken last ende dien swaren strijt /*34va*/ verre van u, ghi die ghesmaect hebt ende alle dage ghewaer wort hoe goet ende hoe vroelic dat dat is die bruederen in een te wonen. Want mit stotinge te gader te wesen, en is noch goet noch vrolic. Hier om, hebt vrede mit u selven, ende alle strijt die u van buten opvalt en sel u niet moghen deeren. Mar isset datter twidrachticheyt onder u staende blijft, so en sel al dat u van buten toelachet niet volcomelic moghen troesten.

Gö *De Ha2* *Le3* *Be3*

1224 Dat vij capittel : Filii matris mei *opschrift De*, Nae den iersten sinne versta *opschrift Ha2*, *om Le3 Be3* **1226** wijngaerde *Gö* <uineis> **1228** dat *:* die *De Ha2* **1230** cayn *De Ha2* sinen brueder / abel *De Ha2* **1231** sinen brueder vervolghede / ysaac *De Ha2* **1231/2** sinen brueder / iacob *De Ha2* **1236** heretici *:* ketters *De Ha2* kersten *(*ghelove*) De Ha2* **1244** kinder *om De* **1247** dat*(1) om De* **1250/51** wort verswaert *:* beswaert wort *De*, beswaert sin *Ha2* **1252/53** huusghenoet *Gö* <domestici> **1253** sijn *:* si *Gö* bids *:* biddes u *De Ha2*, bid u *Be3*, biddes di *Le3*

Ten vierden mael worden dese woerde bedudet van den gheestelike stride die de devoete innighe menschen in der heyligher kerken jeghen die werltlike lude pleghen te hebben. Daer in der *ewangelien* of ghescreven */34vb/* staet: Alstu mit dinen wedersake in den weghe biste, so overdrach mit hem, op dat hi di den rechter niet over en lever, ende die rechter voert den ghenen die di pinicht. *Barnardus*: Het is mi een goet wedersaec, isset dat ic mit hem overdraghe, so en selre noch rechter noch stocker wesen die mi pinen sel. Ende isser iement dien ic also aenghevochten hebbe, dat en rouwet mi niet, want ic weet wel dat si mi in minnen meer verbonden sijn die overmids mine beruspelike woerden van haerre crancheyt ghenesen sijn dan die van den beghin starc sijn ghebleven. Want het is een harde goet scutte des berespers, dat die */35ra/* begheerlicheyt des vleischs doersciet ende dodet, op dat die gheest behouden worde. SI HEBBEN MI EEN HOEDER GHESET INDEN WIJNGAERDE<N>. Hier bewijst onse moeder, die heylighe kerke, die orberlike vrucht hoers lidens, doe die apostelen van Jherusalem overmids der vervolghinghe verdreven worden ende ghedeilt over al die werlt, ende also veel menschen bekeerden totten ghelove. *Barnardus*: Die vervolghers vochten teghens die heylige kerke mit enen viantliken ghemoede mar mit enen orberliken scade. Wat is vroeliker, dan als die wedersaken hinderlic wesen willen ende teghen haren danc grote vruchten werken? MIJN */35rb/* WIJNGAERT EN HEB IC NIET BEHOET, dat is, der Joden synagoghe bleef overmids haerre ondancbaericheit, nadat die apostelen verdreven waren, onbewaert staende. *Barnardus*: Warde ghetroest, dochter van Syon, al is<t> dat eens deels die blintheyt in Ysrahel ghecomen is, verwonder di van der heymeliker verborghentheyt, en wil dien scade niet alleen beclaghen, mar doch dinen scoet wide op ende vergader die vollicheyt der heyden, sech den steden van Juda: Men most u eerst prediken dat rike gods, mar want ghi dat verworpen hebt ende u des onweerdich ghemaect hebt, so keerden hem die apostelen totten heydenen. MINEN WIJNGAERT EN HEB IC NIET BEHOET. *Barnardus*: */35va/* Dat is een goet hoeder des wijngaerts, die des sijns in ghenen dinghen die den wijngaert toehoren, en soect. Also was sinte *Paulus*, doe hi seyde: Wi en soken dat uwe niet, mar u. Ic was bereyt mi selven voer u sielen te setten. Wat moghen hier toe die hoeders des wijngaerts segghen, die costelike spise ende dranc seer nauwe waernemen ende op die seden der ondersaten niet en merken? Sel Ypocras ende sijn navolghers die zielen leren behouden, ende sel Cristus ende sijn discipulen die zielen verliesen? Ypocras discipulen pleghen te segghen: Dat is den hoefde goet, dit is den oghen quaet, dat is der maghen quaet, dat is der borsten onghesont. */35vb/* Si segghen dat potspise

---

Gö De Ha2 Le3 Be3

1259 u *(*niet*) De Ha2* **1261** de *om De* **1264** pinighen *De* **1266** selre : sal *De* pinighen *De* **1268** in minnen / mi *De* **1269** den *om De* **1272** in minen wijngaert *Be3* wijngaerde *Gö Le3* <uineis> **1282** ist *:* is *Gö Le3 Be3* die blijntheit / eens deels *De Ha2* **1286** onweert *De* **1290** mi selven *:* mijn leven *De Ha2* siele *De Ha2 Le3* **1295** dat*(2) :* dit *De Ha2*

veel wijnts maect, die kase is der maghen quaet, die melc en is den hoefde niet goet, dat warmos maect veel melancolie, water te drinken scaet der borsten. Vleysch ende bloet heeft di dese wijsheyt gheopenbaert, die gheest Cristi en heefter di niet gheleert. Denc dattu een monic biste ende gheen meester van medicinen; di en behoert van der complexien niet te disputieren, mar van der professien die du beloeft hebste. Daer om, sech mit enen bedructen oetmoedighen gheest: O goede Jhesu, lijdt mit mijnre versumelheit, IC EN HEB MIJN WIJNGART NIET WEL BEHOET.

Na enen anderen sin.

MIJNRE MOEDER KINDER HEB-*/36ra/*BEN JEGHENS MI GHEVOCHTEN. *Vercellencius*: In desen woerden bewijst die scouwende siel datter een ghenuechlijc ende een wonderlike stridinghe is tusschen haer ende tusschen die hemelsche gheesten, die beyde eenre moeder kinder sijn, ende seit: MIJNRE MOEDER KINDER HEBBEN TEGHENS MI GHEVOCHTEN. Dese kinder der hemelscher stat horen den Jherusalem toe hier boven, dat vry is, als sinte Paulus seit, ende onser alre moeder is, daer die scouwende ziele stadelic haer gheestelike voetsel of ontfanghet. Dese hemelsche gheesten hieten teghens die scouwende ziele te vechten, so wanneer si mitten vierighen doerschinende lichte gods haren begheerten ghemoeten */36rb/* ende bestortense also daer mede, dat si recht van hoer selven coemt. Want die scouwende ghemoeden pleghen haer vierighe begheerten, recht als doerdringhende vlieghende scutte, eerst in die enghelen ende daer na in den brudegom selve te scieten. Daer na gaen si sonder yemens weeringhe in die ewighe heymelike steden der hemelscher scatten, daer die hoecheyt der rijcheden ende der wijsheden gods in verborghen is. Die hemelsche stat Jherusalem mach wel mit reden onse moeder hieten, want een moeder mint haer kinder, si voetse, si leertse, si bescermtse. Na dier ghelikenisse der moderliker minnen, so minnet ons die hemelsche */36va/* stat hertelike seer overmids den stadighe moederliken medeliden, si voet ons seer dienstelic overmids den levendighen smaec der inreliker gheesteliker voedinghe, si leert ons seer vlitelic overmids der eenperliker invlietinghe der hemelscher verlichtinghe, si bescermt ons seer crachtelijc overmids der wonderliker heymeliker ofweeringhe des viants becoringhe. O stat van Jherusalem, hemelsche moeder, com dinen kinderen in desen dale der onsalicheyt te help, ende laet dijn hemelsche schiltwacht altoes mit ons in den stride staen. Want die werlt, dat vleysch ende die boese gheest menighen swaren strijt teghens ons be-*/36vb/*ghinnen, daer die vredelike stilheyt des ghemoets of ghestoert wort overmids den fantasien. SI HEBBEN MI EEN HOEDER GHESET IN DEN WIJNGAERDEN. *Vercellencius*: Bi desen *WIJNGAERDEN mach men verstaen dat ewighe ghebruuc des godliken woerts, daer die scouwende ziele overmids der

---

Gö De Ha2 Le3 Be3

1298 borst *De Ha2* **1317** vurighe *(*vlieghende*) De* so *(*gaen*) De* **1319** weeringhe *:* weten *De* **1320** rijcheit *De* wijsheit *De* **1333** Mijnre*(1345)* – gripent*(1358) na* fantasien *trnsp De Ha2* **1334** wijngaerden *:* wijngaert *Gö* <uineis>

enghelen hulpe seit dat si daer in gheset is; ende want si int hoghe staet, so hoetsi dat si eenperlijc scouwet, als *Abbacuc*, die propheet, seit: Ic sel altoes op mijn wachten staen. Uut desen WIJNGAERDE<N> so coemt die wijn diet herte alre scouwender menschen verblijt ende daer die reyn doechden alre hemelscher begheerten in *bloeyen. MINEN WIJNGAERT */37ra/* EN HEB IC NIET BEHOET. Hier bewijst die scouwende ziele een vrolike vervreemdinghe van haer selven, daer si gods in wort ende haers selfs niet en blijft. Dat ghesciet als si van allen dinghen sceit ende daer na haer selven laet, so wort si eerst mitten overschinenden godliken raeyen verenighet. Daer laet si enen anderen horen wijngaert hoeden, want si haers selfheyt niet wachten en mach. MIJNRE MOEDER KINDER HEBBEN TEGHENS MI GHEVOCHTEN. Het sijn drierhande stride. Die eerste is swaer ende anxtelic, ende daer sijn alle innighe devoete menschen in die teghens die aentreckende werlt, jeghens die vervenijnde natuer */37rb/* ende jeghens die bedriegelike boese gheest trouwelike striden. Die ander strijt is orberlic ende vruchtbaer, daer alle menschen in sijn die ander lude hebben te regieren. Dese moten striden jeghens den versumenden ondersaten, jeghens den wederspennighen huusghenoeten ende jeghens die scalke laghen des viants. Die derde strijt is vol vruechden ende ghenuechelic, daer alle godscouwende menschen in sijn die jeghens hem selven moten striden; dat si noch te seer verheven, noch te seer verslaghen en worden, si moten mit haren vierighen begheerten jeghen der enghelen inlichtinghe striden, die haerre moeder kinder sijn. */37va/* Aldus lijt dat rike gods ghewelt, ende die cracht ende ghewelt doen die gripent.

Dat viii capittel.

WISE MI, WIEN MIJN ZIELE MINNET, WAER DU VOETSTE, WAER DU RUSSTE IN DEN MIDDAGHE; OP DAT IC NIET EN BEGHINNE YDELIKE TE DWALEN NA DEN CUDDE<N> DIJNRE GHESELLEN. Dit sijn woerde der bruut, der heyligher kerken; hoe datse meer wederheden der boeser lijt, hoe datse meer die hulpe gods pleghet an te roepen. Want dat ons hier alre meest drucket, dat dwinghet ons alre meest te gode te gaen. Ende dien si nu om sijn hulpe bidt, dien hiet si haerre zielen vrient te wesen, ende seit: WISE MI, WIEN MIJN ZIELE */37vb/* MINT. Want hoe die vrese meerre is daer si uut begheert verlosset te wesen, hoe dat si hem meer mint van wies hulpe si hoept verlosset te worden. *David*: O here, du biste mijn starcheyt, ic sel di minnen. Die here is mijn vesticheyt ende mijn toevlucht. Recht of *die propheet* segghen woude: Daer om en wil ic niet oflaten di mit al mijnre herten te minnen, want ic sie ende kenne dat ic sonder dijn ghenade niet en vermach. *Gregorius*: Die quade helpen die goede, als sise drucken, alre

---

Gö De Ha2 Le3 Be3

1338 wijngaerde *Gö Be3*, wijngaert *De* <uineis> so *om De* **1339** scouwen *De* **1340** bloeyen *:* vloeyen *Gö*, vloeyen ende in bloeyen *Ha2* <germinant> **1355** Ende *(*si*) De Ha2* **1357** Ende *(*aldus*) De Ha2* **1359** Dat viij capittel : Indica me quem diligit anima *opschrift De*, Nae den iersten sin *opschrift Ha2*, *om Le3 Be3* **1361** cudde *Gö Ha2 Be3* <greges> **1367** wesen *:* worden *De Ha2 Le3 Be3*

best van der begheerlicheyt deser werlt ontcommeren, want hoe dat sise meer vervolghen, hoe dat sise meer dwinghen tot hemelschen dinghen te haesten. Het hoert */38ra/* den vercoernen toe hier ghedruct te wesen, op dat si der boetscap daer si om uut sijn, niet en vergheten. Ende daer om bidt die bruut, *die heylighe kerke*, in haren druc ende seyt: WISE MI, WIEN MIJN ZIELE MINT. *Barnardus*: Het behoert dat die viericheyt der heyligher begheerten voer des gheminden aensicht des brudegoms voerlope tot elker sielen daer hi toe comen sel; ende dan mach die ziele weten dat des heren toecoemst haer na bi is, als si ghevolet dat si mit sulker vuericheyt begavet is. In alsulker zielen persoen die mit also groter viericheyt den brudegom soect ende seit: WISE MI, WIEN MIJN ZIELE MINT, */38rb/* seit sinte *Ancelmus* aldus: O vaste, salighe waerheyt, hoe varre bistu van mi, ende hoe *na bin ic di; hoe varre bistu van minen oghen, die so na den dinen bin? Mijn ziel volghet di ende siet om, mar si en kent dijn vollicheyt niet; si lustert, mar si en hoert dijn suete gheluut niet; mijn ziel ruuct, mar si en ontfanghet dijn goeden roec niet; si smaect, mar si en verneemt dijn sueticheyt niet; si tast, mar si en verneemt dijn sachticheyt niet; daer om: WISE MI, WIEN MIJN ZIELE MIJNT. WISE MI, WIEN MIJN ZIELE MINNET, WAER DU VOETSTE, WAER DU RUSTSTE IN DEN MIDDAGHE. Hier eischt */38va/* si dat si begheert. *Barnardus*: Het behoert dat die smaec der godliker teghenwoerdicheyt na menigherhande begheerten der zielen menichsins verwandelt worde[n], ende dat die inghestorte smaec der hemelscher sueticheyt die mont der zielen, die menigherhande gaven begheert in menigherhande wijs, nu aldus ende nu also dicwijl vermaect ende vernyet. Want ghi hebt ghehoert hoe dat die brudegom in desen boec der minnen menichsins sijn wise ende sijn aensicht verwandelt heeft: alse nu, recht als een scamel brudegom, begheert hi mitter zielen heymelike steden ende van haer ghecust te wesen, alse nu recht als een voerbilidende voet-*/38vb/*gangher, ende doetse mit sueticheden sijnre woerden ende sijns ghelaets in die roke sijnre salven na hem lopen. Alse nu vertoghet hi haer hem selven mit olien ende mit salven recht als een meester van medicinen, alse nu schijnt hi recht als een almachtich coninc, ende bewijst haer alle begheerlicheden sijnre glorien ende al overvloedicheyt sijnre hoven <ende> sijnre ackeren, ende alle rijcheyt sijnre scatten. Ende ten lesten, die hi van alre armoeden verlossent heeft ende trou ghevonden, die omvanghet hi minlic ende leytse in dat heymelic sijnre camer. Ende in al desen bewijst hi dat hi selve suet is, ende sijn ontfarmhertichede veel sijn. Want Cristus, die here, is een */39ra/* gheest voer onse aensicht, ende in sijnre scemen, als die

---

Gö De Ha2 Le3 Be3

1373 deser *:* der *De* **1377** die heilighe kerke *:* der heyligher kerken *Gö Le3 Be3* **1379** dat – sielen *:* elker sielen toe dat si *(*die *Ha2)* vuericheit der heiligher begherten voer des ghemindes brudegoms aensicht voer lope *De Ha2* **1384** na *:* verre *Gö Le3 Be3* <prope> **1388** salicheit *De Ha2* **1389** wise mi wien mijn ziele minnet*(1) om De Ha2* **1393** worden *Gö Le3 Be3* <oportet...gustum uariari> **1395** *(*vernyet*)* worde *De*, werden *Ha2* **1399** voerganger *De* ende doetse *:* doet hi se *De Ha2* **1401** vertoent *De Ha2 Be3* *(*selven*)* alse *De* recht *om De* **1404** ende*(1) om Gö Le3 Be3* <ortorum et agrorum>

propheet seyt, sel wi leven onder die menschen, mar ander sins onder die enghelen. *Gregorius*: WISE MI, dat is, vertoghe mi der gheenre leven die di waerachteliken dienen. Want een yghelijc mensch die niet starc en is, moet seer behendeliken merken wies woerden hi gheloven sel, wies meysterscap hem nut is te ghebruken ende na wies exempel des levens hi sijn leven rechten sel. Hier om sel een yghelic devoet mensch van der onghescepenre wijsheyt des vaders begheren gheleert te wesen, ende segghen: WISE MI WAER DU VOEDESTE ENDE WAER DU RUSSTE IN DEN MIDDAGHE. Die brude-*/39rb/*gom *voedet die gherechtighe werckelike menschen, want hi is die herde ende hi is selve die weide, ende hi set sijn ziele voer sijn scape, mar hi rust in den middaghe onder die godscouwende menschen, die selve sijn eetcameren ende sijn slaepcameren sijn daer hi in pleghet te rusten. Onder die werkers wort hi *ghevoedet mitten goeden werken der doechden, mar onder die scouwers rust hi ghenuechelic in die goede roeke der heyliger begheerten. *Barnardus*: In desen lichaem mach van des brudegoms teghenwoerdicheyt dicwijl een cleyn vroelicheit wesen, mar niet altoes in overvlodicheden, want al ist dat die vandinghe sijnre toecoemst den men-*/39va/*sche onder tiden verblidet, dat ofschiden bi vlaghen verswaert hem weder. Dit moet men also langhe liden, thent die minnende ziele van der swaericheyt des lichaems verlosset is ende mit haren gheminden volcomelic verenighet. Si lope al dat si mach, si vlieghe mitten vloghelen der begheerten over velt ende over campen des scouwenden levens, ende volghe den gheminden so waer dat hi hene gaet, nochtan en sel hi haer niet bereet wesen dan alleen alst hem ghenueget. Want hoe groet die begheerte is, hoe wacker die innicheyt is, hi wil gaen, hi wil comen na sijns selfs welbehaghen. Daer om WISE MI WAER DU RUSSTE IN DEN MIDDAGHE, dat */39vb/* is, als ic in mijnre meester armoeden ende becoringhe bin. O Jhesu, goede harde, mijn hulper in alre bangicheyt, WISE MI hoe dat ic mi dan onder die sceem dijnre vloghelen vluchten ende bescermen mach; WISE MI waer du hoetste, daer ic van di crachtelic bescermt mach wesen; WISE MI WAER DU RUSTE, daer ic van di suetelic ghetroest mach wesen, op dat ic in den weghe niet en ontblive. OP DAT IC NIET EN BEGHINNE YDELIKEN TE DWALEN NA DEN CUDDE<N> DIJNRE GHESELLEN. *Barnardus*: Die minnende ziele en vermoedet niet seker te wesen sijn cudde verre van den oversten harde te hoeden, om die inlopinghe der wolven ende sonderlinghe der gheenre die in scapen clederen tot hem pleghen */40ra/* te comen, ende daer om begheert si dat sijn cudde in sijnre weyden van hem selven ghehoedet worde, ende dattet onder sijn sceem rusten mach ende niet en beghinne te dwalen. Want die minnende ziele te

---

Gö *De Ha2* *Le3* *Be3*

1410 vertone *De Ha2 Be3* **1412** woerden *:* werken *De Ha2* **1417** hoedet *Gö* <pascit> **1421** ghenoedet *Gö Le3* <pascitur> -ten *om De* **1424** overvlodicheit *De Ha2* **1426** beswaert *De Ha2* **1427** swaerheit *De Ha2 Le3 Be3* **1429** camp *De* **1432** hi wil*(2) :* ende *De* **1437** voetste *Ha2 Be3* <pascas viriliter defendendo !> **1438** Ende *(*op dat*) De Ha2* **1440** cudde *Gö Ha2* <greges>

weten begheert waer die brudegom rust, so ist te weten dat hi vier steden sonderlinghe hiet te hebben. Die eerste stede is die aenneminghe sijnre menscheliker naturen, die mitter godliker naturen verenicht is ende onversceiden als een ghebreydet roc van boven te beneden daer gheen naet an te vinden en is; ende is een knoep die nyement ontcnopen en mach, ende een bant die van nyement ontbonden en mach worden. Dit is een stede sijnre leer-*/40rb/*inghe, want hier in heeft hi van sinen eersten beghinne oetmoedicheyt gheleert, doe hi gheboren was in den stal; hi heeft daer sijn godlike minne gheleert, doe hi gheleit was tusschen den osse ende den esel; hi hevet daer hardicheyt des levens gheleert, doe hi gheleyt was in der crebben; hi heeft daer ellendighe armoede gheleert, doe hi sonder eyghen herberghe in enen vreemden ghemenen huse gheboren was. Dese leringhe begheerden somich van sinen jongheren, doe si hem vraechden: Meyster, waer woenstu? Hi andwoerde hem weder: Coemt ende siet. Dese leeringhe begheerden die heylighe drie coninghen, doe si weerdelike quamen ende oetmoedeliken vragheden: */40va/* Waer is hi, die gheboren is der Joden coninc? O goede Jhesu, hoe luttel discipulen hebstu in deser scolen, want die somighe scuwen die leeringhe der oetmoedicheyt overmids der hoverdien, die sommighe scuwen die stede der minnen overmids der eyghenre soekelicheyt, die sommighe scuwen die stede der herdicheyt des levens overmids den weelden, ende meest al scuwen si die stede der armoeden overmids den rijcdom. Ende want si nu dese salighe steden Cristi scuwen, so sellen si hier na ander onsalighe steden vinden, als *Baruch*, die propheet, seit: Waer sijn nu die princen der lude, die haer heerscapie op die eerde over die */40vb/* beesten hebben, die inden voghelen des hemels spelen, die dat sulver ende dat gout vergaderen? Si sijn verdeluwet ende nederghedaelt in die helle. Die ander stede Cristi is die galghe des crucen. Uut dier steden vloeien rivieren der ghenaden; op die stede vijnt men ghenade van allen misdaden. Dese stede begheerden die propheten, doe si seyden: Here, waer sijn dine oude ontfarmherticheden? Dese stede was in den cruce. Sich ende merc Cristum op die stede mit ghenaghelden voeten, mit uutgherecten handen, mitten hoefde nederhanghende ende mit openre siden. *Barnardus*: Wie en soude niet hopen ghenade te vercrighen, die die manier ende die scickinghe */41ra/* des lichaems Cristi merct? Want sijn voete sijn anden cruce ghenaghelt tot enen teyken dat hi onser wil verbeyden; sijn hande uutgherect, ons tot sijnre ghenaden te ontfanghen; sijn hoeft nedergheneighet, daer hi ons mede begheert te cussen;

Gö *De Ha2* *Le3* *Be3*

1448 is *om Le3* ende onverscheiden / is *De Ha2 Be3* **1448-50** als – is *om De* **1450** ende is *om Ha2* als *(*een*(1)) De Ha2* ende *om De* als *(*een*(2)) De Ha2* **1458** *(*vragheden*)* ende seiden *De Ha2* **1462** die*(1) om De Ha2* lere *De* **1463** der*(1) om De* die*(1) om De Ha2* **1464** die*(1) om De Ha2* **1466** den *om De* **1469** dat *om De Ha2 Le3 Be3* **1470** dat *om De Ha2 Be3* verdelighet *De Ha2* **1472** Ende *(*op*) De Ha2* **1474** Nu *(*sich*) De Ha2 Le3* die *:* dese *De* **1479** sijn *(*wtgherecket*) De Ha2* **1480** *(*hovet*)* is *De Ha2* daer hi ons *:* dat hi ons daer *De*

ende sijn side opgheloken, want hi ons daer in herberghen wil. Hier om, o minnende ziel, leer in die galghe des crucen ende in dat opghescrift des gheens die ghecruust is, waer die rechte wijsheyt is, waer die rechte doechde is ende waer men dat rechte verstant leeren sel, op dattu na desen leven vernemen mogheste waer die langicheyt des ewichs levens is, waer dat licht der onbegripeliker claerheyt */41rb/* is ende waer die ewighe salicheyt is. Die derde stede Cristi is een vierscaer, daer hi te recht in sitten sel ende enen ygheliken na sinen werken loenen. *Paulus*: Wi moten alle voer die vierscaer Cristi comen, daer een yghelijc loen sel ontfanghen na dat hi in den lichaem ghewrocht heeft. Daer sellen alle menschen mit haers selfs persoen sonder voerspraec ghedaghet worden, niement te versconen. Die dach sel wesen een dach der wraken ende des toerns, daer alle die werlt in mit enen vier ontsteken sel worden; die dach sel wesen een dach des drucs ende der banghicheyt, want alle creaturen sellen dan beven; die dach sel wesen een dach der armoeden ende der */41va/* ellendicheyt, der duusternissen ende der deemsterheit, want die reden sel verblint worden ende die wille sel daer onsinnich worden. Die vierde stede Cristi is sijn coninclijc pellaes, daer die minnende zielen mit alre weelden versadet sellen worden, want daer sel die brudegom rusten in den middaghe. In dese stede vintmen die onbegripelike vroechde in den ontfanghen, die onvermengelic is, die onverdrietelic is in den smaec ende die oneyndelic is in haren wesen. Want als die scouwende ziele overmids den overtret in der kennisse gods in desen leven die borsten des godliken troests ghesoken heeft, so beghint haer te missmaken ende duuster te worden al dat men mit */41vb/* oghen sien mach, ende haer verdrieten alle creaturen. Want recht als een herte totten fonteynen der wateren begheert, ende als die duve in die gate des steens haer nesten maect, ende als die aerne vergaderen daer die lichaem is, also soect die scouwende ziele mit suchten, mit begheerten, mit sien ende mit toespreken waer Cristus, die fonteyn des levenden waters, is. Si lopet ende volghet sijn voetstappen, die mitten bloede Cristi besprenkelt sijn; si nestelt ende rust in sijn side; si begheert ende suket sijn bloet als die jonghe aern doet; si soket ende vint haer spise in dien opghescrifte des crucen: Jhesus Nazarinus, der Joeden coninc. Dan wort vervullet als dat *ewangelium* seyt: So waer */42ra/* die lichaem is, daer sellen die aernen vergaderen.

Na enen anderen sin.

WISE MI, DIE MIJN ZIELE MINNET. Dit moghen wel °woerde wesen° der scouwender zielen, die in die teghenwoerdicheyt des brudegoms seer gaern soude bliven. Recht of si seggen woude mit sinte Peter: Here, ons is hier goet

---

Gö De Ha2 Le3 Be3

1481 ende *om De* is *(*opgheloken*) De Ha2* want *:* dat *De* **1485** lancheit *De Ha2 Le3 Be3* ewichs *om De* **1486** is*(1) om De* **1487** vierscaer *:* richtbanc *De Ha2* recht *:* gherichte *De Ha2*, rechten *Le3* in sitten sel *:* sal sitten *De* **1488** vierscaer *:* richtbanc *De Ha2* **1500** die*(2) :* ende *De* **1509** besprenghet *De Ha2 Be3* **1511** dien *:* den *De Ha2* **1512** als dat *:* dattet *De Ha2* **1515** die *:* wien *De Ha2* wesen / woerde *Gö*

wesen; laet ons drie tabernakel maken. Si begheerde wel stadeliken bi hem te bliven, want al dat in der tijt is mishaghet haer; ja dit tijtlike leven ghelijct [si] bet der doot dan dien leven, ende is meer een ellende gherekent dan *eyghen lantscap. Daer om vraghet si waer hi rust in den middaghe; hi, die */42rb/* een fonteyn des godliken lichts is ende een apoteke van alre weelden. *Gregorius*: Een ghemoede dat overmids der begheerten mit den hemelschen brudegom verenighet is, en mach mit ghenen troest deser werlt vernoghen. Daer om verlanghet haer, si soect, si bidt, si begheert; gheen dinc en mach haer custen, ja dat leven haers selfs lichaem rekent si cleyn te wesen. Ghi hebt wel ghehoert hoe dat si hier te voren verswart, verduustert ende misverwet was van der hetten der sonnen <ende> der onbegripeliker, ontoegangeliker claerheyt gods. Ghi hebt oec ghehoert hoe dat si mit haerre moeder kinder des hemelschen Jherusalem ghevochten heeft. Hier */42va/* en ghenoghet haer al niet mede, si en soect noch die stede sijnre weiden ende daer hi rust. Want hoe si meer arbeit den onbegripeliken te soeken, hoe dat haer dunct dat si daer min of ghevonden heeft. Want wat men daer of vijnt, altoes isset onghemeten dat daer ontblijft. Mar doch begheert si gheleert te wesen in wat manier van scouwen ende in wat manier van toekeer totten raeyen <si haer oefenen sal>, daer si den brudegom alre bequamelicste in mochte vinden. *Barnardus*: Merc hoe rechte edelic dat si die minne des gheests van der minnen des vleischs heeft ondersceiden, in dien dat si den gheminden meer mitter minnen dan bi sinen naem woude nomen. Si en seyde niet: Wise mi, dien ic minne, */42vb/* mar: WISE MI, WIEN MIJN ZIELE MINT, dat ics van binnen mit ondervinden ghewaer worde in wat manier van scouwen du hoedeste, ende waer du die scouwende ghemoeden mitter sueticheyt dijnre kennisse in plegheste te voeden. Hi andwoert haer doer den propheet *Ezechiel*: Ic selse op den berghe van Ysrahel, in den rivieren, in den gronen cruden ende in die alre vetste weide<n> hoeden. *Barnardus*: Dat is een salighe weide, daer die scape tot haren wille ende tot haerre ghenoechte in ende uut gaen sonder yemens wedersegghen. Wie sel mi gheven dat ic u sien moet ende mi selve mede mit u, mit dien neghen entneghentich scape die in den berghen der woestinen mit malcander */43ra/* te weiden gaen? Wee mi, onsalich man, hoe verre bin ic noch daer of, ja doch ic machse van varren groeten. Ende dat selve grueten heeft mi dicwijl tot screien ghebrocht, als *David*, die propheet, seyt: Op die rivieren van Babilonien saten wi ende screiden als wi Syons ghedochten. O Jherusalem, daer om love du dinen here, ende, o Syon, love du dinen god. Ende wie en soude niet herteliken begheren al daer te weide te gaen, om des vreeds willen, om der vetter weiden willen

---

Gö De Ha2 Le3 Be3

1519 (ghelijct) si *Gö* <iudicatur> **1520** een *om De* eyghen *:* enighen *Gö* <patriam> **1527** ontverwet *De Ha2* **1528** ende *om Gö De Ha2 Le3 Be3* <et> **1531** hoe *:* so *De* **1532** (onbegripeliken) lichte *De* **1535** si haer oefenen sal *om Gö Le3 Be3* <exercendi se> haer *:* daer toe *De* **1537** dat *om De* onderschidet *De* **1539** seit *De* **1542** in pleghegheste te voeden / dijnre kennisse *De* **1544** weide *Gö Ha2 Le3* <pascuis> **1547** mit dien *:* mitten *De Ha2* **1549** ic mach se / doch *De Ha2* **1554** al *om De*

ende om dat goede gheselscap? O seker woeninghe des paradijs, o suete voetsel dat in den woerde verborghen is, o ewicheyt daer alle vollicheyt in besloten is. Het is een onghelike vroelicheyt, also als wi */43rb/* dat woert gods in den sacrament al hier ghebruken ende alst die enghelen in den ewighen leven scouwen; al hier een form des knechts te hebben, ende al daer dat beelde gods; hier een ghehuechnisse van hem te hebben, ende al daer in sijnre teghenwoerdicheyt te wesen; hier in enen spieghel, ende al daer [hem] van aensichte tot aensichte te scouwen. Kinder, laet ons voert an haesten tot dier sekerre steden, tot dier sueter weiden ende tot dien vruchtbaren acker, want daer sellen wi wonen sonder vrese, daer sel wi overvloyen sonder ghebrec ende werscappen sonder verdriet. O brudegom, du hebste die vaderlike volcomenheyt in di besloten, WISE MI overmids dijnre */43va/* heymeliker ingheestinghe, want mi seer totti verlanghet, WAER DU *VOEDESTE dijn scouwers mitter sueticheyt dijnre goedertierenheyt te versaden, WAER DU RUSTESTE dijn minres mitter sekerheit dijnre vrienscap te vreden te setten, IN DEN MIDDAGHE mitten vierighen scijnsel dijnre claerheit dijn minres mede te verlichten, OP DAT IC NIET UUT EN DWALE den troest der werlt te soeken. Die minnende ziele noemt den brudegom somtijt haren gheminden, ende dat om groetheyt der minnen; somtijt haren coninc, ende dat om sijnre hogher weerdicheyt; somtijt haren vrient, ende dat om sijnre goetdadicheyt willen; somtijt */43vb/* haren brueder, ende dat om der onversceydenre vrienscap tusschen hem beiden; somtijt haren harde, want hi sijn cranc cuddekijn pleghet te hoeden; somtijt enen meester van medicinen, ende dat om sijnre salven ende om sijnre olyen willen; somtijt enen voetgangher, ende dat, want hi gaen ende comen wil na sijns selfs welbehaghen; ende somtijt noemt sien enen vader des ghesins ende een heer, want hi overvloedelic hoven, wijngaerden, ackeren ende scatten in sinen ghewoude heeft. OP DAT IC NIET EN BEGHINNE YDELIKE TE DWALEN NA DEN CUDDE<N> DIJNRE GHESELLEN. *Barnardus*: O here, wi en moghen ons selven van den middachs viant niet ghenoch be-*/44ra/*scermen, het en si dattu ons mit dinen middachslicht verlichten wilste. OP DAT IC NIET EN BEGHINNE YDELIC TE DWALEN. *Vercellencius*: Op dat ic overmids cleinheyt des verstants in die langhe breetheyt der scrifturen niet ydeliken en dwael, mar daer uut verkiesen mach dat mi totter godscouwinghe alre meest mach vorderen; OP DAT IC NIET EN DWALE NADEN CUDDE<N>, dat sijn die onvolcomen die totter godscouwinghe noch niet gheoefent en sijn. Op dat die scouwende ziele alle ghenuechte der werlt te bet verwinnen mochte, so wort si gheleit in menigherhande weide. In den eersten, die weide der heyligher kerken, daer

---

Gö *De Ha2* *Le3* *Be3*

1557/8 in – hier *:* hier inden sacrament *De* **1561** *(*daer*)* hem *Gö Le3* **1567** totti *:* na di *De Ha2*, tot u *Be3* hoedeste *Gö Le3 Be3* **1575** der *om De Ha2 Be3* **1577** om sijnre*(2) om De Be3* **1578** voergangher *De* **1582** cudde *Gö De Le3*, *om Ha2* <greges> **1585** Dat is als *(*vercellensis*)* seit *De Ha2* **1588** cudde *Gö Le3 Be3*, eynde *Ha2* **1591** In den *:* Ten *De Ha2* *(*eersten*)* in *De Ha2*

vijnt si in die seven */44rb/* sacramenten mit al haren toebehoeren. In den anderen mael, in die weide der heyligher scrifturen, daer vijnt si in wat si gheloven sel, wat si doen sel, wat si scuwen sel ende wat si begheren sel. In den derden mael, in die weide der creaturen, daer si in vinden mach dat elke creatuer een beelde of een voetstap of een sceem des sceppers is. In den vierden mael, in die weide der glorien, daer vijnt si in dat godlike schijnsel daer dat ghesicht mede ghevoedet wort. *Augustinus*: Ende wat isset dat ic minne, als ic minen god minne? Ic min een licht, ic min een stemme, ic min een smaec, ic min een roec, ic min een ommevaten mijns menschen van binnen. Daer */44va/* scijnt mijnre zielen een licht, dat gheen stede en begrijpt; daer luut horen oeren een stemme, die tot gheenre tijt en swiget; daer verneemt si een roec, die gheen wijnt wech en waeyt; daer ontfanghet si enen smaec, die mit ghenen eten verminret en wort; daer an clevet si, ende gheen gheselscap en machse daer of sceyden. *Barnardus*: Die scouwende ziele vraghet in desen voerseyden woerden na *der steden waer die brudegom die hemelsche ziele<n> behoedet, overmids dat die weyde elker malc niet ghegheven en wort, mar alleen den heymeliken huusghenoten, die recht alse vriende des brudegoms daer inghelaten worden, ende seyt: WAER *VOEDESTU? Ende want*/44vb/*tet niet ghenoch en is van den brudegom in der weyden ghevoedet te wesen, het en waer dat men in der weyden mochte wonen, daer om vraghet si voert waer hi rust in den middaghe. Recht of si segghen woude: Also als ic van di hebbe begheert in dijn weide gheleydet te wesen, also begheer ic oec dat ic eenperlic in dijnre weiden mochte wonen; daer om: WISE MI WAER DU RUSTE IN DEN MIDDAGHE, daer dat ghebruuc der ewigher glorien wel te rechte bi beteikent is. In den middaghe is die sonne op hoer heetste ende verwarmt die eerde mit haerre hetten. Al des ghelijc wort die salighe ziele mitter overhetten der ewigher */45ra/* sonnen verwarmt in den ewighen leven, alst wel bewijst is in dien dat die here des middaghes Abraham openbaerde. *Die wise man*: Die sonne verwermt die eerde in den middaghe, ende wie sel die hetten moghen liden? In den middaghe is dat schijnsel der sonnen alre claerste, also sel die salighe ziele van den raeien der ewigher sonnen mit onbegripeliker claerheyt in den ewighen leven doerscenen worden. *Job*: Dat middachsscijnsel der sonnen dat sel di des avents – dat is in dat eynde dijns levens – opstaen, ende alstu waenste te niet wesen gheworden, so selstu oprisen als een lichtdragher. *Ysayas*: Dijn duusternisse sellen wesen recht als die middach, */45rb/* ende die here sel dijn ziel mit enen overscijnsel vervullen. In den middach is oec die lucht alre claerste, also sel oec die salighe ziele gode sonder alle mid-

---

Gö De Ha2 Le3 Be3

1592 in *om De* In den *:* Ten *De Ha2* **1594/5** In den *:* Ten *De Ha2* **1596** In den *:* Ten *De Ha2* **1597** mael *om De* **1606** den steden *Gö Le3* <locum> **1607** ziele *Gö Ha2* <animas> behoedet *:* voedet *De Ha2* overmids *:* om *De Ha2* **1609** hoedestu *Gö Le3 Be3* **1617/8** overhetten *:* overster hetten *De* **1620** *(*man*)* seit *De Ha2* **1625/6** een lichtdrager *:* die morghen sterre *De Ha2*

del ende sonder alle ghelikenisse scouwen. *Ysayas*: Si sel claer wesen recht als een middachslicht. In den middaghe is oec die sceem alre cortste, also sel oec die salighe ziele sonder enich hinder haerre ghescapenheyt ende sonder middel enigher creaturen gode van aensichte te aensichte scouwen. *Ieremias*: Stant op, ende laet ons opclymmen in den middach. Ende van den ongherechtighen seyt hi voert: Wee u, want die dach is heenghegaen ende die scemen */45va/* sijn langher gheworden dan si des avens pleghen te wesen. In den middaghe pleghen die lude teten, al des ghelijc sel die salighe ziel in die vroelicheyt des ewighen lichts ghenuechelic versadet worden. Want dit is die middach daer Joseph mit al sinen bruderen, die van varre ghecomen waren, een grote werscap in bereyde, daer een yghelic na dat hi out was, in sijnre ordinancien sat, ende van vrolicheden mit malcander worden si alle droncken. Al des ghelijc sellen si alle in den ewighen leven elkerlijc na sinen verdienten gheset worden, ende al in der glorien gods also dronken in onsprekeliker vrolicheyt, dat si alle verledens leets daer mede sellen vergheten.

Dat ix capittel.

/45vb/ O ALDER SCOENSTE ONDER DEN WIVEN, BEKENNESTU DI SELVEN NIET, SO GANC UUT ENDE GANC NADEN VOETSPOREN DER CUDDEN, ENDE HOEDE DIJN BOCKEN BI DEN TABERNAKELEN DER HERDEN. *Barnardus*: So wat ghemoede dat hoghe clymmen wil, dat moet oetmoedelic van hem selven ghevoelen, op dat, alst boven hem selven gheboert wort, van hem selven niet en valle, want men sonder verdienten der oetmoedicheyt grote dinghen niet vercrighen en mach. *Beda*: Want die bruut grote dinghen begheert ende vander vervolghinghe der boeser vervaert is, so leertse die brudegom goedertierlic, ende seyt: O ALRE SCOENSTE ONDER DIE WIVEN, KENNESTU DI SELVEN NIET dattu moetste overmids tribulaci ende vervol-*/46ra/*ghinghe scoenre worden, ende dat nyement die crone verdienen en mach, het en si dat hi wittelike stride? Of KENNESTU NIET dattu den druc vlieste, daer du toeghelaten biste, ende den godliken troest begheerste, daerstu noch niet ontfanclic toe en biste, ende overmids desen meer dant nutte is, di selven behagheste? KENNESTU NIET dattu mitten vergancliken lichaem verswaert biste, verblint in den verstande, verlauwet ende vercout in der minnen? SO GANC UUT van minen ghebruke, ENDE GANC NADEN VOETSPOREN DIJNRE CUDDEN, dat is der besochter minren gods, ENDE HOET DIJN BOCKEN, dat sijn dijn onpuer ghedachten, BI DEN TABERNAKELEN DER HERDEN, dat */46rb/* is na den exempelen der volcomenre heylighen ende leerres. *Ambrosius*: Wat is armeliker ende onsaligher dan wi selve sijn, die recht alse beroefde ende naecte lude in desen leven gheworpen sijn? Wi sijn cranc van lichaem, teder in den ghemoede, onghestadich in der herten, trach in den arbeide ende bereet tot alre begheerlicheyt. *Richar<dus>*: Weetstu niet dat wi

---

Gö De Ha2 Le3 Be3

1632 te : tot *De Ha2* **1639** dien *(*dat*) De* **1640** worden si alle / mit malcanderen *De* **1642** *(*vrolicheit*)* worden *De Ha2* **1644** Dat ix. capittel : Si ignoras *opschrift De*, *om Ha2 Le3 Be3* **1657** daerstu : daer du *De*

recht als onsalighe lude noch huden des daghes onghestadich ende voervluchtich leven op der eerden? Want wi onghestadich sijn, soe volghe wi onse begheerlicheyt, ende want wi voervluchtich sijn, so scuwen wi alle verdrietelicheyt; altoes ghebrect ons wat dat wi begheren; overal */46va/* vinden wi wat dat wi gheern ontvlien souden. *Gregorius*: So wie versumet die wise te volghen, die moet van noede die dwase volghen. Dit uutgaen en is anders niet dan dat die minnende siel van haren brudegom ter tijt een luttel ghelaten wort: als dat innighe ghemoede van den dou des hemels ende van der vetticheyt der eerden een overvloedicheyt der benediccien te voeren hadde ontfanghen, ende was van der volherteliker sueticheyt gheesteliken droncken gheworden, namaels wort si daer of berovet ende mit alre drovicheyt vervullet; si vertraghet in der tracheyt, si verhardet in die onbevoelicheyt, ende in alre ghees*/46vb/*teliker oefeninghe wort si onvruchtbaer ende onbequaem; die hemel wort boven haer coperen, die eerde wort onder haer yseren, alle creaturen sien se droeflic an, also dat haer dorricheyt noch van vresen der hellen, noch van hopen des hemelrijcs, noch mit gheenre oefeninghe des ghebeets bemorwet en mach worden; ende mit ghenen arbeide, noch mit gheenre vliticheyt en machse weder totten ghewoenliken weelden des godliken troest in den ouden staet gheraken. Alsoe was die onsalighe Dina, Jacobs des patriar<ch>s dochter, uutghegaen om die wive des lants te sien, ende si wort onderweghe vercracht. Joseph */47ra/* ghinc uut in den acker, hi wort vercoft ende in Egipten gheleit. Die verloren soen ghinc uut ende brochte al sijn substancie qualike toe. Dina sie wel toe dat si in der tijt des gheesteliken uutgancs, als si van gode een luttel ghelaten is, niet verdervet en worde. Joseph hoede hem dat hi in dien selven uutganghe niet vercoft en worde. Die onspodighe soen wachte hem, als hi al sijn goet heeft voerbighebrocht, dat hi nyements eyghen en worde ende draf ete mitten verken. Want het ghevallet dicwijl alst ghemoede van den gheesteliken troest ghelaten is, dat dan, overmids dijstel ende doern die daer *wassen, die sinlicheyt mit onaerdighen begheer-*/47rb/*licheden uutdwaelt ende begheert tijtliken troest in vermakinghe van buten, waer mede dat die gheestelike invlietinghe ghehindert wort, ende die edelbalsame gaet van der vleyscheliker begheerlicheyt recht als die nevel te niet. Ende dit ghesciet om vierrehande sake willen. In den eersten mael, overmids der *versumelre tracheyt. Als een gheestelic mensch beghinnet te vertraghen ende hem selven niet te hoeden, dan wort sijn ghemoede mit boesen, ydelen ghedachten vervollet,

---

Gö De Ha2 Le3 Be3

1659 beswaert *De Ha2* **1661** dijnre : der *De Ha2* minnaren *De Be3* **1663** exempel *De Le3* **1667** richar *Gö* **1671** ontbreect *De Ha2* **1677** der *om De* **1678** droefheit *De* **1681/2** sien se : siet si *De Ha2* **1682** vresen : anxte *De Ha2* **1685** (weelden) comen *De* **1686** weder (gheraken) *De* patriars *Gö* **1688** vercrachtighet *De* ende (hi) *De Ha2* **1689** substancie : goet *De Ha2* **1693** voerbi : toe *De Ha2* **1694** den *om De* **1696** wasset *Gö De Ha2 Le3* <succrescentibus> **1698** inlichtinghe *De* **1700** In den : Ten *De Ha2* versmetelre *Gö* **1702** te hoeden : en huedet *De Ha2*

dat dat bloeysel der doechden verdervet, in die eerde sijns herten beghinnen dijstel ende doern te wassen. In den anderen mael, overmids */47va/* der viantliker bedrieghenisse, die hem selven overformet in enen enghel des lichts ende begavet dat ghemoede mit sijnre subtijlre bedrieghelicheyt ende verduustertet van den godliken scouwen; hi bedroeftet in allen doechden, die vrucht der goeder werken maect hi te niete, also dat hem die heylighe scriftuer verdriet ende en doet gheen puer ghebet tot gode na sijnre ghewoenliker vroelicheyt. In den derden mael ghescietet van der godliker gherechticheyt om des menschen vermetelheyt, op dat als hi ghelaten is, <hi> hem selven te bet veroetmoedighe, ende bekenne dat hi sonder die godlike hulpe niet en vermach, ende */47vb/* wete dat die voerleden vrolicheyt des herten ende die gheestelike bliscap hem van gode verleent was ende niet van sinen eyghenen verdienten ghegheven. In den vierden mael, overmids der godliker verhenghenisse, op dat die verloren gheestelike troest mit meerre vliticheyt ghesocht ende ghehouden worde. Ende daer om, hebstu dinen gheminden ghevonden, so bidt hem dat hi niet van di en sceide, mar sech mitter minnender zielen: IC HEBBEN GHEVONDEN, DIEN MIJN ZIELE MINT, ENDE IC EN SELS NIET LATEN.

Na enen anderen sin.

O ALRE SCOENSTE ONDER DEN WIVEN, KENNESTU DI SELVEN NIET? *Barnardus*: Hier wort die scouwende ziel van haerre ver-*/48ra/*metelheyt ghewaerscuwet, want si in haerre kennisse een luttel began te verduusteren doe si licht dier voerseider ghenaden ontfanclic of weerdich waende wesen, ende en meercte niet ghenoch dat si noch in den lichaem woende, mar hoepte dat si totter hoecheyt dies scouwens in desen leven soude mogen gheraken. Daer om wort si nu op haer selven ghewijst ende van haerre onbekentheyt verwonnen ende van haerre vermetelheyt berispt, daer hi seit: O ALRE SCOENSTE ONDER DIE WIVE. Hi hietse scoen te wesen, niet als een brudegom, mer als een meyster, niet als een die toernich is, mar recht als een waer-*/48rb/*scuwer, op dat si altoes mit vresen onder dwanghe ghehouden warde, daer hi seit: O <ALRE> SCOENSTE ONDER DIE WIVE. Bi den name der wiven sel men al hier die onvolcomen ghemoeden, die noch der werlt anhanghen, bi verstaen; die noch gheen manlike stantachticheyt in haren oefeninghe<n> bewijst en hebben, mar te mael verlauut ende wijfachtich is wat si doen. Ende al ist dat een scouwende ghemoede onder alsulke verlaeude menschen scoen hiet te wesen, nochtan so is hoer scoenheyt jeghens die hemelsche salighe gheesten seer clein te achten. Mar die edel zoenen van Syon, mit goude behanghen, die den hemelschen

---

Gö *De Ha2* *Le3* *Be3*

1703 ende *(*in*) De Ha2* sijns herten *om De Ha2* **1704** In den *:* Ten *De Ha2* **1705** bedrieghenisse *:* bedruckenisse *De* **1707** ende *(*die vrucht*) De Ha2* **1709/10** In den *:* Ten *De Ha2* **1711** hi*(2) om Gö* <seipsum humilat> **1715** In den *:* Ten *De Ha2* **1718** van di / niet *De Ha2* gheholden *De Ha2* **1720** Na enen anderen sin *:* Naden anderen sin *opschrift Be3*, *om De Ha2* **1722** van *:* overmids *De* **1724** te *(*wesen*) De Ha2 Be3* **1731** vresen *:* anxte *De Ha2* alre *om Gö Le3* <pulcherrima> **1734** oefeninghe *Gö Be3* <actibus> **1735** is wat *:* sijn in al dat *De Ha2* **1736** so *om De Ha2*

brudegom */48va/* in den hemel ende in der eerden trouwelic anhanghen, die moghen wel mit rechte overmids den manliken werken mans naem hebben. In den eersten sijn die enghelen man ghehieten, want si, als *Richardus* seit, onder alle creaturen die eerste ende die vorbaerste sijn. Ende daer om wast, doe Abraham sijn oghen opsloch, <dat hi> drie enghelen in formen van mannen sach, ende ghinc hem teghen ende noedse in sijn huus. Die patriarchken sijn oec manne gheheiten, want hem van onsen here god beloeft was: Ic sel u ghes-lachte vermenichfoudighen als die sterren des hemels. Ende als Jacobs kinderen den coninc Pharo andwoerden, doe si seyden: Wi sijn manne ende pleghen */48vb/* te hoeden. Die propheten sijn oec manne ghehieten, als onse here god Moyses beval: Verkies di manne uut alden volc, daer waerheyt in is ende die ghiericheyt haten. Die apostele sijn oec manne ghehieten, daer *Job* of seyt: Hoert mi, ghi hertighe manne. Wel mochten si hertich hieten, want si van der armoeden rijc waren ghemaect, in dien dat si haer eyghen herte besaten. Die gloriose martelaers hieten oec manne, als *die wise man* seyt: Laet ons die gloriose manne loven, die heerscappie in moghentheden hebben. Die confes-soren sijn manne ghehieten, daer *die wise man* of seyt: Dit sijn manne der *ontfarmherticheit, wies gherechticheden niet vergheten en */49ra/* sellen wor-den. Ende want hem gheen goedertierenheyt en ghebrac, so sel mit horen ghes-lachten goede erfnisse bliven. Die heylighe maechden die manlike werken dor-ren beghinnen, moghen oec wel manne hieten, daer *Job* toe seyt: Scort op dijn lenden als een man. Aldus moghent alle mannen ende sonen van Syon hieten die manlike werken werken. GANC UUT ENDE VOLCH DIE VOETSPOREN DER CUD-DEN. Hier wort die sake haerre beruspingen bewijst. *Barnardus*: Het is een harde, scarpe berispinghe uut hieten te gaen van den gheest totten vleysche, van der ruste des ghemoeds tot weerliken begheerten nader werltliker hantieringe. */49rb/* Ende dattet een harde, lachterlike berespinghe is daer dat gheestelike ghemoede van den godliken gheselscap uut wort hieten gaen, daer seit sinte *Barnardus* aldus of: Een ziele die eens van den here gheleert ende ontfanghen heeft tot haer selven in te gaen, ende aldaer in haer alre inreste die teghenwoerdicheyt gods mit groten verlanghen te begheren ende sijn aensicht altoes te sueken, ic en weet niet of et verveerliker ende pijnliker waer die helle ter tijt te besueken, dan van nyes totten lastelike bevleckeden leven des vleischs te keren ende die onversadelike cueriosicheyt der sinnen weder aen te nemen. Ende want die here al den ghenen die in hem hopen */49va/* also recht goet is, so vermoede ic dat een siele die sijnre ghesmaect heeft ende also uut-

---

Gö *De Ha2* *Le3* *Be3*

1743 dat hi *om Gö Le3 Be3* **1745** *(*was*)* doe hi seide *De Ha2* **1749** *(*beval*)* doe hi seide *De Ha2* **1751** ghi *om De* hertighe *:* ghehertede *De Ha2* hertich *:* ghehertet *De Ha2* **1755** oec *(*manne*) De* **1756** ontfarmherticheden *Gö Le3 Be3* <misericordie> wies *:* welker *De*, welke *Ha2* **1760** moghen *De Ha2* *(*alle*)* die ghene *De Ha2* **1764** werlt-liker *:* werlt *De Ha2 Le3 Be3* **1765** lasterlike *De Ha2 Be3* **1767** sinte – of *:* oec Bernar-dus *De* of *:* van *Ha2* **1771** *(*tijt*)* toe *De Ha2* lasterliken *De Ha2* **1772** cue-riosicheyt *:* nyplichticheit *De Ha2,* curioesheit *Be3*

ghewijst wort, niet anders en rekent haer ghesciet te wesen dan dat si uut den paradise of uutten inganc der glorien haer weder dunct uutgheworpen te wesen. HOET DIJN BOCKEN BI DEN TABERNAKELEN DER HERDEN. *Barnardus*: Want du om mijnre minnen wille niet ghedrucket en wilste wesen, noch vervolghinghe liden, so weet dattu van der sueter, heymeliker scouwinghe der hemelscher verstande niet weerdich en biste ghetroest te wesen. Daer om GANC UUT uut dijnre herten, dat mijn heymelike santuarie plach te wesen, daer du die heylighe ver-*/49vb/*standel sinnen der waerheit ende der wijsheyt gods uut plagheste te putten, ENDE HOEDE NU DIJN BOCKEN. *Gregorius*: Dat sijn die ydel onreyn ghedachten, want so wie jeghens die wederspannighe becoringhe mitten sweerde des woerden gods niet manlic wederstaen en can, die hoedet die onreyn ghedachten recht alse stinckende bocken in sijnre herten. *Barnardus*: Het is een scadelic, lelic wandel, als een mensch die te voeren sijn vreemde, ellendighe ziele mit heylighen ghedachten in der hemelscher weiden plach te hoeden ende mit innicheden die hemelen te doerdringhen, ende plach die hemelsche woeninghe omme te wanderen mitten */50ra/* ghemoede; si plach die patriarken te grueten, si plach haer van der edelre victorien der apostelen ende

---

Gö De Ha2 Le3 Be3

1776/7 haer – wesen *:* weder wtgheworpen si *De Ha2* **1777** recht of hi segghen wolde na sancte *(*bernardus*)* woerden *De Ha2* **1783** Gregorius – sijn *:* dat sijn als sancte gregorius seit *De Ha2* die *:* dyn *De Ha2* **1784** onnutte *(*onreine*) De* **1785** die*(2) om De Ha2 Le3 Be3* **1786** stincken *De* **1786-95** O (*De Ha2*) behoudt hier goeddeels de oorspronkelijke vertaling, die in H1 (*Gö Le3*) en H2 (*Be3*) verloren is gegaan. De zin is gecompliceerd en werd in H aangepast. De betere versie van O volgt hier naast de Latijnse brontekst:

Turpis studiorum mutacio, ut cui ante studium fuerat peregrinantem et exulem animam pascere sacris meditacionibus tamquam celestibus penetrare deuocione celos, et mente[s] supernas circuire mansiones, et salutare per patriarchas, atque prophetarum apostolorum martirumque mirari triumphos, ac stupere pulcherrimos ordines angelorum; nunc omnibus hiis obmissis turpe se *mancipet corporis seruituti ad *satisfaciendum uentri et gule. (hs. München, f. 20vb).

Bernardus. Het is een scadelic wissel ende verwandelinghe als een mensche die te voren sine vreemde ellendighe siele mit heilighen ghedachten in die hemelsche weiden plach te hueden ende mit innicheiden die hemele doer te dringhen, ende die hemelsche woninghe mitten ghemoede plach om te wanderen, ende die patriarchen plach te grueten, ende die hem vander edelre verwinnighe der apostelen ende der martelaren plach te verwonderen, ende vander suverliker ordinancien der enghelen mit groten verwonderen plach te vervrouwen; ende hi nu al dat lelike ende lasterlike achterlaet ende wil sinen lichaem dienen ende ghenoech doen den buke ende den beesteliken sinnen (hs. Deventer, f. 19r).

1787 lelic wandel *:* wissel ende verwandelinghe *De Ha2* **1789** doer te dringhen *De Ha2* **1789/90** ende*(2)* – ghemoede *:* ende die hemelsche woninghe mitten ghemoede plach om te wanderen *De Ha2* **1790/91** si – grueten *:* ende die patriarchen plach te grueten *De Ha2* **1791/2** si – verwonderen *:* ende die hem vander edelre verwinninghe der apostelen ende der martelaren plach te verwonderen *De Ha2*

der martelaren te verwonderen ende van der suverliker ordinancien der enghelen mit groten verwonderen te vervroechden; ende si nu alle dat lelicken ende lachterlike afterlaet, ende wil haren lichaem dienen ende ghenoch doen den buke ende den veliken sinnen. Op alsulken ziele hebben mijn oghen wel mit rechte veel waters uutghestort, want si in verweenden dinghen was opghevoedet ende nu den stinckenden drec heeft omghevat BI DEN TABERNAKELEN DER BOESER HERDEN, diet uut den sinnen sceppen, daer si die vleyschelike begheerten niet /50rb/ alleen mede en voeden, mar tot meerre begheerlicheyt ontfoncken. Och des weenliken drovighen wandels, dat een ziele die te voeren was een ingheboren oefenaerster des paradijs, een borgher des hemels, een vrouwe van al der werlt, een suster der hemelscher gheesten, een medeerfghenaem der enghelen, een huusghenoete gods, een tempel des heylighen gheests, een beelde ende een ghelikenisse der heyligher drievoudicheyt, dat die ziele mitten haestighen, onversonnen ofkeer haer selven vijnt legghende in den stinckenden stal, ende behoevet overmids der ghelikenisse die si mitten beesten /50va/ heeft, dat hoey der beesten ende dat draf der verken, ende staet daer om haerre onghetemmeder woesticheyt willen mitten vee ghebonden an der cribben. Ende dan wort leyder vervullet dat die propheet *David* seit: Mit eenre helfter ende mit enen breidel selstu hoer wanghen bestricken, heer, die totti niet en ghenaken. O ALRE SCOENSTE, *Vercellencius*: KENNESTU <DI SELVEN> NIET, so seltu mi te bet kennen, want mi te kennen is een volcomen onkennisse. Een godminnende ziele hiet een scoen wijf onder die godscouwende ghemoede te wesen, want si daer of ende daer onder seer scoen ghemaect wort. Als sinte *Paulus* seit: Wi sellen mit ondeckeden aensichte die glorie des /50vb/ *heren scouwen; ende Moyses aensicht wort claer blenckende overmids dat medegheselscap gods. Hier om, GANC UUT verre van di selven te sceiden, dijns selfs uut te gaen ende te sterven, want hoe du meer tot mi ingaeste, hoe du meer van di seluen uutgaeste. *Jheremias*: Du en selste niet ophouden na mi in te gaen. ENDE GANC NA DEN VOETSPOREN DER CUDDEN, dat is der hemelscher ierarchien onder die enghelen, dit sijn die cudden der neghen ende tneghentich scapen die in der woestinen ghelaten waren; daer onder HOEDE DIJN BOCKEN, dat sijn dijn vierighe, smakelike begheerten, die daer onder mit haren voetsel mede te voeden. *Ysayas*: So /51ra/ wie daer midden onder ghelaten wort, die sel botter ende honich eten. BI DEN TABERNAKELEN DER HERDEN. Die harden sijn die hemelsche substancien van den oversten

---

Gö De Ha2 Le3 Be3

1793 plach *(*te*) De Ha2* vervroechden *:* vervrouwen *De Ha2* si *:* hi *De Ha2* **1794** lasterlike *De Ha2 Be3* haren *:* sinen *De Ha2* **1795** veliken *:* beesteliken *De Ha2* **1803** ende *(*een*(2)) De Ha2* **1811** *(*ghenaken*)* Nae enen anderen sin *opschrift De Ha2 (*scoenste*)* onder die wiven etc *De Ha2* **1811/12** Vercellencius *om Be3* **1812** di selven *om Gö De Ha2 Le3* <si ignoras te> **1816** heren *:* hemels *Gö Le3 Be3* <domini> **1817** claerlike *De* **1823** dijn*(2) :* die *De Ha2* **1824** onder *:* bequaem ende lustich sijn den brudegom *De Ha2* hem *(*mede*) De Ha2* **1825** tabernakel *De Ha2*

choer, die de nederste regieren ende voeden mit hemelscher spisen. *Thobias*: Ic besighe onvernemelike spise ende dranc die de menschen niet sien en moghen. *Dionysius*: Dese TABERNACULEN, daer si dicwijl in wonen ende overmids den overganc haerre eyghenre naturen daer recht in hieten te wanderen, dat sijn die inrelike ende die eenmakende scouwinghe der heyligher drievoudicheyt. Bi desen tabernakelen die bocken te hoeden, is die overste begheer-/*51rb*/inghe ende scouwinghe des ghemoeds na haren exempelen ende navolghen ende bicomen starckelic opwarts te strecken.

Dat .x. capittel.

O MIJN VRIENDINNE, IC HEB DI GHELIKET MIJNRE RIDINGHE MIT PAERDEN IN PHARONS WAGHEN. Hier wort die bruut ghetroest dat si noch vrilic vanden brudegom ghesterct sel worden. *Beda*: Die here wil dat die bruut weet wat si van sinen gaven ontfanghen heeft ende wat si om sijnre minnen wil sculdich is te liden, ende begheertse te leeren waer si haer ghetrouwen in setten sel, ende seyt: O MIJN VRIENDINNE. *Barnardus*: Sijn vriendinne, die bruut, is mitter enghelen dienst ver-/*51va*/ciert ende mitten hemelschen heere al ommebeset, ende ghelijct DER RIDINGHE MIT PEERDEN IN PHARONS WAGHEN, ende is noch veel heerliker dan hier voertijts Pharons waghen waren, die mit enen wonderliken mirakel gods in dat roede meer verdroncken. En isset niet veel glorioser den viant te verwinnen dan Pharo, die een mensche was? Daer was ghestreden jeghens vleysch ende bloet, mar hier wort ghevochten jeghens die princen ende jeghens die moghentheden der duusternissen; daer wort dat volc uut Egipten gheleyt, hier worden die lude uut deser boeser werlt ghebrocht; daer worden Pharons waghen verdroncken, hier worden vleyschelike be-/*51vb*/gheerten die jeghens die ziele striden, onder die voete ghehouden. O MIJN VRIENDINNE, die mijnre werken ende mijnre heymelicheden een medeweetster biste, wat bistu vervaert van lichaemliken druc, of wat ontsiestu di van enigher gheesteliker becoringhe, alstu wel weetste dat ic di MIJNRE RIDINGHE IN PAERDEN heb ghelijct? Ja, nochtan sel in di mit rechte als in eenre vriendinnen wesen een recht ordinancie inden begheerten, innicheit in den ghedachten, welghescicketheyt in den seden, wapeninghe in den ghebede, crachticheyt in den werken ende vrese in der minnen. Het is seker ende sonder twivel dat aldustanigher zielen die bescer-/*52ra*/menisse der enghelen nymmermeer en ghebreect, want sise in der minnen gods altoes seer minnen. Ende en sech in dijnre herten niet: Waer sijnse, wie sietse? Jacob, die patri-

---

Gö *De Ha2* *Le3* *Be3*

1827 Thobias *:* als die enghel tot tobias seide *De Ha2* **1829** Dionysius *:* als dyonisius seit *na* sijn *(1831) trnsp De Ha2* **1833** exempel *De* **1833/4** ende*(1)* – bicomen *:* na te volghen ende bi te comen *De Ha2* **1834** trecken *De* **1835** Dat x. capittel *:* Equitaui*(!)* meo *opschrift De*, Nae den iersten sinne *opschrift Ha2*, *om Le3 Be3* **1840** betruwen *De Ha2 Be3* **1841** *(*vriendinne*)* ic heb di ghelijct mijnre ridinghe *De Ha2* **1845** En *:* Ende *De Ha2 Le3 Be3* glorioseliker *De* **1846** was*(2) :* wort *De Ha2* **1858** di *om De* **1861** sietse *:* sachse *De*

arch, sachse; Helizeus, die propheet, sachse; Paulus, die apostel, sachse, doe hi seyde: En sint niet alle dienstachtighe gheesten, die ghesent sijn in der gheenre dienst die dat erve der salicheyt op sellen bueren? *Richardus*: Die enghel is een bode gods overmids wien wi bekennen dat welbehaghen des godliken willes. Ende wat wonder waert dat alsulken bode een nederghedruckede, belaste ziele van den banden der *ongheordinierder begheerlicheyt ontbonde, */52rb/* van der duusternisse der onbekentheyt verlichte, uutten handen der vervolgers verloste, welc enghel kennisse ende minne der hemelscher ewigher dinghen, also veel als hi wil ende hoeneer dat hi wil, rechte voert instorten mach. Hier om is gods vriendinne, die minnende ziel, DER RIDINGHE DER PAERDEN wel ghelijct. Pharons waghen is drierhande. Die eerste is een waghen der hoverdie. Dese hevet vier rade, alse wreetheyt, onlijdsamicheyt, stouticheyt ende onscamelheyt. Dese waghen is snel dat onnosel bloet der zielen te storten, want van der simpelre onnoselheyt en wil hi niet staende bliven, die lijdsamicheyt en machs niet houden, die vrese */52va/* en machs niet bedwinghen, noch die scaemte en machs niet beletten. Dese waghen wort voertghetoghen van tween peerde. Dat een is eerdsche moeghentheyt ende dat ander is pompe deser werlt. Op desen waghen sit Yesabel, die Helyam vervolghede, mit al den ghenen die jeghens der doechde pertien. Dat ander is die waghen der ghiericheyt, ende heeft vier raden, als cleynmodicheyt hem selven te verwinnen, ongoedertierenheyt tot sinen evenmensche, versmadinghe gods ende verghetelheyt der doot ende der hellen. Desen waghen wort voertghetoghen van tween peerden, als van begheerten veel te hebben ende van vresen ghebrec */52vb/* te liden. Op desen waghe<n> sat Ananias ende Saphira, sijn wijf, die de apostelen mitten ghelde die si van den acker namen, wouden verscalken, ende alle die ghene die van der ghiericheit verwonnen sijn ende altoes ghebrec wanen hebben. Dat derde is die wagen der onsuverheyt, ende hevet oec vier rade, alse gulsicheyt des buucs, begheerlicheyt des vleischs, zachticheyt der cleder ende ledicheyt des levens. Dese waghen wort ghetoghen van tween paerden, als ghesondicheyt des lichaems ende overvlodicheyt der dinghen. Hier op sitten die twee oude rechters die Susannen, der goeder vrouwen, – en hadde Daniel ghedaen – ter doot souden ghebrocht hebben, ende al */53ra/* die gheen die na den vleische leven. Jeghens dese drie Pharons waghen heeft onse waerachtighe Salomon, dat is Cristus, drie waghen die daer jegens recht contrarie sijn. Dat eerste is een wagen der lijdsamicheyt, ende heeft vier rade, alse

---

Gö De Ha2 Le3 Be3

1867 ongheordinierliker *Gö* begheerlicheiden *De Ha2* **1869** verlose *De*, verlosse *Ha2* **1870** wanneer *De Ha2 Be3* **1873** onlidesamheit *De Ha2 Le3 Be3* **1876** lidesamheit *De Ha2 Be3* **1880** die doechden *De Ha2 Be3* Dat ander : Die ander waghen *De Ha2* **1881** (ende) dese *De Ha2* **1883** voert- *om De* **1885** waghe *Gö* **1886** namen : boerden *De Ha2* (Ende) oec op dese waghen sitten *De Ha2* **1888** te (hebben) *De Ha2* Dat derde : Die derde waghen *De Ha2* oncuuscheit *De Ha2* (ende) dese *De Ha2* **1893** (Ende) oec op dese waghen sitten *De Ha2* **1895** daer : hier *De Ha2* **1895/6** jegens recht contrarie : rechte teghen contrarie *De*, recht contrarie teghen *Be3*

die tijtlike dinghe mildelic mede te delen, mitten crancken goedertierlic te liden, die in becoringhen staen suetelic te troesten, ende onrecht blidelic te liden. Desen waghen trecken twee peerden, alse minlic ontfarmherticheyt ende sorchvoudicheyt hoe men in den utersten ordel van allen dinghen reden sel gheven. Hier op sat Job, die jeghens die arme sijn doer oploec ende hoer voersprаec plach te we-/*53rb*/sen ende haer scouderen mit sinen scaeps vellen plach te warmen, ende al die ghene die de werken der ontfarmherticheyt beide te live ende te ziele aen die noettruftighe pleghen te bewisen. Dat ander is die waghen der broederliker minnen, ende heeft vier rade die in den oven der caritaten ghemaect sijn. Dat eerste is minne tot gode, op dat hi in allen dinghen gheeert worde; dat ander is minne totten evenmensche, dat hi ymmer behouden worde; dat derde is neersticheit dat vleysche onder die voet te houden; dat vierde is viericheyt, dat die innicheyt overal vermeerret worde. Desen waghen trecken twee peerde, alse die minne /*53va*/ gods ende die minne des evenmenschen. Hier op sit Helias, die heylighe propheete, die mit desen vierighe waghen in den hemel opghevoert wort, ende al die ghene die vierighe minne hebben. Dat derde is die waghen der reynicheyt, ende hevet oec vier rade, alse soberheyt in der noettorften, puerheyt in der ghedachten, scarpicheyt in der cledinghe ende stadicheyt in der oefeninghe des ghebeeds. Dat een peert hier of is dat men kenne crancheyt der natueren, <dat ander peert is> onghestadicheyt des willes. Hier op sat Eunuchus, die een reyn man was, der coninghinnen dienre van Ethiopien, die hem van Philippus liet doepen, als men inder apostelen werke leest, /*53vb*/ ende al die gheen die mit hem een reyn leven leyden.

Na enen anderen sin.

O MIJN VRIENDINNE etc. *Gregorius*: Der heylighen starcheyt is dat vleysch te verwinnen, eighen weelden te wederstaen, ghenochte des levens niet te volghen, dat verdriet deser werlt om dat ewighe loen te minnen, smekinghe des ghelucs te versmaden, alle vrese der wederheyt in der herten boven te clymmen. *Vercellencius*: Hier om wort die bruut die scouwende ziele DER RIDINGHE

Gö De Ha2 Le3 Be3

1896 lidesamheit *De Ha2 Be3* (ende) hi *De Ha2* **1903** verwermen *De Ha2* (Ende) op dese waghen sitten oec *De Ha2* **1904** Dat ander : Die ander waghen *De Ha2* **1905/6** caritaten : godliker minnen *De Ha2* **1911** sit : sat *De Be3* **1913** Dat derde : Die derde waghen *De Ha2* (ende) dese *De Ha2* **1916** (ghebedes) ende des arbeides *De Ha2* **1915/6** H is verminkt, terwijl O meer van de oorspronkelijke lezing heeft behouden:

Duo equi: fragilitas nature, instabilitas fortune (hs. München, f. 21rb).	Desen waghen trecken twe peerden, als kennisse crancheit der natueren ende onghestadicheit der aventueren (hs. Deventer, f. 52r).

1915/6 Dat – kenne : Desen waghen trecken twe peerden als kennisse *De Ha2* **1916** dat ander peert is : ende *Gö De Ha2 Le3* **1917** des willes : der aventueren *De Ha2* **1917** sat : seit *De* **1918** Ethiopien : moerlant *De Ha2* **1919** (Ende) op dese waghen sitten oec *De Ha2* **1922** (vriendinne) ic heb di gheliket mijnre ridinghe *De Ha2* etc *om Be3*

MITTEN PAERDEN IN PHARONS WAGHEN ghelijct, want een scouwende ghemoede heeft recht twee heeren: een heere te voete, ende een ander te peerde. Ende elc heeft sijn ghesinde, alse heylighe begheerten, innighe verlanghen, */54ra/* ende stadighe, opwerkende uutreckinghe tot godlike dinghen. Dese nuwe stride heeft die here ghemint, daer haerre moeder kinder jeghens die scouwende zielen vechten. Ende tsijn vroelike stride, alser ghescreven staet: Si vochten die stride van Ysrahel mit vroelicheden. Hier om HEB IC DI, O MIJN VRIENDINNE, GHELIJCT PHARONS WAGHEN, die di behoren te verwinnen. PHARONS WAGHEN sijn uutdwalende ghedachten, vleyschelike begheerten ende aenstorminghe der boser ghedachten, die men mit gheenre oefeninghe der duechden also crachtelic en verwinnet als mit enen vroliken godscouwende leven. Wilke vroelicheyt des godliken troests der innigher zielen ghegheven */54rb/* wort recht als een oghe die overtredinghe mede te sien, als een prekelinghe dat werc mede te corrigieren, als een stoc in der becoringhe op te lenen ende als een beddekijn na den arbeyde op te rusten. Want somtijt gheeft die here sinen vrienden wat sueticheden daer hise mede tot hem trecket ende mit innicheden begavet, op dat si haer onvolcomenheyt daer in souden bekennen. Want dan worden die oghen opgheloken ende gheropen van allen vleyscheliken vlecken, alse Jonathas in *der coninghen boec* seyde: Al smakende heb ic een luttel van den honich gheproeft, ende mijn oghen sijn daer mede opgheloken. Ten anderen mael wort si ghegheven als een prekelinghe */54va/* dat ghemoede mede te verwackeren. Want wat mach den mensche meer vermanen tot alre oefeninghe der doechden, tot stadicheyt der seden ende tot dodinghe alre vleyscheliker ghenochten, dan dese vroelicheyt des godliken troests. *Paulus*: Die ghebenedide god ende vader alre ontfarmherticheden troest ons in al onsen druc. *David*: Na veelheyt mijnre droefheyt, so hebben dijn troestinghe mijn siel verblijt. *Die wise man*: Gheeft den ghemaecten ghebrouweden dranc den droighen, ende den wijn den ghenen die in bitterheden van ghemoede sijn. Ten derden mael wort die godlike troest ghegheven recht als een */54vb/* stoc in die tijt der becoringhen op te lenen. Want die goedertieren here en laet nyement boven sijnre macht becoren, mar hi doet alsulken behulp dat mense altoes wederstaen mach of men wil. Dese godlike troest wort den ghetemptierden ghegheven, dat si niet en vallen; die ghetemptiert sellen worden, dat sijt te lichteliker sellen moghen draghen; ende hem beyden, dat si te manliker weder moghen staen. *Cassianus*: Niet en is crachtigher die wedersaken mede te verwinnen dan aldustanich gheestelic troest, die die versumede tot oefeninghe der

---

Gö *De Ha2* *Le3* *Be3*

1927 -ten *om De Ha2 Be3* **1928** (ander) heer *De* **1931** haerre : sijnre *De Ha2* **1940** stoc : staf *De Ha2* **1943** (begavet) hise *De Ha2* **1948** daer (mede) *De* vermanen : verwackeren *De Ha2* **1951** ontfermherticheit *De* **1952** so *om De Ha2* **1955** stoc : staf *De Ha2* **1957** becoren : becoert worden *De Ha2* **1958** ghetemptierden : becoerden *De Ha2* **1959** die – worden : als si becoert worden *De Ha2* ende (dat) *De Ha2* **1960** beyden : bereiden *De Ha2*

doechden verwecket, die die arbeyders verlicht ende den volcomenen een suete vermakinghe is. Ten */55ra/* vierden mael is dese troest recht als een beddekijn na den arbeyde op te rusten, daer die brudegom selve of seyt: ONSE BEDDEKIJN IS MIT BLOMEN BESTROEIT. *Vercellencius*: Dese blomen sijn schijnsele der godliker lichten, die niet alleen en *verlichten, mar tghemoede mit wonderliken roeken ende mit nuwer smakelicheyt overmids den overtret in godliken dinghen dronken maken, ende bestorten die ziele mit also groter sueticheyt, dat si haers selfs verghet in den sterfliken lichaem wonende. Dit mach wel des brudegoms vriendinne hieten, die aldus minnet ende gheminnet is ende droncken ghemaect van der eninghe des godliken troests, waer om dat si sijnre RI-*/55rb/*DINGHE IN PHARONS WAGEN wel ghelijct is.

Dat xi capittel.

DIJN WANGHEN SIJN SUVERLIC ALS DER TORTELDUVEN, DIJN HALS IS ALSE SPANNEN OF HECHCELS. WI SELLEN DI MAKEN GULDEN KETENEN, MIT SULVER BESPRENKELT OF ONDERSCEIDEN. Hier te voeren heeft Cristus sijn bruut, die heylige kerke, ghestarket in den liden, hier wil hise troesten ende vorderen in allen werken der doechden, ende seyt: DIJN WANGHEN SIJN SUVERLIC, dat is, dijn leerars hebben suverlicheyt des levens; ende hieten daer om WANGHEN, want si die spise der heyligher scrifturen breken ende biten ende cauwen, also dat sise den hoerres eetelic ende bequamelic maken te ont-*/55va/*fanghen. Mar dese WANGHEN SIJN SCOEN ALS DER TORTELDUVEN, want also die tortelduve alleen blivet als si haren gade verloren heeft ende sucht voer haren sanc ende die enicheyt minnet, also sel oec een leerre des woerden gods dat werltlike gheselscap scuwen om die reynicheyt des cuusschen levens, also ver alst in hem is, om sijns selfs willen. *Ysayas*: Weest ghereynicht, ghi, die de vate des heren draghet. Hoe scoen sijn die voete der gheenre die dat ewangelium prediken ende den vrede condighen. Een leerre sel oec suchten voer sijn singhen, overmids mededoghen tot alle sinen evenmenschen. *Paulus*: Draghet */55vb/* malcanders last, ende also sel di die ewe Cristi vervullen. Wie isser siec, ende ic <en> bin mede cranc? Een leerre sel oec mitter turtelduven die enicheyt minnen, om te meerre reesscap te crighen totten godscouwenden leven. *David*: Ic bleef in der enicheit, ende verbeide hem die mi behouden maect van der cleynmodicheyt ende van des gheests druusticheyt. Wie sel mi vloghelen gheven als der duven, ende ic sel vlieghen ende rusten? Die tortelduve vant haer nest daer si haer jonghen weder leyde. Och, hoe veel isser eerst in te storten, eer wi uut souden dorren storten, op dat wi uut vollicheden ende niet uut armoden voert en gaven. */56ra/* Ons is noet beweginghe des herten,

---

Gö De Ha2 Le3 Be3

1967 verlichtet *Gö* <illuminant> **1974** Dat xi capittel *:* pulchre sunt mac*(!) opschrift De*, Die ierste sin is *opschrift Ha2*, *om Le3 Be3* **1977** besprenghet *De Ha2* **1981** scrift *De Ha2* **1983** also *:* als *De Ha2* **1987** Weest *:* wordet *De Ha2* **1992** ende *om De Ha2 Le3 Be3* en *om Gö* **1994** der *om De* hem *:* dien *De Ha2*, *om Le3 Be3* **1995** der *om De Ha2* **1996** gheven / vloghele *De* **1997** een *(*nest*) De* Och *:* O *De Ha2 Le3 Be3*

innicheyt, penitencie, goedertierenheyt, ghebet, ledicheyt in den scouwen ende vollicheit der minnen. *Ysiderus*: Een leerre sel mit leven ende mit leren stichtich wesen, want leeringhe sonder leven maecten opgheblasen, ende leven sonder leeringhe maecten onnut. DIJN HALS IS ALS SPANNEN OF HECHCELS. Hier [uut] wort die bruut, die heylighe kerke, van den brudegom ghestarct mitten exempelen der volcomenre heylighen, die een hals der heyliger kerken overmids invloyinghe der gaven gods sijn ghehieten, want si die ghelovighe mit Cristo, diet hoeft is, overmids */56rb/* haren heylighen exempelen ende haren goeden leven verenighen. Ende dese HALS is recht ALSE SPANNEN, want recht als die spannen die borste der bruut *vercieren, also vercieren dese die heylige kerke mit haren goeden leven, daer si seer of verblijt. *Ysayas*: Al verblidende sel ic verbliden in den here, want hi heeft mi een cleet der salicheyt anghetoghen ende verciert als een bruut. Van alsulken engheliken mannen verblide haer ende bloeide voertijts die heylighe kerke, als *Hugo* seyt, doe die prelaten haer ondersaten vlitelic ende wel bewaerden, doe die ondersaten gheern ende goedertierlic onder haren prelaten ghehoersamich stonden, doe die oude */56va/* vol innicheden ende devocien waren, doe die jongen gheern arbeiden, doe in den habite van buten eersamheyt was ende in der noettorften middelmaet, doe die monike stadeliken in den cloester bleven ende der herenhove niet en versochten, doe si mitten salmen ende mit ghenen vreemden saken becommert en waren, doe in den cloester gheen nyemaren en quamen, doe int capittelhuus gheen onscout ghesocht en wort mar een oetmoedich belien, doe in <den> choer die heylighe simpelheyt was ende bi den outaer reverencie ende weerdicheyt. WI SELLEN DI MAKEN GULDEN KETENE. Hier lovet die brudegom sijnre */56vb/* bruut, dat si die ontfanghen gaven behouden sel, want anders en mochten haer die ghiften niet vernoghen. Dit behouden der ghaven is sonderlinghe gheleghen in den menigherhanden stichtighen verstande der heyligher scrifturen. *Paulus*: Alle scriften die ghescreven sijn, sijn ghescreven tot onser leringe, op dat wi overmids lijtsamicheyt ende troest der scrifturen hope souden hebben. *Vercellencius*: Dese KETENEN die der bruut hals vercieren, van goude ghemaect mit sulver draden daer onder ghemenghet, beteikenen menigherhande sentencien der heyliger scrifturen, die de minnende ziele inder doechden staen-*/57ra/*de houden. *Gregorius*: Als wi in der scrifturen vinden hoe vroemelic dat die heylighe vaders in den stride gods ghestreden hebben, dan maken si onse crancke herten jeghens die striden der sonden starc; ende als wi van yemens crancheyt of val daer in vinden, daer in leert si ons hoe wi ons voer alsulken valle sellen hoeden. Dese KETENE der scrifturen

Gö De Ha2 Le3 Be3

2002 leeringhe *:* leren *De* **2004** wt *(*wort*) Gö* **2009** vercieren*(1) :* verciert *Gö Le3 Be3* <monilia...decorant> **2013** die*(2) om De* **2018** inden cloesteren / stadelic *De Ha2 Le3 Be3* **2021** en wort / ghesocht *De* **2022** *(*in*)* den *om Gö* **2023** *(*weerdicheit*)* was *De* **2026** stichtinghen *De* **2028** lidesamheit *De Ha2 Be3* **2031** scrift *De Ha2* **2033** dat *om De Ha2*

sijn besaeit MIT SULVER, dat is, in den uutspreken ondersceiden, want die leerars sellen altoes haer leeringhe na der ontfanclicheyt der hoerres scicken, ende enen ygheliken dat sijn also gheven, dat si nochtan van der waerheyt niet en sceiden. Aldus mach dan die /*57rb*/ heylighe drievoudicheyt wel segghen: O heylige kerke, WI SELLEN DI MAKEN KETENEN, dat sijn menigerhande sinnen in der heyligher scriften, VERGULDET, dat is mit enen gheesteliken sin verciert, ENDE SULVER DAER IN GHEDRAGHEN, dat is mit menigherhande manier mit uutspreken ondersceiden. Aldustanighe KETENEN SELLEN WI DI MAKEN, die ghebode allen menschen voer te legghen, in wat staet dat si sijn: die rade der heyligher ewangelien, die volcomen willen wesen, den jonghen ende den weken die sachticheyt der melken, ende den starcken ouden die harde spise. *Barnardus*: Somige leerars en maken der bruut aldustanighe ke-/*57va*/tene niet, mer prediken vermetelic ende op<ghe>blasen, daer si meer dat ydel lof in soken dan der bruut stichticheyt. Ende wee den ghenen die van gode *wel bevoelen [sijn] ende wel spreken konnen, ende daer een neeringhe of maken, ende kerent totter ydelre glorien dat si ontfanghen hebben zielen mede te winnen. Over dese claget onse here god doer enen *propheet*, ende seyt: Ic heb hem mijn gout ende mijn sulver ghegheven, mar si hebben van minen goude ende van minen sulver Baals afgode ghemaect.

Na enen anderen sin.

DIJN WANGHEN SIJN SUVERLIJC ALS <DER> TORTELDUVEN etc. Hier te voeren bewisede die brudegom dat die innighe ziele in die oefeninghe des scouwens gheestelic wort ghe-/*57vb*/starct, hier bewijst hi dat si in dien salighen toekeer mit meerre reynicheyt ende mit meerre oetmoedicheyt wort verciert, ende seit: DIJN WANGHEN SIJN SCOEN ALS DER TORTELDUVEN, daer die reynicheyt bi beteykent is, want die tortelduve minnet enicheyt, die enicheit is een bewaerster der reynicheyt, die reynicheyt vercrighet godlike heymelicheyt. *Ozeas*: Ic selse leyden in der woestinen, ende al daer tot hoerre herten spreken. *Barnardus*: O heylighe ziele, wes alleen, op dattu di selven tot sijnre behoef alleen mogheste houden dien du voer alle creaturen uutvercoren heefste. Scuwe in dat openbaer te wesen, vlich die huusghenoten, sceit van vrienden ende van vianden daer du van ghe-/*58ra*/hindert mogheste worden. En weetstu niet dattu enen scamelen brudegom hebste, die hem in gheenre wijs onder veel menichfoudicheden di openbaren en sel willen? Hier om, sceide van desen niet mitten lichaem mar mitten ghemoede, mitter meninghe, mitter innicheyt ende mitten gheest. Want dan bistu alleen, alstu niet onreyns noch onnuts en ghedenc-

---

Gö De Ha2 Le3 Be3

2038 der*(2)* : des *De* **2041** in *om De Ha2* **2042** scrift *De Ha2* **2046** wesen / willen *De Ha2 Le3 Be3* **2047** harde : crachtighe *De Ha2* **2049** opblasen *Gö* **2050** stichtinghe *De Ha2* wel bevoelen : veel bevoelen sijn *Gö* <bene...sentire> **2052** -ter *om De Ha2* **2053** ende seit / doer enen propheet *De* **2054** van minen*(2) om De* **2057** der *om Gö* **2059** dien : -den *De Ha2* **2061** scoen : suverlic *De Ha2* **2065** alleen / tot sijnre behoef *De*

ste, alstu teghenwoerdighe dinghen niet en begheerste, mar versmaetste dat veel menschen gheern hadden, alst di verdriet dat veel menschen begheren, alstu twidrach<tich>eyt ende anderheyt scuweste, alstu tijtlike dinghen lichtelike laetste liden ende alstu gheens onrechts dat di ghedaen mach wesen en wilste ghedenken. Aldus moghestu alleen wesen ende */58rb/* anders niet, al waerstu oec mitten lichaem van allen menschen verre ghesceiden. Men pleghet turtelduven te offeren; si en verkiest ghenen anderen gade, ende als si den eersten verloren heeft, en sit si voertan op gheen groen rise, si vlieghet alleen, si sucht voer horen sanc ende is gheern op dat hogheste van den berghen. Aldes ghelijc sel die innighe ziele die Cristum ghetrouwet heeft, haer selven na den exempel der turtelduven gode tot eenre ewigher sacraficien offeren, si en sel haer aen anders nyements minne vernien, si sel altoes sorchfoudich ende alleen bliven, si sel die groen rise – dat is die vleyschelike weelde – scuwen, si sel op dat hogheste van den bomen ende van den berghen, overmids begheerten der */58va/* ewigher dinghen, stadelic pinen te wesen, si sel suchten voer dat singhen, voer alre sonderen misdaet trouwelic te bidden. Van haer mach die brudegom dan wel segghen: DIER TORTELDUVEN STEMME IS IN ONSEN LANDE GHEHOERT. DIJN HALS IS ALS HECHSELS. Recht of die brudegom segghen woude: O innighe ziele, dijn hals en is van der hoecheit der godscouwinghe niet stijf noch opghedronten gheworden, als die sommighe daer *Ysaias* of seit: Die dochteren der menschen wanderen mit enen opgherechten halse. *Job*: Mit enen stiven halse lopen si teghens gode. Want so wie een vermetel ondersoker is der godliker moghentheyt, die sel van der glorien bedrucket worden; mar want */58vb/* die innighe ziele niet hoge in hoer selven en smaecte, mar alle oetmoedighe nederheyt consentierde in der goedertierenre gehoersamheyt, so was haer hals verciert mit spannen.

Dat xii capittel.

DOE DIE CONINC IN SIJNRE RUSTEN WAS, GAF MIJN NARDUS SINEN ROEC. Dit sijn woerde der moeder, der heyliger kerken, die den brudegom gaerne dancken soude van al sinen gaven ende seyt: DOE DIE CONINC, dat is Cristus, IN SIJN RUSTE WAS, dat is, doe hi nederquam ende nedersat ende menschelike natuer van der maghet Marien ontfenc. Dit nedersitten daer die coninc in rusten woude, is drierhande. Eerst in den lichaem der maghet Marien, ander */59ra/*warven ander galghen des crucen, derde warf in den hemelschen palaes ter rechterhant sijns vaders. *Apocalips*: So wie verwint, dien sel ic gheven mit

---

Gö De Ha2 Le3 Be3

2075 twidracheyt *Gö* tijtlike – liden *:* tijtliker dinghen scade niet lichtelic en ghevoelste *De Ha2* <*O juister, cf.:* si dampna non senties> **2078** verscheiden *De Ha2* **2079** verkiesen *De* **2083** sacraficien *:* offerhande *De Ha2* **2086** bomen – berghen *:* berghen ende vanden bomen *De Ha2* **2089** dan / die brudegom *De Ha2* dier *:* der *De Ha2* **2091** der hoecheit *om De* **2096/7** alre oetmoedigher *De Ha2* **2099** Dat xii capittel *:* Dum esset rex in acubitu*(!)* suo *opschrift De*, Nae den iersten sinne *Ha2*, *om Le3 Be3* **2100** cruut dat *(*nardus*)* heit *De Ha2* **2106** ander *:* inder *De* **2107** Apocalips *:* iohannes in apocalipsi *De Ha2*

mi te sitten in mijn throen, als ic verwonnen heb ende sitte bi minen vader in sinen throen.

Na enen anderen sin.

DOE DIE CONINC IN SIJNRE RUSTEN WAS etc. *Vercellencius*: Dit sijn woerde der scouwender zielen, die na der overvlodigher invlietinghe der inreliker schijnsele in der heymeliker camer des brudegoms bewiset wat *nier [der] gracien si daer ontfanghen heeft, ende seit: DOE DIE CONINC WAS IN SIJNRE RUSTEN. Want overmids dat die innighe ziele van der godliker teghenwoerdicheyt menichsins ghetroest wort, so wort */59rb/* die troest<er> van haer menichsins ghenoemt. Want somtijt so bevoelt si hem als enen coninc ende enen here, somtijt als enen leerer ende enen meyster, somtijt als enen brudegom ende als enen vrient. So wanneer dat rusten des brudegoms alleen in den inresten enden des ghemoeds bevoelt wort, dan en vernoghet des gheminden troest in ghenen dinghen van buten mar van binnen, want dat woert godes is levendich ende crachtich, ende doersnydender dan enich swaert dat an beiden siden snijt. Dan ghevoelt die innighe ziel in haren inresten inwerken een wonderlike cleynheyt, die si ghenen dinghen bet gheliken en mach dan den cleynen welrukenden crudeken dat */59va/* NAERDUS hiet. Want hoe die ziele hogher dinghen van gode haren brudegom verneemt ende verstaet, hoe dat si cleynre ende oetmoedigher dinghen van haer selven bevoelt. Ende dat is die begheerlike, goede roec die si dien crudeken gheliket, want dat, als *Paulus* seyt, een roke is des levens totten leven. Hier om seyt si: DOE DIE CONINC IN SIJNRE RUSTEN WAS, GAF MIJN NAERDUS SINEN ROEC. Dese coninc is groet in moghentheden, wonderlijc in wijsheden, weldoende in overvlodicheden, vreedsaemich in goetwillicheden; dit is weerlic die grote coninc, wies aensicht al die werlt begheert te sien. DOE aldustanighen groten CONINC IN SIJN RUSTE WAS, dat men alleen mit onder-*/59vb/*vinden ghewaer mach worden, DOE GAF MIJN NAERDUS SINEN ROEC. *Barnardus*: Ic ghelies dat dat woert tot mi ghecomen is, mar doer wat weghe dattet quam of ghinc, daer en weet ic mit allen niet of. Nu vraghestu, want sijn weghe onbevindelic sijn, hoe dat ict wiste dat hi ghecomen was? Sijn woert is levendich ende crachtich, rechtevoert doe dat in mi quam, verweckedet mijn slumerighe ziele ende beroerde ende *bewekede ende wonde mijn herte; het beghan uut te roeden ende neder te warpen dat daer qualic in stont, ende te stichten ende te planten dat daer in staen soude ende wassen, want hi, alse *Symeon* seide, gheset was tot enen valle ende tot enen opstaen

---

Gö De Ha2 Le3 Be3

2111 etc *:* gaf mijn cruut *(*dat nardus heit sinen roke *add Ha2) De Ha2*, *om Be3* **2113** nier *:* vier der *Gö* <noue gracie> **2116** troest *Gö* <consolator> **2118** als*(3) om De Ha2* **2119** So *om De Ha2* **2128** dien *:* den *De Ha2 Be3* sancte *(*pauwel*) De* **2128/9** des – leven *:* totten roken des levens *De* **2130** cruut dat *(*nardus*)* heit *De Ha2* **2131** vredesam *De* **2134** cruut dat *(*nardus*)* heit *De Ha2* **2139** beweldighede *Gö*, beweghede *De Ha2 Be3* <emolluit> **2143** dinghen *:* menschen *De Ha2* daer *om De Ha2 Le3 Be3* *(*in*)* mi *De Ha2*

/60ra/ van veel dinghen. Doe hi daer in quam, began hi dat daer dorre ende droghe was, nat te maken; dat daer duuster was, te verlichten; dat daer cout was, te verwarmen; dat daer scarp ende hart was, te verwandelen in slechten weghen; dat mijn ziele wel segghen mochte dat die alre overste een vier in minen benen heeft ghesendet, ende dat ic in enen anderen mensch verwandelt was. Ende alleen van der beweghinghe mijns herten worde ic sijnre teghenwoerdicheyt ghewaer; ende vanden scuwen der sonden ende van der wederhoudinghe der uutdwalender begheerten vernam ic die cracht sijnre moghentheyt; ende vander ondersceidinge */60rb/* ende berespinghe al mijnre heymelicheden van binnen, so verwonderde mi van der afgrondicheyt sijnre wijsheyt; ende vander seer cleynre beteringhe mijnre seden werdic sijnre godlike goetheyt ghewaer. Ende also vernam ic mit ondervinden dat DIE CONINC IN SIJN RUSTE WAS. *Richardus*: Die innighe ziel mitten gheminden in sijnre rusten te gaen ende daer in te bliven, en is anders niet dan dat si alleen in der omvatinge der inrester innicheyt mit hem alleen mach bliven ende sijnre sueticheyt daer te ghebruken, ende vergheten alle ander dinghe die buten sijn, ende in sinen welbehaghen alleen haer ghenoeghen te setten. Want dan siet si haer selven alleen mitten brudegom wesen, als */60va/* si alre ander dinghen verghet ende uten ghemerc haers selves alle haer begheerte tot sijnre minnen scicket, ende haer ghemoede van dien dat si in haren inreste ghewaer wort, also in sijnre liefde verwackert, dat si, het si van lieve of van lede dat haer bejeghent, den gheminden altoes dancbarlic *lovet. Ende aldus GHEEFT HAER NAERDUS SINEN ROEC. *Vercellencius*: NAERDUS is een cleyn crudekijn ende crachtich ende welrukende, ende wast op hoghen berghen. Cleyn overmids der oetmoedicheyt, crachtich overmids der hoecheyt, welrukende overmids den goeden leven, ende wast op den hoghen berghen overmids den godscouwenden leven. Dit cruut gheeft roke des godliken troests.

Dat xiii capittel.

/60vb/ EEN BONDEKIJN VAN MIRREN IS MI MIJN LIEF, HI SEL TUSSCHEN MIJN BORSTE<N> WONEN. Hier ghedenket die bruut, *die heilighe kerke*, haers brudegoms liden, ende doet ende gheliket die der bitterre mirren die uut eenrehande bomen in Arabien drupet. Hier maect si een cleyn bondekijn of, want so wat arbeyt of druc si om sinen willen liden mach, dat rekent si al cleyn te wesen. *Barnardus*: O goede Jhesu, die kelc dijns lidens maect mi di minlic ende begheerlic boven allen dinghen, want du hebste di selven ende die dijn

---

Gö De Ha2 Le3 Be3

2144 (droghe) in mi *De* **2150** der *om De* **2153** seer cleynre *om De Ha2* (seden) al was si seer cleyn *De Ha2* **2157** te *om De Ha2* **2159** te *om De* selven *om De* **2161** begheerten *De Ha2* **2163** het si *om De Ha2* **2164** lovet *:* te loven *Gö Le3*, pijnt te loven *Be3* <in graciarum accione assurgit> cruut dat (nardus*(1)*) heit *De Ha2* **2165** ende*(1) om De Ha2* **2166** het (wasset) *De Ha2* **2170** Dat xiii capittel *:* Fasciculus mirre dilectus *opschrift De*, Nae den iersten sinne *opschrift Ha2*, *om Le3 Be3* **2171** borste *Gö* die heilighe kerke *:* der kerken *Gö Le3 Be3* **2176** di / mi *De Ha2* **2177** die *:* dat *De Ha2* **2178** waer *:* bin *De Ha2*

ende al dattu hebste, mi sonder alle verdiente ghegheven. Daer om waer ic sculdich mi selven ende die mijn ende al dat ic heb, di weder */61ra/* te gheven, ende al dat ic om dijnre minnen willen doen of liden mach, dat en sel daer om gheen swaer bont mar een licht BONDEKIJN mit rechte hieten. *Paulus*: Het en is gheen liden deser tijt dat weerdich is der toecomender glorien, die in ons gheopenbaert sel worden als een cleyn BONDEKIJN DER MIRREN enen groten hoep der glorien in ons sel maken. DIT BONDEKIJN DER MIRREN SEL WONEN TWUSSCEN MINE BORSTEN, dat is, dat ict stadelic in der kennissen ende in der minnen ghedenken ende overhalen sel, mitter kennissen aen te sien ende mitter minnen een medeliden daer mede te hebben; in die kennisse sijnre te ghedenken ende inder begheerten hem te min-*/61rb/*nen. *Jheremias*: Ghedenc mijnre armoeden ende mijnre bitterheyt. Want Cristus, die an den cruce starf, mach wel EEN BONDEKIJN VAN MIRREN hieten: MIRRE overmids bitterheyt sijnre pinen, EEN BONDEKIJN daer of overmids sijn onghetellede liden, want so wat men in eenen bonde bijnt, dat en mach men niet lichteliken tellen. *Barnardus*: Is<t> dattu te rechte ghevoelste, so volch die voetstappen dijns brudegoms, ende en laet dit costelike BONDEKEN DER MIRREN nymmermeer uten hove dijns ghemodes plocken. Ic heb van mijnre eerster bekeeringhe voer den hoep der verdienten, die ic wel wist dat mi ghebrac, dat BONDEKEN VAN MIRREN */61va/* ghepijnt TUSSCHEN MIJN BORSTEN te legghen, ende hebbet vergadert van allen den arbeyde ende anstvoudicheyt ende van al den liden mijns heren. Dit is mi een salich BONDEKEN, ende nyement en motet mi ontnemen. Ic hebbet gheseyt dattet rechte wijsheyt is hier om te denken. Hier in heb ic die rijcdom mijnre salicheyt gheset ende die volcomenheyt alre doechden; hier uut heb ic somtijt een dranc der saligher bitterheyt ende somtijt een suete salvinghe des godliken troests ghevoelt; dit BONDEKEN boert mi op in die wederstoten ende drucket mi neder in voerspodicheden.

Na enen anderen sin.

EEN BONDEKEN VAN MIRREN etc. *Barnardus*: Overmids dat die godscouwin*/61vb/*ghe niet alleen die doechden en vermeerret, mar oec mede becoringhe satighet ende verwinnet, daer om so dancket ende beliet die innighe ziele den brudegom van dier gaven, ende seit: EEN BONDEKEN VAN MIRREN IS MI MIJN LIEF. *Vercellencius*: Mirra is een welrukende cruut ende verdrijft dat ghewormte, ende beteykent ons die ghenuechelike suete aenscouwinghe der ewigher dinghen. Dese verdrivet moghentlike alle ghewormte, dat sijn hindernissen des scouwenden levens, ende onthout die ziele in haerre rechter puerheyt. Daer om sel dese, mijn gheminde, TUSSCHEN MIJN BORSTEN, dat is tusschen die omvaetinghe der minnen ende des verstants, daer sel hi tusschen

---

Gö De Ha2 Le3 Be3

2179 die *:* dat *De Ha2* **2180** dat *om De Ha2* **2185** in der*(2) om De Ha2* **2189** Want *om De Ha2* **2192** bondeken *De Be3* **2193** Ist *:* Is *Gö Ha2 Le3* **2195** der *:* mijnre *De* **2201** volmaectheit *De* **2203** die *om De* **2206** etc *:* is mi mijn lief (ghemijnde *Ha2)* tusschen minen borsten sal hi wonen *De Ha2* **2209** dier *:* der *De Ha2*

wonen. *Barnardus*: /*62ra*/ Mijn alre liefste, vergadert gi dit uutvercoren BONDEKEN ende legghet in dat innerste uwes herten. Mit desen bondeken bescermet den inganc uwes ghemoeds; hebt dat altoes niet after op den scouderen mar voer den oghen, op dat als ghi dat bondeken draghet ende niet en ruket, dat u dan die last daer of niet en verdrucke, ende die roke u niet en verheffe. Ghedenct dat Maria dit bondeken in haren ghebenediden lichaem droch ende voedet op in haren scoet. Symeon ontfencket in sinen armen, die bruut midden tusschen haren borsten. Dit woert ontfenc Zakeryas in sijnre hant. Ic vermoede oec dat hem Joseph dicwijl toelachede als hi hem op den scoet hadde. Dit /*62rb*/ exempel heb ic u ghegheven, dat ghi oec des ghelijcs doet u selven van uwes selves minne te doden, op dat ghi also te volcomeliker tot sijnre kennisse moghet gheraken. Dan sel u gheminde EEN BONDEKEN VAN MIRREN wesen, want ghi om sinen willen menichsins ghestorven sijt, ende segghen moghet: Ic leve ic nu niet, mar Cristus levet in mi.

Dat xiiii capittel.

EEN DRUVE VAN CIPERS IS MI MIJN GHEMINDE, INDEN WIJNGAERDE VAN ENGADDI. Want elken sterven een vroechde des levens andwoert, daer om ghedenket die bruut der verrisenisse ende der gaven des heylighen gheests naden bitteren liden sijnre doot, ende dat in desen woer-/*62va*/den daer si den gheminden na der bitterheyt der mirren der DRUVEN VAN CIPERS ghelijct. Recht of si segghen woude: Om der vermakeliker vroelicheyt sijnre gaven na der doot, so is mi mijn gheminde gheworden als EEN DRUVE VAN SYPERS, na dat hi selve ghelovet hadde, daer hi seyde: Ander warve sel ic u sien, ende u herte sel verbliden. CYPERS is een eylant vol druven daer men seer sueten wijn uut perset, ende beteikent dat Cristus nader persen sijnre doot die heylighe kerke van der sueticheyt des godliken troests nader verrisenisse te drincken gaf, doe hi seyde: Ic bint, en wilt niet ontsien. Mi is alle macht ghegheven in hemel ende in eerde. Hebt betruwen, ic heb die /*62vb*/ werlt verwonnen. Dese druven des troests wessen IN DEN WIJNGAERDE VAN ENGADDI, doe die ghenade des heylighen gheests na sijnre verrisenisse ende na sijnre hemelvaert onder die heydene uutghestort wort. *Barnardus*: ENGADDI is een stede daer die cleyn boemkens staen daer die balsam an wasset, ende want se recht alse wijngaert van den luden diese bewaren, ghehavent worden, daer om sint licht wijngaerde gheheten. ENGADDI is also veel te segghen als een fonteyn des bockes, of een oven der temptacien, ende beduut die vergaderinghe der heydene, dat si in der fonteynen des doepsels ghewasschen waren ende jegens die becoringhe scarp van ghesichte ghelike den bocken worden, dat si mit sinte *Paulus* /*63ra*/ wel segghen mochten: Wi kennen Sathanas, dat is des viants ghedachten, wel.

Gö De Ha2 Le3 Be3

2218 altoes / dat *De Ha2* **2220** u*(1) om De Ha2* **2223** ende *(*ic*) De Ha2* **2229** nu niet / ic *De Ha2* **2230** Dat xiiij capittel *:* Botrus cypressi dilectus meus *opschrift De*, Nae den iersten sin toe u*(!) opschrift Ha2*, *om Le3 Be3* **2239** seer *om De Ha2* **2244** van *om De* **2250** oven der *:* onreine *Ha2* temptacien *:* becoringhen *De Ha2*

Aldus was Cristus, die coninc, recht als een brudegom der heyligher kerken IN SIJN RUSTE, doe hi menschelike natuer aennam; ende °was recht° als EEN BONDEKEN VAN MIRREN in sijnre doot; ende recht als een DRUVE VAN CYPERS in der verrisenisse; ende recht als een WIJNGAERT VAN ENGADDI, doe hi [in] den heylighen gheest sinen apostelen sende.

Na enen anderen sin.

EEN DRUVE VAN CYPERS IS MI MIJN GHEMINDE, IN DEN *WIJNGAERDE VAN ENGADDI. *Hugo*: O mijn ziele, wacht di dattu gheen meen wijf ghehieten en wortste mar een bruut; ende dat sel di ghescien, is<t> dattu meer die gaven des ghevers dan sijn minne minneste. Want /*63rb*/ daer in doestu sijnre minnen groet onrecht, dattu sijn gaven neemste ende gheen danc der minnen hem weder daer voer en bewijste. Minne hem om sijns selfs willen, ende minne di selven om sinen wille, ende minne sijn gaven oec om sinen wille, also dat sijn minne een beghin ende een eynde van al dijnre minne si. *Vercellencius*: Die wijn van CYPERS heeft een wonderlike sueticheyt ende grote crachticheyt, ende beduut dat invlieten des godlike troests, die der minres ghemoeden droncken maect ende sceidet van alre lichaemliker ende verstandeliker sueticheyt. *Barnardus*: Al isset dat die here allen menschen suet is, nochtan is hi sinen heymeliken huusghenoeten alre suetste, want /*63va*/ hoe yement overmids puerheyt des ghemoeds naerre coemt, hoe dat hi sijnre sueticheyt besceideliker ghewaer wort; ende als hi di<e> eens te rechte ghewaer gheworden is, ic en weet niet of hem die helle selve lideliker waer te besoken, dan van nuwes van der werlt vlecken besinghelt te worden. *David*: O here, hoe groet is die veelheyt dijnre sueticheden, die du den ghenen verborghen hebste die di ontsien. Den ghenen die vresen, is si verborghen, mar den minres wort si gheopenbaert. Hier om is die sueticheyt des ghemindes wel ghelijct der DRUVE VAN CYPERS, want also daer veel corlekens te gader in ghesloten sijn, also wort in den gheminden menighe rees-/*63vb*/scap ende oersake der sueticheyt [in] ghevonden. *Die wise man*: Dat woert gods in den alren oversten is een fonteyn der smakeliker wijsheyt. Oec mede so ghelijct die bruut haren gheminden den DRUVEN VAN CYPERS, want sijn minne dat innighe ghemoede also droncken maect, dattet van hem selven coemt ende overmids eenre wonderliker vervreemdinghe recht *alse onbevoelic wort, of die bruut segghen woude: Also die druve van Cypers starken sueten wijn ghevet daer men lichtelic droncken *af drinct, also stort mi mijn gheminde sijn minne in, die alre sueticheden vol is ende mi recht onsinnich ende vreemde van mi selven maect. Van deser druven wijn was /*64ra*/ Paulus dronken gheworden, doe hi in den derden hemel opghenomen

---

Gö De Ha2 Le3 Be3

2255 *(*ende*)* hi *De Ha2* recht / was *Gö Le3* **2257** *(*hi*)* in *Gö* **2258** *(*gheest*)* in *Ha2* **2260** wijngaert *Gö De* **2262** ist *:* is *Gö Ha2 Le3* **2273** hen *(*nare*) De* **2274** die *:* di *Gö*, dier *De*, der *Ha2* <qua degustata> **2278** vresen *:* anxt hebben *De Ha2* **2280** also *:* alse *De Ha2* besloten *De Ha2* **2281** in *(*ghevonden*) Gö De Ha2 Le3* **2281** *(*man*)* seit *De Ha2* **2286** alse *:* also *Gö* <quasi> als *(*of*) De Ha2* Also *:* als *De Ha2* **2287** af *:* an *Gö* **2288** sueticheit *De* **2289** deser druven wijn *:* desen wijndruven *De*

was ende niet en wiste oft inden lichaem was of daer buten. Dese druve wasset recht in den WIJNGAERDE VAN ENGADDI, dat boemkens sijn daer die onbevleckede ende onvermenghede balsam uut druupt. Aldes ghelijc vint men in Cristo, den brudegom, beide sueticheyt des wijns ende onvermenghede minne te gader, als sinte Angniete in haren stride seyde: Als ic minen brudegom minne, so bin ic suver; als icken ruer, so bin ic reyn; ende als icken neme, so bin ic een maghet. Mar also en isset in der minnen der creaturen niet, want hoe die minne daer sueter is, hoe dat daer een meer-*/64rb/*re bitterheyt mede ghemenghet is, also dat die brudegom wel segghen mach: Mijn roec is recht als balsam die niet ghemenghet en is.

Dat xv capittel.

SICH, DU BISTE SCOEN, MIJN VRIENDINNE; SICH, DU BISTE SCOEN, DIJN OGHEN SIJN ALS DER DUVEN. Hier prijst die brudegom Cristus die heylighe kerke, sijn bruut, van der scoenheyt des inresten menschen: ende om die eersamige wanderinghe van buten, ende om die goede meninghe van binnen die si in den eersten beghin hadde, doe alle dinghe in haerre rechter ordinancien stonden. *Dyonisius*: Ierarchia is een godlike ordinancie, dat is een moghentheyt die van gode gheordiniert */64va/* is, ende <een> godformich *werc dat hem ghelijct na dattet hem moghelic is. Also dat die lede in der heyligher kerken scoen sijn overmids dat si malcander gheliken, als hier na in desen selven boec ghescreven staet: O MIJN VRIENDINNE, DU BISTE SCOEN, SUETE ENDE SUVERLIC RECHT ALS JHERUSALEM, dat is, als die overhemelsche ordinancie die bi Jherusalem beteykent is, want die ordinancie der heyligher kerken die hier is, volget der hemelscher kerke also na als si mach. Die vercieringhe der heyligher kerken is gheleghen in den gheesteliken, besceidenen prelaten, die men eren sal om haer wijsheyt; ende inden gherechtighen, weerliken princen, die men ontsien sel om die gherechticheyt; */64vb/* ende in den ghehoersamighen ondersaten, die men minnen sel om haerre ghelatenheyt. Ende om dit te bewisen waren an *den calumpnen an Salomons tempel uutghehouwen cherubin, leeuwen ende ossen, die ons beteykenen gheestelike prelaten, weerlike princen ende goede ondersaten. Also dat die brudegom wel segghen mochte: SICH, DU BISTE SCOEN, MIJN VRIENDINNE, om der heyligher prelaten willen, SICH, DU BISTE SCOEN, overmids den gherechtighen, weerliken princen, DIJN OGHEN SIJN ALS DER DUVEN, overmids der ghemeenten die tot alre ghehoersamicheyt bereyt is. *Die wise man*: Salich is die man die in der wijsheyt wonen sel, als die prelaten plaghen te doen, */65ra/* ende die in der gherechticheit sijn ghedachten hebben sel, als die goede princen plaghen, ende die in sinen sin die voersichticheyt

---

Gö De Ha2 Le3 Be3

2298 dat *om De Ha2* **2301** Dat xv capittel *:* Ecce tu pulchra es amica mea *opschrift De*, De ierste sin *opschrift Ha2*, *om Le3 Be3* **2308** een *om Gö* werc *:* wort *Gö* <actio> **2309** in *om De Ha2* **2319** den *:* der *Gö* <basibus> **2321** mochte *:* mach *De*, *om Ha2* **2324** ghehoersamheit *De Ha2 Be3* **2327** voersienicheit *De Ha2* **2232** ghehoersamheit *De Be3* der ondersaten *(*te*) De Ha2* **2337** Ecce tu pulchra *(*Nae*) opschrift De*

gods hebben sal, dat den goeden ondersaten toehoert. Mar nu leyder is gout ende sulver der wijsheyt onder den prelaten verscimmelt, als sinte *Jacob* seit: Nu is die gherechticheyt uutten princen verdreven overmids gunst ende gaven; als *Ysayas* seyt: Dijn princen sijn ghesellen der dieve, alle minnen si ghaven ende volghen dat wedergheven. Nu is die ghehoersamicheyt te niete ghegaen, als *Jheremias* seyt: Die voertijts in suverliken dinghen opghevoet worden, die hebben nu den drec omgrepen. Hoe is dat goudt also verduus-/*65rb*/tert ende die alre beste verwe verwandelt? Die steen der santuarien sijn verstroeit in den hoeken van allen straten.

Na enen anderen sin.

SICH DU BISTE SCOEN, MIJN VRIENDINNE etc. Hier te voeren seide die bruut dat die brudegom suet was als EEN DRUVE VAN CYPERS, hier prijst die brudegom die bruut dat si van sijnre sueticheyt grote scoenheyt ontfanghen heeft. *Paulus*: Wi sellen mit onbedecten aensichte die glorie gods scouwen, ende worden in dat selve beelde van claerheden tot claerheden ghetransformiert. Want in die ure der godscouwinghe maket die brudegom die minnende ziele scoen sonder vlecke ende sonder rimpe ende maketse oec reyn, niet alleen /*65va*/ in sinen duerbaren bloede, mar oec mede in sinen godliken lichte, waer om hi wel segghen mach: SICH, DU BISTE SCOEN, MIJN VRIENDINNE. Want hoe soudet missen, si en moste scoen wesen ende een vriendinne wesen, dien hi mitten scijnsel des ewighen lichts verlicht ende blenckende heeft ghemaket? SICH, dat is een woert dat uut verwonderen coemt, ende mit dien woerde ghetughet hi een warf ende ander werve dat si scoen is. Niet dat hi of si die verhalinghe inden ghetughe der scoenheyt iet behovede, mar het quam uut vierigher groetheyt der minne. Want daer minne is, daer en is gheens dinghes ghebrec; alle dinghe sijn daer /*65vb*/ vol. Alse *Gilbertus* seit: Al is dat scouwen twierhande – dat een is inden verstande ende dat ander in der minnen –, nochtan heeft si drierhande scoenheyt hier uut ontfanghen. Dat eerste is een claer schijnsel des godliken lichts in den verstande, in dien daer hi seyt: SICH, DU BISTE SCOEN, MIJN VRIENDINNE. Die ander is viericheyt der godliker minnen in der begheerten, in dien daer hi seyt: DU BISTE SCOEN. Die derde is eenvoudige simpelheyt der meninge in der uutwerkinghe, ende daer om seyt hi: DIJN OGHEN SIJN ALS DER DUVEN. *Vercellencius*: Die twee oghen der scouwender sielen sijn twee die overste mogelicheden des verstants ende der minnen. Dat oghe des /*66ra*/ verstants scouwet den brudegom ende sceiten van allen creaturen; dat oghe der minnen kennetten boven alle verstant ende kennisse, ende is ghehieten die alre godlicste kennisse gods, verlicht van der onbegripeliker afgrondigher wijsheden gods. Dit oghe wondet den gheminden. Dese twee OGHEN hieten DER

Gö *De Ha2* *Le3* *Be3*

2338 etc *:* sich du biste scoen dijn oghen sijn als der duven *De Ha2*, *om Be3* **2341** worden *om De Ha2* **2342** overformet worden *De Ha2* **2353/4** dat een is *:* als dat een *De Ha2* **2354** si *:* die bruut *De Ha2* **2358** daer *:* dat *De* Sich *(*du*) De Ha2* **2363** kennetten *:* kennet dien *De Ha2* **2364** wijsheit *De Ha2*

DUVEN te wesen, want si van alre menichfoudicheyt ofghetoghen sijn ende in den enighen scouwen des brudegoms gheeenvoldicht worden. *Barnardus*: O heer, of du mi mer eens dat gheseit en hadste: SICH, DU BISTE SCOEN MIJN VRIENDINNE. Want hi selden in der eerden ghevonden wort, die de scoenheyt niet en bevlecket */66rb/* ende die de oetmoedicheit altoes mitter scoenheit bewaert. DER DUVEN OGHEN sijn reyn ende onvermenghet, mitter groeter doerscinicheyt verciert ende van alre eertscher vochticheyt ghesceyden, ende moghen die sceem des sperwers in dat water scouwen. Hier om sijn bi dien oghen beteykent die scouwende zielen, want si van alre eerdscher ghenoechten ghesondert sijn ende van alre vreemder minnen ghevriet. Van desen oghen staet oec hier na in desen selven boec aldus: DIJN OGHEN SIJN RECHT ALSE PISCINEN DER WATER IN EZEBON. DER DUVEN OGHEN sijn stadich ende niet wisschel lopende */66va/* hier ende daer, mar si staen recht onbeweghelic, starende recht uut op dat dinc dat si begheren te scouwen, also dat haer oghen van groter simpelheyt hieten te wesen. Hier om beteykenen si die innighe sielen die simpelic ende rechtuut boven allen dinghen dat godlike licht begheren aen te sien ende te scouwen. *Die wise man*: Laet dijn oghen rechte dinghen sien. Dat sijn die rechte scouwinghe gods, die alle die gheen recht maken diese minnen, want die weghestueringhe des verstants is recht, die van der verstandelre zielen recht uut sonder middel te gode warts ghestrecket *staet. DER DUVEN OGHEN, */66vb/* als sinte *Gregorius* seit, pleghen neghen werve haer ghesichte weder vernyet te worden, ende nader verniinge sien si scarpeliker ende claerliker dan si te voeren deden. Dese oghen die aldus verniet worden, beteikenen die scouwende zielen die in die overlichtende duusternissen staren ende verhanghen sijn, ende in onbegripelike duusternisse comen, niet overmids ghebrec van lichte, mer overmids onbegripelicheyt des godliken scijnsels. *Job*: In den daghe sellen si in duusternissen gheraken. Dese duusternisse en verblinden niet, mar verclaren die oghen, also dat si overmids deser duusternisse een scarper claerre ghesichte vercrighen, want overmids */67ra/* alsulker duusternisse niet te sien, is alre best ende alre claerste ghesien, als sinte *Dyonisius* seit. DER DUVEN OGHEN sijn oec der minnen ontfanclic, ende beteykenen die scouwende zielen die overmids den aensichte des ewighen lichts tot overgroter minnen ghetoghen worden. Want als dese ogen ghestuert worden in dat godlike licht, dat die rechte vroelicheyt der oghen is, so en moghen si dat licht niet sien ende ongheminnet laten. Ende hier om, want DER DUVEN OGHEN reyn sijn ende recht, ende vernyet worden in den ghesichte, ende ontfanclic der minnen, daer om sijn bi hem beteykent die scouwende zielen die den brudegom */67rb/*

Gö De Ha2 Le3 Be3

2370 mitter scoenheit / altoes *De* **2371** -ter *om De Ha2* **2373** sperwers *:* havics *De Ha2* bi dien *:* bi den *De*, beiden *Ha2* **2375** ghesondert *:* ghescheiden *De Ha2* **2378/9** recht wt/starende *De Ha2* **2381** *(*ende*(2))* an *De* **2382** *(*man*)* spreket *De*, seghet *Ha2* **2385** staen *Gö De Ha2 Le3 Be3* <tendit> **2386** neghen *:* ix *De* in *(*hoer*) De Ha2* **2389** in *om De Ha2* **2392** verblindet *De Ha2* **2393** verclaert *De Ha2*

mit rechten stadighen oghen aensien ende overmids hem ghereynicht, gherecht ende levendich gemaect worden.

Dat xvi capittel.

SICH, DU BISTE SCOEN, MIJN GHEMINDE, ENDE SUVERLIC; ONSE BEDDEKEN IS BLOEMICH. DIE SPANNEN ONSER HUSE SIJN VAN CEDERBOMEN ENDE ONSE CARBELEN VAN CYPRESSEN. Hier verheffet ende priset die bruut den brudegom weder, op dat si van sijnre weerdicheyt die hi haer hier te voeren bewijsde, niet ondancsam en schine te wesen. *Barnardus*: Besich hoe hoghe dat die bruut opgheboert is, ende hoe hoghe dat si is gaen staen, die den here ende den coninc alre creaturen van sonderlingher ghe-/*67va*/naden tot haren eyghen ende tot haren gheminden vercreghen hevet. Ende want si mitten gheminden verenighet is, so en isser noch coninc, noch here, noch meyster, noch groetheyt, noch vrese, noch ontsichelicheyt; want alle dese moten wiken als die minre ende die gheminde inder minnen verenighet sijn. Hier om seit si nu: SICH, DU BISTE SCOEN, MIJN GHEMINDE. Mit dien woerden: SICH, DU BISTE SCOEN, bewijst si den gheminden, recht of si tot hem segghen soude: Du segste dat ic scoen bin, mar alle mijn scoenheyt en is niet van mi, mar overmids di. Ic bin scoen overmids dijnre ghenaden, mar du biste scoen in dijns selfs na-/*67vb*/tuerlike wesen. Du bistet selve mijn gheminde, die scoen ende suverlic is: scoen overmids dijnre godlicheyt, suverlic overmids dijnre menschelicheyt. Of aldus na enen anderen sin: scoen in dijnre menschelicheit, als *die propheet* seyt: Hi was scoen van ghedaenten voer alre menschen kinder; ende suverlic in dinen glorificierden lichaem, *Ysayas*: Si sellen den coninc in sijnre scoenheyt scouwen. *Gilbertus*: Die bruut noemt den brudegom also sulc mitten monde, als si hem in der volre soeter scouwinghe sach mitten ghemoede, want haer oghen hadden den coninc in sijnre scoenheyt ghesien, niet nochtan als enen coninc /*68ra*/ mar als een die haer gheminde was. Also dat dese woerde slechts vol minnen ende sonder alle vrese sijn: O here Jhesu, hoe scoen bistu dinen enghelen in der formen gods in den daghe dijnre ewicheyt, in den schijnsel der heylighen, gheboren voer den lichtdragher in der ewicheyt voer alle tiden, een scijnsel ende een fyguere des wesen gods des vaders, een claer schinende licht des ewichs leven. O Jacobs sterre, hoe claer bistu mi opgheresen; o suverlike bloem, hoe lichtschinende bistu mi van der wortel Yesse gheboren; o mit hoe vroliken lichte hebstu, die uten hoghen gheboren biste, ons inder duusternissen ghevant. ONSE BEDDE IS BLOEMICH. *Barnardus*: Na /*68rb*/dat die minnende ziele den gheminden ghelovet ende ghepriset hadde, soe began si hem te noeden ende te bidden dat hi noch naerre heymelicheyt mit hoer hebben woude, ende seyde: ONSE BEDDE

Gö De Ha2 Le3 Be3

2405 Dat xvi capittel *:* Ecce tu pulchra es *(tweede hand) opschrift De*, Nae den iersten sin *opschrift Ha2*, *om Le3 Be3* **2406** bedde *De Ha2* **2410** ondancsamich *De Le3 Be3*, ondancsamheit *Ha2* dat *om De* **2417** mit dien *:* mitten *Ha2* woerde *De Be3* **2420** *(*schone*)* overmids dy *De* **2424** alre *:* der *De Ha2* dinen *:* sinen *De Ha2* **2426** also sulc *:* alsodaen *De Ha2* **2437** minnende *:* ghemynde *De Ha2* **2438** bepriset *De*

IS BLOEMICH, vroelic ende ghenuechelic, alse recht of sien daer mede trecken woude. *Gregorius*: Die beddekens des brudegoms in der heyligher kerken sijn der gheenre herten daer die minnende ziele mitten on[t]sienliken, heymeliken brudegom in verenighet wort, dat dat ghemoede in sijnre begheerten also vierich worde, dattet gheen verganclike dinghen der werlt en begheer, dat hem langhe te leven grote pijn duncket wesen, dat hem */68va/* hier verdrietet te leven, ende haestet hem mit hemelscher ommegripinghe der minnen inden scouwen des brudegoms te rusten. Aldustanighen BEDDEKEN mach wel BLOEMICH hieten, want hier in sijn die roesen der martelaren, die fiolen der confessoren, die lelyen der maechden ende alle manier van blomen der heylighen in ghewassen. Men mach oec bi desen beddeken den staet alles gheestelics levens verstaen, want dat BEDDEKEN is een stede der stilheyt ende des swighens, daer men veelheyt der woerde niet en pleghet. Al des ghelijc behoert den gheesteliken leven toe, alser ghescreven staet: In den swighen ende in der hopen sel u starcheyt wesen. */68vb/* Stilheyt ende vrede is een recht oefeninghe gods. Ende want SAELOMONS BEDDEKIJN VAN .LX. DEN STARCSTEN MANNEN VAN YSRAHEL, die alle hadden leren striden, ghehoedet wort, so en wil den gheminden niet wecken noch op doen staen eer hi selve wil, want hi daer in sijn ruste is. Dat BEDDEKEN is oec een stede des slapens ende des dromens, alse *Job* seit: Mijn beddeken sel mi troesten, ende ic sel verlicht worden als ic op minen bedde spreke mit mi selven; du selste mi overmids dromen ververen, ende mit visionen selstu mi van anxte doen beven, want daer in sijn den heylighen dicwijl heymelike dinghen gheopenbaert gheworden. *Job*: Des nachts overmids den droem in den visioen, als die vakericheyt */69ra/* die menschen beloept ende inden beddeken slapen, dan luuct hi die *oren der mannen op ende leertse. Alle dit pleghet gheestelic te ghescien. Bi desen cleynen BEDDEKIJN wort oec die onbegripelicheyt des brudegoms ghelovet, want hi die ghene is dien die hemel noch die hemel der hemelen niet ombegripen en moghen, veel te min een bedde. Dit BEDDEKIJN beteykent ons oec dat cleyn ghetal der vercorenre jeghens die ander te rekenen, want al isser veel gheropen, luttel isser vercoren, also dat des viants bedde breet ende rum is overmids veelheyt der groter ende der boeser, *mar Cristus beddekijn is cleyn, wantter die cleyn op horen. *Ysayas*: Dat bedde is cleyn ende enghe, isset datter twee op */69rb/* gaen legghen, die een sel ofvallen; dat is, is hi niet een mitten gheminden ende daer of ghesondert staet, so en mach hi op dat beddekijn mitten brudegom niet bliven. Die mantel is oec cort ende en machse beyde niet

---

Gö De Ha2 Le3 Be3

2442 ontsienliken *Gö* <inuisibili> **2444** also *(*dat dat*) De Ha2* **2445** ene *(*groete*) De Ha2 Le3 Be3* **2456** Al des ghelijc *:* Aldus ghelijc *De* **2455** .lx. *:* sestich *De Ha2* **2457** wilt *De Le3 Be3* **2458** hi*(2) om De* **2464** oghen *Gö* <aures> **2467** ombegripen *:* omgriepen *De Ha2 Be3* **2468** dan *(*een*) De Ha2* **2471** mar *:* want *Gö* **2473/4** is hi – gheminden *:* dat hi niet ene mitten gheminden is *De Ha2* **2474** ghesondert *:* verscheiden *De Ha2* **2475** *(*mantel*)* of decsel *De Ha2*

decken. Bi desen BEDDEKIJN is oec der bruut selfs oetmoedicheyt bi beteykent, want dat hoert den oetmoedighen toe, dat si altoes cleyn dinghen van hem selven sellen ghevolen. DIE SPANNE ONSER HUSE SIJN CEDERBOEM. *Beda*: Des brudegoms HUSE sijn over die werlt alrehande vergaderinghe goeder ghelovigher menschen. DIE CARBELEN, dat sijn alrehande state ende ordinancien in den husen onder die godminnende mensche. DIE SPANNEN die dat dac dragen, /*69va*/ sijn die leerars die dat sympel eenvoudighe volc in den ghelove mit haerre leeringhe staende houden. DIE CARBELEN van den cypressen houte ghemaect, sijn die ghene die – mit haers selfs doechden meer dan mitten woerden – dat huus der heyligher kerken pine<n> te vercieren ende staende te houden. Die CARBELEN staen onder die SPANNEN, want het is noet, so wie inder heyligher kerken hoghe in doechden wesen wil, dat hi hem onder der heyligher vaderen die die werlt versmaden, exempelen ende leringhe gheve. *Moyses*: Sich ende doch na den exempelaer dat di in den berch ghewiset is, dat is, in den hoghen, salighen leven der heyligher vaders. Beide cederen ende cypres/*69vb*/sen, daer die spannen ende carbelen of ghemaect sijn, en pleghen nymmermeer te verrotten. Si sijn hoghe van ghewasse ende goet van roeken, dat al den heylighen mannen wel ghelijct.

Na enen anderen sin.

SICH, DU BISTE SCOEN, MIJN GHEMINDE. *Vercellencius*: Hier te voeren prijsde die brudegom die bruut van haerre scoenheyt, in desen woerden beliet die bruut dat si haer scoenheyt al van des brudegoms scoenheyt oersspronghelic ontfanghen heeft. *Barnardus*: Die woerde die tusschen hem tween over ende weder over ghedraghen worden, sijn sueter dan honich, want eerst priset die brudegom die bruut, daer na so priset die bruut den brudegom weder; eerst in van /*70ra*/ der scoenheyt sijnre godliker ende mencheliker naturen, daer si seyt: SICH, DU BISTE SCOEN, MIJN GHEMINDE; daer na van der sueter ghenuechelicheyt sijnre woensteden, daer si seyt: ONSE BEDDE IS B<L>OEMICH. Die scoenheyt hoert tot dier natueren daer dat schijnsel des ewichs lichts in is; die suverlicheyt tot dier naturen daer hi scoen van formen boven allen kinderen der menschen is. *Barnardus*: O seer scoen coninc, ende harde seer te minnen, hoe soude ic mijn herte onthouden moghen dat ic di niet en minde? Ist dat ic di niet en minne, wat sel ic dan minnen? Isset dat ic mijn minne van di draghe, waer sel icse dan wel bestaden, want /*70rb*/ si alre creaturen scoenheyt van di ontfanghen heeft. Du hebste die sonne onder die sterren mit enen onmaten claeren lichte verciert, ende du selve biste veel claerre dan die sonne; du hebste den nedersten hemel suverlic verciert mit sterren, den oversten hemel mit enghelen, die lucht mit voeghelen, dat water mit visschen, die eerde mit crude,

---

Gö *De Ha2* *Le3* *Be3*

2479 al (*die*) *De Ha2* **2480** dat *om De Ha2* **2485** pine *Gö* <student> vercieren *:* vercrighen *De* **2489** exempel *De* bewijst *De* dat is *om De* **2498** Barnardus – woerde *:* Ende die woerde als sancte bernardus seit *De Ha2* **2503** boemich *Gö* <floridus> **2504** tot dier *:* totter *De* **2505** suverheit *De Ha2* tot dier *:* totter *De Ha2* **2513** (*crude*) ende *De Ha2 Be3*

mit b<l>oemen ende mit suverliken ghewasse, ende in allen desen en is noch ghedaente noch scoenheit die men jeghens di gheliken mach. Want wat soude men jeghens dijn onbegripelike scoenheyt moghen legghen, daer die enghelen in begheren te scouwen? Scoen in dijns selfs natuere, su-*/70va/*verlic in den uutwerken, want Cristus is ons overal scoen verscenen: SCOEN in der naturen, SUVERLIC in den figueren; SCOEN in den stoel des vaders, SUVERLIJC in sijnre moderscoet, ende daer om is hi wel mit recht overal te minnen. In der aenneminghe der menscheliker naturen is hi scoen; in der transfiguracien opten berch van Tabor is hi scoenre; in der glorificieringhe sijns lichaems na der verrisenisse is hi alder scoenste. *Vercellencius*: Hi is SCOEN ende SUVERLIC overmids oerspronghelike vollicheyt alre scoenheyt, alre wijsheit ende alre goetheyt die hi sijnre bruut, der minnender zielen, vriliken */70vb/* medeghedeilt heeft. Haer BEDDEKEN is dat inreste haers ghemodes, daer si begheert dat die brudegom mit haer daer op rusten wil, want sijn stede is in vreden ghemaect, ende sijn woeninghe in Syon. Vrede te hebben ende in Syon te wonen, is recht een bereydinghe tot der scouwinghe gods, want hoe soude een oghe dat van toern of van onnutter begheerlicheyt deser werlt verstuert is, in dat ontoeganghelike licht moghen scouwen? Want dat licht en pleghet nerghent dan in een puer vreedsamich ghemoede bi hem selven willichliken te vloeien. Dit BEDDEKEN */71ra/* heeft die bruut, als dat ghemoede van alre onnutter becommernissen in ledigher ledicheyt van binnen pleghet te vieren. Alsulken ghemoede daer gods waer in ghenomen wort, en is gheen bedde mar een BEDDEKEN ghehieten, om die grote eenvoudicheyt der inrester ontfanclicheyt in der bruut, ende om die onbegripelike groetheyt des brudegoms. *Augustinus*: Dat huus mijnre zielen is seer enghe, here, make du dat wider. Dat bedde is enghe, ende hier en is anders niet dan een huus gods ende een poerte des hemels, dat die gheen alleen segghen moghen, die gode */71rb/* mitten reynen ghebede altoes pinen bi te staen. Dit cleyn BEDDEKIJN beduut oec een vreedsamighe consciencie, die om die bangicheyt des vleysch ende der naturen een cleyn beddekijn gheheten is, die niet alleen die bruut mitten brudegom, mar die brudegom mitter bruut doet wesen. Want god is die minne, ende die inder minnen blijft, die blijft in gode. Een ziele die aldustanighen beddeken heeft, en pleghet nymmermeer haer armen der minnen van den brudegom te trecken, ende en mach oec nerghent dan in des brudegoms omvatinghe rusten, ende seyt uut vierigher innicheyt alden dach: SIJN LUFTERHANT ONDER MIJN HOEFT, */71va/* ENDE SIJN RECHTERHANT SEL MI OMVAETEN. *Gilbertus*: Waer om isset dat die bruut seit: ONSE BEDDEKEN, ende niet: mijn? Want somtijt is dat BEDDEKIJN der bruut alleen, als si, mit vreedsamighen seden van buten ende

---

Gö De Ha2 Le3 Be3

2514 boemen *Gö* <floribus> **2516** legghen / moeghen *De* **2518/9** scoen*(2)* – figueren *om Le3* **2519** in den*(1)* : in der *De Ha2 Be3* **2521** transfiguracien : overforminghe *De Ha2* **2534** becommeringhe *De Le3* **2535** in / waer- *De Ha2* **2536** in *(*der*) De Ha2* **2537** in *om De Ha2* **2538** wide *De* **2540** -ten *om De Ha2* **2544** die*(3)* : so wie *De Ha2* **2548** is *(*onder*) De Ha2*

mit goeder ghescictheit van binnen, in haer selven vergadert is ende daer in rustet; somtijt wort dat BEDDEKIJN haerre beyder ghemeen, als si mitten brudegom in ghenuechten beghinnet te verenighen; ende somtijt is dat BEDDEKIJN alleen des brudegoms: als si haers selfs mit allen uutgaet ende verghet, ende mitter minnen gheheel gaet in den gheminden ende leydet hem in haer beddekijn, dan en vloeit si niet uut buten hem, noch en wort */71vb/* niet onghescicket in haer selven. In dien BEDDEKIJN vloeyen haer alle weelden toe van der teghenwoerdicheyt des brudegoms; dan beghinnet si van der viericheyt der minnen des brudegoms te wassen, ende gaet gheheel in hem ende wort mit hem in eenre ghelijcheyt ghetransformiert. DIT BEDDEKIJN IS BLOEMICH. Die bloemen sijn blenkende ende scoen, ende beduden die overschinende raeyen gods. Hier mede wort dat beddekijn bestroeyt alst ghemoede mitten schijnsel der godliker lichten vervollet wort. *Ysayas*: Die here sel dijn ziele mit godliker claerheit */72ra/* vervullen. Bi den huse<n> worden die nederste ghemoeden beteykent. *Die wise man*: Die wijsheyt heeft haer een huus ghetymmert ende seven calumpnen daer in uutghehouwen. Die SPANNEN daer dat dac op rust, dat sijn die begheerten der scouwender zielen. Ende dat dese spannen CEDEREN sijn, dat beteykent oec hartheyt ende onverganclicheyt alsulker ghedachten. *David*: Die ghedachten mijns herten sijn altoes in dijnre teghenwoerdicheyt. *Paulus*: Onse wanderinghe is in den hemel. Bi den CYPRESSEN CARBELEN daer dat huus mede verciert is, sijn die ghewoenten */72rb/* ende die oefeninghe der godscouwender doechden bi beteykent. Dese ziele ruket wel gheliken den cypressen houte in der eersamigher wanderinghe van buten; si is onverganclic [van buten] overmids den schijnsel der godliker wijsheyt van binnen; si is hoge opghewassen overmids der scouwinghe gods boven haer. Ende want die inwoenre van desen huse die alre scoenste is, so sel dit huus suverlic ende scoen ghemaect worden. *David*: Here, dinen huse betaemt reynicheyt. Ende want hi die alre moghenste is – *David*: Wat god isser also groet als onse god –, so sel dit huus rijc ghe-*/72va/*maect wesen mit alre weelden. *David*: Si sellen van der vetticheit dijns huus droncken worden, ende vanden loependen rivierekijn dijnre weelden seltu hem <te> drincken gheven. Ende want hi die alre goedertierenste is – *David*: Die ontfarmer ende die ontfarmhertighe heer heeft den ghenen die hem ontsien, hem selven teten ghegheven –, soe sel dit huus vreedsamich ende stil wesen. *David*: Sijn stede is in vreden ghemaect ende sijn woeninghe in Syon.

Gö *De Ha2* *Le3* *Be3*

2557 uut *om De* **2558** dien *:* den *De Ha2* **2561** ghetransformiert *:* overgheformijrt *De*, overgheformet *Ha2* **2565** huse *Gö* <domorum> **2566** *(*man*)* seghet *De Ha2* **2569** hartheyt *:* stadicheit *De Ha2* **2573** Dese *:* die *De* **2574/5** *(*onverganclic*)* van buten *Gö*, van binnen *De Ha2* **2575** van binnen *om De Ha2* **2578** heilicheit *De Ha2* **2579** als *(*david*)* seghet *De Ha2* isser *:* is *De Ha2* **2580** wesen *:* worden *De Ha2* **2581** vetticheyt *:* vruchtbaerheit *De Ha2* **2582** riviren *De Ha2 Le3* te *om Gö* Ende *om De* **2583** als *(*david*)* seghet *De Ha2* die*(2) om De* **2584** teten *:* tot eenre spisen *De Ha2* **2586** ende – Syon *om De Ha2 Le3 Be3*

Dat xvii de capittel.

IC BIN EEN BLOEM DES VELTS, ENDE EEN LELYE DER DALEN. Hier te voeren hadde die bruut, die hey-/*72vb*/lighe kerke, den brudegom ghebeden ende ingheroepen totter rusten des scouwenden levens, mar want dese teghenwoerdighe tijt den arbeyde bet toebehoert dan der rusten, so roeptse die brudegom weder uut haerre rusten totter arbeydeliker werckelicheyt, ende seit: IC BIN EEN BLOEM DES VELDES. Recht of hi segghen soude: O mijn vriendinne, du hebste groete ghenuechte in dogheden te bloeyen ende in rusten minen weelden te ghebruken, ende segste: ONSE BEDDEKIJN IS B<L>OEMICH, mar ghedencs ende houtet voer oghen, dat IC EEN BLOEM DES VELDES BIN ende begheer die ghenade mijnre sueter roeken al der werlt te /*73ra*/ kundighen ende mede te deylen, dat niet volbrocht en mach worden, het en si dattu den vrede dijnre innicheyt onder tiden after wilste laten, ende arbeiden manlike om anderen menschen te kundighen ende mi in hen te baren. Want IC BIN EEN BLOEM DES VELDES, die niement crighen en can, het en si dat hi in den velde mit groten arbeide trouweliken stride. Van deser bloemen seyt *Ysaias*: Van der wortel Yesse sel een roede uutgaen, ende van sinen wortel sel een bloem opclymmen. *Gregorius*: Cristus nomet hem selven een blome, want als hi die doernen der sonden uutgheroedet heeft, dan verciert hi sijnre bruut ghe-/*73rb*/moede mitter scoenheyt sijnre gherechticheyt, ende hout die hemelsche begheerten voer die noesen haers herten, ende vermaket dat inre<ste> haerre zielen mitter goeder roeken der bloemen die hi selve is. Die brudegom en noemt hem selven niet een bloem der cameren te wesen, want hi is een bloem die ewelic blencket ende grone is. Hi en is oec gheen bloem des besloten hoves, want dat hof daer hi in wesse, en was mit ghenen toedoen des menschen mar overmids inwerken des heylighen gheests vruchtbaer ghemaect. Mar hi noemt hem selven een BLOEM DES VELDES te wesen, want hi recht onbesloten allen menschen /*73va*/ openbaerlic voergheset is, ghenuechelijc aen te scouwen, suetelic aen te ruken, salichliken op te plucken, orberliken te smaken, waerachteliken om te gripen ende allen menschen ghemeenlic voert uut te kundighen. Ende dit en is gheen wonder, want dese BLOEME DES VELDES is scoen in den ghesichte, welrukende in der roeken, suet in den smaec, sacht in die handelinghe ende ghenuechelic in den horen, also dat alle die sinnen in deser veltbloemen ghenuechelic vermaket moghen warden. *Barnaerdus*. Hi is suverlic ende bequamlic een BLOEM DES VELDES ghehieten, want hi sonder /*73vb*/ enich menschelic behulp hier ghecomen is ende bi hem selven ghewassen. Hi is EEN LELYE DER DALEN, dat is een scoen schijnsel der onnoselheyt der gheenre die dat woert gods oetmoede-

Gö De Ha2 Le3 Be3

1 Dat xvij de capittel *:* Ego sum Dat ander capittel *opschrift De*, Dat ander capittel *opschrift Ha2*, Hier beghint dat ander capittel *opschrift Be3*, *om Le3* **7** Recht *breekt af tot* veldes *14 Ha2* wolde *De* **9** boemich *Gö* **13** om *:* in *De Be3*, mi *Le3* **14** die *herneemt (cf 7) Ha2* **20** rechticheit *De* **21** *(*vermaket*)* dat innerste haers herten ende vermaket *De* inre *Gö* <interiora>

liken hoerren. *Ewangelium*: Vader du hebste dese dinghen van den wisen ende van den vroeden verborghen ende den oetmoedighen cleynen gheopenbaert. Die naem Jhesu Cristi ghelijct seer wel der BLOEMEN DES VELDES als hi uutghekundighet wort, want als een bloem heeft ghenuechelike verwe, goeden roec ende veel des ghelijc, alsoe <g>heeft die naem Cristi dat scoen schijnsel der waerheyt in den ghemoede */74ra/* van binnen, ende een goede roeke der stichtiger wanderinghe <van buten>.

Na enen anderen sinne.

IC BIN [VAN BUTEN] EEN BLOEM DES VELDES, ENDE EEN LELYE DER DALEN. Hier te voeren hadde die minnende ziele den brudegom totten beddeken der gheesteliker weelden ghebeden te comen, mar op dat si haer van gheenre doechden en verheffe, soe noedet se die brudegom tot nederre oetmoedicheyt weder. *Barnaerdus*: So wie boven hem selven arbeyden wil te comen, die moet van hem selven een oetmoedich bevoelen hebben, op dat hi die bloemen daer hi mede verciert wort, gheen sins hem selven tonrecht toe en scrive. Ende op dat dat voerhoedet warde, soe seyt hi: IC BIN EEN BLOEM DES VELDES, ENDE EEN LELIE DER DALEN, daer hise tot oetmoedicheyden mede wiset. Recht of die brudegom der zielen segghen woude: Wat smeecstu mit mi van den bloemen des beddekijns, die haest verdorren ende te niete gaen? IC BIN EEN BLOEM DES VELDES, dat is, des hemelschen paradijs, ende hebbe in mi besloten alle begheerlike weelden die nymmermeer vergaen en sellen. Ic bin oec EEN LELIE DER DALEN, dat is, der cleynre oetmoedigher menschen die noch versuchten in desen dale der tranen overmids verlanghen des anderen levens, die bloeien in den dalen als die lelye[n] */74va/* Cristum ghetrouwelic na te volghen. IC BIN EEN BLOEM DES VELDES, die mitter sueticheyt des godliken troests die wide begheerten der zielen vervulle, ende EEN LELYE DER DALEN, die mitten schijnsel der godliker kennisse die hoecheyt des verstants versade. Ic bint die den hoverdighen wederstae ende in den oetmoedighen mijn ghenade storte. *Vercellencius*: Elc scouwende ghemoede moet vliteliken pinen oetmoedicheyt te houden ende hoveerdie te scuwen, want die oetmoedicheyt heeft die onghescapen wijsheyt gods uutten hemelschen pallaes hier nederghebrocht, mar hoverdie heeft Lucifer uten hemel in den */74vb/* afgront der hellen gheworpen. *Barnaerdus*: Jhesus is een bloem, dat is, een maghet ende van eenre maghet gheboren, ende hi is een bloem des veldes, dat is, hi is een croen der martelaers ende een forme alles lidens; hi is een bloem der cameren, dat is, hi is een spieghel ende een exempelaer alre doechden. *Barnaerdus*: Here Jhesu Criste, du biste mi beide een spieghel des lidens ende een loen des liders: in den

---

Gö *De Ha2* *Le3* *Be3*

38 Ewangelium *:* onse here in sinen ewangeli seghet *De*, Onse leve here secht in sinen ewangelie dus *Ha2* **40** cristi / jhesu *De Ha2 Le3* **42** heeft *Gö* <contulit> **44** van buten *om Gö* **46** *(*bin*)* van buten *Gö* **60** anderen *:* toecoemenden *De Ha2* ende *(*die*) De Ha2* **61** lelyen *Gö* <lilium> **64** bin *De Ha2* **71** hi*(1) om De* **73** een *om De* **74** liders *:* lidens *De*

stride verlaet ic mi op di, in den loen verbeide ic di, ende beyde dese twee helpen mi seer. Daer om wil ic di gheern volghen, mar ic hadde di liever te ghebruken; want bistu den ghenen goet die di soeken ende volghen, hoe goet bistu dan den ghenen die totti ghecomen sijn ende dijnre ghebruken? IC BIN EEN LELYE DER DALEN. */75ra/* In den dalen pleghet om dat wederschinen der sonnenraeyen vanden berghen alre meest hetten te wesen, ende hoe die daelen beneden den berghen lagher sijn, hoe dat si van der invlietinghe des hemels vruchtbaerre ghemaect warden. Aldes ghelijc, hoe dat een redelike ziele meer oetmoedicheden heeft, hoe dat si meer invloeyens der godliker ghenaden ontfanget. Daer om seit die brudegom dat hi selve EEN LELYE DER DALEN is, want hi is die ere ende vercieringhe alre oetmoedigher menschen. Een lelye heeft witte wortelen, haer stamme is ruuch, haer blaede hanghen neder warts, ende */75rb/* haer cornkens hebben een roede goutverwe. Die witte blenckende wortel der lelyen is die heylighe maghet Maria, want si maghet ende moeder was ende veel van den lichte der ghenaden ontfanghen hadde. Van deser wortel wesse die lelye, doe Cristus van haer gheboren woude wesen. Die stamme van deser lelyen is sijn ghebenedide lichaem, dat overmids menigerhande pijn ruuch, oneffen ende mismaect was. Die nederhanghende blaede sijn teykenen sijnre afgrondigher oetmoedicheyt, die hi ons in sijnre leeringhe ende in sinen werken altoes heeft bewijst. Want al was hi een */75va/* soen des ewighen vaders, nochtan noemt hi hem selven dicwijl die soen des menschen te wesen. Die roede cornekens mitter goudtverwen gheverwet, beteykenen ons sijn vierighe minne, die hi boven alle menschen tot allen menschen heeft ghehat. Die LELYE DER DALEN moet oec die minnende ziele gheliken. Een witte blenckende wortel, dat is een reyn meninghe te hebben, daer alle die werken na gheordelt worden. Die stamme sel wesen ruuch ende onneffen, tot allen liden ende tot allen arbeyde bereet te staen. Die blaede sellen nederhanghen, haers selfs in oetmoedicheden uut */75vb/* te gaen altoes die nederste stat te kiesen. Haer cornekijns, dat sijn die begheerten, die sellen roet wesen mit goudtverwen gheverwet, dat is mit godliker minnen. Aldustanige lelien soect die brudegom, als sijn bruut, die heylighe kerke, daer of seit: MIJN GHEMINDE IS NEDERGHEDAELT IN MINEN HOVE TOTTEN CLEYNEN HOVEKIJN DER WELRUKENDER CRUDEN, OM DIE LELYEN TE VERGADEREN, dat sijn alle oetmoedighe reyne menschen die in hem verenighet sijn.

Hier na volghet dat xviii capittel.

/76ra/ ALSO ALS DIE LELIE IS ONDER DIE DOERNE, ALSO IS MIJN VRIENDINNE ONDER DIE DOCHTEREN. Hier te voeren hadde die brudegom die minnende ziele

---

Gö *De Ha2* *Le3* *Be3*

83 oetmoedicheit *De Ha2* invloeyens *:* toevloyens *De*, toevluchtes *Ha2* der *om De Ha2* **98** Die*(1) :* Deser *De Ha2* Die – gheliken *:* Die minnende ziele moet oec der lelyen der dalen gheliken *Be3* **102** staet *De*, stede *Ha2* **109** Hier na volghet dat xviii capittel *:* Sicut lilium inter spinas *opschrift De*, Die ierste sin is *opschrift Ha2*, *om Le3 Be3* **110** als *om De*

totten arbeyde ghenoedet, mar op dat haer die arbeyt te min verswaerde, so wil hi haer die vrucht des arbeyts nu bewisen. *Barnardus*: Het en is gheen cleyn prijs der dochden onder die quade wel te leven, ende reyn onnoselheyt onder die bose onbevlecket te houden. Hier om seyt hi: ALSO ALS DIE LELYE ONDER DIE DOERNE WASSET ende wel ruket ende voertgaet, also bloeyet mijn vriendinne, die heylighe kerke, overmids den leerars onder die dochteren, dat sijn die vergaderinghe der quader kersten. *Barnardus*: Dan wortstu /*76rb*/ wel van den doerne<n> gheprekelt, alstu van binnen te rechte gheruert wortste. Want veel is der die die misdaet beteren als si daer of ghepinicht worden, ende een yghelic daer of mach segghen: Ic bin omghekeert in minen jamer, als mit doernen besteken. *Barnardus*: Die heylighe kerke is gheprekelt mit vierehande doernen; sommich is gheleden ende sommich isser ghebleven. Die eerste doern was die zwaer vervolghinghe der wreder tierannen, doe een yghelic die enen kersten mensche dodede, meende dat hi gode enen dienst daer mede dede. Die ander doern was die aenvechtinghe der onghelovigher herisie, daer die kerke noch swaerliker mede aenghevochten wort. Die derde /*76va*/ doern was die ghemaecte gheveynstheyt der pharizeusen, die, overmids dat si also overvloedich is, niet verborghen bliven en mach; si [en] willen van gods goede gheeert wesen, die selve gode gheen eer en bewisen. Also is in den vrede der heyligher kerken bitterheyt alre bitterste. Si was bitter doe men die martelaers dodede; si was bittere doe se die onghelovighe mitter heresien aenvochten; mar nu si in vreden scijnt te wesen, is overmids der verlaeutheyt haer bitterheyt alre bitterste. Die vierde doern sel wesen als antikerst ende sijn ghesellen comen. Die eerste doern verwan der martelaren lijtsamheyt, die ander der leerars wijs-/*76vb*/heyt, die derde doern in desen vercouden tiden prekelt noch, die vierde verwacht die heylighe kerke ende is noch toecomende.

Na enen anderen sin.

ALSO ALS DIE LELIE IS ONDER etc. *Vercellencius*: Hier prijst die brudegom die minnende ziele, sijn bruut, hoe dat si mitten scijnsel des ewighen lichts blencket – ende dat overmids sijns heymeliken gheselscaps –, ende hoe dat si van der vuericheyt der godliker minnen als van enen doern gheprekelt wort haren voertganc te doen. Dese minnende ziele wort recht ALS EEN LELIE overmids der blenckender wijsheyt des ewighen lichts, want si overmids der godliker oefeninghe, also varre alst haer moghelijc is, gode pijnt te gheli-/*77ra*/ken, ende wort ghereynicht van alle dien dat haer niet en betaemt, ende deilt haer gaven voert na een yghelics ontfanghelicheyt nader ghelikenisse

Gö De Ha2 Le3 Be3

112 te min verswaerde *:* niet en versware *Ha2* verswaert *De* **116** voertgaet *:* op gaet *De Ha2* **119** doerne *Gö* **123** sommich – gheleden *:* daer sommich af gheleden is *De Ha2* **126** was *:* is *De Ha2* herisie *:* ketterien *De Ha2* **127** swaerlike *De* **128** phariseen *De Ha2 Be3* **129** en *(*willen*) Gö* **130** Also *:* aldus *De Ha2* **131** die *(*alre bitterste*)* is *De Ha2* **132** heresien *:* ketterien *De Ha2* **136/7** prekelt noch / in desen vercouden tiden *De Ha2* **139** die*(1) :* een *De Ha2* etc *:* die dorne alsoe is myne vrindinne onder die dochteren *De Ha2*, die dornen *Be3* **144** der *om De Ha2* **147** sie *(*deilt*) De Ha2*

gods. Die godheyt is vol des ewighen lichts, dien alle die gheen gheliken in also veel als si van sinen licht verlicht worden. Hier volghet na: ALSO IS MIJN VRIENDINNE ONDER DIE DOCHTEREN. Die DOCHTEREN sijn die enghelen die der heyligher kerken dienen ende behoeden, ende die de scouwende ziele mit prekelen der minnen recht als mit doernen altoes prekelen voert te gaen. Dese hieten DOCHTEREN te wesen, in dien dat si der scouwender zielen gheselinnen sijn; si hieten sonen gods te wesen, in dien dat si bi den brudegom staen ende altoes des */77rb/* vaders aensicht scouwen. *Barnardus*: Het is een DOERN der minnen, die prekelt seer ghenuechelijc, na dat die brudegom hier seit: ALS EEN LELIE ONDER DIE DOERN; het is een DOERN des rouwes, dese prekelt seer orberlic, als die mensche daer of in sijns selfs jamer bekeert; het is oec een DOERN der dwalinghe, dese prekelt seer anstelijc, als Adam toeghesproken wort: Alstu dijn eerde bouweste, so sel di daer dijstel ende doern op wassen. Van desen tween lesten doernen seit sinte *Barnaert* aldus: O ziele, du wanderste slechts on<der> die doernen also langhe alstu in den vleisch biste. O blenckende lelie, o teder ende verweende blome, die onghelovighe ende die */77va/* verkeerde menschen sijn mit di, ende du woenste mitten scorpionen; sich hoe dattu wijslike onder die doerne wanderste. Die werlt isser al vol: si sijn in der eerden, si sijn in der lucht, si sijn oec in dinen vleysch. Misdoen ende ontbliven sijn doernen; dat wroghen ende die pine daer of sijn doernen; valsche, onrechte broeders sijn oec doernen. Hier mede omme te gaen ende niet ghequetst te worden, dat is der godliker moghentheyt scout ende niet der menschen kloekicheyt.

Dat xix capittel

ALSO ALS DIE MASTBOEM IS ONDER DAT GHEBOEMTE DER BOSSCHEN, ALSO IS MIJN GHEMINDE ONDER DIE SONEN. *Beda*: Doe die heylighe kerke van den brude*/77vb/*gom ghepriset was dat si in den wederstoten der onghelovigher die reynicheyt haers gheloefs onghebroken ghehouden hadde, ende onder die lelicheyt haerre vervolghers noch glorioser was gheworden, so coemt si rechte voert weder ende prijst haren brudegom mit noch meerren love, dat hi onder alle die ghelovighe als een heylich der heylighen boven allen heylighen sonderlinghe uutscijnt. Die minnende siele lovet horen brudegom ende ghelijct hem drierehande boem. Want somtijt spreect si van appelbomen, somtijt van notebomen ende somtijt van alrehande ander gheboemte dat welrukende is. Ende al hier is al wat heymelics in */78ra/* verborghen. Want die appelen mach men lichtelike eten sonder arbeit, overmids dat si dunne scellen hebben. Al des ghelijc is Cristus den appelboem ghelijct, want hi die beghinnende menschen eerst in sonder groten arbeit mit hem selven pleghet te voeden. Die noten hebben dicke

---

Gö *De Ha2* *Le3* *Be3*

157 dese *:* die *De* **159** dese *:* die *De* **162** onder *:* on *Gö* **163** die*(2) om De Ha2* **164** mit *:* in *De Ha2* **171** Dat xix capittel *:* Sicut malus *opschrift De*, Nae den iersten sinne *opschrift Ha2, om opschrift Le3 Be3* **179** die *(*drierhande*) De* **181** al *om De Ha2* **184** in *om De Ha2*

harde scellen ende enen bitteren bast van buten, also dat men totter corlen sonder arbeit niet gheraken en can. Aldes ghelijc is Cristus den noteboem ghelijct, want hi den voertgaenden menscen dicwijl mit meerren arbeyde pleghet te voeden dan diet eerst beghinnen. Welrukende bome voden mit haerre lucht die menschen sonder arbeyt. Al des ghelijc is Cristus */78rb/* den welrukenden boem ghelijct, want hi die volcomene, die de oefeninge der doechden ghewoenlic gheworden sijn, mit cleinen arbeyde somtijt pleghet te voeden. *Beda*: Also als die MASTBOEM boven allen bomen in den bosschen wasset, also wort Cristus menschelike natuer boven allen menschen verheven. Al isset dat die cederboem scoen *staet, al ist dat die cipressenboem hoghe wasset ende alle die ander houten des bosch elc na sijnre maten wasset, nochtan is die mastboem, die Cristus is, ende van eenre maghet gheboren is ende ons dat ewighe leven verdient heeft, boven alle dese bomen te verheffen. *Barnardus*: Waer om laet die bruut veel costeliker boem ach-*/78va/*ter ende gheliket horen brudegom den MASTBOEM, die vele oncosteliker is, al staet hi hoghe ghewassen? Dat was hier om, want si haer selven cleyn kennede, soe woude si haren gheminden den cleynen gheliken. Ende dat en is hem gheen cleyn lof, want al hier so en priset si hem niet om, want hi een groet heer is ende seer lovelic, mar om dat hi cleyn gheworden is ende seer minlic, also dat sijn *groete *mogentheyt al hier niet verheven en wort, mar dat sijn grondelike oetmoedicheyt hier gheprijst wort.

Na enen anderen sin.

ALSO ALS EEN MASTBOEM IS ONDER DIE HOUTEN DER BOSSCHEN, ALSO IS MIJN GHEMINDE ONDER DIE SONEN. *Vercellencius*: Mijn gheminde wort den vruchtbaren boem ghelijct, want */78vb/* hi alle creaturen in hemel ende in eerde een onthout ende een versadinghe is. *Gregorius*: Wel mit rechte wort Cristus den MASTBOEM, ende die ander heylighen den ghemenen boemen des boschs gheliket, want also dicke als wi alleen in Cristo die spise des troests ende der vermakinghe soken, also menichwerve versaden wi onse zielen mitter sueter vruchte sijnre woerde ende sijnre exempelen. Want hi is dat broet des levens ende hi is dat hout des levens, dat hi ons ghevet als hi ons hem selven sueteliken ingheestet. Ende so wat vermakinghe wi in sinen heylighen vinde<n>, dat en sel wi niet ontfanghen als van den heylighen mar van Cristo selve. *Ezechiel*: */79ra/* Gheen hout in den paradise gods en mach hem in sijnre scoenheyt gheliken. Die sonen des hemelschen Jherusalems worden den houte des buschs gheliket, want si hoghe staen in der weerdicheyt, ende telgheren

Gö De Ha2 Le3 Be3

186 totten *De Ha2 Le3* **187** groeten *(*arbeit*) De* raken *De* **189/90** den menschen / mit haerren rueke *De Ha2* **191** volcomene *:* volcomende *(*volcomen *Ha2)* menschen *De Ha2* **193** hoeghe *(*boven*) De Ha2* **195** scoen *:* hoeghe *De* staen *Gö* <nitescat> **196** sijnre *:* haerre *De Ha2* **197** is *om De* **202** den *om De Ha2* **205** groete moegentheit *:* groetmoedicheyt *Gö* <maiestas> grondelose *De Ha2* **209** Mijn *:* Die *De Ha2* **210** in*(2) om De* **211** een *om De* **217** vinde *Gö* <inuenimus>

hebben overmids der stadeliker uutreckinghe in die godscouwinghe, ende gruen sijn overmids der onvergancliker glorien; ende al isset dat die godscouwende manne hier in der eerden haerre vruechden eens deels ghenieten, nochtan en vinden si die waerachtighe vruchte daer niet in. *Job*: Die verheven aern blivet in den steen ende woent in den gheberchten, ende van den hoghen clippen scouwet */79rb/* hi sijn spise. Die steen dat is die nederste ierarchia, dat gheberchte is die middelste, ende die hoghe steen roedsen sijn die overste choren der enghele. Mar noch in den stenen, noch in den berghen, noch in den hoghen clippen en vijnt hi sijn spise, mar van daen siet hise ende scouwetse, want hi moet der enghelen wesen doerliden, ende daer boven soeken mit oefeninghe die eninghe mit gode, die hi begheert. Want ghelikerwijs also als wi tghesichte der oghen veel vorder moghen opboeren dan den lichaem, also worden die oefeninge der innigher ghemoeden verre gheestelic in gode ghedraghen boven al datter ghescapen is. Nochtan is die oefeninghe des alren */79va/*nedersten enghels hoger in den hemel dan des alren oversten scouwers hier in der eerden, als onse here selve sprac van sinte Jan baptisten, dat die minneste in den hemel meerre waer dan hi.

Dat xx. capittel.

IC SAT ONDER DEN SCEEM DES GHEENS, DIE IC BEGHEERDE; ENDE SIJN VRUCHTE IS MIRE KELEN SUETE. Hier te voeren bewijsde die bruut, die heylighe kerke, dat haer brudegom goet in hem selven is, hier bewijst si dat hi oec den anderen goet ende weldadich is, ende seit: IC SAT ONDER DEN SCEEM. Die sceem Cristi is des heylighen gheests bescerminghe, want so wat ghemoede die heylighe gheest vervullet, dat *ommescemet hi als hi dat mit sijnre */79vb/* ingheestinghe sueteliken ruert ende alle onghetemperde hetten verdrivet; ende al was dat ghemoede beghinnen te verdorren, die sceem des heylighen gheests bescermtet ende vermaectet weder, ende alst also onder die sceme sit ende rust, vergadertet sine crachten weder te starkeliker te stueren in godliken dinghen. Hier om seyde si: IC SAT ONDER SIJN SCEEM. Recht of si segghen woude: Daer om prise ic minen gheminden ende setten boven al, want ic onder die bescerminghe alleen sijnre goedertierenheyt, die ic altoes begheert hebbe, een vercoelnisse van alre ongheordinierder hetten des druckes vant. *Ysaias*: Hi heeft mi */80ra/* bescermt onder die sceem sijnre hant. *Beda*: Al seide die bruut, die heylighe kerke, dat die SPANNEN haerre husen CEDEREN waren ende die CARBELE van CYPRESSEN, nochtan en was haer die bescermenisse daer of niet

---

Gö De Ha2 Le3 Be3

227 dat*(1) om De* **228** hoghe *:* hogheste *De* **229** noch*(1) :* nochtan *De* **232** also *om De Ha2* **233** opvoeren *De Ha2 Le3 Be3* den *:* dat *De Ha2* **236** inden hemele / hoegher *De Ha2 Le3 Be3* **239** Dat xx capittel *:* Sub umbra illius *opschrift De*, Die ierste sin is dit *opschrift Ha2*, *om Le3 Be3* **243** den *om De* *(*sceme*)* des gheens dien ic begerde *De Ha2* **245** ommescemet *:* ommescijnt *Gö Le3 Be3* <obumbrat> **246** onghetemperde *:* ongheordenierde *De Ha2* **247** bescermet *De Ha2 Be3* **249/50** vergadert *De Ha2 Le3 Be3* **250** seghet *De* **251** prisede *De* **251/2** onder – alleen *:* allene onder die bescherminghe *(*besceminge *De) De Ha2*

ghenoch, mar sochte vlitelic alleen den boem des levens onder wies sceem si mochte rusten ende eten van sijnre vruchten. Want al isset dat die grote heilighen ons hoghe exempelen haerre doechden moghen voerlegghen, ende wisen ons mit haerre leeringhe den wech des hemelschen levens, ende moghen ons mit haren ghebede te hulpe comen, nochtan en moghen wi tot nyement dan tot onsen gheminden */80rb/* behouder segghen: Der menschen kinderen sellen in die bescerminghe dijnre vloghelen hopen. Hier om wort die soen gods wel mit rechte boven hem allen gheset, want hi ons als een ruuch boem van den brande der vervolghinghe der werlt bescermt ende mit sijnre hemelscher sueticheyt versadet. Ende hoe suete die versadinghe is, bewijst si voert daer si seyt: ENDE SIJN VRUCHT IS MIJNRE KELEN SUETE. Die ghenade Cristi die hi sinen gheminden ghevet, gheliket der scemen, want hi ons vander aenvechtinge der viande bescermt, als *David* seyde, doe hi badt: Bescerm mi onder die sceem dijnre vloegelen van den aensichte */80va/* der ongherechtigher die mi ghepinicht hebben. Die ghenade Cristi scijnt oec te verduusteren recht als een sceem, niet dat dat also is, mar dattet den menschen also dunct wesen. Want als die mensche buten der ghenaden Cristi staet, dan duncken hem sijn werken recht ende puer wesen, mar als hi weder in der ghenaden coemt, dan siet hi wel dat si onpuer ende onrecht sijn; recht als men dat stubbe in der lucht niet ghewaer worden en mach eer die sonne totten vinster in schijnt, ende dan siet mense claerliken wel. Aldes ghelijc vernemen volcomen menschen haer ghebreke claerlic, hoe cleyn datse sijn, daer onvolcomen menschen dootlike */80vb/* sonden nauwe kennen. Die ghenade Cristi gheliket der sceemen: die sceme wort meerre als die sonne nedergaet. Want wanneer men die doot Cristi, daer die sonne der gherechticheyt in nederghinc, voer oghen neemt, dan wasset sijn ghenade ende wort meerre dan si te voeren was. *Paulus*: Dat si varre van mi in enighen dinghen te verbliden, dan in den cruce ons heren Jhesu Cristi. Die ghenade Cristi loept voer – als die sceem doet – van den ghenen diese gripen wil; also vliet die ghenade Cristi van den ghenen diese mit haers selfs crachten wanen te vercrighen. *Die wise man*: Ic hebt gheseyt, ic sel wijs worden, ende die wijs-*/81ra/*heyt is veel te vorder van mi ghegaen. Die ghenade Cristi volghet gheliken der scemen den ghenen die voervluchtich is, dat is den oetmoedighen die voer die ghenade vliet; niet dat hise versmadet, mar want hi sijns selfs cleynheyt kennet, so dunct hem dat hi den gaven gods niet weerdich en is. Ende alsulken oetmoedighen menschen gheeft Cristus sijn ghenade, ende wederstaet den hoverdighen. ENDE SIJN VRUCHTE IS MIJNRE

Gö *De Ha2* *Le3* *Be3*

258 die *om De* **260** moghen *om Ha2* **260/1** ons mit haren ghebede / moghen *De* **264** ruuch boem *:* boem mit vele telgeren *De Ha2* **264/5** den brande *:* der hetten *De Ha2* **265** bescemet *De* **268** hi *:* si *De Ha2* **272** *(*Want*)* het ghesciet dicwile dat *De*, hie schijnt dicwile dat *Ha2* **273** dan – werken *:* dat hem dan sine werken duncken *De Ha2* **279** oec *(*der*) De Ha2* **279/80** die – meerre *:* in dien dat die sceme meerre wort *De Ha2* **283** ons *:* mijns *De Ha2* leves *(*heren*) Ha2* **286** *(*man*)* spreket *De Ha2* hebbe *De Ha2* **287** ende *om De* te *om De Ha2 Be3*

KELEN SOET. *Gregorius*: Cristus is selve die vruchtbaer boem, overmids den ghelove gheplant in onsen herten; ende ist datten onse ghemoede weerdelic ende */81rb/* stadelic oefent, so brenghet hi van buten ende van binnen orberlike scoen vruchten voert; ende alst [t]ghemoede die vruchten begheerlic ontfanghet ende et, so settet alle weelde<n> deser werelt overmids dier weelden after rugghen. Want het is hem seer suete om hemelsche dinghen te denken, dat innerste oghe in die ewicheyt te stueren, beweghet ende beroert daer of te worden, ende also onder die beweghinghe opgheboert te wesen, dattet mitter enghelen spise – hoe begheerliker, hoe sueteliker – eens deels ghevoedet worde.

Na enen anderen sin.

IC SAT ONDER DEN SCEEM DES GHEENS, */81va/* DIEN IC BEGHEERDE etc. Dit sijn woerde der scouwender zielen daer si die manier, den voertganc ende die vruchte des scouwenden levens in bewijst; want die sceem vercoelt die hetten ende is den ghesichte behulpelic. *Paulus*: Wi scouwen nu overmids der ghedaenten ende der ghelikenisse, dan sel wi van aensichte tot aensichte scouwen. Ende hoe die begheerte der minnen meer wasset, hoe die innighe ziele meer voertgancs doet, want die minne gaet in daer dat verstant buten blijft staende. *Vercellencius*: Bi deser scemen wort die godlike duusterheyt verstaen, daer die bruut haer of verblijt dat si ghenoeche-*/81vb/*lijc daer in gheseten hadde – dat is, suetelic ende satelic daer in gherust, want sitten dat is rusten – ende wil wat groets mitten sitten bewisen. Want in der godscouwinghe te sitten is een vroelic bevolen, dat alle verdrietelicheyt des arbeyts verdrivet. ENDE SIJN VRUCHTE IS MIJNRE KELEN SUETE. *Barnardus*: Dese vruchte des scouwens smaecte si doe si overmids der minnen sueteliken opgheboert wort ende onder den sceem sat. Mar so wanneer die sceem heen gaet, so sel die dach, dat is die doerschinende ewighe waerheyt, oprisen, ende dan en sel niet alleen die vruchte der kelen een sueticheyt wesen, mar een sadicheyt des */82ra/* buucs. *David*: Ic sel versadet worden als dijn glorie hoer openbaert. Cristus Jhesus, die zoen gods, en is niet alleen suet in hem selven, mar hi werket oec in sinen gheminden zielen sueticheyt des honichs, der melken ende des wijns. Daer om mochte die scouwende ziele wel segghen: SIJN VRUCHT IS MIJNRE KELEN SUETE. Die soen gods baert in den innighen zielen sueticheyt des honichs, want honich en is anders niet dan een hemels douwe die in der herten of inder inreste cameren der blomen van der sonnen crachte ghecoket wort. Nu is die soen gods een die alre scoenste ende ghe-

---

Gö De Ha2 Le3 Be3

293 den *om De* **296** scoen *om De* tghemoede *Gö* **297** weelde *Gö Ha2* <uoluptates> **299** *(*sturen*)* ende *De Ha2* daer af / beweghet ende beruert *De Ha2* **304** etc *:* ende sine vrucht is mijnre kelen zuete *De Ha2*, *om Be3* **305** die*(2) om De* **207/8** der ghedaenten *:* den speghel *De Ha2* **308/9** scouwen / van aensichte tot aensichte *De Ha2* **309** *(*hoe*(2))* dat *De Ha2 Le3 Be3* **313** hevet *De Ha2* **314** sie *(*wil*) De Ha2* **320** *(*mer*)* oec *De Ha2* **322** apenboren sal *De Ha2*

meenste bloem die men vint, als hi sel-/*82rb*/ve seit: IC BIN EEN BLOEM DES VELDES. Die heymelike camer deser bloemen is die innighe ziel of die wel gheordinierde begheerte, ende die hemelsche douwe is die vuchticheyt der godliker ghenaden, die in der begheerten der inniger zielen ontfanghen wart, dat een camer Cristi, der scoenre blomen, is; ende dan wort in hoer die sueticheyt des honichs ghebaert. Die soen gods baert oec in den heylighen zielen sueticheyt der melken, want die melc wort van den dunnesten, scarpsten blode in die gatighe openheyt der borsten overmids die hetten des herten ghemaket. Der zielen borsten sijn die minlike begheerten, die daer om open ende gatich ende weec sijn, want /*82va*/ si gheern veel souden ontfanghen. Dat scarpe, dunne bloet is die subtijl, doerdringhende minne, die hetten des herten is vuericheyt der begheerten. So wanneer dan die minne des brudegoms in die minlike begheerten der innigher zielen vergadert wort ende overmids vuericheyt des ghemoeds ghecoket ende recht verduwet, dan wort in der inniger zielen die sueticheyt der melken ghebaert, ende en vloeit niet alleen van honinghe mar oec mede van melke. Dit was dat honich ende die melke des brudegoms daer sinte Angniete of seyde: Ic hebbe honich ende melc uut sinen monde ontfanghen, ende sijn bloet heeft mijn wanghen verciert. Die soen gods baert /*82vb*/ oec in den innighen sielen sueticheyt des wijns, want die wijn wort van der puerster vuchticheyt des wijnstocs in den beykens der druven overmids der subtijlre crachten der sonnen ghemaect. Die beykens of die besloten husekens der druven, dat sijn die oververstandelike ontfanclicheden der gheminder godliker begheerlicheden, ende die puer vuchticheden van den wijnstoc daer in ontfanghen, dat is dat water der saligher wijsheyt; so wanneer dat die vuchticheyt der godliker wijsheyt in die heimelicste ontfanclike crachten des ghemoets overmids den heylighen gheest ontfanghen ende ghecoket wort, dan wort in die /*83ra*/ kele der zielen sueticheyt des wijns ghebaert ende ghesmaect. Aldus mach men merken dat die soen gods niet alleen suet in hem selven en is, mar dat hi oec alrehande sueticheyt in den devoeten ghemoeden pleghet te storten, dat si van sueticheden in hem hieten te vloyen. *Johel*: In dien daghe sellen die berghen sueticheyt drupen, ende die huevelen of die cleyne bergeken honich ende melc vloyen.

Dat xxi capittel.

DIE CONINC HEEFT MI IN DIE WIJNKELRE GHELEYT, ENDE DIE CARITAET IN MI GEORDINIERT. Hier te voren heeft die bruut, die heylighe kerke, van der sueticheyt des brudegoms vruchten gheseit, hier wil *si van der crachtigher /*83rb*/ vruchtbaerheit der sueticheyt segghen. Want dan ontfanghet men die

---

Gö *De Ha2* *Le3* *Be3*

333 der scoenre bloemen / cristi *De Ha2* **336** die*(2) om De* **342** *(*verduwet*)* wort *De Ha2* dan *:* so *De Ha2* **350** onverstandelike *De Ha2*, overstandeliker *Le3* **351** vuchticheit *De* **353** dat *:* dan *De Ha2 Le3 Be3* **355** gheopenbaert *De Ha2* **360** sullen *(*honich*) De Ha2* **361** Dat xxi capittel *:* Introduxit me rex *opschrift De*, Nae den iersten sinne verstae *opschrift Ha2*, Naden anderen sinne *opschrift Be3*, *om Le3* **362** die caritaet *:* hevet die mynne *De Ha2* **364** si *:* ic *Gö*

sueticheyt der vruchten vrolic ende wijsselic, als daer een orberlike vruchtbarheyt na volghet, als si nu seit: DIE CONINC HEEFT MI INGELEYT, dat is mijn coninc ende mijn god. Recht of si segghen soude: niet van mijnre verdienten mar van sijnre onghemetenre ontfarmherticheyt HEEFT HI MI INGHELEYT. Dese ontfarmherticheyt begheerde *David*, doe hi badt: Here, sende uut dijn licht ende dijn waerheyt; si hebben mi gheleyt ende ghebrocht in dinen heylighen berghe. Si bewijst oec in desen woerden die hoghe weerdicheyt der steden van dese sueticheyt, daer si seit: IN DEN WIJNKELRE. Dese */83va/* wijnkelre mach na enen sin wel wesen die heylighe scriftuer, die dat verstant verlicht ende die minne ontfenghet, als si voert seyt: ENDE HI HEVET SIJN MINNE IN MI GHEORDINIERT. Daer si die crachtighe vruchtbaerheyt der sueticheyt in bewijst, in dien dat hi die caritaet in rechter ordinancien set. *Gregorius*: Die heylighe scriftuer wort recht als een spiegel gheset voer die oghen ons herten, daer wi onse aensicht der zielen in scouwen moghen, want daer kenne wi in wat wi ghevordert hebben ende hoe varre wi noch sijn van der volcomenheyt. *Hugo*: Die heylighe scriftuer is een boec des levens, wies oersspronc ewich is, wies wesen onverganclic is, wies kennisse ewich leven is, wies let-*/83vb/*teren niet ofghedaen en sellen worden. Haer aensien is begheerlic, haer leeringhe is licht, haer kunst is suete, haer afgrondicheyt is onbevindelic, haer woerde sijn onghetelt; nochtan en sijnse alle mar een woert. *Ieronimus*: Laet ons niet wanen dat die heylighe scriftuer in den woerden gheleghen is, mar in den sin; niet in der ghedaenten van buten, mar in den morghe van binnen; niet in den bladen der woerden, mar in die wortel der redene. Ende die heeft meest daer of gheleert, die meest daer na levet. Ende isset dat duse leerste ende icker na doe, so hebben mijn werken meer scriften in dan dijn woerde die du menich sins beleggen kunste. *Augustinus*: Men sel die halse onder die scrifture bu-*/84ra/*ghen, op dat men overmids den ghelove tot haren verstande moghen comen. *Ambrosius*: Die woerde der hemelscher scrifturen sel wi mit al den ghemoede ende mit alder herten also langhe persen ende ommekeren, hent dat sap dier gheesteliker spisen hem selven in alle den aderen der zielen stortet. *Barnardus*: Des brudegoms kelre is drierhande. In den enen is die wijn, in den anderen is die salve, in den derden sijn die welrukende crude. Al des ghelijc mach die heylighe scrift wel een wijnkelre hieten, daer si leert onder te wesen als een discipel; ende een salve kelre, daer si leert in gheliker minnen ghesellе te wesen; ende een kelre der welrukender cruden, daer si leert */84rb/* over ander lude een meyster te wesen. Aldus leert die scrijft discipel te wesen, ghe-selle te wesen ende meyster te wesen.

Gö De Ha2 Le3 Be3

367 seghede *De* **368** wolde *De Ha2* **373** dese*(1)* : der *De* **374** scrift *De Ha2* **376** si : sie *De Ha2* **377** hi : si *De Ha2* caritaet : minne *De Ha2* **378** scrift *De Ha2* **379** moeghen / scouwen *De* **381** scrift *De Ha2* **386** heylighe *om De Ha2 Le3 Be3* **388** daer / meest *De Ha2 Le3 Be3* **389** na : af *De* **393** scrift *De Ha2* **395** dier : der *De Ha2* gheesteliker : hemelscher *De* **401** scriftur *De Ha2*

Na enen anderen sinne.

DIE CONINC HEEFT MI INGHELEYT etc. *Barnardus*: Doe die innighe siel suete ende heymelike medespraec hier te voren hadde ghehadt mit haren gheminden, ende hi en wech ghinc, doe keerde si haer weder totten jonghen magheden, ende was van den ghesichte ende van der medespraec haers brudegoms also ghenuecheliken vermaect ende also van minnen ontfonct, *dat *si sceen al droncken te wesen, ende die jonghe deernen verwonderden hem van der niicheyt ende vragheden om die saec. Doe andwoerde si oetmoedelijc, */84va/* ende seyde: DIE CONINC HEEFT MI IN DIE WIJNKELRE GHELEIT. Het en was gheen wonder dat si van den wijn sceen droncken te wesen, die in des conincs wijnkelre gheraect was – *Vercellencius* – ende sprekende gheworden om die stadelike verniinghe ende veranderinghe der godliker scouwinghe daer si ingheleyt wort; datten scouwenden ghemoede<n> starkelic ende stadelic totten oversten radien verwackert, als die heymelike seker ondervindinghe wel ghetughet, daer si seyt: DIE CONINC HEEFT MI INGHELEYT, dat is, hi heeft mi in die inreste afgrondicheyt inghelaten. *Barnardus*: Als die brudegom teghenwordich is ende die bruut haer woerde tot hem maect, dan wort hi die brude*/84vb/*gom of die gheminde ghenoemt, mar als si den jonghen magheden van hem yet segghen sel, dan en hietse hem gheen brudegom mar een coninc te wesen; also datter minnender bruut ende den gheminden brudegom tusschen malkander heymelike naem<en> der minnen wel betaemen, mar als si den jonghen deernen toesprect – die noch castiinghe ende ontsien behoeven – dan ghebruuct si den heerliken naem sijnre moghentheit ende seyt: DIE CONINC HEEFT MI IN SINEN WIJNKELRE GHELEYT. Die sommighe worden in desen wijnkelre overmids den knecht ingheleyt, als die van vresen des heren ende van pine der hellen hem totten brudegom keren; die sommighe overmids den vrienden, die dat selve */85ra/* doen uut begheerten des hemelschen loens; die sommighe overmids den here ende den coninc selve, die alleen uut minnen des brudegoms hem daer toe keren. Nu wil die bruut bewisen in desen worden dat si niet uut vresen der pinen als een deern, noch uut begheerte des loens als een huerlinc, mar alleen uut rechter minnen des vaders als een dochter, GHELEYT IS IN DESEN WIJNKELRE, dat is, in die minlike scouwinghe des ewichs woerts, dat alle ghenochdoende ghenuechlicheyt in hem besloten heeft ende die wijn, die dat innighe herte verblijt, [ende] overvlodelic uutstort. *Gregorius*: Wat moghe

---

Gö De Ha2 Le3 Be3

404 *(*in*)* die wijnkelre *(*gheleit*) De Ha2* etc *:* ende heeft die mynne in my gheordiniert *De Ha2* **408** dat sie *:* ende *Gö Le3 Be3* <ut putetur> **410** innicheit *De Ha2 Le3* **413** Vercellencius – gheworden *:* Ende sprekende gheworden als vercellensis seghet *De Ha2* **415** wort *:* was *De Ha2 Be3* ghemoede *Gö De Ha2* <mentibus> **417** tughet *De* **419** tot *:* teghen *De* hi *om De Ha2* **420/1** yet / van hem *De* **423** naem *Gö Le3* <nominibus> **424** ontsichnisse *De Ha2*, ontsich *Le3 Be3* **426** Die *om De Ha2* desen *:* -den *De* **428** die *om De Ha2* **429** die*(2) om De Ha2* **430** den*(2) om De Le3* **431** desen *:* den *De* **433** is *om De* **436** *(*verblijt*)* ende *Gö De Ha2 Le3 Be3*

wi bi desen WIJNKELRE bet verstaen dan die heymelike scouwinghe der ewicheyt? */85rb/* Hier in worden die heylige enghelen van den wijn der godliker wijsheyt dronken ghemaect, want si gode selve van aensichte tot aensichte scouwen ende mit alre gheesteliker weelden ghesadet worden. Hier in wort dat innige ghemoede, alst alle ander dinghen after rugghe set, van den brudegom ingheleyt, ende smaect vander enghelen weelden alsoe veel alst hem verhenghet wort, ende merct ernstelic overmids dien hoe veel dattet mit rechte sculdich waer dat minlike goet te minnen. *Barnardus*: So wie mit innighen ghebede in die scatte der godliker heymelicheit verworven heeft in te gaen, als hi van daen comet is hi seer vuerich in */85va/* die godlike minne in alre gherechticheyt ende in alre gheesteliker vliticheyt, ende seer wacker in al der minnen dienstachticheyt, also dat hi mitten *propheet* segghen mach: Mijn herte is in mi warm gheworden, ende in minen ghedachten wort dat vier barnende. So wanneer dese uut overvlodicheit der minnen die goede salighe opruspinghe dies wijns ende dier gheesteliker vrolicheit beghint te hebben, dan mach men slechts mit rechte wel segghen dat si in dien wijnkelre gheweest heeft. Ende ist dattu dinen gheest also in een vergaderste, dattu mit enen soberen ledighen ghemoede van alre onnutter sorchfoudicheyt alleen in dat huus des gebeets ingaeste, ende mit-*/85vb/*ter hant der heyligher begheerten an die duer des hemels cloppeste, ende dan onder *die *choere der heylighen gheleit wortste, ende in haerre teghenwoerdicheyt dijn ellende ende dinen onsalighen jammer daer du in biste, bescreyeste, ende hem mit onsprekeliken suchten ende mit stadigher becarminghe dinen noet clagheste, ende haer goedertieren hulpe begheerste, sonder twivel du en selste niet ydel weder van daen gaen, mar vol ghenaden ende vol minnen weder tot ons comen, ende selste oec mit enen groten verwonderen selve waerachtelike moghen segghen ende wel ghetughen: DIE CONINC HEFT MI IN SINEN WIJNKELRE GHELEIT. Mar hoe die minne vierigher is, */86ra/* ende die gheest crachtigher is, ende die caritaet meer uutstortigher is, hoe dat men bet ondersceiden wijsheyt behoeft, die de viericheyt der minnen in dwanghe houde, ende matighe den gheest, ende sette die caritaet in rechter ordinancien. Daer om volghet daer na: HI HEVET DIE CARITAET IN MI GHEORDINIERT, dat is, hi heeft mi overmids rechten onderscheide gheordinierde caritate doen hebben. Want onderscheit en is niet alleen een doechde mar oec mede een moeder ende een leitster alre doechden; si ordiniert die begheerten ende si scicket alle goede seden te rechte, ende sonder haer wort dicwijl doechde in ondoechden verwandelt.

Gö *De Ha2* *Le3* *Be3*

441 gheset *De* **447** (ende*(2))* hi is (is hie *Ha2) De Ha2* **450** uut *om De Ha2* **451** dier : der *De Ha2* **452** dien : den *De Ha2* **456** die choere : dat choer *Gö* **<choris>** **459** becarminghe : becoringhe *De* **461** du (salste) *De Ha2* **463** tughen *De* **467** caritaet : mynne *De Ha2* **468** caritaet : mynne *De Ha2* **469** caritate : mynne *De Ha2* **472** ondoechden : ondoecht *De*, ondoeghe *Ha2*

Dat xxii Capittel.

/86rb/ VERCIERT MI MIT BLOMEN, ONDERSCOERT MI MIT MASTEN, WANT IC VAN MINNEN QUELLE. Hier te voren seyde die bruut dat si van des brudegoms minne droncken was, hier bewijst si dat si van sijnre minnen gheesteliken ghewont is, ende seit: VERCIERT MI MIT BLOMEN. Dat is, o ghi leerars, prelaten ende regierres, VERCIERT mit uwer leeringhe ende mit uwer vliticheyt MI, dat is, mijn lede die noch teder ende cranc sijn, dien coemt te hulpe MIT BLOMEN, dat is mitten goeden werken der gheenre die noch in deser pilgrimaedsen sijn; dat ic overmids eenpaerliken ghedachten verciert si mit roesen, dat is mitter */86va/* lijtsamicheyt der martelaren; mit fyolen, dat is mit penitencien der confessoren; mit lelyen, dat is mitter reynicheyt der maechden; mit bloemen des veldes, dat is mitter wijsheyt ende ondersceidenheyt der leerars. Hier mede VERCIERT ende stopt MI, dat sijn mijn lede die noch onvolcomen ende cranc sijn, mitten exempelen ende mitten verdienten der heylighen, op dat ic mitter glorien der patriarchken ende der propheten ghevesticht worde in den ghelove, ende overmids die glorie der apostelen ende der martelaren ghestarket werde in die hope, ende overmids die glorie der confessoren ende der maechden ghestadighet worde in der minnen, ende overmids die glorie alre heylighen volstandich */86vb/* blive totten eynde. Deser ondersettinghe is die bruut seer noettorftich om menigherhande ofstotinghe wille, daer om begheert si mitten vruchten des boems onderset te wesen. WANT IC VAN MINNEN QUELLE. Een ander text hout: Ic bin van minnen ghewondet, dat is, om tghebrec der minnen in minen lede, ende gae nu recht te niete. Mit desen bloemen vercierde die gloriose ridder Judas Machabeus, die sijn cranke lede als een strenghe zeghevechter stercte, doe hi seyde: Ghedenket hoe onse vaders uut menighen noet behouden sijn ende verlosset. Mit *desen vruchten onderscoerde sinte Gregorius die crancke lede, doe hi seyde: Mijn alre liefste, is<t> dat wi merken wat ende hoe veel ons in den he-*/87ra/*mel beloeft is, so veronweerden ons alle dinghe die in der eerden sijn, want daer en is gheen liden in deser tijt datter toecomender glorien weerdich is.

Gö De Ha2 Le3 Be3

473 Dat xxii Capittel *:* Fulcite me floribus stipa*(!) opschrift De*, Een bedudinghe na den iersten sinne verstae aldus *opschrift Ha2*, *om Le3 Be3* **481/2** lidesamheit *De Ha2 Be3* **483** mitter *:* mit *De*, *om Ha2* **485** sijn *:* is *De Ha2* **487** ghevest *De*

495-7

Istis floribus stipabat infirmos et fragiles ille gloriosus miles et bellator strenuus, qui dicebat: memores estote....(hs. München, f. 33vb).

Mit desen bloemen vercierde die gloriose ridder iudas machabeus sine crancke leden ende starcte sie als een strenghe seghevechter, doe hi seghede: Ghedencket...(hs. Deventer, f. 78rb).

496 die*(2)* – stercte *:* sine crancke lede ende starcte sie als een strenghe seghevechter *De Ha2* **498** desen *Gö Be3* <malis> **499** is *Gö De Ha2 Le3 Be3*

Na enen anderen sin.

VERCIERT MI MIT BLOEMEN ENDE ONDERSET MI etc. *Barnardus*: Dit sijn woerde der innigher zielen wies minne overmids veel voerledenre verwackeringhe der minnen seer ghewassen is. Du hebste wel ghesien dat si niet alleen ghenuechelic mit haren brudegom sprac, mar van heymeliken vordel mit hem seer verblijt was; si sat onder den sceem des gheens die si minnede, sijn vrucht was haerre kelen suete, si was in den wijnkelre gheleit ende hadde des wines ghesmaect, want */87rb/* het en is niet te vermoden dat si weder dorstich uut den wijnkelre ghinc daer si vanden coninc selve ingheleyt was. Ende hoe si in alle desen sijn teghenwoerdicheyt ghenuechelike<r> ghebruucte, die wijl si daer bi was, dat haer dat ofsceiden daer na te swaerre was; want wat dat een vierichliker minnet, hoe dat hi dat noeder dervet. Als sinte *Augustinus*, <so wanneer hem> die ghenade der godscouwinghe ontoghen *waert, mit versuchten ende weeliken carmen clagede, doe hi seyde: Hier mach ic bliven, ende ic en wil; ghinder waer ic geern, ende ic en mach, ende onsalich bin ic over al. Doe die innighe ziele in aldustaniger armoeden van den brudegom ghelaten was, doe */87va/* badt si ende seyde: VERCIERT MI MIT BLOEMEN. Het is een vraghe van wien die innighe ziele, die selve een scouwester der claerheden gods is, begheert onderset ende onderscoert te wesen. En trouwen dat is van des brudegoms ghesellen, die altoes in sijnre teghenwoerdicheyt staende bliven. Ende also langhe alst teghenwoerdich is dat men minnet, so is die minne crachtich; alst hene gaet, valt si in een quale. Daer om begheert si MITTEN BLOEMEN, dat is *mitten vruchten der goeder werken, mitter goeder roeken des gheloefs van des brudegoms ghesellen, die van sijnre teghenwoerdicheyt niet en sceiden, ONDERSET ENDE ONDERSCOERT TE WESEN. Want een ghemoe-*/87vb/*de dat des godliken vreets ghewoen is, ontfanghet troestelike vermakinghe van den goeden werken die in den ongheveinsden ghelove ghewortelt staen, so wanneer

---

Gö *De Ha2* *Le3* *Be3*

504 ende *om De Ha2* etc *:* mit masten *De Ha2 Be3* **507** *(*mar*)* oec *De Ha2*

511-4

Quo enim in hiis omnibus graciosiorem experta est presenciam, eo postmodum molestior sentit absenciam, et eo quod desiderat ardencius, caret egrius (hs. München, f. 34va).

Ende hoe si in allen desen sine teghenwordicheit ghenuechliker ghebruucte die wile dat si daer bi was, hoe haer dat affscheiden daer nae te swaerre was, want hoe dat een vurichliker wat mynnet, hoe hi dat noeder dervet (hs. Deventer, f. 78vab).

512 ghenuechlike *Gö Le3 Be3* <graciosiorem presenciam> *(*wile*)* dat *De Ha2* **513** dat*(1) :* hoe *De Ha2* wat *:* hoe *De Ha2* **514** wat *(*mynnet*) De Ha2* dat*(1) om De Ha2* **514** sinte *om De Le3* **514/5** so wanneer hem *:* dede doe hem *De Ha2*, *om Gö* <postquam sibi> **515** hem *om Le3* wort *Gö Le3 Ha2* <subtractum fuit> **516** claghe *De*, claeghende *Ha2* mach *:* moet *De Ha2* *(*wil*)* niet *De Ha2* **517** *(*mach*)* niet *De Ha2* **520** claerheit *De Ha2* **524** mer *(*alset*) De Ha2* soe *(*valt*) De Ha2* **525** mitten *:* mitter *Gö Le3 Be3* <fructibus>

haer dat licht der godscouwinghe van binnen ontoghen wort. Want Maria Magdalena ende Martha sijn twee ghesusteren, twee ghesellinnen, ende wonen onversceiden te gader in enen huse. *Barnardus*: So wanneer ic mit alsulken bloemen ende vruchten der goddienstachticheyt ommebeset bin, so lide ic ghedoechsamlic dat ic uut Raetchels armen ghetoghen worde. Het en sel mi slechts niet verdrieten dat ic om der sermoenen wille minen vrede afterlaet, als ic sie dat mijn */88ra/* saet in u wasset, ende die vruchden der duechden in u toenemen ende vermeerret worden. Want die minne gods, die dat haer niet en soket, sel mi dat lichtelike moghen raeden, dat ic niets niets van mijnre begheerliker vredelicheit boven uwen orber setten sel. Want lesen, beden, heylighe ghedachten ende alle ander gheestelike ghewinne die in der oefeninghe van binnen gheleghen sijn, heb ic om uwen wille alse verlies gherekent, op dat ic u mochte winnen. Daer om, VERCIERT MI MIT uwen BLOEMEN, ENDE ONDERSCOERT MI mit uwen vruchten, WANT IC VAN MINNEN tot uwer behoef QUELLE. *Vercellencius*: Doe die bruut in die overste moghelicheyt haers lich-*/88rb/*tes gheset was ende daer begheerde te bliven, mar overdochte haers selfs naturen crancheyt, begheerde si dat haer die brudegom vervollen woude mit sijnre ghenaden dat si van naturen niet en hadde, ende seide: ONDERSET MI MIT BLOEMEN, op dat ic van noede in die nederste dinghen niet weder en glide; VERCIERT MI MIT BLOEMEN, dat is mitten verstandeliken lichte, dat alle vliticheyt der scoenheyt pleghet te voeden; ONDERSCOERT MI MIT MASTEN, dat is mitten hoghen, begheerliken, goeden roeken; WANT IC VAN MINNEN QUELLE, dat is, sonder ophouden verlanghet mi *alre dinghen te sterven. Wijn te drincken of dronckenscap vermeerret den hoeftsweer, */88va/* also doet dicwijl den dranc der minnen te drincken die minnende ziel meer quellen, ende daer om, doe si van minnen droncken ende ghewont was, seide si mit versuchten: IC QUELLE VAN MINNEN. Recht of si segghen soude: Die minne heeft haer scutte also crachtelic in mi ghescoten ende mi ghewont, dat IC VAN MINNEN QUELLE. *Gregorius*: So wie van minnen quellet, die begheert mit bloemen verciert te wesen ende mit mastbomen gheonderset; want als si des gheens die se begheert, niet ghebruken en mach, so isset haer een groet troest van anderen luden geesteliken voertganc te verbliden. Ende also begheert een heylighe, quellende ziele mitten bloemen ver-*/88vb/*ciert te wesen, op dat si in haers naestens goeden werken rusten mach, want si des brudegoms aensicht noch niet scouwen en mach. Ende dat is der minnender zielen die des teghenwoerdighen levens verdriet, een groet troest, als der overmids haren arbeit veel tot

---

Gö De Ha2 Le3 Be3

532 So *om De Ha2* **533** goddiensticheit *De Ha2* ic *:* ict *De Le3 Be3* **538** niets*(2) :* niet *De Ha2 Be3* **544** moeghentheit *De* **545/6** overdochte – crancheyt *:* haers selves naeturlike crancheit overdachte *De Ha2* **551** -ten *om De Ha2* goeden / begherliken *De Ha2* quelle / van mynnen *De Ha2 Le3 Be3* **552** alle *Gö Le3* **556** wolde *De Ha2* **557** mi*(2) om De Ha2* **559** si *:* hi *De Ha2* **560** se *:* hi *De Ha2* haer *:* hem *De Ha2* **562** -ten *om De* **565** der *om De Ha2*

des brudegoms minne vergadert worden, op dat si ten lesten mit veelen hem sien mach dien si alleen begheerde.

Dat xxiii capitel.

SIJN LUFTERHANT ONDER MIJN HOEFT, ENDE SIJN RECHTERHANT SEL MI OMVANGHEN. Die bruut, die heylighe kerke, bewijsde hier voer dat si van des brudegoms minne ghewont was, mar want des minres wonden beter sijn dan des */89ra/* bedrieghers smekelike cussen, daer om gheliet si nu al hier dat si vander voerseider wonden ghenesen ende ghetroest is. Dese LUFTERHANT wort ghesteken onder den ghenen die ghevallen is om hem op te helpen. *David*: Als die gherechtighe vallet en sel hi hem niet seer doen, want di here hout daer sijn hant onder. Si wort ghegheven den gherechtighen, op dat hi staende blive. *Ezechiel*: Ic ghinc verbittert in die onweerdicheyt mijns gheests, mar die hant des heren was mit mi, ende maecte mi starc. Si wort ghegheven den scouwenden menschen, op dat hem te bet ghenoghe. *Ysaias*: Hi heeft mi onder die sceem sijnre hant be-*/89rb/*sceermt. SIJN RECHTERHANT SEL MI OMVAETEN. *Beda*: Die tijtlike dinghen die men in deser pilgrimaedse niet ontberen en mach, sijn DIE LUFTERHANT, mar die hemelsche loen die men sonder eynde ghebruken sel, sijn DIE RECHTERHANT. *David*: Ghenoechten sijn in die rechterhant van ewen te ewen. Die lufterhant des menschen is crancker dan die rechter, daer om sijn tijtlike dinghen bi der lufterhant beteykent ende bi der rechterhant die ewighe dinghen. Ende hier om en seyt die bruut niet dat haer sijn rechterhant nu omvanghet, mar namaels omvanghen sel; nu wort men een luttel van der rechterhant gheruert, mar */89va/* namaels selmen daer mit allen in besloten worden.

Na enen anderen sin.

SIJN LUFTERHANT ONDER MIJN HOEFT. Dat die bruut, die minnende ziele, van den ghesinde des brudegoms hier te voeren begheerde, dat heeft hi nu overmids hem selven vervullet, haer mitten doerscinenden verstande vercierende, op dat si in hem rustede ende in die nederste dinghe niet en glede ende vercoude. Van alsulker rustender zielen seit sinte *Barnaert*: Het is een salighe ziele die op die borste Cristi is neder gaen sitten ende rust tusschen die armen des ewighen woerdes. Het is een grote, wonderlike weerdicheyt des brudegoms dat hi die scouwende ziele in sinen scoet laet rusten, daer si alsulke sueticheyt vijnt, dat si wel */89vb/* segghen mach: In vreden ende in dat selve sel ic slapen ende rusten. Hier om seide si: SIJN LUFTERHANT ONDER MIJN

Gö De Ha2 Le3 Be3

568 Dat xxiii capittel *:* Leua eius sub capite meo *opschrift De*, Nae den iersten sinne *opschrift Ha2*, *om Le3 Be3* **569** is *(*onder*) De Ha2* **570** bewijst *De* **572** beliet *De Ha2 Be3* **580** ommevo*(!)*nghen *De*, omme bevangen *Ha2* **583** die*(2) :* dijn *De Ha2* *(*rechterhant*)* here *De Ha2* **585** *(*rechter*)*hant *De Ha2* **585/6** die ewighe dinghe / bider rechterhant *De Ha2* **586** haer *:* sie *De Ha2* **591** is *(*onder*) De Ha2* *(*hoeft*)* ende sijn rechterhant sal mi ommevanghen *De Ha2*, etc *Le3 Be3* **592** hier *om De Ha2* **593** haer *:* sie *De Ha2* **594** ruste *De Be3*, rusten *Le3* in *om De* **594** rustender *:* rusten der *De Ha2*

HOEFT. Dat overste deel der reden des menschen is bi den hoefde beteykent, want dat hoeft pleghet men gheern alre meest te vercieren. Also is alle gheestelike scoenheyt in dat overste deel der redeliker zielen alre meest gheleghen, want daer wort dat beelde der overster drievoldicheyt ghevonden. *Paulus*: Die man en sel sijn hoeft niet decken, want hi is een beelde ende een glorie gods. Dan wort dat hoeft inden man ghedecket, als yet ghescepens tusschen gode ende dat overste deel der reden gheset wort. Oec wort al dat lichaem van den hoefde gheregiert, also moet oec al dat inden men-*/90ra/*sche is die gheestelike leven wil, gheregiert worden van der overster reden der redeliker zielen. Overmids den hoefde wort oec al die mensche ghevoedet ende levende ghehouden, also worden oec alle gheestelike voetsel der ghenaden doer die overste reden van gode ontfanghen. *Die wise man*: God sel dinen hoefde gheven toewassende vermeeringhe der ghenaden. Die innighe ziele, doe si een discipel<ster> der ewigher waerheit gheworden was ende haer bede ghehoert was, verblide si haer rechte voert daer of, ende seyde: SIJN LUFTERHANT ONDER MIJN HOEFT. *Vercellencius*: Die LUFTERHANT beteykent die godlike scijnselle die men in desen leven in den verstande in ghelikenissen ende in spieghelen */90rb/* ontfanghet, mar die RECHTERHANT beteykent die oververstandelike eeninghe mitten brudegom in der minnen, die noch ghelikenisse noch spieghel en kent. *Barnardus*: Si en loeft den brudegom niet alleen van den troest die haer ghedaen is, mar si dancten oec van dien dat haer gheloeft is. Laet ons na deser wiser sielen oec leeren dat wi niet laet noch traghe en sijn hem te danken, op dat gheen van sinen gaven onghedanct en bliven. Want ondancsamicheyt is een viant der zielen, een uutgravinghe der verdienten, een verstroeiinge der doechden ende een verlies der gaven die ghegheven sijn. Hier om sel elke ziele dancberlic wesen; want al hadde si alre heylighen */90va/* werken ende verdienten vergadert, so en mochte si nochtan enen cleynen godliken troest na weerden daer niet mede copen. Ende hier om, dat god hem selven der zielen te ghebruken gheeft, dat en coemt van haren verdienten niet mar altemael uter godliker goedertierenheyt.

Dat xxiiij capittel.

IC BESWEER U, O DOCHTEREN VAN JHERUSALEM, BI DEN GHEITEN ENDE BI DEN HERTEN DER CAMPEN, DAT GHI DIE GHEMINDE NIET EN WECT NOCH WAKEN EN DOET, THENT SI DAT SELVE WIL. Hier besweert die brudegom die jonghe deernen dat si der bruut mitten *werkeliken leven niet lastelic en sijn, wanneer si in der stilre ledicheyt des innighen scouwenden levens sueteliken rustet. *Bernardus*:

Gö De Ha2 Le3 Be3

600 is (onder) *De Ha2* **608** al : alle al *De*, *om Ha2* **611** levendich *De Ha2 Le3 Be3* **614** discipel *Gö Le3 Be3* <discipula> **616** is (onder) *De Ha2* **617** den *om De Ha2* **618/9** onverstandelike *De Le3* **620** Si : Die mynende ziele *De Ha2* **622** laet : lat *De*, lau *Ha2 Le3 Be3* **624** ondancsamheit *De Ha2 Be3* **626** dancbaer *De Ha2 Be3* **631** Dat xxxiiij capittel : Adiuro vos filie iherusalem *opschrift De*, nae den iersten sinne *opschrift Ha2* gheiten ende bi den *om De* **634** dat / sie *De Ha2* **635** waerliken *Gö* <per laborem actionis>

Vergave god, dat si des capittels */90vb/* waernamen, die dat iuc der heyligher ghehoersamicheyt aenghenomen hebben, ende dochten wat reverencien si haren oversten sculdic waren, als si die tonrecht moeyen. IC BESWEER U, O DOCHTEREN VAN JHERUSALEM, BIDEN GHEITEN ENDE BIDEN HERTEN DER CAMPEN, dat is bi den prelaten ende bi den leerars der heyligher kerken. Want dese diere doersichtich van ghesichte sijn, ende haer weide in dat *hoeghe soeken ende reyn cruut eten ende haer claeuwen ghesceiden hebben, soe sijn daer prelaten ende leerres bi beteykent, die in dat ondersoeken der waerheyt doersiende ghesichte sculdich sijn te hebben, op dat hem niet verweten en worde dat *Ysaias* seit: Die harden selve en hebben */91ra/* die verstandelheyt niet ghekennet. Si sellen oec hoge weyde in die godscouwinghe soeken, op dat si al scouwende leeren, dat si in der predikinghe uutstorten. Hier om ghinc Moyses dicwijl in den tabernakel ende weder uut, allen leeraers ende regieres tot enen exempel dat si in allen werken van buten den here in den scouwen altoes te rade sellen gaen van binnen. Si sellen oec reyn cruut eten, dat is die beste sentencien der heyliger scrifturen uutsoeken ende ander lude daer in te leeren. Want sinte Jeronimus die papen seer berespet die dat ewangelium ende die propheten afterlaten, ende der menschen ydel werken lesen ende leeren. Si sellen oec ghesplitte */91rb/* clauwen hebben, dat is onderсeit in allen dinghen. *Gregorius*: Men moet jonghe lude anders vermanen dan <die> oude, die rike anders dan die arme, die droevige anders dan die blide, die ghesonde anders dan die sieke; enen ygheliken dat sijn te gheven, ende nochtan van den ghemenen weghe der gherechticheyt niet te sceyden. Dese HERTEN ende GHEITEN sellen DER CAMPEN wesen, dat is allen menschen int ghemeen voergheset sonder uutneminghe der personen; si sellen wide ende breet wesen in der minnen, slecht in der oetmoedicheyt, groen in der eersamicheyt ende bloeyende in menigherhande doechden. DAT GHISE NIET EN WECKET NOCH WAKEN EN */91va/* DOET, EER SI SELVE WIL, dat is, dat ghi die bruut, die in mijnre minnen rust ende van alre menschen stoeringhe ontslaep is worden, niet en moeiet, thent si selve wil. *Beda*: Want die bruut die in den salighen slaep te vreden is, wil selve ontwaken worden ende gheven haer totten godliken dienst, als si selve kent dat dat tijt is. Als eens yghelics vercorens menschen ghemoede in den innighen ghebede mit gode spreect, of in der heyligher scriften der ghebode gods of sijnre beloften ghedenct; die alsulken bruut Cristi verstoert ende hinderlic is, ende uut dien goeden slaep verwecket eer si selve wil, ende daer haer doechde mede hindert, die versmaet des brudegoms eet te */91vb/* houden.

Gö *De Ha2* *Le3* *Be3*

637 waername *De* **638** ghehorsaemheit *De Ha2 Be3* **642** hoechste *Gö Le3* <arduis> **646** bekent *De* **650** den – altoes *:* altoes *(*allen tiden *Ha2)* inden scouwen *(*schouwenden *Ha2)* ten here *De Ha2* **652** scrift *De Ha2* te *om De Ha2* **655** in *:* van *De* **656** die *om Gö* **659** Dese *:* Die *De* **662** eersamheit *De* **663** Op *(*dat*) De Ha2* **665** gheworden *De Ha2 Be3* thent *:* eer *De Ha2 Be3* **666** Beda: Want *:* Want als beda seghet *De Ha2* **671** dien *:* den *De Ha2*

Na enen anderen sin.

IC BESWEER U, O DOCHTEREN VAN JHERUSALEM etc. Hier te voeren verhoerde die brudegom der bruut begheerte ende gaf haer dat si badt; mar want grote gaven te vergheefs ghegheven worden, het en si dat si van den wedersaken bescermt sijn, so bewijst hi al hier die hulpe daer mense mede behouden mach, ende seit: IC BESWEER U. Doe die bruut mit godliken bloemen verciert was, ende tusschen des brudegoms armen salichliken ombevanghen ende daer onder soeteliken ontslaep was gheworden, so woude die brudegom dat si daer in bleve, ende gheboet sinen ghesinde dat si op die pene haers dienst die bruut in dier stil-*/92ra/*heyt staende souden houden, ende seit: O GHI DOCHTEREN VAN JHERUSALEM, IC BESWEER U BI DEN GHEITEN ENDE BI DEN HERTEN DER CAMPEN. Dat is, ic beveel u bi der engelen ewe, also ghi mit claren ende scarpen verstande mijn licht begheert te scouwen, dat ghi also mijn bruut vrilic ende haestelic daer toe helpt. *Barnardus*: Dit en wort hem niet slechtelic of mit lichter vermaninghe verboeden, alst pleghet, mer mit eenre nyer ende onghewoenliker besweeringe DER GHEITEN ENDE DER HERTEN DER CAMPEN, die mi recht wel donken beduden die scouwende zielen, die overmids scarpicheyt der ghesichte ende snelheit hare spronghe lichtelic op dat overste der berghe clymmen ende dat inreste */92rb/* doerdringhen, ende hebben al daer vrie ende onbecommerde toeganghe inden scouwen. Hier om behoeven die jonghe deernen wel toe te sien wien si vertoernen ende inden scouwen moeyliker sijn dan si souden: DAT GHISE NIET EN WECT NOCH WAKEN EN DOET, THENT SI SELVE WIL. *Barnardus*: Ic vermoede dat alsulken ghemoede nymmermeer uut dien slaep gheern en ontspringhet, het en si overmids wille des brudegoms die hem gheopenbaert wort, of ghehoersamicheyt sijnre oversten, of bruederlike minne, of overmids der naturen noettorfticheyt. Het is een grote wonderlike weerdicheyt dat die brudegom die scouwende ziele in sinen scoet doet */92va/* rusten, ende behoetse van moeilicken sorghen, ende *bescermtse van onrustighen werken ende swaericheden der dinghen, ende en wilse niet ghewecket hebben uut haren vrede, thent si selve wil, ende seit: IC BESWEER U. *Barnardus*: Ic macht nauwe van vrouchden lyden dat die onbegripelike godlike groetheyt mit also heymeliker, sueter heymelicheyt haer niet en veronweerdicht mit onser crancheyt te vermenghen, ende dat die overste godheyt

Gö De Ha2 Le3 Be3

673 na enen anderen sin *:* Adiuro vos filie iherusalem na enen anderen sin *opschrift De*, Die ander sin is *opschrift Ha2*, Naden anderen sinne *opschrift Be3* **674** etc *:* bide gheiten ende bi den hirten der campen dat ghi die ghemynde niet en wecket noch waken en doet hent si selven wil *De Ha2* **678** u *:* etc *Be3* *(*u*)* etc *Le3*, o dochteren van iherusalem etc *De Ha2* **678** ende *om De Ha2* **682** dier *:* der *De Ha2* **684** also *:* dat als *De Ha2* **686** Barnardus – hem *:* Dit en wort hem als bernardus seghet *De Ha2* **687** slichter *Ha2* lichten vermaninghen *De* alst *:* als men *De Ha2* ende *om De* **690** der berghe *:* gheberchte *De Ha2* **694** Op *(*dat*) De Ha2* dat *(*si*) De* **695** dien *:* den *De Ha2* **697** *(*of*(2))* overmids *De Ha2* ghehorsamheit *De Ha2 Le3 Be3* **700** bescermtse *:* ontcommertse *Gö* <protegit> **702** *(*u*)* etc *Le3 Be3*, o dochteren van jherusalem *De Ha2*

wonderlike eninghe mitter minnender zielen heeft, recht als een brudegom die mit vieriger minnen ghevanghen is, ende haer niet en versmaet tot sijnre bruut te hebben. Wat waendi sel hi in */92vb/* den hemel wesen, die hier mit also groter, vrier heymelicheyt begavet wart, dat hi in den armen gods hem bevoelt ombevanghen te wesen ende opghevoedet in den scoet gods, ende van gods besorghinghe also behoet is als hi slaept, dat hine van nyement ghewect en wil hebben, thent hi selve wil? Wat heeft ie mensche <in> menscheliken dinghen ghesmaect, dat soeter was dan dit, dat di uter herten des oversten gods ghedrucket wort ende ghegheven van den ghenen die alle heymelicheden kent? Ic vermode datter ummer yement van ons is, die mit alsulker gaven vertroest heeft gheweest ende een ondervinden des sueten */93ra/* heymeliken slaeps in hem selven heeft ghehat. Het is drierhande slaep: der beesten, der menschen, der enghele<n>. Die eerste slaep der beesten maect een scadelike blintheit, want hi gheestelic leven verdrivet. *Paulus*: Het is °nu die ure ons° van den slaep op te staen. Die ander slaep der menschen maect een salighe claerheyt, want hi becoringhe verwinnet, als die minnende ziele seyde: IC SLAPE ENDE MIJN HERTE DAT WAKET. *Barnardus*: Vergave god dat ic in dien slaep dicke ontslaep mochte warden, dat ic die moerdelike smekinghe des vleyscheliken levens, noch ghiericheyt, noch toernicheyt, noch die prekelinghe der onlijt*/93rb/*samicheyt niet en voelde. Die derde slaep der enghelen maect een vruchtbaer puerheyt. *David*: In vreden ende in dat selve sel ic slapen ende rusten. *Barnardus*: Dat mach der enghelen slaep wel hieten, als die ziele niet alleen besittelicheyt der dinghen mar oec alle lichaemlike ghelikenisse heeft uutghetoghen, ende wanderinghe mitten ghenen heeft daer die ghelikenisse der puerheit in is. Want in desen leven van der hebbelicheyt niet becommert te wesen, is menschelic, mar alle lichaemlike ghelikenisse of te doen, dat hoert der enghelen puerheyt toe, ende nochtan is beyde van gods ghena-*/93va/*den. Daer om is hi salich, die segghen mach: Sich, ic heb mi varre ofghedaen ende bin ghevloghen ende ghebleven in der enicheyt.

Dat xxiiij capittel.

DIE STEMME MIJNS GHEMINDES, SICH, DESE COEMT SPRINGHENDE IN DIE BERGHEN ENDE SPRINGHET OVER DIE CLEYNE BERGHEKIJN. Die stemme mijns ghemindes, die ic die dochteren van Jherusalem hoerde besweren dat si mi, die in sijn

---

Gö De Ha2 Le3 Be3

706 wonderlike : onderlinghe *De*, wonderlinghe *Ha2* **707** haer : sie *De Ha2* **709** *(*hi*)* hem *De* **710** ende *(*inden*) De* *(*gods*(1)) *is *De Ha2* **711** hine : hy sie *De Ha2* **712** hi : si *De Ha2* in *om Gö* <in affectibus> **713** *(*godes*)* in *De Ha2* **714** *(*ghegeven*)* wort *De* **717** als *(*der*(1)) De Ha2* ende *(*der*(2)) De Ha2 Be3* **718** enghele *Gö* <angelorum> als *(*der*) De Ha2* **719** ons / nu die ure *Gö* **720** als *(*der*) De Ha2* **721** dat *om De* **723** moederlike *De Ha2 Le3* **725** als *(*der*) De Ha2* **735** Dat xxiiij capittel : Vox dilecti me*(!) opschrift De*, Die ierste sin is dit *opschrift Ha2*, *om Le3 Be3* **737** cleyne berghekijn : hoevele *De Ha2*

ommevaetinghe *rustede, niet en souden wecken, en heeft mi niet luttel ghetroest. Ende dat en is gheen wonder – *Beda* –, want het is groet noet dat een ziele die vol gods is, seer verblide als [hi] se onder die wederheden deser werlt sijns selfs */93vb/* troestelike stemme overmids die gave[n] der heymeliker ingheestinghe – of mit ghedachten of hoeringhe der heyligher scrifturen – ghehoert ende ontfanghen heeft. Want al en ist noch niet gheoerloeft des gheminden aensicht te scouwen, nochtan is ons althans veel ghegheven in dien dat wi hem in sijnre heyliger scrifturen hier en binnen moghen soeken ende ghewaer worden. Hem is oec veel ghegheven, die uutter hogher gaven gods mit enen pueren opghebuerden ghesichte des ghemoeds tot hemelschen dinghen die sueticheyt des toecomenden levens, dat si mit alre herten begheren, in desen leven mit enen voersmaec moghen */94ra/* smaken. DIE STEMME DES GHEMINDES is een troestelike stemme der onghetroester zielen, daer om batsi ende seyde: Doch mi dijn stemme horen. Si is een starcmakende STEMME der crancker zielen. *David*: die stemme des heren is in starcheden, die stemme des heren is in moghentheden. Sijn STEMME is oec leerlic der verduusterder zielen. *David*: Die stemme des heren bereyt die herten, dat is die godscouwende zielen, die te leren ende te verlichten, als si ghelike den herten gheestelic moghen ende begheren te springhen. Dese brudegom spreect totten sondaers mit eenre berespeliker stemmen, den crancken mit eenre troesteliker stemmen, den oetmodighen mit eenre belove-*/94rb/*liker stemmen, den hartneckeden mit eenre dreigheliker stemmen, den oerdelaers mit eenre ondervindeliker stemmen, den traghen mit eenre verweckender stemmen ende den onwetenden mit eenre leerliker stemmen. SICH, DESE COEMT SPRINGENDE IN DEN BERGHEN ENDE SPRINGHET OVER DIE CLEYNE BERGHEKIJNS. Hier vermaent hi die jonghe magheden totter minnen des brudegoms, [ende] want, als sinte *Barnardus* seyt, dat aennemen der menscheliker naturen seer totter minnen des brudegoms trect, want hi ons hem selven daer in gheopenbaert heeft, ende seit: SICH, DESE COEMT, als een die rijc is totten armen, een die ontfarmhertich is totten onsaligen */94va/* ende als een die onbevlecket is totten sondaers. Ende COEMT AL SPRINGHENDE IN DEN BERGHEN. Hi spranc in den berghen doe hi van den vader ghesent was dat ewangelium den armen te prediken, ende en veronweerdes niet der enghelen officien te doen doe hi een enghel des groten raets

---

Gö De Ha2 Le3 Be3

739 rusten *Gö Le3* <quiescentem> die *(*en*(2)) De Ha2* **740** Beda – is *:* want alse *(*alse *om Ha2)* beda seghet soe ist *De Ha2* **741** hi *(*se*) Gö Le3 Be3* **742** sijns selfs *:* haers brudegoms *De Ha2* gaven *Gö Le3 Be3* <donum> **743** mit *:* overmids *De Ha2 (*of*(2))* overmids *De*, mit *Be3* hoeringhe *:* horen *De Ha2 Le3 Be3* **743/4** scrift *De Ha2* **745** *(*altehants*)* alte *De Ha2* **746** heyliger *om De* scriften *De Ha2* **747** is *:* wort *De Ha2* **756** ghelike *om De* **758** Tot *(*den*) De Ha2* **759** den *:* Totten *De Ha2* loveliker *De* den *:* Totten *De Ha2* **760** den *:* Totten *De Ha2* **761** den*(1) :* Ende totten *De Ha2* den*(2) :* totten *De Ha2* **763** cleyne berghekijns *:* hovele *De Ha2* **764** ende *(*want*) Gö Le3 Be3* **767** als *(*een*) De Ha2* **769** hi *(*coemt*) De Ha2* berghen*(2) :* berch *De* **770/1** veronweerde *De Ha2* **771** officien *:* ambocht *De Ha2*

wort, op dat hi selve als een innich dienre in sinen dienst alle enghelen soude bovengaen. Dat is een goet dienre, die sijn eyghen vleyschs tot eenre spisen, sijn bloet tot enen dranc, ende sijn siel ons tot eenre verlossinghe heeft ghegheven. HI SPRINGHET IN DEN BERGHEN, want hi niet onder die overste mar onder die nederste gheesten hem selven noch */94vb/* nederre heeft ghemaect, ende heeft weerdelike der menschen nederheyt overghespronghen ende ghewonnen. *Gregorius*: Doe onse here Jhesus om ons te verlossen quam, heeft hi, also te segghen, sommighe spronghen ghemaect: van den hemel in den lichaem, uut den lichaem in der crebben, van den cribben an den cruce, van den cruce in den grave, van den grave keerde hi weder in den hemel. Om deser spronghen willen is hi wel mit rechte van den jonghen magheden boven allen dinghen seer te minnen.

Na enen anderen sin.

DIE STEMME MIJNS GHEMINDES etc. *Barnardus*: So wie ander lude in sijnre sorchfou-*/95ra/*dicheyt heeft, die mach selden of [op] gheen tijt vrilic sijns selfs waernemen, want hi altoes vreest onder die gheen die hi besorghet, iet te versumen, ende gode also te mishaghen als hi die sueticheyt sijns selfs vrede voer den ghemenen orber set. Want niet luttel vroechden ende sueticheyt is<t> den ghenen die ghenuechlike rust, als hi van den inspreken gods bekennen mach dattet den here also behaechlic is. Hier om seide die scouwende ziele, verblidende in den gheest: DIE STEMME MIJNS GHEMINDEN, SIET, DESE COEMT SPRINGHENDE IN DEN BERGHEN. Si kent dat dese stemme des minres ende des gheminden is, die haer ruste begheert, ende bewiset daer twerehande vroechde in. Die eerste is */95rb/* dat vroechdelike toespreken van binnen, daer si seyt: DIE STEMME MIJNS GHEMINDEN, dat is: Des gheminden stemme kenne ic, wies kennisse ic al minnende ontfanghen hebbe. Hier te voeren woude hi dat si na haerren begheerten ruste, doe *hi seyde: IC BESWEER U, DOCHTEREN VAN JHERUSALEM. *Barnardus*: Die vierighe, crachtighe minne ende sonderlinghe godlike minne, die haer selven niet langer berghen noch bedwingen en mach, en achts niet in wat ordinancien, in wat wisen of in wat manieren van spreken dat si mitten woerden uutborst, op dat haer vroelicheyt daer niet in verminret en wort. Somtijt en begheert si gheenre woerde, mar laet haer alleen */95va/* mit versuchtinghe ghenogen, also dat die minnende siele die van der heyligher minnen ontfenghet is, om wat verlichtinghe van haren last in die uutborstinghe te vercrighen, so en acht si niet wat of hoe dat si spreect, mar so wat haer te monde coemt, dat moet overmids dwanc der minnen voert. Die ander vroechde

---

Gö *De Ha2* *Le3* *Be3*

780 den*(3)* : dat *De Ha2* **781** in den grave : int *(*in dat *Ha2)* graf *De Ha2* **785** etc : Sich dese coemt springhende inden berghen. end *(*ende *Ha2)* springhet over die hovele *De Ha2*, coemt *Be3* **786** *(*of*)* op *Gö* sijns selves / vrilic *De Ha2* **787** vreest : anxt heeft *De Ha2* **789** ist : is *Gö Le3 Be3* **795** vroelike *De Ha2 Be3* **798** rustede *De Ha2* hi : si *Gö* o *(*dochteren*) De Ha2* **799** *(*iherusalem*)* bi den geiten ende bi den hirten der campen dat ghi die ghemynde niet en wecket noch waken en doet hent dat si sellen *(*selven *Ha2)* wil *De Ha2* **800** die *(*godlike*) De Ha2* **806** dat *om De*

is die minlike scouwinghe sijnre hoger godliker openbaeringe, daer si seit: SIET, DESE COMET SPRINGHENDE IN DEN BERGHEN. *Vercellencius*: Doe si te vreden ghecomen was, bewisede si wat si ghesien ende ghehoert hadde, ende seyde: SIET, DESE. Hi is lovelic in sinen creaturen, die hi *wiselic bewaert; hi is wonderlic in sinen heylighen, die hi mogent-/*95vb*/like glorificeert; hi is minlic in sinen scouwers, dien hi also goedertierlic sijn heymelike dinghen ontdect. SIET, dese brudegom, overmids eninghe der omvaetinghe ende altoes nye teghenwoerdicheyt, COEMT tot mi recht van nies tot eenre nyer, ende openbaert hem noch heymeliker dan hi plach, al heeft hi mi altoes mit sijnre minnen bi gheweest; hi COEMT SPRINGHENDE mit sijnre haesteliker ende onvoersienliker openbaeringhe, veel claerre dan hi te voeren ghewoenlic was. DIE BERGHE daer die brudegom in springhet, sijn die overste in der volcomenheyt; DIE BERGEKIJN sijn die nederste. Hier in hiet hi te springhen, want sijn openbaren /*96ra*/ haestelic ende onversienlic claerre is dan te voeren was, of want hi, overmids der verenighende eenheyt ende besochte kennisse, recht alse voetstappen sijnre oververstandeliker goetheyt den ghemoede des minres *inprent. *Barnardus*: Dit sijn DIE BERGHE die van godliker claerheyt blencken, van godliken love verbliden, hoghe in der glorien, overvloedich in der ghenaden, vast in den ghelove, verheven in der hopen, wide in der minnen, hoghe in den dogheden, verciert mit vruchten die van den hemelschen douwe vet ghemaect sijn. *Beda*: Recht suverlic hiet die brudegom niet te bliven, mar in den ber-/*96rb*/ghen te springhen, want hoe die sueticheyt der inreliker scouwinghe overmids kennisse der hemelscher dinghen hogher is, hoe dat si om swaericheyt der ghemoeden die mitten lichaemliken vleysche behangen sijn, corter ende seldenre is. *Barnardus*: In desen vleischeliken lichaem mach van des brudegoms teghenwoerdicheyt dicwijl wat vroechden wesen, mar niet overvloedich ende als men wil. Want al ist dat sijn comen verblijt, so beswaert dat wechsceiden weder; ende al is die ure salich als hi coemt springhen, si is leyder cort ende seer haest gheleden. Mar leider, al ist dat die here alle die berghe omtrint mi visetiert, nochtan en coemt /*96va*/ hi tot mi niet, recht of ic een berch van Gelboe waer. Want ic sie den enen van sonderlinger soberheyt, den anderen van wonderliker lijtsamicheyt, den derden van grondeloser oetmoedicheyt etc.; dese worden recht alse gheestelike berghe dicwijl van den here ghevandet, ende ontfanghen in hem des brudegoms spronge. *David*: Die berghen verbliden hem alse wederen. *Richardus*: Gheestelike sprongher worden den lichaemliken spronghen ghelijct, want een lichaemlic spronc is al dat

---

Gö *De Ha2* *Le3* *Be3*

809 want als *(*vercellensis*)* seghet *De Ha2* **811** weselic *Gö* <sapienter> **814** dese *:* de *De* *(*ende*)* overmids *De Ha2* altoes *:* stadighe *De Ha2* **816** mi *om De* **820** bergekijn *:* hovele *De Ha2* **821** dan *:* dant *De Ha2* **824** insprinct *Gö* <imprimit> Barnardus – berghe *:* Dit sijn als bernardus seghet berghe *De Ha2* *(*blencken*)* ende *De Ha2* **832** vleischeliken *:* verderfliken *De Ha2* **834** so *:* nochtan *De Ha2* **837** visetiert *:* vandet *De Ha2* **840** etc *:* Ende dierghelijc van *(*allen *add Ha2)* anderen doegheden *De Ha2*

lichaem teffens mit ghewelde van der eerden op te boren; also is een gheestelic spronc al den gheest van eerdscher clevinghe te vervreemden als aldus: eerst wort /96vb/ dat lichaemlike bevolen ghesaet, dan die vielike begheerte bedwonghen, die memorie verget der uutwendighe dinghen, die minne wort droncken, dat verstant wort verniet, die reden ghetransformiert ende alle dat ghemoede wort van hem selven vervreemdet als dese gheestelike spronc ghesciet. Nu merc hoedanich ende hoe crachtich die vroelicheit des herten is, die de ziele dwinghet dat si ghewoenlic is, te laten, ende boven haer selven in wonderliker wisen in hemelschen dinghen van vroechden te springhen. Mar isset dat dijn gheest noch tot hem selven niet comen en mach, wanneer sel hi boven hem selven moeghen gaen?

Dat xxv capittel.

/97ra/ MIJN GHEMINDE IS GHELIJC EENRE GHEITEN ENDE EENRE HINDEN DER HERTEN. SICH, HI STAET AFTER ONSE WANT ENDE HI SIET DOER DIE VINSTEREN, ENDE SIET VAN VARRE DOER DIE TRALIEN. Recht of die bruut segghen woude: Hi is wel mit rechte te minnen, want hi oetmoedich ende cleyn gheworden is, op dat wi hem souden volghen, ende heeft onder die menschen niet alleen als een mensche, mar als een oetmodich mensch ghewandert. Daer om seyde hi: Leert van mi dat ic sachtmoedich bin ende oetmoedich van herten. *Barnardus*: Hi ghelijct enen HINDEKIJN DER HERTEN, want hi ons een cleyn kint van den vader gheboren was; */97rb/* hi ghelijct der GHEITEN, die seer scarp ghesicht heeft. Ende isset dattu begheerste des behouders toecoemst, so ontsich oec dat scarpe ondersoken des rechters, ontsich der gheiten oghen, ontsich den ghenen die doer enen *propheet* seyt: Ic sel Jherusalem ondersoken mit lanteernen. Wie sel dan in Babilonien onversocht moghen bliven, als hi in Jherusalem nyement en spaert? SICH, HI STAET AFTER ONSE WANT. Wel mit rechte si wi den brudegom sculdich te minnen, want hi een verborghen god is in die menschelike natuer, ende STAET om ons te helpen bereet AFTER ONSE WANT, dat is after onse lichaem in onser menscheliker */97va/* naturen verborghen, ende SIET DOER DIE VINSTEREN, ons starkende overmids openbaer leeringhe, ENDE SIET VAN VARRE DOER DIE TRALIEN, ons troestende mit sijnre heymeliker ingheestinghe. Want somtijt starket ons die here mit heymeliker begavinge, ende somtijt mit openbaerre lere van buten. Dan SIET hi DOER DIE VINSTEREN, als hi die bedruckede mitten troest der heyligher scrifturen te hulpe coemt, mar dan SIET HI VAN VARREN DOER DIE TRALIEN, als hise al heymelic van binnen troest. In beiden desen

---

Gö De Ha2 Le3 Be3

845 anclevinghe *De Ha2* **846** vielike *:* beestelike *De Ha2* **847** memorie *:* ghehuchnisse *De Ha2* **848** ghetransformiert *:* wort overgheformiert *(*overformet *Ha2) De Ha2* **850** merct *De Ha2 Be3* **851** dat *:* dies *De Ha2* **852** in*(2) :* inder *De* **855** Dat xxv capittel *:* Similis est dilectus meus *opschrift De*, Nae den iersten sinne *opschrift Ha2*, *om Le3 Be3* **860** *(*hem*)* selven *De Ha2* **861** seghet *De* **863** want *:* wat *De* ons *:* is *De* **864** een *(*seer*) De Ha2* **869/70** sculdich / den brudegom *De Ha2* **877** scrif *De*, scrifte *Ha2* **878** al *:* als *De*, alle *Ha2*, *om Le3*

heit hi te staen ende niet te sitten, want den hulper behoert dat staen toe, als sinte *Stephanus* seide: Siet, ic sie den hemel open ende Jhesum totter rechter- */97vb/*hant gods staende. *Barnardus*: Die brudegom is mit sire teghenwoerdigher godliker moghentheyt overal ghelike teghenwoerdich, mar in den bewisen sijnre ghenaden is hi den somighen na bi ende den sommighen varre. Oec is hi sinen vercoren heylighen na bi – al scijnt hi hem somtijt varre te wesen –, mar den sommighen meer, den sommighen min na sijns selfs welbehaghen. Hier om behoefste mit groter voersichticheyt daer toe te sien, dat hi dijn vinsteren altoes open vinde, daer hi di goedertierlic van binnen in sien mach ende van varren scouwen. Dat godlike ghesichte is drierhande. Dat eerste is onsalich ende vol rouwe, ende behoert sijnre wraken */98ra/* toe. *David*: Hi aensiet die eerde ende doetse beven. Dat ander is ontfanghelic ende vol ghenaden, ende behoert sijnre ontfarmherticheyt toe. *David*: Die here is hoghe ende aensiet die oetmoedighe dinghen. Dat derde ghesichte is ghenuechelijc ende vol weelden, ende behoert sinen godliken troest toe, also alst hier nu is: SIET, HI STAET AFTER DIE WANT ENDE SIET DOER DIE VINSTEREN.

Na enen anderen sin.

MIJN GHEMINDE IS GHELIJC EENRE GHEITEN etc. Na dat die minne<n>de ziel tusschen die armen des gheminden in die godscouwinghe suetelic hadde gheslapen, so ghedencse nu sijnre al hier hoe sulc hi was, ende seyt: MIJN GHEMINDE IS GHELIJC EENRE GHEITEN. *Vercellencius*: Want hi die scouwende ghemoeden gheli-*/98rb/*ke der gheiten seer scarp doet sien overmids der inreliker kennisse van binnen; hi doetse clymmen in dat hoghe overmids der overtredender minnen; hi doetse haestelike springhen overmids den vierighen begheerten. Van desen drien seyt *Job*: En sel die aern na dinen ghebode niet opgheheven worden ende in dat hoghe sijn neste maken? Hi blivet in die steenroedsen ende woent in die hoghe clippen, ende daer uut scouwet hi sijn spise. Want so waer die spise is, daer sellen die aernen vergaderen. Hi is oec ghelijc EENRE HINDEN DER HERTEN. *Beda*: Hi ghevet den scouwenden zielen dat si den loep haers ghemoeds in dat hoghe stuer-*/98va/*en, dat si hem na der fonteynen des levens sonder ophouden laten dorsten, dat si die serpente der onghelovigher leringe uutten diepen holen mit haerre gheesteliker roken halen, dat si in allen voertganghe haerre werken dat salighe onderscheyt houden. Die brudegom siet oec ghelike der gheiten seer scarp, als hi dat inreste der bruut doerdringhet, ende al doerdringhende priset of berespet. *Paulus*: Want alle dinghen sijn bloet ende open sinen oghe<n>. Hi woent in dat hoghe, als hi

---

Gö *De Ha2* *Le3* *Be3*

883 na – sommighen *om De* **884** hem *om De* **894** *(*vinsteren*)* ende siet van vere doer die tralien *De* **896** etc *:* ende eenre hinden der hirten Sich hi staet achter onse want ende hi siet doer onse vinsteren ende siet van vere doer die tralien *De Ha2* minnede *Gö* **898** hoe sulc *:* hoedaen *De Ha2* **899** Vercellencius – hi *:* Want hi alse vercellensis seghet *De Ha2* **905** daer uut *:* daer van *De Ha2* **906** *(*waer*)* dat licham of *De Ha2* **907** want als *(*beda*)* seghet *De Ha2* **910** wt der dieper *De* **913** Paulus: Want *:* want als paulus seghet *De Ha2*

hem selven den verhevenen ghemoeden mit sijnre inwoeninghe openbaert. *David*: Hi woent in dat hoeghe, ende siet oetmoedighe dinghe in hemel ende in eer-/*98vb*/de. Hi springhet haestelic, als hi hem selven der minnen ende den verstande der godscouwers goedertierlic voerhout ende biet, mar eer sien ghehouden connen, so sijn sijs weder quijt. *Ewangelium*: Een luttel sel di mi sien, ende een luttel en sel di mi niet sien. Hi vliet oec int hoghe als hi den jagher siet, want op dat hi vanden minnenden zielen vliteliken ghesocht mach worden, so boert hi hem selven daer boven int hoghe. *David*: Die mensche gae totter hogher herten, ende god sel verheven worden. Somtijt so vertoeghet hi ende biet hem selven den jaghers, op dat hi die innighe ghemoeden also verwecke hem te vliteliker te soeken. *Augustinus* ende *Hugo* segghen /*99ra*/ bi na enen sin: Wat ist datter also soete ende also ghenuechelic is, dat mi in der ghedenkenisse mijns ghemindes pleghet te rueren ende mi also suetelic tot hem trecket, dat ic in dier tijt bi na altemael van mi selven beghin te vervreemden? Tghemoede is vroelic, tverstant beghint te verclaren, die consciencie is blide, al onsalicheyt der voerledenre ziericheyt beghinne ic te vergheten. En is dit mijn gheminde niet? Waerlic hi ist, mar hi comet heymelic, hi coemt onsienlic, hi comet onbegripelijc; hi coemt op dat hi di ruere, niet dat hi van di ghesien wil wesen; hi coemt op dat hi di beweghe, niet dat hi van di begrepen wil worden; niet dat hi al dijn begheerte vervullen wil, mar /*99rb*/ op dat hi dijn minne na hem trecken mach. SIET, DESE STAET AFTER ONSE WANT. *Vercellencius*: Die brudegom die hier een luttel te voeren al springhende quam, die STAET nu al stille AFTER ONSE WANT. Al ist dat die godheyt – die een overweselike sonne hiet, alles lichts ende goetheyt in haer selven vol is, ende ewelic in haer selven vast staet – alle creaturen ghelike der sonnen sonder verkies mit haren raeien bestort, nochtan wort die claerheyt dier overschinender raeyen van onser verstandelheyt ghehindert ende ghekeert; niet alleen van der ghemeenre blintheyt die van Adams sonden ghecomen is, mar oec mede /*99va*/ overmids den eersten maecsel onser natueren grofheyt, daer die godlike overweselicheit in eenre onbegripeliker hoecheit sonder alle toeganghelicheyt is varre van ghesceide<n>. Dit middel onser naturen, dat wi selve sijn, hiet die bruut ONSE WANT te wesen, daer die brudecom overmids der verenichder ende oververstandeliker kennisse teghenwoerdich STAET ende cloppet, AFTER ONSE

Gö De Ha2 Le3 Be3

914 oghe *Gö* <oculis> **916** an *(*siet*) De Ha2* **919** Ewangelium *:* als onse here inden ewangeli seghet *(*seghet inden evangeli *Ha2) De Ha2* **922** daer boven *om De* **923** vertoent *De Ha2 Be3* **925** Sinte *(*augustinus*) Be3* **925/6** Augustinus – sin *:* Waer af Augustinus ende hugo bi *(*na *add Ha2)* enen sin segghen *De Ha2* **926** -ter *om De Ha2* **928** trecken *De* dier *:* -der *De Ha2* **930** En *:* Ende *De Ha2* **931** hi*(2) om De* **932** niet *(*op*) De* **934** worden *:* wesen *De Ha2 Le3 Be3* dine begherten *De Be3* **938** (ende*(1))* alre *De Ha2* godheit *De* vol is / in haer selven *De Ha2* **939** Ende *(*alle*) De Ha2* **941** af *(*ghekiert*) De Ha2* **945** ghescheide *Gö* **946** te wesen / onse want *De* daer *:* Dat *De* verenichder *:* vremeder *De Ha2 Le3* **947** onverstandeliker *De Le3* cloppe *De*

WANT, in sijn ontoeganclike licht, dat die eyghenscap onser naturen uutsluut, thent ons van ghenaden ghegheven worde, dat wi van naturen niet en hebben. HI SIET DOER DIE VINSTEREN ENDE SIET VAN VARREN DOER DIE TRALIEN. Die vensteren sijn wider ende die tralien sijn engher. *Vercellencius*: /*99vb*/ Die wide VENSTEREN beduden openbaeringhe der godliker lichten, die veel menschen moghelijc sijn te bekennen; die enghe TRALIEN beduden heymelike ende subtijl godlike lichten, die luttel menschen ghegheven worden te bekennen. *Paulus*: Ic heb heymelike woerde ghehoert, die den mensche niet gheorloeft en sijn te spreken. *Gregorius*: Cristus stont AFTER ONSE WANT, doe inder aenghenomender menschelicheit die godlicheyt verborghen was. Ende want die menschelicheyt sijn onghemeten godheyt – hadde si haer gheopenbaert – niet liden en mochte, so wort si mitter menschelicheit bedecket; ende so wat hi meer onder die menschen dede, daer heeft hi recht in AFTER ONSE WANT verborgen ghestaen. So wat men DOER /*100ra*/ VENSTEREN ende DOER TRALIEN scouwet, dat wort eens deels ghesien ende eens deels verborghen. Al des ghelijc, doe onse here Jhesu<s> *Cristus overmids sijnre godliker macht mirakel dede ende verwerpinghe in sijnre mensceliker naturen leet, doe sach hi recht DOER VENSTEREN ende DOER TRALIEN, eens deels verborghen ende eens deels openbaer wie *hi was.

Dat xxvi capittel.

SIE, MIJN LIEF SPREECT MI: STANT OP, COM NAERRE, MIJN VRIENDINNE, MIJN DUVE, MIJN SCOEN ENDE COM, WANT NU IS DIE WINTER VOERBIGHELEDEN, DIE RIJP IS WECHGHEGAEN ENDE HEEN. DIE BLOMEN OPENBAREN IN ONSEN LANDE, DIE TIJT DES SNOEIENS IS GHECOMEN, DIE STEMME DER TORTELDUVEN IS IN ONSEN LANDE GHEHOERT. DIE VIGHEBOEM HEEFT HOER /*100rb*/ EERSTE VRUCHT VOERTGHEBROCHT, DIE BLOYENDE WIJNGAERDEN HEBBEN HOER ROKE GHEGHEVEN. Hier doet die bruut, als voerseit is, een sonderlinghe vermaninghe der voerseider minnen, ende verwecket die jonghe magheden tot des brudegoms minne, ende leyt hem voer sijn sorchfoudicheyt ende hoe vlitich dat hi is om hem te leeren. Eerst in leit si den jonghen magheden een gunstich minlic toespreken des brudegoms voer, ende seit: SIE, MIJN LIEF SPREECT. Recht of si segghen woude: O, ghi jonghe deernen, merct des brudegoms sorchfoudicheyt ende minne, want het en is hem niet ghenoch DOER DIE TRALIEN VAN VARREN te sien ende mi tot uwen voertganc te noeden, mar siet, hi spreect mi /*100va*/ selve toe.

Gö *De Ha2* *Le3* *Be3*

951 Vercellensis *na* tralien *(950) trnsp De Ha2* **953** kennen *De* beduden *om De* **958** menscheit *De Ha2* **960** meer *:* groets *De Ha2* dede *:* wrachte *De Ha2* inne / recht *De Ha2* als *(*achter*) De Ha2* **963** jhesu cristi *Gö* **964** in sijnre mensceliker nature / verwerpinghe *De Ha2* **965** als *(*doer*(1)) De Ha2* **965/6** eens deels – openbaer *:* Want een deels verberghet hi hem ende eens deels openbaert hi hem *De Ha2* **966** hi *:* is *Gö* was *:* is *De Ha2* **967** Dat xxvi capittel *:* En dilectus meus loquitur mihi surge propera amica mea columba *opschrift De*, Nae den iersten sinne *opschrift Ha2*, *om Le3 Be3* **968** Siet *De Ha2* **972** hoer *:* sijn *De Ha2* **976** hem*(2) :* si *De Ha2* **977** in *om De* *(*spreket*)* my *De*

Barnardus: Had hi ghesien ende niet ghesproken, mi soude an dien ghesichte ghetwivelt hebben wat hi daer mede ghemeent hadde; mar want hi nu sach ende na den ghesichte sprac, daer in bewiset hi dat hi al goet voerhadde, ende mit rechte te minnen is. STANT OP, COM NAERRE, MIJN VRIENDINNE, MIJN DUVE, MIJN SCOEN ENDE COM. *Barnardus*: Het is een salige consciencie die dese [goede] woerde verdient heeft van hoer selven te hoeren. Wie waenstu dat voer ons also wakende is, ende die dien toecoemst des brudegoms ende die tijt sijnre vandinghe also waerneemt? Hi coemt, hi haest, hi openbaert hem, hi isser na bi, hi siet, hi spreect, ende gheen van desen en bli-*/100vb/*vet der bruut verborghen. Hi coemt in die enghelen, hi haest in <die> patriarchen, hi *openbaerde hem in die propheten, hi isser na bi in die menschelike natuer, hi wort ghesien in die miraculen, hi spreect in die apostelen; ende mit hem sijn benedictien ende rijcdom der salicheyt, ende al dat van hem is, dat toevloyet van weelden. Daer om seyt hi: STANT OP van den vrede des scouwens, ende di sel te hulpe comen die moghentheyt des vaders; ende COM NAERRE totten arbeyde des *werkeliken levens, ende di sel verlichten die wijsheyt des soens; ENDE COM ander warve tot sueteren smaec des godliken troests, want di verbeit die goedertierenheyt des heylighen gheests. */101ra/* Of aldus: STANT OP, want du MIJN VRIENDINNE biste ende een medeweetster mijnre heymelicheyt; COM NAERRE, want du MIJN DUVE biste, dat is alre onrechter leringhe onnosel ende onsculdich; ENDE COM, MIJN SCOENE, want du mit alre scoenheyt der doechden ende der ghenaden verciert biste. Of aldus: STANT OP ende predic die lachterlicheyt der sonden; COM NAERRE ende openbaer hem die ydelheyt der werltliker hantieringhe; COM ende boetscap hem die costelike weerdicheyt der ewiger dinghen, op dattu alsoe daer in MIJN VRIENDINNE sijste, want du die sonders van der lelicheyt der sonden hebste bekeert, ende MIJN DUVE, want du der werlt minres van haerre ydelheyt hebste ofghe-*/101rb/*toghen, ende MIJN SCOEN, want du die onbekende van der hemelscher weerdicheyt hebste gheleert. *Barnardus*: Wel mit rechte mach si EEN VRIENDINNE hieten, die des brudegoms ghewin mit prediken vlitelic ghesocht heeft; wel mit rechte mach si EEN DUVE hieten, die voer hoer sonden van rouwen sucht ende niet of en laet mitter godliker goedertierenheyt weder te versonen; wel mit rechte mach si DIE SCONE hieten, die mit hemelscher begheerten blencket ende die scoenheyt der overster scouwinghe heeft anghetoghen in dien tiden als si des van staden is. Dese drierhande oefeninghe mach men somtijt eenre minnender zielen wel toescriven, na dat wi in */101va/* der ewangelien ghescreven vinden: Martha

Gö De Ha2 Le3 Be3

982 want als *(*sunte *add Ha2) (*bernardus*)* seghet *De Ha2* dien *:* den *De Ha2* **987** goede *(*woerde*) Gö* **988** voer *:* van *De Ha2* dien *:* den *De Ha2 Be3* **997** *(*die*(2)) om Gö* openbaert *Gö Ha2* <apparuit> **993** ende *(*hi*) De* **994** vloyet *De Ha2* **997** weerliken *Gö* <ad laborem actionis> **1000** medewerkerste *De* **1003** der *om De Ha2* lasterheit *De*, lasterlicheit *Ha2* **1012-4** die – hieten *om Ha2* **1013** haer *(*weder*) De* **1016** mynliker *De* wel *om De*

arbeyde, Maria scouwede, Lazarus lach al suchtende onder den steen begraven ende begheerde in der ghenaden te verrisen. DIE WINTER IS NU VOERBIGHELEDEN ENDE DIE RIJP IS WECHGHEGAEN ENDE HEEN. Die bruut en mach haer niet onsculdighen op te staen ende naerre te comen om vierrehande saken willen. Die eerste is: die vrese der vervolghinghe en hindert hoer niet, want DIE WINTER des ongheloefs is overmids ons heren gheboerte VOERBIGHELEDEN, ENDE DIE RIJP der vervolghinghe is na der martelaren tiden HEENGHEGAEN. Noch die mishope gheen vrucht te wassen, en mach haer oec niet hinderen, WANT DIE BLOMEN /*101vb*/ HEBBEN HEM GHEOPENBAERT IN ONSEN LANDE, dat is, die beghinne der goeder werken warden gheopenbaert in der heyligher kerken, ENDE DIE TIJT DES SNOEIENS, alle onvruchtbaer telgheren of te houwen, IS GHECOMEN. Oec en hindert hoer die minne des vredeliken scouwens niet, WANT DER TORTELDUVE STEMME, dat is die predikinghe Cristi, IS IN ONSEN LANDE der heyligher kerken ghehoert. Want Cristus gheliken der tortelduve minnet sijn ghelijc ende doetse mit sijnre leeringhe versuchten; aldus en betaemtet der minnender zielen niet in den scouwenden leven altoes *ledichlike te rusten, want Cristus selve om die zielen te winnen trouwelike heeft ghear-/*102ra*/beit. Ende daer om: Wes een tortelduve als Cristus was, di selven ende ander lude te doen versuchten. Want dies leerars stemme hoer ic gheern niet die mi lichtveerdich maket, mer screyen doet. *Barnardus*: DER TORTELDUVE STEMME is predikinghe der reynicheyt, want van den beghinne der werlt en was die stemme niet ghehoert, mar een ander wasset ende wart vermenichfoudicht ende vervullet die eerde. *Ieronimus*: Daer om plant men die bossche, om dat mense namaels houwen sel; daer om pleghet men den acker te bezaeien, op dat men namaels mach maeien. Die werlt is overmids der echtscap al vol menschen gheplant ende ghe-/*102rb*/saeyet, die DER TORTELDUVE STEMME nu begheert overmids der reynicheyt op te houwen ende te maeyen om den hemel te vervullen. Voertijts wast een groet eer te horen: Dijn kinder sijn recht als nye oliveboem bi dijnre tafelen, mar nu seyt DER TORTELDUVEN STEMME: Salich sijn die buke die nye en droghen, ende die borsten die nye en sogheden. DIE BLOIENDE WIJNGAERDE HEBBEN HOER ROKE GHEGHEVEN, dat sijn die vergaderinghe der Joeden ende der heydene in den beghinne der heyligher kerken. Die bloiden doe si eerst begonden te gheloven ende in doechden voert te gaen; si gaven hoer roke overmids haren heylighen leven. *Paulus*: Wi sijn een goede roke Cristi.

Gö *De Ha2* *Le3* *Be3*

1020 ende heen / ghegaen *De Ha2* **1022** en : ende *De* **1024** Noch : Nochtan *De* **1032** betaemet *De Be3* **1033** ledelike *Gö* **1035/6** versuchten / te doen *De Ha2* **1039** (ander) stemme als dese *De Ha2* **1045/6** recht – bi : alse ionghe spruten der olybomen al om ende om *De Ha2* **1048** sijn : is *De Ha2* **1052** (cristi) gode in alre stede *De Ha2*

/102va/ Na enen anderen sin.

SIE MIJN GHEMINDE SPREECT MI etc. Die brudegom na sijnre godliker natueren is alre goetheden vol, daer alle dinghen die sijn haer wesen of ontfanghen. Ende want hi die eerste sake alre dinghen is, so behoertet sijnre goetheyt eyghelijc toe ende tis hem weselic, alle dinghen tot sijns selfs ghemeenscap ende *mededeylinghe te noeden na dat een yghelic creatuer ontfanclic is. Ende want die minnende ziele sijnre deelachtich was gheworden, ende van sijns selfs gheest sonderlinghe heymelic begavet was, so verblide si haer daer of in hem, ende seyde: SIE, MINE GHEMINDE, dien ic alleen in minnen kenne, SPREECT MI, in dien dat ic */102vb/* die raeyen sijnre heymeliker ingheestinghe ghewaer worde ende verblide in die sueticheyt sijnre medesprake, overmids dat sijn stemme in minen oeren luut. Mar of yement vraghede hoe of in wat wisen des brudegoms stemme, die also heymelic ende also verborghen is, ghehoert mach worden, sinte *Barnardus* andwoert ende seit: Soe wie gheheellic ende volcomelic na des wisen mans leeringhe sijn herte wackerlic laet waken ende waernemen den here die hem ghescapen heeft, die sel die benedictie van den here ontfanghen, ende van gode, sinen heylgever, die ontfarmherticheyt; hi sel menichwarve van den brudegom ghevisitiert worden */103ra/* ende die tijt sijnre vandinghe wel vernemen; hoe heymelic dat hi oec in den gheest coemt, ende hoe stillike na diefliker wisen, als een scamel minre pleghet, so sel nochtan een wacker, sober ziele des brudegoms toecoemst van varren ghewaer worden ende alle dinghen vernemen, als hi selve seyt: So wie vroe tot mi waect, die sel mi vinden. Mar wie is die wise die dit verstaen sel? Ic hadde liever aldustanighe dinghen van den besochten te horen dan mi selven onwijseliken uut te spreken, ende laten datter hogher is den ghenen begripen diet begripen mach. Nochtan andworde ic ende segghe: Is<t> dat ic van binnen van den gheest vermaent worde die */103rb/* gherechticheyt te bescermen, ghelicheyt ende redelicheyt in allen dinghen te houden, lijdsamicheyt te hebben, oetmoedich te wesen; ja, al hoerde ic dit of des ghelijc van enen mensche van buten, ic segghe dat ict oec van den brudegom hebbe ghehoert. Want die berespinghe van enen gherechtighen mensche en is niet te versmaden, si is een val der sonden ende een ghesondicheyt des herten; die berespinge gods is een wech totter zielen, also dat die brudegom totter zielen niet en hiet te comen mar te haesten.

Gö De Ha2 Le3 Be3

1054 etc *:* Stant op com naere myne vrindinne Mijn duve mijn scone ende com want nu is die winter voer bi gheleden die riep is en wech ende heenghegaen *De Ha2* **1056** behoert *De* gotheit *De* **1058** medeleyinghe *Gö De*, medeylinghe *Le3* <communionem> creatuer ontfanclic *om De* **1060** haer *om De Ha2* **1061** bekenne *De* **1064** vraghet *De* **1066** sinte – andwoert *:* Daer antwoert sancte bernaert *(*op *add Ha2) De Ha2* ende seit *:* en seghe *De* **1068** den heren / waernemen *De Ha2* **1070** ghevisitiert *:* ghevandet *De Ha2* **1076** onwijslike wt / my selven *De Ha2* **1077** hoghe *De Ha2 Be3* **1078** Ist *:* Is *Gö Ha2 Le3* **1079** gherechtich *De* **1081** des *:* deser *De Ha2* **1082** nochtan *(*dat*) De Ha2* oec *om De Ha2* **1083** want *(*si*) De Ha2* **1084** ghesontheit *De Ha2*

Ende isset dattu oec nu dat vierighe uutspreken gods ghevoelste, ende dijn consciencie daer of in ghedenke-/*103va*/nisse der sonden of in minnen des gheminden vierich wort, die brudegom heft di toe ghesproken. Want dat vier dat god is, verteert mar ten verdeluut niet; het bornt suetelic, het mistroest salichlike, mer het antiert die cracht des viers also inden sonden, op dattet die ziele van binnen mach salven. Daer om, alstu mit crachte verwandelt wortste ende vierich in der minnen biste, so weet dat die brudegom teghenwoerdich is; ja, isset dat daer een verbeterde, ghereynichde consciencie na volghet, ende dat ghemode haestelic wide opgheloken wort ende dat godlike licht daer in <lichtet>, sonder twivel, dat is des brudegoms oghe dat di siet. Mar die radien van sulker claer-/*103vb*/heyt en comen doer die doer niet in, mar doer enghe gate, also langhe als die vervallende muer des lichaems staet. Ende is<t> dattu anders hoepste, du dwaelste, tot hoe sulker puerheyt des herten du oec ghecomen biste. Daer om STANT OP, ENDE COM. *Barnardus*: Die bruut hoert dat si op sel staen ende naerre comen. Sonder twivel, die meninghe is totten ghewin der zielen, want dat heeft die waerachtighe, reyn scouwinghe gods over haer, dat si tghemoede dat mitten godliken vier ontfenghet is, somtijt mit alsoe groter minnen vervult, dattet dat ledighe scouwen gheern laet om ander menschen te leeren; ende alst sinen tijt heeft, also veel te vierichlike<r> daer toe hem wederkeert, alst om ander lude orbaer daer of ghekeert hadde, op /*104ra*/dattet hem na den smaec des scouwens te crachteliker totten ghewin der zielen mach gheven. Tusscen desen vlaghen pleghet dat innighe ghemoede dicwijl te twivelen ende te vresen dattet hem licht totten enen of totten anderen te veel of te luttel mach keren. Een yghelike ziele die des ghelijc waect ende des brudegoms waerneemt, die sel des ghelijc van hem ghegruet worden als een VRIENDINNE, ghetroest als een DUVE, ende ghemint als een SCONE. DIE BLOMEN SIJN GHEOPENBAERT IN ONSE LANT, dat is int lant der levender, daer Moeyses mit wonderliker sueticheyt toe ghetoghen wort. Want alse nu seyt hi dat dat vloeit van melc, alse /*104rb*/ nu van honich; alse nu hiet hijt goet, alse nu hiet hijt alre best; alse nu hiet hijt groet ende wijt, alse nu hoghe ende scoen. O here Jhesu, wat berghe, wat hillen, wat dale worden in dien lande ghevonden, daer du selve harde ende weide in biste, ende hoetste dijn uutvercoren scape ende dijn lammerkens in die vette weide der heyligher

---

Gö *De Ha2* *Le3* *Be3*

1086 nu / oec *De Ha2* **1088** die – di *:* so heeft *(om Ha2)* dy die brudegom *De Ha2* **1089** verdeluut *:* vernielt *De Ha2* vertroest *De Ha2* **1090** mer *:* ende *De Ha2* **1093** beterde *De* **1095** lichtet *om Gö Le3 Be3* <infusio luminis> **1096** alsulker *De Ha2* **1097** vervallene *De Ha2* ist *:* Is *Gö Le3* **1098** hoe sulker *:* hoe danigher *De Ha2* **1099** hoerde *De* dan *(*dat*) De* **1102** -ten *om De* **1104** vierichlike *Gö* <ardencius> **1104/5** also – wederkeert *:* soe kiert hem also veel te vurichliker weder daer toe *De*, soe kiert hem selven daer vele vurichliker weder toe *Ha2* hem weder / daer toe *Le3 Be3* **1105** hem *(*daer*) De Ha2* **1108** te vresen / ende *De* **1112** levendiger *De* **1113** wonderliker *:* sunderlingher *De Ha2* waert *De Be3* **1115** heit hijt *(*hoghe*) De Ha2* **1116** hillen *:* hovele *De Ha2*

drievoudicheyt op die berghe van Ysrahel in groenen crude, in rivieren, in allen steden dier eerden. Hier om, STANT OP, MIJN innighe VRIENDINNE, ende wander doer dit lant dat *dijn god, dijn here, di sel gheven. Want elke stede die dijn voet der begheerten mit innigher scouwinge betret, die sel al daer dijn wesen in den ewighen ghebruken.

[Inlassing 2]

<Die wege van Syon wenen, om datter niemant en is die totten hoechtijt gaet. Al ist dat *Jheremias*, die propheet, met desen woerden die vangenisse sijns volcs bescreyt, nochtan mach een yeghelic verstandel scouwer met desen woerden wel beclaghen dat over alle die werelt also groten vanghenisse der sielen ende also groten afkeer ende dwalinghe vanden weghe gods ende der gherechticheiden is. Der godminnender sielen begheerten sijn weghe geheyten, daer men mede */110v/* tot gode ende totter hemelscher stat Jherusalem boven redenen ende boven allen verstande doerwandert. Dese heyten te wenen, om datter luttel yemant is die tot dier hoechtijt waerts tidet. Want beyde die ongheleerde ende die gheleerde die rechte wijsheit gods after rugghe setten ende becommeren hem met <werlike weelden ende> onnutten questien. Ende dat noch meer met tranen des herten te beclaghen is, dat veel gheestelike lude ende vernaemde mannen in consten [die] die warachtighe oefeninghe gods – die inden gheest ende in die waerheit gheleghen is – afterlaten, ende becommeren haer ghemoede met menigerhande sinliken consten ende ghemaecten argumenten, recht als met eenrehande afgodien; daer si also in verblijnt [sijn] ende ghevanghen bliven, dat si met vuerigher begheerten der minnen selden of nummermeer totter rechter hoechtijt en pinen te haesten. Ende daer om ist dat die weghe van Syon, dat sijn die begheerten der godminnender menschen, uut rechten mededoghen wenen ende screyen, want god en heeft die sielen der menschen daer om niet ghescapen dat si haer edelheit met gheleerden consten diemen in scaeps vellen scriven mach, vervullen soude<n>, mer daer toe sijnse ghemaect dattet templen gods souden wesen, op dat daer */111r/* die coninc des vreeds des hemelschen Jherusalems overmits die godlike wijsheit in mochte wonen. Welke wijsheit van sinte Paulus gheleert is ende van sinte *Dyonisius* sinen discipel bescreven, ende is geheyten een uutstreckinghe der minnen in

---

Gö De Ha2 Le3 Be3

1120 dier *:* der *De Ha2* **1121** dijn*(1) :* di *Gö* <dominus deus tuus> **1122** dijn voet *:* die voete *De Ha2* der *:* dijnre *De Ha2* betreden *De Ha2* al *om De Ha2*

Be3 De Ha2 Be4

1125 Die – gaet *:* Mar leyder tis te vresen. dat licht nu in deser tijt die weghen van syon: die weghe der ewicheyt screyen: want daer luttel yement is: die hem daer doer totter hoecheyt *(*hoechtijt *Le3)* pijnt te comen *Gö Le3* comen *breekt af tot 1171 Gö Le3* gaet *:* coemt *De Ha2* **1131** totter *:* der *De* **1133** *(*luttel*)* of nauwe *De Ha2* tidet *:* tijden *De* **1134** die*(1) om De* **1135** werliken weelden ende *om Be3* <mundanis deliciis> *(*werliken*)* wijsheit *Be4* **1136** dat*(2) om De Ha2* **1137** *(*die*)* die *Be3 Be4* **1138** achterlaten *na* consten *(1137) trnsp De Ha2* achter ghelaten *Be4* **1140** *(*verblijnt*)* sijn *Be3* **1141** der minnen *om De Ha2* **1144** ziele *De* **1146** soude *Be3 Be4 Ha2* **1147** dattet templen *:* dat si dat tempel *De Ha2*, datse een tempel *Be4*

gode overmits der minnen begheerte. Welke godlike wijsheit boven allen ghescapenen consten gaet, ende daer af ghesceyden is als die hemel boven der eerden; want die consten der werelt leren die meysters, mer dese leert die ingheestinghe gods alleen sonder enich middel. Die godlike wijsheit wort van godliker inlichtinghe ende van hemelscher indrupinghe ingheprent ende ghedruct in des menschen herte, mer die ander wort °met pennen ende met enc° ghescreven in den vellen. Die godlike wijsheit maect een satheit ende een ghenoeghen, want die siele vijndet daer in haren god ende haren scepper die beghin ende eynde alre begheerlicheiden is, daer si in als in die yerste sake ende in die oerspronghelike fonteyne alre salicheiden sonder middel in rust; mer in die wijsheit der werelt en is nummermeer eynde of slot of enich vernoeghen te vijnden, want metten gherechtighen oerdel gods moet hi vander overster waerheit recht als een blijnt mensche verdwalen, die die overste wijsheit */111v/* gods niet en begheert te sueken. Die godlike wijsheit onsteket oec die minne ende verlicht dat verstant, mer die wijsheit der werelt maect haren besitter opgheblasen ende verduystert dat verstant met menigerhande dwalinghen. Daer om, laet ons alle curiosicheit der onnutter wijsheit met alle haren argumenten laten, ende met *ontfenghender minnen opclymmen die fonteyne der godliker wijsheit te sueken. Ende so wanneer wij dese costelike margarite ghevonden hebben, dan sullen wij om haer te behouden alle ander dinghen ghern laten>.

[Einde inlassing 2]

Daer om, so wie begheert verheven, ghevriet ende gheminnet te wesen, die pijn hem tot dien lande te comen om sevenderhande goede willen die daer sonderlinghe worden ghevonden. Dat eerste is vruchtbarheyt sonder ghebrec, want daer alle goet uutvloeyet. *Jacobus*: Alle beste gaven ende alle volcomen ghiften sijn van boven nederdalende van den vader des lichts, daer gheen wandelbaerheyt bi en is. Dat ander is ghesondicheyt der siecte. Want dat sieke wijf die totter eerden nedergheneyget */104vb/* was ende niet opwarts sien en mocht, wort ghesont doe si den soem van Cristus clede ruerde. Dat derde is vriheyt sonder bant der eyghenscap. Want die van der eerden is, spreect van der eerden; die van boven coemt, is boven al. Ende dat Jherusalem dat van boven is, is vry ende onser alre moeder. Dat vierde is gheselscap sonder alle mishaghen, want Cristus, die prince des vreden, is daer. *Paulus*: Ende daer

Be3 De Ha2 Be4

1153 die*(2) om De* **1155** gheprintet *De Ha2* **1156** met enc ende met pennen *Be3* <penna et atramento> enc *:* int *Be4* **1158** *(*ende*)* in *De* **1159** in*(1) om De* **1167** curiosicheit *:* nyplichticheit *De Ha2* **1168** ontfenghender *:* ontfangen der *Be3*, ontfonckender *Be4* <*wschl.*: accensionem> **1171** achter *(*laten*) De*

Gö De Ha2 Le3 Be3

1173 Daer om *herneemt (cf 1125) Gö Le3* ende *om De* **1174** *(*comen*)* daer die waerachtighe hoechtijt inne is ende daer hier voer af gheseit is *De Ha2 Le3 Be3* ende dat *(*omme*) De Ha2* willen *om De* **1176** alse sancte *(*iacob*)* seghet *De Ha2* **1178** ghesontheit *De Ha2* **1179** neder- *om De Ha2* **1180** Cristus clede *:* den clede cristi *De Ha2 Le3 Be3* **1182** mer *(*die*) De Ha2* die *(*is*) De Ha2* **1184/5** Paulus – daer om *:* ende daer *(*hier *Ha2)* om alse sunte pauwel seghet *De Ha2* om, si di mit Cristus opverstaen, so soect dat daer boven is, daer hi sit totter rechterhant gods, ende smaect dat daer boven is ende niet dat op der eerden is. Dat vijfte is vriheyt sonder enich wedervechten, want daer en mach niet quaets comen als int eynde alle */105ra/* die quade uutten goeden sellen ghesceiden worden. Dat seste is claerheyt sonder duusterheyt, want men sel daer overmids die claerheyt gods sonne noch mane behoven. Dat sevende is ewicheyt sonder verganc, want der heyligher woeninghe is opwarts, ende sellen in die ewighe bescerminghe gods wonen. Tot wilker salicheyt die opwarts is, niement comen en mach dan mitter oetmoedicheyt die nederwarts is. DIE BLOMEN SIJN GHEOPENBAERT. Die alre eerste bloem der blomen, Jhesus Cristus, is een bloem des camps, die overmids der menscheliker naturen na den propheten ende na den patriarchen, na der tijt te spre-*/105rb/*ken, heeft ghebloeyt, nochtan dat hi sonder beghin na sijnre godliker naturen voer hem allen was. Dit is die eerste bloem des camps. Die ander bloem der amandelen is dat eerste ghelove der patriarchen. Die derde bloem des palmeboems is dat lancmoedighe verbeyden der propheten. *Psalmus*: Die gherechtighe sel bloien als die palmboem. Die vierde bloem des wijngaerts is die welrukende leeringhe der apostelen. Die vijfte bloem der roesen is dat stantachtighe *liden der martelaers. Die seste bloem des appels van gernaten is die hemelsche wijsheyt der confessoren. Die sevende bloem der lelyen is die */105va/* blenckende reynicheyt der magheden. Mar ghelikerwijs alse dach boven dach, ende licht boven licht, ende sterre boven sterren scijnt, also gaet oec bloem boven bloem; want die maghet Maria mach naest haren ghebenediden soen wel mit rechte een bloem der bloemen hieten, want si sonderlinghe in alre volcomenheyt boven anderen heylighen vordel heeft. Als van haer ghescreven staet: Ic sach die scoen recht als die duve van boven nederdalende over die riviere der wateren, ende haer roke en was niet te begripen, ende van den blomen der roesen ende van den lelyen der dalen was si omgheringhet. O goede god, hoe scoen */105vb/* ende hoe ghenuechelic ist der zielen die noch in den lichaem haer pilgrimaedse doet, doer die bloemen dies lants mitter begheerten te wanderen, ende die bloemen in den corf des herten mitten inreliken scouwen te vergaderen, ende beide mit roeken ende mit verwen dier bloemen dat ghemoede te zalven. Dese bloemen sijn IN ONSEN LANDE. Recht of die brudegom segghen woude: DIE TIJT DES SNOYENS IS GHECOMEN, want alle middele tusschen der bruut ende der brudegom sijn ofghedaen als hi sijn lufterhant onder hoer hoeft hadde ende mitter rechterhant ommebevenc. Want dan en wort hi niet knechtelic ontsien */106ra/*

Gö *De Ha2* *Le3* *Be3*

1185 opghestaen *De Ha2 Le3 Be3* daer*(1)* : hier *De Ha2* **1186** daer : hier *De Ha2* **1190** noch (die *add Ha2*) (sonne) *De Ha2* die (mane) *Ha2* **1200** Psalmus : David *De Ha2* **1202** lider *Gö* <patiencia> **1207/8** heiten / ene bloeme der bloemen *De* **1209** staet : is *De* **1210** nederdalende : neder climmen (climmende *Ha2*) *De Ha2* **1212** omringhet *De Ha2*, omberingt *Be3* god : jhesu *De* **1216** dier : der *De* **1217** (lande) geopenbaert *De Ha2* **1220** si (ommenbevenc) *De Ha2* als een here of een coninc, mar vriendelic ghemint als een vrient ende een brudecom. *Vercellencius*: In den wijngaert worden die onnutte rancken ofghesneden, want bleven si daer an, si souden snoeden wijn draghen. Al des ghelijc, dat scouwende verstant dat overmids ondersoeken der creaturen tot kennisse der godliker dinghen coemt, dat is snoede gherekent jeghen die kennisse die men overmids eninghe mitten brudegom <ver>crighet. DER TORTELDUVEN STEMME IS GHEHOERT IN ONSEN LANDE. *Hugo*: Die tortelduve is gheern daert enich is, si scuwet menichfoudicheyt ende si sucht van binnen; ende daer om en moghen DER TORTELDUVEN STEMME niet horen dan die gherechtighe, die voer */106rb/* haer sonden suchten, ende in den hemel wonen, ende rusten in der stilheyt. *Ozeas*: Ic selse leyden in der woestinen, ende al daer tot haerre herten spreken. Of DER TORTELDUVEN STEMME wort ghehoert, als dat toespreken des godliken ingheesten mit enen vroliken ghemoede ontfanghen wort. Ende want alsulken stemme niet ghehoert en wort dan van den ghemoeden die in dat overste van den berghen ende van den boemen wonen, daer om machse wel DER TORTELDUVE STEMME hieten. Oft so wanneer een scouwende ziele na der teghenwoerdicheyt Cristi mit alre herten zeer verlanghet, ende dat vertrecken des hemelrijcs seer swaerliken lijt, ende dat begheerde vaderlant mit suchten */106va/* ende mit groten verlanghen van varren groet, so heeft si dat leven der reynre tortelduven in haer selven kenliken begonnen; ende dat IN ONSEN LANDE, want die brudegom ende die minnende ziele niet ghesceidens in den hemelschen vaderlande en hebben. Daer om en luden dese woerde niet heerlic, noch meysterlic, mar ghesellike ende vriendelike, want rechte minne en kent ghenen here, ende dit sijn alle woerde der minnen, ende die groetheyt wiket der minnen. Hi minnet ende is selve god, ende dat minnen en hevet hi niet van buten, mar hi ist selve daer hi of mint ende daer om mint hi die minne des te meer. Ende in dien daer hi seyt: IN ONSEN LANDE, so gaet hi sijn-*/106vb/*re eyghenscap uut ende en versmaet der minnender zielen gheselscap niet ende en trecket hem selven gheen dinc alleen aen. *Vercellencius*: DIE TORTELDUVE vlieghet alleen, si is van sonderlingher reynicheyt, si maket hoer nest in gronen steden ende voedet des nachts haer jonghen; ende beteikent die verenigende ende oververstandelike cracht des ghemoeds – die den brudegom alre puerlicste minnet ende omvanghet, ende volget boven allen anderen crachten der zielen der enghelen minne alre naest –, daer si dat reyn ghebet totten brudegom dicwijl pleghet uut te senden. Dese cracht maect hoer nest in dat hoghe, daer die alre ghenochlicste ende sekerste wanderinghe der zielen */107ra/* is. Uut dien neste scouwet si daer si of ghevoet wort, ende haer jonghen mede – dat sijn die nederste crachten des ghemoedes – voedet si in der nachten – dat is in die overschinende duusternisse, daer alle verstant ont-

---

Gö *De Ha2* *Le3* *Be3*

1226 crighet *Gö* **1228** ende *(*si*) De* **1236** Oft *:* of *De Ha2 Le3 Be3* **1238** des *om De* **1239** si *:* hi *De Ha2* **1246** ist *:* is *De* **1248** daer *:* dat *De* **1251** si *(*beteiket*) De Ha2* vereninghende *De Le3* **1252** ende *om De* **1254** *(*zielen*)* ende *De*

breect –, daer ghenieten si oec deser spisen. Deser TORTELDUVEN STEMME is recht sonder stemme, mar in den oeren des brudegoms, overmids der onsprekeliker vereninghe, wort si wel vernomen ende ghehoert. In deser stemmen sijn die alre heymelicste versuchtinghe des engheliken ghemoeds, daer si mede recht al heimelic in die voerseide stille gaet. Ende want die ziele in der voerseyder stemmen godliken troest vernomen heeft, so volget daer na: DIE VIGHEBOEM HEEFT SIJN EERSTE VRUCHT */107rb/* VOERTGHEBROCHT. Die eerste vruchte sijn grover dan die ander, mar si moghen onlangher dueren, ende beteykenen die oversuete, scouwende smaeckelicheden der bruut. Dese eerste vruchte sijn recht bloemen van der ander ende behoeren totten godliken smaec in desen sterfliken leven. Mar die ander, die subtijlre sijn ende langer dueren moghen, beduden ons dat ghebruken gods na desen leven. Nochtan sijnse beyde van buten swart overmids die overschinende demsterheyt, ende van binnen roet overmids dat vier der minnen. Ende wel te rechte behoren die eerste vruchten der vighen den pelgrims toe in desen leven, ende die ander vrucht, die beter is, */107va/* den borgher in den vaderlande. Want wat sueticheden hier in desen weghe van gode vernomen wort, dat en is anders niet dan een voersmaec ende een toetrecken totten anderen, thent deser pelgrimaedse een eynde coemt ende wi mitten here verenighet worden. Daer om laet ons smaken dat die here suete is, die ons een pant des gheests in desen leven heft ghegheven, op dat wi die fonteyn selve van alre sueticheyt te meer souden begheeren.

Dat xxvij capittel.

STANT OP, MIJN VRIENDINNE, MIJN BRUUT, ENDE COM, MIJN DUVE IN DIE GAETEN DER LEYEN ENDE IN DEN HOLEN DER STENEN WANDEN, TOEN MI DIJN AENSICHTE, LAET DIJN STEMME IN MINEN OREN LUDEN; WANT */107vb/* DIJN STEMME IS SUET ENDE DIJN AENSICHTE IS SCOEN. VANGHET ONS DIE CLEYNE VOSKIJNS DIE DEN WIJNGAERD<E> VERDERVEN, WANT ONSE WIJNGAERT HEEFT GHEBLOEYT. Overmids dat een bewisen des wercs een teyken der minnen is, so roept nu die brudegom sijn bruut totten uutwendighen arbeyde ander menschen te leeren, ende seit: STANT OP van den bedde der sonden mit suchten ende mit berouwe. Als die verloren soen seyde: Ic sel opstaen ende gaen tot minen vader. STANT OP vander werlt, haer begheerlicheyt te versmaden; STANT OP van den vredeliken scouwen totten orberliken arbeyde den sonders haer sonden te openbaren. Als tot Jonas ghesproken wort, die in den sce-*/108ra/*pe ontslaep ghewordenwas: STANT OP, wat legghestu aldus ende slaepste? Ganc in die grote stat van Ninive. STANT OP, biste een VRIENDINNE van reynre minnen; STANT OP,

---

Gö De Ha2 Le3 Be3

1268 smakelicheit *De* **1271** moghen *om De Ha2 Le3* **1272** duusterheit *De Ha2 Be3* **1273** te *:* mit *De* **1275** burgheren *De Ha2 Be3* **1277** *(*anderen*)* leven *De Ha2* **1281** Dat xxvii capittel *:* Surge amica mea *opschrift De*, Nae den iersten sinne *opschrift Ha2*, *om Le3 Be3* **1282** bruut *:* scone *De Ha2* **1285/6** den wijngaerde *:* den wijngaerd *Gö Le3*, den wijngaerden *Ha2* <uineas> **1286/7** overmids dat een *:* Om dattet *De Ha2* **1293** wort *:* waert *De Be3*, was *Le3* **1293/4** was / gheworden *De Ha2* **1294** aldus *om De*

bistu een BRUUT mi in den rechten ghelove ghetrouwet; STANT OP, bistu een DUVE in den versuchten overmids den goedertieren medeliden. Ende dese minne, dit ghelove, dit mededoghen bewijs mitten teyken die ongheleerde trouwelic te leeren. Als sinte Peter toegheseit wort: Minnestu mi meer dan dese?, ende hi wederseyde: Here, du weetste dat ic di minne, doe wort hem bevoelen die scape Cristi te hoeden. STANT OP IN DIE GATEN DER LEYEN, dat is, blijf mitter woen in den ghelove ende in den */108rb/* ghehuechnisse mijnre wonden; ENDE IN DEN HOLEN DER STENEN WANDEN, dat is, sit neder ende rust in die ghemeenscap alre heylighen. Sinte *Barnardus* seit totter innigher zielen van desen steen aldus: Wes een duve ende maec dijn neste IN DIE GATEN DES STEENS, want si sijn een toevlucht alle den ghenen die se scouwen. *Psalmus*: Die steen is een toevlucht den eghelen, dat is den sonders die mitten doernen ende mitten scarpen prekelen der sonden [daer si] al om ende om ghelike den eghel [mede] beset sijn. Si sijn een heymelike sculinghe den ghenen die voervluchtich is. *Die wise man*: Een cleyn haseken beteykent dat crancke volc dat in den steen */108va/* sijn nest maket. Si sijn den sieken een medicijn. *Job*: vergave god dat ic waer na den ouden daghen, doe mi uten steen ryvieren der olyen vloyen. Si sijn een fondament den ghenen die tymmeren wil. **Matheus*: So wie mine woerde hoert ende die doet, is ghelijc dien mensche die op enen vasten steen tymmert. Si sijn een vercoelnisse den ghenen die van hetten dorst. *Moyses*: Spreect den steen aen ende hi sel u water gheven. Si sijn een troest den minre. *Psalmus*: Uten steen so heeftse die here mit honich versadet. Si sijn een hoeftheldinghe den ghenen die rusten wil. Want Jacob, die patriarch, leyde sijn hoeft op enen steen dien */108vb/* hi des morghens vroe opnam, ende maecte daer een altaer of. Si sijn een hulp des striders. Want daer die Philistijn van den kinderen van Ysrahel verslaghen worden, die stede noemde Samuel, die propheet, wesen een steen der hulpen. Si sijn een loen des verwinres. *Apocalips*: Den verwinre sel ic een blenckende steen gheven. Alle dese GATE siet die bruut mit onversadeliker begheerten an, recht als een die voer ende achter vol oghen is; welc ghesicht haer over al ghenuechlic is als een toevlucht in alre noet, ende een gheheel troest in allen rouwe. Want daer is een blide ver-

---

Gö *De Ha2* *Le3* *Be3*

1296 een bruut : scone *De Ha2* mi : nu *De Le3* ene bruut (ghetruwet) *De Ha2* **1298** dit mededoghen : ende medeliden *De* (teyken) des werkes *De Ha2* **1300** wort : waer *De*, waert *Be3* **1305** desen steen : den steengate *De* **1306** Psalmus : david inden solter *De Ha2* **1307** steen : leye *De Ha2* **1308** prekelinghe *De* (sonden) daer si *Gö De Ha2 Le3 Be3* **1309** eghelen *De Ha2* mede (beset) *Gö De Ha2 Le3 Be3* **1310** (man) seghet *De Ha2* **1310/1** beteykent – maket : dat een cranc vollic beteyket maect inder leyen sijn neest *De Ha2* **1312** uten steen : wt der leyen *De Ha2* **1313** vloyen *Gö Le3* Matheus : Marcus *Gö*, onse here seghet in sancte matheus ewangeli *De Ha2*, want *Le3* <Mattheus> **1314** dien : enen *De Ha2* **1315** steen : leye *De Ha2* vercolinghe *De Ha2* **1316** den steen aen : der leyen toe *De Ha2* hi : si *De Ha2* **1317** deb minre : der mynnen *De Ha2* Psalmus : David inden solter *De Ha2* uten steen : wtter leyen *De Ha2* **1318** hoeftleninghe *De Ha2* **1319** vroe *om De*

beyt sonder twivel, daer dat ghesichte in die doot Cristi ghevesti-*/109ra/*ghet is. Ende waer om wil si voer die groetheit des arbeits vresen, die de weerdicheyt des loens bekennet? O hoe gheern sach si IN DIE GATE, daer haer die scat des heyligen bloets doerghevloeit is; o hoe vrolic wandert si IN DEN HOLEN DER WANDEN ende in allen anderen steden, die haer scepper in den vaderliken huse bereidet heeft. Mar hoe danckelic datter bruut dat insien DER GATEN is, of hoe ghenuechelic ende behaghelic haer dat doerwanderen IN DEN HOLEN is, nochtan wil si dat om der zielen leeringhe ende salicheyt gaern ter tijt derven. Ende hoe si daer om arbeiden sel, bewijst die brudegom voert, ende seit: TONE MI DIJN AENSICHT, LAET */109rb/* DIJN STEMME IN MINEN OREN LUDEN. Want die alre bequaemste manier des voertgaens in den arbeide ander lude te leeren, is eerst in een heylich stichtich leven mitten werken te bewisen, ende daer na die hoerres mitten woerden der waerheyt trouweliken te leeren. Want haerre veel die eer pijnden te leren dan te leven, hebben – want si niet en wisten waer of si spraken – swaerliken ghedwaelt, of scandelike onweert gheworden, doe si ander lude wouden leeren, dat si eerst niet gheleert en hadden. Mar hoe behaechelic dattet den brudegom is mit puerheyt des ghemoeds te leven ende te leren, bewijst hi voert ende seyt: TOEN MI DIJN AENSICHT, mi die alre */109va/* heymelicheyt kenre bin, toen mi dijn goede wanderinghe sonder vensen, ende LAET DIJN STEMME LUDEN IN MINEN OREN, dat is, in minen uutvercoren die dat woert gods horen ende behouden, ende also mijn oeren worden. Een leerre is sculdich beide in leven ende in leren te scinen, want die leringhe sonder leven is hoveerdighe vermetelheyt, ende leven sonder leringhe is onvruchtbaer. Want niet en is leliker dan dat goede mitten woerden te prediken ende dat mitten werken te versumen. Het is merkelic dat die brudegom seit: TOEN MI, ende: IN MINEN OEREN. *Beda*: Soe wie goede woerde of goede werke om der menschen behaghen heeft, */109vb/* dese en toent die scoenheyt sijns aensichts ende die sueticheyt sijnre stemme den brudegom niet mar den mensche. WANT DIJN STEMME IS SUET ENDE DIJN AENSICHT IS SCOEN. *Gregorius*: Die stemme doerdringet suetelic der hoerres ghemoeden, die mitten leven des leerres verciert is ende bewijst wort. *Richardus*: Ic en weet niet of een mensche in desen leven meerre ghenade van gode ontfanghen mach, of dat god den mensch in der eerden meer gracien gheven mach, dan dat overmids sinen arbeyt ende dienst verkeerde menschen in een beter verwandelen, ende dat van den

---

Gö De Ha2 Le3 Be3

1322 te *(*wesen*) Le3 Be3* wesen *om De Ha2* een steen *:* die leye *De Ha2* **1323** Apocalips *:* Johannes in apocalipsi *De Ha2* verwinre *:* verwinenden *De Ha2* **1327** ghevestet *De* **1328** die*(1) om De* vresen *:* anxt hebben *De Ha2* **1333** of *:* ende *De* **1334** om der *:* onder *De* **1341** swaerlike ghedwaelt *na* hebben *(1340) trnsp De Ha2* waer si af *De* *(*of*)* si sijn *De Ha2* **1343** mit *:* in *De Ha2* **1346** in*(2) om De Ha2* **1347** behouden *:* holden *De Ha2 Be3* **1348** in*(2) om De* die *om De Ha2* **1352** *(*my*)* dijn aensichte *De Ha2* *(*ende*)* dijn stemme laet luden *De Ha2* <dicitur: ostende michi, et: in auribus meis !> goede*(2) om De Ha2* **1353** om der *:* onder *De* **1358** ontfanghen mach / van gode *De* **1360** verdienst *De* verwandelt *De*

kinderen des viants kinder gods ghemaect worden. Uutten horen des woerden gods coemt ken-/*110ra*/nisse, uutter kennisse coemt minne, uutter minnen coemt vriheyt, uutter vriheyt coemt tghebet, uutten ghebede coemt dat vercrighen, ende uutten vercrighen coemt dat ghebruuc des brudegoms. Daer om, so wie mit woerden ende mit werken die verkeerden leert dat sij bekeert worden, die bewijst dat SIJN STEMME SUET is ende SIJN AENSICHT SCOEN. Tot dien mach die brudegom recht wel segghen die navolghende woerde: VANGHET ONS DIE CLEYNE VOSKENS DIE DE WIJNGAERDE VERDERVEN. Bi den VOSSEN sijn die wise der werlt [te] verstanden, die men niet doden en sel mar vanghen, want die weerlike wijsheyt die in den ghenen is die totter goddiensticheyt /*110rb*/ bekeert worden, die en is niet te doden noch te verdeluen, mar te vanghen ende totten dienste gods te brenghen. *Barnardus*: Desen WIJNGAERT is enen yghe-liken wisen mensch sijn leven, sijn ghemode ende sijn consciencie. Ende so waer veel rijcdoem sijn, daer isser veel die se verteren; daer om en sel een wijs man niet min sorchfoudich wesen den wijngaert staende te houden, dan hi is den wijngaert te bouwen, noch en laten van den vossen niet verderven. Een heymelic afterspreker is alte quaden vos, ende een sacht smeker en is niet min quaet dan die ander. Over niet lanc quamen hier jonghe nie lude ende worden tot gode bekeert. /*110va*/ Haer nye bekeeringhe ende haer versche manier van leven sijn haer bloemen. Si namen een goede scickinghe al haers lichaems ende een welgheordiniert leven an, mar want si noch jonc ende nie sijn, so sijnse overmids haerre nyheyt noch niet te hieten dan bloemen. Ic duchte dat die bloemen versaluwen sellen; ic en ghetruwe den noerdenen wijnt niet wel. Die rijp in der morghenstont pleghet die onripe bloemen te verderven, also dat uten noerden niet goets en coemt. Want so wanneer alsulke coude in dat innerste des herten nedervallet, ende die heylighe reyne minne ver-/*110vb*/drucket, ende die toepade des raets bestoppet, ende dat licht des onderscheits verstroeit, ende die vriheyt des gheests verleit ende dwalen doet, dan coemt daer rechte voert een harde stivicheyt des ghemoeds, die cracht des wederstaens wort verslappet, si vensen hem gheen macht te hebben int wederstaen, hem gruwelt voer alle hardicheyt, vrese daer gheen vrese en is, maectse sorchfoudich, minne der armoede wort van hem verdreven, die ghenade *wort hem ontoghen, verdrietelike laeuwicheyt wort so lanc so meerre, viericheyt der minnen wort vercout, weelde ende vermakinghe wort hem ghenuechelic, bedriecheli-/*111ra*/ke vriheyt coemt hem naerre, alle goede ghewoenten worden verwandelt. Wat sel ic meer segghen? Men houter gheen ewe, alle ripicheyt wort ghelaten, alle voersichticheyt wort verdreven, die vrese gods en blivet daer niet;

Gö De Ha2 Le3 Be3

1361 viants *:* duvels *De Ha2* **1363** coemt*(1) om De* **1364** ende *om De* **1369** *(*werlt*)* te *Gö* <intelliguntur> verstaen *De Ha2 Be3* **1371** verdeluen *:* verdelighen *De Ha2* **1372/3** Barnardus – mensch *:* Die wijngaerde is enen iegheliken mensche die wijs is als sancte bernaert seghet *De Ha2* **1376** en laten *:* hi en lates *De Ha2* **1383** betrouwe *De Ha2 Be3* **1387** des *om De* **1392** wart *Gö* **1393** laeuheit *De*

ten lesten worden daer die hande der onscamelheyt uutghesteken, ende veel confusien comen daer of. Dan ghesciet daer een val van den hoghen in dat laghe, van den pelaes in den drec, van den cloester in die werlt, uutten hemel in den slijc, ende van den hemel in der hellen. O hoe veel isser alsoe uut cloesteren in die werlt verdwaelt, die uut groter viericheyt des gheests altemael verlau-/*111rb*/wet worden? Dan worttet openbaer dat die voskijn den wijngaert al verdervet hebben.

Na enen anderen sin.

STANT OP, MIJN VRIENDINNE, MIJN BRUUT, ENDE COM, MIJN DUVE. *Vercellencius*. Dit moghen recht des brudegoms woerde wesen, die de minnende ziele tot hogheren opclymmen noeden wil; want so wanneer hi die godlike lichte in haer vloiet, so verwackert hise altoes tot hogheren dinghen. *Dionisius*: Eerst ghevet hi haer claerheyt die ghemeten is, ende daer na recket hise altoes uut meerre lichte tontfanghen na maten haerre crachten. *Barnardus*: Alle dat tijtlicke is anstelic ende verganclic. Daer om sel onse wanderinghe /*111va*/ in den hemel wesen, daer wi niet uutvallen noch uutgheworpen en moghen worden. Want in den hemel is die steen den eghelen een vrye toevlucht, ende waer mocht anders een vry vast toeverlaet wesen dan in den wonden Cristi? Al ist dat die werlt grimmet ende dat lichaem verswaert ende die viant sijn laghen leit, nochtan en vallic niet, want ic bin ghefondiert op ten vasten steen. Wat mach also crachtighe medesijn wesen, die wonden der consciencien mede te ghenesen ende dat ghesichte des ghemoeds mede te scarpen, als een *stadighe ghedenkenisse der wonden Cristi? Ende also langhe als dat oghe der zielen /*111vb*/ niet verclaert en is, so en can ic niet sien hoe dat mi toe behoeren mach, dat hi seyt: STANT OP, MIJN VRIENDINNE, MIJN BRUUT, ENDE COM, MIJN DUVE. Die verhalinghe der namen der bruut is een teyken der sonderlinger minnen, wanttet al namen van sonderlingher minnen sijn. STANT OP, MIJN VRIENDINNE, om die nederste crachten, MIJN DUVE, om die middelste, MIJN BRUUT, om die overste minlike ende welgheordinierde crachten der zielen; of MIJN VRIENDINNE, om die reyn, MIJN DUVE, om die reinre, MIJN BRUUT, om die alre reynste ende puerste ghebedekens. STANT OP, IN DIE GATEN DES STEENS ENDE IN DIE HOLEN DER STENEN /*112ra*/ WANDEN. *Vercellencius:* Bi den GATEN DES STEENS selstu nemen die *heymelike afgrondicheyt der godliker

---

Gö *De Ha2* *Le3* *Be3*

1401 al- *om De* (wt) den *De Le3* **1403** worttet *:* wort *De* **1406** mijn bruut *:* (myne duve *add De)* myne scone *De Ha2* (duve) in die gate der leyen ende (in *add Ha2)* die holen der stenen wanden Toen my dijn aensichte. laet dijn stemme in minen oren luden want dijn stemme is zuete ende dijn aensichte (is *add Ha2)* scone *De Ha2* **1408** so *om De Ha2* **1409/10** Dionisius – haer *:* Eerst gheeft hi hoer als dyonisius seghet *De Ha2* **1412** (is) is *De Ha2 Le3 Be3* **1414** steen *:* leye **1416** beswaert *De Ha2 Le3 Be3* **1417** steen *:* leye **1419** scarpen *:* sterken *De Ha2* stade *Gö* **1422** bruut *:* scone *De Ha2* **1426** (Of) aldus stant op *De Ha2* **1427** bruut *:* scone *De Ha2* **1428** op *om De* des steens *:* der leyen *De Ha2* **1430** des steens *:* der leyen *De Ha2* heymelicste *Gö* <secretam>

scouwinghe, die den redeliken ende den verstandeliken scouwinghe moghelic sijn te vinden. In desen steen vint die voergaende scouwinghe also enghe gate, dat si daer mitter vernyeder scouwinghe nauwe in sien mach. *Job*: Oftu een cleyn voncke sijns woerts niet horen en mogheste, hoe soudestu dan sinen donreslach moghen verdraghen? Mer na starker stadigher oefeninghe totten oversten radien, so wort den ghemoede die steen in een want verwandelt. *Die wise man*: Ic sel di leyden doer die toepade */112rb/* der gherechticheyt, mar alstu daer in ghecomen biste, so en sellen dijn voertganghe niet benauwet worden. Want in desen GATEN DES STEENS ende in desen HOLEN DER STENEN WANDEN, so coemt die bruut totten brudegom wanneer tghemoede mit vierighen begheerten ende mit groter, doersichtigher oefeninghe hem selven inlaet, ende indringhet in die overste scouwinghe gods, ende niet of en laet °na hem in te° volghen. *Ieremias*: Du en selte niet oflaten na mi in te gaen. Want doe Moyses in dat innerste der woestinen sijn scape hoede, doe openbaerde hem die here in den doernbosch. *Barnardus* verstaet bi desen GATEN */112va/* ende bi desen HOLEN die wonden Cristi, ende seit dat die minnende ziele mit alre innicheyt in den wonden Cristi wanderen sel, ende mit stadeliken ghedachten daer in wonen. Want daer uut is dien martelaer dat stantachtighe liden ghecomen, daer uut heeft hi bi den oversten gode dat grote betruwen ghecreghen. Die martelaer staet blidelic ende siet vroelic om dat heylighe bloet uut sinen lichaem lopen. Waer was doe des martelaers ziele? Si was daer si seker was; si wonede IN DIE GAETE DES STEENS ENDE IN DIE HOLEN DER STENEN WANDE. Ende wat wonder wast dat si van dien steen gheliken den steen verhardet wort? Het en was oec gheen wonder dat hi, die in den lichaem niet */112vb/* en was, des lichaems wee niet en voelde; niet uut dodicheyt der leden, mar uut groetheyt der minnen; niet dat daer gheen liden en was, mar dat hi dat wee niet en achte. *Barnardus*: Het is een yghelic van ons wel gheorloeft, in wat siden dat hi wil, een gat in die hemelsche stenen wanden te maken: alse nu die patriarchen aen te sien, alse nu die propheten te grueten, alse nu die apostelen te volghen, alse nu van den martelaers te verwonderen, alse nu onder die confessoren, alse nu onder die maechden te wanderen. Want die gheen die gheseyt heeft: In den beghinne was dat woert, ende dat woert was bi gode, die was doer een */113ra/* gat in die heymelicheyt des woerts ghecomen, daer hi een overheylighe heymelicheyt uut brochte. Bi den GATEN DES STEENS ende biden HOLEN DER STENEN WANDEN machmen twee manieren van scouwen merken:

Gö De Ha2 Le3 Be3

1431 den*(2) om De Ha2* **1432** desen steen *:* deser leyen *De Ha2* **1434** moghen *De* **1436** steen *:* leye *De Ha2* **1437** gherecheit *De* **1439** des steens *:* der leyen *De Ha2* **1442** na hem in te *:* hem na te in- *Gö* (hem) na *De Ha2* <post ipsum ingredi> **1445** vurighen *(*dornen bussche) *De Ha2* Sunte *(*bernardus*) De Ha2* **1447** stadighen *De Ha2* **1448** dien *:* den *De Ha2 Be3* **1450** om *om De Ha2* **1452** des steens *:* der leyen *De Ha2* wande *:* want *De* **1453** dien *:* de *De Ha2* **1458** dat *:* daer daer *De* wanden *:* want *De Ha2* **1462** ende *om De* **1464** des steens *:* der leyen *De Ha2* **1465** wanden *:* want *De*

dat een van der saligher glorien der hemelscher stat, dat ander van der godliker moghenheyt ende *almachticheyt des conincs. Dat eerste in DIE HOLEN DER STENEN WANDEN, dat ander in DIE GATE DES STEENS. En ontsich di niet, al seit die scrifture dat die ondersokers der godliker moghenheit van der glorien verdrucket sellen worden; mar brenghe alleen een reyn oghe, du selste gheholpen worden. Want daer dat scalc oghe */113rb/* wort wederghestaen ende uutghesloten, daer wort dat reyn simpel oghe inghelaten ende te vreden gheset. Daer om, heb der duven oghen, maec dijn nest IN DIE GATE DES STEENS ENDE IN DIE HOLE DER STENEN WANDE; niet als mit enen scalken ondersoken, mar mit enen simpelen ende weerdighen verwonderen. Ende of di dat somtijt overmids den overtret ghebueren mach, dat en coemt van dijnre verdienten niet, mar overmids der goetheyt gods. VERTOGHE MI DIJN AENSICHT, LAET DIJN STEMME IN MINEN OREN LUDEN etc. *Vercellencius*: So wanneer dat scouwende ghemoede in DIE GATE DES STEENS ende in DIE HOLEN DER STENEN WANDE stadelic van der ghenaden gods */113va/* mitter godscouwinghe blivet, so wort dat aensicht van den overschinenden godliken radien veel scoenre dant plach te wesen, ende die stemme veel soeter. [barnaerdus] *Barnardus*: Dat aensicht beduut dat belien van buten, ende die stemme dat lof ende dat verwonderen van binnen. Mar dat men dat aensicht ende die stemme niet den menschen mer den brudegom selve vertoghen <sel>, bewijst ons die *propheet*, daer hi seyt: Des menschen ghedachte sel di belien, ende dat afterblijf der ghedachten sellen die een feestdach maken. Want al ist dattie ghierighe, dorstighe, scou-*/113vb/*wende ziele van dien dat si uut der heymeliker borsten der godliker wijsheyt ghecrighen can, na ontfanclicheyt der hoerres, totten love des ghevers mit prediken, mit leren mededeylt, nochtan sel si van den afterblijf der ghedachten, di si te vollen niet begripen en mach, gode ende haer selven mit innigher vroelicheyt enen feestdach maken. Ende daer om, LAET DESE STEMME des overblivens mit enen reynen zwighen IN MINEN OREN LUDEN, die mi verwecke die te horen. Want die godlike rike mildicheyt verhoert liever grote dinghe dan cleyn, want hem overmids sijnre groetheit grote dinghen betamen. *Barnardus*: Grote lude dorren van gode grote dinghen bidden, ende so wanneer du den voet */114ra/* des betruwens in des heren goet setste, rechte voert seltu dat besitten. Want groet ghelove verdient groet loen, na dat alsulken groten luden beloeft is: Elke stede die u voet betret, sel u wesen. *Vercellencius*: Ende want hem nyement van gheenre begavinge vermeten en dar, daer om ghebiet die

---

Gö De Ha2 Le3 Be3

1467 almachticheyt *:* moghentheyt *Gö Le3 Be3* <regis deitate, maiestate et eternitate> **1468** want *De Ha2* des steens *:* der leyen *De Ha2* **1470** en *(*ende *Ha2) (*du*) De Ha2* **1471** wederstaen / wort *De Ha2* **1473** des steens *:* der leyen *De Ha2* **1474** want *De Ha2* **1477** Vertone *De Ha2 Be3* **1478** etc *:* want dijn stemme is zuete dijn aensichte is scone *De Ha2* **1479** des steens *:* der leyen *De Ha2* want *De Ha2* **1482** barnaerdus *(*Barnardus*) Gö* **1484** mensche *Gö* <mortalibus> selve *om De Ha2* **1485** vertonen *De Ha2 Be3* sel *om Gö* **1490** lere *Gö* <docendo> **1499** *(*is*)* als ghescreven is *De Ha2* u*(2) :* uwe *De Ha2* **1500** dar *:* daer *De*, doer *Ha2*

brudegom dat men onder die oefeninghe des ghemodes die voskijns vanghen sel, ende seit: VANGHET ONS DIE VOSKIJNS DIE DEN WIJNGAERT VERDERVEN, dat sijn die onaerdighe begheerlicheden der naturen. Want al ist dat die in gheesteliken mannen om des gheestelics levens willen ontslaep sijn gheworden, si en sijn nochtan niet al ghedodet. Ende daer om vanghetse ons, */114rb/* dat is mi ende der bruut. *Barnardus*: Siestu wel hoe medegheselllic dat hi spreect, die ghenen gheliken ghesel en heeft ende inder gheselscap ghenuechte hevet? O sueticheyt, o ghenade, o crachte der minnen; dat also die overste van al een van den menschen gheworden is, wie heeft dit ghedaen? Die minne die gheen groetheyt en kennet, die in oetmoedigher weerdicheyt rijc is, die in den werken machtich is ende crachtich in den rade. Wat ist dat den brudegom alre crachtelichste verwinnet, dan die minne? Hi heeft hem selven uutgheidelt, op dattu soudeste weten dat dat van minnen quam dat die vollicheyt uutghestort is, dat die hoecheyt ghenedert is, ende mit ons also vereni-*/114va/*ghet is, dat hi seyt: VANGHET ONS DIE VOSKENS, dat sijn die scalke laghen der sinliker begheerlicheyt. Al sijn dese cleyn ende seer vertreden, mar nochtan en sijn si niet uutgherodet. Dese VERDERVEN DEN WIJNGAERT, als si al heymelic in die oefeninghe des ghemoedes mede willen crupen.

Dat xxviij Capittel.

MIJN GHEMINDE MI ENDE IC HEM, DIE GHEVOET WORT ONDER DIE LELYEN, THENT DIE DACH OPRISET ENDE DIE SCEME *NEDERGAEN. O MIJN GHEMINDE, KEER WEDER, WES GHELIJC EENRE GHEITEN ENDE DER HINDE DER HERTEN OP DIE BERGHEN BETHEL. Hier te voeren vermaende die brudegom der bruut anderen menschen te prediken ende te leeren, hier */114vb/* antwoert die bruut dat si bereet is sinen salighen raet te volghen. Want hi te voeren seyde: VERTOGHE MI DIJN AENSICHT ENDE LAET DIJN STEMME IN MINEN OREN LUDEN, so seit si nu: MIJN GHEMINDE MI, dat is, hi heeft mi alsulke vermaninghe ghedaen ander menschen te leren, ENDE IC HEM, dat is, ic wil hem dat aensicht mijns levens ende die stemme mijnre leeringhe na sijnre begheerten anderen menschen mededeilen. HI WORT GHEVOEDET ONDER DIE LELIEN, dat is onder den sueten roec der doechden, want hi sonder twivel in die reynicheyt der heyliger zielen ghenuechte heeft. THENT DIE DACH OPRISE ENDE DIE SCEME NEDERGAEN. *Beda*: */115ra/* So wanneer die dach der ewicheyt, die van allen menschen begheert is, op beghint te risen, dan sel der heylighen ghemoede van den ewighen scouwen der glorien gods verzadet worden. *Gregorius*: Dan sel die dach oprisen ende die sceme nedergaen, als deses levens een eynde comet ende dat ewighe leven

---

Gö De Ha2 Le3 Be3

1502 wijngaerden *De* **1503** onaerdighe *:* hoverdighe *De* **1505** ende *om De* **1508** zuetheit *De* **1512** wtghedeelt *De Ha2* **1519** dat xxviij Capittel *:* Dilectus meus michi *opschrift De*, Nae den iersten sinne *opschrift Ha2*, *om Le3 Be3* **1520** is *(*my*) De Ha2* **1521** nedergaet *Gö De Ha2 Le3 Be3* <inclinentur> **1522** der*(1) :* eenre *De Ha2* **1523** *(*berghen*)* van *De Ha2* **1524** antwoerde *De* **1525** vertone *De Ha2 Be3* **1532** opriset *De Ha2*, oprisen *Le3* **1535** Gregorius – sel *:* Dan sal alse sancte Gregorius seghet *De Ha2*

openbaren sel. Ende al ist dat wi al hier in den scouwen gods duuster sijn, al daer sel ons die dach, dat is die waerheyt selve, claerlike verschinen. Ende want die bruut, die heylighe kerke, die ons daer toe wiset, ende kennet dat wi sonder des brudegoms hulpe daer toe niet comen en moghen, so seit si: O MIJN GHEMINDE, KEER WEDER overmids dijnre */115rb/* ghenaden, ende helpe mi dinen wille volbrenghen. *Augustinus*: Here, ghif dattu ghebiedeste, ende ghebiede dattu wilste. WES GHELIKE DER GHEITEN ENDE *DER HINDEN DER HERTEN, dat is, keer snellike ende haestelic weder OP DIE BERGHE VAN BETHEL, dat is in den hoghen ghemoeden der volcomenre mannen, overmids wilken du der cleynre lude crancheyt somtijt te hulpen coemste. BETHEL beduut een opstaende huus of een huus der wake. Want so wie alre wackerlicste totten scouwen der hemelscher dinghen mitten ghemoede opstaet, ende die alre vlitelicste hier om waket, die sel wel mit rechte die hemelsche dinghen alre hoeche-*/115va/*licste ondervinden.

Na enen anderen sin.

MIJN GHEMINDE MI ENDE IC HEM etc. *Vercellencius*: Doe die vosse ghevanghen waren ende die bruut te vreden ghecomen was ende haer stantachtelic totter godscouwinghe gaf, seide si mit groter vroechden: MIJN GHEMINDE MI ENDE IC HEM. *Barnardus*: O heylighe ziele, wat sel hi di ende wat selstu hem, ende wat is die heymelike ende vriendelike ghifte tusschen malcander, daer du also wonderlike in vernueghet biste ende starkelike ghetoghen totter begheerliker medesprake mit hem, die du niet verswighen en mogheste, noch uutspreken dattu bevoelste? Die minlike begheer-*/115vb/*ten hebben oec hoer stemmen, daer si hem selven mede uutbaren als si willen. Als aldus: die vrese heeft een anstvoudich bevende gheluut, ende rouwe heeft een versuchtende gheluut, ende minne heeft een vrolike stemme. Want die vierighe crachtighe minne gods, als si haer selven in haer selven niet bedwinghen en mach, so en acht si niet in wat ordinancien, in wat manieren ende in wat scickinghe van woerden dat si uutberst, in dien dat si selve daer ghenen scade of en bevoelt. Ende daer om, die bruut die mitter heyligher minnen ontfoncket was, om daer wat coelnisse of te crighen, en achtese niet wat of hoe si sprac: si en berste uut */116ra/* overmids der volre sueticheyt daer si wel mit rechte in werscappen mochte ende blide wesen. O goede Jhesu, ic begheers dattuse mitten goede dijns huus vervulleste ende te drincken gheveste uter rivieren dijnre weelden, mar ic begheers, als si versadet is, dat tot mi, arm man, een cleyn roke daer of moet comen. MIJN GHEMINDE MI. *Vercellencius*: Hier hoert wat aen, alse: hi blivet

Gö De Ha2 Le3 Be3

1539 ende kennet *:* dat bekent *De Ha2* **1542** *(*wille*)* te *De Ha2* Here *om De* **1543** ghelike *om De* der *:* den *Gö Le3 Be3* <hinulo> **1544/5** in – ghemoeden *:* die hoeghe ghemoede *De* **1547** waerlicste *De Ha2* **1552** etc *:* die ghevoedet wort onder die lelien hent die dach op riset ende die scemen neder gaen etc *(*om *Ha2) De Ha2* **1554** godscouwen *De*, scouwinghe *Be3* **1566/7** vercoelnisse *De Ha2* **1569** begher *De Ha2* **1571** begheer *De Ha2 Le3* **1572** Vercellencius – aen *:* Hier hoer wat an als vercellensis seghet *De Ha2*

mit mi, of: hi is mit mi verenighet, of: hi is mi wel te wille, of yet anders des ghelijc. Mar al dat versweech si, om dat si gheen woert vinden en conde dat alsulken eninghe te rechte mochte beduden. Want so wat boven verstande is, dat gaet oec boven allen woerde. Noch-*/116rb/*tan, behoudelic der bruut heymelicheit daer wi niet toe gheraken en connen, so moghen wi dese woerde aldus vervollen: MIJN GHEMINDE MI ENDE IC HEM. Om dat Moyses inder tonghen becommert was, so plach Aaron sijn woerde te spreken; dat is, die reden moet der minnen begheerte beduden ende segghen: MIJN GHEMINDE neemt mijnre waer ENDE IC HEM. Of: MIJN GHEMINDE siet mi aen ENDE IC HEM weder. *Psalmus*: Al verbeidende heb ic den here verbeit, ende hi heeft mijnre ghedacht. Of: MIJN GHEMINDE is een mit mi ende ic weder mit hem. Want so wat hi in overvlodicheden sijnre puerheyt van naturen heeft, daer is hi toe bereyt dat mi van ghenaden te gheven. Of: */116va/* MIJN GHEMINDE is mijn loen alles arbeits ende alles verdriets, ende ic bin hem weder des ghelijc sijn loen alle sijnre moeyenisse ende alle sijns lidens dat hi gheleden heeft. Want mine gheminde heeft alle dinghe gheleden om mi, ende mijn ziel sel gheern ende danckelic alle dinghe wederliden om hem. Of: MINE GHEMINDE heeft altemael om minen wille gheleeft ende ghestorven, also sel ic hem oec altemael weder leven ende sterven. Nu merket hoe veel toedoens dat die voerseyde woerde behoeven, die nochtan voer gode niet noetorftich en sijn, want hi die tonghe der minnen wel verstaet. HI WORT GHEVOEDET ONDER DIE LELYEN, THENT DIE DACH OPRISET. *Vercellencius*: Die blencken-*/116vb/*de LELIEN, die boven open sijn ende roede bloesen hebben, beteykenen die overste welgheordinierde crachten des ghemoeds, die mitten godliken licht begavet sijn ende senden haer schijnsele voert totten nedersten. Onder dese lelien wort die brudegom gheern ghevoedet, so wanneer si hem mit volcomenre minnen verenighet worden. Want dan sijn si bloemen des camps, lelien der dalen, lelien des ackers ende lelien des hemels, want hise mit sijnre ghenuecheliker teghenwoerdicheyt staende hout, ende nochtan wort hi in haren blenckende dogheden ghevodet ende sueteliken vernoghet. *Gregorius*: Die brudegom wort ONDER DIE LELYEN GHEVOEDET, want hi ghenuechte heeft in die */117ra/* doechde der volcomenre mannen, die reynicheyt des lichaems in hem selven houden, ende den brudegom mit hemelschen ghedachten voeden, ende haren naesten exempel der goeder roke gheven. Du, die dit hoerste, pijn di dese lelien bi di te hebben, wilstu den minre der lelyen in di mitter woen ghecrighen; ende laet dijn werc, dijn vliticheyt ende dijn begheerte mitter ghedaente ende mitter roke der lelien verciert wesen. Men vint lelien in den dale, als hier: IC BIN EEN BLOEM DES CAMPS ENDE EEN LELYE DER DALE. In den acker. *Matheus*: Merct die lelien des ackers, hoe si wassen. In den voerbiloep

---

Gö *De Ha2* *Le3* *Be3*

1574 si*(1) om De* **1582** Psalmus : David inden solter *De Ha2* **1584** overvloedicheit *De Ha2 Be3* **1590** oec *om De* **1607/8** vercrighen *De Ha2* **1609** ghedaente : ghedachten *De*

des waters. *Die wise man*: Recht als lelien die in den voerbiloep */117rb/* des waters sijn. In der enicheyt. *Ysayas*: Die woestijn ende daer gheen wech en is, sel verbliden, ende die enicheyt sel vervroechden ende recht als die lelien bloeyen. In den hove, als al hier: HI WORT GHEVOEDET IN DEN HOVEN ENDE VERGADERT DIE LELIEN. Dit sijn die lelien daer die gheminde onder ghevoedet wort ende in weelden verblijt, thent die dach der ewicheyt opriset, als wi die sonne der gherechticheyt niet in ghelikenisse of in <enen> spighel, mar claerlic van aensichte tot aensichte teghenwoerdich sellen scouwen. Die een dach is beter dan dusent. In dien daghe sel[len] uutten berghe<n> sueticheyt drupen. *Augustinus*: Wat sel ic mit veel du-*/117va/*sent daghen doen? Ic begheer den enen dach die noch beghin noch eynde en heeft, ende daer gheen dach voer en ghinc noch na en comet; dat is die dach die wi begheren. O MIJN GHEMINDE, KEER WEDER. Hier bidt die bruut mit reynen ghebede dat si weder totter innerster weelden des scouwens mochte comen. *Gregorius*: Het pleget tusschen lichaemliken ende gheestelike weelden een ondersceit te wesen. Want als men die lichaemlike weelden niet en heeft, pleghemense seer sterckelike te begheren; mar als mense vercreghen heeft, so worden si haestelic in verdrietelicheden verwandelt. Mar recht daer contrari teghens pleghet mitten gheesteliken weelden te we-*/117vb/*sen. WES GHELIJC EENRE GHEITEN, dat is, gif mi ghelike der gheiten een scarp claer ghesicht in dijnre godliker scouwinghe, ENDE WES GHELIJC *DER HINDE DER HERTEN, dat ic mit haesten snellen spronghen na di op mach clymmen OP DIE BERGHE VAN BETEL, dat is, in den ewighen leven boven alle salighe gheesten ende boven allen choren der enghelen. *Barnardus*: Het scijnt dat die brudegom daer niet en was, want hem die bruut bidt dat hi wedercomen wil. Nochtan was hi daer niet langhe te voren, mar doe hi sceen heen te gaen, riep sien rechte voert weder, dat een teyken der groter minnen was. Dat gaen ende dat comen dat die brudegom scijnt te */118ra/* hebben, dat is na den bevoelen ende niet na den wesen. Want die de ghenade voelt, die bekent sijn teghenwoerdicheyt; ende diese niet en ghevoelt, waent dat hi van hem ghesceyden is. *Johannes*: Een luttelkijn ende ghi en selt mi niet sien, ende anderwarve een luttelkijn ende ghi selt mi sien. O corte ende lanc, o corte ende corte; o here, dijn woert is waer, cort in der verdienten, mar niet cort in der begheerten. Van beide seyt een *propheet*: Al ist dat hi een verbeit maect, verwacht hem, want al comende sel hi comen ende niet merren. Al ist dat hi verbeit, na der verdienten is sijn comen meer dan ghenoch, mar niet na der begheerten. Want die */118rb/* minnende ziele wort

---

Gö De Ha2 Le3 Be3

1612 in den *om De* **1615** al *om De Ha2* **1617** enicheit *De* **1618** enen *:* enighen *De, om Gö Le3* **1620** sellen *Gö Le3 Be3* berghe *Gö* <montes> **1624** weder *na* scouwens *(1625) trnsp De* innerster *:* ierster *De* **1629** contrarie / daer *De Ha2* **1632** der*(1) :* den *Gö Le3 Be3* <hinulo> **1641** die *(*waent*) De Ha2* Johannes *:* als hi spreket in sancte iohannis ewangeli *De Ha2* **1644** *(*beiden*)* desen *De Ha2 Le3* **1645** verbeit *:* merren *De Ha2* verwacht *:* verbeide *De Ha2* **1646** merren *:* vertraghen *De Ha2* verbeit *:* merret *De Ha2*

mitter begheerten ghedraghen, mitten verlanghen ghetoghen; si bedect die verdienten, si luket der moghentheyt die oghen toe, si doetse weder tegens der ghenochten op. Daer om roept si dat woert onvervaert ende sonder ontsich van scaemten weder, ende noemten na der ouder vriheyt niet haren here, mar haren gheminden, ende seyt: O MIJN GHEMINDE, KEER WEDER, ENDE WES GHELIJC DER GHEITEN. Die waerheyt is *bitter sonder toedoen der innicheyt; also is oec die innicheyt lichtveerdich ende haest voerbigaende, sonder breydel der waerheyt ende des ondersceits. Die ghenade */118va/* der innicheyt heeft den menighen luttel ghevordert die sonder ripicheyt der gheiten, dat is, die sonder ondersceit die ghenade ghebruucten ende hem totter lichtverdicheyt gaven. *Gregorius*: Veel isser die de werlt ghelaten hebben ende leven bet dan veel ander lude, mar want si hem selven mit ondersceide niet regieren en connen, so worden si dicwijl mitten scutte der ydelre glorien ghescoten ende vallen van den hoghen neder. Daer om sellen die minres segghen: O MIJN GHEMINDE, KEER WEDER, WES GHELIJC DER GHEITEN etc. Wel mit rechte mach die innighe wise bruut desen brudegom noeden weder */118vb/* te comen, want ist dat si levendich is, so woent hi in haer; stervet si, hi onthoudetse; sceidetse van hem, hi roeptse weder; coemt si tot hem, hi ontfanghetse minlic. Want die heylighe zielen sijn gods weerdinnen, ende die hem in haer herberghe ontfanghen, worden mit inreliker weelden ghevoedet. O hoe ghenuechelic ist mit alsulken gast in eenre herberghen te rusten; o wat groter eeren ist enen armen mensch, een weerdinne van alsulken coninc te wesen.

Hier eynden twee die eerste capittele uut Cantica Canticorum

Gö De Ha2 Le3 Be3

1648 vertoghen *De* **1653** bitter *:* hart *Gö Le3 Be3* <amara> **1655** den *om De Ha2* **1656** ghevordelt *De* die*(2) om De Ha2* **1662** etc *:* ende der hinden der hirten op Op *(om Ha2)* die berghe van bethel *De Ha2* **1663** ist *:* is *De Ha2 Le3* **1665** tot hem *:* weder *De Ha2* **1666** weerdinnen *:* vrindinnen *De Ha2* **1671** Hier – canticorum *: om De Ha2 Le3 Be3*

/1ra/ IN MINEN BEDDEKIJN HEB IC DES NACHTS GHESOCHT DIEN MIJN SIELE MINNET. Hier te voren was die bruut, die heilighe kerke, bereet den brudegom ghehoersaem te wesen, mar want hi hair dat <si> eyschede na haerre begheerten <niet en dede>, so bereyt si haer nu hem naerstelike<r> te soken. Want die brudegom hadde te voren gheseit: STANT OP MIJN VRIENDINNE, COM NAERRE, LAET MI DIJN STEMME HOREN. Die bruut was bereit ghehoersaem te wesen ende begheerde sijn hulpe daer toe, doe si seyde: O MIJN GEMINDE, KEER WEDER, WES GELIKE DER GEITEN. Mar want hi rechte voert doe si hem eerst nariep, niet bi haer en quam, doe seide si: IN MINEN BEDDEKIJN HEB IC, dat is in die minne der werelt, HEB IC DES NACHTES, dat is mitter reden der philosophen daer luttel lichts in is, GHESOCHT mit */1rb/* natuerliker minnen DIE MIJN SIELE MINNET. Men vint in desen booc drierhande beddekijn. Dat eerste is duuster, daer die beghinnende crancke menschen op legghen, als nu al hier. *Psalmus*: Alle nacht sel ic mijn bedde wasschen. Hier in wort die brudegom gesocht als een meester. *Matheus*: Den gesonden en is die meester geen noot, mer den sieken. Dat ander is vol droefheden, daer die ghetemtierde, voertgaende menschen op legghen. SIET, SALOMONS BEDDE HEBBEN LX STARKER MANNEN BESET. Hier in wort hi ghesocht als een bescermer. *Psalmus*: Ic bin mit hem inder tribulacien, ic sellen verlossen ende glorificieren. Dat derde beddekijn is vol weelden, daer die scouwende, volcomen mensche op rusten, ende is mit blomen bestroyt. Hier in wort die brudegom ghesocht als die gheminde, want dat */1va/* sijn weelden sijn mitten kinderen der menschen te wesen. IC SOCHTEN in scrifturen, in figueren ende in creaturen, mit verlangen ende mit versuchten, ENDE IC EN VANTS NIET. Want ic en sochts niet, als sinte *Bernaerdus* seit, in die rechte stede, mar in den beddekijn der tijtteliker rusten, daer hi niet ghevonden en wort. *Job*: Hi en wort niet ghevonden int lant der gheenre die sachtelic leven. Ic en hebs oec niet gesocht in die rechte tijt mar des nachts, als men niet sien en mach. *Augustinus*: Gheen dinc en hindert meer die waerheit te vernemen, dan een leven dat op vleyscheliken ghenoechte staet. Ic en soechts ooc niet in dier wisen die hem behaechelic is, want het en was mit gheenre vierigher

---

Le1 *De Ha2* *Le3* *Be3*

In lectulo meo quesiui quem diligit anima mea *opschrift De*, Nae den iersten sinne dat derde capittel *opschrift Ha2*, Hier beghint dat derde capittel *opschrift Be3* **1** ic *:* icken *Be3* bi nachte *De Ha2* **3** si *om Le1* **4** niet en dede *om Le1* <non prestitit> hem *om De* naerstelike *Le1* **5** ende *(*com*) De* **7** si *:* hi *De* **8** *(*gheiten*)* ende der hinden der hirten op den berch van bethel *De Ha2*, etc *Le3 Be3* **9** *(*ic*)* bi nachte ghesoecht dien mijn ziele mijnde *(*minnet *Ha2) De Ha2*, etc *Be3* **10** bi nachte *De Ha2* *(*nachte*)* ghesoecht dien mijn ziele mynnet *De* philosophien *De Ha2 Be3* **13** *(*hier*)* In mynen beddekijn *De Ha2* Psalmus *:* Ende daer David inden solter af seghet *De Ha2* alle nacht *:* op elke nacht *De Ha2* **14** meester *:* arste *De*, arsate *Ha2* **15** Matheus *:* als in matheus ewangeli onse here seghet *De Ha2* meester *:* arste *De*, arsate *Ha2* **16** ghetemtierde *:* becoerde *De Ha2* **16/7** *(*legghen*)* als hierna noch volghet *De Ha2*, Cantica *Be3* **17** siet *:* sich *De Ha2*, sie *Le3* beddekijn *Le3 Be3* bedde – beset *:* bedekijn bewaren sestich starken van de starcsten van israhel *De Ha2* **18** Psalmus *:* als inden solter staet *De Ha2* tribulacien *:* bedrucnisse *De Ha2* **22** sochte *De* **25** ghevonden*(1) :* ghevoedet *De* **30** dier *:* -der *De*

begheerten. Daer om SEL IC OPSTAEN ENDE GAEN OM DIE STAT, dat is die eendrach-/*1vb*/tighe vergaderinghe der heilighen, die recht wel eenre stat ghe-liken, DOER STEGEN, dat is onder die heilighen die strengheliken leven, ENDE DOER STRATEN, dat is onder die heilighen die den heer in rumeren weghe vol-ghen. Want dat is een rechte manier die waerheit te soeken, dat men niement en versmade daer men waerheit in waent te vinden. *Ieremias*: Gaet die weghe van Jherusalem om, ende siet ende merket ende soket in haren straten of gi yement vint die de waerheit mint. *Gilbaertus*: Mar wat sel wi den ghenen seggen die in gheenre steden oersaken der salicheit en soken, mar claghen ende oordelen waer si coemen? In den STRATEN claghen si dat men te rumelic ende te lichtvaerdelic levet; in den STEGHEN clagen si dat men te strenghelic ende te onbesceidelic levet. Alle manieren van ghees-/*2ra*/teliken leven ondersoken si ende en vinden daer niet in dat si tot haerre baten nemen, mar veel dinghes weten si te berechten ende te veroordelen: hoe dat inden sommighen te veel onderscheits is, inden somighen te luttel. Dese moghen wel onsalichlike tot haerre behoef ende wairlic segghen: IC HEBBEN GHESOCHT ENDE NIET GHEVONDEN. Recht hier teghens seit sinte *Gregorius* aldus: Die bruut staet op ende gaet om die stat. Want een siele die al dat men sien mach, versmaet, ende siet an alle die heiligen die sijn of in die heilighe kerke gheweest hebben, of si in al haren werken yet vinden conde na te volgen daer si tot des brudegoms kennisse mede mochte comen – ende want si overmids den navolghen der goeder menschen tot des brudegoms heymelicheden pijnt te genaken –, so en vintse niet alleen in gheesteliken luden /*2rb*/ mar oec mede somtijt in weerliken luden dat si wel mit rechte navolghen mach.

Na enen anderen sinne.

IN MINEN BEDDEKIJN HEB IC DES NACHTS GHESOCHT DIE etc. In desen woerden bewijst die scouwende siele stadicheit hoers soekens ende swaerlicheit des vindens. *Vercellencis*: Hier te voeren hadde die bruut den brudegom ghe-noedet dat hi wederkeren woude, doe si seide: O MIJN GHEMINDE, KEER WEDER; mar want die brudegom marrede hair te volbrenghen dat si begeerde, so en woude si dat hair scout niet laten wesen yet daer in te versumen, ende bereide haer hem van nyens te soeken. Ende waer om verbeidet die brudegom also langhe haer te gheven dat hi wel wiste dat si so vlitelic begheerde? *Barnardus*: Het is een ontsculinghe ende een vertrec dat van gheenre onwaerden en coemt, mar /*2va*/ op dat die begheerte wasse ende die hantieringhe der minnen

---

Le1 *De Ha2* *Le3* *Be3*

36 wech *De* **39** oersake *De Ha2* **41** te*(1) om De* **44** ordelen *De* -den *om De Ha2* **45** *(*is*)* ende *De Ha2 Le3 Be3* -den *om De Ha2* **55** bi nachte *De Ha2* die etc *om Be3* etc *:* dien mijn ziele mynt Ic sochten ende ic en vandes niet Daer om sal ic opstaen ende gaen om die stad der *(*doer *Ha2)* steghen ende der *(om Ha2)* straten ende soeken den mijn ziele mijnt *De Ha2* **57** swaerlicheit *:* zuerheit *De*, swaricheit *Ha2 Be3*, zwaerheit *Le3* **58/9** ghe-noedighet *De* **62** verbeide *De Ha2* **63/4** Barnardus: Het is *:* Het is als sancte bernardus seghet *De Ha2*

gheoefent worde. Ende daer om pijnde haer die bruut die wege der ewicheit daer si alrede in gheoefent was, te gripen, op dat si vanden brudegom totten brudegom selve opwaert *ghewrocht soude worden, ende seit: IN MINEN BEDDEKIJN. *Gilbaertus*: Die minres hebben menigherhande begheerlike ghevoelen, want die ghevalle sijn menigerande, *als so wanneer die minnende siele haren gheminden na haren wille gebruket of jeghens haerre begheerten berovet wort. Ende daer om, doe die geminde recht als een onstadich springhende hindekijn haer op die berghe ontscolen was ende si tot hoer selven wederquam, seide si: IN MINEN BEDDEKIJN, dat vrede des ghemoeds beduut. Want sonder een vredelic herte en /*2vb*/ mach men die ghenoechlike wijsheit goods niet vinden, want sijn stede is in vreden geset, ende [dair om] °die vrede wort° voergheset recht als een bereydinghe des scouwens. Want in den BEDDEKIJN ende in een heimelike ruste des ghemoets wort die brudegom vrilic ghesocht, haestelic ghevonden ende sekerlic ende vaster ende langer ghehouden. Mar niet lange en mach dat ghemoede in dien weelden bliven, want in den beghinne pleghen si hem ooc dicwijl ontnomen te worden. So wanneer tghemoede van onnutter becommernisse vrilic vieren mach, dan wort die scouwende siele op dat beddekijn ghebrocht; want gheen meerre reescap en is tot oefeninghe der minnen dan vri ende ledich te wesen. *Richgaerdis*: Die hem selven van overvloedighen ende ydelen ghedachten hoeden, die soeken den /*3ra*/ [den] gheminden des nachts IN DEN BEDDEKIJN. Mar veel isser die wel ledich connen wesen mitten lichaem *ende niet mitter herten. Dese en connen den saboth niet te recht vieren, noch vervollen dat inden *Psalmus* ghescreven staet: Ledicht u ende siet, want ic god bin. Ende al ledigen si hem mitten lichaem, mitten ghemoede dwalen si overal. Daer om bespotten die viande haer sabbocht, dat sijn die daghe daer si hem gode in scinen te ledigen. Mar waer om seit die bruut: IN MINEN BEDDEKIJN, ende niet: In minen bedde? *Gilbaertis*: Die bruut vervroechde hair vanden beddekijn, want si hoirde den brudegom doir den *propheet* segghen: Mijn bedde is nauwe ende enghe: coemter een ander op hi vallet of; ende dat deccleet is cort, het en mach hem beiden niet bedecken. Want des menschen hert is cort ende enghe die weelden des woerden goods te ontfan-/*3rb*/ghen. Al waert dattet mit allen daer toe uutgherecket worde, hoe en soudet dan niet veel te cort wesen, isset dattet tot anderen dinghen uutwaerts ghekeert wort? Als die heer doer den *propheet* al verwitende seide: Du hebste dijn bedde breet ghemaect ende den overspeelre bi mi ontfanghen. Si

---

Le1 *De Ha2* *Le3* *Be3*

68 ghebrocht *Le1* <sursum agatur> **68/9** (beddekijn) heb ic ghesoecht bi nachte (bi nachte / ghesocht *Ha2*) dien mijn ziele mynnet *De Ha2* **70** als so *:* also *Le1*, als *De Ha2* **71** sijns (berovet) *De Ha2* **73** ontscuult *De Ha2* **76** geset *:* ghemaket *De Ha2* (ende) dair om *Le1* wort / die vrede *Le1 Le3 Be3* <pax proponitur> **79** sekerlic *:* sekerliker *De*, *om Le3* **80** dien *:* der *De*, *om Ha2* **81** van *om De* **82** becommeringhe *De* **87** ende *:* mar *Le1* **<et>** **88** salmen *De* **92** Gilbaertis *:* hier op antwoert hilbertus (ghilbertus *Ha2*)) ende seghet *De Ha2* **96** der woerden *De Ha2* **99** gherecket *De*

seit voert: DES NACHTS HEB IC GHESOCHT. Den nacht en sijn *der weelde<n> niet verboden, mar hi wort somtijt daer in verlicht. *Psalmus*: Die nacht is mijn verlichtinghe in minen weelden. Hi seit: In den weelden, ende niet: In den consten. Also als men biden bedde die ledicheit der heiligher rusten neemt, also verstaetmen ooc bider nachten een heilighe verghetelheit. Daer om ist een goet nacht, die mit wiser verghetelheit alle tijtlike dinghen niet en acht, om den ghenen te soeken /*3va*/ die ewich is; het is een goet nacht, die de wijsheit des vleisch verduustert ende die de begheerlicheit vercoelt. *Vercellencis*: Biden nachten moghen wi verstaen die stille, eenvoudighe scouwinghe der overscinender raeyen goods. *Job*: In den visioen des nachts luket god die oren der mannen op ende leertse inden slaep. Dese nachten worden in weelden verlicht. Mar want die minne van rusten onrustigher wort – [ende] al isset dat temptacie heengaet ende alle becommernisse ghestillet wort –, nochtan en can die minne niet rusten, si en oefent hoer werc so wanneer dat si oersaken daer toe crighen can. Want het is een ondersceit tusschen dat beddekijn der rusten ende tusschen die duusterheit der nacht, op dat si den ghenen dien si sonder ophouden minnet, puerliken mach gheden-/*3vb*/ken ende sueteliken mach gevoelen. *Gilbertus*: O goede Jhesu, het is suet ghenoch di te soeken, mar het is veel sueter di te houden. Dat wijf inder Ewangelien ruerde mit eenre sueter dieften die vnasen van Jhesus cleder an ende rechte voert bleef die vloet der vleyscheliker vlecken, der vleyscheliker ghenuechten ende *alre sorgen staende. Wat soude haer ghesciet hebben of si dat hoeft selve omghegrepen hadde? Dat aenrueren is goet, mar hem te handelen is beter; mar onder die scaer ende int openbaer machmen <hem> nauwe vinden. Ende daer om, die bruut die hem niet alleen en begheerde te rueren mar te handelen ende te ommevaeten, ende licht mitter moeder Marien dat woert des levens woude kussen, daer om vloch si uut der scaren ende vercoes die heymelicheit der nacht ende des bedden, ende seyde: IN MINEN BEDDEKIJN HEB IC DES NACHTES /*4ra*/ GHESOCHT DIE MIJN SIELE MINNET. Wel mit rechte mocht si segghen datten haer siel minnet, ende woude daer mede bewisen een inrelike, levendighe neyghelicheit der minnen, die tot haren gheminden sachte ende teder ende ghenoechlijc was, tot *elker vermaninge ende toesprekinc des godliken woerts. Hier om, den gheminden inden beddekijn des nachts te soeken is, so wanneer wi na den gheruusch des herten ende nader werckelicheit der sinnen, in vreden

---

Le1 *De Ha2* *Le3* *Be3*

101 die weelde *Le1* <deliciis> **102** hi *:* si *De Ha2* Psalmus *:* david inden salter *De Ha2* **103** Hi seit: In den weelden *om De* **112** ende *(*al*) Le1* **113** die *(*temptatie*) Le3 Be3* temptacie *:* becoringhen *De*, becoringhe *Ha2* becoernisse *De* **115/6** Want – nacht *na* ghevoelen *(118) trnsp De Ha2* tusschen dat beddekijn der rusten ende *om De* **119** inder Ewangelien *:* daer in den ewangelien van ghescreven staet *De Ha2* **120/1** der – vlecken *om De* **121** alle *Le1* <fluxus...cure> **122** omgreppen *De* **124** hem *:* -ne *De*, *om Le1 Le3 Be3* **125/6** omme / te *De Ha2* **128** ic *:* icken *De Le3 Be3* bi nachte *De Ha2* **129** mynde *De* **131** ende*(2) om De* **132** elker *:* uwer *Le1* <ad singulos> toesprekens *De*, toesprekinge *Ha2 Le3 Be3* **133** bi nachte *De Ha2* so *om De Ha2*

ende in verghetelheden der teghenwoerdigher dingen, die eerste vruchte recht alse weelden der toecomender godliker sueticheit ontfangen. IC HEBBEN GHESOCHT ENDE IC EN HEBS NIET GHEVONDEN. *Gilbertus*: Dat icken ghesocht heb, is een ghenoechelic woort, mer het is swaer dat ics niet ghevonden en hebbe. Het is wel gheloeflic, hoe dat die weelde meerre is die men */4rb/* van hem ghevoelt heeft, hoe dat hi dat ghemoede des sokers inden soken mit enen scarperen slaghe wederslaet. *Ancelmus*: Ay mijn heer, mijn god, leer nu mijn herte waer ende hoe dattet di soken sal, waer ende hoe dattet di vinden mach. Here, ic bidde di, ic heb di hongherich beginnen te soeken, dat ic niet nochteren van di en sceyde. Ic bin hongherich tot di gecomen, dat ic niet ongevoedet en blive. Ic bin ghecomen als een arm mensch tot enen riken heer, als een onsalich totten ontfarmhertighen god, ic begheer dat ic niet ydel ende versmadet van di en sceide. Leer mi di soeken ende toen di selven den soker. Want ic heb di ghesocht mit alre crachten des ghemoets ende mit alre vliticheit, als ic sculdich was ende plach, mar ic en heb di inden ghewoenliken vernemen dijnre heymelicheit */4va/* niet ghevonden. *Gelbaertus*: O goede Jhesu, wat ist dattu in *sommighen steden niet ghevonden en wortste ende du doch in allen steden biste? Du biste over al in dinen wesen, mar niet overal mit dijnre werckeliker genaden. Want mit eenre onversceidenre moghentheit werkestu cleyne dinghe in den cleinen ende grote dinghen in den groten. Alle dinghen toenen mi di te kennen, mar alle dinghe en beweghen mi niet di te minnen in innicheden. Waer om spaerstu die lopende rivier dijnre weelden? O hoe selden springhet dese rivier in onsen dalen. Daer om, du die droncken biste, nym den dorstighen totti ende stort een luttelken van dijnre vollicheit in sijn ydel vat. Waer is nu die groetheit dijnre ontfarmherticheden? Si hebben hem alte langhe over mi onthouden. Verghet der groetheit een */4vb/* luttelkijn ende ghedenc der ontfarmherticheit, want al mijn begheert is totti. Ic legghe mi selven mit allen daer an te cost om di te soken, ende du, mijn brudegom ende mijn brueder, du verhangheste mi alte lange. Selstu daer om inder minnen te minre wesen, dattu inder groetheit groot biste? Joseph ontfarmde sijnre broers, dies nochtan qualic verdient hadden, ende en mochte sijn tranen over hem niet onthouden; mar al sijn inaderen worden op hem beweghet, ende gaf hem suetelic ende goedertierlic te kennen wie hi was. Ende du biste ummer meer dan Joseph was, want du biste mijn brudegom ende mijn broeder. O salighe dach, als mi weder ghegeven wort dat ic segghen mach: MIJN GHEMINDE MI ENDE IC HEM. Hier om SEL IC OPSTAEN ENDE GAEN OM DIE STAT, DOER STEGEN ENDE DOER STRATEN, ENDE SOKEN DIEN MIJN SIELE MINNET. *Vercellencius*: */5ra/* Dicwijl anderwarf te soeken is een bewisen der groter minnen. Daer om SEL IC

Le1 De Ha2 Le3 Be3

136 hebbe *De Le3* **140** scarpen *De* **142** mach : sal *De* **146** ydellic *De* ende versmadet *om De* **151** sommighen : so menighen *Le1* **154** ende *om De* **158** luttel *De Ha2* vloedicheit *De*, volheit *Be3* sijn : dijn *De* **159** ontfermherticheit *De Ha2* **160** over : op *De Ha2* **165** over : op *De Ha2*, doer *Be3* **170** doer*(2) om De*

OPSTAEN vanden goeden dinghe totten beteren, vander uutwendiger aenwisinghe totter heymeliker verborgenheit, van hardicheden tot soeticheit. Ic SEL OPSTAEN boven den verstande mi op te recken totten godliken raeyen, totter vereninghe des gheens die boven alle wesen is. Ic SEL OM DIE STAT GAEN, dat allen menschen gheoerloeft is, mar die weelden des brudegoms sijn voervluchtich ende scuwel ende pleghen gaern in heymeliken holen te sculen. Die verloren soen keerde weder in hem selven ende seyde: Ic SEL OPSTAEN ENDE GAEN. Hi had oec alte cleynen, crancken betrouwen, dat hi vanden vader der huerlinghe loen begheerde, want dat hongherighe ghemoede dat van ghebreke versaluwet was, en mochte die magher hope totten toecomenden goe-*/5rb/*de des vaders niet stueren. Mar die een bruut is ende der ghenaden seker, die eyscht des brudegoms teghenwoerdicheit, ende seit: Ic SEL GAEN OM DIE STAT. O goede Jhesu, waer selte gaen vanden aensichte der druustigher begeerte? Clymmestu in den hemel, het is daer; daelstu neder in der hellen, het is oec daer. Het volghet di overal ende verneemt ende ondersoket dijn werken; ende so wat dattet in den ghelove hout, dat pijntet hem voert doer te storten in der minnen; ende in innicheden dijnre wonderliker moghentheden pijnt dat te andwoerden ende te segghen: Ic SEL DIE STAT OMGAEN. Dese ommeganc en is van gheenre uutdwalende lichtvaerdicheit, mar altemael van minnen. Daer om, laet ons alsulken ommeganc dicwijl hebben ende enen vrien toeganc, op dat ons die engicheit der STEGHEN, die wijtheit der STRA-*/5va/*TEN ende die inreste heimelicheden van deser stat bekennet moghen worden. Het is een goet ommeganc daert ghemoede overmids aenleidinghe der reden al ondersokende voertgaet mar van den ghelove niet en sceit; het is een goet ommeganc van claerheden in claerheden ghetransformiert te worden, als niet alleen altoes nuwe dingen begrepen worden, mer *als datter begrepen is, altoos mit nuwer minnen ende mit versscher begheerten wort over ende weder overghehaelt. Hier om seit die minnende siel: Ic SEL OM DIE STAT GAEN. Dese STAT is inden eersten dat begrijp van allen creaturen, daer of ghescreven staet inden *Psalmus*: O stat gods, van di sijn gloriose dinghen gesproken. Hier om sel die minnende siele alle dinghen totten love ende totter glorien gods overhalen, ende alle creaturen vermanen gode te glorificeren, op dat si haer selven */5vb/* tot meerre ghenade verwecken mach ende inden aensien alre dinghe totter minnen gods verwackert worde. O goede god, hoe orberlic ende hoe overvloedich is dat scouwen inden sacramenten, inden exempelen ende inden

---

Le1 *De Ha2* *Le3* *Be3*

174 hardicheit *De Ha2 Le3* **178** scuelachtich *De Ha2* **183** *(*seker*)* is *De Ha2 Le3* **186** het *:* si *De Ha2* daelstu *:* climstu *De Ha2* **187** het*(1)* *:* si *De Ha2* Het*(2)* *:* si *De Ha2* volghen *De* **188** dattet *:* si *De Ha2* pijntet hem *:* pijnt si haer *De Ha2* **189** moeghentheit *De Ha2* **190** dat *:* si *De Ha2* te segghen *:* seghet *De* **192** vrien *:* vurighen *De* **193** enicheit *De* **197** ghetransformiert *:* overgheformet *Ha2 De* **198** als *:* al *Le1* **199/200** wort – overghehaelt *:* over ende weder overghehaelt wort *De*, over ende weder over te halen *Ha2* **202** Psalmus *:* solter *De Ha2* **203** *(*love*)* gods *De*

mieraculen. Ghi kinder der menschen, waer om mindi ydel dinghen ende soect waerlike dinghen? Ende waer om keer di u ghemoede tot vreemder vermakinge? Verwandelt u ghemoede in goeden ghedachten, want ten is niet behoerlic u oefeninghe yet te verminren, als si niet in een beter verwandelt en worden. Hier om, gaet Syon al omme mitten gedachten ende omgrijptse mitter minnen, want als dat hongerighe ghemoede niet versadet en is, so wortet altoes tot anderen dinghen ghetogen ende omghekeert inden ommeloep der lopender begeerten ende daer ommeghetoghen, thent die hongher der minnen in goede dingen */6ra/* vervullet worde[n]. Ende dair om, dat omlopende gemoede dat alle dinghen doerlijt, en vijnt nerghent ruste dan in sinen god die sijn eynde is, ende alleen een rust der minres is, ende een eynde alre dinghe. *Richardus*: Die die werelt ende al dat daer in is, mit sinen ghemerke ommegaet ende naden ommeganc versmaet, die heeft orberlic die stat ommeghegaen; ende die en heeft die scouwinghe der nederster dinghen niet te vergheefs aenghenomen, die die nederste dinghen aensiet ende alle dinghen ten love goods brenghet, ende hem wonderlic ende minlic [ende begheerlic] ende lovelic in alle sinen werken bekennet. Bi deser STAT mach men oec verstaen die oneyndelike vollicheit gods; want hi is een groet heer, ende seer lovelic in die stat ons gods. Om dese stat en gaen niet alleen die ghemoeden der sterfliker menschen, mar */6rb/* oec mede der overster engelen, want tot hoe hoger inreliker scouwinge si mit ondervinden opghenomen worden, nochtan naden inresten so gaen si recht van buten om. Want alsmen leset, so waren die dieren die vloghelen ende oghen hadden midden ende inden ommeganc des stoels gods. Welc stoel anders niet en is dan dat ontoeganghelike licht daer god in woent. Wel mit rechte sijn si midden inden stoel, want haer begeerte is alrede vervullet. Si sijn oec inden ommeganc, want si en moghens niet al begripen. *Dionisius*: Ist datter kennisse der dingen sijn, ende al datter is een eynde heeft, so is hi oec boven alre kennisse, die boven alle wesen is. Bi DEN STRATEN verstaen wi alle scouwinge ende alle godlike dinghe die men mit redene ende mitten verstande iets wat begripen mach, mar biden */6va/* STEGHEN verstaen wy die *oververstandelike ondervindinghe inder vereninge gods, die nyement en kent dan diese ontfanget. *Gilbertus*: O hoe wijt is die scouwinghe ende hoe breet sijn die STRATEN in dat onbegripelike godlike licht. O hoe enghe ende hoe nauwe sijn die STEGHEN in die ewighe, eenvoudighe minne gods. Sijn weghe sijn scone weghe, ende alle sijn toepade sijn vredelic. IC HEBBEN GHESOCHT ENDE NIET GHEVONDEN. *Hugo*: God verwackert onse begheerten op dat hise vermeeren mochte, want in dien dat hi hem selven vertoghet, so oefent hi die

---

Le1 De Ha2 Le3 Be3

215 ommeghetoghen *:* mede gethogen *De Ha2* **216** worden *Le1 De* **217** en *:* ende *De* **220** omme / die stat *De* **223** *(*minlic*)* ende begheerlic *Le1* <mirabilem, amabilem, laudabilem> **225** heren *(*gods*) De Ha2* **233** Ist *:* is *De Ha2* **234** sijn *:* is *De Ha2* **235** alre *:* alle *De Ha2* **236** -ten *om De* **237/8** onverstandelike *Le1 De Ha2* <superintellectuales> **244** mochte *:* moeghe *De*, moghen *Ha2* vertoent *De Ha2 Be3*

minne in ons; ende in dien dat hi ons ontvliet, so ontfonct hi onse minne op dat wi hem souden volghen. Want des menschen herte is alsulc, ist dattet niet vercrigen en mach dattet minnet, so worttet mit meerre begeerten ontsteken. */6vb/* DIE WAKERS DIE DIE STAT BEHOEDEN, HEBBEN MI GEVONDEN. EN HEB DIJS NIET GESIEN, DIE MIJN SIELE MINT? DOE IC HEM EEN LUTTEL VOERBIGHEGAEN WAS, VANDICKEN DIE MIJN SIELE MINNET. IC HEBBEN GHEHOUDEN ENDE IC EN SELS NIET LATEN, THENT IC HEM INLEIDE INT HUUS MIJNRE MOEDER ENDE IN DIE SLAEPCAMER MIJNRE WINSTER. *Beda*: Dese WAKERS DER STAT sijn die heilighe leerars die de waerheit condighen. Want sise mitter saligher wakinghe ghevonden hebben, die den wech der waerheit mit simpelheden des herten sochten, als men vint in der *apostelen werke* dat Philippus Eunuchum ende Peterus Cornelium hebben ghevonden. Dese WAKERS moghen wel die apostelen ende alle die ghene die der apostelen werken doen, hieten, om die sorchfoudicheit haers herten. Want al sliepen si, haer herte [dat] wakede om die onderhoudinge haer lichaems in vasten */7ra/* ende in waken, ende om haren stadighen arbeit mochten si wel wakers hieten. EN HEB DIJS NIET GESIEN, DIEN MIJN SIELE MINNET? *Gregorius*: Die heilighe kerke vraget den leerars wel mit rechte, want als si haer scriften vlitelic ondersoect, dan begheert si van den ghenen die nu sijn ende gheweest hebben te weten wat si van Cristo ghevoelen, mar als die kerke haer alleen daer mede becommert, so en vint si haren gheminden niet. Als si selve voert bewijst, daer si seit: DOE IC HEM EEN LUTTEL VOERBIGHEGAEN WAS, VANT ICKEN DIE MIJN SIELE MINNET. *Beda*: So wie den gheminden begheert te vinden, die moet des leeraers woert vlitelic overliden ende vermenghen hem mitten hemelschen gheselscap, op dat hi also te eer tot kennissen des gheminden mach gheraken. Want hi moet alle creaturen overclymmen, */7rb/* die desen brudegom wil vinden. Hi is altoes te soken thent hi ghevonden wort, want hi elker sielen wech is die verlosset ende gheleit ende versadet sel worden, want overmids hem wort die siel verlost. *Die wise man*: Daer was een arm man in ghevonden, die die stat mit sijnre wijsheit verlost<e>; overmids hem wort si te rechte ghestuert. *Die wise man*: Hi wort ghevonden van den ghenen dies niet en becoren, ende openbaert den ghenen die ghelove in hem hebben. Oec wort die siele overmids hem versadet. *Mateus*: Coemt tot mi, alle die ghene die arbeit ende verlast sijt, ic sel u vermaken. Buert mijn iuc op u,

---

Le1 *De Ha2* *Le3* *Be3*

247 mach *:* can *De* **248** Inuenerunt me custo*(!) opschrift De*, Nae den eersten sinne *opschrift Ha2* **249** hem *:* sie *De Ha2* -ghegaen *:* gaen *De* **250** ghehouden *:* ghevatet *De Ha2* **254** simpelheit *De* **255** vint *:* leset *De Ha2* **256** *(*wel*)* mit rechte *De* **258** *(*herte*)* dat *Le1* **260** En *:* Ende *De Le3* **263** gheloven *De* **265** voert *:* voer *De* hem *:* sie *De Ha2* -ghegaen *:* gaen *De*, gheleden *Be3* **266** wie *om De* **272** wort *om De* als *(*die wise man*)* seghet *De Ha2* **273** in ghevonden *om De* verlost *Le1 Le3* <liberauit> **274** *(*man*)* seghet *De Ha2* **276** als hi spreket in sancte *(*matheus*)* ewangeli *De Ha2* **277** die ghene *:* ghi die *De Ha2* verladen *De* ende *(*ic*) De Ha2 Be3* *(*u*)* en *(*ende *Ha2)* leert van mi dat ic sachtmoedich bin ende oetmoedich van herte *(*ende oetmoedich van herten / bin *Ha2) De Ha2*

ende ghi selt uwe sielen ruste vinden. IC HEBBEN GHEHOUDEN ENDE <IC> EN SELS NIET LATEN. *Beda*: Also veel te naersteliker heb ic den gevonden ghehouden, als icker lan-/*7va*/ghe<r> over was eer icken vant. Daer om seyde si: IC HEBBEN GHEHOUDEN ENDE <IC> EN SELS NIET LATEN GAEN, THENT IC HEM INLEIDE INT HUUS MIJNRE MOEDER ENDE IN DIE SLAEPCAMER MIJNRE WINSTER. *Gregorius*: Dan sel die heilighe kerke den gheminden in HAERRE MOEDER HUUS leyden, als die Joden ende die heyden int eynde vander werelt overmids den leerars totten ghelove der heyligher kerken gebrocht sellen worden; mar die worden in die SLAEPCAMER DER WINSTER van hem luden gheleit, die alle menichfoudicheit der werelt na der bekeeringhe ofwerpen ende inden inresten ghedachten gode alleen begheren te behaghen.

Na enen anderen sin.

DIE WAKERS DIE DIE STAT BEHOEDEN etc. Dit sijn woerde der scouwender sielen, die mitten exempel bewijst wat tot diere of-/*7vb*/feninghe behoert. *Richardus*: Het sijn drie dinghen die inder oefeninghe des scouwens pleghen te ghescien. Dat eerste is een breetmakinge des ghemoets, als die siele wide uutgherecket wort ende die scoet des ghemoets *breet uutghespannen is ende naerstelic ghescarpt wort, nochtan dat si boven die wise der verstandeliker cloecheit niet en gaet. Dat ander is een opboringhe des ghemoeds, so wanneer die levendicheyt des verstants mitten godliken raeyen doerschenen wort ende boven der maten der *menscheliker cloecheit gaet, nochtan dattet van hem selven niet vervreemt en wort; also dattet boven hem is dattet siet, nochtan also, dattet van sijnre ghewoenliker oefeninghe niet en sceidet. Dat derde is een vervreemdinghe des gemoets, als hem die ghehoechnisse alre teghenwoerdiger dinghen ontvallet, ende recht in /*8ra*/ enen onghewoenliken, vreemden staet der sielen coemt, die overmids der overforminge des godliken wercs boven alle *menschelike *vernemelicheit gaet. Inden eersten graet sceen die bruut te wesen, doe si seyde: DIE WAKERS DIE DE STAT BEHOEDEN HEBBEN MI GHEVONDEN. DIE WAKERS, dat sijn die enghelen der hemelscher of deser stridender kerke, die de scouwende siele dan vinden, als si haer in der oefeninghe des scouwens trouweliken helpen ende bistaen, ende leydense opwaerts mit haerre dienstachticheit tot des brudegoms teghenwoerdicheit. *Barnardus*: Die enghel is een trouwe bode ende een medeweter der onderlingher minne, ende een middelaer tusschen den minre ende den gheminden. Hi voert die begheerten op ende brenghet die gaven weder. Den minre verwackert hi, den geminden

Le1 De Ha2 Le3 Be3

278 uwe : uwen *De* **338** ghehouden : ghevatet *De Ha2*, ghevonden *Be3* ic*(2) om Le1* **279** den *om De* **280** langhe *Gö Le3 Be3* <tardius> **281** ghehouden : ghevatet *De Ha2* ende *om Ha2 Le3* ic*(1) om Le1* gaen *om De Ha2* **284** van- *om De Ha2* **290** hebben *(*etc*) Be3* hebben my ghevonden *(*etc*) De Ha2* **291** hoert *De Ha2 Le3 Be3* **293** ghescien : schien *De* **294** breet : wide *Le1*

Le1 De Ha2 Le3 A2

295 die *breekt af tot 631 infra Be3* **298** der maten : die mate *De Ha2* der*(2) om De* menscheliker : menschen *Le1* **299** is *om De* **304** menschelike : menschen *Le1* vernemelheit *Le1*, vernemelicheiden *Ha2* **306** *(*hemelscher*)* stat *De Ha2* *(*of*)* die lerars *De Ha2* deser : der *De Ha2*

smeect hi, ende somtijt – al gevaltet selden – brenghet hise te gader: het si die minnende */8rb/* ziele opwaerts te voeren of den gheminden brudegom tot hoer te brenghen. Want hi is des brudegoms huusghenoet ende wel mit hem bekennet; *hi gaet vrilic in ende en wort niet uutghewiset. EN HEB DIJS NIET GHESIEN, DIEN MIJN SIELE MINT? Recht of si segghen soude: Hi is also heymelic ende also verborgen, als mi dunct dat hi allen ghemoeden onbekennet blivet. *En sidi die ghene niet* dient ghegeven is te sien dat also veel coninghen begheerden te sien ende niet en sagen? *Barnardus*: Sich, hoe dat al dat dese minnende siele °denct of spreect° vanden gheminden <is ende vanden gheminden> smaect, also dat si dat herte ende die tonghe haers gheminden haer selven toegheyghent hadde. Die minne spreect over al, ende so wie dese dinghen bekennen wil, die minne. Mer dese WAKERS daer sie mede spreect, hadden vanden gheest ontfangen, also dat si al dat daer geseit */8va/* wort, wel verstonden. Daer om en noemde die minnende siele nyement, mar vragede mit enen uutbersten der minnen of si hem ghesien hadden die haer siele minnet. Si en vraghede oec niet wiet was die si minnede, want inder minnen oefeninghe is die begheerte meer te weghen dan die woerde, ende die siele spreect veel bet mit tranen dan mit woorden, ende mit inwendighen begeerten dan mit uutwendigen stemmen. Ende dats in die bruut te prisen – al was si van desen wakers ghevonden – dat si nochtan uut vierigher begheerten naden brudegom eer vraghede, dan si van hem ghevraghet wort; ende al wouden haer die wakers leren, si was uut viericheit der minnen die eerst inden woerden. Ende daer om verdiende si hem te vinden die si sochte, ende seide: EN HEB DI HEM NIET GHESIEN, DIE MIJN SIELE MINT? Recht of si segghen soude: Ic */8vb/* vraghes u, ghi salighe wakers, die de tonghe der minnen ende der gheesteliker begheerten wel verstaet. Selden machmen sijnre ghebruken, het is swaer sijnre ghewaer te worden, dat onderscheit is cranc; want die geestelike dinghen en moghen niet dan van gheesteliken ghemoeden ondersceiden worden, ende daer om en moghen si oec niet dan van alsulken ghemoeden ghewiset worden. Want een aertsche ghemoede en can van der overster godscouwinghe den ondersaten gheen onderscheit onderwisen, ende wantet der vergancliker spisen dient, so en cant den behoeftighen vander hemelscher voedinghe niet leveren noch berechten; ende alst van geesteliken, heymeliken dingen ghevraghet wort, so *andwoerdet dat die slechte wech des gheloves ende der goeder seden van buten al ghenoech is te wanderen. Mar die salighe, vierighe siele die van den heilighen begheerten */9ra/* ghedreven wort, en can van nyement dan van haren

---

Le1 De Ha2 Le3 A2

313 besmeket *De Ha2* **314** tot *om De* **316** hi *:* ende *Le1* **317** woude *De* **318/9** En si di die ghene niet *:* ten si dien ghenen *Le1* <num igitur vos estis, quibus> **319** gheweigert is dienen *(*begerden*) De Ha2* **321** spreect of denct *Le1* <cogitat et loquitur> is ende vanden gheminden *om Le1* <dilectum sonat, dilectum redolet> **322** also dat *:* als of *De Ha2* **327** mynde *De* **332** naden *:* vanden *De* **336** wolde *De Ha2* **338** ghewaer *:* waer *De Ha2* **342** van der *:* nader *De* den *:* der *De* **344** overleveren *De Ha2* **346** antwoerdet *:* andwoert hi *Gö Le3* **347** *(*is*)* in *De Ha2 Le3 A2*

geminden bidden gheleert te worden, ende seit: EN HEB DIJS NIET GHESIEN, DIE MIJN SIELE MINNET? *Gilbertus*: Du hoerste dat die begheerte der bruut groet is gheworden, ende clagheste dat di die weelden der godliker ingheestinghe uutten eersten aencloppen dijns ghebeets di niet toe en vloyen. Volherdende ghebet vercrighet int eynde dattet begeert, al ist dattet di inden beghinne stenen scijnt te wesen. Als die bruut ghetughet: *DOE IC EEN LUTTEL VOERBI WAS GHEGAEN, VANT IC DIE MIJN SIEL MINNET. *Gilbertus*: Het sijn der bruut weelden den gheminden te vinden ende mit hem te wesen. Nochtan en benidet si nyement, mar begheert dat hi alre sielen gheminde mede wil wesen. Ende dair om soect si den geminden over al, op datsi hem over al vinden mach of noden mach [in] te comen daer hi niet en is; want so wies voertganc si begeert, daer soect si Jhesum in, mar si en /*9rb*/ mach hem overal niet vinden. Paulus dorste na alre menschen salicheit ende begheerdese alle in dat inghedoemte Cristi te vinden. Mar ten mochte hem niet gheboren, want hi claget dat hi niement eenmoedich mit hem en hadde, mar alle sochten si dat haer ende niet dat Jhesus Cristus toehoerde. Ende hoe soude Cristus in dien luden ghevonden moghen worden, die hem niet en soken ende begheren datten ander lude mede vonden? *Vercellensis*: Een verenighede siel mit gode jegens den oversten enghel te geliken, is seer groet ende overdraghende hoghe, mar jeghens die godlike onbegripelicheit te legghen, wort si seer cleyn ende luttel gherekent, ende die hoecheit moet men overliden die totter godliker eninghe clymmen sel. IC HEBBEN GHEHOUDEN, IC EN SELS NIET LATEN. *Gilbertus*: Ic vermoede /*9va*/ datter tusschen der bruut ende die wakers van der stat een suete runinge gescie<t>, mar daer en wort van gheenre andwoerde ghehoert; ende was daer enighe antwoerde, die was seer heymelic ende mit reinen swighen bedect. Daer wort te gader ghesproken mit crachticheden der vieriger minnen. Si was alrede voerbigeleden ende rekendet haer cleyn te wesen so wat si vanden wakers sien of horen mochte. Want al isset een vroelike scouwinghe in dat hemelsche ghesinde ende onder die huysgenoten des brudegoms te sien simpelheit des wesens, reyn onvermengentheit des ghemoeds, sueticheit der onderlingher minnen, ewicheit des wesen, puerheit des *verstandes ende afgrondicheit der wijsheden, nochtan woude die minnende siele alle dit overliden, want sonder haer gheminde en mochte hair /*9vb*/ gheen dinc vernoghen. Mar wat ist dat si ons al hier seyt: EEN LUTTELKIJN? Isser niet een <groet> afgront gheleghen tusschen onser natueren ende die natuer des gheminden,

---

Le1 De Ha2 Le3 A2

351 di *om De Ha2* **351/2** uutten *:* totten *De Ha2* **354** *(*ghetughet*)* doe si seghede *De Ha2* doe *:* als *Le1* *(*ic*)* sie *De Ha2 Le3* **357** mede *om De Ha2* wesen / wil *De Ha2* **358** mach*(2) :* moechte *De Ha2* *(*mach*)* in *Le1* **363** Jhesus Cristus *:* ihesu cristo *De*, cristo *Ha2*, ihesu cristi *Le3* **364** moghen *om De* ende *:* noch en *De Ha2* **369** Ic*(1) om De* **371** wachters *De Ha2 Le3 A2* **372** gescie *Le1* **375** rekent *De* so *:* si *De* **379** onderliker *De*, sonderlingher *Ha2* wesens *De Ha2* verstaens *Le1* <intelligencie> **381** vermoeghen *De* **382** al *om De Ha2* Ende *(*isser*) De* groet *om Le1* <magnum chaos>

ende en gaet die hoecheit *der godlike moghentheit niet onsprekelike varre boven alle datter is? *Gilbertus*: Dat LUTTELKIJN is licht aldus te verstaen, dat die minne vlogelen heeft ende over dat middel daer tusschen gheleghen – daer wi of spreken – mit eenre starker snelre vluchten der vierigher begheerten daer over pleghet te vlieghen. Want minne<n> is hebben ende houden; [ende] god is die minne, <ende> die minnet, die heeft ende houdet den gheminden. Of daer om seit si: EEN LUTTELKIJN, want nader scouwinghe der redeliker naturen pleghet haer die godlike onbegripelicheit den opwaertsclimmer rechtevoert te bieden. Of daer om seyde si: EEN LUTTELKIJN, want alle verlichtinghe der scrifturen, der leerars ende der enghe-*/10ra/*len en sijn anders niet dan een bereydinghe ende een behulpelike scickinghe totter verlichtinghe der sielen, die god overmids hem selven sonder middel verlicht ende leert. Als sinte *Augustinus* een exempel seit van den ghenen die een veinster opluuct, op dat die sonne daer in coem ende dat huus verlicht, also ist in sijnre wisen vander sielen. Aldus overlijt hi een LUTTELKIJN, die naden scouwen der creaturen cort in den scouwen den scepper vint, daer alre creaturen edelheit jeghens te gheliken niet dan een luttelkijn of niets niet te rekenen en is. IC HEBBEN GHEVONDEN, DIE MIJN SIELE MINNET. Hier ruert die minnende siele d[r]ie manier van scouwen die in eenre vervreemdinghe des ghemoedes *pleghet te ghescien. Somtijt van groetheit der inniceden, als dat ghemoede van also groten vier der hemelscher begheerten ontfoncket is, dattet boven hem selven verheven wort, also dat die vlamme der */10rb/* inreliker minnen boven menschelike wise wasset, ende doet die siele ghelike den wasse smelten ende van haren eersten staet ontbinden ende ontgliden. Somtijt so gesciet die vervreemdinghe des ghemoeds van groten verwonderen: als die minnende siele van den godliken licht doerscenen wort ende in den verwonderen der overster scoenheit verhanghen blivet, so wort si mit also crachtighen, godliken, vreesachtighen verwonderen geslaghen, dat si van haren staet mit allen te gronde verandert wort. Somtijt ghesciet die vervreemdinghe des ghemoets uut overgroter vroelicheit, so wanneer dier minnender sielen inreste begheerten vander godliker, overvloyende soeticheit te drincken is ghegheven, ja also droncken ghemaect is, dat sijs recht verget wat si is of wat si gheweest heeft, ende wort in een vroelicheit */10va/* haerre volherteliker bliscap in eenre vervreemdinghe mit ghewelde haers <selfs> overgheleit ende ghetransformiert in een overweselike begheerlicheit in enen

Le1 *De Ha2* *Le3* *A2*

384 der *:* die *Le1* <diuine maiestatis celsitudo> **388** pleghen *De* minne *Le1 Ha2* <amare> *(*houden*)* ende *Le1* **389** ende *om Le1* **392** seghe *De* **400** ghevatet *De Ha2* **401** *(*mynnet*)* Ende ic en sals niet laten *De Ha2* die *:* drie *Le1 Le3 A2* <tertium modum contemplacionis, *cf. 300/1*> **402** pleghen *Le1* <qui fit> want *(*somtijt*) De Ha2* **403** innicheit *De Ha2* *(*innicheit*)* ghesciet *(*ghe- *om Ha2)* si *De Ha2* **410** vreesachtighen *:* anxvoldighen *De*, anxtvoldeliken *Ha2*, wreedsachtighen *A2* **412** dier *:* der *De Ha2* **416** mit gheweelde *na* ende *trnsp De Ha2* selfs *om Le1* **417** ghetransformiert *:* overgheformet *De*, overformet *Ha2*

sta<e>t der wonderliker salicheit. Dese drie manieren des scouwens ruert die salighe siele in dien woerden, daer si seit: IC HEB HEM GEVONDEN, DIE MIJN SIELE MINT. Den eersten graet ruert si, daer si vol vroechden ende recht *alse droncken van bliscapen seyde: IC HEBBEN GEVONDEN, mit meer ende mit onghewoenliker bevoeliker ondervindinghe, DIEN MIJN SIELE MINNET, overmids also groter overdraghender druusticheit der minnen. *Gilbertus*: O hoe salich ende hoe blide was dat gheval des langen omgaens; het sijn salighe grade daer men mede totten eynde des omgaens coemt. Si sochten op den bedde, si ghinc om die stat, si vraghede den wachters. Ende */10vb/* hoe si vorder van hoers selfs betruwen ghinc, hoe si hem haesteliker ende salichliker vant. Hier om was si aldus uutvercoren ende ghemint, ghesocht ende vercreghen, ghevonden ende voercomen, want si minnede ende si sochte, si socht ende si minnede, thent si haerre begheerten machtich was, ende sprac mit vroeliker stemmen: IC HEBBEN GHEVONDEN, DIE MIJN SIELE MINT. Want als die minnende siele gaet ende voertgaet van doechden in doechden, van waerheden in waerheden, ende overal in nyewen, heimeliken dinghen goods gheleert wort, ende in allen graden mit nyewen vroechden begavet wort, dan mach si wel segghen: IC HEBBEN GHEVONDEN, DIE MINE SIELE MINNET. IC HEBBEN GHEHOUDEN, IC EN SELS NIET LATEN. Hier ruert die bruut die ander manier van scouwen, die uut groten verwonderen coemt. *Gilbertus*: En scinen dat niet woerde wonderliker vermetelheyt ende alte vermetelre innicheit, daer */11ra/* si seit: IC HEBBEN GHEHOUDEN? Dat vinden bewijst een sonderlinge grote wonderlicheit, daer si haer in den gheminden verhoeghet te houden ende vermeten niet laten te gaen, ende seit: IC EN SELS NIET LATEN. Mar wie soude dit mitten werken of mitter begheerten moghen segghen, dan dient mit sinte *Paulus* verhenghet waer te spreken: Wie sel ons sceiden vander minnen Cristi, tribulacie of banghicheit etc.? Mar al behoedelic ende al behendelic seyde hi van der minnen Cristi, want hi dat vanden scouwen Cristi niet wel segghen en mochte, daer hem die minne also menichwarf of plach te sceiden. THENT ICKEN IN SEL LEYDEN INT HUUS MIJNRE MOEDER ENDE IN DIE SLAEPCAMER MIJNRE WINSTER. Hier <ruert> si die derde manier des scouwens, die uut groter vroelicheit coemt. Si was overmids groter vroelicheit in een vervreemdinge haers selfs ghecomen, doe si haer den gheminden niet alleen en vermat te houden, mar in dat huus haerre moeder */11rb/* ende in die slaepcamer haerre winster hem te brengen. Al merkelic seyde si: IN DAT HUUS DER MOEDER, ende niet: des vaders. Want bider moeder naem is beteykent die bemurwinghe der sielen, als si altemael beweect ende

---

Le1 *De Ha2* *Le3* *A2*

418 stat *Le1* <statu> **419** dien *:* den *De Ha2* **420** alse *:* also *Le1 Le3*, al *A2* <quasi> **521** mit*(2) om De Ha2* **431** mint *:* minde *De* **432** *(*van waerheiden*)* of claerheiden *De Ha2* *(*waerheiden*(2))* ende claerheiden *De Ha2* **435** ghehouden *:* ghevatet *De Ha2* ende *(*ic*) De Ha2* **438/9** ghehouden *:* ghevatet *De Ha2* **440** verhoeghet *:* vervrouwet *De Ha2* **441** Ende *(*ic*) De Ha2* **444** etc *:* ende voer *(*voert *Ha2)* der ghelijc *De Ha2*, *om A2* al*(2) om De* **446** also *:* so *De* in *om De* **447** ruert *om Le1* **451** hem *om De Ha2* Al *om De* **454** al haerre *:* alre *De*

bemorwet wort dat welbehaghen goods na al haerre machte te volbrengen; mar bi des vaders naem is beteykent een harde stivicheit die tot alsulker bemorwinghe niet bequaem en is. Biden naem des HUUS is oec dat nederste deel der redene beteykent, ende bi den naem der SLAEPCAMER dat overste deel. *Gilbertus*: In den HUSE hebstu een vri besit, mar in die SLAEPCAMER hebstu een heymeliker ghebruken. Die minne is verweent ende teder, mit lichteliker oersaken wort die gheestelike vroude ghequets<t>; die minne is in uutwendigher becommeringe onlidelic, want si heeft genoech in haers selves orber */11va/* te doen; si vervroechdet in ledicheden, si wort gevoedet in rusten, si wil totter inwendigher vroechden vrie, onbecommerde tide hebben. Ende want die bruut wel wiste dat si den geminden niet vrilic noch geheellic buten en mochte besitten, daer om begheerde si hem niet alleen in haerre moederhuus mar in die slaepcamer te leyden. O hoe swaer ende hoe hart ist den minre sijn ghemoede mitter werelt te deylen, ende vreemde sorghen in die oefeninghe der minnen in te laten comen, ende die hemelsche heimelicheit mit onnutter becommeringhe ghemoeit laten worden. Daer om begheert die minnende siele wel mit rechte die slaepcamer mit haren gheminden te hebben, op dat si hem mit vrier vliticheit alleen ghenoech mochte wesen, ende mit vryheden haers ghemoeds alleen mochte ge-*/11vb/*bruken, ende mit vredeliker herten alleen den gheminden altemael mochte omvaten. O hoe goet ende hoe vrolic ist die minres also in een te wonen, want so wie die feestelike vroechde dier vrien gedachten mit enen ledighen gemoede [ende] alstelende ende recht als in een optuckinge te voersmaken pleghet, ic en weet niet of hi ymmermeer iet lievers ende ghenoechelikers doen mach dan hem mit alre vliticheit daer toe te gheven, ende segghen mitter bruut: IC HEBBEN GHEVAET IC EN SELS NIET LATEN GAEN. Die brudegom wort vander minnender sielen menichsins gehouden. Mit cleynen gavekijns der inicheit, als si hier na seit: Wie sel mi di, minen broeder, gheven, dat ic di alleen buten vinden mach ende cussen di? Mitten repen der minnen, ende also wort hi vanden heiligen wiven nade verrisenisse ghehouden. Mitten veteren des ghebeets, ende also hyelten Moyses. Mitten handen der minli-*/12ra/*ker noedinghe hielden die jongheren die in Emaus ginghen. Oec wort hi gehouden mitten banden des ewyghen gebruucs, ende also houden die salighen in dat ewighe leven. *Die wise man*: Hi is een hout des levens alle den genen dien aenvoerden. Men spreect van Jhesu inden raden, men is twiedrachtich van hem in den rechte, men dispetiert van hem inder scolen,

---

Le1 *De Ha2* *Le3* *A2*

456 is*(2)* : wert *De Ha2 Le3 A2* **460** ghequets *Gö*, ghequesset *De*, ghequetset *Ha2*, ghequest *Le3* **466** ist : is *De* **468** te *om De Ha2* **469** ghemeyt *De* **474** dier : der *De* **475** *(*gemoede*)* ende *Le1* **478** te *(*segghen*) De Ha2 A2* ende *(*ic*(2)) De Ha2* gaen *om De Ha2* **479** als *(*mit*) De Ha2* **480** di, minen : dinen *De*, di minnen *Le3* **482** wort : waert *De Ha2* **484** ende alsoe *(*hielden*) De Ha2* **486** *(*man*)* seghet *De Ha2* **487** aenvoerden : angripen *De Ha2* **488** van hem*(1) om De* rechte : gherichte *De* inden scholen *De Ha2*

men singhet van hem inder kerken; mar inden minnenden herten ende inden innighen ghemoeden wort hi alleen gevonden. Want inrelike bliscap ende godlike vroelicheit des ghemoeds, die van sijnre teghenwoerdicheit pleghen te comen, ghevent ghetughe dat hi tegenwoerdich ghevonden is. Daer om seide si: IC HEBBEN GEVONDEN ENDE GHEHOUDEN, ENDE IC EN SELS NIET LATEN. IC HEBBEN GEVONDEN mit vierigher minnen, IC HEBBEN GHEHOUDEN der minnen werke dicke over te ha-*/12rb/*len, IC EN SELS NIET LATEN daer altoes bi te bliven, THENT ICKEN BRENGHE INT HUUS MIJNRE MOEDER. Dese woerde en bewisen gheen sekerheit mar een sorchfoudicheit, want wat sekerheit isset daer mens niet en hevet, mar daer die gheminde recht als een hinde voervluchtich is ende ontwiket der sielen eer sijt weet. Hier om most si sorchfoudich wesen int houden, want si sijns blivens niet seker en was, HENT HI INT HUUS der MOEDER ENDE IN DIE SLAEPCAMER DER WINSTER gheleit wort. Der MOEDER HUUS is dat hemelsche Jherusalem, die onser alre vrie moeder is; haer mueren sijn vol salicheden, ende haer poerten sijn vol vanden love goods ende van gheesteliker, ewigher bliscap. Daer sijn veel woninghen in, daer is dat huus der ewicheit, daer is die SLAEPCAMER der minnen ende des heymeliken gebruken goods. */12va/* Bistu tot enighen smaec des scouwens of tot enige vruchte der innicheit ghecomen, so en ganc uut dien huse noch uut dier slaepcamer niet, mar blive[t] dair in ende rust; ganc in die slaepcamer ende sluut die doer der sinnen toe; die innicheit is teder ende verweent, ende mit cleynre oersaken wort die gheestelike vroude verstoert. Soe wanneer dat die engelen sien dat wi ondancsamich of versumel sijn, so worden si op ons toernich ende onttrecken ons haren troest ende segghen: Wi hebben Babilonien ghemeystert, ende si en is niet ghenesen. Laetse ons laten, ende gae wi een yeghelijc in sijn lant, want wat leit ons an dit gheslachte dat gheen gheest en heeft? Dat mercte Maria Magdalena herde wel, doe si haren gheminden nader doot anden cruce vlitelike sochte ende na der verrisenisse vant, */12vb/* ende alre dinghen versaecte op dat si sijnre alleen mochte gebruken, ende mochte wel segghen: MIJN GHEMINDE MI ENDE IC HEM; MIJN GHEMINDE SEL TUSSCHEN MIJN BORSTEN WONEN. Sonder hem en begeerde si niet, sonder hem en minde si niet; si minneden doe hi inden berghen spranc, si minneden doe hi onder die lelyen ghevoet wort, si minneden inden hoven, si minneden inden wijngaerde<n>, si minneden doe hi in die ackeren woende, si minneden doe hi inden middaghe rustede, si minneden doe hi tusschen haer borsten bleef.

Le1 De Ha2 Le3 A2

489 singhen *De* inden kerken *De Ha2* **492** ghevent ghetughe *:* ghetughet *De* ghevonden *om De* **493** ic en *:* icken *De* **495** ende *(*ic*) De Ha2* **496** *(*moeder*)* ende in die slaepcamer mijnre wijnnester *De Ha2* **497** isset *:* is *De Ha2* **599** ontwiket *:* ontfaert *De Ha2*, ontwisschet *Le3*, ontvliet *A2* **501** wort *:* waert *De Ha2* **502** die *:* welc *De Ha2* **504** ewigher *om De* **507** ganc *:* gaet *De* **508** blivet *Le1 Le3* **510** ghestuert *De Ha2* Soe *om De Ha2* dat *om De Ha2 A2* **517** si *(*moechte*(2)) De Ha2* **518** *(*sal*)* mi *De Ha2 Le3 A2* **519** wonen *:* rusten *De* **521** wort *:* was *De* wijngaerde *Gö*

[*Na enen anderen sinne*.]

IC BESWEER U, DOCHTEREN VAN JHERUSALEM, BIDEN GHEITEN ENDE BIDEN HERTEN DER VELDEN, DAT GHI NIET EN WRECKET NOCH DIE GHEMINDE WAKEN EN DOET, EER SI SELVE WIL. Dese partikel is hier te voeren alsoe beduut dat si niet meer bedudinge en behoevet. Nochtan is te merken dat dese selve besweeringhe driewerve in dit boec verhaelt wort, om dese drie stucken, als lesen, dencken ende bidden, die */13ra/* totter scouwinghe hoeren. Oec machmen merken hoe suete die weelden des scouwens sijn, die de brudegom al hier verbiet dat mense niet inbreken en sel. Want so wanneer tghemoede uutten slaep des scouwens ghewecket wort, dan coemt die onsalighe aentreckelicheit des vleischs, dan coemt des bedriegheliken viants scalke inruninghe, dan coemt die sorchfoudicheit der tijtliker dinghen mit ghewelde; daer anders ghenen raet toe en is, dan dat<tet> ghemoede den geminden weder opten bedde soeke. Want sonder sijn tegenwoerdicheit en is die stilheit niet te vreden, noch die sekerheit niet vri, noch die vrolicheit niet blide, noch gheen overvloedicheit die den mensche vernoghen mach.

WIE IS DESE, DIE DAER OPCLYMMET DOER DIE WOESTIJN, ALS EEN ROEDEKIJN DES ROECS VANDER WELRUKENDER SALVEN VAN MIRREN ENDE VAN WIEROEC, ENDE VAN ALLEN */13rb/* PULVER EENS APOTEKERS? In desen woerden verwondert haer die heilighe kerke van der heydenen bekeringhe, ende seit: WIE IS DESE? *Beda*: Dat is: hoe groot loefs is si waerdich? *Hugo*: Want dat verwonderen maect een vragen hoe dat die heydene na haerre bekeeringhe also haestelic mit nyenen tongen spraken ende gode groot maecten ende tot hoghen doechden clommen, die ghewoen waren tot nedervallen der sonden te dalen. Dese clommen op DOER DIE WOESTINE, dat is, midden doer die heydensche werelt die geenre vruchten vruchtbaer en was. ALS EEN ROEDEKIJN DES ROECS. *Beda*: Die roec coemt vanden viere, hi wort in dat hoghe verheven, ende in die verheffinghe wort hi vander menschen oghen verborghen. Aldes ghelijc wort die heylighe kerke vanden vier des heiligen geests in die minne haers sceppers */13va/* ontfonket, ende tidet op uut alre menschen ghesichte tot hemelschen dinghen, thent si van allen vergancliken dinghen ghevriet wort ende opghegrepen totter onsienliker vroechden des hemelschen levens. Mar want dese drie – alse dodinghe der begheerlicheit, innicheit des gemoedes ende doechdelike werken – dit opclymmen maken, so wortet den ROEC VAN MIRREN, VAN WIEROEC ENDE VAN ALLEN MANIEREN VAN PULVER DES APOTEKERS gheliket. DIE MIRRE beduut een vry versaken alre eyghenscap der tijtliker dinghen, DIE WIEROEC beduut die

---

Le1 *De Ha2* *Le3* *A2*

524 Na enen anderen sinne *opschrift Gö*, Adiuro uos filie iherusalem *opschrift Ha2* **527** alsoe / te voeren *De* **529** (dit) selve *De* wederhaelt *De Ha2* **530** bescouwinghe *De* behoren *De* **534** runinghe *De* **536** dattet *:* dat *Le1 Le3 A2* opten *:* inden *De Ha2* **540** Die ierste sin is *opschrift Ha2* **542** eens *:* des *De Ha2* **544** Beda – is *:* dat is als Beda seghet of si segghen wolde *De Ha2* si *:* hi *De* Hugo: Want *:* want als hugo van sinte victor spreket *De Ha2* **549** Die *om De* **553** (op)werts *De Ha2* **559** der *om De Ha2*

volcomenheit der gheesteliker voertganghe, ende menigherhande PULVER DES APOTEKERS beduut een groot vergadert gebont van ghewoenliker ende weseliker doechden. Dese crude worden gestoten in een hoel visel der oetmoedi-*/13vb/*gher consciencien mitten stoeter der prekelinghe; in die consciencie die alle dingen die men doen of laten sel, wil overweghen. Dan clymmet die heilighe kerke op ALS EEN ROEDEKIJN DES ROECS DER WELRUKENDER CRUDE, SO wanneer si in al dat si doet, mit eenre goeder consciencien die regule der ewigher ewen volghet. Het is een woestijn vol vreselicheden: die helle mit haerre droefheit. *Ezechiel*: Ic sel di werpen in die woestijn. Dese is te haten. Het is een woestijn vol arbeydelicheden: penitencie mit haerre oefeninghe der doechden. *Ysayas*: Die tonghe der stommen is in die woestijn opghedaen. Dese is te liden. Het is een woestijn vol dwalinghen: dese werelt mit haerre boesheit. *Johan*: Ic bin een stemme des roepers inder woestinen. Dese is te scuwen. Het is een woestijn vol minnen: dat hemelsche vaderlant mit sinen weelden. *Lucas*: En laet */14ra/* hi niet xcix scaep inder woestinen? Dese woestijn is te begeren. Het sijn drierhande roeden. Die eerste hoert den coninghen toe, daer die wederspannige mede ghedwonghen worden, ende is nutte die sonden mede te verdriven. Dit was Josephs roede, daer die van Egipten mede onderghehouden worden. *Psalmus*: Du selstese mit eenre yseren roede regieren. Die ander hoert den harden toe, daer si die scape mede hoeden. Dese is nutte sedicheit mede te leeren. Dit was Moyses roede, daer des conincs Pharao serpenten of verbeten worden ende dat roede meer in tween gedeilt. Die derde roede hoert den biscopen toe, daer si die kinder mede leeren. Dese is nutte tot alre scickinghe der sedeliker doechden. Dit was Aarons roede, dair hi mede bewijst wort des priesterscap waerdich te wesen. In die ghelikenisse van desen roedekijns clymmet die heilighe kerc op als die roec.

Na enen anderen sinne.

/14rb/ WIE IS DESE DIE DAER OPCLIMMET DOER DIE WOESTIJN? *Gregorius*: Het sijn die sommighe, als hem alles dinghes dat men sien mach verdriet, ende haer ghemoede oprechten in hemelschen <dinghen>, ende want hem in deser nedersten dinghen gheen dinc smaekelike en is dat si begheren, so tiden si voerwaerts mitter hopen totten dinghen diemen niet sien en mach. Ende hoe si

---

Le1 De Ha2 Le3 A2

560 der *om De Ha2* (gheestliker*)* ende weseliker *De* **561** bont *De A2* **565** so *om De Ha2* **567** als *(*die*) De Ha2* **569** als *(*penitencie*) De Ha2 A2* **570** opghedaen *:* ontbonden *De Ha2* **571** als *(*dese*(2)) De Ha2* **571** dwalinghe *De Ha2* **572** *(*Johannes*)* baptista *De Ha2* **573** als *(*dat*) De Ha2* **574** neghen ende tneghetich *De Ha2* **576** toe *om De* **578** Psalmus *:* david inden solter *De Ha2* **579** ende *(*dese*) De Ha2* **581** serpenten *:* slanghen *De*, slaghen *Ha2* *(*twien*)* mede *De Ha2* *(*ghedeilt*)* waert *De Ha2* **582** ende *(*dese*) De Ha2* **584** wort *:* waert *De Ha2* die *om De Ha2* **585** van desen *:* deser *De Ha2* **587** daer *om De Ha2* *(*vostine*)* als een roedekijn des roecs van der weelrukender salven van mirren ende van wyroec ende van allen pulver des apotekers *De Ha2* **588** die *om De Ha2* als hem *:* dien *De Ha2* **589** dinghen *om Le1*

dair mit meerre begheerten anhanghen, hoe dattet hem meer ende meer lasteliken is, so wat hem toelachet in deser werelt. Dese clymmen wel mit rechte op doer die woestijn, want in dien dat si versmaden alle verganclike eerdsche dinghen, soe hangen si hem selven mitter begeerten in hemelschen dingen. *Job*: Mijn siele heeft dat hanghen begheert. WIE IS DESE? *Vercellencis*: Dit mogen wel der enghelen woerde wesen, die dat opclymmen */14va/* der ghevreder sielen inden scouwen mit verwonderen loven ende prisen. Recht of si segghen souden – *Gilbertus* -: Het en is mit haer niet alst gisteren ende eergisteren was, si en gaet nu niet meer om die stat, si en loept niet misselic hier ende daer doer steghen ende doer straten, si en vraghet oec den wakers niet als een die woest ende verdwaelt is, mar si clymmet den rechten wech op ALS EEN ROEDEKIJN DES ROECS. Nu besiet hoe orberlic die stilheit des gemoeds is een toewassen der genaden mede te vercrigen; besiet hoesulke nyewe vroechde van des geminden brudegoms omvaetinge coemt, want hi verniet alle dinc, oec verniet hi anderwarve dat te voeren nye was. Want die ghedaente van Moyses aensicht wort verandert, doe hi heimelic mit gode was. Dese nyheit maect een */14vb/* verwonderen, dit verwonderen brenghet een vraghen in, ende seit: WIE IS DESE DIE OPCLIMMET DOER DIE WOESTIJN? Dat is, als *Gilbertus* seit: Doer dese werelt. O hoe menich trecketter die roeke van deser woestinen tot haer ende en laetse niet van haer scoren. Dese[r] roeke der werelt is een roeke der doot totter doot. Mit wat redene laet gi u duncken dat dit die roke des vollen ackers is die die heer ghebenedijt heeft? O goede Jhesu, trec ons na di in die roke dijnre salven, op dat die venijnde lucht deser woestinen ende die van nabi opberst, die wijsheit in ons niet dwaes en maect. Dese WOESTIJN mach recht wel beteykenen een gheestelic, ofgesceiden leven, want in die woestijn isset stille ende ledich, dat een grote reescap is totten scouwenden leven. Want doe Moyses sijn scape hoede in dat inreste der woestinen, doe openbaerde hem die here. In die woestijn vintmen oec bloemen */15ra/* van goeder roeken. *Ysayas*: Die woestijn sel verbliden ende die enicheit sel vervroechden ende bloeyen recht als die lelye. Also en is oec inden gheesteliken leven niet alleen die lelie der reynicheit, mar oec mede die roese der godliker minnen ende fiolen der oetmoedicheit. Ende alle manieren van BLOEMEN SIJN IN ONSEN LANDE GHEOPENBAERT. In die woestine is oec soberheit van noettorften, als die kinder van Ysrahel clagheden ende seiden tot Moysen: Du hebste ons in een woestijn gheleit daer gheen vighen en wassen noch wijngaert, ende dair oec gheen

---

Le1 *De Ha2* *Le3* *A2*

592 dattet : dat men *De* **595** verhanghen *De Ha2 Le3* **596** verhanghen *De Ha2 A2* begheert : vercoren *De Ha2* **599** wolden *De Ha2*, soude *Le3* als *(gilbertus)* spreket *De Ha2* **599/600** ende eergisteren *om De* **601** doer *om De* **604** hoesulke : hoedanich *De Ha2* **607** wort : waert *De Ha2* verwandelt *De* nuwicheit *De Ha2* **610** trecket *De Ha2 A2* **611** scoren : sceiden *De Ha2* deser *Le1* **613** heeft *om De* **614** van *(deser) De Ha2* **616/7** isset – dat : is stilheit die *De*, is stilheit ende hillighe ledicheit die *Ha2* **617** doe *om De* **622** die *(fyolen) De Ha2* **623** onsen : desen *De Ha2* **625** tot *om De* **626** ende dair : noch *A2* oec / daer *De Ha2*

waeter en is te drincken. Aldes ghelijc ghevaltet dicwijl gheestelic in den ofgesceiden leven. *Jheremias*: Du biste mi naghevolget in die woestijn ende in een lant dat men niet en saeyet. Ende al ist daer sober van tijtliken troest, nochtan pleghet hi dicwijl overvloedelic die hem volghen mit gheesteliken troest */15rb/* te begaven. *Ysayas*: Die heer sel Syon troesten, ende haer woestijn maken *recht als weelden, ende haer enicheit als een hof des heren. Die scouwende siele machmen wel mit rechte gheliken den ROEDEKIJN, want dat is slecht, bughelic, [ende] cleinlic, metelic, recht ende ront; men slaet daer mede, men bint daer mede, ende het is onder sinen bast verborgen. Also sel een kersten siele een bruut Cristi wesen: slecht overmids der onnoselheit, bughelic inder ghehoersaemheit, cleinlic inder soberheit, metelic ander menschen te meten mitten reynen leven, recht inder meninge, ront in die volherdinghe, slaende mitter beruspinge der waerheit, tegaderbindende mitter onderlingher minnen, sculende onder den bast mit grondeliker oetmoedicheit haers selfs ghebreke te merken. *Vercellencius*: Dat innighe ghemoede wort der */15va/* roeden gheliket, want also als die roede vander wermten der sonnen ende van vochticheden wasset, also wasset dat opclymmen des gemoeds niet van werltliker philosophien mar vander onghescepenre ende overweseliker wijsheyt goods. Die ROEC beduut een reyn, onvermenghet ghebet, dat uut vierigher innicheit recht als uut heter vuchticheit ghebaert wort ende opwaerts *walmet. *Gilbertus*: Biden ROEDEKIJN DES ROECS wort te kennen gegheven dat die ghenade des gheesteliken opclymmens seer lichtelic in die lucht ghelike den roec smelt ende heengaet mit enen cleynen aenroeren der wijnden, dat is, der becoringhen of der onnutter sorchfoudicheit der werelt. O hoe veel hebben wi dier ghesien ende beclagense, die subtijl waren inden ghedachten, vet inden ghe-*/15vb/*bede, overvloedich inden tranen, suet inder innicheit, die nochtan in enen mistruwen haestelic te niete ghinghen, ende dat een cleyn oersaec der onlijtsamicheit alle dese geestelike weelden versceyfelde ende verdreef. Of na enen hogeren verstande moghen wi bider tederheit DES ROECS verstaen dat ontbreken des geesteliken ghemoeds. Want hoe dattet meer in godliken dinghen opclymmet, hoe dattet meer in hem selven ontbreect ende alle *groefheit des verstants meer uut hem selven sluut. *Barnardus*: O heer, hoe di die mensche hogher kennet, hoe hi di meer ghelovet; <ende hoe hi di meer ghelovet>, hoe hi meerre dingen van di vermoet; ende hoe hi meer van di *vermoet, hoe dat hi al dat hi levet ende al dat hi doet, meer in hem selven vernietet. Want hoe

---

Le1 De Ha2 Le3 A2

630 hi *:* die here *De Ha2* **630/1** overvloedelic – troest *:* die hem volghen mit gheesteliken troeste overvloedelic te begaven *De Ha2*

Le1 De Ha2 Le3 Be3

631 te *herneemt (cf. supra 295) Be3* **632** recht als *:* rechte *Le1* <quasi delicias> **634** *(*bughelic*)* ende *Le1* <plicans, gracilis> **636** *(*keersten*)* mensche *De* **638** mitten *:* mit enen *De Ha2* **640** sculende *:* Sculdich *De* **645** *(*reyn*)* ende *De* **647** wlammet *Gö Le3*, vlammet *De Ha2* <euaporando> gegheven *om De* **653** ende *:* Also *De Ha2* **654** versceyfelde *:* verstreyde *De Ha2* **657** goetheit *Le1* <corpulenciam grossioris intelligencie> **659** ende hoe hi di meer ghelovet *om Le1* **660** vermoet *:* gelovet *Le1* <presumit>

du hem meerre biste, hoe hi hem selven minre is; ende hoe hi bouder is in di, hoe hi cleynre ende oetmoedigher is in hem */16ra/* selven. Dit ROEDEKIJN DES ROECS is VAN [den] WELRUKENDEN CRUDEN alrehande doechden, VAN MIRREN der onderhoudinge des vleyschs, ende VAN WIEROEC des vierighen ghebedes. Want also als een voeghel dat belimet is, niet vlieghen en mach, also en mach oec een siele die den vleische onderdanich is, mitter begheerten tot gode niet opclymmen. Daer om moet men die vleyschelicheit mitten ghebede ende mitter daghelicscher stervinge onderhouden, op dat die siele te vriliker opwaert te gode mach clymmen. *Gregorius*: Hier om, so wanneer die heilige siel haer vleysch vander vervulinghe der sonden onthoudet, ende als si alle weelden der werelt mitter reynre onthoudinghe versaket, dan geeft si recht den sterfliken lichaem die mirre, op dattet naden ordel vander ewiger vervulinghe ghesont bliven mach. Ende wanneer si haer tot hemelschen dinghen mit meer-*/16rb/*re begheerten *ontfenget ende alle onnutte ghedachten uutter slaepcamer haers herten vromeliken verdrivet, dan maect si recht van haerre herten een eerths wieroecsvat voer die ogen gods; ende als si daer in overmids die minne veel doechden vergadert, dan leyt si recht colen in dat wieroecsvat; ende als si dan vierich ende reyn ghebet tot gode waerts sent, dan clymmet recht dat ROEDEKIJN DES ROECS van menigherhande welrukende crude opwaerts voer den gheminden, also dattet hem wel ruuct, ende ander lude tot sijnre minnen overmids den goeden exempel verwecket worden. *Gilbertus*: In die MIRRE hebstu die doechde der reynre onthoudinge, inden WIEROEC hebstu vliticheit des ghebeets. Dit is een goede mirre, die de vleyschelike dertenheit bedwinget ende die vloeyende begheringhe niet uutwaerts en laet vlie-*/16va/*ten, ende niet op en hout dat vleysch te bedwingen niet vleyschelic te wesen. Bi den WIEROEC verstant die reescap des ghebeets ende biden ROEKE die ghenade daer toe, want dat gebet dat niet ontfoncket en is mar haestelic weder nederglidet, en can den rechten wech tot gode waerts niet opclymmen. Dit ghebet moet oec wesen van alrehande PULVER DES APOTEKERS, daer die cleyn oetmoedicheit bi beteykent is, want een ghebet des gheens die hem veroetmoedicht, gaet doer die wolken. O hoe salich is hi die veel van alsulken pulver in hem vergadert, als hi al gedaen

---

Le1 *De Ha2* *Le3* *Be3*

662 bouder *:* coenre *De Ha2* **664** *(*van*)* den *Le1* *(*doechden*)* als *De Ha2* **666** Want *om De* **670** Gregorius: Hier om *:* Hier om als gregorius seghet *De Ha2* **671** *(*alle*)* die *De Ha2* **672** -ter *om De* **673** naden *:* vanden *De* **674** *(*haer*)* selven *De Ha2 Le3 Be3* **675** ontfanget *Le1*, ontfunct *Be3* <accendit> **676** eerths *:* verch *De*, versch *Ha2*, eersche *Le3*, eertsch *Be3* **677/8** ende – wieroecsvat *om De* **682** den goeden *:* goet *De Ha2* **686** dwinghen *De* vleyschelic *:* vleisch *De* **688** ontfenghet *De Ha2 Le3* **690** cleyn *:* vercleynde *De Ha2*

691-3
Felix, qui talem in se colligit puluerem, cum omnia, quae iubentur, fecerit, quasi nulla reputet (hs. München, f. 48vb).

O, hoe salich is hi die vele van alsulken pulver in hem vergadert, als hi al ghedaen heeft dat hem gheboden is, dat hi al dat rekene <recht> als niet (hs. Deventer, f. 121r).

heeft dat hem gheboden is, al dat [te] *reken recht als niet. Hoe sulc waenstu dat dat is daer te wesen, daer aldustanighen opclymmen voer moet gaen? Hoe groet waenstu is die stede der weelden, daer si dese op-*/16vb/*clymminge aldus in scicket? Het is des brudegoms beddekijn.

SIET LX STARKE VANDEN STARCSTEN VAN YSRAHEL BEWAREN SALOMONS BEDDEKIJN, DIE ALLE SWAERDE HEBBEN ENDE SIJN DIE ALRE GELEERTSTE TEN STRIDE; EENS IGHELICS SWAERT IS OP SIJN DIE, OM *DER NACHTVRESEN WILLEN. *Beda*: SALOMONS BEDDEKIJN is der heylighen vredelike wanderinghe in desen leven, die al rede den strijt teghens die sonden eens deels verwonnen hebben ende volghen den ewighen vrede der salighen die inden ewighen leven sijn. Ende daer om mach die heilighe kerke wel segghen: Bekenne dat ic in minen leden SALOMONS BEDDEKIJN bin, daer in selstu die eerste sake mijnre gheesteliker opclymminghe hebben. Mar want dat lichtelike ghehindert wort als ment niet vlitelic en bewaert, daer om volget daer na dattet LX STARKE MANNEN VANDEN *STARC-*/17ra/*STEN VAN YSRAHEL BEWAREN, also dat dese bescerminghe teghens die wedersaken is die ander sake des gheesteliken opclymmens. Recht of si segghen woude: Wel mit rechte bin ic sculdich na den gheminden op te clymmen, want ic vanden wedersaken rust ende ghevriet bin. *Gregorius*: Dese LX STARKE manne VANDEN STARCSTEN VAN YSRAHEL sijn die leerars die de x ghebode mitter volcomenheit der ewangelien leeren ende houden. Si sijn starc die opclymmers te helpen ende te bescermen, want als een starc ghewaepent sinen hof behoet, so ist al in vreden dat hi besit. Aldus bewaert der leerars wijsheyt ende leven SALEMONS BEDDEKIJN mit leringhen ende mit exempelen, want si dat heilighe ghemoede daer Cristus in rust, mit woerden ende mit werken behoeden ende bescermen. Bi den ghetale van lx is die welgeordinierde starcheyt des wederstaens beteykent, want tienwerve ses of seswerve tien maect */17rb/* lx. Ses is een volcomen ghetal daer niet onneffens over en loept, noch niet verheven en is jeghens hem selven, als die hoverdighe sijn; *noch *ten is oec in hem selven niet ghesceyden, als die traghe pleghen te wesen. Daer om *beteykendet die cracht der starcheit die om Cristus willen vromeliken strijt. Hier om was seraphin ghesien dat hi ses vloghelen hadde, om te bewisen dat dat scouwen goods den menschen alre meest tot gheeste-

---

Le1 De Ha2 Le3 Be3

693 Dat hi *(*al*) De Ha2* *(*dat*)* te *Le1* reken *:* rekenen *Le1 Le3*, rekene *De*, rekent *Ha2* recht *om De* Hoe sulc *:* Hoe daen *De Ha2* **694** aldusdaen *De* moet *(*moeten *Ha2) /* voer *De Ha2* **696** *(*beddekijn*)* Hier eyndet een stucke der bedudinghe op cantica canticorum coninc salomons etc *explicit De*, God si ghebenedijt *explicit Ha2*

Le1 Da Be2 Le3 Be3

697 Hier beghint dat ander deel der bedudinge op cantica canticorum *(*canticorum *om Be2) titel Da Be2* tsestich *Da Be2* bewaren *:* ommegaen *Da Be2* **699** der *:* die *Le1* **706** tsestich *Da Be2* **707** starcken *Le1* <fortissimis> **708** is *na* opclimmens *trnsp Da Be2* **710** rust *:* ruste heb *Da Be2* **711** tsestich *Da Be2* thien *Da Be2* **712** ende *(*sy*) Da* **717** tsestigen *Da Be2* **720** tsestich *Da Be2* **722** noch ten *:* nochtan *Le1 Le3*, *om Be2* <nec est> **723** beteykent *Le1* **724** trouweliken *Da Be2 Le3 Be3*

liker starcheit bereyt. Dese STARCKE SIJN VANDEN *STARCSTEN VAN YSRAHEL, dat is, vanden patriarken ende vanden propheten, die mit gansen gelove, mit verstandenissen der ee ende mit doersichtighen stadighen scouwen gode saghe<n>. Alle hadden si SWAERDE, dat was dat woert der gheesteliker leeringhe. *Paulus*: Dat swaert des gheests is dat woert gods. Dat swaert wort ge-*/17va/*houden van den ghenen die<t> mitten werken pinen te volbrenghen, dat si mitten woerden leeren; dese sijn die alre gheleerste ten stride. *Beda*: Si behoven grote kunste des stridens, die jeghens den genen vechten sel<len> die also menich dusent jaer in die kunst des stridens besocht is. Si moeten wel gheleert wesen, die jegen die bedrieghelike rijcdom der werelt striden sellen; si moeten noch bet gheleert wesen, die jeghen die vleyschelike smekelicheit striden sellen; si moeten alre best gheleert wesen, die jeghens <die> scalke boesheden der viande sellen striden. Om deser drier stride willen riep die propheet *Sacharias*: O, o, o, vliet vanden lande des noerdens, daer alle quaet uut coemt, want die prince der duusternisse sijn stoel daer setten woude ende worden den alren oversten ghelijc. O hoe sa-*/17vb/*lich ist dien stride te ontgaen, o hoe swaer ist dien strijt °te wederstaen°, o hoe anstelic ende hoe verdomelic ist in dien stride verwonnen te worden. Die kunst gheestelic te striden eyscht vier dinghen. Dat eerste is een bequaem ende een behoede voersorghinge, op dat die strider niet onbehoedelic aenghetast en worde. *Paulus*: Laet ons ofwarpen die werken der duusternisse. Dat ander is een bereit toeganc inden stride, op dat hi niet voercomen en worde. Als men leest inden *boec der rechters* datter starcke mannen in Gabaa woenden, die also wel der lufterhant inden stride ghebruucten als der rechter. Dat derde is een behoede ende een behendighe bescerminghe, op dat die strider niet bedroghen en worde. Als der ghescreven staet: Wes een starc man, gordet di op dijn lenden ende stridet die stride des heren. Dat vierde is een stantachtich bibliven */18ra/* sonder wiken, op dat hi int eynde niet nedergheworpen en worde. *Psalmus*: Ghebenedijt si mijn heer god, die mijn hande gheleert heeft te stride ende mijn vingheren te kive. Deser starcker striders is een ighelics swaert op sijn die, altoes bereet te wesen ende daer mede te slaen. Die predikers des woerden goods dragen dit swaert op haer die, om die vleyschelike begheerlicheden dair mede of te houwen; si dragent in die monde, om die onnutte woerde mede of te corten. *Apocalips*: Uut sinen monde ginc een swaert dat an beiden siden

---

Le1 Da Be2 Le3 Be3

726 starcken *Le1* **729** saghe *Le1* <uidentibus> **730** Dat*(2)* : dyt *Da* **731** diet : die *Le1* <hoc laborant> **733** sellen : sel *Le1 Le3 Be3* **737** die*(2) om Le1* **739** vlieghet *Da* **742** weder te staen *Le1* hoe*(3) om Da* **745** aenghetast – worde : en warde / angetast *Da* **748** -ter *om Da Be2* **749** der rechter : die rechterhant *Da Be2* **751** der *om Da Be2* (staet*)* in *(lege ruimte)* boec *Da* gorde *Da Be2* **752** een *om Da* **753** Psalmus : Als die propheet inden solter spreket *Da Be2* **754** gheleert heeft : leert *Da Be2* **757** begheerlicheit *Da* **759** Apocalips : Als gescreven staet in apocalipsi *Da Be2*

scarp was. Si draghent inder herten, om die overtollighe ghedachten of te snyden. *Psalmus*: Haer swaert moet in haer herte gaen. Si draghent in haer hant, om die onstichtighe werke mede of te houwen. OM DER NACHTSVRESEN WILLEN, dat sijn die heymelike becoringhe – *Beda* –, op dat die lagen des ouden viants, of hi iement onbehoet of onghewapent */18rb/* vonde, niet neder en worpe. Ende of DIE ALRE STARCSTE VAN YSRAHEL vresen, wat mach ic dan doen ende die mijns ghelike sijn, die totten geesteliken stride niet gheleert en sijn, dan alleen totten genen vlien ende hangen hem alleen aen, die die werelt verwonnen heeft ende niet verwonnen en mach worden?

Na enen anderen sinne

SIET LX STARKE VANDEN *STARCSTEN VAN ISRAHEL BEWAREN SALOMONS BEDDEKIJN etc. Na enen hogeren verstande moghen dit woerde der scouwender sielen wesen, die die sake haers gheesteliken opclymmens bewiset. Want hier te voeren is gheleert hoe datmen mit oefeninge der innicheyt totten scouwen comen mach, hier wort bewijst hoemen mitter behulp der godliker bescerminghe daer toe gheraken mach. Recht of hi segghen soude: O devote siel, du begheerste he-*/18va/*melsche dinghen te scouwen, du wilste mitten brudegom opclymmen. Hi wort op SALOMONS BEDDEKIJN ghevonden, daer men niet dan mit enen vredeliken ghemoede toecomen en mach. *Gregorius*: Dan maken wi Salomon – dat is Cristo, den ghewaerigen vreedsamighen – een BEDDEKIJN, als wi alre onnutter waerliker becommeringhe altemael oflaten; als wi alleen in die begheerte Cristi rusten ende onse herte van alre waerliker begheerten reynighen, op dat hi mit ons rusten wil. *Gilbertus*: Niet lichtelic en moechte hi die vercieringhe ende die weelden des beddekijns bewisen. Daer om en wort daer niet of gheseit, want daer of te spreken is een onsprekelic woert dat den mensche niet gheorloeft en is te segghen; mar die des gewaer wort, die verstatet, ende nochtan als hi dat verneemt, so en mach sijn memorie */18vb/* die verleden weelden niet te vollen ghedenken. Ende daer om bedude die scrifture also veel als si mochte, ende meende dat den verstandelen daer mede ghenoch geseit was. Het is een goet BEDDEKIJN daer gheen quale dan licht alleen die quellinghe der minnen op en coemt, welc beddekijn niet in siecten mar in vroelicheden gemaect wort; het en wort mit ghenen tranen nat ghemaect; het en wort in die duusternisse niet gheleit, mar het is altemael toevloeyende mit heiligen weelden. Onse Salemon en wil die weelden sijns beddekijns niet ghestuert hebben, noch die soete medespraec niet gehindert hebben. Hi minnet

Le1 *Da Be2* *Le3* *Be3*

760 mede *(*aff*) Da Be2* **761** Psalmus *:* David inden solter *Da Be2* **762** daer *(*mede*) Da Be2* **763** sijn *:* is om *Da Be2* Beda: Op dat *:* op dat als Beda spreket *Da Be2* **764** hem *(*niet*) Da Be2* **765** of *:* ist dat *Da Be2* vresen *:* anxt hebben *Da Be2* **767** *(*genen*)* te *Da*, die *Be2* hangen – aen *:* ende hem alleen aen te *(om Be2)* hangen *Da Be2* **770** tsestich *Da Be2* starcken *Le1* bewaren *:* ommegaen *Da Be2* **771** wael *(*woerde*) Da* **774** woe datmen *Da Be2* **775** devote *:* innige *Da Be2* **786** memorie *:* gehuchnisse *Da Be2* **787** bedudede *Da Be2* **789** alleen *om Da*

vreedsamighe dinghen, die selve vreedsamich ghehieten is, want hi hevet alle dingen mit sinen bloede te vreden gemaect, die in hemel ende in aerde sijn, ende die leeringhe des vreeds hebben wi van hem. Dese vrede beghinnet */19ra/* vander tijt dat die sonden verlaten worden ende is overvloedich al totten mededelen der godliker natueren. Hier om is onse vrede mit gode, den vader, in Cristo, mar nochtan niet vol noch seker. O waerachtich vrede ende seker, alser geen vrese in onsen lande wesen en sel, als daer gheen eynde ende eynde aen wesen en sel, mar alleen een eynde: dat eynde dat ons mit gode verenighet ende medeformich maect. Dat eynde des beddekijns is ghebruuc der vruchden, ende en behovet der swaerden niet; mar sellen nu die vroechden des beddekijns – hoe sulc dat si oec sijn – te vreden bliven, daer is een starcke hoede toe noot. Daer om sijnre LX STARCKE VANDEN STARCSTEN VAN YSRAHEL om dat beddekijn te bewaren toegheset. *Gilbertus*: Ic lese dat die enghelen die poerte des paradijs mit enen vuerighen zwaerde wachten, mar also en is dat paradijs van SALEMONS BEDDEKIJN niet, want onse Salemon hevet gheseit: */19rb/* ONSE BEDDEKIJN IS BLOEMICH. Hi is selve een bloeme des veldes, hi is een hout des levens. Hoe wel mach aldustanighen beddekijn een paradijs van weelden wesen. Siestu nu wel hoe die wide weelden mitter nauwer behoedinge ombeset sijn als van LX DIE STARCSTE VAN YSRAHEL? Men vindet vierrehande beddekijn. Dat eerste beddekijn wort mit tranen des rouweliken rouwes nat ghemaect. *Psalmus*: Ic sel mijn bedde wasschen mit tranen. Dat ander beddekijn wort mitten blomen der doechdeliker werken verciert. *Cantica*: ONSE BEDDEKIJN IS BLOEMICH. Dat derde beddekijn is daer die dode vander quale der tragher begheerten of opverwecket wort. *Gilbertus*: O goede Jhesu, isser enige<r> moeder haer kint ghestorven ende onder den steen des verdriets *of – *der wanhopicheit *bevallen, daer niet vierichs */19va/* noch innichs gheests in en is noch en schijnt, dien verwecke ende brenc hem in, op dat hi een sachter beddekijn van meerre hopen gewaer worde. Want du biste een goet heer alle den ghenen die in di hopen, ende eenre uren vroechden van di te smaken vervroelicht meer dan arbeit van langhen tiden. Dat vierde beddekijn is daer die bruut mitter sueticheit der innicheit van binnen in weelden op rust. *Gilbertus*: Op desen beddekijn en behooftmen geenre zwaerde mar den brudegom om te vaeten. *Augustinus*: Niet en is starker dan een siele die volcomen minne heeft. Want een ziele die mitter minnen ghewapent is, en verwinnet die werelt

---

Le1 *Da Be2* *Le3* *Be3*

799 soe (is) *Da Be2* **801/2** ende eynde *om Da* **803** ghebruuc : dat gebruken *Da Le3 Be3* **805** woe daen *Da Be2* een *om Da* **806** tsestich *Da Be2* **808** wachteden *Da*, wachtede *Be2* **811** aldustanighen : alsulken *Da Be2 Le3 Be3* **812** -ter *om Da* **813** tsestich der stercsten *Da Be2* **815** Psalmus : Die propheet inden solter *Da Be2* (bedde) op elken nachte *Da Be2* (myt) mynen *Da* **816** Cantica : Als te voeren in canticis staet *Da Be2* **818** isser : is *Da Be2* **819** enige *Le1* <matris> of : op *Le1* <uel desperacionis> **820** bevallen : ghevallen *Le1*, gelecht ende bevalen *Da Be2* **821** (noch) in *Da Be2* hem *om Da Be2* **825** vervrouwet *Da*, vervruecht *Be2*

niet alleen, mar si verwinnet oec mede den onverwinliken god. Dat rijc der hemelen lijt ghewelt ende die gewelt doen gripen dat. Om ons */19vb/* eersten vaders sonden is dat rijc ons ghemoets ghedeilt in tween riken, des gheests ende der natueren, die malcander onderlinghe contrarie sijn. *Paulus*: Ic sie een ander ee in minen leden, die tegens die ewe mijns ghemoets is. Dat vleysch begheert tegens den gheest ende die gheest jegen dat vleysch. Al des ghelijc was om Salemons sonden sijn rijc in tween gesceiden teghens malcander, als Israhel ende Juda. Dat rijc van Juda, wies hoeftstat Jherusalem was, behoert totten scouwen des inren menschen die den hemelschen vrede siet, daer die starke in sijn als gelove, hope ende min. Dat rijc van Ysrahel behoert totten wercliken leven, daer die starcke in sijn die vier cardenaelsche doechden, alse gherechticheit, starcheit, maticheit ende wijsheyt. Hier mede selmen die naetuer bedwinghen. *Richardus*: Die bose gheest, die wedersake, pleghet alse nu van binnen */20ra/* rade der dwalinghe te geven ende alse nu aenlockinge der weelden van buten te verwecken. Daer om sel dat ghemoede mitter enghelen hulpe, die hem trouwelike bistaen, starkelike waken, alse nu teghen die onghetemmede ghedachten, alse nu teghen die aenlockinge der sinnen. Want als men totten gedachten niet en siet, so wort dat gemoede haest bedrogen; ende als men die sinnen niet weder en hout, soe worden si haest tot leliker ghenoechten geneyghet. Mar wat leyter an weder die stat ons herten mit ghewelde of mit verraderien verloren wort; weder dat si van binnen verraden is of datse die viande openbaerlic omwerpen? Hier om sel die siele die uutwendige sinnen – recht als openbaer viande – eerst pinen te verwinnen, op dat si die aenvechtinghe der ghedachten – recht als verradinghe der borghers van binnen – mach onder-*/20rb/*houden. Want die eerste victorie sonder die ander en brenghet niet veel orbers in, ende die ander sonder die eerste is onmoghelic te vercrighen. Wi moegen oec bi desen LX STARKE VANDEN STARCSTEN VAN YSRAHEL verstaen die enghelen des hemels die hier te voeren WAKERS hieten om haerre wijsheit ende leeringhe wille, mar hier hieten si STARC om haer machtighe bescerminghe willen. Si sijn VANDEN STARCSTEN VAN YSRAHEL. Overmids dat si vander godscouwinghe begavet sijn, so moghen si mitter onverwinliker moghentheyt, so connen si mitter onbedriegeliker wijsheit, ende so willen si mitter godliker goedertierenheit die innighe siele in die oefeninge des scouwens van der aenvechtinghe der boeser gheesten bescermen. Dese enghelen sijn starc ghehieten om haer mo-*/20va/*ghentheit willen, wijs om dat si totten stride gheleert sijn, ende veel minnen hebbende, want si HAER ZWAERT

Le1 *Da Be2* *Le3* *Be3*

831 als *(*des*) Da Be2* **833** want *(*dat*) Da Be2* **835** soe *(*was*) Da Be2* **837** innersten *Da Be2* **838** *(*sijn*)* die drie gotlicke dogeden *Da Be2* **839** cardenaelsche doechden *:* doechden die cardinaels hieten *Da Be2* **840** wijsheyt *:* vroetheit *Da Be2* **841** dwinghen *Da* die wedersake / die boese geest *Da Be2 Le3 Be3* **842** in *(*te*) Da Be2* aenlockinge *:* een lockinge *Da Be2* **847** *(*leliker*)* dorper *Da Be2* **849** is *:* wert *Da Be2* **853** victorie *:* verwinninge *Da Be2* **855** tsestich *Da Be2* **861** innighe *:* mynnende *Da Be2*

OP HAER DYE ghegort hebben OM DER NACHTVRESE WILLEN. Dese engelen sijn oec voergaende exempelaers ghehieten, op dat wi overmids haren navolghen moghen vercrigen der enghelen leven, dat in rechter meninghe, in puerre minnen ende in vierigher werclicheit ghelegen is. *Apocalips*: Het ghinghen seven engelen uten tempel, die mitten reynen steen ghecleet waren. Si sijn oec troesters der droevigher ende beruspers der sonders ende goedertieren middelaers, op dat wi oec na hoerre wisen die bedruckede soude<n> troesten, die overtreders berispen, die verduusterde mit leeringhe ende mit exempelen verlichten, ende die ofghekeerde van gode mit bedinghe ende mit offerhande souden versoenen. *Apocalips*: /*20vb*/ Het stont een enghel voer dat outaer ende hadde een gulden wieroecs vat in die hant, ende hem was ghegheven veel wieroecs ende des ghelijcs te barnen in die tegenwoerdicheit goods. Dat wieroecs vat is een reyn consciencie: ront van buten overmids gehoersamicheit, beneden toeghesloten overmids opscortinge der begheerlicheit, boven open overmids scouwinghe der waerheit ende binnen barnende overmids die vierighe minne. Hier in worden die heilighe ghedachten ende die innighe begheerten ontfenghet, ende die roec van dien brande clymmet op in die teghenwoerdicheit goods. Die enghelen sijn oec bereide voervechters, op dat wi oec na horen exempel aen soude<n> nemen dat swaert der leeringhe mitten scilde des ghebedes ende mitten goeden exempel, ende wesen also voervechters des kerstenen volcs. *Apocalips*: Ic sach een engel van den opganc der sonnen opclym-/*21ra*/mende, ende had een teyken des levenden goods. OM DER NACHTVRESEN WILLE, dat sijn hindernissen des scouwens, die wel nachtsvrese ghehieten sijn, om dat si dat licht der waerheit verduusteren. *Richardus*: So wie tot een scouwende leven comen wil, die moet in hem selven leren rusten, ende die uutvloeyinghe des herten leeren bedwinghen, ende die ghedachten ende die begeerten der eenre waerachtiger vroechden van binnen leren vergaderen, ende scheiden uter oefeninghe dier ghedachten soe wat totter ghiericheit, totter gulsicheit ende tot enigher ongheordiniertheit dienen mach, ende leeren also mit vlitigher kennisse der werelt wereltlike dinghen versmaden. Ende wat wonder ist dat een minre der werelt die soeticheit goods niet en kent, welc sueticheit god den ghenen die hem minnen, dicwile pleghet te ver-/*21rb*/berghen ende te onthouden?

DIE CONINC SALEMON MAKEDE HEM ENEN SETEL OF ENEN TROEN VANDEN HOUTEN VAN LIBAEN. DIE CALUMPNE<N> DAER OF [DIE] MAKEDE HI SULVEREN, DIE LENE GULDEN, DEN OPGANC PURPEREN, ENDE HEEFTEN MIDS MIT CARITATEN VERCIERT

Le1 *Da Be2* *Le3* *Be3*

867 mochten *Da Be2 Le3 Be3* **868** Apocalips *:* Johannes in apocalipsi *Da Be2* **871** soude *Le1* **874** Apocalips *:* Johannes in apocalipsi *Da Be2* **876** ende *om Da Be2* barnen *:* brengen *Da* **877/8** gehoersamheit *Da Be2 Be3* **883** soude *Le1 Le3* <assumentes> **885** Apocalips *:* Johannes in apocalipsi *Da Be2* **890** rusten / leren *Da* **898** ferculum sibi fecit *(*fecit / sibi *Be2)* rex salomon *opschrift Da Be2* **899** calumpne *Le1 Le3* *(*daer of*)* die *Le1* **900** midden *Da* caritaten *:* mynnen *Da Be2*

OM DIE DOCHTEREN VAN JHERUSALEM. Dit moghen recht woerde wesen der ghemeenre heiligher kerken totten dochteren van Jherusalem, der hemelscher stat, daer si haer seer in verblijt overmids den loveliken dienst daer si toe aenghenomen is, in dien dat si haer selven noemt EEN SETEL OF EEN TROEN te wesen. *Beda*: Alsulken SETEL plach men in werscapen te besighen ende men mochten, na dat die tijt eyschede, van stede tot steden draghen; ende hiet oec EEN THROEN OF EEN SETEL te wesen, ende beteykent dese teghenwoerdighe stridende kerke, */21va/* overmids welker die gelovighe totter hemelscher kerken, die de victorie verwonnen hevet, ghedragen worden. Ende wel mit rechte mach dese kerke dien setel gheliken, want daer mede worden die ghelovighe totter werscappinge der ewigher salicheit ghevoert, ende si wort overmids den dienst haerre leeraers over al die werelt gedraghen. Desen setel heeft die coninc Salemon, dat is Cristus, hem van mi gemaect, seit die heilighe kerke, vanden houte van Lybaen. Hier verblijt haer die heylighe kerke anderwerve van haren dienstluden, daer si haren dienst die haer bevolen was, lovelic hevet mede volbrocht. Ende want dese dienstluden sonderlinghe die maechden, die apostelen, die confessoren ende die maertelaers waren, so bescrivet si die heilige magheden onder die ge-*/21vb/*likenisse DES HOUTS VAN LIBAEN. Want dat hout, als die gloes seit, is starc, welrukende, onverganclic, blenckende *scoen ende hoghe*; also hebben die heylighe magheden gheweest starc inder lijdsamicheit, welrukende inden goeden gheruchte, blenckende inder onnoselheit, scoen inder reynicheit, hoghe in die godlike wijsheyt ende onverganclic in die volherdende stantachticheit. SIJN CALOMPNE<N> MAECT<E> HI SULVEREN. Daer sijn die apostelen bi beteykent, die hoge waren in alre volcomenheit des levens, recht in der meninge, starc ende vast ander lude te onderscoren ende staende te houden, ende sulveren overmids die blenckende heilige leeringhe. DIE LEEN GULDEN. Die leen nader letteren is dat overste des setels, dair dat hooft <in> rust, ende beteykent die godscouwende confessoren daer Salemons hoeft, dat is die godheit Cristi, in rust, want sijn stede is in vreden ghemaect. */22ra/* Mar die lene hiet gulden te wesen, want die gave der godliker wijsheit inden scouwenden menschen alre meest blenket. Welke gaven gheliken den goude niet puerre en is nader materien, niet scoenre en is nader formen, niet vaster en is nader duerachticheit, niet leydeliker en is ende dat men breeder smeden mach nader werckelicheit. Also hebben oec die heilighe confessoren

---

Le1 Da Be2 Le3 Be3

906 hij (hiet) *Da Be2* **909** victorie : stridinge *Da Be2* **910** dien : den *Da Be2* **912** die *om Da Be2* **916** maechden : ioncfrouwen *Da Be2* **918** magheden : ioncfrouwen *Da Be2* **919** starc : vast *Da Be2* **920** scoen ende hoghe : ende scoen *Le1 Le3 Be3* <celsa et speciosa> magheden : ioncfrouwen *Da Be2* vast ende (starc) *Da Be2* **921** lijdsamheyt *Da Be2 Be3* **923** Sijn calompnen : Die columpnen vanden setel *Da Be2* calompne *Le1* <columpnas> maect *Le1 Le3* **<fecit>** **925** onderschutten *Da*, onderstutten *Be2* **927** (lene*(1)*) makede hi *Da Be2* des setels : vanden setel *Da Be2* **928** in : om *Le1*, an *Da Be2* <in quo..requiescit> **930** die*(1)* : dese *Da Be2* **931** gotschouwenden *Da Be2* geliket *Da Be2* **932** dien (niet) *Da Be2*

ghehadt puerheyt der consciencien tot hem selven, claerheit der weldaden tot haren evenmenschen, stadicheit des lidens tot haren wedersaken, ende oetmoedighe ghehoersamheyt tot gode, want si hebben haer vleysche ghecruust mitten sonden ende mitten begheerlicheden. DEN OPGANC PURPEREN, daer die martelaers bi beteykent sijn, wies lichamen overmids die martelien purperen waren ghemaect. Want dat purperen na sijnre cleynheit heeft starcheit inder machten, scoenheit */22rb/* inder verwen ende costelicheit in die waerde; also hebben die heilighe martelaers ghehadt – na dat si crancke menschen waren – starke volstandicheit in der pinen, scoenheit in die gherechtighe sake daer si om storven, costelicheit [in] der victorien in der glorien daer si toe ghecomen sijn. Hi HEEFTEN MIDS MIT CARITATEN VERCIERT. Bi welken middel die ander vercoren vriende goods beteykent worden, die totter waerder volcomenheit der voerscrevenre mageden, apostelen, confessoren ende martelaers niet gecomen en sijn. OM DIE DOCHTEREN VAN JHERUSALEM, dat is, om die alre nederste ende die alre minste vander volcomenheyt hebben, ende die alleen overmids der minnen in die salicheit behouden worden. *Gregorius*: Is<t> dat wi in des conincs setel gheen SULVEREN COLUMPNEN wesen en moghen, */22va/* want wi sijn gelovige noch mit exempelen staende en houden, noch mit leeringhe en onderwisen; is<t> dat wi gheen GULDEN LENEBORT en sijn, want wi mit aerdscher ghedachten also bewonden staen, dat wi totten schijnsel der godliker wijsheyt overmids den scouwen niet op en risen; ende isset dat wi doer den PURPEREN OPGANC niet <op> en moghen clymmen, want wi in weelden legghen, ende arbeit ende vervolghinghe om die ewighe salicheyt niet liden en willen, so laet ons doch die ghemene minne, die al den vercoren gods ghemeen is ende recht in dat middel gheset is, pinen te houden. Het sijn vijf redene waer om onse heer god alrehande menschen alrehande gaven ghevet ende hem allen niet ghelijc. Die eerste reden is, om dat die ontfanghers der ghenaden goods te oetmoe*/22vb/*digher souden bliven. *Job*: weetstu yet wie die mate der aerden hevet gheset? Daer op seyt sinte *Gregorius*: Also heeft die scepper ende die scicker alre dinghen alle sijn gaven ghematicht ende gheordiniert, dat een yghelic die hem licht verheffen mochte vander gaven goods die hi ontfanghen hevet, hem selven veroetmoedighen sel van dien gaven die ander lude hebben ende die hi selve niet en hevet. Ende also heeftet die almachtighe god gematicht dat, als hi yement mit sijnre ghenaden verheffet, dat hi dien selven overmids onghelijcheit der ghenaden onder enen anderen nedersette. Die ander reden is om die

---

Le1 *Da Be2* *Le3* *Be3*

938 *(*opganc*)* maecte hi *Da Be2* **938/9** sijn / die martelaers bi beteykent *Da Be2* **939** wies lichamen *:* welker licham *Da*, wien haer lichamen *Be2* martelie *Da Be2* **940** heeft / na sijnre cleynheit *Da Be2* starcheit *:* vastheit *Da Be2* **941** machten *:* materien *Da Be2* **944** *(*costelicheit*)* in *Le1* <preciositatem uictorie> victorien *:* verwinninge *Da Be2* **945** heeften *:* heefft den setel *Da Be2* caritaten *:* mynnen *Da Be2* **946** wtvercaren *Da Be2* **947** mageden *:* ioncfrouwen *Da Be2* **950** Is *Le1 Da Le3* **953** is *Le1 Le3* **956** op *om Le1* **958** wtvercarenen *Da Be2* **963** secht sunte gregorius / op *Da Be2 Le3 Be3*

ghemeen besittinge alle der gaven die god gevet, op dat een yeghelijc dat inden anderen soude minnen ende besitten, dat hi in hem selven niet en hevet. *Petrus*: Een ygelijc, also alse hi die genaden ontfanghen hevet, die sel hi in den anderen aendienen, al-*/23ra/*se goede scaffenaers der menichfoudigher ghenaden gods. Die derde reden is om die ondersceidinge der lede inden gheesteliken lichaem der heiligher kerken. *Gregorius*: Wat is die kerke dan dat lichaem des oversten hoefts Cristi? Daer die een hoghe dinghe in siet, ende is een oghe; daer die ander in werket rechte dinghe, ende is een hant daer of; die ander is bereet te loepen ende dat te volbrenghen daer hi toe gheropen ende ghescicket wort, ende is een voet daer of. So wanneer dese na ghewoenten der lichaemliker lede haren dienst die hem bevolen is, malkander doen, so maken si enen lichaem onder hem allen van hem selven. Die vierde reden is om die onderlinghe oefeninghe tot alre doechden. *Gregorius*: Die onghelike, verscey-den gaven wederhouden ons van alre vermetelheit ende verwackeren ons tot meerre vliticheit; want dan worden wi mit groter sorchfoudicheit tot meeren */23rb/* voertganc ontfenget, als wi grote volcomen doechden in anderen luden sien, daer wi selve niet of en hebben. Die vijfte reden is om die volcomenheit der ghemeenre scoenheit der heiligher kerken. *Augustinus*: Alle dinghen sijn vanden scepper ghescepen, mar niet ghelijc onder hem selven; ende daer om sijn alle dinge goet, want waren si alle ghelijc, so en waer daer niet dan een manier des goets; mar nu sijn alle goede dinghen te scoenre, want dat een inder goetheit beter is dan dat ander. So sijn alle goede dinghen des te meer van malcander verciert.

Na enen anderen sin.

DIE CONINC SALEMON MAKEDE HEM ENEN SETEL OF ENEN THROEN etc. Dese woerde machmen verstaen vander scouwender sielen die hier te voeren een BEDDEKIJN ghehieten was om vuericheit der minnen, */23va/* ende nu al hier EEN SETEL OF EEN TROEN die Salemon makede, ghenoemt wort, overmids hoer vercierde scoenheit in desen leven. *Gilbertus*: Die innighe, verweende siele is een bruut Cristi, ende begheert meer soete dinghe, dan dat groet ende starc is. Laet ander lude fabelen vertellen ende twidrachticheden in haren ghedachten hebben of si willen, mar haer mont sel der wijsheit ghedenken, ende haer tonghe sel van weelden spreken, die den brudegom genoechlike woerde voer-leggen wil. Want hem en behagen gheen woerde die mit genen minnentliken begheerten ghecleet en sijn ende genen soeten roeke der vieriger minnen en gheven. Al isset datmen dese sonderlinghe godlike begavinghe, die van genaden coemt ende niet uut eyghenre cloecheit, onder gheen seker reghel eniger leeringe */23vb/* besluten of beduden en mach, nochtan vinden wi inden voerscreven woerden ses punten die een bereydinge daer toe maken dat die

---

Le1 Da Be2 Le3 Be3

972 *(*petrus*)* die apostel *Da Be2* sal hij / die *Da Be2* **975** heylige *(*kerck*) Da Be2* **986** die*(2) om Da* **988** *(*vanden*)* selven *Da Be2* **994** vanden holte van lybaen *(*etc*) Da Be2* **997** *(*die*)* hem *Da Be2* **1007** of *:* noch *Da*

siele des waerachtighen Salemons SETEL OF TROEN worden mach. Dat eerste is een sonderlinghe invlietinge gods, ende dat wort gheruert want hi seit dat DIE CONINC SALEMON HEM ENEN SETEL HEVET GEMAECT. Want onse Salemon, Cristus, werct desen setel inder sielen mit sijnre sonderlingher inwerckinghe, die de salvinge des heilighen gheests leert ende niet die lesse. *Gilbertus*: Nu merct al hier, ghi die mitter haest pleghet te beden ende mit langher merringe pleghet te lesen, ghi sijt vierich in dat lesen ende verlaeuwet totten ghebede. Dat lesen is sculdich den ghebede te dienen ende die begheerte van binnen te bereyden, ende niet die tijt mede toe te brenghen noch lange me<r>ringhe te maken. Want alstu leeste, so hoerstu van */24ra/* Cristo spreken, mar alstu bedeste, so houdestu heymelike medesprake mit hem; ende also veel ghenuechliker ende sueter alst is mit hem te spreken dan van hem te horen spreken, also veel is dat ghebet voer dat lesen te setten. Ende of die ghene die ghaerne an dat lesen doende sijn, in der geesteliker vandinghe goods scade liden om dat si selden bidden, wat sel wi dan segghen van den ghenen die van lichtvaerdigher clappinghe of van anstvoudighen questien gheydelt worden? Hier om, die coninc die desen setel aldus maect, en verhenghet geen onrusticheit, het en waer dat si van minnen quaem ende niet van stride. Want die heilighe minne heeft aldustanighe onrusticheit, daer een *propheet* of seit: Ic en sel niet swighen, ic en sel niet rusten, thent sijn gherechtige uutcoemt als een schijnsel. Dat ander pont is puerheit der inreliker reynicheit, ende wort daer */24rb/*in ghemerct dat hi gemaect was VAN DEN HOUTE VAN LIBAEN. Want Libanus is also veel te segghen als een blenckinghe, ende beteykent ons inrelike puerheit die vander ewigher blenckinghe comen is. Want dat overste goet en wort niet dan vanden alre puersten, reynsten ghemoeden ghescouwet. Want dat ghesichte des menscheliken ghemoedes is also cranc dattet in dat overschinende licht niet sien en mach, het en si dattet eerst mitter genaden des geloefs te gronde ghereynicht si. Daer om en mach men dat onsprekelike niet dan onsprekelike sien, ende so wie ghenogelike wil scouwen, die moet sijn herte vlitelike reyn maken, want hi is een schijnsel des lichts daer niet bevleckets an ghenaken en mach, noch oec dat onvredeliken is. Ende daer om en wes hem geen scandelic hinder, mar alsulken */24va/* verweenden setel als Salemon VANDEN HOUTE VAN LIBAEN maecte. *Gilbertus*: Al is dese setel scoen ende genoechlike overmids die materie daer hi of ghemaect is, nochtan trouwen is hi veel scoenre overmids hoecheit des gheens dien ghemaect heeft. Want die werke sellen na des wercsmans handen gheprijst worden, die alrehande onder-

---

Le1 Da Be2 Le3 Be3

1010 want *:* als *Da Be2* **1010/1** dat – gemaect *:* Die coninc salomon maecte hem een setel *Da Be2* **1017** meringhe *Le1* **1020** alst / genuechliker ende *(*of *Be2)* zueter *Da Be2* **1028** ende *(*ic*) Da Le3 Be3* gerechticheyt *Da Be3* <iustus !> **1030** hi *:* die setel *Da Be2* **1032** blancmakinge *Da Be2* gecomen *Da Be2* **1033** *(*puersten*)* ende *Da Be2*

Le1 Da Be2 Le3 A2

1036 gheloefs *breekt af tot 1079 Be3* Ende *(*daer om*) Da Be2* **1038** ewichs *(*lichtes*) Da Be2* **1041** hem *(*makede*) Da Be2* **1042/3** is hi / trouwen *Da Be2* **1043** die *(*hoecheit*) Da*

sceyt der doechden also leert, dat hi ons voer die vermetelheit altoes eerst waerscuwet. Want wat hebstu dattu niet ontfanghen en hebste, ende hebstuut ontfangen, wat verhefstu di daer in? Bistu een SETEL, wie heeft di anders ghemaect dan die coninc Salemon, die Cristus is? Bistu een BEDDEKIJN gheworden, wie bewaert di anders dan DIE LX STARKE VANDEN STARCSTEN VAN YSRAHEL? Bistu een hoech cederboem des berges van Libaen, nochtan en wil niet hoghe smaken */24vb/* mar hebbe vrese, op dattu overmids dijnre vermetelheit daer niet uutgherodet en *wortste, daer du mit uutverkiesinghe in gheplant waerste. Dat derde punt is stantachticheit inder volherdinghe, in dien dat hi DIE CALUMPNE<N> SULVEREN MAECT<E>. Want wat soude reynicheit der sielen ende des lichaems moghen baten, het en waer dat si volherdede totten eynde toe? Hier om isset een goede calumpne, die in haer selven onbeweghelic blivet ende ander menschen mitten woerde[n] der leeringhe onderscoert. Want dat is een SULVEREN CALUMPNE[N] te wesen, in hem selven sonder oflaten wel te doen ende ander lude mitten woerde[n] der heyligher leeringhe te onderwisen, ende daer of gheen lof der menschen noch verganclic loen, mar die eer goods ende salicheit der sielen mit rechter meninghe van alre herten <te> begheren. O, wie sel mi, die noch cranc bin, al-*/25ra/*sulken calumpne in Salemons setel gheven te wesen; dat ic in mi selven onbeweghelic recht doen mochte, ende ander menschen die noch wagghelen mitten woerde der leeringhe ondersetten mochte, ende voer alle *dit mit gheheelre herten ende mit rechter meninghe niet anders te begheren dan den ghever selve, wies gave dat<tet> is. *Richardus*: Hi bedencket diet bedencken mach, hoe groeten doechde dattet is niet alleen hem selven in wel te doen te bewaren, mar oec ander lude mit leeringhe uutten stricke der sonden te verlossen ende in doechden te starken; ende die hi hoer boesheit in doechden niet verwandelen en mach, die pijnt hi te wederstaen ende niet te consentieren. Ic en weet niet of een mensche in desen leven enighe waerdigher gave van gode ontfanghen mach, ic en weet oec niet of god den mensche enighe hoger ge-*/25rb/*nade gheven mach, dan, als gheseyt is, dat overmids sinen dienst verkeerde menschen in een beter verwandelen, ende °dat van° des viants kinder gods kinder mochten worden. Alsulke

---

Le1 *Da Be2* *Le3* *A2*

1048 die*(1) om Da Be2* **1049** tsestich *Da Be2* **1052** waerste *Le1* <euellaris> mit *:* wt *Da, om Be2* **1054** *(*columnen*)* vanden setel *Da Be2* calumpne *Le1* <calumpnas> maect *Le1 Le3* <fecit> die *(*reynicheit*) Da Be2* **1054/5** des lichams ende der zielen *Da* **1057** woerden *Le1 Be2* <uerbo> onderschuttet *Da*, onderstuttet *Be2* **1058** calumpnen *Le1* **1059** woerden *Le1 Be2* **1061** te *: om Le1*, ende *Da* **1062/3** geven te wesen / in salomons setel *Da* **1063** mach *Da Be2* **1064** woerden *Ha2 Le3 A2* onderscutten *Da*, onderstutten *Be2* **1065** dit *:* dinc *Le1* <pro hiis omnibus> **1066** -tet *om Le1* **1070/1** die*(1)* – wederstaen *:* der geenre boesheit die hij niet in doechden verwandelen ende *(*en *Be2)* mach hem pinen weder te staen *Da Be2* **1072** ontfangen mach / van gade *Da* **1072/3** ic – mach *na 1075* Ende *Da Be2* **1074** die *(*verkeerde*) Da Be2* verwandelen *:* verwandelt werden *Da Be2* **1075** dat van *:* dan dat overmyds syn toedoen van *Da Be2*, van dat *Le1* mochten worden *:* werden *Da Be2*

<SULVEREN> welludende CALUMPNE was een *propheet*, die seide: Die here heeft mi een gheleerde tonge ghegeven, dat ic hem mitten woerden onderset-ten can die ghevallen is. Dat vierde punt is soeticheit der wijsheit goods, ende is inden GULDEN LENEBORDE beteykent. Biden LENEBORDE moghen wi soeticheit nemen ende biden GOUDE wijsheit, want wat minnet men vierichliker ende wat besit men genoechliker dan die wijsheit? Haer scoenheit gaet boven alle suverlicheyt, ende haer smakelicheit boven alle sueticheit; si is scoenre dan die sonne, ende is boven alle chierheit der sterren geset, ende alle goet is mi te samen mit haer ghecomen. O hoe */25va/* seer minnede hi se, o hoe vierich was hi in haerre minnen, die seide: Ic heb die wijsheit boven alle heyl ende boven alle scoenheit ghemint. Hier om was<t> dat Jacob om Raechel seven jaer diende ende overmids groetheit der minnen docht<en> hem die daghen cort wesen; want na groetheit der *scoenheit so was groetheit der min-nen. Op aldustanighen setel neyghet hi sachtelic sijn hoeft, die inder ewan-gelien al claghelike seyt: Die vossen hebben holen ende die vogelen des hemels nesten, mar die sone des menschen en hevet niet daer hi sijn hoeft op neyghen mach. *Gilbertus*: O hoe salich is die siele die een leenbort dies hoefdes verdiende te wesen, dat also vol is vanden douwe der hemelscher ghenaden; daer en is gheen twivel aen, si en sel vanden douwe des hemels ende vander vettic-*/25vb/*heit der aerden die benedictie ontfanghen. Daer en is niet onrechts, daer en is niet verborghens, daer en is niet onder die figueren bedecket, daer en is <anders> niet dan blenckende gout. O hoe suete ist also te wesen, mar het is recht als een *voervluchtighe corte tijt. *Hugo*: Dese wijsheit wort overmits die vrese ghesaeyt, mitter ghenaden nat ghemaect, mitter beweginghe des herten gaetse op, mitter innicheit groeyet si, mitter begheerten wasset si ende wort breet, mitter minnen wort si starc, mitten ghelove wortelt si, mitter hopen wasset si hoghe, mitter voersichticheit criget si blaede, mitter disciplinen bloeyt si, overmids der lijdsamicheit wort si rijp ende overmids den scouwen voedet si. *Barnardus*: Die wijsheit des herten is gheleghen in berouwelicheyt der sonden, in versmadinghe der tegenwoerdigher ghemaken ende in begheerten der ewigher */26ra/* dinghen. Die wijsheit des mondes is gheleghen in beliinghe der eyghenre boesheit, in danckbarliken love ende in stichtighe leeringhe. Die wijsheit des wercs is gheleghen in den reynen, lijd-samighen, ghehoersamigen leven, op dat die trouwe gehoersamicheit den eyghen wille dode, ende die oetmoedighe reynicheit die werltlike ende die

---

Le1   *Da Be2*   *Le3*   *A2*

1076 sulveren *om Le1* <columpna argentea>   **1077** onderscutten *Da*, onderstutten *Be2*

Le1   *Da Be2*   *Le3*   *Be3*

1079 wi *herneemt (cf. 1036) Be3*   **1081** die *(*gaet*) Da*   **1086** wast *:* was *Le1 Be2 Le3*   **1087** docht *Le1* <uidebantur sibi dies>   **1088** schoenheden *Le1* <pulchritudinis>   so *om Da Be2*   **1089** setel *:* leenboert *Da Be2*   **1090** clagende *Da Be2*   **1093** verdiende *:* ver-dient hevet *Da Be2*   gotlicken *(*douwe*) Da Be2*   **1094** en is *:* ende *Da*   ende *(*sy*) Da*   **1097** anders *om Le1*   **1098** overvluchtige *Le1* <fugax>   corte / voervluchtige *Da Be2*   **1102** –ter*(3) om Da Be2*   **1103** lijdsamheit *Da Be2 Be3*   **1109** ghehoersamigen *:* gehoer-samheit *Da Be2 Be3*   **1110** ofsnyden *Le1 Le3* <amputet>   lijdsamheyt *Da Be2 Be3*

vleyschelike weelden ofsnyde[n], ende dat die blide lijdsamicheit den tijtliken wederstoet manliken lide. Dat *vijfte punt is vrolicheyt des lidens, in dien dat DIE OPGANC PURPEREN was. Want overmids den PURPUREN OPGANC soe coemt men totten GULDEN LEENBORT, ende overmids <doechde> der lijdsamicheit so coemt men totter rusten der godliker wijsheit. Ende wat mach des gheens vroechde verminren, die hem oec van enen ygeliken drucke of van onrechte dat hem ghedaen is, ver-*/26rb/*blijt, ende also vander doechde der lijdsamicheit gestarket is, dat hi oec van alle verdriet dat men hem doet, die victorie behoudet? Hoe datmen overmids doechde der lijdsamicheit totten smaec der godliker wijsheit comen mach, dat bewiset *Richardus* ende seit: Sich, ic sette twee minres voer di: die een is gods minre, die ander is een minre der werelt. Die eerste begheert uut doechden der lijdsamicheit tijtlic liden om gods willen, die ander minnet vollicheit der tijtliker ghenoechten. Die eerste mach overal vinden dat hi om gods willen minnet, die ander en mach nymmermeer die vollicheit vercrighen daer hem na dorst. Wie van desen tween is die wiser? Sich noch twee ander: die een haet der werlt wederheit, die ander versmadet der werelt weelden. Nu bid */26va/* ic di, waer mach die eerste sinen wedersaec ontflien, of waer en mach die ander sinen viant niet vinden ende verwinnen? Wie van desen is die saligher? Salich sijnse, seit die heer, die vervolghinghe om die gherechticheit *liden. Want het sijn twee dinghen daer den saligen vroechde of coemt: als te derven so wat du niet en wilste, ende te hebben al dattu begheerste. Dien segghen wi salich te wesen, die teghen sinen wil niet en lidet, ende die vercriget al dat hi begheert. Aldus wort dat innighe ghemoede overmids der lijdsamicheit EEN PURPEREN OPCLYMMEN. Want daer die sinlicheit van buten of te liden heeft, daer wort die minne des herten tot geheelre puerheit mede ghebrocht; ende daer dat lichaem van buten of lidet, daer wort die consciencie van binnen of */26vb/* verblijt. Want also die salven niet en ruken, het en si datmen se roere, ende also die wieroec gheen roec en ghevet, het en si dat hi onder die colen gheworpen worde, also maken die heyligen al dat van doechden wel ruket in die tribulacie condich. Dat seste punt is die minne der godliker goedertierenheit, in dien dat die setel MIDS MIT CARITATEN VERCIERT WAS, OM DIE DOCHTEREN VAN JHERUSALEM. *Gilbertus*: In die bescrivinghe des setels so wort die caritate recht als een vercieringhe ende een slot alre ander ghenaden daer onder gheset. Die minne is inden eersten, die minne is inden

---

Le1 *Da Be2* *Le3* *Be3*

1112 vijfte *:* seste *Le1 Le3* <quintum> **1114** *(*overmids*)* die *Da Be2* doechde *om Le1* <per uirtutem paciencie> lijdsamheit *Da Be2 Be3* **1117** lijdsamheit *Da Be2 Be3* **1118** victorie *:* verwinninghe *Da Be2* **1119** die *(*doget*) Da Be2* lijdsamheit *Da Be2 Be3* **1121** ende *(*die*(2)) Da Le3 Be3*

Le1 *Da Be2* *Le3* *A2*

1122 lijdsamheit *Da Be2 Be3* wil *breekt af tot 1212 Be3* **1125** tween *om A2* is *:* isser *A2* die *:* te *Da Le3*, *om A2* wijste *Be2* **1127** segge mi *(*waer*) Da Be2* **1129/30** liden / om die gerechticheyt *Da Be2* **1130** lidet *Le1 A2* <patiuntur> **1131** so wat du *:* dattu *Da Be2* **1134** lijdsamheit *Da Be2 A2* opclymmen *:* opganck *Da Be2* **1137** also *:* alse *Da* **1140** die tribulacie *:* der bedruckenissen *Da Be2* **1141** caritaten *:* mynnen *Da Be2* **1143** caritate *:* mynne *Da Be2*

lesten, die minne is in *dat inreste[n]; die minne maect dat begin, die minne maket dat middel, die minne volbrenghet dat eynde, ende die purperen verwe ende dat blenckende gout soude<n> veel te duusterre wesen, waren si mitter minnen niet ghecledet. O goede god, hoe groot is die ghe-*/27ra/*nade der minnen, die dat gout der wijsheit selve verciert? Niet en machmen ghenoecheliker bewisen dan minne, niet en mach men sueteliker bevoelen dan minne; die minne wort soeteliken begheert, si wort soetelike ghebruuct, si hevet altoes suete weelden, si wort soeteliken bedroeft, si draghet suetelike den rouwe. Die minne is alleen suet, ende alle minne is suet, mar daer en is gheen minne jegen die minne Cristi te legghen. Ende daer om, GHI DOCHTEREN VAN JHERUSALEM, minnet ende volghet die beste gaven, mar alre meest op dat ghi minnet. Die ander hebben ander officien, mar dat is u [een] sonderlinghe officie, dat ghi minnet; ende dat heb di alleen in uwen begheerten, dat hi u inder minnen altoes meer ende meer behaghe, die niet ghenoech behagen en mach. Daer om WAS DAT MIDDEL DES SETELS, dat is dat inreste des ghemoedes, VER-*/27rb/*CIERT MIT CARITATEN. Want gheen doechde en doerdringhet ende en bestort die siele als die minne, ende vervullet die heymelicste steden des herten; die minne wort in dat morch der sielen inghedronken ende vloeyt in hoer heymelike aderen; die minne en laet haer selven niet rusten, si is haer selves vermaenre ende doet een soete gewelt in die liders; si verwackert haer selven ende begeert altoes meerre vruchten, ende al schijntet haer ommoghelic dat si begheert, nochtant en laetse haer daer om niet ghenoegen; si minnet ende [si] volget datter onghemeten is, want si en can haerre begheerten ghien mate setten. Mit deser minnen heeft Salomon dat inreste der sielen verciert OM DIE DOCHTEREN VAN JHERUSALEM – *Vercellencius* –, op dat die brudegom die bruut den hemelschen */27va/* gheesten na haerre mogelicheit soude gheliken, want dese hoechste ghelikenisse en mach niet ghescien dan overmids der minnen. Dese voerseyde punten der geesteliker voertganghe les over ende weder over, o du, die nader ghenaden des scouwens verlanget, noch en laet daer niet onreyns noch niet onghescickets in di bliven, op dat di die bloete waerheit toeschinen mach. Eerst in maec di reyn, daer na oefen di, ende ten derden mael so sich. Of bi DEN PURPEREN OPCLYMMEN moghen wy verstaen alrehande doechden, daer die mensche recht als mit graden totten throen des hemelschen coninc mede coemt. Als *David* seit: die berghen clymmen op, dat sijn die innighe sielen die tot hemelschen dingen hem verheffen. Want wy lesen inder heiliger scriften opclymminghe */27vb/* des aernts, des roedekijns, des leeuwen,

---

Le1 *Da Be2* *Le3* *A2*

1145 -den inresten *Le1 Be2* **1147** soude *Le1* **1153** ende alle minne is suet *om Da Le3* **1156** officien : ambochte *Da Be2* (u) een *Le1* officie : ambochte *Da Be2* **1160** caritaten : mynnen *Da Be2* **1166/7** si (volget) *Le1* **1171** dese : die *Da* **1173** o *om Da Be2 Le3* noch : ende *Da Be2 Le3 A2* **1175** Eerst in : Inden eersten *Da Be2* ten : den *Da* **1176** opclymmen : opganc *Da Be2* **1177** gracien *Da Be2*, garden *A2* **1180** (scriften) van veel *Da Be2* alse (des(*1*)) *Da Be2*

des wolkens, der sonnen, der bloemen ende des viers. Inden opclymmen des aernts wort verstaen die godlike wijsheit, want die aern heeft een scarp gesicht. Inden opclymmen des roedekijns verstaetmen gerechticheit, die altoes recht opwaerts tidet. In den opclymmen des leeuwes verstaetmen volstandicheyt, want het is een seer starc dier. Inden opclymmen des wolkens verstaetmen maticheit, want die wolke[n] vercoelt *den brant der hetten*. Inden opclimmen der sonnen verstaet men <dat> ghelove, want dat verclaert verborghen dinghen. In den opclymmen der bloemen verstaetmen die hope, want si condighet die toecomende vrucht. Inden opclymmen des viers verstaet men die minne, die die vercoude siele ontfonket ende warm maect. Mit desen seven doechden coemt men ende clymmet men op tot Salemons throen ende totten setel ons behouders.

/28ra/ GHI DOCHTEREN VAN SYON, GAET UUT ENDE SIET SALEMON, DEN CONINC, INDER CRONEN, DAER HEM SIJN MOEDER IN GHECROENT HEEFT INDEN DAGE SIJNRE BRULOCHTEN OF SIJNRE BELOEFTEN, ENDE INDEN DAGHE DER BLISCAP SIJNS HERTEN. Hier te voeren verblide haer die moeder, die heilighe kerke, vander vrucht hoerre officien die haer bevolen was; ende op dat si van traecheden ende van ledicheden niet beruspet en worde, so beghinnet si hier nu na haer belyinghe die <on>ghelovighe totten lichte des gheloves te noeden, ende seit: Salemon, die coninc, heeft mi tot enen setel ghemaect, daer ander menschen mede tot hem gedraghen worden. Ende daer om, wil di tot hem daer mede ghedraghen wesen, so isset noet dat uwe herten uter duusternisse des werltliken levens ganghen. Daer om, GAET daer UUT, GHI DOCHTEREN VAN SYON, want dat over-*/28rb/*ste goet en machmen niet dan mit verlichten ogen scouwen. Gaet oec uter duusternissen des ongheloves, want so waer overmids den ghelove ghien kennisse der eerster onwandelbaerre waerheit en is, daer en is gheen rechte doechde, hoe groet dat oec die seden sijn. *Augustinus*: Het en is gheen waerachtige doechde, die de meninghe tot gode niet en leyt, die de levendighe fonteyn is, op dat si in die seker ewicheit ende inden volcomenen vrede rusten mach. O ghi philosophen, o ghi scriben ende phariseen, waer om glorieerdi ende verheffet u vander ewe ende vanden doechden die alleen in den seden sijn? Want overmids den sedeliken doechden ende overmids der ewe en worden die crachten der redeliker sielen niet ghenesen, noch hoor minlike begheerten recht ghemaect, noch haer werken */28va/* te recht gheordiniert, het

Le1 Da Be2 Le3 A2

1186/7 maticheit – dat*(1) om Be2* **1186** wolken *Le1 Le3* <nubes refrigerat> den brant der hetten *:* die hetten der sonnen *Le1* <caloris incendium> **1187** dat*(1) om Le1* die *(*verborgen*) Da Be2* **1192** behouders *einde Le3* **1193** Egredimini et videte fylie syon regem salomon *opschrift Da*, egredie(!)mini et videte filie syon .iij. *opschrift Be2*, Dit is dat seven en dartichste Capittel *opschrift Le4*, Text *opschrift A2* **1195** of sijnre beloeften *om Da Be2* **1197** hoerre officien *:* oers ambochts *Da Be2* **1199** bevelinge *Da Be2 A2* <negocio incepto> ghelovighe *Le1 Le4 Da Be2 A2* <infideles> **1202** wesen *:* werden *Da Be2 A2* **1204** gout *Da* **1210** glorieerdi *:* glorieert gij *Da Be2 A2* **1211** den *:* uwen *Da Be2*

Le1 Da Be2 Le4 Be3

1212 -mids *herneemt (cf. 1122) Be3*

en si dat die meninge mitten lichte des gheloves boven alle sedicheit te gode waerts ghewiset worde. Ende dat en mach niet ghescien, het en si datmen die waerachtighe salicheit overmids den ghelove bekenne[n], ende mitter hopen darwarts tide[n], ende mitter minnen vierichlike begheer. Daer om, ghi phariseen, laet uwe doechden niet naect wesen mar ghecledet, uwe wercken gheordiniert, ende laet uwe minlike begheerten recht uut gaen; ende gaet uter duusternisse totten lichte, uutten fantasien totter waerheit, uut uwer eyghenre blintheit totten ghelove; werpet die werken der duusternissen van u, ende doet an die wapene des lichts. O ghi Joden, en weet ghi niet wat dat gout beduut daer die wande des tem-*/28vb/*pels mede verciert sijn, ende die olye daer die vate des tempels mede gheheylicht sijn, ende die verwen daer die gordinen uwes tempels mede geverwet sijn? So GAET UUT, ende vermenghet ende voeghet tghelove, die hope ende die minne mit uwen sedeliken doechden, ende dan sel di hebben seven wive die enen man omme sellen gripen, ende seven brode inder ewangelien, ende seven gulden candelaren; ghi sult vergulden wande des tempels hebben, uwe vate sellen gheheylicht wesen, ende alle ornamenten uwes tabernakels wel gheordiniert. Of voeghet enen ygheliker vanden vier cardinaelschen doechden gelove, hope ende minne toe, dat een yeghelic vanden vieren mit ghelove, mit hope ende mit minnen verciert *si, so sel di hebben xij fonteynen die der dorstigher sielen te drincken gheven, ende xij stene die de onreyne, mismaecte siele */29ra/* vercieren, ende xij poerten die de verwoeste, verbannen sielen inleyden, ende xij corve vol relives die de hongherighe siele versaden. Hier om, GAET UUT, GHI DOCHTEREN VAN SYON. Wel mit rechte moghe ghi dochteren hieten ende niet sonen, want ghi sijt teder ende cranc, ende en hebt noch gheen volcomen verlicht verstant, mar legt onder veel dwalinghe onderdanich. Nochtan si di dochteren van Syon ten minsten overmids der sceppinghe, al en si di noch gheen sonen overmids ghelove, hope ende minne. Hier om, GAET UUT u selven te kennen, ende scicket u werke nader heiligher vader exempel. GAET UUT die werelt te versmaden, want daer mach men alre eerst vrede ende stilheit in vinden. *Ysaias*: Gaet uut in vroelicheden, ghi selt in vreden gheleit worden. GAET UUT uwen evenmenschen mede te besorghen ende sinen last te draghen, want also sel di */29rb/* die ewe Cristi vervullen. GAET UUT uwen god boven al te minnen, daer alle die voerseyde uutganghe op dienen sellen. Wy sellen uutgaen vanden sonden, op dat wi van alre vlecke der misdaet ghereynicht warden. Tot dien uutganghe

Le1 Da Be2 Le4 Be3

1217 bekennen *Le1 Le4* (bekennen) mach *Le4* **1218** tiden *Le1 Le4* **1225** cortinen *Da Be2 Le4* **1228** sullen / omme- *Da Be2 Le4 Be3* **1230** wesen : werden *Da Be2* **1232** cardinaelschen doechden : dogheden die cardinales hieten *Da Be2* alse (dat) *Da Be2* **1233** (gelove) ende *Da Be2* si : sijn *Le1 Le4 Be3* **1234** twalff(1) *Da Be2* twaelff(2) *Da Be2* **1235** duerbaer (stene) *Da Be2* twaelff *Da Be2* **1236** woeste *Da Be2 Be3* verbannede *Da Be2* twaelff *Da Be2* relives : brocken *Da Be2*, reliquien *Le4* **1240** soe (si) *Da Be2* **1241** si di : sijt gi *Da Be2* **1245** gheleit : gebaert *Da Be2* **1246** sel di : sult gij *Da Be2* **1249** misdaden *Da Be2*

was Abraham vanden heer vermaent, doe hi seide: Ganc uut dinen lande, uut dijnre maechscap ende uut dijns vaders huus. Wy sellen ingaen tot ons selven ende in ons selven, ende ondersoken alle der conciencien heymelicheit, als een yghelijc vanden propheet *Ezechiel* vermaent wort, daer hi seit: Ganc in ende besluut di selven midden in dijn huus. Wy sellen teghens gaen jeghen onsen wedersaec te striden om die victorien te behouden, ende op dat betrouwen gods vrilic segghen: Ic sellen aengaen mit alle mijnre herten. Wy sellen mede uutgaen mitten vercoren */29va/* goods goede werken te beghinnen; wy sellen voertgaen dat goede begonnen werc totten eynde toe te volbrenghen; wy sellen overgaen die werelt mitten scouwen der ewicheit onder die voete te treden; wy sellen wedergaen totten hemelschen vaderlande. Want daer die rivieren uutgaen, daer keren si weder in, ende in haren wederkeer verbliden alle dinghen. SIET, SALEMON, DEN CONINC. Besiet mitten gelove dat woert inden vleysche ende god inden mensche. Van desen coninc seyt *Ysaias*, die propheet: Ons is een kint gheboren ende ons is een soen ghegheven; hi sel hieten wonderlic god, een raet, een [starc] got, <een sterke>, een vader der toecomender werelt, een prince des vredes. Nu besiet mitten oghen der sielen onsen wonderliken, hoghen coninc Salemon, overmids sijnre */29vb/* godliker ende menscheliker natueren. Hi is die wonderlike god, die Moyses inden ontfengeden doernbosch sach na dat hi sijn scape in dat inreste der woestinen hadde ghehoedet, ende seide: Ic sel gaen ende sien dit grote visioen. Die onneffen doernbosch is sijn lidelike, weenlike menschelike natuer; die vlamme is sijn edel siel vol minnen; dat licht dat overmids der vlammen den doernbosch bescheen, dat is die lichtschinende, godlike natuer die mit sijnre menscheyt overmids sijnre edelre sielen gheenicht is. Hier om, BESICH DESEN CONINC SALOMON ende seg: Heer, du biste harde wonderlic ende dijn aensicht is vol genaden. Oec is hi een wijs raetsman om sijnre ingheborenre wijsheit, die hi ghelike den eersten mensche ende ghelike den engelen hadde, daer hi alle dinghe mede kennede. Also dat hi een goet, wijs raetsman is, ende niet alleen */30ra/* gode ontfangelijc ende medeformich, mar oec god selve; want

---

Le1 *Da Be2* *Le4* *Be3*

1252 der *:* onser *Da Be2* **1254** teghens *:* te gemoet *Da Be2*

Le1 *Da Be2* *Le4* *A2*

1255 wedersake *breekt af tot 1298 Be3* te stride *Da* victorien *:* verwynninge *Da Be2* sullen *(*op*) Da Be2* **1257** goede *om Le4* **1258** goede – werc *:* goede werc dat begonnen is *Da Be2* **1264** *(*gegeven*)* etc *Da Be2*

1264-6

et uocabitur admirabilis, consiliarius, deus, fortis, pater futuri seculi (Is. 9,6; hs. München, f. 53rb).

Hi sal hieten wonderlic, een raetsman, een got, een sterke, *een vader der toecomender werlt (Hs. Darmstadt, f. 47ra).

1265 een *(*wonderlic*) Le4* got *om Da Be2* raet *:* raetsman *Da Be2*, raetgever *Le4* starc *(*got*) Le1 Le4* een sterke *om Le1 Le4* een*(4) om Da* **1268/9** inden – sach *:* apenbaerde inden ontfengeden doernen boesch *Da Be2* **1269** sach *om Le4 A2* **1270** *(*ghehoedet*)* openbaerde *A2* **1274** vereniget *Da Be2 A2*

alsulken god mochte ons jeghens god den vader versoenen, ende dat erve der ewigher salicheit weder vercrighen. Als een die victorioes ende starc was, ende dien prince der duusternisse mochte beroven; want hi is die starke ende die verwinlike god, die de werelt hevet verwonnen, die de helle hevet berovet, ende dat paradijs hevet wedervercreghen ende den sinen ghegeven. Als een milde vader die overmids den heilighen gheest die lede der heiligher kerken purgiert, verlicht ende volcomen maect nader enghelen ordinancie; ende is also milden vader, dat hi den sinen geven wil, so wat si in sinen naem bidden. Want hi een gherechtich prince des vreden is, ende wil den wil der gheenre die hem ontsien, vervollen, ende ordelen niet na den ghesichte der ogen, mar na die gerechticheit ende */30rb/* in die waerheit. Nu GAET UUT ENDE BESIET DESEN CONINC. Desen coninc besiet ende scouwet wel te rechte die der waerheit, der onbedriechliker wijsheit vaste ende sonder twivel ghelovet, die die goedertierenheit sijns ontfarmhertichs ende ghenadichts ordels mit innicheden der begheerten puerlic minnet, ende die de oetmoedicheit sijnre ghewilliger, armer verworpenheyt medeformelic mitten bewisen der werken volgen. *Paulus*: het was behoerlic dat wi alsulken heilighen, onbevlecten bisscop hadden. Desen siet INDEN DAGHE DAER EN SIJN MOEDER IN GHECROENT HEEFT, dat is, ghelovet sijn heylighe menschelike aenneminghe, sijn bitter liden ende sijn vrolike verrisenisse, also dat die croninge sijnre moeder totter menscheliker ontfangenisse hoert, */30va/* ende die bruloft of die verbindinghe totter passien. Want hi een brudegom des bloets is ende heeft daer in die heilighe kerke getrouwet in den daghe der vroelicheit sijnre glorioser verrisenisse, also dat hi al in al geworden is. Hi is selve die waerheit die alle dinghen ghescepen heeft, die alle dingen bewaert, die alle dingen verlicht, die alle dingen recht maket ende die alle dinghen ordiniert ende scicket. Ende daer om en is die bewaeringhe [der dinghen] ende die onthoudinge der dinghen den sterren ende den planeten niet toe te scriven, want een wijs man heeft heerscappie boven den sterren; dat is, al heeft een mensche een natuerlike neyghinge totter eenre cranchеit of totter ander overmids invlietinge der planeten, is hi wijs, hi mach dat mitter hulpen goods */30vb/* wederstaen ende verwinnen, overmids dat die vader sinen enighen sone om onsen wille niet en spaerde, ende heeft ons daer in gheleert ende ghegeven wat hi mochte, wat hi wiste, wat hi hadde ende wat hi was. Overmids desen so wort drierhande invlietinghe inder sielen gheboren, daer si in gode mede ghestadicht wort. Die eerste is een cracht der starcheit, want der sielen die onbeweghеliken ghelove heeft, en is gheen dinc onmogelic, ende

---

Le1 *Da Be2* *Le4* *A2*

1282 dien *:* den *Da Be2* **1283** onverwinlicke *Le4 A2* **1284** die *(*dat*) Da Be2 A2* -vercreghen *:* gecregen *Da* **1287** in – bidden *:* hem bidden in synen naem *Da* **1291** ende *(*der*(2)) Da Be2* **1293** ontfermhertigen *Da Be2*, ontfarmherticheits *A2* **1294** williger *Da Be2 A2*

Le1 *Da Be2* *Le4* *Be3*

1298 ende *herneemt (cf. 1255) Be3* **1305/6** *(*bewaeringhe*)* der dinghen *Le1* **1308** -ter *om Da Le4* **1311** eigenen *Da Be2 Be3* **1315** onbeweghеliken *:* onbedriegelic *Da*

alle dingen sijn den ghelovighen onderdaen, want die heilighen hebben conincriken ende princen ende vorsten overmids den ghelove verwonnen. Die ander invlietinge is vierighe minne tot alre waerheit, dat die mensche alle quaet veronwaerde ende minne hebbe tot allen doechden, also als Helyas, die propheet, jeghens *Achab, den coninc, ende Yezabel, der coninghinnen, /*31ra*/ vrilic prophetierde. Die derde invlietinghe is een overgaende of een overdraghende minne, dat die mensche in lachter of in druc een vroelike bliscap des herten van binnen ghevoele. Dese bevoelike ondervindinghe maken een vast ghelove, ende sien DEN CONINC SALEMON MITTER CRONEN, DAER HEM SIJN MOEDER MEDE GHECROENT HEEFT. Cristus was ghecroent mit eenre vleyscheliker cronen in die ontfanghenisse, ghemaect van den heiligen geest in dat maechdelike lichaem; hi was ghecroent mit eenre doernen cronen in sijnre passien, van Pilatus knechten in die oude sinagoghe; hi was ghecroent mit eenre stenen crone in die verrisenissen, van den vader inder glorien. *Psalmus*: Du hebste op sijn hoeft gheset een croen van enen costeliken steen. Hi was ghecroent mit eenre guldenre cronen in sijn hemelvaert, oec van sinen vader, boven /*31rb*/ allen choren der enghelen.

Na enen anderen sinne.

GHI DOCHTEREN VAN SYON, GAET UUT ENDE SIET SALOMON, DEN CONINC, IN SIJNRE CRONEN etc. Dit moghen oec na enen anderen sin woerde der hemelscher gheesten wesen, die si totter scouwender sielen spreken. Want als sinte *Augustinus* seyt, so is god daer om mensche gheworden, op dat die mensche – ghinghe hi in of ginghe hi uut – in sinen behouder weyde soude vinden: buten inden aensien des behouders, binnen inden aensien des sceppers. Dit sijn twee reescappen des *scouwens, daer wi niet alleen mede in den hemelschen vaderlande ghesalicht en worden, mar oec mede sueteliken ghetroest inden weghe der pilgrimmaedse daer wi nu in sijn. Want het is seer ghenoechelike nu des eens ende nu des anders van desen tween te ge-/*31va*/bruken. Daer om, GAET UUT, GHI DOCHTEREN VAN SYON, dat scouwen der godliker natueren een luttel te laten ende totten scouwen der menscheliker natueren Cristi yets wat verwacker<t> te worden. *Gilbertus*: Op dat die overdragende grootheit der ghenuechten haer selven niet en verslite, ende die grote weelden tghemoede niet mit allen uut en tere – want overgrote vroechde en mach niet eenperlike langhe dueren –, daer om moetse biwilen onderscoten wesen; want die noch inden vleysche woent, dien en wort die santuarie gods al hier niet erflic mar ter tijt ghegeven te besitten. Daer om segghen die hemelsche gheesten totten

---

Le1 *Da Be2* *Le4* *Be3*

1319 tot alre doecht *Da Be3* **1320** achas *Le1* <**achab**> **1322** laster *Da Be2* of *:* ende *Da Le4 Be3* druc *:* bedruckenisse *Da Be2* een *om Da Be2* **1327** maechdelike *:* ionferlicke *Da Be2* **1329** Psalmus *:* David inden salter *Da Be2*, inden zouter *Le4* **1330** costeliken *:* duerbaren *Da Be2* **1338** behouder *:* gesuntmaker *Da Be2* **1339** behouders *:* gesontmakers *Da Be2* **1340** scouwers *Le1 Le4 Da Be2* <contemplacionis> **1341** *(*getroest*)* weerden *Da Be2* **1346** verwacker *Le1*

DOCHTEREN VAN SYON, dat is totten scouwenden sielen: GAET UUT uut dien heymeliken scoet der minliker scouwinge, GAET UUT uut */31vb/* der verborghenheit des ontoegangheliken lichts, GAET UUT uut den kelre des pueren onvermengheden wijns, ende gaet totten nyeuen moste die de onghescepen wijsheit goods in den nyewen beker ghemenghet heeft. O dronckenmakende kelc, hoe overclaer bistu? O kelc des pueren wijns, die niet alleen die ghemoeden der godminnender menschen mar oec die enghelen droncken makeste. O GHI DOCHTEREN VAN SYON, GAET UUT tot desen welbereyden kelc, ende verwondert u dat dat nu volbrocht is dat veel patriarchen ende propheten begheerden te sien ende mit verwonderen na verwachten. Dit schijnt een wonderlike nodinghe te wesen, dat wy vanden ewighen dingen totten tijtliken dinghen schinen ghetogen te worden; mar dat coemt aldus toe, want die ewighe dingen, die in hem selven altoes [in hem selven] even niewe sijn */32ra/* ende wonderlic, die schinen noch [meer] neyewer ende groter ende wonderliker te wesen overmids der nyicheit die inder eerden ghesciet is. O salighe, tijtlike nyicheit inder eerden, die de oude ende ewighe nyicheit in der enghelen ogen noch meer vernyet heeft; o oprisende schijnsel des ewighen lichts inden maechdeliken lichame ombevanghen. GHI DOCHTEREN VAN SYON, GAET UUT, mar niet het en si dat u die brudegom selve of sijn boden noden. Mar het is een groot ondersceyt een verdwaelde siele die noch van gode vervreemt is, te noden totten ghelove, ende een siele die een bruut Cristi gheworden is, te noden hem suetelic te scouwen. *Gilbertus*: Het is een salighe ziele, wies droefheit ten eynde ghecomen is, ende tot wies herten die brudegom mit sijnre godliker ingheestinghe toespreect dat si uutgae. ENDE SIE DEN CONINC SALOMON IN SIJNRE CRONEN. Dit is die coninc die sinte *Bar-/32rb/naert* begheerde, doe hi clagheliken badt ende seyde: O heer Jhesu, mijn coninc ende mijn god, com ende verdrijf uut dinen rijc, dat mijn siele is, alle onneffen stotinge ende regnier alleen du in haer. Want alse nu coemt die ghiericheit, alse nu coemt die vermetelheit ende *wil haren coninc stoel in haer setten. Die hoverdie wil mijn coninc wesen, die begheerlicheit seyt: Ic sel regnieren. Groot willen te wesen, aftersprake, toernicheit, nydicheit ende traecheit; alle striden si dair om in mi coninc te wesen. Ic *pijnse te wederstaen, ic roep daer al screiende jeghens, ende segghe: Ic en hebbe ghenen coninc dan minen heer, Jhesum Cristum. Daer om, o coninc des vreden, com ende verdrijfse mit dijnre moghentheit, op dattu, mijn coninc ende mijn god, alleen in mi regnierste. Hier om GAET UUT ENDE /32va/ SIET DESEN CONINC SALOMON. *Gilbertus*: En wilt dese stede aldus-

---

Le1 Da Be2 Le4 Be3

1352 dien *:* den *Da Be2* **1353** minliker *:* innerliker *Da Be2 Be3* **1354** uut*(1x) om Da Be2* **1364** altoes / in hem selven *Da Be2 Be3* *(*altoes*)* in hem selven *Le1 Le4* <que in seipsis semper noua> ende wonderlic / sijn *Da Be2 Be3* **1365** meer *(*nyewer*) Le1 Le4* **1368/9** maechdeliken *:* ionferliken *Da Be2* **1369** ontfangen *Da Be2*, omvanghen *Be3* **1370** Mar *om Da Be2 Be3* **1379** du / alleen *Da Be2 Be3* **1380** willen *Le1 Le4* <vendicat> **1381** te *:* si *Da* **1383** pinse *Da*, peinse *Le1 Le4* <renitor> weder / te *Da Be2 Le4*

tanichs scouwens niet veronwaerden. Dit en is niet swaer te begripen, mar rijc van genaden ende groot van verwonderen ende van minnen. Dese stede is licht toe te ganghen, mar si baert suete overganghe. INDER CRONEN, DAER HEM SIJN MOEDER IN GHECROENT HEEFT. *Gilbertus*: O goede Jhesu, ic en verbeyde die glorie dijnre verrisenisse niet, noch en ophoude mijn verwonderen niet, thent du in dijnre moghentheit boven alle hemel clymmeste. Mer rechtevoert inden beghinne dijnre boetscappinghe ende dijnre gheboerten, so cloppen der enghelen stemmen ende luden in minen oren, ende die nyemaer doet mi verwonderen. Ende wies scoen ghedaente trecket mijn minne hier toe, dan des gheens die boven allen kinderen der menschen /*32vb*/ die scoenste van formen is? Al verblidende sel ic inden heer verbliden, ende mijn siel sel inden brudegom, Jhesu Cristo, minen heer, minen god, verbliden; ende al en waer hi geen god mar een puer mensche, so had hi nochtan in hem veel saken der minnen. Alsulken mensche, van also veel gaven der ghenaden overvloedich, hi is die scoenste voer alle kinder der menschen; ghenade is in sinen lippen ghestort, ontfarmherticheit in sijn inghedoemte, ende mogentheit in sinen handen. Hi was sonderlinghe van wanderinghe in sinen leven, gemeen inder leeringe, wijs in die antwoerde, ende selve tleven inden woerden. O salige vergaderinghe, daer die brudegom mitter bruut in enen vleysche, ende die bruut weder mit hem in enen gheest verenicht is. O groet sacrament der waerachtigher goedertierenheit: Cristus, der minnen verwackeringhe, is geopen-/*33ra*/baert inden vleysche ende opghenomen in die glorie. O mijn seer minlike broeder Jonata, sech mi, mijn minlike broeder Jhesu, seer minlic boven alle minne der menschen, wie soude hem moghen van di te minnen onthouden, als haer die godlike onbegripelicheit mit onser cleynheyt heeft ghematicht ende verenicht? Hoe en soude ons niet meer behaghen die veroetmoedichde hoecheit ende die uutgheydelde onbegripelicheit ende dat god mensche geworden is, die inden schijnsel der vaderliker glorien ende inder figueren des wesens vol glorien is? Ende recht als die mit eenre verwen onser natueren overghetoghen is, hoe dat hi donckerliker licht, hoe dat hi behaegeliker is; want in dien dat hi mensche gheworden is, so heeft hi een scoenheit der *veroetmoedigder, waerder groetheit mit hem ghebrocht. Daer om, laet onse begheerten in hem begin-/*33rb*/nen te bornen, want hi is sonder enich ghelijc te setten meer te minnen dan hi van ons ghemint wort. O hoe ondancsamich ende hoe onscamel bin ic, ist dat ic also groten ende also sulken minliken heer niet en minne, die also groot mededoghen mit mi heeft ende mi sijn goedertierenheit bewijst. O goede Jhesu, hier om sel ic di minnen, ende al dede ic des om minen wille niet,

---

Le1 *Da Be2* *Le4* *Be3*

1388 beschouwens *Da Be2* **1390** Siet hem *(*inder*) Da Be2* **1397** kinderen *:* sonen *Da Be2* **1402** voer *:* boven *Da Be2* die *(*genade*) Da Be2* **1403** is *(*in*(1)) Da Be2* **1410** mijn – Ihesu *:* en is mijn seer mynlike broeder ihesu nyet *Da* **1418** veroetmoedigher *Le1 Le4* **1420** te setten *om Da Be2* **1421** ondancsam *Da Be2 Be3* **1422** also sulken *:* also *Da*, alsulken *Be2* **1424** des *:* dat *Da*

nochtan soude ict billics om dinen wille, om dijnre begheerten genoech te wesen, die niet anders van mi en begheerste dan dat ic di minne boven alle dinghen. ENDE IN DEN DAGHE DER BLISCAP SIJNS HERTEN. *Gilbertus*: O lieve Jhesu, hoe costelic staen di dese bliscappen; du en hebste dese niet om niet vercreghen, mar mit veel lidens gecocht. Hier staet bliscappen, mar het sijn weelden, want het sijn dijn weelden mitten menschen kinderen te wesen; ja, */33va/* die du mit dinen eygenen bloede verlost hebste, ende als een verwinre uter hellen gehaelt ende mit di gevoert. O bruut des lams, hier om doch an die cleder dijnre glorien. O Syon, vervroechde di ende verblijt di, wes blide mit dinen Cristo. Het is een hert herte dat <di> die sake van deser bliscap *ontleit, ende dat die oersake hier of verminret. Wie sel mi geven dat dese woerde in mijnre herten ghescreven worden; wie sel mi gheven doer dese toepade dicke te lopen ende des gheen verdriet te hebben, recht als een dinc dat ghewoenlic is, mar altoes mit enen innighen ghemoede sonder verdriet daer na te dorsten? Hier om GAET UUT, GHI DOCHTEREN VAN SYON, die[n] van *oetmoedigheden gewoenlike, bekende dinghen niet en verdriet, ende van minnen altoes innige dinge begheert; GAET UUT die ma-*/33vb/*terie des scouwens somtijt te verwandelen, mar die aenstaende innicheit altoes te behouden. Want het is een salighe ende een seer orberlike verwandelinge des scouwens, als die materie also verwandelt wort, datmen die innicheit behoude ende die oefeninghe uut crachtighen gedachten verwandelt wort in minlike begheerten. Want een bloot ghesichte dat hem in <mede>waerdigen begeerten niet over en set, dat wort der onbekender laeuheit gelijct. *Ysaias*: Dan seltu sien ende toevloyen, ende dijn herte sel verwonderen ende uutgherecket worden. Want dat waerachtige ghesichte des scouwens brenghet een toevloeyen der ynnicheit in, ende naden toevloeyen der inicheit volghet een starke, gheweldich verwonderen, ende naden starken verwonderen coemt een invlieten der vroelicheit. *Ysaias*: Die eylande hebben ghesien ende gevreset ende verwondert, ende */34ra/* sijn daer toe gecomen. Aldustanighe scouwers sien mitter verstandelheit, ende vrese<n> overmids der kinderliker waerdicheit, ende verwonderen vander nyeheit, ende gaen daer toe mitter medeformicheit, also als ghi siet dat die vrese veroetmoedicht, ende dat verwonderen verandert, ende die minne maectse een. Vander vresen wort dat ghemoede sober, vanden verwonderen wortet verwonnen,

---

Le1 *Da Be2* *Le4* *Be3*

1425 *(*wille*)* doen *Da Be2 Be3* **1428** dese *:* se *Da Be2* **1429** staen *Da Be2* **1430** menschen kinderen *:* kinderen der menschen *Da Be2* **1432** gevoet *Da* *(*gevoert*)* hebste *Be2 Da* **1434** di *om Le1 Le4* <quod tibi> ontsiet *Le1*, ontseit *Le4* <obducit> **1435** *(*die*)* dy *Da Be2 Be3* **1439** dien *Le1 Da Be3* <qui> oetmoedighen *Le1* oetmoedelicken ende *Le4* <ex humilitate> **1442** is *na* scouwens *(1443) trnsp Da Be2* **1443** een *om Da* **1445/6** bloot – hem *:* gesichte dat bloet is ende hem *Da Be2* **1446** waerdigen *Le1* <condignos> **1447** ghelijc *Da Be2 Be3* **1448** wide *(*wt*) Da* **1450** gheweldich *om Da* **1451** starken *:* groten *Da Be2* invlietinge *Da Be2 Be3* *(*vrolicheit*)* ende geweldich *Da* **1453** verstandicheit *Da Be2* vrese *Le1* <timent> **1454** der kinderliker *:* kintliker *Da Be2*

ende mitten toegange vercrighet dattet hebben wil. Want die tot gode coemt ende hem aenhanghet, die wort een geest mit hem. Hier om isset een ydel ghesichte ende den naem des scouwens niet waerdich, dat mit aldustanigen minliken voertgange niet ghecleet en is. Also sach die coninghinne van Saba, die *vlitighe ondersoecster, des conincs Salemons wijsheit ende werken, ende en hadde voert meer genen geest. Si sach, si sochte, sie hoerde ende en hadde voert meer ge-/*34rb*/nen menscheliken gheest, want si was licht inden godliken gheest medeformich gheworden. Alsoe sach oec sinte *Johan in Apocalips*, doe hi inden geest was. Wat mach aldus wonderliken wesen: si sach ende en behielt ghenen gheest; hi sach ende was mit allen inden geest? Hoe mochte een lichaemlic mensche inden gheeste wesen, ende een levende wijf ghenen geest hebben? Hi was licht inden gheest ghehieten te wesen, want hi hem selven mit allen in hem selven vergadert hadde, ende en wiste niet wat daer bi hem van buten gesciede; si hiete oec dat si genen gheest en hadde, want si haer selven <altemael uut haer selven> gestort had ende boven haer selven opgheboert, ende en wiste niet wat in haer of omtrent haer ghesciede, ende was licht mit vierighe begheerten des ghemoets in die heyme-/*34va*/like godlicheit gheraect. Hier om, laet ons eerst also inden gheest [te] wesen, dat wi daer na also sonder gheest moeten worden, ende alre dinghen van buten also vergheten, dat wi alleen DEN CONINC SALEMON IN SIJNRE CRONEN INDEN DAGHE DER VROELICHEIT SIJNS HERTEN salichliken moeten scouwen. Des help ons god.

Le1 *Da Be2* *Le4* *Be3*

1462 vlitighe ondersoecster : vlitelike onder sochte *Le1 Le4* <curiosa scrutatrix> des conincs : coninc *Da Be2* **1463** voert meer : voert aen *Da Be2 Be3* **1472** altemael uut haer selven *om Le1* <totam extra se> **1475** te *(*wesen*) Le1* <simus> **1476** moeten : moegen *Da Be2* **1477** den *om Da Be2* **1478** *(*got*)* die levet ende regniert in ewicheit Amen *Da Be2*, Amen *Be3*

HOE SCOON BISTU, MIJN VRIENDINNE, HOE SCOEN BISTE. DIJN OGHEN SIJN OGHEN DER DUVEN, BEHALVEN DAT DAER VAN BINNEN VERHOLEN IS. DIJN HAREN SIJN ALS SCAREN DER GHEITEN, DIE OPCLYMMEN VANDEN BERGHE GALAAD. Hier te voeren noedede die heilighe kerke die ghelovighe dat si hem tot Cristum souden keren, hier keert hem Cristus weder tot haer ende beghintse van haerre scoenheit te prisen, daer hi seit: HOE SCOEN BISTU, MIJN VRIENDINNE. *Beda*: Hi seit dat die kerke scoen is */34vb/* ende verhaeltet anderwarve datse scoen is, want si beyde inden werken ende inder leeringhe te prisen is, na sijns selfs exempel, daer of ghescreven staet: Jhesus began te doen ende te leren. Ende om haerre scoenheit willen seyde hi tot haer hier te voeren: TOGE MI DIJN AENSICHT, ENDE LAET DIJN STEMME IN MINEN OREN LUDEN. Hi seit twewarve dat si scoen is, want hise in haren staet ende in haren welgheordinierden personen suverlic meent te verclaren. DIJN OGHEN SIJN OGHEN DER DUVEN. In desen woerden wil hise sonderlinge in haren leden prisen, eerst overmids haren goeden werken ende namaels overmids haren scouwen. Bi DEN OGHEN DER DUVEN mach men die goede werkers overmids simpelheit haerre meninghe ende vruchtbaerheit haerre werken wel mede beduden, ende oec mede die heilighe scouwende manne, want dat oghe staet hoge inden hoefde, het is snel in*/35ra/*den beroeren, het is puer inder materien ende ront inder formen. Inden eersten is edelheit inden oghe[n] bewijst, wanttet in dat overste deel des lichaems staet. Daer wort in bewijst dat scouwende manne haer herten in dat hoghe opgeboert ende verhanghen sellen hebben ende gevestiget in Cristo, die onser alre hoeft is. *Die wise man*: Eens wijs menschen oghen staen in sijn hoeft. Dan sijn die oghen in dat hoeft wel geset, als die godscouwende manne tot hemelschen dingen vliegen ende in die godscouwinge hangende bliven. Ten anderen mael is inden oghe[n] grote snelheit des beroerens, want die oghen sijn altoes in die werkelicheit ende rusten selden dan inden slapen, als si van buten niet becommert en sijn. Aldes gelijc, wanneer die scouwende manne inden scouwen niet en slapen, so sellen si altoes doende wesen in goeden werken ende sien *aen dat leven ende die exempel der ouder vaders, ende */35rb/* houden die altoes voer horen oghen, op dat si overmids haerre vierigher minnen verwackert moghen worden aldes ghelijc te doen ende haer voetstappen te volgen. Dit sijn oghen des heren, die overmids der eenheit mit hem altoes open sellen staen op dat huus des heren, dat is over dat ghesinde ons

---

Le1 *Da Be2* *Le5* *Be3*

Quam pulchra es amica mea quam pulchra etc *opschrift Da*, dat vierde capittel quam pulcra es *opschrift Be2*, Dat xxxvi capittel *opschrift Le5*, Hier beghint dat ander deel vander exposicien op cantica canticorum *opschrift Be3* **2** van *om Da Be2 Be3* **3** die *(*scaren*) Da Be2* opclommen *Da Be2*, opgheclommen sijn *Be3* **7** heylige *(*kerc*) Da Be2* **10** Toge *:* toen *Da Be2* **12** persoen *Da Be2* **17** mede *om Da Be2* **20** oghen *Le1 Be2 Le5* <in oculo> **21** Ende *(*daer*) Da Be2* **23** als *(*die wise man*)* seyt *(om Be3) Da Be2 Be3* staen *:* sijn *Da Be2* **24** die*(1) :* onse *Da* **25** in *:* aen *Da* **26** oghen *Le1 Be2 Le5* <in oculo> **30** aen *:* alle *Le1* **31** altoes – oghen *om Da* **33/4** altoes / mit hem *Da*

heren Jhesu Cristi. Ten derden mael sijn die oghen puer inder materien, dat ghenoech openbaer is overmids haerre doerschynicheit, want anders en soude overmids hem geen ghesichte der uutwendiger dinghen mogen gescien, ende schinen recht scoen cristallen te wesen. Also sellen die scouwende manne puerheit der geesteliker doerschinicheit altoes pinen te hebben, op dat si mit geenre donkerre vleyschelicheit verduustert en worden. *Abbacuc*: Laet dijn ogen reyn wesen, op dat si gheen quaet en sien. Dese scoen ogen */35va/* sijn die scouwende manne, ende sijn sculdich van alre vleyscheliker lelicheit reyn ende blenckende cristallen te wesen, op dat si dat quade der vleyscheliker begeerlicheit niet en sien. Ten vierden mael sijn die oghen ront inder formen, welke rondicheit den alren scoensten lede[n] des lichaems [andtwoerde] wel betaemde, op dat die alre scoenste figuere der rondicheit den scoensten lede des lichaems antwoerden mochte. Aldes gelijc sellen die scouwende manne een rondicheit hebben. Want een ront dinc en roert die aerde niet dan mit een luttelkijn sijns selfs, also en sellen oec die scouwende manne mitten oversten deel der redene, daer si gode gheheelic mede anhangen, niet vanden eerschen dinghen roeren dan mit een luttelkijn, als hi overmids noot sijns selves of sijns */35vb/* evenmenschen daer niet voer bi en mach. Van desen oghen seyt die brudegom tot sijnre bruut: DIJN OGEN SIJN ALS DER DUVEN OGEN, DIE OP DIE RIVIERE<N> DER WATEREN SITTEN. Want also als die duven op die rivieren der wateren daer si op sitten, luttel drincken ende in hem ontfangen, also sellen oec die scouwende manne in die toevloeyinghe der tijtliker dingen ende der aerdscher besittinghe luttel minne ende eygenre besittinge hebben. Aldustanige ogen sellen die scouwende manne hebben, BEHALVEN DAT DAER VAN BINNEN VERHOLEN IS, in dien daghe als hem god mit hem selven lonen sel. **Johannes*: Mijn alre liefste, wi sijn <nu> goods kinder, mar noch en ist niet geopenbaert wat wi worden sellen. Want dat en heeft oghe gesien, noch ore gehoert, noch herte gesmaect, dat god sinen minres heeft bereyt. DIJN HAREN SIJN ALS CUDDEN DER */36ra/* GHEITEN. Die scouwende manne sijn wel den haer gelijct, want si sijn boechsamich inder oetmoedicheit, weec ende teeder in die willighe armoede, totten hoefde waert weder omgeboghet inden mededoghen der evenmenschen, ende staen inden hoefde gewortelt overmids der godliker minnen. Hier om, o mijn bruut, *die heylighe kerke*, laet DIJN HAREN, dat sijn

---

Le1 Da Be2 Le5 Be3

35 inder materien / puer *Da* **38** sy *(*schinen*) Da Be2* **42** ende sijn sculdich *:* die schuldich sijn *Da Be2* **42** ledicheit *Da*, begheerlicheit ende lelicheit *Le5* **45** leden *Le1 Be2 Le5* <oculum> *(*lichaems*)* andtwoerde *Le1 Le5* **47** mochten *Da Be2* **50** ghelic *Da* **51** hi *:* sy *Da Be2* sijns*(1) :* oers *Da Be2* sijns*(2) :* oers *Da Be2* **52** mach *:* moegen *Da Be2* **53** ogen / als *(om Be2)* der duven *Da Be2 Be3* **53/4** riviere *Le1* <riuos> **54** die *(*op*) Da Be2 Be3* **55** daer si op *om Be3* **57** minne *:* minnen *Da Be2 Be3* **60** Johannes *:* Paulus *Le1 Le5*, Sunte iohan in sijnre epistel *Da Be2* mijn *:* O *Da*, *om Be2* nu *om Le1* <nunc> **61** wat *:* dat *Da* noch *(*oge*) Da Be2* **63** cudden *:* die scaren *Da Be2* **66** sy *(*staen*) Da Be2* **67** o *om Da Be2* die heilighe kerke *:* der heyligher kerken *Le1 Le5 Be3*

dijn scouwers, wesen als der geiten die[n] die hoghe berghe opclymmen inden scouwen ende nederclymmen mitten medebevoelen, ende soken die beste weide inden gebruuc des geminden. DESE GHEITEN SIJN OPGHECLOMMEN VANDEN BERGHE GALAAD, dat beduut een groet hoep der getuge, ende beteykent die heilige scrift daer veel getuge in sijn: vander vergevinge der sonden, vander beloften der hemelscher vroechden, vander dreighinghe der helscher pinen ende vander begavinge der god-*/36rb/*liker *lone. *Gregorius*: Dat werclike leven is den hongherigen teten te gheven, den verdwaelden te rechten, den hovaerdighen totten wege der oetmoedicheit weder te brenghen, den crancken te helpen sterken, ende enen ygeliken aen te dienen dat hem meest vorderen mach. Dat scouwende leven is die minne goods ende die minne des evenmenschen mit alre herten te hebben, van uutwendigher verstroyliker werclicheit te rusten, ende mit alre begeerten alleen den scepper aen te hangen, also dat hem voert meer niet anders en ghenoghe te doen, dan alle hinder onder die voete te treden ende des sceppers aensicht mit vierigher minnen alleen begheren te scouwen.

[Inlassing 3]

<Dat scouwende leven gaet na edelheiden boven dat werckende leven om veel redenen wille. Die yerste <reden> is: want dat scouwende leven neemt synen wederworpe sonder middel aen gode ende seet: Het is my alder best gode aen te hanghen. Want een is noot, */160v/* dat is gode stadelike aen te hanghen. Als een *prophete* seet: Ic heb een vanden heere begheert, verghave god dat ic dat mochte vercrighen in des heren huys te wonen. Ende dat werckelike leven neemt synen evenmensche tot synen wederworpe ende is becommert inden werken der gherechticheit ende inder behoeflijcheit sijns evenmenschen, mer dat scouwende leven scuwet alle menichfoudicheit ende becommert hem allene metter mynnen gods inden aensien der onwandelbare waerheit. Die ander reden is: dat scouwende leven siet veel claerliker ende is veel scoenre. Alsmen in eenre figuren vijnt dat Lya, Jacops wijf, gheleepoecht was ende hadde veel kynder, mer Rachel, die oec sijn wijf was, sach claerlijc ende was veel scoenre mer hadde myn kijnder. Al des ghelijcs, dat ghemoede dat een ledich scouwen beghert, siet metter kennissen veel claerre mer het baert luttel kijndere, mer dat ghemoede dat hem totten werken */161r/* der ontfermherticheiden keert synen evenmensche te helpen ende te leren, al is sijn ghesicht alsoe claer niet, nochtan baert dat veel meer kijnder. Die derde reden is dat dat scouwende leven veel rusteliker ende vredeliker is, want Maria Magdalena,

---

Le1 Da Be2 Le5 Be3

68 die*(1)* : dien *Le1 Le5* **72** *(*sijn*)* alse *Da Be2* **74** love *Le1 Be2 Le5 Be3* <collacione premiorum> **75** rechten : te rechte te wisen *Da Be2* **77** nae *(*dat*) Da* **82** begeer *Da* **83** scouwen *breekt af tot 141 Le1 Le5*

Be3 Da Be2 Br3 Br4

86 reden *om Be3* **88** stadelike *om Da* **89** een : die *Da Be2 Be4* **89/90** verghave – wonen : ende dat sal ic sueken op dat ic in des heren huus wone *Da Be2* **91** voerworp *Da Be2* **95** ende – scoenre *om Br3* *(*scoenre*)* dan dat werkelike leven *Da Be2* **96** sepeloget *Da*, seep oghet *Be2* **102** alsoe : soe *Da*

daer dat scouwende leven bi beteykent is, sat neven die voeten ons heren ende hoerde sijn woert. Maria sat, want dat scouwende leven is sekerre ende bat beschermt voer die sonden, ende ghebruket inden vrede des ghemuets alrede die beste dinghen mit Cristo. Martha die stont met veel sorchfoudicheiden becommert, want dat werkelike leven is stadeliken in enen arbeideliken stride gheset. Doen Lazarus ghestorven was, liep Martha onsen heer te ghemoete, mer Maria bleef thuys sitten. *Ysaias*: Mijn volck sal sitten in schonen vrede in zekeren tabernaculen ende in overvloedigher riker rusten. Want die alre ghemynste des heren, dat is een scouwende */161v/* ghemoede, dat sal sekerlike wonen. Die vierde reden is: dat scouwende leven is veel vroliker. Want doen Maria neven den voeten ons heren sat, nam sijs nauwe waer hoe sij vanden here ghevuedt soude worden, mer Martha was daer om uut hoe si den here mochte vueden, ende besorchde wat men in die maeltijt behoeven soude. Mer Maria was selve voersorcht ende sat mede aen die tafel. Die vijfte reden is: want dat scouwende leven is werder ende costeliker, ende wordt zeldenre ghevonden ende luttel menschen comen daer toe, mer dat werkelijc leven is ghemeynre ende veel menschen hebben daer reesscap toe. Hier af is die archa Noe een rechte figure, die boven in dat overste [deel] mer een cubitus wijt en was, mer beneden seer breet ende wijt ende drie hondert cubitus lanc. *Gregorius*: Wy sien datter in die heilighe kerke veel hoverdighe[r] ende ghierighe ende onsuver menschen sijn, die striden ende kiven, ende haren evenmensche */162r/* onrecht doen haer goet te begheren ende met ghewelt te nemen, mer wantse die heilige kercke lijdt, op dat sij hem licht noch bekeren mochten, soe worden sij onder die beesten in dat nederste vander archa gheheiten te wesen. Wy sien oec ander luden die niet en roven noch nyemant gheen onrecht en doen, ende liden ghelijcmoedelike alle dat men hem doet. Sij laten hem metten haren ghenueghen ende leven vredelijc, alsoe verre alst in hem is, met allen menschen, mer want tghetal deser menschen veel myn is dan *der ander, soe heiten sij in dat middelste te wesen daer die arcke beghint te nauwen. Oec mede soe sien wy sommighe ander menschen, die uuter vermaninghe gods verzaken ende achterlaten alle dat sij besitten, ende daer toe hem selven mede; gheen ertsche dinghen en moeghense versaden, sij mynnen haer vyanden, sij bedwinghen haer nature ende voercomen met der redenen ende met hemelscher begherten alle beweghinghe der ongheordi-*/162v/*neerder begherlijcheiden, ende *boren hem selven altoes op te gode waert metten vlogelen des scouwens, mer want dat ghetal alsulcker menschen alre mynste is, soe worden

---

Be3 *Da Be2* *Br3* *Be4*

104 neffens *Da Be2* **105** sekerre / is *Da* bat *om Da* **106/7** mit cristo / alreede *(om Da Be2 Be4)* die beste dinghen *Br3* **111/2** gemindeste *Da* **113** dat *(*dat*) Da Be2* veel vroliker / is *Da Be2* **114** neffens *Da Be2* **121** *(*overste*)* deel *Be3* **122** seer *om Da* **123** hoverdigher *Be3* **126** hem mochten *:* noch licht bekiert mochten *(*mochte *Be2)* werden *Da Be2 Be4* **130/1** mit allen menschen / alsoe vere alst in hem is *Da Be2 Be4* **131** der *:* die *Be3* **132** middelste *:* middel boem *Da Be2*, middel *Be4 Br3* **138** boren *:* vueren *Be3*

sij in dat overste, daer die archa mer een cubitus wijt en is, metten *voeghelen ghewijst ende onthouden.>

[Einde inlassing 3]

Na enen anderen sin.

HOE SCOEN BISTU, MIJN VRIENDINNE, HOE SCOEN BISTU etc. Dit mogen oec naden anderen sin woer-*/36va/*de des brudegoms wesen tot sijnre bruut die scouwende siele, <dien hi> – want si van sijnre moghentheit verwonderde – [dien hi] als een groot, starc minre sachtelike toespreect ende suetelike vertroestet, daer hi seit: HOE SCOEN BISTU. Recht of hi seggen soude: Wat verwonderste di mit vervaernisse van mijnre glorien, du, die van haren aensien also wonderlike scoen ende voer menigen anderen uutschinende biste geworden? *Gilbertus*: Het gevallet dicwijl dat uut groter begeerten willen te behagen een grote vrese des mishagens coemt, ende dat overgrote innicheit die sekerheit der sielen steelt. Wat wonder ist dan dat die brudegom alsulken minnende siele van haerre scoenheit soetelike toespreect, die also seer mitter vrese des mishaghens becommert was? Want mit wat reden soude een yghelike ziele */36vb/* haer mismaectheit mit scaemten niet ontsien, die onsen coninc Salemon als een bruut inder echtscap getrouwet wort? Si sachen IN SIJNRE CRONEN IN DEN DAGHE SIJNRE BRULOCHTEN ENDE DER VROLICHEDEN SIJNS HERTEN, inden gewoenliken afgront sijnre glorien feesteliker ende glorioser dan hi plach te wesen, ende mochte wel mit rechte vresen van hem verworpen ende uutghescoven te worden. Daer om wast behoerlic, doe si getroest ende wat gevriet was, een goet ghemoede weder te gripen, ende dat die inghestorte vroelicheit dat aensichte des ghemoeds mit eenre nyeuer verwen levendigher soude[n] maken, want alle die scoenheit des levens ende der werken wort vander vroelicheyt des ghemoets dicwijl noch scoenre gemaect. Hier om spreect die brudegom der bruut aldus toe, op dat si van sijnre vriendeliker, <soeter> medesprake te *vrier [soeter] soude worden, ende seit: HOE SCOEN BISTU, MIJN */37ra/* VRIENDINNE. Die minnende siele is scoen, want het seer eersaemlic is, so wat si in uutwendighen dinghen doet ende dat si gheestelic onder die menschen wandert. Want so wat si lichaemlic of tijtteliken siet, dat versmaet si te begheren; ende al waer<t> dat si yet in der werelt saghe dat haer behagede, nochtan en wil si niet wanderen na hoerre begeerten. Mer noch is si veel eersamigher ende scoenre, want si haers herten begeerten altoes onbevlecket pijnt te houden, ende dat loen der ewiger salicheit altoes voerneemt ende scouwet; ende so wat si van binnen verneemt, dat si daer in soetelike rust ende

---

Be3 *Da Be2* *Br3* *Br4*

140 vloeghelen *Be3*, vloeghen *Be4*

Le1 *Da Be2* *Le5* *Be3*

142 Na *herneemt (cf. 83) Le1 Le5* **144** naden *:* nae enen *Da Be2* **146** dien hi *om Le1 Le5* **146/7** (verwonderde) dien hi *Le1 Le5* **147** een – minre *:* eens groten sterken minres *Da Be2* **154** -ter *om Da* **156** mit scaemten *om Da* **158** vrolicheden *:* vrouden *Da Be2* **160** mit rechte *:* te recht *Da* vresen *:* anxt hebben *Da Be2* **163** souden *Le1 Le5* **166** soeter *na* vrier *(167) trnsp Le1* <dulci et amicabili allocucione> **167** vrier *:* vierigher *Le1 Le5* <securior> **171** waert *:* waer *Le1 Le5* **175** so *om Da Be3*

vervroechdet. HOE SCOEN BISTU, MIJN VRIENDINNE, om dijn stichtige wanderinghe van buten, mar noch bistu veel scoenre om dijn stadige behoetheit van binnen. *Barnardus*: het en is niet te vergeefs dat hi twewarf van hoerre scoenheit seyt, mar het is een be-/*37rb*/wisen ende een confirmacie der minnen. Soe wie sijn eerste onnosel puerheit hout ende daer mede oetmoedicheit vermenghet, en dunct di niet dat hi twerehande scoenheit der sielen heeft? O heer Jhesu, vergave god dattu mi mar eens toe en seitste: HOE SCOEN BISTU. Ic begheer dattu mi die oetmoedicheit helpeste behouden, want ic dat eerste cleet der onnoselheit verloren hebbe. *Gilbertus*: Mar so wat mi hier van of ontbreect, weet ic wel wat ic doen sel: ic, die een knecht bin, wil die vriendinne des brudegoms eren, ende ic, arm mismaect mensche, wil van alder scoenheit die in haer vergadert is, mi verwonderen, op dat ic overmids haerre genaden onder die vriende ghevonden worde. Of hi mach twee werve scoen seggen om die verlichtinghe hoers verstandes ende om die viericheit hoerre minnen. Daer /*37va*/ twerehande vruchte des scouwens in verclaert ende bewijst wort, als dese navolgende woerde wel bewisen: DIJN OGHEN SIJN OGEN DER DUVEN, dat is, si sijn simpel sonder enige wonde der dwalinge of der vulnisse; SI SIJN GEWASSCHEN MIT MELKE, dat is, si sijn verclaert inden scouwen der menscheliker naturen Cristi; SI STAEN ALTOES OP DIE RIVIEREN DER WATEREN, dat is, der heiligher scrifturen, op dat si hem voer die lagen des viants mogen hoeden; si en hebben geen galle der bitterheyt, want si houden, also verre alst in hem is, vrede mit allen menschen. *Gilbertus*: Wat vermeetste di een vriendinne te wesen, die der duven ogen niet en kenneste? Te vergeefs verblideste di van eniger scoenheit, die noch der duven ogen niet en hebste. Het sijn der duven ogen, die niet en bedriegen noch /*37vb*/ bedrogen en willen worden. Dijn brudegom is die waerheit, ende simpelheit is der waerheit vriendinne, ende daer om is sijn medespraec mitten simpelen. Der minnender sielen ogen sellen boven hem sien Cristum hangen an die galghe des crucen, om mit hem te liden. *Yeremias*: O ghi alle die voir bi den wech lidet, merct ende besiet ofter enich rouwe is als die mijn; ende besich hoe dat ons Cristus regiert in deser ellenden. *Psalmus*: Die arme sellen sien ende verbliden. Si sellen bisiden hem sien in haren evenmenschen, haer onstichtighe seden ende haer quade leven, op dat si die mogen scuwen. *Genesi*: God sach datter menschen quaetheit groet was inder aerden. Si sellen in hem selven sien haer misdaden ende haer voerleden ontbliven, ende hebben daer berouwe of. *Yeremias*: Besich dijn weghe ende waer du gevallen biste. Si sellen voer hem sien den twifel der toecomen-/*38ra*/der volstandicheit, op dat si altoes in vresen bliven. *Paulus*: Die

---

Le1 *Da Be2* *Le5* *Be3*

176 vervroechdet : verblidet *Da Be2* **179** confirmacie : vestinge *Da Be2* **182** vergave – dattu : och offtu *Da Be2* toe en *om Da* **184** Mar *om Da Be2* **192** vervulnisse *Da*, vervullinghe *Be2* **197** vermoetstu *Da Be2*, vermeerstu *Le5* **203** hangende *Da Be3* **204** voir bi den wech : biden wege *Da*, over wech *Be2* **205** siet *Da Be2* dat *om Da Be2* **206** Psalmus : david inden salter *Da Be2* **208** In (genesi) staet gescreven *Da Be2*

staet, hi sie dat hi niet en valle. Dat is: die staet in deser tijt, die si also in der vresen dat hi vander minnen niet en valle. Si sellen beneden hem sien die treckelike ghenoechten der werelt, daer veel bedriechnisse<n> in gelegen sijn, op dat si die moghen scuwen ende versmaden. Want die rike man dien veel vruchten gewassen waren, ende sijn scueren vermeerren woude, ende werscapen ende in weelden leven, dien was toegeseit: Dwaes, in deser nachte sellen si dijn siele van di halen, ende wies sel<t> dan wesen dattu vergadert hebste? Alle dit sellen sien die oghen der scouwender sielen. BEHALVEN DAT DAER VAN BINNEN VERHOLEN IS. Mit alle dien daer die vercieringe der bruut van buten openbaerlic mede ghepriset wort, daer en wort haer glorie van binnen niet ghenoech mede bewijst. *Gilbertus*: Want het en is niet licht mit bewisinge */38rb/* van buten yements doechde van binnen te openbaren, want mit clenen litteykenen van buten bliven dicwijl grote heymelicheden van binnen verborgen. Daer om sellen wi openbaer doechden van buten also prisen, dat wi desen toeworp der woerde daer mede in menen, als BEHALVEN DAT DAER VAN BINNEN VERBORGHEN IS. *Gilbertus*: Ic en weet niet <wat> dat groet is – ende het moet seker groet wesen – dat hi niet openbaerlic segghen en woude, of licht niet segghen en mochte, noch mit gheenre ghelikenisse bewisen, mar dattet alleen in enen vermoeden is bliven staende, licht totter gheenre behoef die des ghelijc besocht hebben. O goede Jhesu, dijn heymelicheit di, dijn heymelicheit di. Want du inden verborgenen dinghen der bruut dijnre weelden alleen gebruucste, so verwackerste ons meer te soken; want du seggheste datter ander dingen */38va/* in verholen sijn, die du verswigeste, so worden wy veel te meer ghetoghen dat te ondervinden. *Gilbertus*: Het sijn drierehande weelden der bruut. Die eerste sijn van buten, daer si haer die vleyschelike begeerte mede onttrecket ende bedwinget haer van alre vleyscheliker genoechten die si versmadet. Die ander sijn van binnen, daer si geestelike dingen altoes mede voerheeft, ende scicket haer tot noch anderen dinghen die vorder sijn te ontfangen. Die derde sijn alre inrelicste, daer si die begeerde goede alrede in gebruuct, ende wersscapt in die eerste vruchten des geests. O goede god, hoe groten licht ende hoe grote weelden sijn in die heymelike steden? Vergave god dat mi die heymeliker duysternissen also bevingen, dat ic segghen mocht mitten *propheet*: Dese nacht is mine verlichtinghe in minen */38vb/* weelden. DIJN HAREN SIJN ALS CUDDEN DER GEYTEN. Wat is bi desen HARE dat uten hoefde wasset ende weder totten hoefde neyghet ende anden hoefde clevet ende dat

---

Le1 *Da Be2* *Le5* *Be3*

213 daer *(*staet*) Da Be2* hi*(1) :* die *Da Be3*, *om Be2* **213/4** der vresen *:* anxt *om Da Be2* **215** bedriechnisse *Le1 Le5* **218** toegeseit *:* toegespraken *Da Be2* **219** dijn *:* die *Da Le5 Be3* sel *Le1 Be2* **223** Gilbertus: Want *:* Want alse gilbertus seecht *Da Be2* **227** als *om Da Be2* **228** item *(*Gilbertus*) Da Be2* wat *om Le1* <quod id> **232** di*(1) :* is dijn *Da*, is di *Be2* is *(*di*) Da Be2* **235** verholen *:* verborghen *Da Be2 Be3* so *:* ende alsoe *Da Be2* **238** vleyscheliker *:* werliken *Da Be2* **240** noch / tot *Da Be2 Be3* **243** heimelicste *Da* Vergave god dat *:* Och off *Da Be2* **245** inlichtinge *Da*, verlichte *Le5* **246** cudden *:* scharen *Da Be2*

hoeft verciert, anders <te> verstaen dan innige ghedachten, die mitter bistaender ghenaden goods van den innigen gemoeden haer beghinsel nemen; ende al wassen si dicwijl boven den gemoede, si keren daer weder toe. Si en laten oec dat ghemoede niet, want die sonderlinge scoenheit die si inden ondersoken der hemelscher dinghen ontfangen, die printen si den ghemoede dat van innicheden gesmouten is weder in. Dese ghedachten sijn oec smal ende cleyn gelike den haer, overmids simpelheit des oversympelen lichts dat daer ontfangen is. Dese ghedachten sijn oec gelike den haer weder opwaerts ommegecrommet om viericheit der minnen. Dit is dat haer daer die propheet Ezechiel mede opgheboert wort; ende dit is dat */39ra/* haer daer Abbacuc, die propheet, in eenre snelheit des geests in Babilonien mede gevoert wort. Dit HAER of dese ghedachten gheliken DEN CUDDE, om die vergaderinge der groter ontfanclicheit daer dat godlike licht in ontfanghen wort, als een *propheet* seyt: Al vergaderende sel ic Jacob vergaderen. *Psalmus*: O heer, behout ons, ende vergaderre ons uut den heydenen. Si geliken oec den CUDDEN DER GEYTEN, want si lichtelijc gelike den geyte op hoghen bergen opwaerts connen clymmen. Men vint vier goede punten in den geyte, waer om die ghedachten der scouwender gemoede bi hem sijn beteykent. Dat eerste is eendrachticheit, want die diere an enen cudde ghedreven worden ende leven eendrachtelike te gader. Aldes ghelike moeten die scouwende ghemoede eendrachtighe oefeninghe mit al haren crachten hebben. Ende hier om seide die brudegom hier te voren tot sijnre bruut: KENNESTU DI SELVEN NIET, SO GANC UUT */39rb/* ENDE VOLCH DIE VOETSTAPPEN DIJNRE CUDDEN. Dat ander punt is suptijlheit des verstants, want een geyte in Griexer talen is also veel te seggen alse siende, om dat si scarper dan ander dieren inden gesichte sijn, ende ondersceiden dat goede cruut van den quaden. Aldes ghelijc sellen die scouwende ghemoeden die heylige scrijft, die hem noettorftich is ende orberlic is, als een spise der sielen eten, ende scuwen al dat curioes ende ydel is ende hem geen stichticheit in en brenct. *Die wise man*: Der geyten melc is di ghenoech tot dijnre spisen. Die gheiten melc is der heiligen wijsheit, daer noettruftige dingen in geleert worden ende so wat hinderlic is, verworpen wort, ende die sel enen ygheliken ghenoech wesen tot sijnre geesteliker spisen die ziele mede te voeden. Dat derde punt is werclicheit des voertganghes, ende dat wort ghe-*/39va/*merct in haren crachtigen opclymmen, want si van grade te grade inden opclymmen voerwaerts gaen. Also sellen oec die scouwende ghemoeden vliteliken arbeyden ende dagelics pinen voert te gaen, op dat si totter kennisse godes moghen geraken. *Ysayas*: Laet ons opclymmen totten berghe gods, ende hi sel ons sijn weghe leren. Dese berch daer Ysayas opclymmen woude, mach wel die hey-

---

Le1 Da Be2 Le5 Be3

248 te *om Le1* **249** beghinsel *:* beghijn sullen *Da Be2* **257** opgevoert *Da* ende *om Da Be2* **261** Psalmus *:* David inden salter *Da Be2* **263** opwaerts *om Da* **265** beteykent / sijn *Da* **272** sijn *:* is *Da Be2* onderscheidet *Da Be2* **274** is*(1) om Be3* is*(2) om Da Be2* **275** stichtinge *Da Be2* **278** so *om Da Be2*

lighe scriftuer wesen, want hier volget na dat die berch Galaad hiete. Dat vierde punt is edelheit der materien, want si VAN DEN BERGE GALAAD OPCLYMMEN, dat een grote vergaderinghe des ghetuges beduut. Also is oec die heylighe scrift vol ghetugen vanden godliken onsienliken dinghen. Of DIE BERCH GALAAD beduut die gemeen ghemeenheit alre creaturen. *Paulus*: Die */39vb/* onsienlike dinghen goods worden overmids den dingen die gemaect sijn, mitten verstande aengesien. Of DIE BERCH GALAAD beduut die hoge scouwinge der heiliger mannen, mit welker scouwinge men opclymmet tot kennisse der godliker dinghen. *Ysayas*: Coemt, laet ons opclymmen totten berch des heren. In desen bergen vint men claer ghetugen dat die godlike goedertierenheyt onbewegelike is, dat die godlike wijsheit onvernemelic is, dat die godlike moghentheyt onverwinlic is. *Barnardus*: Geen dinc en maect die almachticheit gods claerre ende bekender, dan dat hi die ghene almachtich maect, die in hem geloven. Want een gemoede dat op sijnre almachticheit mit ganser hopen leent, en mach geen gewelt, noch gheen bedriegenisse, noch gheen vleyschelike aenlockinghe verwinnen noch nederwerpen. Die ghedachten die der CUDDEN DER GHEITEN ghe-*/40ra/*liken, sijn twerehande, om twee punten die men in den geiten vint. Dat een is: si stincken seer gruwelic, ende dat is een quaet punt. Dat ander is: si soeken haer weyde int hoge, liever op hoghen berghen dan in diepen dalen, ende dat is een guet punt. Bi den eersten, quaden punt worden gheliket ydel, bose ghedachten, die seer te lachteren sijn, ende worden oec beduut bi Absolons haer, daer hi mede anden eyken boem bleef verhanghen daer hi an starf. Want Joab, dat is die viant, [die] quam ende stac mit drien lanceen in sijn herte. Die eerste lancee was sijns selves *verhevenheit, die ander was sijns evenmenschen versmaetheit, die derde gods verghetelheit. Dese quade gedachten worden oec beteykent bi Josephs haer, dat hem ofgescoren wort doe si hem uten karker brochten, ende also bescoren voer den coninc soude dienen. So wie den ewighen coninc dienen wil, */40rb/* die moet sijn haer, dat sijn die scadelike ghedachten, ofsceren. Bi den anderen, goeden punt, dat die geyten haer weyde int hoghe soken, sijn die goede gedachten bi beteykent, die altoes op die hoghe berge der volcomenre doechde der heyligen haer voetsel sellen soken, ende sijn oec bi Sampsons haer bedudet, daer sijn overgrote cracht in ghelegen was. Mar dat seer te beclagen is, dit haer wort dicwijl vanden wive Dalida, dat is vander sinliker weelden, ofghescoren; want alse Sampson, dat is een ygelic starc man inder doechde, slaept in Dalidaen scoet, dat is in vleyscheliker ghenoechten, dan coemt die viant recht als een sceerre blidelic daer toe, ende scheert van sinen hoefde seven haren, dat sijn

Le1 *Da Be2* *Le5* *Be3*

288 dat *:* welc galaad *Da Be2* **291** den *om Da* **298** bekenliker *Da Be2* **300** geen gewelt noch *om Da* **303** seer *(*quaet*) Da* **304** ende *(*liever*) Da Be2* **306** gheliket *:* beteykent *Da Be2* lasteren *Da Be2 Be3* die *(*werden*) Da Be2* **308** die *(*quam*) Le1* **309** lanceen *:* glavien *Da Be2* lancee *:* glavie *Da Be2* verhevenheit *:* verheven hert *Le1 Le5* <exaltacio sui> **310** was *(*godes*) Da Be2 Be3* **313** Ende *(*soe*) Da Be2* **317** sij *(*sijn*) Da Be2 Be3* bedudet *:* beteykent *Da Be2*

alle manieren van gheesteliken ghedachten. Hier om sel dat haer, dat sijn die ghedachten der /*40va*/ minnender sielen, DEN CUDDEN DER GHEITEN gheliken. *Richardus*: Die totten staet des scouwens comen wil, die en moet hem niet alleen van quaden werken mar oec mede van ydelen ghedachten hoeden; want die mitten lichaem ledich sijn ende mitten ghemoede ongeheft misselike dwalen, die en verdienens niet te sien noch te smaken hoe soet dat die heer is, ende hoe goet die god van Ysrahel is den ghenen die recht van herten sijn. *Yeremias*: Die eensedel sel sitten ende swigen, ende heffen hem selven boven hem selven. *Augustinus*: Allet gheruusch des vleysch, der fantasien, der aerden, der wateren ende der lucht moeten swighen; ende swigen moeten die hemelen, ende die ziel selve moet haer selven swighen ende gaen boven haer selven haers selfs niet te gedenken; swighen moeten alle dromen ende alle beeldelic openbaer-/*40vb*/inghe, alle tonghe, alle teykenen, ende alle dat voerbilidende is. So wie dese spreken hoert, dien seggen se toe: Wi en hebben ons selven niet gemaect, mar die ons ghemaect heeft, die is ewich. Van desen gerope clagede *Gilbaertus*, doe hi seide: O here god, hoe wanderen die ongheschickede ende onrustige dingen voer die oghen mijns ghemoeds; van allen siden staen die gedachten op die minen gheeste bevlecken of ten minsten verstueren. Want al isset datse mijn ghemoede mit vliticheden pijnt te verdriven, nochtant wortet ontreynicht alleen van den aenroeren der invallender ghedachten. Mar gheestelike, goede ghedachten selmen voer die oefeninghe des scouwens te voeren pinen te hebben, want onse leven wort mit tranen gewasschen alst mit goeden werken geoefent wort, ende alst mit heylighen gedach-/*41ra*/ten ontfenghet wort, dan wortet sonder ophouden tot sijnre *nyicheit wedergebrocht. *Gregorius*: Dit sijn die seven haren die Dalida Sampson ofscoer doe hi sliep op haren scoot. Dan slaept Sampson op des wijfs scoot, alst ghemoede in vleyscheliken ghenoechten leyt ende ansteliken rust, mar dan wort hem dat haer ofghescoren, want hem dan die genade der gheesteliker ghedachten onttoghen wort; rechte voert valt dat scouwende gemoede in quellinghe ende wort siec. Ende daer om en sijn niet alleen lelike ghedachten mar alle ydel gedachten der scouwender sielen alse onreyn vlecken te scuwen, mar die hemelsche gedachten selmen inden scouwen oefenen ende te rechte ordinieren. Want doe Joseph uten kerker quam ende voer den coninc soude dienen, doe scoer hi dat haer van sinen hoefde. Joseph beduut een toewassende soen. Dese gaet uten karker als die scouwer gods /*41rb*/ boven allen lichaemliken dingen hem pijnt mitten gemoede verheven te worden, mar dan isset noot dat hi dat haer sijns hoefdes, dat sijn die heylighe gedachten, bescere ende te rechte ordiniere, eer dat hi voer des oversten coninc aensichte vermet te

Le1 *Da Be2* *Le5* *Be3*

328 verdienen *Da Be2* **329** die *:* dat *Da Be2* **336** dingen *(*spreken*) Da Be2* **345** mit*(1) :* mitten *Da* **347** nyicheit *:* ynnicheit *Le1*, reinicheit *Le5*, nyenheit *Be3* <nouitatem> **348** op*(1) :* in *Da Be2* **350** want *:* als *Da Be2* dan *om Da Be2 Be3* **351** *(*wert*)* Ende *Da Be2* **354** die *om Da* geestelike ende *(*hemelsche*) Da Be2*

comen. Mar dese gedachten CLYMMEN VANDEN BERCH GALAAD OP, want si den genen die den rechten wech wanderen, rechte uutleyden totten berge die Cristus is, want hi selve die wech, die waerheit ende dat leven is. O hoe wel had *Ancelmus* dit haer bescoren ende gheordiniert, doe hi in sinen heyligen begheerten sprac ende seyde: O goede Jhesu, dijn ghehoechnisse is soet boven dat honich, van di te denken versadet meer dan suete spise, van di te spreken is een volle vermakinge, di te kennen is die alre overste, hogheste troest, di aen te hanghen is ewich leven.

/41va/ DIJN TANDEN SIJN RECHT ALSE CUDDEN DER GESCORENRE SCAPE, DIE OPCLYMMEN UTEN WEDDE. SI SIJN ALLE MIT DUBBELDEN JONGHEN, ENDE ONDER HEM EN ISSER GHEEN ONVRUCHTBAER. DINE LIPPEN SIJN ALS EEN GELE HUVE, ENDE DIJN UUTSPRAKE IS SUET. *Gregorius*: Die predikers sijn der heiliger kerken tanden, die dat broot des woerden gods ontween biten ende cauwent, op dat dat die simpel lude in horen verstande te bet moghen verswelghen. Als sinte *Barnaerdus* seyt: Der predikers leven is sculdich in menigerhande wijs den tanden te geliken: si sijn wit blenckende, daer puerheit ende reynicheit haers levens bi beteykent is; si sijn starc, dat haer volherdinghe in den wederstoet wel bewijst; si sijn sonder vleysch of vel, dat is van alre aertscer becommeringe ende aenhanginge der dingen sellen si vri wesen; si */41vb/* sijn besloten binnen den lippen, dat is si sellen in den gebede ende int studeren *inwoenres haers selfs wesen; si cauwen die spise des lichaems, also sellen die predikers die sielen mitten woerde gods bereyden tot des lichaems Cristi behoef. Tantsweer is boven alle sweeringhe, also is der leerars onstichtige leven boven alle dingen scadelic. O heylige kerke, DIJN TANDEN, dat sijn dijn leeraers, sijn RECHT ALS CUDDEN overmids oetmoedicheit. *Die wise man*: Hebben si di enen regierre gemaect, verheffe di niet, mer wes als een van hem luden. GHESCOREN overmids williger armoeden, si sijn OPGHECLOMMEN UTEN WEDDE overmids waerachtigher penitencie van haren ouden leven, ALLE MIT DUBBELDEN JONGEN, hem selven ende anderen luden te stichten, ENDE ONDER HEM EN ISSER GEEN ONVRUCHTBAER, want si hebben altoes melc der devocien */42ra/* van binnen, ende wolle der *stichtigher exempelen van buten. DIJN LIPPEN SIJN ALS EEN GHEEL HUVE als die gecruuste Cristus mit viericheden gepredict wort, ende als die vleyschelike begheerten ende die uutvloeyende gedachten mitten liden Cristi bedwongen worden, recht als dat haer des hoefdes onder die huve. *Beda*: Geen dinc en bedwinghet die vleyschelike uut-

---

Le1 *Da Be2* *Le5* *Be3*

365/6 sprac / in sinen heiligen begeerten *Da Be2* **367** ende *(*hoechste*)* *Da Be2* ende *(*dy*)* *Da Be2 Be3* **369** Dentes tui *opschrift Da*, dentes dine *opschrift Be2*, dat xxxvij capittel *opschrift Le5* **370** opclymmen uten wedde *:* vanden wasschen opclymmen *Da Be2*, uten wedde opclymmen *Be3* **371** isser *:* is *Da Be2* **374** verswelghen *:* verslinden *Da Be2* Oec *(*als*)* *Da Be2* **376** te geliken *:* geliket te werden *Da Be2* want *(*sy*)* *Da Be2* **378** sullen *(*syn*)* *Da* vel off vleisch *Da* **379** eertscher *(*dingen*)* *Da Be2* sullen *(*syn*)* *Da* **381** inwoenres *:* een inwoenre *Le1 Le5* die*(2) om Da* **387** luden *om Da Be2* Sy sijn *(*gescharen*)* *Da Be2* **388** wedde *:* wasschen *Da Be2*

dwalende ghedachten also seer, als over te denken hoe dat die coninc der glorien om onsen wille geleden heeft; ende eens yghelics hoeft wort te scanden ende die stilheit sijns gemoedes wort gestuert, het en si dattet mitten saligen banden deser gheelre huve gebonden wort.

Naden anderen sin.

DIJN TANDE SIJN RECHT ALS CUDDEN DER GESCORENRE SCAPE DIE UTEN WEDDE OPCLYMMEN etc. Ten anderen mael, na enen anderen sin machmen dese */42rb/* woerde der godscouwender sielen toespreken, want haer TANDEN sijn heylige ghedachten, bloot van alre vleyscheliker bevleckinghe, blenckende overmids puerheit, starc, want die minne is starc als die doot, ende veel wateren en mogen haer caritaet niet lesschen, besloten overmids den gebruken haers geminden van binnen. *Richardus* <seit> dat dese drie – gedachten, stadige ghepeynse ende scouwen – malcander mit ondersceide volgen. Want dat gedachte is een onversichtich gesicht des gemoets totter uutdwalinge seer bereet, ende bi na in allen uren tot ydelen, lichtvaerdighen dingen gewennet, ende dwaelt sonder enich breidel des ondersceits vanden enen totten anderen sonder ophouden. Mar een gestadich gepeyns is een vlitige meninge des gemoets, ende een voersichtich gesichte die waerheit te ondervinden, */42va/* ende bearbeyt dat mit groter vliticheit bider gevondenre waerheit te bliven. Aldus so cruupt dat gedachte ende is sonder vrucht, mar dat biblivende gepeynse loept ende genaect ende ontfanghet die vruchte. Aldus sijn dese twee ondersceyden, nochtant datmense dicwijl voer een rekent. Dat scouwen is een vri doersichticheit des gemoeds, inden ewigen spiegel der ongescepenre wijsheyt mit enen verwonderen verhangen. Ende aldus, so wanneer tgemoede des menschen sijnre begeerten genoech wesen wil, ende crachteliken ondersoect dat dat gedachte mit ghewelde gebreidelt wort, so coemt dat gemoede tot enen stadighen ghepeynse die waerheyt te ondervinden; ende als die mit begeerlicheden ontfangen wort, so begint dat ghemoede mit vroelicheden hem te verwonderen, want dat horet */42vb/* den scouwen toe, datmen mitten stadigen ghepeynse begrepen heeft, daer mit enen verwonderen aen te hanghen. Hier om mogen der minnender sielen TANDEN wel gedachten of stadighe gepeynse hieten, want si uten vleyssche gewassen sijn, ende bereyt die godlike spise te biten ende te cauwen, daer die minnende siele inder godscouwinge

---

Le1 *Da Be2* *Le5* *Be3*

475 Si syn (al) *Da Be2* **389** anderen stichten : ander menschen stichtende *Da Be2* **390** devocien : innicheit *Da Be2* **391** stichtigher : gheesteliker *Le1*, ghestichtiger *Le5*, stichteliker *Be2*, ghestichter *Be3* **393** als *om Da* **395** (Beda) secht *Da* dwinget *Da* **397** te scanden : gheschent *Da Be2* **400** naden : nae enen *Da Be2*, een *Le5* **401** wedde : wasschen *Da Be2* **405** overmits minne (want) *Da Be2* **406** haer caritaet : die gotlike lieffde *Da Be2* **407** seit *om Le1 Le5* (drie) als *Da Be2 Be3* **409** onvoersichtich *Da Be3* **411** (ende) dat *Da Be2* dwaelt *na* anderen *trnsp Da Be2* **414** bearbeyt – vliticheit : dat mit groter vliticheit arbeit *Da Be2* **415** so *om Da* **416** soe (syn) *Da Be2* **421** dat*(1)* : woe *Da Be2* **428/9** die – gevoedet : die godscouwende minnende siele in gevoedet *Le5* **428** scouwinge *Da Be2* mede *om Le1 Da Be2*

<mede> gevoedet wort, als die gevoelike crachte vanden begripe alre uutwendigher sinliker dinghen swighet, als *Ysayas* seit: O dochter van Caldeen, sit ende swich, ende ganc in die duusternisse; ende als die gehoechelike cracht van alre moeynisse der sonden swiget, als **Neemias* <seit>: *swijch <ende> en wil niet wenen, want het is des heren heylich dach; ende als die verstandelike cracht, die allen creaturen boven gaet, also sympel wort dat si noch reden van buten, noch verbeeldinghe, noch sinnen en ghebruuct, daer *die wise man* of seyt: Swich ende hoer, ende van waer-*/43ra/*dicheden sel di een goede genade comen. ALLE DESE HEBBEN TWEE JONGHEN, dat is twevoudige vruchtbaerheyt, als der minnen ende der kennisse. Dat is die lantaerne die barnt ende licht, barnende overmids der minnen, lichtende overmids der kennissen; dit is dat vier dat die heer inder aerden gesent heeft, ende wil dattet barn. So waer vier is, daer is hetten ende licht; ende dat is een salich ontfuncket vier, daer die minne der werelt bi gedroget wort, want daer werct die cracht des gegloeyden woerts lichtelic sijn gelijcheit in. Aldus heeft die minnende siele TWE JONGHEN, ENDE HAERRE GHEEN EN IS ONVRUCHTBAER. *Gilbertus*: Die verstandenisse is onvruchtbaer, daer die devocie als haer even oude suster niet na en volghet. Daer om, hebstu verstant, ende dijn minne noch hert in di vervroren is, is dan die cracht des woerden gods in di niet onvruchtbaer gerekent? *Barnardus*: Wi bidden u, be-*/43rb/*geert die heylige simpelheit, vrede des herten, goede ghedachten, puer biblivende gepeynse ende een vri gebet, want in alsulken vaten is ons dat godlike voetsel gelegen, ende oec mede een deel sijnre glorien, daer die *propheet* of seit: Ic sel versadet worden als dijn glorie gheopenbaert wort. Nu volchter: DIJN LIPPEN SIJN ALS EEN GHELE HUVE. Als dese lippen van minnen blencken, so wort die onverwinlike brudegom daer mede ghevanghen ende ghebonden. Ende en dunctet di niet een groot dinc wesen als die onverwinlic is, gebonden wort, ende die sonder alle liden is, gewondet wort? *Gilbertus*: Onse brudegom is een vier ende brant in onsen vonken; hi is een swaert ende wort van onsen oghen gewont; hi is een onsprekelic woert ende wort nochtant mit onsen woerden gebonden. Alsulken HUVE selmen */43va/* inden gebede hebben mitten banden der memorien den geminden te binden, ende mit vieriger begeerten hem in die heilighe medesprake te houden. O goede Jhesu, wie sel mi, als ic mitti spreke, alsulke bereyde, ontfengende lippen gheven? Daer na volghet: DIJN UUTSPRAKE IS SUET. Het gevallet dicke dat uter sueticheit die binnen is, soeticheit der woer-

---

Le1 *Da Be2* *Le5* *Be3*

432 Neemias *:* yeremias *Le1 Le5* <neemias> seit *om Le1* swijch *:* sanghe *Le1*, swijcht *Da Be2* <tacete> **433** ende *om Le1 Be2* <et> wilt *Da Be2* <nolite> **442** verdroget *Da Be2* **443** gheloeiden *Da*, gloeienden *Be2*, gheloeyenden *Be3* **445** devocie *:* innicheit *Da Be2* **447** noch *(*vervroren*) Da Be2* is dan *:* dan en is *Da Be2* **452** *(*glorie*)* here *Da Be2* **455** die geen *(*die*) Da Be2* **456** *(*bernt*)* nochtan *Da Be2* in *:* mit *Da Be2* **457** *(*wert*)* nochtan *Da Be2* **459** *(*alsulken*)* ghelen *Da* memorien *:* ghehuchnisse *Da Be2* **459/60** des *(*der *Be2)* gheminden *Da Be2* **462** ontfengede *Da*, ontfunckte *Be3*, ontfengheste *Le5* Daer na *:* Ende daer *Da Be2* **463** van *(*binnen*) Da Be2* den van buten vernomen worden. Want *der bruut en betamen niet dan woerde der sueticheit, woerde der minnen, woerde daer die verweende huve mede gebreidet wort, woerde die den brudegom bestricken ende houden inden bande der minnen. Dat is een salige siele, die die huve alsulker woerden breyden can, daer si Jhesus mede bestricket ende dat woert des vaders mede bint ende mit minliker medesprake bi haer hout. Want */43vb/* hi heeft woerde des ewichs levens, ende hi is selve dat ewighe woert dat ons inden scouwenden leven in menigerhande wisen soetelic toespreect. Die eerste manier van dien scouwen is in *beeldeliker wisen, so wanneer dat wi dese lichaemlike dingen die god ghescepen hevet, na uutwendigen formen ende beelden aensien, hoe veel, hoe menigerhande, hoe scoen, hoe genuechliken dat si sijn, ende verwonderen ons daer of; mar niet vorder daer na te vragen, noch te ondersoken, noch te ondervinden, mar onse gemoede wandert daer vrilic doer ende weder doer, so waer dattet vanden uutwendighen verwonderinge gheleyt wort. Die ander manier van *dien scouwen is oec in beeldeliker wisen, ende die ghesciet als wi die sake ende die waeromme der ghescepenre dingen daer onse gemoede in wandert, soken ende vinden, ende overmits dier onder-*/44ra/*vindinghe tot enen groten verwonderen comen. Also dat wi in die eerste manier alleen die dinghen, ende in die ander manier der dinghen waeromme ende nutticheit scouwen ende verwonderen. Die derde manier van dien scouwen is, als wi *mitter reden overmids gelijcheit der sienliker dinghen totten scouwen der onsienliker dingen verheven worden. Dese wise is inder redene gheleghen, want si in dien dinghen clevet die boven formen ende beelden *sijn, om dat si den onsienliken dingen aenhanghet, daer dat gemoede of opwaert gheholpen wort. So wanneer die bruut dese manieren des scouwens opclymmet, so geliken haer LIPPEN der GHEELRE HUVEN ende HAER SPRAKE IS SUET in des brudegoms oren. Bi desen TANDEN DER GESCORENRE CUDDEN machmen oec verstaen die gloriose moeder Marien, die den witten tanden gelijct overmids haerre claerre leeringe. Want DIE TANDEN beduden subtijl leer-*/44rb/*inge, daer dat broet des geesteliken voetsels mede gecauwet wort, ende die jonghe crancke leden der heiligher kerken mede gevoet worden. Die GESCOREN SCAPEN die ghewasschen UUTEN WEDDE OPCLYMMEN, beduden die reyne suverheit ende die lichtschinende claerheit der maghet Marien. Want si is een moeder der wijsheit ende een moeder des gheens die inden breken des broets bekent wort. Want si heeft die verborghenheit der hemelscher scrifturen subtijllic ontbonden ende die doncker woerde der propheten verclaert, want si die

---

Le1 Da Be2 Le5 Be3

464 worden *:* wert *Da Be3* der bruut *:* den brudegom *Le1 Da Be2 Le5* <decent sponsam> betaemt *Le1 Le5 Be3* <decent...uerba> **467** die*(2) :* een *Da Be2* **468** ihesum *Da Be2 Be3* **470** in *:* mit *Da Be2* **472** weeldeliker *Le1 Le5* <in ymaginacionem> **474** *(*schone*)* ende *Da Be2 Be3* **475** soken *Da Be2 Be3* **478** dien *:* -den *Le1 Le5* **480** wandert *:* verwondert *Da Be2* soken *:* ondersueken *Da Be2* vinden *:* ondervinden *Da* **481** groteren *Da* **484** mitter *:* mit *Le1 Le5* **486** dinghen *om Be3* sijn *:* is *Le1 Le5 Be3*, sy *Da* **489** wtsprake *Da Be2* **490** cudden *:* scape *Da Be2* **495/6** suverlicheit *Da Be2*

woerde gods ontfenc ende overhaeldse dicwijl in hore herten. Mar want so wie dat broot der saliger leeringhe gelike den tanden breken, twerehande minne tot gode ende tot hem selven hebben sel<len>, so volget daer na dat ALLE DIE SCAPE TWEE JONGE HADDEN, ENDE DAT EN GEEN ONVRUCHTBAER */44va/* ONDER HEM EN WAS. Haer lippen gheliken oec der GEELRE HUVEN overmids haerre heymeliker stilheit, want si was recht als een toeghesloten fonteyn, ende hadde haren monde alsulken hoede geset, dat daer nye ongeordiniert woert uutgesproken en wort. *Barnardus*: Een groot teyken openbaerde hem inden hemel, dat is inden text der ewangelien, daer Maria niet meer dan vierwarf in gesproken en heeft: eerst mitten enghel woerde der onverwinliker reynicheyt; anderwarf tot Elysabeth, sinte Jans baptisten moeder, woerde der troesteliker minsamicheit; derdewarf tot haren gebenediden soen in den tempel, doe hi xij jaer out was, woerde der oetmoedigher sueter berespinghe; vierdewarf totten dienres inder brulocht, doe daer wijns gebrac. Ende dat waren woerde minliker */44vb/* ende medelidender sorchfoudicheit. Ende want daer een tijt is te swighen ende een tijt te spreken, so en hevet dese minlike maghet niet altoes gheswegen, mar oec in die tijt des sprekens bescheideliken gesproken. Ende want die mont uut overvloedicheden des herten spreect, ende si vol soeticheden ende minnen was, so volghet daer na: DIJN UUTSPRAKE IS SOET. ALS EEN STICKE APPELS VAN GARNATEN, ALSO SIJN DIJN WANGEN, BEHALVEN DAT DAER VAN BINNEN VERBORGHEN IS. DIJN HALS IS ALS DAVIDS TOERN, DIE MIT WIJCHUSEN GHETYMMERT IS; DUSENT SCILDEN HANGEN DAER UUT, ALLE WAPENE DER STARCKER. Dit sijn woerde des brudegoms ghesproken totter moeder, die heilighe kerke, wies WANGHEN, dat sijn die prelaten, DEN STUCKE APPELS VAN GERNATEN gheliken. Want also die wanghen *al na biden hoefde sijn, also hieten oec die prelaten overmids heilicheit hoers levens al na Cristo te */45ra/* wesen, diet hoeft is des kerstens levens. Ende hier om en moet hi vander onreynicheden niet bevlecket wesen, die de officie an heeft ghenomen die vlecken van ander lude herten of te wisschen. Oec mede plegetmen inden wangen des menschen scamelheit ghewaer te worden, also sel hem oec die ander lude te regieren heeft, van alre herten scamen, ist dat hi als een voerspraec of een dinchsman totten ghenen coemt daer hi mit sinen leven gheen ghelikenisse

---

Le1 *Da Be2* *Le5* *Be3*

500 want *om Da Be2* **501** dat *:* dattet *Da Be2* breket *Da Be2 Be3* alse *(*tot*) Da Be2* **502** sel *Le1 Da Be2 Le5 Be3* **503** dat *:* datter *Da Be2 Be3* **505** toeghesloten *:* beslaten *Da Be2 Be3* **507** hem *om Da Be2* **508/9** daer – heeft *:* daer men marien niet meer dan vierwerff in gespraken te hebben en vint *(*in vijnt gesproken te hebben *Be2) Da Be2* **510/1** minsaemheit *Da* **511** twaelff *Da Be2* **514** medelidender *:* mededogender *Da Be2* **516** *(*tijt*)* is *Da Be2 Be3* **519** Sicut fragmen mali punici sic *(*gene *add Be2) opschrift Da Be2,* dat xxxviii capittel *opschrift Le5* des *(*appels*) Da Be2* also *om Da Be2* **521** wijchusen *:* arkieren *Da Be2* alle *:* alse *Da* wapeninge *Da Be2* **523** prelaten *:* predikers *Da Be2* den *:* een *Da Be2* **524** al *:* also *Le1* sijn *:* staen *Da* **527** onreynicheit *Da Be2 Be3* de officie *:* dat ambocht *Da Be2, om Be3* **528** wasschen *Da Be2* **529** *(*oec*)* die geen *Da Be2* **530/1** voerspraec – dinchsman *:* dadingesman off als een voerspraec *Da* **531** een *:* als *Le5* dinchsman *:* dadingesman *Be2*

mede en heeft. Want als yement die selve den heer mishaghet, enen anderen versonen wil, so wort des heren ghemoede daer hi toe gesent wort, tot meerren toern verwecket. Wel mit recht sijn die prelaten ENEN STUCKE DES APPELS VAN GERNATEN geliket, want daer worden veel stucken in ghedeylt ende gesceiden; daer is bitterheit der scellen van buten mit sueticheden van binnen, alle die dele cleven te gader in rechter ordi-*/45rb/*naticien der greynkens, mit scoenre roder verwen; daer is wit ende root in, suverlic onder malcander gemenget. Recht also sel inden prelaten der heyliger kerken wesen een breken der stucken in dat woert gods vlitelic te leeren. *Ieremias*: Die kinder eyscheden broot, ende daer en was nyement diet hem brac. In hem sel oec wesen scarpicheit des levens van buten mit medeliden van binnen, als van sinte Johan ghescreven staet dat hi mit kemelschen hare gecleet was ende nochtan een lantaerne was barnende ende lichtende. In hem sellen oec alle die deelen te gader cleven inder gemeenre minnen. In hem sel oec van witten ende van roder verwen een suverlike cierheit wesen overmids menigherhande doechden. Die WANGEN sijn oec hoghe inden hoefde geset, suptijl-*/45va/*lic geverwet van witten ende van roeden, ende worden lichtelic verandert. Aldes gelijc sellen die prelaten mitter macht in dat hoge staen, ende mit menigerhande doechden suptijllic geverwet wesen, ende lichtelic verandert mit mededoghen inder goedertierenheit. Want wanneer men enen appel van gernaten brect, so coemt daer ene goede roke uut; also sel een goet prelaet altoes een goet exempel wesen, daer hi ander lude overmids den goeden leven een goede roke mede wesen mach. Ende om dit te bewisen was in Moyses ee geboden dat die overste biscop in den soem van sinen clederen appelen van ghernaten soude[n] dragen, daermen in vint root ende wit ende een soete smake. Also is sculdich in den prelaet te schinen vierige minne, blenckende reynicheit ende die soete goedertierenheit. */45vb/* Ende want die scoenheit des uutwendigen levens niet veel waerdich en is sonder doechden van binnen, so volghet daer na: BEHALVEN DAT DAER VAN BINNEN VERBORGEN IS. Daer men in verstaen mach: al isset groot dat men overmids den exempel des goeden levens der menschen ogen van buten sculdich is te bewisen, nochtan ist veel meerre dat si overmids der goeder meninghe ende den *stadighen ghebede voer dat aensichte des rechters, die alle dinghen siet, daghelics offeren ende bewisen. Ende want si altoes op haer wachten staen, so is haer HALS ALS DAVIDS TOERN DIE MIT WIJCHUSEN GETYMMERT IS, ENDE DUSENT SCHILDE UUTHANGEN, ENDE ALLE WAPENE DER STARKER. In welken woerden datmen vier punten merken mach. Dat eerste

---

Le1 *Da Be2* *Le5* *Be3*

534 des *om Da Be2* **542** scarpheit *Da* (Iohan) baptisten *Da Be2* **547** oec *om Da* **553** mede *om Da* **555** souden *Le1* <deportaret> **560** dat (al) *Da Be2* **561** dat (overmyts) *Da* **562** is / schuldich *Da Be2* **563** gestadighen *Le1* **564/5** si – staen : een goet prelaet altoes op sijn wachte staet *Da Be2* **565** haer*(2)* : sijn *Da Be2* wijchusen : arkieren *Da Be2* **566** uuthangen : hangen daer wt *Da Be2* wapeninge *Da Be2*

punte is manlike stantachticheit grote dinghen an te gripen, in dien dat si DAVIDS TOERN geliken. Dat ander [dat] is wackerheit toecomen-/*46ra*/de dingen te voersien ende te besorgen, overmids den langen HALS. Want mitten halse wort dat hoeft opgeboert ende ommegedraiet in allen siden te sien, daer een wacker hoede mede beteykent is. Dat derde is een ondervindinge ende een besochtheit inden gheesteliken stride, in dien dat die toern MIT WIJCHUSEN getymmert was, dat wel mogen wesen getuge der heiliger scriften, ende mirakelen ende exempelen der heilighen. Dat vierde is manlicheit inden wederstaen ende inden beschermen, in dien dat daer DUSENT SCHILDE *UUTHANGEN; dat is een volcomen bescerminge inden stride, want dusent is een volcomen getal. Ende bi den SCHILDE verstaen wi die starke redenen daer men tgelove der heiliger drievoudicheit ende anders datter swaer te verstaen is, mede bescermt. Ende dit hieten ALLE WAPENE DER STARKER, dat is der prelaten, /*46rb*/ haer ondersaten mede te bescermen.

Naden anderen sin.

ALS EEN STUCKE APPELS VAN GERNATEN, ALSO SIJN DIJN WANGEN. In desen woerde<n> wort naden anderen sin die scouwende siele vander vercieringe der scamelre oetmoedicheit gepriset, die uten kennen haers selfs coemt. *Gilbertus*: Al gesciet daer twusschen tween minres ondertiden een suete, vierige medesprake, nochtan wort die genuechlicheit van enen ripen, sueren aensicht wederslagen. Daer om volget daer nu vanden wangen, want der wangen scaemel saticheit vermeerret der roder lippen scoenheit, ende die gedaente des aensichts bewiset van buten die inrelike minne des gemoedes van binnen. Daer om seit hi: DIJN WANGEN SIJN ALS EEN STUCKE DES APPELS VAN GHERNATEN. Wat beduden dese WANGHEN dan scamel-/*46va*/heit ende oetmoedicheit, ende wat beduut dat STUCKE APPELS VAN GHERNATEN, dat die witte ende roede korlekens heeft, dan twierehande vercieringhe? *Gilbertus*: Eens ygelics menschen consciencie heeft haer eygen aensicht, wies wangen mitter roder verwen der scamelre oetmoedicheit dan gewerwet sijn, als si haer van haren werken niet en vermet, ende haer verdienten niet groot en rekent mar cleyn, ende scaemt haer dat si also weynich sijn. Hier om wort wel mit rechte die oetmoedige scamelheit der bruut DEN STUCKE DES APPELS VAN GHERNATEN ghelijct, want si vanden gaven die si inden scouwen vanden vader des lichts ontfanget, niet in haer selven mar oetmoedelic in den here verblijt. GILBERTUS: Slechts geseit, die alre beste vercieringe der bruut Cristi is oetmoedige scamelheit. Want /*46vb*/ scamelheit is recht als een dagheraet die de beginne alre minliker

---

Le1 *Da Be2* *Le5* *Be3*

568 si *:* die prelaten *Da Be2* **569** ander *(*dat*) Le1* **571** om *(*in*) Da Be2 Be3* **573** wijchusen *:* arkieren *Da Be2* **576** anhingen *Le1 Le5* <pendent ex ea> **580** wapeninge *Da Be2* **582** naden *:* nae enen *Da Be2*, een *Le5* **583** des *(*appels*) Da (*wangen*)* etc *Da Be2 Be3* **584** woerde *Le1* **586** daer *om Da Be2* **590** van buten / bewiset *Da Be2* **591** des *om Da Be2 Be3* **593** die *om Da Be2* **596** van oeren werken / oer *Da Be2* **599** des *om Da Be2 Be3*

begeerten verwe[c]t, ende alle ander doechden mit maechdeliker cuusscheit verciert; si en verheffet haer niet van eniger doechden, mar spreket scamellic ende selden uut. *Barnardus*: Scamelheit is een sonderlinge glorie der consciencien, een *behoetster des goeden namen, een cierheit des levens, een lof der naturen, die eerste vruchte der doechden ende een sonderlinge edelheit alre eeren. <O> hoe seer wort een scouwende siele geconfuust ende bescaemt, *ist dat si enige tijt die oetmoedige scamelheit verget; o hoe seer pleget si dan haer selven te beruspen ende te versmaden. O scouwende siele, daer om laet dijn wangen wesen recht ALS EEN STUCKE DES APPELS VAN GERNATEN, op dat du di selven van geenre vreemder doechden en verheffeste, mar dattu die genade die di ghegheven is, oetmoedelic */47ra/* den ghever weder offerste. Ende hoet di dattu geen tijt die genade die di gegeven is, dinen verdienten toe en scriveste, mar hoe veel du voertgaeste, so ken di selven mit oetmoediger herten dattu dier groter genaden onwaerdich biste. Want dan seltu meer genaden verdienen te ontfangen, alstu dat gegeven goet mit rechter oetmoedicheit altoes in dijn herte drageste. *Gilbertus*: Dese woerde machmen oec vanden uutwendigen wangen eens scouwenden menschs beduden. Want anstvoudige begeerte<n> der minnen en laten dat aensicht niet vleischelic gebaren, mar die minlike gedachten verdriven alle ydel lichtvaerdicheit vanden wangen. Daer om sijn hier te voeren die wangen des scouwers der turtelduven gelijct. Want die turtelduve is een eenlic, versuchtende voghel, mar dat versuchten */47rb/* is soete dat uutter minnen gebaert wort. Daer om sijn die wangen DEN APPELE VAN GHERNATEN wel gelijct den genen die vanden minliken begeerten verciert is ende sijn aensicht mit vroliker ripicheit ghecleet is, datter ander lude een cracht uut mogen sceppen. Want als die genade uutten aensichte des ghemoeds *scinet, daer worden die gene die dat sien, of ghetogen ende gespiset. BEHALVEN DAT DAER VAN BINNEN VERBORGEN IS. Want waerlic daer is een grote menichte der sueticheit, o heer, die du verborgen hebste den genen die di ontsien, mar niet altoes en bliven si verborgen den genen die di minnen. BEHALVEN DAT DAER VAN BINNEN VERBORGEN IS. Dese woerde en sijn licht niet om der bruut willen gheseit, mar om der geenre willen die varre van haren wege sijn, ende wanen datter heiligen leven */47va/* ydel ende sonder eer is. Ende al isset dattet die somige over goet houden ende prisen, si vermoeden dattet mit alte groter lastelicheit te houden is. O, of si bekenden mit hoe sulker

---

Le1 Da Be2 Le5 Be3

604 verwect *Da Le1* <colorat> cuusscheit *:* reynicheit *Da* **605** verciert *:* ciert *Le5*, *om Da Be2* **607** behoetheit *Le1 Le5* <custos> **609** O *om Le1 Le5* <O quam> ist *:* is *Le1 Le5* **614** offerste *:* geveste *Da Be2* **616** ken *:* beken *Da Be2* **618** altoes / mit rechter oetmoedicheit *Da Be2* **620** begeerte *Le1 Le5* <affectus...non sinunt> **622** Ende *(*daer*) Da Be2* **625** die wangen *na* geliket *(626) trnsp Da Be2* **626** des geens *Da Be2*, des ghenen *Le5 Be3* **629** schinen *Le1 Le5 Be3* <relucens> **631** menichte *:* veelheit *Da Be2* den genen *om Da Be2* **632** blijfft *Da Be2* **636** over *:* voer *Da Be2* **637** nochtan *(*dattet*) Da Be2* hoe sulker *:* woedaniger *Da Be2*

verborgentheit der sommiger sielen buuc vervollet is, hoe lichtelic souden si alle dingen achten, op dat si der heiligen leven mochten minnen. O, hoe ghenuechlic is den troest die den lasteliken arbeit van langher tijt also overvloedelic vergeldet. Wie mach eniger armoeden of enichs gebrecs daer in ontsien? Als die *propheet* seyt: Hem is een grote vrede, die dijn ee minnen, ende daer is overvloedicheit in dinen toernen. Die de wangen des geesteliken levens hem ontsien, ende dat daer in verborgen is niet en weten, die en merken niet dat *Hugo* inden boec vanden cloester der sielen */47vb/* seit, hoe dat gheestelike leven is overvloedich den armen, den middelbaren genoech, den riken goet te liden, milde den crancken, mitten tederen mededogende, den starken wel te maten, den verkeerden hert ende wreet, ende den goeden alre best. Wel mit rechte worden al hier die wangen der bruut tot des brudegoms love gepriset, want het dicwile gevallet, so wie deser wangen vercieringe verget, dat hi vander overvloedicheit alre sueticheit van binnen berovet wort. Want hoe volcomen dat hi is, die altoes op sijn hoede niet en staet ende deser wanghen cierheit versumet, hi wort lichtelic vanden hoghen nedergeworpen. Tot welken valle veel saken sijn. Die eerste is gheestelike hoverdie. *Ezeciel*: Du cherubin, du waerste inden weelden des paradisen gods als een teyken der *ghelijcheden goods, vol wijsheden */48ra/* ende volmaect in scoenheden. Ic hadde di geset op den heiligen berch goods, daer du wanderste midden onder die ghegloeyde stene. Volcomen in dinen weghe van dien daghe dattu gescapen waerste, tot dattu sondichste ende dijn inreste mit boesheden vervollet worden, ende dijn herte verheven in dijnre scoenheit. Doe warp ic di neder vanden berge goods inder aerden, daer du dijn wijsheit verloren hebste. *Hugo*: Wi wetent datter somige sijn die van veelheden der godliker openbaeringhe hem verheffen, ende vanden rechten ordel goods verhenget worden swaerliken neder te vallen, op dat si die gheestelike hoverdie souden laten. *Ezeciel* in sijn xxv capittel: In dijnre scoenheit is dijn herte verheven, ende die wijsheit hebstu verloren. *Gregorius*: Als die heilighe manne sommige dingen boven andere menschen wonderlike bekennen, dan sellen si, op */48rb/* dat die doechde[n] der oetmoedicheit in hem behouden blive[n], altoes voer ogen houden dat si niet en kennen, op dat <si>, als si an die een side haer crancheit merken, aen die ander side hem selven niet vermetelic en verheffen. Die ander

Le1 Da Be2 Le5 Be3

638 verborgentheit *:* verborgenre zueticheit *Da Be2* **639** voer niet *(*achten*) Da Be2* **642** Heer *(*hem*) Da Be2* een grote *:* veel *Da Be2* **643** *(*Ende*)* op een ander stede spreket die selve propheet Here *Da Be2* *(*toernen*)* dat is in dynen heyligen *Da Be2* **645** aldus *(*seyt*) Da Be2* hoe *om Da Be2* **647** mitten *:* ende myt den *Da Be2*, den *Be3* **650** dat *(*soe*) Da Be2* vercieringe *:* cierheit *Da* **652** dat hi *:* hi oec *Da Be2* **655** du*(2) om Da Be2 Be3* **656** gelijcheiden *:* heylicheden *Le1 Le5* <similitudinis> **657** mids *Da Be2* **659** tot *:* Te hant *Da Be2 Le5* thent *Be3* dattu *:* doe du *Da Be2* boesheit *Da* **662** weten *Da* nae veelheit *Da* **664/5** in sijn xxv capittel *om Da Be2* **667** dan *:* soe *Da Be2* **668** doechden *Le1 Le5* <uirtutem> bliven *Le1 Le5* *(*altoes*)* dat *Da Be2* **669** ende *(*op dat*) Da* si*(1) om Le1 Da Be2 Le5 Be3*

sake is tijtlike vertroestinge, want so wanneer die gheestelike manne begheren daer of getroest te wesen, die ghewoen waren gheestelic te wesen getroest, dien verliesen si rechte voert. *Barnardus*: Die godlike troest is verweent dat hi nyement en troest die van anderen vreemden troest begeert ghetroest te wesen. Die derde sake is versumelheit of onachtsamicheit der geesteliker oefeninge, want een geestelic mensche moet altoes sonder ophouden in goeden dingen een oefeninge hebben. *Barnardus*: Het is niet genoech eens wel ghedaen te hebben, want die bloeme[n] des goeden wercs *sal /*48va*/ verdorren ende verliesen al haer scoenheit, het en si dat mense mit anderen goeden werken der goedertierenheit weder vernyet ende daer mede staende hout. Die vierde saec is onnutte becommeringe der werltliker dingen. *Gilbertus*: Onnutte becommeringe der werelt stadelic te hebben, maect die siele ongevoelic ende dat gemoede verhart; want hoe dat gemoede onbecommerder is, hoe dattet vlitiger wesen mach tot dien dattet minnet. Die vijfte sake is een dwase ydel gloriacie, als yement van gaven die hi ontfanghen heeft, ydeliken hem verheffet. *Barnardus*: Ic verswere die glorie, want naem ic mi aen dat mi licht niet gegeven en is, ic soude verliesen dat ic hebbe. Die seste saec is onmerclicheit der groter gaven goods, als die mensche niet en weghet noch en merket hoe groet ende hoe costelic die gaven /*48vb*/ goods sijn. *Barnardus*: Geen gaven gods – noch groot, noch middelbaer, noch cleyn – en moet men sonder dancbaerlic lof ontfangen. *Gregorius*: So wanneer die gaven vermeerret worden, so wassen oec die sake der gaven. DIJN HALS IS ALS DAVIDS TOERN. Want hoe dat die innige siel in haer selven oetmoedigher is, hoe dat si in gode starker is. *Gilbertus*: Biden toern en is niet alleen oprechtinge der minnender sielen beteykent, mar oec starckicheit der bewaeringe van des viants aensichte. Hier om seyt die brudegom: O bruut, DIJN HALS IS ALS DAVIDS TOERN. *Vercellencius*: Dat is een gheheel uutstreckinghe in godliken dingen sonder alle nederdruckinge; die en is niet alleen vri, mar starc ende wel bewaert. *Gregorius*: Het gevallet dicwijl dat die alre meest inden scouwen goods verheven wort, dat hi also veel te meer van becoringe aenghevochten /*49ra*/ wort. Daer om isset noot dat hi geliken DAVIDS TOERN starc si ende wel bewaert, op dat hi vanden temptacien niet nedergeworpen en worde. Hier om is die cracht der starcheit in die bruut also veel te costeliker, als si seldenre ghevonden wort. *Die wise man*: Wie sel een starc wijf vinden. O goede Jhesu, du en vindeste niet alleen die alsulc is, mar du

---

Le1 Da Be2 Le5 Be3

671/2 begheren daer of *:* van tijtliken dingen begheren *Da Be2* **672** te wesen getroest *:* getroest te werden *Da Be2*, ghetroest te wesen *Be3* **673** dien verliesen si *:* soe verliesen si die geestelike troestinge *Da Be2* **673** alsoe *(*soe *Be3) (*dat*) Da Be2 Be3* **675** onachtsamheit *Da Be2 Be3* **678** bloemen *Le1 Be2 Le5 Be3* <flos> sal *:* souden *Le1 Le5 Be3* <marcescit> **678/9** al oer schoenheit / verliesen *Da Be2* **682** onbevoelic *Da Be2 Be3*, ghevoelic *Le5* **685** den *(*gaven*) Da Be2* **688** dat *(*die*) Da Be2* merket noch en weget *Da* **692** sake *:* reden *Da Be2* **694** die *(*oprichtinge*) Da Be2* **695** stercheit *Da Be2* soe *(*seget*) Da Be2* **697/8** niet alleen vri / en is *Da Be2* **698** oec *(*starc*) Da Be2* **699** beschouwen *Da Be2* **701** temptacien *:* becaringen *Da Be2* **702** dan soe *(*is*) Da Be2*

voercoemstese dat si alsulc worde. Aldustanigen toern en tymmert [hi] hem selven niet, mar die gene selve sonder wien die gene te vergeefs arbeyden diese stichten. Hier om is DIJN HALS ALSE DAVIDS TOERN. *Gilbertus*: Dijn vriheit is di wederghegeven, mar noch en is di gheen sekerheit beloeft. Dat stric dijnre vangenisse is te broken, die viant die begeert enen anderen te bestricken; hi heeft dat recht sijn verlies weder te vercrighen, verloren, mar die hope niet. So wanneer du inden uutwendigen dingen */49rb/* becommert biste, so verwrecket hi die curioselicheit der vijf sinnen ende ontfuncket een vlamme der begheerlicheit van binnen. Ende al waer die begeerlicheit alleen, si soude genoech bernen, mar als die materie[n] van buten daer toecoemt, so beginnet si te verwoeden. Aldus maect eyghen crancheit ende des viants aenvechtinghe dubbelt onghemac. Hier om, bistu een bruut, so laet dinen HALS ALS DAVIDS TOERN wesen, ende en wil den hals die des brudegoms omvaetinge gegeven is, in geen onedel iuc gebonden noch becommert houden. Dese toern is oec MIT WIJCHUSEN GETYMMERT, recht of hi seggen soude: O bruut, het en is niet te verwonderen dat dijn hals Davids toern ghelijct is, want du hebste die sake der starckicheit in di selven, want die toern is MIT WIJCHUSEN GETYMMERT. Want waer die toern alleen ende geen wijchuse */49va/* en hadde, of dat die gene die daer binnen waren niet teten en hadden, die toern soude haest gewonnen worden. Hier om is dat bescermen des toerns goet, op dat daer oec mede teten op si; want wat baet hoghe tymmeringe, is<t> dat die ghene die daer binnen sijn <grote> armoede van honger ende van verdriet liden. Hier om moet daer, o heer, in dijnre mogentheit vrede worden, ende overvloedicheit in dinen TOERNEN, dat is, is dat sake dat mitten WIJCHUSEN der vier cardenaelscer, sedeliker doechden – alse gerechticheit, temperancie, wijsheit ende starckicheit – [ende] overvloedicheit der drier godliker doechden – alse gelove, hope ende minne – in is, dan mach in die starckicheit der godscouwender gemoede vrede wesen. Want die cardenaelsche doechden bescermen die scouwende siel mit vechten van buten, mer die */49vb/* godlike doechden voedense van binnen. Dese TOERN daer wi of spreken, heeft gheliken anderen viercante toernen vier WIJCHUSE, ende an elke side een. <Dat> WIJCHUUS an die oestside is die gerechticheit, die,

---

Le1 *Da Be2* *Le5* *Be3*

705 hi *(*hem*) Le1* **706** selve *om Da Be2 Be3* die gene *:* si *Da Be2* **709** die*(2) om Da Be2 Be3* **710** crigen *Da Be3* niet / die hope *Da Be2* **711/2** verwecket *Da Be2 Be3* **712** curioselicheit *:* niplichticheit *Da Be2*, curiosicheit *Be3* ontfenget *Da Be2* **714** materien *Le1 Le5* **719** wijchusen *:* arkieren *Da Be2* **721** starcheit *Da Be2 Be3* wijchusen *:* arkieren *Da Be2* **722/3** geen hadden *:* en had geen arkieren of en hedde die gene die daer binnen waren niet teten *Da Be2* **725** ist *:* is *Le1 Da Be2 Le5* **726** grote *om Le1 Le5* <crudelis egestas> moet *na* vrede *(772) trnsp Da* daer *om Da* **728** hi *(*mitten*) Be3* wijchusen *:* arkieren *Da Be2* cardenaelscer *om Da Be2* **729** temperancie *:* maticheit *Da Be2* starcheit *Da Be2 Be3* *(*stercheit*)* beset is *Be3* **729/30** ende *(*overvloedicheit*) Le1 Le5 Be3* **731** daer *(*in*(1)) Be3* starcheit *Da Be2 Be3* **732** cardenaelsche *:* zedelike *Da Be2* **734** spreken *:* seggen *Da* arkieren off *(*wijchusen*) Da Be2* **735** Dat *om Le1* wijchuus *:* arkier *Da Be2*

alse *Tullius* seit, om den gemenen orber arbeit ende enen yegeliken gevet dat sijn is, elc na sijnre waerdicheit: den oversten, den geliken ende den minren, enen ygeliken na sijnre ordinancien. Dat WIJCHUUS an die suutside is temperancie of maticheit, dit is gemaect van soberheden inden smaec, van cuuscheden inden rueren ende van saticheden inden voertgaen. Want temperancie is een vaste, gesaette lidinge der vleyscheliker aenstotinge ende ander beweginge die niet recht en sijn. Dat WIJCHUUS aen die noertside is die wijsheit daermen goet ende quaet mede kennen sel, ende houden ondersceit in beiden. Deser wijsheit hoert toe verledenre dinghe te gedencken, /*50ra*/ tegenwoerdige dinge te verstaen ende toecomende dinghe te besorgen. Dat WIJCHUUS an die westside is starcheyt, daer behoert toe grote dingen aen te gaen, ende een stantachtich liden alle dies dat daer op valt. Dese starkicheit is gelegen in enen betruwen grote dingen te beghinnen in lijtsamicheden, daer niet over te clagen, ende in eenre volherdinge totten eynde toe volstandich te wesen. Ende want dese voerseide sedelike doechden niet genoech en sijn, het en si dat daer die godlike doechden mede bi sijn, die dat gemoede in alre aenvechtinge spisen ende vermaken, daer om volget daer na: DUSENT SCHILDEN HANGEN DAER UUT, ALLE WAPENE DER STARKER. Tghetal van dusenden ist meeste getal ende simpel ende volmaect, ende beduut die godlike dogeden, als gelove, hope ende minne, die de cardinaelsche doechden tot volmaectheden brengen. Want het behoert der gewaeriger doechden toe die mogelicheden der sielen /*50rb*/ te genesen, die minlike begeerten te rechten ende alle die werken wel te ordinieren; ende dit pleget overmids den gelove, der hopen ende der minnen te gescien. Want die mogelicheden der sielen sijn siec, als die reden onbekent is, als die begeerlicheyt ongeordiniert is ende die toernlicheit cranc is; mar si worden genesen overmids der godliker minnen die voersichtich, puer, ewich ende goedertieren is. Die werclicheden sijn ongheordiniert, als die doechde[n] die meninghe niet en stuert tot gode, die alre doechden een fonteyne is, op dat si daer mach rusten in die seker ewicheit ende inden volmaecten vrede. Dese worden wel geordiniert, als die waerachtighe salicheit overmids den ghelove bekent wort, overmids der hopen *gemeent wort ende overmids der minnen begheert wort. Hier om /*50va*/ isser wel geseit datter DUSENT SCHILDEN UUTHANGEN, want dese voerseide doechden waren der geenre wapene, die de conincrike verwonnen,

---

Le1 Da Be2 Le5 Be3

738 wijchuus *:* ander arkier *Da Be2* **738/9** temperancie of *om Da Be2* **740** rueren *:* tasten *Da Be2* **740/1** temperancie *:* maticheit *Da Be2* **742** wijchuus *:* arkier *Da Be2* wijsheit *:* vroetheit *Da Be2* **743** onderscheit *(*onderscheiden *Be2)* / halden *Da Be2* **744** wijsheit *:* vroetheit *Da Be2* **745** wijchuus *:* arkier *Da Be2* **746** daer *:* dier *Da Be2* **747** stercheit *Da Be2 Be3* **748** lijdsamheit *Da Be2* **752** Dusent – uut *:* dat daer dusent schilde wthangen *Da Be2 Be3* **753** wapeninge *Da Be2* **754** beduut *:* beteykent *Da Be2* **755** cardenaelsche *:* zedeliker *Da Be2* **756** *(*mogelicheiden*)* off crachten *Da Be2* **758** gelove – minnen *:* gelove hape *(*hope ghelove *Be2)* ende minne *Da* der mynnen ende der hopen *Be3* **759** *(*moegelicheiden*)* off crachten *Da Be2* **760** taernicheit *Da Be2* **762** doechden *Le1 Le5 Be3* <uirtus> **763** een *om Da Be2* **766** gemeeret *Le1 Le5* <intenditur>

die de gerechticheit wrochten, die de beloften hebben vercregen. ALLE WAPENE DER STARKER is die schilt des gheloefs die men teghen alle scutten hout. *Paulus*: Die wapen onser ridderscap en sijn niet vleyschelic. Of DIE WAPENINGHE ende DIE SCHILT is een innich ghedenken der woerde gods. *Die wise man:* Elker leeringe goods is een vierich scilt alle den ghenen die in hem hopen. *Gilbertus*: Het is een goede bescerminge, die totten ondervinden der minnen rae[c]t, of dat die leeringe des woerden gods gevet. DIE SCILT heeft drie hoeken als die innighe siel in die heilige drievoudicheit die onbegripelike moghentheit des vaders, die onbevindelike wijsheit */50vb/* des soens, ende die onverwinlike goedertierenheit des heylighen gheests mit vresen ende mit waerdicheden in haer selven overdenct. *Dyonisius*: Die vader is die fonteynlike godheit, die soen is die vaderlike claerheyt, ende die heylige gheest is des vaders ende des soens minlike soeticheit. Ende dan beghint mit volherteliker bliscap die sonne in die guldene schilde te schinen, dat alle die berge daer of blencken. O, hoe vliet die boese geest dese gulden schilde, <dese vuerige schilde>, dese blenckende schilde. Ic sach, seyde onse behouder, den viant recht als <een> blixem nedervallen vanden hemel. Hier om ist een goet TOERN, die overmids den scouwen in dat hoghe opgetymmert is, die overmids den behoeden leven al om toebesloten is, ende daer overmids den aendenken der heiliger scrifturen veel schilde aenhangen. *Beda*: Elc woert goods ontstect der vercorenre menschen herten mitten */51ra/* vier der godliker minnen, ende verlichtse mitter waerheit, ende verteert al die vulnisse der sonden die daer in gevonden worden, ende bescermt alle die in hem hopen van allen laghen der vianden ende van alre wederheit.

DIJN TWEE BORSTEN SIJN ALS TWEE HINDEN, ALS TWE TWILINGE DER GEYTEN, DIE ONDER DIE LELYEN GHEVOET WORDEN, TOTTER TIJT DAT DIE DACH OPGAET ENDE DIE SCHEMEN DALEN. Die prelaten sijn sculdich te hebben TWEE BORSTEN, als ontfarmherticheit ende goedertierenheit, daer si den ondersate<n> mede melke sellen gheven te drincken; of si sellen hebben TWE BORSTEN, haren ondersaten lichaemlic onderstant van buten ende geesteliken troest van binnen mede te gheven. *Die wise man*: ontfarmherticheit ende waerheit behoeden den coninc ende starken die goedertierenheit sijns troens, want een prelaet of een prince beduut also veel als een vader des lants. *Se-/51rb/neca*: Niement van allen menschen en betaemt meer goedertieren te wesen dan den prince. Dese goedertierenheit is alre meest gelegen in den armen te hulpe te comen, *in den drovigen te troesten, in den onsaligen te liden ende in den onrecht te

Le1 *Da Be2* *Le5* *Be3*

769 wapeninge *Da Be2* **770** gescutte *Da* **773** elker : alle *Da Be2* **775** raect *Le1* <suggerit> **783/4** dese vuerige schilde *om Le1* <ignitos> **784** seyde : spreket *Be2 Da* **785** een *om Le1* <fulgur> **788** Elc : Dat *Da Be2* **793** Duo ubera tua *opschrift Da Be2*, dat xxix capittel *opschrift Le5* als twe *om Da Be2* **793/4** gevoet werden / onder die lelyen *Da Be2* **794** totter tijt dat : hent *(add* dat *Be2) Da Be2* **795** schemen dalen : scaduen neder gaen *Da Be2* **796** ondersate *Le1* <subditos> **803** in*(2)* : an *Le1 Le5*

*vergeven. Dese maken den prince dat hi lovelic ende toesprekelic ende milde ende minlic is. Hier om, o kerke, dijn TWE BORSTEN sijn ontfarmherticheit ende goedertierenheit dijnre prelaten. Dese twee borsten hadde sinte *Pauwels*, doe hi seyde: Wi sijn midden onder u alse cleyn kindere, ende recht als een moeder die haer kinder voedet. *Gregorius*: Een prelaet is sculdich mitten medeliden alle<n> menschen haer naeste te wesen, al waer hi inden scouwenden leven verre boven anderen menschen geset. Want al was sinte Paulus in die hemelsche heymelicheit opghegrepen, nochtant daelde */51va/* hi neder inden medebevoelen der crancker menschen; ende al was <in> hi hem selven tot hogen dinghen crachteliken opghetogen, nochtant wort hi overmids medeliden om ander menschen wille hier weder in dat lage geropen. Hier om waren haer BORSTEN recht ALS HINDEN, want si overmids oetmoedigen medeliden bi alle menschen waren, nochtan dat si overmids scarpicheit des scouwens, die bi den gheiten beduut is, voer hem allen in godliken dinghen subtijlic verheven sijn. Hier om wast dat Moyses dicwijl inden tabernakel ghinc ende daer na weder uut, want die de heymelike dingen gods subtijlic merct van binnen, die pleghet den last der crancker menschen oetmoedelic te draghen van buten. ALS TWEE TWILINGE DER GEYTEN, daer die eendrachticheit der prelaten mit haren */51vb/* ondersaten bi beteykent is. Want hem behoert te wesen mitten genen die wel doen, in die eendrachticheit recht alse gesellen, <ende den genen> die verkeerdeliken leven scarp inder correccien uut minnen der gerechticheit. Want den goeden te consentieren ende den quaden te correngieren, daer is die gewaerige eendrachticheit in ghelegen. SI WORDEN GEVOEDET ONDER DIE LELYEN, TOTTER TIJT DAT DIE DACH OPGAET ENDE DIE SCEMEN DALEN. Hier wort der prelaten minlike vliticheit in beteykent, die dan seer wel bewijst wort, als haer leeringhe uten lelyen der heiliger scrifturen ende uuten exempelen der heyliger vaders coemt. In der LELYEN sijn vier goede punten die eens yeghelics gherechtichs menschen staet gheestelic sel gheliken. Daer is in een vruchtbaer wortel, een lanc steel, slechte blade ende witte, blenckende bloemen. Aldes gelijc vinden wi inden gherechtighen mannen die wortel der */52ra/* minnen, die een goet heylich wortel is ende veel vruchtbaerre crachten heeft. Want die minne is lijtsamich, si is goedertieren, si en werket niet verkeerdelics, si en denct gheen quaet etc. Uut deser wortel wasset oec een lanc steel der hopen ende der lancmoedicheit, mar die blade hier of sijn minlike, soete woerde, die

---

Le1 *Da Be2* *Le5* *Be3*

805 vergeten *Le1 Le5* <remittendis iniuriis> ende*(1) om Da Be2 Be3* ende*(2) om Da Be2 Be3* **806** is *:* si *na* hi *(805) trnsp Da Be2* heylige *(*kerc*) Da Be2* **810** allen – naeste *:* alle sijnre naesten *Be3* alle *Le1 Le5* <singulis> oec *(*inden*) Da Be2* **813** in *om Le1 Le5* <in semetipso> **814** crachtelike opgetagen / tot hogen dingen *Da Be2* **815** waren *:* sijn *Da Be2* **816** haer borsten *:* der heyliger kerken borsten in oeren prelaten *Da Be2* **817** waren *:* sijn *Da Be2* **818** voer *:* boven *Da Be2* **821** menschen *om Da* **824** *(*alse*)* een *Da* ende den genen *om Le1* **827** Si worden gevoedet *:* Die gevoedet wert *(*werden *Be2) Da Be2* **828** totter tijt dat *:* hent *Da Be2* scemen dalen *:* schaduwen en wech gaen *Da Be2* **832** want *(*daer*) Da Be2*

de vriende naerre in die doechden trecken ende troesten, ende die viande te vriende maken. Die witte, blenckende bloemen daer op, sijn doechdelike werken, ende die gulden coernkijns daer in, dat sijn hemelsche begeerten. Dese ses blade in die blome der lelyen sijn ses punten, als sinte *Ambrosius* seit, daer die maechdelike reynicheit mede bewaert blijft. Dat eerste is reyn behoetheit inden aenrueren. Dat ander is oetmoedicheit in die cledinghe. Dat derde is soberheit in die noettorfte. Dat vierde is scaemelheit in den aensichte. Dat vijfte */52rb/* is saticheit inden toespreken. Dat seste is ripicheit inden gaen. Dit sijn die lelyen daer die geminde brudegom selve onder gevoet wort, ende mit sinen weelden onder levet. Daer om sellen oec prelaten ende leerars, die <sijn> navolgers sijn, daer onder gevoedet worden. *Beda*: Die heilige leeraers worden inden pueren, blenckenden sentencien der heyligher scrifturen gevoedet, ende op dat hem geen melke der saliger leeringe en ontbreke, ende op dat si altoes wat si leeren of hoe si leven sellen, moghen weten, so nemen si der heiliger vaderen leven ende leeringe als een spiegel voer hoer ogen. Het is slechts een onsalich mensche, die onder die lelyen der heyligher vergaderinghe der heiliger lessen ende der heyligher oefeninghe woent ende gevoedet wort, ende nochtan van roec noch van smaec alsulker */52va/* lelyen ghevoedet en wort, mar blivet recht ydel, ende laet hem duncken of hi mitten drave der verken versadet waer. O, hoe salich is hi die hem mitter bruut verblijt, die niet alleen die lelyen der doechden van buten en heeft, mar oec mede noch scoenre lelyen die daer binnen wassen. TOTTER TIJT DAT DIE DACH OP GAET ENDE DIE SCHEME DALEN. Dat is, dat dat dueren sel thent die dach der ewicheit coemt, dat is die dach daer die *propheet* of seit: Een dach is beter in dinen widen sale, dan dusent ander dage; als die man sinen broeder niet meer leeren en sel, ende seggen: Bekenne dinen heer; mar die lantaerne des lams selt daer al verlichten, ENDE DIE SCEME SELLEN DALEN, dat is, alle duusterheit, alle onbekentheit, ende alle figueren ende ghelikenisse sellen daer haer eynde nemen. *Gilbertus*: */52vb/* O hoe soete ende hoe genoechlic isset onder alsulken lelyen den oprisenden dageraet te verwachten. Want die dach is dien lelyen licht naerre ghebuer dan den anderen, want onder die lelyen verneemmen den dach claerre opgaen mit soeter roke, onder die lelyen pleget die brudegom selve gaerne gevoedet te wesen. Dese LELYEN sijn der heiligen leven ende leeringhe, daer wi die vroechden des ewichs levens in ruken ende gewaer worden. O broeders, mit hoe veel lelyen sijn wi al om beset, die onser alre noesen alle tijt – alse nu der propheten, alse nu der apostelen, alse nu der ewangelisten, alse

Le1 *Da Be2* *Le5* *Be3*

839 die *(*die*(2))* *Da Be2* **840** die *(*doechdelike*)* *Da Be2* **841** die *(*hemelsche*)* *Da Be2* **842** Dese *:* die *Da Be2 Be3* **843** blijft *:* wert *Da Be2* **844** aenrueren *:* antasten *Da Be2* die cledinghe *:* -den clederen *Da* **849** sijn *om Le1* <imitatores sui> **855** gevoedet *:* gehuedet *Da Be2* **856** *(*nochtan*)* noch *Da Be2* **861** scheme dalen *:* scaduwen en wech gaen *Da Be2* **865** dalen *:* en wech gaen *Da Be2* duusterheit *:* donckerheit *Da* **866** gelikenissen *Da Be2 Be3* **868** licht / den lelyen *Da Be2*

nu der ander leeraers – heilige leeringe recht alse lelyen toeruken? O wat roke heeft di Maria toegestort, wat roke Johannes ende alle der ewangelien ander manne? Wat roke heeft di Jhesus selve alse nu inden werken, alse nu inder leer-/*53ra*/inghe uutghestort? Als sinte *Pieter* seide: Heer, du hebste woerde des ewichs levens, tot wien sellen wi gaen? Recht of hi seggen soude: alle dit is een sceem der godliker verborghentheit, het is een sceem des geloves, het is een sceem der vercoelinghe. Alle dese SCEME SELLEN DALEN, want dan en selre geen sceem wesen, mar die bloete waerheit selt al verlichten. Dese voerseide BORSTEN, daer die prelaten bi beteykent sijn, worden vanden brudegom ghe-prijst. Ten eersten mael om die medeformighe eendrachticheit willen, in dien dat hi seit datter TWEE is. Want twee is een ghetal der ghelijcheit, ende wort gelike ghedeilt, dat in anderen getalen also niet en is. Ende daer om hietet die kerke twee te hebben. Ende om die eendrachticheit te bewisen, so is die naem van tween tweewarve geset, ende die naem vanden twilinge eens, om te bewisen dat die prela-/*53rb*/ten eendrachticheit sellen hebben inder herten, inden monde <ende> inden werken. *Paulus*: Segghet [gevoelt] alle een dinc, ende en laet in iu geen sceydinge wesen, mar weest volcomen in enen sin ende in eenre wijsheit. Ten anderen mael worden si gheprijst vander onnoselre sim-pelheyt, in dien dat si DEN HINDEN DER GHEITEN gelijct worden. Want die hin-den en hebben gheen hoernen, noch gheen instrementen mede te quetsen, also en sellen die prelaten nyement hinderlike wesen, mar mit sinte Paulus exempel alle menschen vorderen, als hi selve seyde: Ic bin alle menschen al ghewor-den, ende my selven alre menschen knecht ghemaect, op dat ic<ker> Cristo veel mochte winnen. Ten derden mael worden si gheprijst vander heiligher reynicheit, in dien dat si ONDER DIE LELYEN GEVOEDET WORDEN. Want die wor-den onder die lelyen /*53va*/ gevoedet, die altoes die blomen der reynicheit pinen te vergaderen. Ten vierden mael worden si geprijst vander lancmoediger volherdinge, in dien dat daer na volghet: TOTTER TIJT DAT DIE DACH OPGAET, dat is die dach der ewicheit, ENDE DIE SCEMEN DALEN, dat sijn die schemen der doot. Want men en sel niet ophouden wel te doen, thent in die daghe der doot, als die dach der ewicheit sel openbaert worden.

Na enen anderen sin.

DIJN TWE BORSTEN SIJN ALS TWE HINDEN, ALS TWE TWILINGE DER GHEITEN etc. In desen woerde<n> wort naden anderen sin die scouwende ziele gepriset vander sueter ghenuechlicheit der godliker gedenkenisse. Ende want die bruut in

---

Le1 Da Be2 Le5 Be3

876/7 ander manne / der ewangelien *Da Be2* **878** die *(*woerde*) Da* **879** wolde *Da Be2 Be3* **887** heilige *(*kerc*) Da Be2* twe *(*borsten*) Da Be2* **890** ende *om Le1 Le5* <et opere> Alse *(*paulus*)* seit *(*Segghet*) Da Be2* *(*segghet*)* gevoelt *Le1 Le5* <dicatis omnes> dinc *om Da Be2* **894** instrementen *:* reescappen *Da*, reescap *Be2* yement *(*mede*) Da Be2 Be3* **895** mit *:* nae *Da Be2 Be3* **896** seecht *Da Be2* **897** *(*ende*)* heb *Da Be2* icker *:* ic *Le1 Le5* **899** *(*die*(2))* geen *Da Be2* **901** -der *om Da Be2* **902** dat *om Da* **905** geapenbaert *Da Be2 Le5 Be3* **907** als twe*(2) om Da Be2* **908** woerde *Le1*

haren brudegom Cristo twerehande wederworp des scouwens heeft, in dien want hi blenckende ende roet is – blenckende in sijnre god-*/53vb/*liker natueren, ende roet in sijnre menscheliker naturen –, daer om mach si wel mit recht hieten te hebben TWE BORSTEN, daer dat afterblivende relijf der inniger gedachten uutgemolken worden, die haer enen groten feestdach maken als si der sueticheit haers geminden gedenct ende in sijnre ghehuechnisse verblijt. O, hoe salich is die *uutruspinghe die daer of coemt. Want waer in soude haer die scouwende siele verbliden als haer die genade des scouwens ontoghen is, waert dat si dese twee borsten niet en hadde? Mar want si vander crachtiger vuchticheit der hemelscher vruchten verweendelic versadet is, so brenghet si beide haer borsten weder al vol. Dese BORSTEN hadde die devote *Ancelmus*, doe hi seide: O goede Jhesu, dijn minne en is niet ledich mar ewelic werkende; dijnre te gedenken versadet meer dan suete spise. Ghif mi te smaken inder minnen, dat */54ra/* ic inden verstande smake; mijn siel quellet van hongher dijnre minnen, laetse van dijnre genoechlicheit versadet ende genesen worden, ende laetse dijn minne voeden ende vet maken. *Gilbertus*: Hier om is der borsten twe, want si van beyden naturen Cristi vervullet sijn. Want die minne dwinghet die bruut Cristi over al, om dat si weeldige weyde haers gemoeds over al vint: gaet si in totten scouwen sijnre godheit, gaet si uut totten scouwen sijnre menscheit. Van desen BORSTEN wiste *Ysaias*, die propheete, wat, doe hi seyde: Verblijt di, Jherusalem, ende maket een sameninghe alle die ghene diese minnen; verblijt u ende verhoeghet u, ghi selt vanden borsten *haerre vertroestinge versadet worden. O goede Jhesu, wie sel mi gheven die melke der godliker sueticheit van alsulken borsten der bruut te suken? Het en is geen wonder dat haer uutspreken suete is als si mit also groter sueticheit haer */54rb/* borsten vervollet heeft, want als inden borsten des gemoets die godlike soeticheit ontfangen is, dan wort daer honichvloeyende spraec uutgebaert, die alle bitterheyt vanden lippen der bruut verdrijft. SI WORDEN GEVOEDET ONDER DIE LELYEN. Dit sijn die lelyen, als ic wane, des hemelschen paradijs, daer of ghescreven staet: Here, dijn heiligen sellen bloeyen alse lelyen, ende wesen voer di als een roke van balsame. Daer is die soete Jhesus een lelye der dalen, daer die godheit des vaders, maechdelicheit der moeder, reynicheit sijns selfs uutschinen, ende ander onghetellede gaven der genaden, daer hem die heilige geest mede gesalvet hevet, die een medecijn ende een boete al onser qualen sijn. Daer sijn oec die gaven alre engelen ende dat loen

---

Le1 *Da Be2* *Le5* *Be3*

910 voerworp *Da Be2* **911** want *:* dat *Da Be2* wit *(*blenckende*) Da Be2* **914** wert *Da Be2* <ex quibus exuberant reliquie !> **916** beruspinghe *Le1 Le5* <eructacio> **917** genade *:* gracie *Da Be2* **920** devote *:* innige *Da Be2* **925** vet maken *:* vermaken *Da Be2* **928** gotlicheit *Da Be2 Be3* ende *(*gaet*) Da Be2* **929** menschelicheit *Da Be2 Be3* **930** wat *om Da* **93** verhoeghet *:* vervrouwet *Da*, vervroechdet *Be2* **932** haerre *:* uwer *Le1 Le5 Be3* <consolationis eius> troestinge *Da* **938** Dit *:* dat *Da* **940** voer dy / wesen *Da Be2* een *:* die *Da Be2* **941** die *(*magetlicheit*) Da Be2* **942** die *(*reynicheit*) Da Be2* ongetellike *Da*, ontellike *Be2*

alle der vercorenre goods recht alse welrukende lelyen. Mar dese over te /*54va*/ slaen, wat mogen wy vanden lelyen der overhemelscher ierarchien, dat is van den drien personen inder godheit, seggen? Want wat tonge soude mogen seggen of wat verstant soude moghen begripen, hoe ghenoecheliken dattet is daer onder te weide te gaen ende gevoedet te worden, ende hoe vruchtbaer dattet is die salicheit gods al daer mit enen reynen swighen te bidden? Ende dunctet die niet een genuechelike lelye te wesen te scouwen, ende een soete lelye aen te beden, ende een satmakende lelye te smaken die vader, die een oersprongelike fonteyn is, daer alle dingen of gescepen sijn; ende al des gelijc die soen, die de vaderlike claerheit is, daer alle die radyen der godliker wijsheit uutcomen; ende al des ghelijc die heilighe gheest, die des vaders ende des soens gaderbin-/*54vb*/dinghe is ende soeticheit, daer die ewighe sueticheden <uut>vlieten? O, hoe vol weelden, ende hoe overghenuechelic ist onder dese lelyen te weyde te gaen ende te wanderen, ende van deser lelyen voetsel die borsten des gemoeds te versaden. Het sijn drie velde vol lelyen, daer dat scouwende gemoede uutgereckede volle borsten uut haelt, daer si den cleynen kinderen, dat is den oetmoedighen oefenaren Cristi, melke der godliker sueticheit uut scenket. Dat eerste velt is die overhemelsche ierarchie[n] der heyligher drievoudicheit, drie inden personen ende een inden wesen. Dat ander velt is die hemelsche ierarchie der neghen choren der enghelen, elc in sinen graet nader ordinancie goods gheset. Dat derde velt is die yerarchie der teghenwoerdigher kerken, daer wi in onder den hemel alse pelgrim sijn. Dit sijn drie velde daer /*55ra*/ die scouwende siele recht alse in enen spieghel ende in ghelikenissen in mach te weyde gaen ende ghevoedet worden. O, hoe vol weelden is dat verbeit al hier onder dese lelyen te verwachten. Want al en isset ons noch niet georloeft dat aensicht des geminden brudegoms mit claren ghesichte te scouwen, nochtan is ons daer veel in ghegeven, dat wi sijnre sueticheit inden scouwenden leven yets wat te voeren mogen smaken, ende dat THENT DIE DACH OPGAET, ENDE DIE SCEME DALEN. *Gilbertus*: O, wat groter onrecht doetmen dien lelyen als daer enich onrechtet, vreemde roke [daer] mede vermenghet die[n] die sueticheit der lelyen hindert, ende also soeten aenwaeyinghe des gemoets vermenget ende verdervet, ende weder totter werelt doet keren, ende vanden reynen, heiligen, geesteliken weelden naden stanc des slijcs doet lopen. Mar, o goede Jhesu, goede harde, hoede dijn scape-/*55rb*/kijns ONDER DESE LELYEN, ende dochse NA DI IN DIE ROKE DIJNRE GOEDER SALVEN LOPEN ende inden paradijse dijnre weelden; dochse te minsten overmids den spieghel ende der gelikenissen rusten, ende doch hem te weten WAER

Le1 Da Be2 Le5 Be3

945 wtvercarenre *Da Be2* **949** al *(*daer*) Da Be2 Be3* **951** te*(1) om Da* **956** ende sueticheit / is *Da Be2 Be3* **957** vlieten *Le1 Le5* <emanant> **962** ierarchien *Le1 Le5* <ierarchia> **966** heyliger *(*kerken*) Da Be2 Be3* in *na* pelgrime *trnsp Da Be2, om Be3* **974** dien *:* den *Da Be2* **974/5** daer *(*mede*) Le1 Le5* **975** dien *Le1 Le5* <qui suauitatem> **977** reynen *om Da* heiligen *om Da Be2*

DU HOEDESTE ENDE WAER DU INDEN MIDDAGE RUSTESTE, THENT DIE DACH OPGA, ENDE DIE SCEME DALEN. *Gilbertus*: Eer die dach opgaet so ist nacht, mar dese nacht donct mi wat daghes hebben, als die *prophete* seit: Die nacht is mijn verlichtinge in minen weelden. *Gesmaecte weelden hebben ondertiden vlagen des lichts als *menre gedenct, mar die weelden niet daer *Job* of seit, ende die niet ghevonden en worden int lant der geenre die sachteliken leven. Want die geestelike weelden sijn een deel der wijsheit in desen, ende dat ondervinden leertse ghenoech wat si begeren sellen, wat hem gebrect, wat si verwerpen sellen ende /*55va*/ wat hem hindert; ende dat selve te weten is die wijsheit. TENT DIE DACH OPGA ENDE DIE SCHEMEN DALEN. *Gilbertus*: Wel mit rechte brenget si volle borsten weder totten cleynen kinderen, die[n] also vrilike ghevoedet wort overmids rustelicheit der tijt THENT DIE DACH OPGAET, ende also weeldelic overmids bequaemheit der steden die si ONDER DIE LELYEN vint. Hier om is die bruut seer te prisen, die onder aldustanighe lelyen gevoedet wort. Ic vermoede dat Salemon in al sijnre glorien niet also ghevoedet noch verciert en was alse dese bruut, want al isset dat die sceme haer scoenheit verduustert, si gevoelt nochtant die roke daer of ende die welrukende ommecledinge, ende in alle dese hongert haer nader wijsheit gods. THENT DIE DACH OPGAE ENDE DIE SCEME DALEN. Dat is die dach der ewicheit, daer /*55vb*/ geen dach voorgegaen is noch na en volget; die dach daer die berghe soeticheit in drupen sellen, ende die cleyne berge melc ende honich vloeyen. Ende wat soude ic mit dusent dagen doen? Die een dach is beter in dinen vrijthove, want dan sellen voer den vader des lichts alle dine sceme dalen. Alle onghelike vlagen schinen recht alse scemen te wesen, want als die een den ander volget, so wort die eerste recht vander ander verduustert.

IC SEL GAEN TOTTEN BERGE VAN MIRRE ENDE TOTTEN CLEYNEN BERGE VAN WIEROEC. DU BISTE ALTEMAEL SCOEN, MIJN VRIENDINNE, ENDE GEEN VLECKE EN IS IN DI. Tot nochtoe so heeft die brudegom sijn bruut, die heilighe kerke, in haer selven ende in haren leden ghepriset, hier belovet hi haer een meerre sake des prisens haer te geven, ende seit: IC SEL GAEN TOTTEN BERGHE VAN MIRREN. Mar /*56ra*/ want die scoenheit der heyliger kerken sonderlinge van tween dinghen gemeeret wort, alse van strenghicheden inder uutwendiger wisen ende van vieriger minlicheit inder innicheit van binnen, daer om bewijst hi hoe dat dese twe toenemen ende meerre worden inden mensche, eerst vanden eersten

Le1 *Da Be2* *Le5* *Be3*

983 Item (Gilbertus) *Da Be2* **984** te (hebben) *Da Be2* **985** gesmette *Le1* **986** menre : mer *Le1 Le5 Be3* **990** die *om Da Be2* **991** schemen dalen : schaduwen en wech gaen *Da Be2* Item (Gilbertus) *Da Be2* Wel *om Da Be2* **992** si : die bruut *Da Be2* dien *Le1 Le5* <que pascitur> **997** sceme : schaduwe *Da Be2* **1000** schaduwen *Da Be2* **1002** cleyne berge : hovele *Da Be2* in (vloeien) *Da Be2* **1003** Die – beter : daer een dach beter is *Da Be2* vrijthove : widen salen *Da Be2* **1006** (recht) als *Da Be2* verduustert : verdonckert *Da* **1007** vadam ad montem myrre *opschrift Da Be2*, dat xl. capittel *opschrift Le5* van(*1*) : der *Da Be2* cleynen bergen : hovelen *Da Be2* **1007/8** des wieroecs *Da Be2* **1010** haer(*2*) *om Da Be2* **1011** van : der *Da Be2*

ende na vanden anderen, in desen woerden daer hi seit: IC SEL GAEN TOTTEN BERGE VAN MIRREN etc. Recht of hi segghen woude: O heilige kerke, mijn bruut, ic heb wel geseit dattu scoen biste, ende ic, die in der ontfarmicheden rijc bin, en sel dijn scoenheit niet verminren mar vermeeren, ende niet verstroeyen mar vergaderen. Want IC SEL GAEN overmids sonderlinge inwoeninghe, overmids gheesteliken troest ende overmids menichfoudichmakinge der doechden, ende comen mit gaven ende mit ghiften TOTTEN BERGHE VAN MIRRE, dat is, totten ghenen die in een arbeydelike dodin-*/56rb/*ge haers willes staen. Want ic bin mit hem in alre druclicheit totten eynde der werelt toe; niet dat ic hem dat sterven ofnemen sel, mar cracht ende starcheit geven, dat sijt sellen mogen liden ende seggen mitten *propheet*: Ic en sel geen pijnlicheit ontsien, want du mit mi biste. *Augustinus*: O heer, ghif dattu ghebiedeste, ende gebiede dan dattu wilste. Of wi moghen bi deser MIRREN groetheit der teghenwoerdigher tribulacien verstaen, tot *welken BERGHE DER MIRREN die brudegom dan gaet, als hi die heilige kerke van den genen diese *drucken, verlosset ende vriet. Die boem daer die mirre an wasset, en is mar vijf cubitus hoge, daer vijf manieren van martelien bi beteikent sijn. Die eerste is een dodinge der vleyscheliker lede. Die ander is een castiinge der vieliker passien. Die derde is een minli-*/56va/*ke aernsticheit jegen alle ongerechticheit. Die vierde is eenperlic in innicheden verhangen te wesen. Die vijfte is een verlangen ende een vierige begeerte om Cristus willen te liden. Hier om en seit die brudegom niet dat hi gaen sel totter mirren, mar TOTTEN BERCH VAN MIRREN. Want hoe dat een yghelic vercoren meer wederheden om Cristus willen lijt, hoe dat hi hem selven totter minnen der hemelscher dinghen vierichliker opboert totten berghe daer die mirre op wasset. Vanden berghe machmen verre sien ende is bequaem overmids den gedachten op te scouwen die mensche hem selven ende sijn gestant van binnen te leeren kennen. Want eerst in vraghet die redene wat van dien mensche worden sel die den tempel gods gebroken ende bevlecket heeft. Daer op antwoert */56vb/* die voncke der sielen dat hi verdervet ende verdeluuet sel worden, of dat mit penitencien verbeteren. Dan seit die conciencie: Alsulctanigen mensche bistu, daer om moetstu beteren of verdervet worden. Dan coemt die vrie wille ende verkieset gewillighe beteringe daer voer te doen, daer die sentencie der doot mede wedergheropen wort. Totten anderen mael worden wi opden berghe overmids den gebede bescermt. Inden ghebede

---

Le1 Da Be2 Le5 Be3

1017 van *:* der *Da* **1018** *(*heb*)* dy *Da* ontfarmherticheit *Da Be2*, ontfermherticheit *Be3* **1022** sal *(*comen*) Da Be2* van *:* der *Da Be2* **1024** bedruckelicheit *Da* **1026** mitten propheet / seggen *Da Be2* **1027** *(*du*)* here *Da Be2* wat *(*dattu*) Da* **1029** welker *Le1* **1030** bedrucken *Da Be2*, drucket *Le1*, bedrucket *Be3* <tribulancium> **1034** neernsticheit *Da Be2* **1037** van *:* der *Da Be2 Be3* **1038** wtvercaren *Da Be2* **1039** recht als *(*totten*) Da Be2* **1041** op selven *:* den menschen hem selven op te schouwen *Da Be2* **1042** eerst in *:* ten iersten *Da Be2* **1044/5** verdeluuet *:* verdeliget *Da Be2* **1046** alsoe danigen *Da Be2*, aldusdanighen *Be3* **1046** *(*moetstu*)* di *Da Be2 Le5*, -ut *Be3* **1047** willige *Da Be2*

beclaget men die eygen crancheit, ende aenroept die godlike ontfarmherticheit, ende danct gode van al sinen gaven ende goedertierenheit, ende men bewijst hem daer in rechte goddienstachticheit. Van desen berge seit die *psalm*: Die berge is vergadert, die berge is vet. Dan is die berch vergadert ende te samen gheronnen, als die mensche mistrouwen heeft van sijnre eygenre crancheit; dan is die berch vet, als die */57ra/* mensche betrouwen heeft op goods goedertierenheit; dan is die berch gode behaechelic, alsmen gode daer op offert van al sinen gaven minlike dancbaerlicheit; mar dan woent die here opden berch totten eynde toe, alsmen hem bewijst rechte godsdienstachticheit. Totten derden mael werscapmen ghenuechliken opden berch overmids innicheit. Want innicheit is een viericheit ende een vroechde des ghemoets, die men mit woerden niet uutspreken en mach, noch inden gelaet van buten niet verbergen en mach. Want als enich dinc vander hetten des viers siet, so smeltet in hem selven, so wortet uutgeworpen van hem selven, so werctet in hem selven, ende so wortet opgheboert boven hem selven. Aldes gelijc vercriget een mensche overmids den ghebede een vernuwinghe sijns selfs van boven, een cracht inden stride van buten, een verlichtinghe sijnre armoeden van besiden, */57rb/* een verlossinge der onsalicheit ende der pinen van binnen. Want overmids den ghebede schijnt die sonne in die gulden schilde, datter alle die berge daer omtrent of blencken. Aen desen berch wasset drierhande mirre. Die een is gehieten die eerste MIRRE, ende beduut bitterheit der beginnender menschen, die si hebben van haer verleden ghewrochte sonden. *Cantica*: MIJN HANDE HEBBEN DIE EERSTE MIRRE MENICHSINS GEDROPEN. Die ander is gehieten vercoren MIRRE, ende beduut bitterheit der voertgaender menschen, die si hebben want si menige goede werken ende doechden versumet hebben. *Die wise man*: Recht als een uutvercoren mirre heb ic [een] soeticheit der roken gegeven. Die derde is die alre beste MIRRE, ende beduut bitterheit der volcomenre menschen, die si hebben */57va/* want si der hemelscher vroechden also langhe moeten derven. *Cantica*: MIJN VINGHEREN SIJN VOL DER ALRE BESTER MIRREN. IC SEL GAEN TOTTEN CLEYNEN BERGE DES WIEROECS. In desen woerden belovet die brudegom der bruut, der heiliger kerken, vermeeringe ende toeneminghe der vieriger innicheit. Het en is niet sonder sake dat hi seit: EEN BERCH DER MIRREN ende EEN CLEYN BERCH DES WIEROECS. *Hugo*: Want het staet veel bet in onser macht die werken des vleischs volcomelic te bedwingen, dan dattet in

---

Le1 *Da Be2* *Le5* *Be3*

1050 *(*aenroept*)* men *Da Be2* **1051** men *(*dancket*) Da Be2* **1052** psalm *:* propheet inden salter *Da Be2* **1055** Mer *(*dan*) Da Be2* *(*op*)* die *Da Be2 Be3* **1055/6** goedertierenheit / gades *Da Be2* **1057** dancbaerheit *Da Be2 Be3* **1069** wassen *Da Be2* **1071** Cantica *:* daer die bruut in desen selven boec der minnen hier namaels aff seit *Da Be2* **1072** hebben – gedropen *:* hebben mirre gedrapen *Da Be2* **1073** daer om *(*hebben*) Da Be2* **1074** *(*manne*)* seit *Da Be2* **1075** *(*ic*)* een *Le1 Le5* **1078** Cantica *:* Ende hier aff *(*om *Be2)* spreket die bruut in dit selve boec als noch hier nae volgen sal ende seget *Da Be2* Ende *(*ic*) Da Be2* **1079** cleynen berge *:* hovele *Da Be2* **1082** cleyn berch *:* hovel *Da Be2* Hugo – staet *:* Want als hugo seit soe staet et *Da Be2*

onser macht si innicheit des gebedes te vercrigen. Daer om wil die brudegom selve gaen TOTTEN CLEYNEN BERGE DES WIEROECS, om die viericheit des innigen gebedes te ontfonken. DU BISTE ALTEMAEL SCOEN, MIJN VRIENDINNE. Die heilige kerke is sculdich te wesen scoen in simpelheden der */57vb/* gherechter meninghe ende in eersamicheden der wanderinghe van buten, want si een bruut is; *si *is sculdich te wesen noch scoenre in die dodinge des eygen willes van binnen, want si gheliket wort DEN BERGHE VAN MIRREN; si is sculdich te wesen alre scoenste overmids ontfonckinge der vieriger innicheit, want si DEN CLEYNEN BERGHE DES WIEROECS geliket wort, also dat daer GEEN VLECKE IN HAER en si. *Gregorius*: Al isset datter somtijt een vlecke der dagelicscher sonden an haer coemt, nochtan en blivet si daer niet. Want die gemoede der gods vercoren sijn also rein, al ist dat si somtijt overmids crancheit hem selven ontgaen, si wasschent rechte voert mit scarpicheden des leetwesens of dat daer bevlecket was. <Als> sinte *Paulus* seit dat die heilige kerke is sonder vlecke ende sonder rumpe, want al isset dat si dicwijl in haren leden mit daghe*/58ra/*licschen sonden wort bevlecket, si wasschet stadelike mitten berouwe weder of.

Naden anderden sin.

IC SEL GAEN TOTTEN BERGHE VAN MIRREN ENDE TOTTEN CLEYNEN BERGE DES WIEROECS etc. Dese woerde moghen oec naden anderen sin van der bruut der scouwender sielen gesproken wesen. Recht of die brudegom seggen soude om die overvloedicheit der minliker goetheit: So sel ic ganghen uut minen onuutgangeliken lichte TOTTEN BERGHE VAN MIRREN, dat is, tot dien gemoede daer alle hinderlike saken der puerre scouwinge gods mit vliticheden uutgedreven worden. Want aldustanigen ghemoede der mirren is een verre ende een overgaende gesceit van allen dingen ende van hem selven. *Dionisius*: O du vrient, Thimothee, op dattu der heymeliker godscouwinghe die ic di leren wil, ontfangelic mogeste worden, so medewerc mitten godliken *raeyen aldus: laet sin-*/58rb/*ne ende sinlike oefeninghe ende alle werclicheden des verstants, ende verdrucke mit starcker vliticheit des gemoeds al dattu begripen konste, ende also veel alsti mogelic is, so stant du – onbekendelic, <on>verstandelike

---

Le1 Da Be2 Le5 Be3

1083 dan dattet *:* dant *Da Be2* **1084** si *:* is *Da Be2* soe *(*wil*) Da Be2* **1085** hovele off *(*cleynen*) Da Be2* **1089** si is *:* so is si *Le1*, si *Be2* **1092** cleynen berghe *:* hovele *Da Be2* **1093** Mer alse *(*gregorius*)* seget *Da Be2* **1094** an *:* in *Da Be2* si en blivet nochtan *Da* daer *:* in oer *Da Be2* **1094/5** der vercoren *:* der wtvercaren gades *Da Be2* **1095** dat *(*al*) Da Be2* selven *om Da Be2* **1096** wisschent *Da Le5 Be3* mit *:* overmits *Da* scarpheiden *Da* **1097** Als *om Le1* is *na* rimpe *(1098) trnsp Da Be2* **1099** *(*wasschet*)* si *Da Be2* **1101** Naden *:* na enen *Da Be2*, een *Le5* **1102** van *:* der *Da Be2* cleynen berge *:* hovele *Da Be2* **1104** wolde *Da Be2 Be3* **1105/6** ontoeganckliken *Da Be2* <*hss. Utrecht, Oxford*: inexcessibilis !; *hs. Assisi*: inaccessibilis; *hs. München*: excessibilis> **1106** dien *:* -ten *Da Be2* **1108** een*(2) om Da Be2* **1109** Hier aff scryvet *(*dionisius*)* tot thimotheus ende seit *Da Be2* **1111** mitten *:* den *Da Be2* raden *Le1*, radyen *Be2 Be3* **1112** werkelicheit *Da* **1114** onbekentlic *Da Be2*, onbekende *Be3* *(*onbekentlic*)* ende *Da Be2* verstandelike *Le1*, oververstandelike *Le5* <ignotus>

– mede op totter eninghe gods, die boven alle wesen ende kennisse is. Want alstu di selven ende alle dinc, van genen nederen dingen becommert, mitter overtredinge des gemoeds overgeclommen biste, ende van alre begeerlicheit ende sorghen ontbonden ende ghereinicht biste, dan seltu ten lesten, van allen dingen ontcommert, opwaerts *ghewrocht worden tot dien overweseliken raeyen der godliker onbegripelicheit. Mar wacht di dat nyement ongeleerts dit en hoer. Die hiet ic ongheleert te wesen die na waerliker, sinliker wijsheit ende na kennisse der dinghen die kennisse gods ende die waerachtige wijsheit wanen begripen. */58va/* Mar die WIEROEC beduut die alre reynste gebede der vereningender scouwinge gods. Tot desen BERGE DES WIEROECS mogen die hemelsche sielen gheraken, mar totten CLEYNEN BERGE moghen die zielen die noch inden wege sijn, nauwe comen. Bi DEN BERGHE mach men om alrehande saken willen hoecheit des scouwenden levens verstaen. Inden eersten mael is die berch een stede der leeringe. Want doe Jhesus op den berge geclommen was ende nedersat, quamen sijn discipulen tot hem, ende hi dede sinen mont op ende leerdse van den achten salicheden. Daer bi mach men kennen dat dat scouwende leven overvloedich in kennissen is. *Ysayas*: Coemt, laet ons opclymmen totten berghe des heren, die Jacobs god toebehoert, ende hi sel ons sijn weghe leeren. Ten anderen mael is die berch */58vb/* een stede daer men sacrificie ende offerhande op pleget te doen. Als men leset dat god Abraham geboet, doe hi seyde: Nim dijn enige kint, Ysaac, dattu minste, ende offer dat tot eenre geheelre offerhande op enen berch die ic di wisen sel. Daer in is te verstaen gegeven dat dat scouwende leven *vol weerdiger offerhande gods is, die hem uut innicheden gheoffert worden. Daer om seide die minnende ziele: IC SEL GAEN TOTTEN BERGE VAN MIRREN. Ten derden mael is die berch een stede des heten brandes. *Die wise man*: Drievoudelic maect die sonne die bergen heet. Daer uut machmen verstaen dat dat scouwende leven vol vierigher minnen is. Ende om dat te bewisen, so rokede al die berch van Synay doe Moyses om die gebode gods te ontfanghen daer op geclommen was. Ten vierden mael is die berch een stede */59ra/* der vrier toevlucht. Als men leset dat Lot vanden enghelen hoerde, doe si seiden: Behout di selven opden berch. Daer uut machmen <be>kennen dat dat scouwende leven vol godliker bescerminge is, waer om die scouwende ziele mitten *propheet* wel segghen mach: Ic hebbe mijn oghen opgheboert in die berghe, daer mi die hulpe of comen sel. Ten vijften male is die berch een stede des stille swigens. Als men leset van Helyas, den propheet, die opden berch ghinc om alleen al daer mit gode in stil-

---

Le1 *Da Be2* *Le5* *Be3*

1115 mede *om Da Be2* **1116** di selven ende alle dinge *na* gemoedes *(1117) trnsp Da Be2* **1117** overclommen *Da* **1119** ghevoert *Le1* dien *:* -ten *Da Be2* **1120** nyement ongeleerts *:* gene ongeleerde *Da Be2* **1123** te *(*begripen*) Da Be2 Le5* **1124** verenigender *Da Be2 Be3* **1125** cleynen berge *:* hovele *Da Be2* **1127** Inden *:* Ten *Da Be2* **1135** dijn – kint *:* dinen enigen soen *Da Be2* dattu *:* dien du *Da Be2* dat *:* dien *Da Be2* **1137** vol *:* veel *Le1* **1138** Ende *(*daer om*) Da Be2* **1140** daer *(*die wise man*)* aff spreket *Da Be2* **1145** hem *(*segeden*) Da Be2* **1146** kennen *Le1* **1150** al *om Da Be3*

heden te wesen. Alsmen oec van Cristo vint, dat hi clam op enen berch om alleen in stilheden al daer te beden. Hier uut machmen merken dat dat scouwende leven vol vredeliker stilheden van binnen is. *Psalmus*: Die berghe sellen den volke vrede ontfanghen, ende die cleyne berghe gherechticheden. Ten sesten mael is die /*59rb*/ berch een stede der geesteliker werscapinge. *Psalmus*: Die berch gods is een vet berch. Daer machmen uut merken dat dat scouwende leven vol gheestelic voetsel is. *Johel*: In dien dage[n] sellen die berghen sueticheit uutdrupen. Ten sevenden mael is die berch een stede der hogher verhevenheit. *Ysaias*: Die berch des heren sel bereet wesen in dat hogheste der bergen, ende daer toe sellen alle cleyne berghe vloeyen. Daer uut verstaet men dat dat scouwende leven vol godliker *opwerckinge is, daer alle ander oefeninge wel mit rechte sculdich sijn toe te dienen. Ende om dat te bewisen, so clam onse here Jhesus Cristus totten hemel van den berch van Olyveten. Hier uut machmen merken vruchtbaerheit des scouwenden levens, want het is vol ondersceits, vol ynnicheden, vol minnen, /*59va*/ vol bescerminghe, vol vredes, vol gheestelics voetsels ende vol godliker opwertswerkinghe. Hier om priset die brudegom die scouwende siel, sijn bruut, ende seit: DU BISTE ALTEMAEL SCOEN, MIJN VRIENDINNE. Want du minneste ende gemint biste, ende mitten raeyen mijnre scoenheit verciert biste, so mogeste wel overmids viericheit also groter minnen MIJN VRIENDINNE hieten. ENDE GEEN VLECKE EN IS IN DI, want in dinen verstande en is gheen blinde onwetenheit, noch in dijnre minnen en is gheen onpuer vermengentheit, noch in dinen werken en is geen onvruchtbaerheit. *Gilbertus*: Wel mit rechte doet die brudegom naden lelyen gewach vander mirren, want die lelien en sijn niet vreemde noch varre van den berge der mirren geset, ja, si wassen daer op. /*59vb*/ Want inden BERGE DER MIRREN, daer alle vleyschelike begeerlicheden bedwongen worden, daer wassen die lelyen der puerre reynicheit ende bloeyen ewelike. Ende also als die bruut begeerlic verwacht, also haest hem die brudegom haer te genaken ende seit: IC SEL <mi> GAEN, ende niet <haer> alleen, TOTTEN BERCH VAN MIRREN, [mer] daer oec die lelyen wassen. Want alsoe als si van mijnre toecoemst vrolicheit ende bliscap ontfanghet, also doet si mi weder die vrolicheit ende soeticheit ontfanghen. Want dat ic tot haer gae, dat is mi suet ende ghenuechelike, ende het vordert mi also te gaen, als si daer mede ghenuechelike begavet wort. Hier om sel ic mi – dat is om minen willen, ende niet alleen om haren

---

Le1 *Da Be2* *Le5* *Be3*

1151 Alsmen : alsoe men *Da Be2* **1152** al *om Da Be2* **1153** is / van binnen *Da* Psalmus : Als die propheet inden salter seyt *Da Be2* **1154** cleyne berghe : hovele *Da Be2* gerechticheit *Da Be2* **1156** Psalmus : Als die propheet inden salter seyt *Da Be2* **1157** Als (iohel) die propheet spreect *Da Be2* daghen *Le1 Le5* <in illa die> **1159** daer (ysayas) aff seget *Da Be2* **1160** daer toe : tot hem *Da Be2* cleyne berghe : hovele *Da Be2* **1161** opwreckinge *Le1*, opwertswerkinge *Da* **1178** genaken : gemoeten *Da Be2* **1179** mi : nu *Be2*, *om Le1* <uadam michi> niet : mit *Da* haer *om Le1 Be2* <non illi soli> alleen / haer *Be3* van : der *Da Be2* **1181** mer (daer) *Le1*

wille – gaen, want het sijn mijn weelden een mitter bruut der inniger sielen te wonen ende te wesen. */60ra/* IC SEL GAEN, want ic van hoerre goeder roken TOTTEN BERGHE DER MIRREN ende der lelyen ghetogen worde. O goede Jhesu, daer om gaestu, also dattu van der medesprake der bruut also ghenuechelike weelden ontfangeste. Daer omme gaeste oec, ende en sceideste niet van haer als een hoevaerdich verdrietelic minre alstu buten ghesloten wortste, mar du bliveste oec buten die duere staen cloppen of si di weder in laten woude. O minnende siele, bestroey, bestroey dijn bedde mit mirren ende mit wieroec, want Cristus, dijn brudegom, coemt ende loept in die roke dijnre goeder salven. Het is een overvloedigher genade daer die mirre wasset, dan daer si ghestroeyt wort. Want daer om is die scouwende siel een BERCH VAN MIRREN ghehieten, als si alle hinderlike dingen scuwet, ende van allen dingen ende ten */60rb/* lesten varre van haer selven sceit. O salich berch, daer du, o goede Jhesu, toegaeste ende bewoenste. O goede Jhesu, com ende beghin desen berch te bewonen, op dat hi een vergadert ende een vet berch mach worden. Die CLEYN BERCH DES WIEROECS is een scouwende gemoede ghehieten, alst sonder ophouden ende oflaten bidt. Wies ghebede recht als een brant opwaerts gaet voer die teghenwoerdicheit goods, alst vanden godliken vier ontfenget is ende soeten roke der innicheit ghevet. Want die MIRRE reynicht dat ghemoede ende dwinget totter gheheelre eenheit, mar overmids den brande des WIEROECS, so wort dit ghemoede ghestuert ende uutgherecket, ende sturt hem selven uut. Want dat ghebet vergadert ende bestricket die minlike be-*/60va/*geerte[n] des bedelaers eerst in hem selven, daer na bestortet ende uutstortet die begeerte in gode. Vanden WIEROEC der innicheit of van enen ygheliken ynnigen mensce seyt *die wise man* dat die is recht als die wieroec die inden vier brant. Want die bornende wieroec wort nader hetten gesmouten, ende na dat hi gesmouten is, wort hi <op>gevoert, ende inder opvoeringe wort hi wide gebreidet. Aldes gelijc gescietet mitten innigen gemoede dat vanden vier des heyligen geestes ontfenget is. Want inden eersten wortet gesmouten in tranen der berouweliker beweenlicheit overmids sijnre eigenre misdadicheyt, ende daer na, alst also gesmouten is, wortet opgetogen overmids betruwen der genadichger vergiffelicheit, ende dan, alst also opgetogen is, so wortet */60vb/* wide gespreydet ende uutgerecket om te ontfangen die gaven der godliker genadicheyt. Aldus wortstu ALTEMAEL SCOEN, MIJN VRIENDINNE: scoen inden verstande, scoen inder minnen ende scoen inden bewisen der werken. *Gilbertus*: Wien soudestu ALTEMAEL SCOEN dorren seggen te wesen, dan alleen in deser uren als die bruut

---

Le1 *Da Be2* *Le5* *Be3*

1185 mijn *om Da* een *om Da Be2* **1188** dattu *:* wanttu *Da Be2 Be3* **1191** woude *:* wil *Da Be2* **1192** bestroey *1x om Da Be2 Be3* **1196** als *:* want *Da Be2* **1197** van oer selven / verre *Da Be2* **1199** werden / moege *Da Be2* **1209** cleyn berch *:* hovel *Da Be2* alst *:* dat *Da* **1206** begeerten *Le1 Le5* <affectum> **1207** bedelaers *:* bidders *Da Be2* **1209** die*(2) :* hij *Da Be2* **1211** gevoert *Le1* <eleuatur> **1213/4** rouweliker bewegelicheit *Da Be2 Be3* **1214** also *:* soe *Da* soe *(*wertet*) Da* **1216** uit *(*gespreidet*) Da Be2*

overmids viericheit der minnen mitter scoenheit des brudegoms gecledet is? Mar dier corter tijt en machmen naden wille niet vercrigen, mar mit minnen, mit begeerten ende mit innicheden. Wel mit recht is die ALTEMAEL SCOEN ENDE SONDER ENIGE VLECKE der vreemder verwen of vermengetheden gehieten, die overmids viericheit des gebeets glymmet ende die dat scijnsel des ewigen lichts altemael blenckende heeft gemaect, ende dat sonderlinge in die ure des gebeeds ende in die ure der *ontfengeder sacrificien van binnen. Wel mit rechte is die ALTEMAEL */61ra/* SCOEN ende overscoen, dair alle scoenheit mit eenre vruchtbaeriger inglidinge haer selven ingestort heeft. Want al is alle scoenheyt boven den sterren verheven, nochtan is dier scoenheyt gedaente in die bruut, [mit] die minnende siele, ghebleven. Want also lange als si overmids vlitiger oefeninge des gebedes ende der scouwinge gods in hemelschen dingen verhangen is, so geliket si den wolken des hemels, dat licht ende doerscinich is, also lange comt si *der sonnen bet naerre ende wort van haren lichte getogen ende doerscinen ende suverlic gemaect, want alle die tijt dattet duert, behout si weerdicheyt der geesteliker minnen ende claerheit inden verstande. Hoe en soude si dan niet ALTEMAEL SCOEN ende overscoen hieten te wesen, daer men die gedaente der godliker scoenheit also merkelic in gewaer mach worden?

MIJN BRUUT, COM VAN */61rb/* LIBAEN, COM VAN LIBAEN, COM; DU SELTE GECROENT WORDEN VANDEN HOEFDE AMANA, VANDEN HOECHSTEN DES BERGES VAN SAMIR ENDE HERMON, VANDEN HOLEN DER LEWEN, VANDEN BERGE DER LIBAERDEN. Na der historien sijn Amana, Samir ende Hermon namen van bergen gelegen over die Jordane, daer men dat lant van beloeften van verren op sien mach. Ende dair om, doe dat volc van Ysrahel tot dien voerseiden berge quam, ende dat lant sach dat hem belovet was, doe verbliden si hem om des lants scoenheyt wil, ende setteden *licht hoede <ende croenen> op hair hoveden tot enen teyken haerre vroelicheyt. Ende in die selve bergen waren holen der leeuwen ende libaerden, die den kinderen van Ysrahel niet en deden, geliken den serpenten die inder woestinen waren daer die kinder van Ysrahel doer gingen. Hier te voeren heeft die brudegom die bruut, die heylige kerke, gepriset mer */61va/* nu roept hise vriendeliken ende seit: COM, COM, COM. *Gregorius*: God begeert in sinen vercoerne drierehande volcomenheit: als der goeder werken, der stichtiger woerden ende der puerre gedachten. Ende want

---

Le1 *Da Be2* *Le5* *Be3*

1222 niet / naden wille *Da Be2* **1224** enige *om Da Be2* **1227** ontfengeder *:* ontfanginge der *Le1*, ontfanghe der *Le5* <hora incensi> **1229** vruchtbaerre *Da* **1231** *(*bruut*)* mit *Le1* **1234** ende *(*alsoe*) Da Be2* der *:* daer *Le1* **1235** suverlic *:* schone *Da Be2* **1240** veni de lybano sponsa mea veni *opschrift Da*, veni de libano *opschrift Be2*, dat xli capittel *opschrift Le5* Com / mijn bruut *Da Be2* **1241** *(*amana*)* ende *Da* **1242** van *om Da Be2* sanyr *Da Be3* **1243** soe *(*sijn*) Da Be2* sanyr *Da Be3* **1245** op *:* aff *Da Be2 Be3* **1247** setten *Da Le5 Be3* licht *:* lichtscinende hoede *Le1* ende croenen *om Le1* **1249** der *(*lybaerden*) Da Be2 Be3* **1250** den *:* als die *Da Be2* **1252** vriendeliken *:* driewerve *Da*, vriendelic driewerve *Be2 Be3* **1253** wtvercaren *Da Be2* **1254** ende*(1) om Da*

die brudegom hier in desen sijn bruut trouweliken becommert siet, recht als opten Libaen geclommen, so roept hise nu tot hem, op dat si die verdienten des ewigen loens ontfangen mach. Ende daer om roepet hise driewarf, op dat hi dit drierehande voerdel in sinen vercoernen bewisen mach, of hi roeptse driewerve dat si scoen is, op dat hi bewise dat si mitten gelove, mitter hopen ende mitter minnen verciert is. *Gilbertus*: Dicwijl te noeden is een teyken dat hi minne ende verlangende begeerte tot haer hadde. Oec machmen in desen woerden merken, dat die brudegom onder den naem der bruut alle die gene tot enen voertgange noedet die in enen behoudene staet sijn. */61vb/ Beda*: Wi vinden drierhande manier van leven: alse echtscap, weduscap ende reynicheyt. Die echtscap is goet, die weduscap is beter, mar die reynicheyt is alre best. Die echtscap geliket den coper, die weduscap den sulver, mar die reynicheyt den goude. Die echtscap geliket den sterren, die weduscap der manen, mar die reynicheyt der sonnen. Weerlic, die echtscap is lovelic ende goet, wanneer si <al>so gehouden wort als si van Abraham ende Ysaac ende Jacob ende Thobias gehouden was; die weduscap is beter ende noch meer te prisen, als si also gehouden wort als se Anna ende Iudith ende Elisabet plagen te houden; mar die magedelike reynicheyt is veel volcomenre ende meer te prisen dan enich van desen, na datse die heylige maechden Agnes, Cecilia, Lucia, Katerina gehouden hebben. *Crisostomos*: Also als een engel hoger is dan die mensche, also is een reyn leven boven der echtscap geset. Alle dese nodet ende roepet die brude-*/62ra/*gom tot hem te comen, elc na sinen staet ende mit sijnre verdienten, in dien dat hi driewarve seyt: COM, COM, COM. COM uuter echtscap, COM uuter weduscap, ende COM uut den staet der reynicheyt; DU SELTE GECROENT WORDEN. Recht of hi seggen soude: O mijn bruut, op dattu weten mogeste waer om ic di also eernstelike geropen hebbe: sich, ic en mach di dijn verdiente niet langer onttrecken, ic begeer di dijn loen te geven. *Gregorius* bedudet anders sins, ende seit: So wanneer die brudegom siet dat die innige siele in goeden werken blenckende geworden is, ende [dat si] verneemt dat si hem stadelic een ontfunckende offerhande des pueren gebedes te offeren pleget, dan hevet hi alsulken genuechte in haerre goddienstachtiger vliticheyt, dat hise nodet ende roept dat si ander menschen tot dien selven [wech] mede leren ende trecken sel. Ende mit hoe groter begeerten die brudegom dat van alsulken blenckenden gemoeden begeert, */62rb/* dat bewijst hi wel mit dien dat hise driewarven roept ende seit: COM, COM, COM. Ende dit ropen daer toe

Le1 *Da Be2* *Le5* *Be3*

1258 wtvercarenen *Da Be2* roeptse : roepet *Da Be2* **1262** hadde : hevet *Da Be2* **1263** beholdeliken *Da Be2* (Beda) seit *Da Be2* **1268** goet ende lavelic *Da* **1269** also : so *Le1* **1270** was : wert *Da*, is *Be2* **1274** Crisostomos : Want alse sunte iohan guldemont secht *Da Be2* **1277** driewarve *om Da* **1279** soude : wolde *Da Be2 Be3* **1280** neernstelike *Da Be2* **1281** ende (ic) *Da Be2* **1282** bedudet : beduut dit *Da Be2* **1283** (ende) dat si *Le1 Le5* **1284** ontfengede *Da*, ontfenghende *Be2* **1285** gotdienstiger *Da Be2*, goddienstachticheit ende *Le5* **1286** (selven) wech *Le1* **1289** hise : hi *Da* **1289/90** pleget / daer toe *Da Be2*

pleget te gescien overmids heymeliker ingeestinge van binnen, of overmids vermaninge ende aenwisinge der heyliger scrifturen, of overmids bevelinge der oversten, of toeradinge van anderen menschen. Mar op dat dese noedinge daer toe niet te lastelijc noch te swaer en schine, so set hi rechtevoert dat loen daer bi, ende seit: COM DU SELTE GECROENT WORDEN. Driewerve te ropen, eens die crone te beloven, en beduut niet alleen grote begeerte inden brudegom, mar dat oec die bruut sinen wille lastelic ende swaer te volbrengen heeft. *Gilbertus*: Want wie soude gaern uutter °rusten der puerheit° gaen ende vanden genoechelijken scouwen gods sceiden, ende wien en sout niet lastelic wesen vander stat der weelden te rumen? Mar tghewin datmen van den */62va/* genen die men leert hopet te vercrigen, mach licht den mensche daer toe trecken. Dat gewin is wel te begeren, mar die arbeyt is lastelic; dat gewin is te begeren, mar dat ontbliven is te vresen; dat loen staet mi te twifel, daer dat profijt onseker of is. Of men mach biden drievoudigen ropen sommiger menschen vermetelheyt berispen, die alte bereet sijn overste ende ander lude leerars te wesen, ende en merken niet watter toe hoert. Besich hoe dat si die driewerve geropen was ende een bruut genoemt was ende woent op den berch van Libaen, hoe dat si nochtan nauwe aenvaren dorste daer si toe geropen was; ende du en ontsieste di niet di selven boudelic daer in te dringen, die licht niet driewerve geropen en biste, noch den naem der bruut niet verdient en hebste, noch opden berch van Libaen niet en woenste. Ende hier om, die onvoersien alte */62vb/* bereet daer toe sijn ende haer eygen vermogen niet en wegen, noch dat ontbliven, noch den val niet en vresen, ende niet en verbeiden, thent si doch eens geropen worden, mar haesten hem ende voercomen overste te wesen, die souden merken dat die bruut driewarve geropen was eer si daer toe quam, ende dat nyement hem alsulker eeren annemen en soude, dan die daer toe geropen waer, als Aaron was. Wat wonder wasset dat die bruut overlanc ende al treckende daer toe quam? Wanttet also swaren dinc is vanden Libaen weder neder te dalen, ende DIEN ROC WEDER AN TE TRECKEN, die eens uutgetogen was, ende DIE GEWASSEN VOETEN WEDER TE BEVLECKEN, ende wanttet also ontsichlic is biden berge van barberien te comen, dat is mitten *beesteliken gemoeden <der> grover waerliker menschen weder te vermengen. Ende wie dese berge sijn bewijst die brudegom voert, ende seyt: DU SELTE GECROENT WORDEN VANDEN HOEFDE DES BERGES AMANA, ENDE VAN DAT OVERSTE */63ra/* DES BERGES SAMIR ENDE HERMON. In desen bergen seitmen dat leeuwen ende libaerden pla-

---

Le1 *Da Be2* *Le5* *Be3*

1296/7 Gilbertus: Want *:* Want alse gilbertus seget *Da Be2* **1297** puerheit der rusten *Le1 Le5* <a...puritatis quiete> **1301** wael *(*te*(2)) Da Be2* **1302** vresen *:* beanxten *Da Be2* **1307** aenvaren *:* angripen *Da Be2*, aenvaerden *Be3* **1308** di selven boudelic *:* coenlic di selven *Da Be2* **1310** onvoersien alte *:* onversienlike *Da Be2* **1312** vresen *:* ontsien *Da Be2* **1316** waer *:* worden *Da Be2* was *om Da Be2* **1317/8** vertreckende *Da Be2* **1320** beesteliken *:* haesteliken *Le1* <bestiales> **1321** der *om Le1* **1323** dat overste *:* den oversten *Da Be2 Be3* **1324** sanyr *Da Be3*

gen te wonen. AMANA beduut *verstormt of onvreedsamich te wesen, ende beteikent die waerlike princen ende tierannen die vol *sondeliker ongescictheden sijn. SANYR is also veel te seggen als een stanc, ende beteikent die onreyn, vleyschelike menscen die na alre begeerlicheit leven, ende daer om voer gode boven alre vulnisse stincken. HERMON is also veel te seggen als een ofsceydinge of een verwerpinge, ende beteykent die menschen die in geesteliken sonden buten den rechten wege goids verdwaelt sijn. BIDEN BERGE ENDE BIDEN HOLEN DER LEEUWEN ENDE DER LIBAERDEN is dier lude openbaer boesheyt bi beteykent, daer si ander gerechtige lude mede verdrucken. So wanneer aldustanigen lude overmids leeringe der heyliger kerken bekeert worden, dan *sel si daer of gecroent worden. Ende dat is dat die brudegom seyt: COM, DU SELTE van */63rb/* desen voerseiden bergen GECROENT WORDEN mit eenre costeliker cronen, ende dat overmids bekeeringe der princen ende der groter luden. *Psalmus*: Du hebste op haer hovet geset die crone van costeliken stenen. SI *SEL GECROENT WORDEN mit<ter> scoenre cronen, ende dat omder bekeeringe willen der onreynre menscen. *Ezeciel*: Si hebben scoen cronen op haer hoefde geset. Si sel oec GHECROENT WORDEN mitter lichtschinender cronen, ende dat om der ongeloviger bekeeringe willen. *Apocalips*: Si hevet op hoer hoeft een croen van xii sterren.

Naden anderen sin.

MIJN BRUUT, COM VAN LIBAEN, COM VAN LIBAEN DU SELSTE GECROENT WORDEN. In desen woerden wort oec naden anderen sin die scouwende siele geropen totten loen der ewiger salicheyt. *Gilbertus*: Die brudegom was getogen vander scoenheit der bruut ende daer om begeerde hi haer tegenwordicheyt. */63va/* Want minne verdient die minne ende wort der minnen waerdich; ende die een afgront der minnen verwackert der ander minnen afgrondicheyt. Ende hier om, doe die brudegom hier te voeren die weelden ende die scoenheyt der bruut inden BERGEN DER MIRREN ENDE INDEN CLEYNEN BERGE DES WIEROECS hadde gesien, rechte voert wort hi ghenocheliken tot haer ghetogen ende begeerde haer geheel volcomen tegenwordicheyt, ende seit: COM, MIJN BRUUT. Hi bewijst groetheit sijnre minnen, daer hise driewarven roept; hi bewijst die sake sijns ropens, want hise twewarven vanden Libaen hiet comen; hi vertoget haer dat begeerlike loen, want hise cronen wil; hi bewijst die oersake haerre verdi-

---

Le1 Da Be2 Le5 Be3

1325 verstroyet *Le1*, verstuert *Da Be2* <turbulentus> **1326** sonderlinger *Le1 Le5* <facinorosi> **1332** lude *:* menschen *Da Be2* **1333** lude *:* menschen *Da Be2* **1334** lude *:* menschen *Da Be2* sellen *Le1 Le5 Be3* <ecclesia coronabitur> **1338** Psalmus *:* Als die propheet inden salter seit *Da Be2* die *:* een *Da Be2* **1339** sellen *Le1 Le5 Be3* <coronabitur> mitter *:* mit *Le1 Le5* **1340** als (ezechiel) seget *Da Be2* **1342** Apocalips *:* als iohannes in apocalipsi spreket *Da Be2* **1343** xij *:* twaleff *Da Be2* **1344** Naden *:* na enen *Da Be2*, een *Le5* **1345** Com / mijn bruut *Da Be2* (werden) etc *Da, Be3* **1346** wort *:* werden *Da* **1352** cleynen berge *:* hovelen *Da Be2* **1353** wert *Da Le5*, waert *Be3* **1354** (bruut) van libaen com du salste gecroent werden *Da Be2*, etc *Be3* **1356** -den *om Da Be2* vertoget *:* vertoent *Da Be2 Be3* **1357** die *:* drie *Da*

enten in die bedudinge vanden drierhande berge, ende hier om seit hi driewarven: COM. *Gilbertus*: En ist niet /*63vb*/ een teyken der overgroter begeerten des brudegoms dat hi driewarven roept: COM? Dat hi driewarven roept is een bewisen sijnre crachtiger minnen. Overloep al dat hier te voeren geseyt is, du en selstet nergent vinden dat si also dicke teffens geropen is, of dat haer scoenheyt also besceidelic ende openbaerlic gepriset is. Mar nu roept hi driewarven. Een luttel te voren seyde hi dat si te mael scoen was; hier noemt hise sijn bruut ende geliet dat si opden berge van Libaen geseten is. *Gilbertus*: En dunct di niet dat die brudegom driewarve roept want hi drierhande werc der minnen in die bruut gevonden heeft? Want si mint licht haren heer, haren god; si mint haren brudegom; si mint haren geminden minre; van alre herten, dat is van geheelre meninge; van alre sielen, dat is van levendiger begeerten; van alden gemoede, /*64ra*/ dat is vanden vrien redeliken wille. Hier om, leer du oec vander bruut hoe du den brudegom biste scoudich te minnen: suetelic, op dattu daer niet of getogen en wortste; wijsselic, op dattu niet bedrogen en wortste; starkelic, op dattu mit genen drucke vander minnen goids gekeert en wortste. Laet dijn minne vierich wesen ende onverwonnen ende besceiden, dat si geen laeuwicheyt en hebbe noch des ondersceits en derve, ende isset dattu also sulc wortste, dan sel die brudegom totti seggen: MIJN BRUUT, COM VAN LIBAEN. Daer om seit hi: MIJN BRUUT, want si overdragende seer minnet ende geminnet is; daer om seit hi: VAN LIBAEN, want hise stadelic in die hoecheyt des scouwens verheven ende verhangen siet. Want Libanus is een groet, hoge berch gehieten ende beduut een blenckinge. Dat beyde wel geliken mach der scouwender sielen die sculdich is van eertschen dingen verheven te wesen, op /*64rb*/ dat si vander overinstortinge des hemelschen lichts mach blenckende worden, also datmen van haer oec seggen mach: Si is een schijnsel des ewigen lichts, ende een spiegel sonder vlecke[n], ende een beelde der godliker goetheyt. Si hiet een scijnsel des lichts te wesen, want die *claerheit der wijsheden goids die den soen toegescreven is, wort in haer bewijst, die die redelike cracht in haer verlicht. Si hiet een spiegel sonder vlecke te wesen, want die toernlike cracht vander mogentheyt des vaders te punte geset ende geregiert wort. Si hiet een beelde der goetheit goids te wesen, in dien dat die begeerlike cracht vander puerheyt des heiligen geests gesuvert ende begavet wort. Ende ist dat du aldus wilste een uutvercoren bruut vanden Libaen gehieten wesen, so moetstu dat scijnsel der reynicheyt voer di selven, dat scijnsel der wijsheyt voer /*64va*/ gode, crachtige starcheit voer dinen wedersaec, ende

---

Le1 Da Be2 Le5 Be3

1358 vanden *:* der *Da Be2* **1360** des – com *om Da* **1361** ende *(*du*) Da Be2* **1365** Item *(*Gilbertus*) Da Be2* **1371** schuldich / biste *Da Be2 Be3* **1375** also sulc *:* alsoedanich *Da Be2* **1376** dan *:* soe *Da Be2* oec *(*totti*) Da Be2* Com / mijn bruut *Da Be2* **1378** is *:* wert *Da* com *(*van*) Da Be2* **1379** groet *om Da Be2* **1380** gehieten *om Da Be2* blancmakinge *Da Be2* **1384** vlecken *Le1* **1385** claerheden *Le1 Le5* <claritatem> **1392** wesen *:* werden *Da Be2* dat – selven *na (1393)* gade *trnsp Da* **1393** voer *:* tot *Da Be2*

minnentlike goedertierenheyt mit dinen evenmenschen hebben. Dan selstu gecroent worden mitter cronen die di dijn here selve sel wesen. Die vader sel di een heerlike croen wesen overmids sijnre onverwinliker mogentheyt, want dan sellen wi overmids hem alle dingen vermogen. Die soen sel di een genoechelike croen wesen overmids sijn onbedriegelike wijsheit, want dan sellen die gerechtige alle dinc weten die god te weten gemaect heeft. Want hem eens gesien te hebben, is *alle dingen geleert te hebben. Die heilige geest sel di een croen wesen sonder eynde overmids sijn onvermoylike goedertierenheit, daer alle dinghe even nye in staende sellen bliven. Want hi die inden troen sat, seide: Siet, ic make alle dingen nye, ende sellen sonder eynde ende sonder verdriet ewelike nye bliven. /*64vb*/ Aldus SELTU GECROENT WESEN VANDEN HOEFDE AMANA, ENDE VANDEN OVERSTEN VAN SAMIER ENDE HARMON. AMANA beduut een gaderdruckinge, want die mogentheit des vaders dringet sijn scoeuwers tot[ter] eenre simpelheit te gader, als een huve dat haer opt hoeft te gader bint. SAMIR is also veel te seggen als een god des lichts, dat den soen sonderlinge toegescreven wort, want hi mit sijnre wijsheit al die scouweren goids verlicht. HERMON is also veel te seggen als een ofsceiden der drovicheyt, want het behoert den heyligen geest toe die scouweren gods mit geesteliker vertroestinge te vervullen, ende traecheyt ende drovicheyt van hem te verdriven. VANDEN HOLEN DER LEEUWEN ENDE VANDEN BERGEN DER LIBAERDEN. Die LEEUWEN beteykenen ons die salige geesten om haerre starcheyt willen: want dat rijc der hemelen dat lidet gewelt, ende die crachtige begripen dat. Die LIBAERDEN beteykenen ons die engelen, want /*65ra*/ also in die godlike nature simpelheit des wesens is mit menigerhande godscouwinge, also is inden engelen simpelheyt des wesens mit menigerhande godliker inlichtinge, also dit dier oec heeft op enen velle menigerhande verwe. Deser saliger geesten ende engelen HOLE sijn die onbegripelike heymelicheden des ewigen woerts, in wies scouwinge si in ewiger rusten gevoedet worden. *Psalmus*: Si sellen hoge vervroechden inder glorien, ende verbliden in haren slapcameren. Hier om sel in die croninge der bruut <openbaerlic ende hoechlic> openbaert worden die mogentheit des ewigen vaders, die wijsheit des *enichs soens, die vanden vader gebaert is, ende die soete goedertierenheit des heyligen geests, die van hem beyden voertgaende is, also dat in dier croninge wesen sel een onverlieselike sekerheyt. Want haer sel ghegeven worden een croen, als *die wise*

Le1 *Da Be2* *Le5* *Be3*

1395 di *om Da Be2* dijn god (dijn) *Da Be2 Be3* sel wesen : wesen sal *Da Be2*, gheven zal *Be3* **1400** alre *Le1 Le5* <omnia didicisse> **1401** (een) lustelike *Da*, lustighe *Be2* **1404** wesen : weerden *Da Be2 Be3* **1405** sanyr *Da Be2 Be3* **1407** tot : totter *Le1 Le5* **1408** Sanyr *Da Be2 Be3* **1411** affsceidinge *Da Be2 Be3* **1412** troest *Da* droefheit *Da Be2* **1414** die *om Da* **1415** dat(2) *om Da Be2 Be3* crachtige : geweldenaers *Da Be2* gripen *Da Be2 Be3* **1416** (alsoe) als *Da Be2* **1418** also : als *Da Be2* **1418/9** oec / dit dier *Da Be2* **1421** Psalmus : Als die propheet inden salter seget *Da Be2* **1422** sullen (verbliden) *Da Be2* **1423** openbaerlic ende hoechlic *om Le1* <euidenter et excellenter> geapenbaert *Da Be2 Le5 Be3* **1424** enichs : ewichs *Le1 Le5*

man seit, vanden geslachte totten geslachte, ende /*65rb*/ een edel croen selse bescermen. Daer sel oec in wesen een doerschinende claerheit die nymmermeer verduusteren en sel. *Ysaias*: Voert meer en selre geen sonne wesen des dages di te lichten, noch dat scijnsel der manen en sel di niet verlichten, mar die here sel di selve een ewich licht wesen, ende die dage dijns *wenens sellen vervullet worden. In dier croninge sel oec wesen een hoge vroelicheit diemen niet uutspreken en mach. *Die wise man*: Op dijn hovet sel een croen der hoger vrolicheit geset worden. Om dese croen te vercrigen, is een ygelic in *Apocalips* aldus vermaent: Wes getrouwe totter doot toe, ic sel di die crone des levens geven.

DU HEBSTE MIJN HERTE GEWONT, MIJN SUSTER, MIJN BRUUT, DU HEBSTE MIJN HERTE GEWONT, IN EEN DIJNRE OGEN ENDE IN ENEN HAER DIJNS HALS. Hier te voren heeft die brudegom /*65va*/ die bruut dicwijl minlic tot hem geropen, al hier openbaert hi haer <die> sake des ropens ende seit: DU HEBSTE MIJN HERTE GEWONT. Dat is, om dijnre minnen willen heb ic die menscelike natuere angenomen. Ende daer om, ist dattu vrageste, o heylige kerke, waer om dat ic di menichwarve also vlitelike tot mi geropen heb, sich, dit is die sake, want DU MIJN HERTE GEWONDET HEBSTE, O MIJN SUSTER inder medeformicheyt der naturen, *mitter wonden der minnen, O MIJN BRUUT inder ewiger caritaten, daer ic di tot mi ontfarmhartelike toe getogen hebbe. *Beda*: Wel te rechte noemt hi die heylige kerke sijn SUSTER ende sijn BRUUT te wesen, want hi hem geweerdicht heeft selve haer broeder ende haer brudegom te worden, ende heeftse recht in die hemelsche zale mit sekeren voer-/*65vb*/warde getrouwet. *Gilbertus*: Het is een groet dinc ende alles verwonderen wel weerdich, dat die ontsprekelike godlike mogentheit haer gewaerdicht die menschelike crancheyt mitten naem der suster ende der bruut te nomen. Si is een SUSTER, want si deelachtich is der godliker naturen; si is een BRUUT, om die sonderlincheyt des aengenomen personen. Oec HEBSTE MIJN HERTE GEWONT mitter wonden des medelidens, in dinen medeliden des gemoets van binnen. *Ysaias*: Hi is gewont om onser boesheyt willen. Aldus is hi twewerve gewont: eerst in sijns selves liden ende anderwerve inden medeliden mit ons. Ende mach wel seggen: O mensche, sich hoe veel dat ic lide voer di, ic rope totti, ic sterve voer di. Besich die pine daer ic mede gepinicht worde, besich die nagelen daer ic mede doersteken bin. Ende hoe groet dat wee van buten is, die crusinge van binnen is noch veel /*66ra*/ meerre, als ic in alle dese minnewerke dijn ondanc-

---

Le1 Da Be2 Le5 Be3

1429 in *om Da* **1430** Als (ysaias) spreket (seyt *Be2*) *Da Be2* **1430/1** des dages / geen sonne wesen *Da Be2 Be3* **1430** wesen *om Le5* **1432** wesens *Le1 Da Be2* <luctus> **1434** als (die wise man) seit *Da Be2* **1435** is : wert *Da Be2* **1436** ende (ic) *Da Be2* **1438** uulnerasti cor meum soror mea sponsa *opschrift Da*, uulnerasti cor meum *opschrift Be2*, Dat xlij Capittel. uulnerasti *opschrift Le5* **1440** die bruut : sijn bruut die heylike kerke *Da Be2* **1441** die *om Le1* **1442** die *om Da Be2* **1443** (dattu) mi *Da Be2 Le5 Be3* **1444** alsoe (menichwerve) *Da* **1446** mitten *Le1 Le5 Da Be2* <wulnere amoris> **1458** hi (mach) *Da Be2* **1459** voer(*1*) : om *Da Be2*, doer *Be3* **1461** Ende : Mer *Da Be2*

samicheyt ansie. *Job*: Hi heeft mi gewont wonde op wonde. Dat is, die ondancsamige mensche heeft mi *mitter wonde<n> des medelidens gewont op die wonde des lidens dat ic op hem hebbe. Die salige wonde in die side Cristi, daer sijn heylige bloet ende water uut liep, heeft wonderlike cracht ende mogentheyt. Want die sonders worden daer in vermaent penetencie van haren sonden te doen; die penitencie doen, worden daer in vermaent betrouwen te hebben genade van haren sonden te crigen; die dat betrouwen hebben, worden daer in vermaent vromeliken tegen die sonden te striden; den striders worden hemelsche dingen belovet te scouwen, ende den scouwers wort daer in gelovet ewelic te gebruken dat loen dat si gescouwet hebben. Inden eersten mael vermaent dat bloet Cristi die sondaers tot penitencien, recht */66rb/* als een misdadich mensche hem bedenct ende bekeert als hi over enen anderen misdadigen mensche siet rechten. *Job*: O eerde, en bedecke dat bloet niet. Want hoe die[n] sonder die uutstortinge des bloets Cristi bet ende onbedeckeder ansiet, hoe hem sijn sonden billix meer vervaren mogen. <Als> Ruben tot sinen anderen broederen seide, die Joseph vercoften ende lieten in Egipten voeren: En seide ic[t] u niet, [wel] en wilt geen sonde anden kinde doen? Doe hi ons bat, ende <wi> die bangicheyt sijns levens wel sagen, en hoerden wi hem niet. Siet, nu wort die wrake sijns bloets van ons geeyschet. Dat bucsbloet brect den adamants steen, die van ghenen anderen instrumenten gebroken en mach worden; also pleget oec des sonders gemoede vander crachten des bloets Cristi vermorwet te worden. *Paulus*: Gi sijt gecomen totter besprenke-*/66va/*linge des bloets Cristi, dat bet roept dan Abel dede. So wanneer een knecht sinen heer die hande selve te werke siet setten, so scaemt hi hem ledich te staen; also heeft oec Cristus sijn hande te werke geset, ja sijn bloet voer ons gestort om onse scout te quiten, op dat wi oec des gelijc ons selven mede soude helpen. *Apocalips*: Hi was gecledet mit enen clede van bloede besprenkelt, ende alle dat heer des hemels volgede[n] hem na. Om dit tot onser behoef inder passien ons heren te bewisen, scoerden die stenen, die grave worden opgeloken, ende veelre menschen lichamen stonden op van der doot, daer rechte berouwe ende waerachtige biechte ende een voldoen der sonden bi beteykent is. Ten anderen mael, die penitencie doen worden daer in vermaent betrouwen te hebben genade van haren sonden te vercri-*/66vb/*gen. Want so wanneer men grote

---

Le1 *Da Be2* *Le5* *Be3*

1462/3 ondancsamheit *Da Be2* **1463** Als ic doer *(*Iob*)* spreke *Da Be2* wonden op wonden *Da Be3* **1464** mitten wonden *Le1 Le5* **1470** vermaent *na* striden *trnsp Da* **1471** gelavet *Da Be2 Be3* beschouwen *Da* **1476** ewelic te gebruken *na* hebben *trnsp Da* Inden *:* Ten *Da Be2* **1475** hier aff spreket *(*iob*) Da Be2* **1476** dien *:* die *Le1 Le5* bet ende onbedeckeder *:* onbedecteliker ende bet *Da* onbedectliker *Be2* **1477** Als *om Le1* **1478** *(*lieten*)* hem *Da Be3* **1479** ict *Le1 Le5* niet *(*wel*) Le1* doen *:* begaen *Da* doe hi *:* doet *Da Be2* **1480** wi *om Le1 Le5* wi hem *:* wijs *Da Be2* **1481** Dat *:* Des *Da Be2* **1482** van *:* mit *Da Be2* reescappen *Da Be2* en mach / gebraken *Da Be2* **1484** Hier aff spreket sunte *(*pouwel*) Da Be2* besprenkinge *Da Be2* **1489** Apocalips *:* Als in apocalipsi staet *Da Be2* van *:* mit *Da Be2* **1490** volgeden *Le1* <sequebatur>
1495 crigen *Da Be3*

gaven van yement te vergeefs ende sonder enige verdiente ontfangen heeft, so mach men wel mit redene betrouwen hebben veel cleynre gaven te ontfangen. Want heeft Cristus voer ons sijn bloet gegeven, so sel hi ons oec gheerne sijn gracie ende sijn glorie geven; *waer om dat nyement mishopen en dorre alse Iuda ende Caym ende Saul deden. Want dat bloet Cristi wil die misdaet der sonden ofwasschen. *Apocalips*: Hi heft ons ghemijnt ende gewasschen in sinen bloede. Een moeder wasschet haer geminde kint in water, mer Cristus wil ons wasschen in sinen eygenen bloede, also dat wi van onser scout voer niement dan voir sijn vicarise[n] rekeninge doen en dorren. Want hi heeft ons also duer gecoft, dat hem nyement den nacoop ofnemen en mach. *Petrus*: Wi en sijn niet mit enigen vergancliken goude of sulver verlosset, mar mitten onbevleckten bloe-/*67ra*/de ons heren Jhesu Cristi. Dit is ons in sijnre passien wel bewiset, inder neyghinge sijns hoefdes tot enen teyken der verlatenisse des ewigen toerns; uut sijnre siden liep water tot enen teyken der ofwasschinge der sonden, ende bloet tot enen teyken der verlossinge van der pinen. Ten derde mael worden die gene die betrouwen hebben, vermaent inden geesteliken stride vromeliken te striden. Want wie en soude tegen die sonden niet striden, die om dat bloet Cristi dochte ende merket dat alle strijt te voren in Cristo verwonnen is, isset dat men onder sijn banier inden stride volherden wil ende en gevens selve niet verloren? *Ewangelii*: Kinder, betrouwet, ic heb die werlt verwonnen. *Paulus*: Gedenct ons heren Jhesu Cristi, hoe sulken wederseggen hi geleden heeft, op dat ghi niet moede en wort ende in uwen gemoede en ontblivet. *Apocalips*: Si hebben den viant verwonnen overmids /*67rb*/ den bloede des lams. Ten vierden mael worden dese striders vermaent haer loen te scouwen dat si verwachtende sijn, op dat si noch vromeliker striden. Recht als een jachhont, so wanneer hi dat wilt siet, so is hem die pijn des lopens minre dan of hi dat niet en sage. *Job*: Des aerns jongen licken vanden bloede, want dat verclaert die ogen der reden scarpeliker te sien en inreliker te gedencken. Longinus, die blinde ridder, wort vanden bloede siende. Men pleget gemeenlic te seggen, die grote minne bewisen wil: Ic soude hem van minen vleysche ende van minen bloede geven. Dat bloet trect oec die begeerte des willes noch

---

Le1 *Da Be2* *Le5* *Be3*

1499 waer : gaern *Le1 Le5*, daer *Da Be2* nyement – dorre : en darff nyemant mishapen *Da Be2* **1500** iudas *Da Be2 Be3* <iuda !> ende*(1) om Da Be2 Be3* cayn *Da Be3* <caym !> **1501** Apocalips : Als iohannes in apocalipsi seyt *Da Be2* **1504** vicarisen *Le1 Le5*, vicarius *Da* <vicario> **1505** Als sunte (peter) seit *Da Be2* **1506** niet mit enigen : mit genen *Da Be2 Be3* **1513** die (merket) *Da* in cristo / te voeren *Da Be2* **1514/5** en – verloren : selve niet verlaren en geve *Da Be2* **1515** Ewangelii : Ewangelium *Le5 Be3*, Als hi selve inden ewangelie seit *Da Be2* kinder *om Da Be2* (Betrouwet) want *Da* **1516** Ende daer aff spreket sunte (pauwel) *Da Be2* hoe sulken : woedanigen *Da Be2* **1517** moede : vermoedet *Da*, vermoeyt *Be2* **1518** Apocalips : hier aff staet oec *(om Be2)* in apocalipsi *Da Be2* **1521** (jachthont) die *Da Be2* **1523** dat : dat bloet cristi *Da Be2* **1524** (bloede) cristi *Da Be2 Be3* **1524/5** Men – wil : Ende die den anderen grote myn bewisen wil pleget gemeenlic te seggen *Da Be2* **1526** (bloet) cristi *Da Be2*

meer te minnen, want so wanneer die vogel sijn aes of sijn rac siet, so laet hi hem te lichteliker tot sinen heer locken. Nu is Cristus die recht waer-*/67va/*achtige pellicaen, die ons mit sinen eygenen bloede tot hem ropet, ende wil ons daer mede voeden. *Ewangelii*: Mijn vleysch is waerlic een spise ende mijn bloet is waerlic een dranc etc. Oec versekert dat bloet die memorie sekerlic naden loen te wachten. Want dat rijc des vaders is des soens erve, ende daer toe so heeft hi dat gecoft mit sinen bloede; ende isset dat wi sijn kinder sijn, so mogen wi vrilic tot sinen erve hopen ende den coep mede te ontfangen. *Paulus*: Sijn wi kinderen, so sijn wi oec erfgename. Ten vijften mael worden die gene die haer loen aldus °scouwen, daer° ingeleidet, want hoeneer die scout betaelt is, so wort dat erve dat gepandet was, wedergegeven. *Moyses*: Die ziele ende des menschen leven is inden bloede gelegen. */67vb/* *Paulus*: Also als alle menschen in Adam gestorven sijn, also sellen si alle in Cristo weder levende worden. Want hi hevet ons mit sinen bloede uutder ellendiger vangenisse verlosset. *Apocalips*: Salich sijn si die haer cleder inden bloede des lams wasschen. Die sake waer om die brudegom die wonden ontfangen heeft, bewiset hi voert in desen woerden daer hi seit: IN EEN DIJNRE OGEN ENDE IN ENEN HAER DIJNS HALS. Dat is, om die eendrachticheit der minnen onder die prelaten, ende om die eendrachtige gehoersamicheyt onder die ondersaten. *Paulus*: Houdet vlitelic die eenheit des geests inden bande des vredes. *Beda*: O heilige kerke, dat is dat mi sonderlinge voer alle dingen tot dijnre minnen trecket, want du eenheyt des geloven ende der minnen in dinen trouwen prelaten ende in dinen gehoersamigen */68ra/* ondersaten oetmodeliken behoudeste; ende dat isset dat mi die wonden der doot voer di hevet doen ontfangen, op dattu doer enen wech der minnen tot dien leven soudeste comen daer die eenheyt des gewaerigen vredes eweliken sel regnieren. Hier mogeste uut merken hoe overgroten goet dat die doechde der minliker eninge is, die dat herte des groten brudegoms verwinnet ende wondet, <ende> daer die minre der eenheyt ende des vredes ander galgen des crucen om gewondet woude wesen ende sterven. Ende [*]daer om, so wie den vrede ende die eenheyt der vrienden gods verstoren ende sceiden, die crucen Cristum, den soen gods, anderwarve in also veel alst in hem is. Dese eenheit selmen houden inden gedachten mit waerachtiger minnen, inden seden mit stichtiger, eersamiger

---

Le1 Da Be2 Le5 Be3

1530 Ewangelii *:* ewangelium *Le5 Be3*, Als hi spreket inden ewangelio *Da Be2* **1531** *(*bloet*)* cristi *Da Be2* memorie *:* gehuechnisse *Da Be2* **1535** Als sunte *(*pauwel*)* secht *Da Be2* erfgename *:* mede erfghename cristi *Be3*, erffgename *(*gods *add Be2)* ende mede erffgenamen cristi *Da Be2* **1536** daer / scouwen *Le1 Le5* hoeneer *:* wanneer *Da Be2 Be3* **1538** hier om spreket sunte *(*pauwel*) Da Be2* **1540** weder levende *:* levendich *Da Be2 Be3* **1541** Apocalips *:* hier aff staet in apocalipsi *Da Be2* **1545** gehoersamheit *Da Be2* **1546** Hier aff spreket sunte *(*pouwels*) Da Be2* **1547** is *:* ist *Da* **1548** die *(*eenheit*) Da* **1549** holdeste *Da Be2* **1551** tot *:* totten *Da* **1552** waerachtigen *Da Be2 Be3* wt / mogeste *Da Be2* **1554** ende *om Le1* <et pro quo> **1556** daer om *:* der om *Le1* die eenheit ende den vrede *Da Be2*

wanderinge, ende inden werken */68rb/* malcanders last inder waerheyt te helpen dragen; want wi malcanders leden sijn, ende alle tesamen een lichaem in Cristo. Tot deser eninghe inden geesteliken lichaem te houden, vermanen ons vier dingen. Dat eerste is een weselike medeformicheyt in ons, daer die spiegel des ongescepen beelde gods altoes in scijnt ende <in> blencket, daer een yegelic mit sijnre natuerliker, gescapenre begeerlicheden toe begeert getogen te worden als tot sinen oersprongeliken exempelaer, daer hi inder minnen mede vereniget begeert te worden. Dat ander is die gemeen gebrukinge der sacramenten, daer een namaechscap ende een geestelike bruederscap mede vercregen wort, als die gelovige kerstenmenschen overmids samendeylinge te gader gebonden worden, ende vereniget mit */68va/* saligen banden. Dat derde is die geestelike bant der gemeenre minnen, die van veel menschen een geestelic lichaem maect overmids dienst der onderlinger minnen. *Paulus*: Onser veel is een lichaem ende een broet, alle die van enen kelc deylen. Ende daer om, boven alle dingen hebt die minne, want dat is die bant der volcomenheyt. Dat vierde is onse gemeen salicheyt int eynde, daer wi niet alleen een geestelic lichaem en sellen wesen, mer oec mede een geest. <Want got is een geest> die alle geesten begavet, ende sel *daer al in al* wesen. Dit is die meenscap der heyligen, die wi onder die ander artikelen der heyliger kerken geloven.

<*Na enen anderen sin.*>

DU HEBSTE MIJN HERTE GEWONT, MIJN SUSTER, MIJN BRUUT, DU HEBSTE MIJN HERTE GEWONT etc. Die brudegom, */68vb/* die een fonteyne ende een oerspronc alre godliker lieften is, heeft sijn uutvercoren bruut tot *nyewer, hoger godscouwinge <hier> te voren soeteliken genodet, mar hier wil hi haer recht als een die inden geeste droncken is, die wonderlike vruchte die daer of comen <is> genoechlic onderwisen ende openbaren, ende seit: DU HEBSTE MIJN HERTE GEWONT. *Vercelencis*: Doe die minnende ziele, die bruut, tot hoger, hemelscher scouwinge opgenomen was, doe ghinc si mitter doerdringender scarpicheit der minnen in die onbevindelike afgrondicheyt om noch naerre heymelicheyt mit haren geminden te ondervinden, daer si den geminden mitter minliker *doerdringinge recht hiete te wonden; ende heeft dat levendich voetsel haers geests recht alse bloet also uut hem getogen, dat si nu voert an haers selfs niet en is, noch haer selven niet en levet, mar is haers gemin-*/69ra/*den,

---

Le1 *Da Be2* *Le5* *Be3*

1563 die *:* dat *Da Be2* **1564** in *om Le1* **1567** die *:* een *Da Be2* **1569** die *(*samendeilinghe*) Da Be2 Be3* **1572** der *om Da* Als sunte *(*pauwel*)* seit *Da Be2* **1573** is *:* sijn *Da Be* **1574** die*(1) om Da Be2* die*(2) :* een *Da Be2* **1576/7** Want got is een geest *om Le1* <quia deus..> **1577** daer al in al *:* altemal *Le1* <omnia in omnibus> **1578** gemeenscap *Da Be2 Le5 Be3* geloviger *(*kerken*) Da Be2* **1580** Na enen anderen sin *om Le1* Na enen *:* een *Le5*, Naden *Be3* **1583** nyewer *:* vrier *Le1 Le5*, vier *Be2* <nouos> **1584** hier *om Le1* **1586** is *om Le1 Le5* <subsecutum> **1587** tot *:* mit *Da* **1588** ghinc *:* doergenc *Da Be2* **1589** om *:* omme *Da* **1591** doerdringende *Le1* heitet *Da Be2* **1592** hem *:* oer *Da*

ende levet den ghenen die voer haer gestorven is ende vander doot verresen. *Dionisius*: DU HEBSTE MI GEWONT, dat is, du hebste mijn oversuverlike scoenheyt ende mijn overgenuechelike sueticheyt mit dijnre minliker begeerten doergedrongen. *Gilbertus*: Waerlic, het en is niet alleen een oetmoedige waerdicheyt, mar oec een wonderlike ende een onsprekelike innicheyt des innigen brudegoms, ende een bewisen sijnre onsprekeliker minnen, in dien dat hi hem bevoelt tot haerre minnen getogen te wesen, ende daer toe leyt ende seyt dat hi van haerre minnen – die sijn suster ende sijn bruut is – wonden ontfangen heeft. Broeders, <wat> wonder is hier gesciet? Ende is dat niet een salige ziele te rekenen, die dat herte ons heren Jhesu Cristi selve mit minliken begeerten doerdringet ende doerscietet? O goede Jhesu, het is waerlic een scarpe, crachtige ende een harde geweldige */69rb/* minne, die dijn minne also beroert ende beweget; het is waerlic een grote cracht ende een grote wel[da]dicheyt der minnen, die de godlike minne ruert ende doerdringet, recht als een scarp scutte doer sijn herte. Wat wonder isset dat dat rijc der hemelen gewelt lijt, als die coninc der coninghen also gewondet wort? Het en is geen wonder dat die minne wonderlike dingen in allen dingen werket, als si alsulke dingen in des sceppers inreste werken can. O bruut, spaer niet, en hout niet op dinen geminden brudegom mit *alsulken scutten der minliker begeerten te scieten; en wil in deser oefeninge niet vertragen, ende en laet di oec niet genogen dinen geminden eens gewondet te hebben, mer wondet hem wonde op wonde dagelics sonder ophouden. O hoe salich bistu, isset dat dijn */69va/* scutten in hem gescoten worden ende dijn minne aldus tegens hem *stridet. Het is een salige wonde, daer die crachtige doechde uut comt. Cristus gevoelde crachte van hem gaen doe een wijf die soem van sinen clede[ren] ruerde, veel te meer als sijn herte niet alleen sachtelike geruert en wort, mar gewondet. Daer scieten in hem scarpe scutten des reynen, minliken gesichts van binnen. Achte hem recht te wesen als een teyken dat om alsulker scutten willen daer toe geset is, want hi ontfanget alsulke scutten seer gunstelic, ende sciet oec aldes gelike scutten weder. Hi sach Peterum an ende mit dien gesichte wort Petrus recht als mit enen scutte van binnen gewondet ende beweget, van welken gewonden herte sijn tranen claer getuge gaven. O vergave god, dat hi in mi also veel alsulker */69vb/* wonden woude scieten, dat vander planten des voetes totten oversten des hoefdes geen gesondicheit en bleef. Het is een quade gesondicheit des lichaems daer dese wonden des herten geen stede en hebben. MIJN SUSTER, MIJN BRUUT. O hoe over seer behoert hem te minnen, die hem selven bekent in

---

Le1 *Da Be2* *Le5* *Be3*

1597 doerdrongen *Da* **1600** gevoelt *Da* **1602** wat *om Le1 Le5* <quid> **1607** weldicheit *:* weldadicheyt *Le1 Le5*, weerdicheit *Da Be2* <uiolentus> **1612** alsulker *Le1* <telis> **1615** dagelics *om Da Be2* **1616** striden *Le1* **1618** gaende *Da Be2* clederen *Le1 Le5* <uestimenti> **1619** oec *(*gewondet*) Da Be2* Daer *:* dan soe *Da Be2* **1621** te wesen / rechte *Da Be2* daer toe *om Da* **1623** wort *:* was *Da*, wert *Be2*, waert *Be3* **1626** planten *:* ondersten *Da Be2*, platen *Le5* **1627** gesondicheit*(1) :* gesontheit *Da Be2*, ghesondich *Be3* **1628** *(*suster*)* ende *Da Be2*

also *naerre maechscap ende naheit mit Cristo verbonden te wesen. Mar nochtan hoe seer dattu minneste, so en minnestu niet, mer du wederminste, want hi heeft ons eerst geminnet; ende hoe groet die minne is tot hem, so en geveste nochtan niet, mar du wedergeveste van dattu ontfangen hebste. Du biste hem die minne sculdich, ende du en mogeste hem niet sonder loen minnen. O du bruut, du en mogeste dinen minre niet genoech minnen, want hi en hout niet op di noch veel meer daer boven te minnen. Daer om laet dijn oge altoes totten heer gekeert wesen, op */70ra/*dat hi mitten wenken dijnre minnen gevangen ende gebonden ende gewont mach worden. MIJN SUSTER MIJN BRUUT. Het is over groet sijn SUSTER te wesen, mar het is trouwen veel meerre <sijn> BRUUT te wesen. Dat eerste is van maechscaps wegen, mar dat ander is van minnen wegen; dat een beduut dat si van enen geslachte sijn, dat ander beduut dat si inder eenheyt beyde een sijn. IN EEN DIJNRE OGHEN ENDE IN ENEN HAER DIJNS HALSES. Dat EEN OGE beduut een simpel, opgetogen verstandelheyt; dat EEN HAER beduut een <een>voudige, godlike begeerte; die HALS beduut een hoge opreckinge der begeerten tot godliken dijngen. Hier mede doerdringet men die godlike sueticheyt, die altemael begeerlic is. *Gilbertus*: Dat EEN OGE is die minne, ende dat EEN HAER is eenvoudige meninge. Ende daer om, o bruut, innige ziele, hebstu meer ogen dan een, sluut alle die ander ogen toe ende ghebruke dijns een oges alleen, */70rb/* op dattu dinen geminden te bet ende te rechter mogeste sien. Want die enich dinc recht sien willen, op dat si te bet mogen sien, so plegen si dat een oge toe te sluten ende sien mitten anderen. Hier om en hevet die minne mer een oghe, daer si een dinc mede bid te vercrigen, dat is: in des heren huus al haer dage te wonen. Hier om is dit oghe der minnen een, ende siet dat een, ende begeert dat een, dat haer niet ofgenomen en sel worden. Mar wat soude daer of gescien of der ogen mar een en is, ende dat haer ongebonden om thoeft bleve hangen waeyen? Daer om volget daer na: ENDE IN ENEN HAER DIJNS HALSES. Die hals beteykent een uutstreckinge der eenvoudiger meninge in gode. *Gilbertus*: Wat batet dat dijn meninge ende dijn gedachten in die ewe goids sijn, ende dwalen sonder ophouden vanden enen totten anderen, ende en bliven in dat een mit */70va/* malcander niet gebonden? Daer om wort die bruut geprijst, als al dat haer recht als een haer te gader gebonden is ende hanget eenvoudelike anden hals, op dat dat haer niet ongeordinierlike voer dat aensichte en waeye ende dat een oge des scouwens niet en verstore, want die brudegom wil dat si sijn glorie mit

---

Le1 *Da Be2* *Le5* *Be3*

1630 naerre *:* varre *Le1* <tantis affinitatibus> **1632** *(*groet*)* dat *Da Be2 Be3* **1638** ende *(*mijn*(2))* *Da Be2* **1639** over *:* seer *Da Be2* sijn *om Le1* **1644** een eenvoudige *:* een voudige *Le1* **1646** alse *(*gilbertus*)* seecht *na* minne *trnsp Da Be2* **1647** die *(*eenvoldige*)* *Da Be2* **1650** *(*si*)* dat *Da Be2 Be3* sien / mogen *Da Be2* **1651** sluten *:* luken *Da Be2* **1656** is *:* waere *Da Be2* wayende *Da Be2* **1659/60** ende*(1)* – anderen *:* in die ewe gades is, ende dijn gedachten sonder ophalden vanden enen totten anderen dwalen *Da Be2* sonder ophouden *om Be3* **1661** so *(*wert*)* *Da Be2* **1663** haer *:* hoer *Da* onordinierlike *Da Be2* dattet *(*dat*(3))* *Da Be2*

enen ondeckeden aensichte scouwe. Hier om seit hi: DU HEBSTE MI GHEWONT, IN EEN DIJNRE OGHEN ENDE IN ENEN HAER DIJNS HALS. Die siele heeft een werkende oge dat inden nedersten dingen te voete gaet, ende daer en wort die brudegom niet of gewont; si heeft oec een scouwende oghe dat inden hemelschen dingen vlieget, ende mit innigen begeerten ende mit begeerliken versuchten des brudegoms herte wont.

HOE SUVERLIC SIJN DIJN BORSTEN, MIJN */70vb/* SUSTER, MIJN BRUUT. DIJN BORSTEN SIJN SCOENRE DAN WIJN. Hier te voeren prijsede die brudegom eendrachticheyt in sijn bruyt, die heylige kerke, ende hier wil hi haer salige leeringe prisen, ende seit: HOE SCOEN SIJN DIJN BORSTEN. Recht of hi seggen woude: Ic seide hier te voren dattu, MIJN SUSTER, MIJN BRUUT, MIJN HERTE GEWONDET HEBSTE, ende wel mit rechte, want die melke der leeringe dijnre borsten recht suverlic is. Ghi weet wel dat inden borsten witblinckende melc wort onthouden, daer geen *swarticheyt in gemenget en is, also is oec die leeringe der heyliger kerken in dat herte der leeraers onthouden sonder enighe vermenginge der ongerechticheyt. *Beda*: Die heylige leeraers worden somtijt geliket den ogen, als si godlike wijsheyt onder die volcomen spreken; somtijt den tanden, als si die onstuerige menschen beruspen; somtijt den borsten, als si die[n] crancken, cleynmoedigen */71ra/* ende die ongetroeste menschen troesten. Die melke der leeringe uut der leeraers borsten is scoen, als si strenghe is in die drieginge der sonders; si is vol, in die belofte der godliker ontfarmherticheyt; si is wit, als daer geen valscheit mede gemenghet en is; si is cleyn ende bedrongen, als si cort van woerden is ende licht te verstaen. *Gilbertus*: Dese gelikenisse der melke sel hi volgen die stichteliken leeren wil, ende hebben corte besneden woerden die van den enen totten anderen sonder ordinancien niet uut en vloeyen. Du sieste wel hoe dat die sommige, als si te veel troesteliker woerden willen spreken, die hoerres tot onnutten, lichtveerdigen dingen verwecken, ende verwandelen dat broet der saliger leeringe in lichtverdiger vermakinge. Men sel mitten woerden goids geen overspel doen, noch mit ongeliken fabelen vermengen, mar */71rb/* sprekent mit ripicheden uut, na dien dat die hoerres dat ontfancliken sijn te begripen. Want het is een grote doechdelijc werc voer gode, als een leerre die wel hoghe, heimelike

---

Le1 Da Be2 Le5 Be3

1665 ongedeckeden *Da Be2 Be3* beschouwe *Da* **1670** suchten *Da Be2* **1671** Quam pulchre etc *opschrift Da*, na enen anderen synne *opschrift Be2*, dat xliij capittel *opschrift Le5* suverlic *:* schone *Da Be2* borsten *:* mammen *Da Be2 Le5* **1674** borsten *:* mammen *Da Be2 Le5* **1675** *(*suster*)* ende *Da Be2* **1677** borsten*(1) :* mammen *Da Be2 Le5* suverlic *:* genoechlic *Da Be2* borsten*(2) :* mammen *Da Be2 Le5* **1678** onthalden / wert *Da Be2* zwaericheit *Le1 Da Le5* <nigredine> **1682** mammen *Da Be2 Le5* **1683** die*(1) :* dien *Le1 Le5*, den *Be3* <infirmos> **1684** mammen *Da Be2 Le5* **1684/5** als – is *:* want sij is strenghe *Da Be2* **1685** *(*vol*)* ende vet *Da Be2* belaefften *Da Be2* **1685/6** godliker ontfarmherticheit *:* ontfarmherticheit gaeds *Da Be2* **1686** als *:* want *Da Be2* **1687** als *:* want *Da Be2* **1689** ende *:* Want hi sal *Da Be2* **1690** ordinancie *Da Be2 Le5 Be3* **1694/5** mar – uut *:* mer men salt myt ripicheiden wt spreken *Da Be2*

waerheden den volcomenen menschen soude mogen leeren, dat hem nochtan niet en verdriet die onvolcomen, crancke menschen in die nederste leeringe des geloefs te onderwisen. Als *Paulus* dede: Ic bin, sprac hi, recht als een kint onder iu geworden, als een voetstermoeder haer kinder voedet, ende hebbe u recht alse jonghe kinder in Cristo melc te drincken gegeven ende geen harde spise. O hoe cleyn was hi geworden, doe hi seyde: Ic en rekene mi niet te weten dan Jhesum Cristum ende dien gecruust. DIJN BORSTEN SIJN SCOENRE DAN WIJN. Hier te voren prijsde die brudegom die leeringe der bruut, want die altemael */71va/* melkich was sonder enige swarticheit der dwalinge; hier bewiset hi dat si seer goedertieren is sonder strenge suericheit, ende seit: DIJN BORSTEN SIJN BETER DAN WIJN. Die borsten der leeringe der ewangelien sijn beter dan die wijn van Moyses ee, daer geen genade noch soeticheyt in en was. *Gilbertus*: Die settinge der ee is onvruchtbaer ende cranc, die sonder gracie verbiet ende sonder genade wreect. Mar o du, goede Jhesu, mijn coninc ende mijn eegever, du bereydeste den armen in dijnre sueticheyt, want du mijn god biste. O hoe groet is die veelheit dijnre sueticheyt, die uut dinen borsten gesoken wort; o hoe menichwerve heb ic na groten misdaden daer toe gecomen, ende dijn borsten vlitelic gemolken, ende overvloedicheyt van melke daer in gevonden. O heer, du */71vb/* weetstet, daer die boesheyt overvloedich was, dat oec die genade daer overvloyt, want het hadde mi genoech geweest voer grote rijcdoem te tellen alleen genade hebben mogen verwerven van minen sonden. Die leeraers sijn sculdich twe borsten te hebben: die een des medelidens, ende die ander den bedruckeden mede te troesten, ende dat daer also veel gebodes in si alst dienen mach, ende luttel wreder suericheit of geen, op dat men mit rechte seggen mach: DIJN BORSTEN SIJN BETER DAN WIJN. Si sijn crachtiger mede te trecken, want des menschen gemoede is also hoge dragende, dattet beter mit sueticheden is te leyden dan mit strengicheden te trecken. Suete woerden maken veel vriende ende versachten den wedersaken. Die wijn en is niet quaet, mar die borsten sijn beter. Want weder men scelt of smeect, men doet altoes wel */72ra/* op dat des menschen leven gebetert wort. Ende al isset dat die borsten der salvinge beter sijn, nochtan en selmen den wijn *der beruspinge, alst behoerlic is ende dienen mach, niet mit allen achterlaten.

Na enen anderen sin.

HOE SCOEN SIJN DIJN BORSTEN. *Vercellencius*: Die brudegom hevet hier te voren sijn bruut, die scouwende ziele, gepriset vanden overvloedigen bornen-

---

Le1 *Da Be2* *Le5* *Be3*

1699 sunte (pauwels) *Da Be2* spreect *Da Be2* kijndekin *Da Be2* **1700** ende (als) *Da Be2* voetster- : voedende *Da Be2* die (oer) *Da Be2* **1701** recht *om Da* harde : crachtige *Da Be2* **1702** was : is *Da* (my) onder u *Da Be2* **1709** want alse (gilbertus) seecht *Da Be2* **1715** weetstet : weetste dat *Da Be2* **1717** mogen verworven / hebben *Da Be2* **1721** Si : Alsoe danige borsten *Da Be2* **1723** beter mit sueticheden : mit sueticheit bet *Da Be2* **1724** den : dien *Da Be2 Be3* **1725** dat (men) *Da Be2 Be3* **1727** der : daer *Le1* **1730** scoen : suverlic *Da Be2* mammen *Da Be2 Le5* myn suster mijn bruut etc (vercellencius) *Da Be2*

den lichte dat si van hem ontfangen hevet, nu lovet hise dat si dat selve licht den ghenen die beneden hoer sijn, uutstort ende mededeylt, behoudelic nochtan dat die vollicheyt des ontfangen lichts bi haer blivet, ende seit: O MIJN SUSTER, MIJN BRUUT, HOE SUVERLIC SIJN DINE BORSTEN, dat is die overvloedige vruchtbaerheyt der godliker lichten, daer dijn twee borsten mede verciert sijn recht als mitter godliker wijsheyt, dat die sueticheyt gods is ende een scinsel des ewigen */72rb/* lichts. Van *welker borsten vollicheyt alle die ghene die beneden haer sijn, na haerre ontfanclicheit deelachtich worden, waer om dat dijn borsten overmids mijnre scoenre suverlicheit scoenre sijn dan wijn. Hier te voren heeft si geseit dat des brudegoms BORSTEN BETER SIJN DAN WIJN, daer si die een den anderen in loven ende prisen, ende die eenheyt Cristi, die hi mitter inniger zielen heeft ende si weder mit Cristo hevet, in bewiset. Ende daer om, doe die brudegom der bruut borsten gepriset hadde, op dat si niet ondancsam en scene vanden love des brudegoms dat haer bewiset was, so makede si sijn wonderlike soeticheden weder groet mit groeter innicheden, ende seyde: DIJN BORSTEN SIJN BETER DAN WIJN. Recht of si seggen soude: O brudegom, du loveste mi vander mededeylinge */72va/* dijnre suverliker scoenheyt, mar al dat ic van dijnre scoenheit tot noch toe ontfangen hebbe, dat is cleyn jegens die soeticheyt te leggen <die> in dinen vercoernen, die in di gesalicht sijn, geopenbaert sel worden. Want al is die soeticheyt groet die du mi in desen leven hebste gegeven, nochtan gaet die sueticheyt die du den dinen verborgen hebste, onsprekeliken daer boven. Want so watmen nu overmids den spiegel ende in gelikenissen scouwen *of gevoelen mach, dat sel dan overmids den gebruke van aensichte tot aensichte verre daer boven overgeclommen worden. *Gilbertus*: Dit is die rechte ordinancie, dat dat innige gemoede inden scouwen van sinen oversten eerst suke, *daert hem selven ende den genen die beneden hem sijn, dan mede voeden mach. O goede */72vb/* Jhesu, overmids dijn ordinancie plegen die scouwinge gods ende dan anderen menschen daer uut te troesten, malcanderen na te volgen. En is dat niet een salich mensche, die al sijn leven daer mede toebrenget, dat hi in Cristo overmids vlitigen, vierigen scouwen wonden der minnen scietet, of dat hi mitten vollen borsten der goedertierenheyt den ghenen [daer mede] te hulpe coemt die beneden hem sijn? O groet, wonderlic lof der bruut: haer oge is reyn, haer haer is een, haer borsten,

Le1 Da Be2 Le5 Be3

1734 volheit *Da Be2* **1734/5** O – borsten *:* woe suverlic sijn dijn mammen o mijn suster myn bruut *Da Be2* **1735** mammen *Le5* *(*is*)* woe suverlic is *Da Be2* **1736** twee borsten *:* innerste borsten *Da Be2*, inborsten *Be3* **1737** een *om Da* **1738** welken *Le1* borsten *:* mammen *Le5*, *om Da Be2* **1746** sueticheit *Da Be2* innicheit *Da Be2 Be3* **1747** wolde *Da Be2 Be3* **1750** die*(1) om Le1 Le5* <que> wtvercarenen *Da Be2* die in di gesalicht sijn *om Da* **1753** den *:* enen *Da Be2* **1754** of *:* ende *Le1 Le5* <uel> **1754/5** den gebruke *:* dat gebruken *Da Be2* **1757** van sinen oversten *om Da* daert *:* daer hi *Le1* **1759** ende dan *om Da Be2* **1761** in *om Da Be2* ende *(*vuerigen*) Da* **1762** hi *:* si *Da* **1763** *(*ghenen*)* daer mede *Le1 Le5* **1764** mammen *Da Be2 Le5*

daer die melc des godliken troestes in onthouden *is, sijn scoen, want der borsten vollicheit bewiset haer scoenheyt. *Gilbertus* beclaget dat hi die scoenheyt dicwijl verloren hevet, daer hi seyt: Al isset dat ic somtijt vander vetticheyt *dijns huses hebbe dronken gemaect geweest, ende gescenen volle borsten van daen te brengen, si worden mit alsoe veel ende also menigerhande /*73ra*/ onlede die daer tussen comen, gedroget, ende worden haestelic dorre, die te voren die melke der genaden overvloedelic plagen te gheven. Want na dat *die wise man* seit: Als die vliegen sterven, verliesen si die sueticheyt der salven. *Barnardus*: Wi clagen alle dat wi die genade der innicheyt niet en hebben, mar si mochte bet mit rechte clagen dat haer die woenstat daer mense in onthouden soude, ontnomen is, ende mit anderen dingen becommert; want die ghever der godliker sueticheyt, hi en is niet arm, hi en is niet vrac, mar so waer hi ledige vate vint, die vervullet hi mitter olyen des godliken troest, ende so wat vate niet ledich en sijn, daer en pleget hi gheen oly in te storten, ende en mogen van hem niet vervullet worden. Want die ziele die mit werltliker begeerlicheden becommert is, pleget die heylige ghe-/*73rb*/noechte ende die godlike troest te scuwen. Want die logen mitter waerheyt, dat ewige mitten verganckeliken dingen, dat gheestelike[n] mitten lichameliken dingen, dat overste mitten nedersten en mogen niet vermenget worden also dattu die dingen die boven di sijn ende die opder eerden sijn, te gader selste mogen smaken. *Gilbertus*: Het en is mer een oghe daer die brudegom mede wort ghewont, mer het sijn veel borsten daer die cleynmoedige mede getroest worden. Die borsten behoven menichsins bereyt te wesen, na dat die ghene gescicket sijn die de melke behoven ende daer uut *plegen te sugen. Sinte Paulus sceen also veel borsten te hebben, als hi menigerhande conste ende cloeckicheyt na een yegelics ontfanclicheyt plach te gebruken, /*73va*/ daer hi seyde: Ic was den Joden een Jode, den ghenen die onder die ee waren, recht of ic selve onder die ee geweest hadde etc., ende alle menschen bin ic al gewerden, op dat icse Cristo alle mochte winnen. O hoe salich is hi, die sonder ophouden dat heymelike herte [dat godlike herte] der godliker wijsheyt also vlitelike doerdringet, dat hi volle borsten der weelden daer uut wederbrenge, op dat hi die cleyn kinder, die dat broet eysschen ende niet gegheven en wort, *mitter melke der sueticheden voeden mach. Aldustanige BORSTEN SIJN trouwen SCOENRE DAN WIJN alre tijtliker vertroestinge, daer si niet mede vermengen en willen. Daer

---

Le1 Da Be2 Le5 Be3

1765 die *:* haer dat *Be3* is *:* sijn *Le1 Da Be2 Le5* die *(*sijn*) Da Be2 Be3* sijn *om Le5* **1766** mammen *Da Be2 Le5* volheit *Da Be2* **1767** daer hi *:* ende *Da* **1768** dijns *:* des *Le1 Le5* <domus tue> **1769** *(*ende*)* mit *Da Be2* **1770** verdroget *Da Be2 Be3* **1772** soe *(*verliesen*) Da* **1773** Barnardus *:* hier aff spreket sunte bernaert *Da Be2* **1775** *(*becommert*)* is *Da Be2* **1776** hi*(1) om Da Be2 Be3* **1778** *(*ende*)* si *Da Be2* **1782** dat*(1)* dingen *om Le5* gheesteliken *Le1* **1783** mach *Da Be2* **1788** plagen *Le1 Le5* <sugencium> sueken *Da Be2 Be3* **1789** cloecheit *Da Be2 Be3* **1792** etc. *om Da Be2 Be3* **1794** *(*herte*)* dat godlike herte *Le1* **1796** mitten *Le1* **1797** sueticheit *Da Be2 Be3*

om hevet mijn ziele wederseit in anderen dingen getroest te wesen, wilstu vander sueticheyt der bruyts melke vernoghet */73vb/* wesen. Het is een costelic troest, die geen sins den genen gegheven en wort die vreemden troest ontfangen. Ende hi dwaelt slechts mit allen, so wie die hemelsche sueticheyt mit eerdschen genuechten, die godlike balsame mit desen venine, die hemelsche gaven des heiligen geests ende den pueren, godliken wijn mitten onreynen vlecke<n> des werltliken levens te gader waent te gebruken. Die godlike genuechte gaet boven die tijtlike genuechte[n] in veel dingen, want also alse god verre gaet boven alle *begeerlicheyt, also genueget hi oec boven alle genuechelicheyt. Ende dat om drie dingen willen. Inden eersten, want hi gevet een volle geheel vernogen in allen dingen, mar alle dat ander vernuget onvolcomelic in stucken ende in delen. Want dat den monde smakelic is, dat en vernueget den oeren niet, ende dat den oeren wel doet luden, */74ra/* daer en sijn die ogen niet mede gecust, ende also voert van alden anderen sinnen. Mar want god een gemeen goet is ende een oersprongelike sake alles goets, so worden <alle die sinne ende> alle die begeerlicheden int gemeen teffens in hem vernoeget, datmen buten hem anders niet begeren en mach. *Ancelmus*: Isset dat alle goede dingen genoegelic sijn, so denct mit starcker aendacht hoe genoegelic dat goet wesen mach, dat een sake alles goets is ende alle die vroelike genoechlicheyt alre goeden in hem besloten heeft; ende niet alsulken genoechelicheyt als wi inden gescepen dingen vernomen mogen hebben, mar die daer also varre of sceelt als die scepper van sinen creaturen. Totten anderen mael, alle genoechte<n> diemen van creaturen sceppen mach, die sijn buten, mar die genoechte gods geraket totten inresten der zielen van binnen. Want */74rb/* god alleen glidet inder zielen wesen, ende doerdringet dat overweselic mit sijnre minnen; daer om gevet hi volle genoechte. *Augustinus*: O heer, so wanneer ic di mit allen minen crachten aencleve, so is mi wel in allen siden, ende nerghent en is mi arbeyt noch wee; ende want mijn leven dijns vol is, so staet dat seker; ende so wie in di gaet, die gaet in die vroechde sijns heren ende en sel niet vresen, mar wel wesen inden alren besten. *Baernaerdus*: Dat is die waerachtige vroechde alleen, die niet vanden creaturen mar vanden scep-

---

Le1 *Da Be2* *Le5* *Be3*

1799 wederseit : opgheseit *Da Be2* ghienen (anderen) *Da Be2* wesen : werden *Da Be2* **1800** bruyts melke : melc der bruut *Da Be2* wesen : werden *Da Be2* **1800/1** Het – troest : soe weet dattet een costelic troest is *Da Be2* **1803** hemelsche : heimelike *Da Be2 Be3* **1805** vlecke *Le1 Le5* **1806** der tijtliker ghenuechten *Be3* ghenuechten *Le1 Le5* <hanc temporalem delectacionem> **1807** boven / gaet *Da Be2* begeerlicheden *Le1* <omne concupiscibile> **1809** geheel / volle *Da* vernuegenge *Da Be2* dat ander : ander dinc *Da Be2* **1809/10** onvolcomelic *om Da Be2* **1810** in*(2) om Da* **1811** doet : dunct *Da* **1813** (goets) is *Da* **1814** alle ende *om Le1* **1815** heer (hier *Be2*) aff seit (ancelmus) *Da Be2* **1817** alle die : dat alle *Da Be2* **1820** Totten : Ten *Da Be2* **1821** want (alle) *Da Be2* ghenoechte *Le1 Le5* van (buten) *Da Be2* **1824** ende (daer om) *Da Be2* hier aff spreket sunte (augustinus) *Da Be2* O *om Da* **1828** (ende) hi *Da Be2* vresen : ontsien *Da Be2* Baernaerdus : Ende hier om seit sunte beernaert *Da Be2* **1829** die*(1) om Da Be2* alleen / waerachtige vroechde *Da Be2*

per ontfangen wort. Ende daer teghens yet te rekenen, so is alle vrolicheyt droefheyt, alle sueticheit bitterheit, ende alle dat scijnt te verlichten, zwaerheit. Totten derden mael, so is die genoechte gods duerachtiger. Want alre ander dingen genoechte sijn verganckelic /*74va*/ ende daer coemt een eynde aen, mar gods genoechte duert ewelic. *Augustinus*: Het is een onsalich gemoede, dat mitter vrienscap der nederster dingen gebonden staet; het wort gescoert en gequetset alst die dingen verlieset, mar den heer en mach nyement verliesen, het en si dat hine mit wille laet. Hier om isser wel geseit dat DIJN BORSTEN SCOENRE SIJN DAN WIJN.

DE ROKE DIJNRE SALVEN IS BOVEN ALLEN WELRUKENDE CRUDEN. DIJN LIPPEN SIJN DRUPENDE SEEM, HONICH ENDE MELC IS ONDER DIJN TONGE, ENDE DIE ROEKE DIJNRE CLEDEREN IS ALS ROKE DES WIEROECS. Hier te voeren heeft die brudegom bewijst dat die leeringe sijnre bruut, der heyliger kerken, genoechlic is om te denken, hier bewiset hi dat si crachtich is die menschen mede te trecken ende te bekeren, ende seit: DIE ROKE DIJNRE SALVEN [IS]. Recht of hi seggen soude: O bruut, /*74vb*/ ic heb wel mit rechte geseit dat DIJN BORSTEN SUVERLIKER SIJN DAN WIJN, want dijn leeringe suet ende genoechlic is aen te denken, mar DIE ROKE DIJNRE SALVEN IS BOVEN ALLEN CRUDEN. *Gregorius*: Al isset datter heydene ende sommiger ander menschen leeringe somtijt wel behaechlic is, nochtan gheeft dijn leeringe den hoerres een meerre cracht mede bekeert te worden. DIE ROKE, dat is dat heylige leven ende een goet geruchte, DIJNRE SALVEN, dat is die dijn leeringe maket als si gepredict ende geopenbaert wort, die salvet ende sachtet die gemoeden der hoerres recht alse costelike salve. Want wat doet die heylige kerke anders als sijt gelove, [ende] hope ende minne predict ende leert, dan dat si mit eenrehande salve van wonderliker roeken der geloviger menschen gemoede bestricket. Dese SALVE gevet den crancken crachten grote starckicheyt, want dat gelove salvet die redelike cracht, <die hope die toernlike cracht>, ende die minne die begeer-/*75ra*/like crachte. Want dat menschelike gemoede dat vanden begeerlicheden ende vanden weelden deser werlt verwonnen is, dat scuwet den arbeit, het begeert vermakelicheit, ende ten mach daer nauwe toe gebrocht worden dat het die gewoenten des ouden levens laten wil. Mar alst overmids gelove, hope ende minne beghint te

Le1 *Da Be2* *Le5* *Be3*

1830 yet *om Da Be2* **1831** te verlichten / schijnt *Da Be2* **1832** Totten *:* Ten *Da Be2* so – gods *:* want die genuechte gades is *Da Be2* **1834** hier aff spreect sunte *(*augustinus*) Da Be2* **1835** Want *(*et*) Da Be2* **1837** isser *:* soe ist *Da*, so isser *Be2* **1839** Odor unguentorum tuorum *opschrift Da Be2*, Dat xliiij capittel *opschrift Le5* ende *(*dijn*) Da Be2* *(*drupende*)* honich *Da Be2* **1845** *(*salven*)* is *Le1* wolde *Da Be2 Be3* **1847** waelrukende *(*crude*) Da Be2* **1849** dijn leringe geefft / nochtan *Da* **1850** dat*(2)* – geruchte *:* dat goede geruchte ende dat heilige leven *Da* een *:* dat *Be2* **1851** dat is *om Da Be2* **1853** *(*gelove*)* ende *Le1 Le5* <fidem, spem> **1855** bestricket *:* bestriket *Be3 Be2* <parat> **1856** stercheit *Da Be2* salvet *:* sterket *Da* **1856/7** die – cracht *om Le1 Le5* <spes irascibilem> **1859** gemackelicheit *Da* **1860** nauwe / daer *Da* gewoente *Da Be2*

ghedenken om die salicheit der hemelscher stat ende om die strengicheit des toecomenden ordel gods, so worttet mitter hopen des loens of mit vresen der pinen also beweget ende gejaget, dat het willichlike ende manlic jegen sijn passien striden wil, ende pijnt hem selven voert an in sijn contrarie te verwinnen ende mitten brudegom in die roeke sijnre salven te lopen. *Gilbertus*: Wat roke macher in die heilige kerke soeteliker ruken dan die roke der ontfarmherticheden gods ende der vergiffenisse der sonden? O hoe veel heefter gelopen in die roke van deser */75rb/* salven, ende sijn overmids dien mit Cristo vereniget, ende sijn medelede geworden. Overlech dat ewangelium over ende weder over, du selste overal Jhesum ontfarmhertich vinden ende overvloedich van genaden. Dat getuget wel dat wijf die in die stat een sondersche geheten was, ende van seven vianden verwonnen. Si quam onreyn ende bevlecket tot sinen voeten, ende ghinc gereyniget ende welrukende weder van daen. [want al] Hare sonden worden hoer vergeven, want die goedertierenheyt Cristi en is niet carich. Oec macht wel een ander wijf getugen, die inden overspel begrepen was, daer hi toe seide: Wijf, wie heeft di verordelt? Si seide weder: Heer, nyement. Doe seyde hi tot haer: Noch ic en veroerdel di oec niet, ganc ende en wil niet meer sondigen. Die ontfarmharticheit Cristi en is niet trage daer si bereide vate vint; het */75va/* en mach niet qualic ruken, dat sijn genade wasschen wil. Want Lazerus, die vier dage inden grave gelegen hadde ende stanc, wort van hem verwrecket ende gereynicht. O Marta, du dwaelste dattu Jhesum vanden doden wisen wilste, want hi en scuwet die sonders niet, mar hi coemt daer toe ende maectse gesont. O heylige kerke, dit sijn die salven die di dijn brudegom, Cristus, aftergelaten heeft, daer die roeke of boven allen anderen cruden is. O hoe menich souder in wanhopen gevallen hebben ende hem selven tot alre onreynicheit gegeven, hadden si mitter roken deser salven niet wedergehouden geweest. Als een *propheet* seit: Ic soude alte seer gedrucket worden, o here, en kennede ic dijn ontfarmherticheyt niet. DIJN LIPPEN SIJN DRUPENDE SEEM, dat sijn dijn leerers. Also als dat SEEM dat honich is */75vb/* dat rechte voert uut den wasse geduwet wort, also sijn die geestelike sinnen in die letter[en] gelegen. Want der heyliger scrifturen vruchtbaerheyt is alsulc, datment mit eenre langher sentencien naden geesteliken sinne[n] niet lichteliken beduden en mach, dat nochtan in enen corten veersken onder die letter verburgen is. In die honichrate machmen oec dat was van buten sien, mar dat honich is verborgen. Aldes gelic is die geestelike sin verborgen onder dat verstant der letteren van buten. Die honichrate en is oec niet alleen vol

Le1 *Da Be2* *Le5* *Be3*

1862 dencken *Da Be2* **1865** selven *om Da Be3* **1866** sijnre *:* der *Da Be2* **1869** van *om Da* **1870** Overlech *:* Oversie *Da Be2* **1871** ende *(*du*) Da Be2* **1872/3** was / gehieten *Da* **1873** seer *(*bevlecket*) Da Be2 Le5 Be3* **1874** weder *om Da* *(*van daen*)* want al *Le1*, want *Le5* **1878** veroerdel – niet *:* sal di oec niet verordelen *Da Be2* **1882** die *(*wert*) Da Be2* verwecket *Da Be2 Be3* *(*dwaleste*)* alte seer *Da* **1889** bedruct *Da Be2* O *om Da* **1892** letteren *Le1* <in littera> **1893** datmen *Da Be3* sinnen *Le1*, sentencie *Le5*

honichs, mar mede drupende. Also sellen oec die leeraers der heyliger kerken uutten ouden figueren ende uutten propheten dat honich der geesteliker sinnen trecken. Die honichraet en drupet niet, het en si dat si eerst vol honichs is. Also en sel oec een predicaer die officie des lerens niet °vermeteliken beghinnen°, het */76ra/* en si dat hi alle die hoken des herten eerst mitten honighe der godliker wijsheyt vervollet hebbe. Oec mede so wat drupet, dat en stort hem selven mit allen niet teffens uut, mar het deilt hem selven alleynsken bi delen mede. Also selmen oec die heylige scrifte na dat die hoerres ontfangen mogen, leren. *Iob*: Of wi nauwe een cleyne vonke sijnre woerden hebben mogen horen, wie soude dan den donreslach sijnre groetheit connen liden? Oec mede so wat drupet, dat vallet sachtelike; also selmen oec die heylige scrifte sachtelike ontbinden. *Amos*: Die berge sellen soeticheyt drupen, ende die cleyne bergen sellen gebouwet worden. Want als die leeraers die waerheyt suetelike ende sachtelike ontbinden, dan plegen die cleyne berge, dat sijn die oetmoedige hoerres, die vruchte des *wercs recht als welgebouwede ackeren voert te brengen. Oec */76rb/* mede so wat overlanc drupet, dat pleget lange te dueren, also en sellen die leeraers niet alteffens uutstorten dat si binnen hebben. *Iob*: Mijn uutspreken sel op hem drupen. *Gilbertus*: Uutter honichrate en drupet niet dan sueticheyt, want al isset dat die leeraers somtijt die onvredelike menschen beruspen, nochtan isser seer toe te sien dat die berespelike woerde een moederlike sueticheit bewisen. *Gilbertus*: Besich hoe suete woerde uutter heyliger scrifturen drupen: die sonden worden daer in vergheven, die crancke worden daer in geleden, die starke worden daer noch meer in gestarket, die volcomen worden daer in tot meerre volcomenheit ghewiset; si beloven ewighe vroude ende gheven oec somtijt wat voersmaecs daer of. Die leeraers worden oec der gele, goutblomenre huven gelikent ende somtijt */76va/* der honichraten, want si sijn recht als een honichrate als si hemelsche dingen beloven, ende recht als een huve als si die uutvloyinge der vleischeliker weelden bedwingen. HONICH ENDE MELC ONDER SIJN TONGE. Dat HONICH beduut die wijsheyt die in die godlike natuer Cristi gelegen is, die MELKE beduut die kennisse diemen van sijnre menscheliker naturen gecrigen can. Want dese twee sellen der leerrers materie wesen. Elc is soete, mar die soeticheyt van desen tween is varre van malcander gesceiden. Want die melc behoert den iongen kinderen toe, mar die leeringe des honichs den volwassen manne. Ende beide sijn si onder der bruut tonge gelegen, als si nader hoerres

---

Le1 *Da Be2* *Le5* *Be3*

1898 oec (mede) *Da* **1901** die officie : dat ambocht *Da Be2* beghinnen / vermeteliken *Le1 Le5* **1904** wt / teffens *Da* **1905** scrijfftuer *Da* dat : dattet *Da* **1906** Job : Daer in iobs boeke aff (van *Be2*) staet gescreven *Da Be2* **1908** scrijfftuere *Da* **1909** Als (amos) die propheet spreket *Da Be2* **1909/10** cleyne bergen : hovele *Da Be2* **1911** cleyne berge : hovelen *Da Be2* **1912** wercs : woerts *Le1 Le5* <fructum operacionis> **1915** Alse (iob) seit *Da Be2* Daer om seyt (gilbertus) voert *Da Be2* **1920/1** in / noch meer *Da* **1922** die (ewige) *Da* **1923** goltbloemiger *Da Be2* **1926** sijn (onder) *Da Be2* **1931** hoert *Da Be2* **1932** si *om Da Be2*

ontfanckelicheyt, als nu vanden enen, alse nu vanden anderen, die leeringe ondersceidet. Dat */76vb/* HONICH en hiet niet te vloyen mar te drupen, also en selmen oec die heymelicheden der godliker dingen ende die verborgen sinnen der hemelscher hoecheyt niet te veel teffens uutvloeyen, mar al drupende den ontfancliken mededeilen, ende wijsliken ondersceiden wat den beginnenden of den voirtgaenden of den volcomenen menschen dienen mach. Want mit eenre sentencien en mach men hem allen niet wel genoech doen, overmids dat si ongelic inden verstande sijn. Aldus sel die bruut, dat sijn die leerers der heyliger kerken, HONICH ENDE MELC HEBBEN ONDER HAER TONGE ende niet daer boven, op dat si swigen ende spreken, ende helen ende openbaren connen, na dat die tijt ende die dingen gelegen sijn. Si sellen oec HONICH ENDE MELC ONDER DIE TONGE dragen ende niet daer in. *Gregorius*: Die dragen dat honich in die tonge ende niet daer onder, die hemelsche dingen leeren ende eertsche */77ra/* dingen daer weder voer begheren; mar die hebben dat HONICH ONDER DIE TONGE ende niet daer in, die also die hemelsche dingen leeren, dat si die eerdsce dingen niet en soken, ende die <also die> soete dingen uutstorten, dat si die sueticheyt van binnen daer mede niet en verliesen. Want die eerdsche dingen versmaden ende bitterheyt der sonden scuwen, die voeden hem selven inden sinnen van binnen mitter sueticheden der godliker wijsheden, ende gecrigen daer alsulke crachten of, dat si vanden arbeyde des tegenwoerdigen eerdschen weges niet vermoeyet en mogen worden. Dit HONICH selmen houden ONDER DIE TONGE, want alle dinge en is men niet scoudich allen menschen even gelijc mede te deylen. *Psalmus*: Ic heb dijn leeringe gehudet in mijnre herten, op dat ic di niet sondigen en soude. Want het is sonde die heymelike verbor-*/77rb/*genheden den onwaerdigen te openbaren ende des heren scat den borgeren van Babilonien te togen, dat somtijt uut ydelen behagen, of uut onbehoeden woerden, of uut vermetelheden luttel totter eeren gods pleget te gescien. Hier om selmen, na dien dat die tijt ende stonde eyschet, godlike dingen verbergen of mit groter ripicheit openbaren; want die scat die inden acker verborgen was, die mensche dien vant, verbarchen voert. Also behielt oec Maria alle die woerde, ende overleidse in haer herten. ENDE DIE ROKE DIJNRE CLEDER, dat is, der doechden ende der heyliger werken, IS RECHT ALS DIE ROKE DES WIEROECS, datmen van di, o heilige kercke, wel seggen mach, dat die grote patriarch van sinen soen sprac doe hien benedien soude, ende seide: Sich, die

---

Le1 *Da Be2* *Le5* *Be3*

1935 sinne *Da Be2* **1939** overmids *:* om *Da Be2* **1942** helen *:* verhuden *Da Be2* **1944** want als sunte *(*gregorius*)* seget *Da Be2* **1948** also die *om Le1* <qui sic dulcia> **1949** niet / mede *Da Be2* die *(*die*) Da* **1951** zueticheit *Da Be2 Be3* wijsheit *Da Be2 Be3* **1952** cracht *Da Be2* **1955** Psalmus *:* Daer om spreect die prophete inden salter *Da Be2* Here *(*ic*) Da Be2* verhudet *Da Be2* **1956** sondigen en soude *:* sundigede *Da*, sondighe *Be2* **1958** togen *:* tonen *Da Be2 Be3* **1959** ende *(*luttel*) Da Be2* totter *:* ter *Da Be2* **1961** of *:* ende *Da* **1962** verborgen *:* gevonden *Da* verbarchen *:* verberghe-den *Da*, verberchen *Be2*, verberch hem *Be3* **1963** *(*woerde*)* die oer vanden herden geseit waren van oeren kinde *Da Be2* **1965** Alsoe *(*datmen*) Da Be2* wel *om Da Be2 Le5 Be3*

roke mijns soens /77va/ is als die roke eens vollen ackers die die here ghebenedijt heeft. Der heyliger kerken leerars clederen sellen wesen blenckende overmids der reynicheyt ende der onthoudinge, roet overmids scarpicheyt ende penitencie des levens, swart overmids *oetmoedicheit <ende> gehoersamicheit, ront ende toegesloten overmids behoetheden van seden ende voersichticheyt van woorden, welrukende overmids der roken der goeder namen. O hoe menich ende hoe veel hebben desen ROEKE int beghin der heyliger kerken gevoelt, ende sijn naden heyligen leeraers – alle dinge achtergelaten – gelopen, ende meer van haerre wonderliker heylicheyt bekeert, dan vanden nuwen mirakelen die si sagen. Dese ROKE geliket den WIEROEC, want die wieroec en ghevet gheen roeke dan als hi vanden vuer ontfenget wort; also en ruket oec gheen goet werc, /77vb/ het en si dattet mitten vier der minnen ontfoncket is. Hier om wasset dat die coningen mitten wieroec der innicheyt dat gout der vierigher minnen medebrochten.

Na enen anderen sin.

DIE ROKE DIJNRE SALVEN IS BOVEN ALLE WELRUKENDE CRUDEN etc. In desen woerden na enen anderen sin bewiset die leeraer ende die meyster, ja die vrient ende die minre der heymeliker dingen, die onsienlike bekenre des scouwenden gemoedes, Jhesus Cristus, hoe sulc die innige ziele is in haren gedachten, in haren woerden ende in haren werken. Want in haren ghedachten is si vol geesteliker weelden, in haren woerden vol loveliker stichticheyt ende in haren werken starc ende crachtich, ende seyt: DIE ROKE DIJNRE SALVEN IS BOVEN ALLEN CRUDEN. *Dyonisius*: die maeteerlike formen ende gelikenissen en gaen niet alleen te niet ende ontbliven in die bewisinge ende bedudinge der godli-/78ra/ker overweselicheyt, als men die daer na geliken wil, mar oec mede gaense te niete ende ontbliven in die bewisinge der geesteliker dingen die die godminnende menschen in desen leven ontfangen. Ende al mogen si mit woerden of mit werken van den ghenen diese gevoelen, te rechte ende na waerden niet uutgesproken worden, nochtan worter somtijt also veel of geseit als die hoerres ontfangen mogen. Daer om worden die godlike soeticheden die vanden innigen, volcomenen gemoeden gesmaect sijn, beteykent alse nu onder den naem des HONICHS, alse nu onder den naem der MELKEN, alse nu onder die figueren der WELRUKENDER SALVEN. *Vercellencius*: Die menschelike sin en mach niet sachters noch soeters gewaer worden dan salve ende WELRUKENDE CRUDE, daer om sijn daer die soeticheden gods, die den gemoeden boven alle dingen wel ruken, mede beteykent. Hier om seit die /78rb/ brudegom mit groter vroelicheyt tot sijnre bruut: DIE ROKE DIJNRE SALVEN. *Gilbertus*: Die

---

Lel *Da Be2* *Le5* *Be3*

1966 *(*patriarke*)* ysaac *Da Be2* **1967** soens *:* kindes *Da Be2 Be3* **1968** kerken *om Be2* leerars *om Da* **1970** oetmoedicheit ende *:* oetmoedighe *Lel* <humilitatem et obedienciam> **1971** behoetheit *Da* **1974** -gelaten *:* latende *Da Be2*, te laten *Be3* <relictis omnibus !> **1975** sijn *(*meer*) Da Be2* **1978** ontfenget *Da* **1985** hoe sulc *:* woedanich *Da Be2* **1989** waelrukende *(*crude*) Da Be2* **1990** die *om Da* **1999** figure *Da Be2* <figuris !> **2001** daer*(2) na* ruken *(2002) trnsp Da Be2* **2003** *(*salven*)* is boven alle waelrukende crude

salvinge is een vroelicheyt des gemoets, die ROKE is dancbarich lof; die SALVE is geestelike bliscap, die ROEC is uutwendige kennisse *dier dingen diemen van buten doet; die SALVE is inrelike, godlike genoechte, die ROKE is een begeerte die uutten ondervinden der vroechden van binnen pleget te comen. Hier om, o bruut, DIE ROKE DIJNRE SALVEN, want die begeerte die vander begavinge ende vroechden ingebaert wort, ende die begeerte die vander salven des heyligen geests als een alte soeten roec opstiget, die gaet boven alle crachticheyt der begeerte ende boven alle vuricheyt des gebedes. Want het is wel recht dat hi vierichlicste bedet, die alre clevelicste aenhanget ende [als hi] overmids den aenhanghen */78va/* mitten brudegom een gheest geworden is, welck gheest, want hi gesalvet is, wel ruket, ende doet die minnende siel mit onsprekeliken suchten bidden. Dit sijn wieroecsvaete vol goeder roeke, dat sijn: begeerten der heyligen. Ende wat wonder ist dat si alre best ruket, die alre meest gesalvet is. Hi <en seit niet openbaerlic wat dese salve werket, mar hi> vermaent alleen den weelden die daer uut comen. Van deser salven der minnen seit *Gilbertus* hoe dat die gaderbindinge ende die soete minne des vaders ende des soens, ende die onderlinge bevattinge haerre beyden overmids den heyligen geest, die bestortet ons mitter genoechliker roken ende nodet ons totter gelijcheyt haerre minnen, op dat wi <oec> een waren also als si een sijn. Want die heylige geest selve besalvetse beyde die hi also te gader voget. Laet ons die salvinge */78vb/* volgen ende lopen in die roeke *sijnre minnen, want broederlike minne[n] is recht als een gelikenisse of een navolgende beelde diere godliker ende weseliker eninge. Overloep mitten gemoede alle ander doechden ende vergader al haer oefeninge ende al haer werken, daer en sel niet onder also soeteliken ruken als die broederlike minne die uut reynre herten coemt. Den heer te minnen ende te begeeren is goet, mar den heer te minnen ende te hebben ende te gebruken is beter, mar dat soete gewaerworden inden ondervinden datter minnen cost *betaelt ende aendient so waer dattet noettorftich is, dat is alre best. Want *dan so wort die ziele alre grondelicste ende alre sonderlincste gesalvet, als si den ghenen die selve die salvinge is, alre crachtelicste aenhanget. Want in een mit hem te wonen, ruket te mael vroelijc ende genoechelike, als die *propheet* seit: Siet hoe goet */79ra/* ende hoe vroelic isset de broederen in een te wonen. Ende al isset dat die bruut menigerhande salve ontfanghet, nochtan en isser gheen also sulc als die is die in *dier uren sonderlinge nedervallet als si den geminden trouweliken aenclevet ende hi

---

Le1 *Da Be2* *Le5* *Be3*

Da Be2 **2005** dier *:* der *Le1 Le5* <eorum> **2008** *(*salven*)* is boven alle waelrukende crude *Da Be2* **2012** *(*ende*)* als hi *Le1 Le5 Be3* **2013** een geest / mitten brudegom *Da Be2* **2017** en seit – hi *om Le1 Le5* <non eloquitur quid efficiat unctio> openbaer *Be3* **2022** oec *om Le1 Le5* <eciam nos> also *om Da Be2* **2023** die *:* dese *Da Be2 Le5 Be3* **2024** sijnre *:* dijnre *Le1 Le5 Be3* <caritatis illius> **2025** minnen *Le1* <caritas> **2026** onweseliker *Da* **2027** *(*ende*(2))* vergader *Da Be2* **2027/8** alsoe suetelic / onder *Da Be2 Be3* **2031** betaelde *Le1* **2032** dan so *:* daer *Le1 Le5 Be3* <tunc> **2033** alre *om Da* **2034** dat *(*ruket*) Da Be2* **2037** also sulc *:* alsulc *Da Be2* dier *:* der *Le1 Le5 Be2* <in ipsa hora>

overmids der minliker aendachten tusschen haer borsten woent ende rustet inden midden in dat heymelicste haers harten. Want doe die coninc in sijn slaepcamer was, doe gaf sijn welrukende crude roke wide uut boven al welrukende crude der bruut. Want hi is sijnre geminder een salve, hi is haer een roke; ende vergave god dat die salve nymmermeer van onsen hoefde en ontbrake, ende die lucht dier roke nymmermeer van onsen herten en sceide. DIJN LIPPEN SIJN EEN DRUPENDE HONICHRATE. *Gilbertus*: het is der bruyt licht ende recht ingeboren soetelike te spreken, ende isset dat si hardelike berespet, dat is haer vreemde */79rb/* ende recht haren natuerliken wesen tegen, ende en wort daer van minnen niet toe getogen, mar van noettorfticheyt der minnen toe gedwongen. Wanneer si sueteliken sprect, so sprect si uut haer selven, mar als si hardeliken spreect, dat en is haers mondes scout niet, mar der hoerres verkeertheyt. Der bruut LIPPEN sijn soete, want uutsprekende leeringe des *heren drupen daer van; ende sprect als die woerde gods, ende daer om isser genade gestort in haren lippen. Die soeticheyt der bruut machmen verstaen biden honige, haer vollicheyt bider volre honichraten, ende haer voersichtige leeringe bi dien dat die honichrate sateliken uutdrupet sonder storten. Daer om waert goet dat oer tot haren woerden te keren, want die heer selve en weigert haer in haren begeerten */79va/* sijn oren niet. Daer om, o bruut, nu sprec, want dijn geminde hoert daer mit begeerten na, het si datmen van di spreke of dat hi selve woerde mitti heeft. Die lippen en ghebruket men niet alleen inden spreken mar oec mede inden cussen. Ende daer om sijn die lippen der bruut recht als een drupende honichrate, overmids den cussen der minnen ende overmids haerre leeringe der waerheyt. Want dan drupet vanden lippen haers harten dat honich der godliker genoechten alre meest, als die bruut mitten brudegom heymelike sprake hout. Want in dier uren wort die bruut altemael in minliken begeerten verwandelt, ende dan drupen weder inden brudegom uutter herten der bruut eenrehande stille rivieren des dancbaerliken loves, die weder mit enen sali-*/79vb/*gen wederkeer totter bruyt overvloedelike gestort worden. Want totter steden daer dese rivieren des honichs uutcomen, daer keren si weder toe, op dat si *anderwarf ende anderwarf sonder ophouden tusschen malcander mogen vloeyen. O hoe salich sijn die lippen die malcanderen alsulcs honichs soeticheyt toestueren. Want die brudegom geeft van boven die genade, daer die minnende siel der bruut overmids minliker dancbaerlicheyt in gesmouten wort ende ontvloeyt recht van haer selven. Als *Ysayas*, die propheet, gesproken heeft: In dien dage sellen die berge, dat sijn die verheven

---

Le1 Da Be2 Le5 Be3

2039 begeerten ende *(*aendachten*) Da* **2040** midden *:* middage *Da Be2 Be3* **2041** sijn *:* oer *Da Be2* **2042** der bruut *:* den brudegom *Da Be2* **2043/4** ontbreke *Da Be2* **2046** als *(*ingebaren*) Da Be2* **2048** van *:* mit *Da Be2* **2050** spreect *:* berispet *Da* **2051** die *(*leringe*) Da Be2* heren *:* harten *Le1 Le5* <eloquia domini> **2052** si *(*daer*) Da Be2* spreken *Da Be2* **2057** nu *om Be3* spreec / nu *Da Be2* **2067** gestuert *Da Be2 Be3* **2068** dese *:* die *Da Be2* **2069** anderwarf *:* eenwarf *Le1* <iterum> **2072** dancbaerheit *Da Be2* **2073** van *:* in *Da*

gemoede, sueticheyt uutdrupen. Want als die bruut mit haren gheminden sprect, en stort hi die sueticheyt niet mit allen teffens uut, mar laetse al soetelic uutdrupen. Aldes gelijc doet si oec als si die gaven der wijsheyt anderen */80ra/* menschen mededeylt, daer si niet aen en verliest, mar riker wort in meerre gaven te ontfangen. Want die gaven goids sijn also edel, hoe datmense meer ander lude mededeilt, hoe dat si meer wassen; ende veronweerden den vracken besitter ende ontfallen hem, is<t> dat hise den anderen niet voert mede en deylt. Hier om, o bruut, laet die soeticheit int gemeen uutdrupen ende en ontsich di niet, want HONICH ENDE MELC SIJN ONDER *DIJN TONGE, also dattu van deser inreliker soeticheit niet berovet en mogeste worden. Daer om, laet dijn tonge HONICH ENDE MELC der godliker soeticheit ende der mensceliker goedertierenheit uutdrupen, want die tonge ende die lippen sijn recht alse sulveren goten daer die rivierkijns des honichs ende der melken uuter fonteyn des herten springen. O hoe salich is die tonge die also honich ende melc can gheven, dat haer nochtan geenre soetich-*/80rb/*eit en gebreke. Bider MELKE verstaetmen die woerde die de bruut den genen toesprect die noch in *deser pelgrimaedsen striden, mar biden HONICH verstaetmen die woerde daer si den genen mede toespreect die inden ewigen leven vrolijc ende blide sijn. Want die scouwende siel spreect anders sins totten saligen zielen, ende anders sins totten hemelschen wesenen der engelen, ende anders sins totter vroliker eenheyt ende drieheyt der godliker personen. DIE ROKE DIJNRE CLEDEREN IS ALS EEN ROKE DES WIEROECS. In desen woerden wort bewijst *hoe sulc die bruut behoert te wesen in haren heyligen werken. Want si is sculdich te hebben SALVE inder herten, HONICH inden monde, ende ROKE DES WIEROECS in den uutwendigen exempel. Want so wanneer die wieroec ontfonket wort, openbaert hi sijn soeticheyt van buten, die te voeren van binnen was */80va/* verburgen. Hier om is DIE ROKE DER CLEDEREN, daer die innige ziel mede gecleet sel wesen, recht ALS DIE ROEC DES WIEROECS. Want wat si doet of lidet, dat sel si totten welbehaghen goids altoes keren, ende pinen haer in allen dingen alle hinderlike middele tusschen haer ende haren geminneden doer te breken ende te scoren, ende te dringen haer selven mit gewelde in des conincs heymelike camer, ende versuchten oetmoedelic eer si spreect. Want die begeert haers herten wil die coninc horen. *Gilbertus*: Besich hoe dat die minnende ziel, die bruut Cristi, niet ydel gevonden en wort, mar mit honich ende melke vervult, die in die hemelsche bliscappen begeert te vervroechden. Oec en is si niet

---

Le1 *Da Be2* *Le5* *Be3*

2076 hi *(*laetse*)* *Da Be2* **2080** mededeylet / ander lude *Da* si *(*veronweerden*)* *Da Be2* **2081** ist *:* is *Le1 Le5*, as *Be2* **2082** die *:* dijn *Da* **2083** dijn *:* sijn *Le1 Le5 Be3* <tua> **2086** die*(1) :* dijn *Da Be2* die*(2) :* dijn *Da Be2* **2088** wtspreingen *Da Be2* **2090** deser *:* der *Le1* **2093** hemelschen *(*saligen*)* *Da* **2096** een *: om Da*, die *Be2* hoe sulc *:* so sulc *Le1 Le5*, woedanich *Da*, hoe daen *Be2* <qualis> **2099** ontfenget *Da*, ontfanghen *Le5* **2099/2100** soe *(*apenbaert*)* *Da Be2* **2100** verborgen / was *Da Be2 Be3* **2103** altoes / totten waelbehagen gaeds *Da* **2106** slaepcamer *Da* sal *(*versuchten*)* *Da Be2* dat *(*si*)* *Da Be2* **2107** Nu *(*besich*)* *Da Be2 Be3* **2108** mit *(*melke*)* *Da Be2 Le5 Be3*

bloet, want starckicheyt ende scoenheyt is haer ommecleet, ende sel inden */80vb/* lesten dage lachen. Dat hiet haer leste dach te wesen, daer si also volcomenlic der werlt in stervet, dat si voert an nyement dan gode en levet. Ende dan mach si seggen, als *Ysaias* seyde: Al verblidende sel ic inden heer verbliden, want hi hevet mi mitten clederen der salicheyt gecledet. Nu besich hoe suverlic si gecleet is, die onder haer tonge die hemelsche vroechde vernomen heeft. Want wat doet si anders dan dat si die geestelike, ewige vroechden ende die hemelsche soeticheyt des heren beghint gewaer te worden, die alle ander ghenoechelicheden ende weelden *versmadet ende oerlof *ghevet? Wat glorien mach dier minnender zielen *gebreken, wies mont ende gemoede ende werc den brudegom behaechlic sijn, <daer alle dinge in besloten sijn>? Mitten werken selment eerst beginnen, niet mitten woerden. Want die werken moeten eer gode behagelic */81ra/* wesen dan dat gebet gehoert wort.

DU BISTE EEN BESLOTEN HOF, MIJN SUSTER, MIJN BRUYT, EEN BESLOTEN HOF, EEN GETEYKENDE FONTEYN. DIJN UUTGEVINGE SIJN ALS EEN PARADIJS DER APPELEN VAN GERNATEN, MIT VRUCHTEN DER APPELEN, CYPERSSAET MIT NAERDO, NARDUS ENDE SOFFERAEN, CASTEFISTEL ENDE CANEEL, MIT ALLEN HOUTE VAN LIBAEN, MIRRA ENDE ALEWE, MIT ALDEN EERSTEN SALVEN. Hier te voeren heeft die brudegom die heilige kerke, sijn bruut, menich sins gepriset, hier bewiset hi die sake waer om dat hise also gepriset heeft, ende seit: DU BISTE EEN BESLOTEN HOF, MIJN SUSTER, MIJN BRUUT. Recht of hi seggen soude dat DIE ROKE DIJNRE CLEDEREN GELIKE DEN ROKE DES WIEROECS ruket. Dat is daer om, want du MIJN SUSTER biste in die mededeylinge des vadersliken erves, ende want du MIJN BRUUT biste in dien dattu mi mitten woer-*/81rb/*de[n] der waerheyt veel kinder baerste. Ende hier om mogestu wel, die MIJN SUSTER ende MIJN BRUUT biste, EEN BESLOTEN HOF hieten. <*Gregorius*: Die heilige kerke is een besloten hof geheten>, want si veel kinder inden gelove, recht alse suverlike blomen, baert in dat goede lant. *Beda*: *Het is EEN BESLOTEN HOF, want si mitter bescerminge des heren ende haers behouders bescermet is. Hi seit twewarf dattet besloten is, overmids dattet vanden prelaten inder eerden ende oec vanden engelen inden hemel behoedet wort. Aldus mach die heylige kerke wel EEN HOF hieten, want men daer in, recht als in den hove Cristi, vint <dat> onverganclike cederbomenhout inden mageden, die olyveboem der goedertierenheyt inden confessoren, die palmboem, daermen die verwinres mede

---

Le1 *Da Be2* *Le5* *Be3*

2113 seyde *:* seget *Da Be2* **2118** versmaden *Le1* <horret> gheven *Le1 Le5 Be3* <abiurat> **2119** gebruken *Le1* <deesse> **2120** daer – sijn *om Le1 Le5* <hoc numero omnia comprehensa sunt> **2122** gode *om Da* **2123** Ortus conclusus est *(*es *Be2) opschrift Da Be2*, dat xlv capittel *opschrift Le5* *(*bruut*)* du biste *Da Be2* **2124** uutgevinge *:* wtsendinge *Da Be2* **2126** ende*(1) om Da* **2127/8** die brudegom *:* hi *Da* **2130** wolde *Da Be2 Be3* **2133** woerden *Le1 Be2* <uerbo> **2135/6** Gregorius – geheten *om Le1 Le5* <ortus sancta ecclesia existit> **2137** het *:* dat *Le1*, Die heilige kerc *Da Be2* **2139** dattet*(1) :* dat si *Da Be2* overmids dattet *:* om dat si *Da Be2* **2141** dat *om Le1* **2142** mageden *:* ioncfrouwen *Da*, ioncferen *Be2*

plach te cronen, inden martelaren, dat hout der wijsheyt inden apostelen ende inden leeraers, dat */81va/* hout dat suverlic aen te sien is, inden engelen ende inden doechden, ende dat hout des levens midden inden paradijse, dat Cristus Jhesus selve is. Of dit HOF mach ons beteikenen alre geesteliker lude staet, die geliket *wort den hove der welrukender cruden, den hove des warmoes, den hove der noten ende den hove der appelen. In den welrukenden crude is beteykent devocie ende smakelike innicheyt, inden wermoes medeliden ende goedertierenheyt, inden noten penitencie ende scarpicheyt, inden appelen bewegelike ende gewillige gehoersamicheyt. Inden eersten mach der devoter <lude> staet den hove der welrukender crude wel te recht geliken om die innige soeticheyt die si somtijt gewaer worden, al gevaltet selden, als die innige ziele die daer *na verlanget, begeerliken bidt, daer si seyt: COM SU-/81vb/DEN WIJNT, ENDE DOERWAEY MINEN HOF, OP DAT DIE GOEDE ROKE DER CRUDEN MOGEN VLOEYEN. Want als die heylige geest dat hof der redeliker zielen doerwaeyet, dan worden die goede cruden der inniger begeerten verwackert ende beginnen te vloyen. Ten anderen mael wort der inniger lude staet den hove des warmoes geliket om die bevoelike goedertierenheyt des medelidens. Want als sinte *Paulus* seyt: So wie cranc is, die sel warmos eten. Van aldustanigen hove staet inder *coningen boec* gescreven hoe dat eens rijcs mans wijngaert in enen wermoeshof verwandelt wort. Ende dat gesciet so wanneer men inden geesteliken staet den crancken bevoelt ende sonderlinge in sijnre becoringe te helpen coemt. Mar desen warmoeshof en selmen oec niet alte groet maken, op dat die wijn der geesteliker disciplijn in vieliker sinlicheyt niet verwandelt en worde[n]. */82ra/* Ten derden mael wort der devoter lude staet den hove geliket daer noten in wassen, om scarpicheyt der penitencien willen. Want die noten hebben inden uutersten bast onsmakelike bitterheyt ende in *die inreste[n] corle smakelike soeticheyt, also scijnt der devoter lude leven hart ende bitter te wesen van buten, mar overmits den heymeliken godliken troest isset seer soete ende genoechelike inder vruchte van binnen. *Barnardus*: Veel menschen sien die crucen wel van buten als men een kerke wiet, mar dat geheylichde crisma daerse die bisscop mede besalvet, dat en connen si niet sien. Aldes gelijc sien veel lude der godminnender menschen herdicheyt wel van buten, mar die gesalvede vertroestinge van binnen en mach

---

Le1 *Da Be2* *Le5* *Be3*

2144 te cronen / plach *Da* **2147** dit *:* dese *Da Be2* **2148** geliket wort *:* wort geliket *Da*, geliket worden *Le1 Le5* <comparatur> **2152** gehoersamheit *Da Be2 Be3* **2153** lude *om Le1 Le5* **2155** na *:* nu *Le1 Le5* **2156/7** goede – cruden *:* waelrukende crude vermits (overmits *Be2*) roke *Da Be2* **2160** hove *:* boem *Da* **2161** So *om Da* **2163** (wanneer) dat *Da Be2 Be3* **2164** bevoelt *:* in bevoelicheit *Da Be2* **2166** disciplinen *Da Be2* **2166/7** niet verwandelt en werde / in veeliker sinlicheit *Da Be2* **2167** worden *Le1* **2168** in *om Da* **2170** die inreste : den inresten *Le1 Le5* <in nucleo> devoter *:* inniger *Da Be2* **2173** hier aff spreket sunte (bernardus) *Da Be2* die crucen wel *:* wael dat cruus *Da Be2* **2174** crisma *:* criesdom *Da Be2* daerse *:* daert *Da Be2* salvet *Da Be2* dat *om Da Be2* **2175** gesien *Da Be2* lude *:* menschen *Da Be2 Be3*

nyement sien dan diese selve ontfanget. Van desen hove isset daer die brudegom selve of seit: */82rb/* IC SEL NEDER IN DAT HOF DER NOTEN DALEN. Ten vierden mael wort der devoter menschen staet den hove geliket daer appelen in wassen, om haerre williger gehoersamicheyt willen. Want die appelen der ronder figueren best geliken–, ende sijn bereet ende wel gescicket vander eenre stede totter ander lichtelic te bewegen, ende daer om isser ghehoersamicheyt bi beteykent, die den mensche totten gebode sijns oversten lichtelic bewegen doet. Tot desen hove nodet die bruut den brudegom te comen, daer si seit: IC BEGEER DAT MIJN GEMINDE COME IN SIJN HOF, ENDE ETE DIE VRUCHTE SIJNRE APPELEN. Die hof selmen sluten, oefenen, begieten ende vruchtbaer maken. Het wort besloten mitter mueren des geordenden levens, want die piscine van Syloe was in des conijncs hof bemuert. Het wort gebouwet ende */82va/* geeert mitten ploge der heyliger leeringe, want dan wortet recht een hof der geesteliker weelden. Het wort begoten mitten water der iniger tranen. *Yeremias*: Haer ziel sel wesen recht als een hof dat nat gemaect is. Ende het wort vruchtbaer gemaect mitten planten die in die genade der hemelscher invlietinge wassen, daer onse here god selve doer den *wise man* of seyt: Ic hebbe hove ende boemgaerde gemaect, ende die tot mijns selves behoef besaeiet mit allen manieren van bomen. Aldus is die heylige kerke EEN BESLOTEN HOF, om haerre menichfoudiger loviger dogeden willen. Si is oec EEN GETEYKENDE FONTEYN, om die onbegripelike afgrondicheyt haerre heymeliker sacramenten. Si is oec een hof *daer veel verborgens scats in begraven is. *Ysaias*: Ic sel di den ver*/82vb/*borgenen scat ende die heymelicheyt der heymelicheden geven, op dattu weten mogeste dat ic die here bin. Hier of seyt een ander *propheet* aldus: Davids huse ende alden mannen die te Jherusalem wonen, sel een open fonteyn wesen die sonders ende die bevleckede in te wasschen. Aldus is die heylige kerke EEN FONTEYN die beide open is ende toegesloten: open den ingangher die den engen wech die totten leven leyt, pinen te wanderen; ende toegesloten den onachtsamigen tragen die den rumen wech ymmer willen houden. So wie trouwelic mit stantachticheden in dese verborgenheyt der heyliger kerken boven bevoelen ende boven verstant onbewegelic gelovet, ende *consentiert den overnatuerliken lichte tegens al sijns selves natuerlike bevindelicheyt, die luuct mede dat boec op daer in *Apocalips* of gescreven staet, ende ontsluut sijn */83ra/* seven sloten. Want dat die verborgen god den wisen ende den vroeden onthout die mitten natuerliken lichte ende mit haers selfs reden godlike dingen ondervinden willen, dat openbaert hi den cleynen

---

Le1 *Da Be2* *Le5* *Be3*

2178 Ic – dalen *:* Ic clam neder inden hoff der noten *Da Be2* **2180** gehoersamheit *Da Be2 Be3* **2182** ende *om Da Be2* gehoersamheit *Da Be2 Be3* **2185** Die *:* Desen *Da Be2*, Dit *Be3* **2186** Het *:* hi *Da Be2* **2187** geordinierden *Da* **2188** Het *:* Hi *Da Be2* **2189** wortet *:* wert hi *Da Be2* **2190** Het *:* hi *Da Be2* daer *(*iheremias*)* aff spreket *Da Be2* **2191** dat *:* die *Da Be2* het *:* die *Da*, hi *Be2* **2196** loeffliker *Da Be2* **2198** daer *:* der *Le1* Daer *(*ysaias*)* aff spreect *Da Be2* **2199** *(*scat*)* wisen *Da* **2206** stantachticheit *Da Be2* **2208** consettiert *Le1*

die oetmoedelic al haren verstande gewelt doen ende dwingent mit crachte inden dienst Cristi. DIJN UUTGEVINGE SIJN ALS EEN PARADIJS DER APPELEN VAN GARNATEN. O heylige kerke, MIJN SUSTER, MIJN BRUUT, dattu EEN BESLOTEN HOF biste ende EEN TOEGESEGELDE FONTEYN, dat machmen [al] hier in gewaer worden dat DIJN UUTGEVINGE, dat sijn dijn eerste vruchten die van di gecomen sijn, GELIKE<N> DEN PARADIJS nader vredelicheyt des herten te spreken, als die brudegom selve inder ewangelien seyt: Vrede laet ic u, minen vrede gheve ic u. Ende een vredelic, <vri> gemoede is recht een eenperlike werscapinge. Die heilige kerke en was inden beginne niet alleen een paradijs der weelden, mar oec mede <DER> APPELEN VAN GERNATEN, overmids haerre */83rb/* menichfoudiger tribulacien <ende> aenvechtinge. Want binnen hadde si salvinge des vredes inder herten, ende buten menigen storm ende strijt inden lichaem. *Beda*: Die APPELEN VAN GERNATEN sijn van bloediger verwen roet, ende beteykenen die gene die naden gemenen doepsel der vonten daer toe in haren eygenen bloede gewassen sijn. *Hugo*: O vierige minne, du hebste sonder enych lesschen also gebarnt in der geenre herten die inden beginne <in>der heyliger kerken waren, dattu noch mit scanden, noch mit pinen, noch mit sconen beloften verwonnen en mochste worden. Biden VRUCHTEN DER APPELEN sijn beteykent goede werken die inden heyligen leven suverlic scinen ende blencken, want scoen appelen doen den gesichte genoechte mit haerren scoenheyt, den smaec mit haerre sueticheyt ende den <ruken mit haerre> goeden roeke. *Gregorius*: Alle die gene die inder */83va/* heyliger kerken sijn, het si dat si overmits vieriger minnen vanden swaerde gesturven sijn, het si dat si in vreden der heyliger kerken in enen doechdeliken leven gerustet sijn, so hebben si alle mitten roke der doechden een paradijs der weelden in hem selven gemaect. Want als die sommige vanden bloede der *martelien blencken, ende die somige een exempel des heylegen levens haren naesten afterlaten, wat doen si anders dan dat si APPELEN VAN GERNATEN MIT VRUCHTE<N> DER APPELEN uutsenden? MIT ALDEN BOMEN VAN LIBAEN. Libanus beduut een blenckinge, ende beteykent reynicheyt des levens, die dan volcomen ende gode ontfanclic is, wanneer si beyde inden lichaem ende inden gemoede gehouden wort. Ende haer sel in dat eynde toegesproken worden: COM VAN-

Le1 Da Be2 Le5 Be3

2213 dwingen *Da* **2214** uutgevinge *:* wtsendinge *Da Be2* **2215** *(*suster*)* ende *Da Be2* **2216** al *(*hier in*) Le1 Le5* **2217** uutgevinge *:* wtsendinge *Da Be2* dijn *:* die *Da Be2 Be3* **2218** gelike *Le1 Le5* <sunt ut> **2220** vri *om Le1* als *(*een*) Da Be2* **2222** der *om Le1 Le5* **2223** ende *om Le1* **2227** hier aff spreect *(*hugo*)* de *(*van *Be2)* sunte victoer *Da Be2* **2228** in-*(3) om Le1 Da Be2 Le5* <fuerunt in primitiua ecclesia> **2229** scanden *:* scaemten *Da* **2231** die *(*goede*) Da* **2232** doen *:* geven *Da Be2* **2233** ruken mit haerre *om Le1 Le5* <olfactum> **2235** der *(*vueriger*) Da Be2 Le5 Be3* vanden *:* mitten *Da Be2* -den *(*vreden*) Da* **2236** *(*kerken*)* gestorven sijn ende *Da* **2238** die *om Da Be2* martelaren *Le1 Le5* <sanguine martirii> **2239** die *om Da Be2* **2240** mit*(1) :* mitten *Da Be2 Be3* vruchte *Le1 Le5* <fructibus> **2241** bomen *:* holte *Da Be2* **2242** blancmakinge *Da Be2*

DEN LIBAEN, MIJN SUSTER, MIJN BRUUT, daer die brudegom drie warve */83vb/* seit: COM. Want overmits den eersten wort si van allen vergancliken creatueren ontcommert ende verlosset, ende versaket al dat si besit; overmids den anderen wort si mitten geeste gods verenighet, want so wie gode anhanget die wort een geest mit hem; overmids den derden wort si gewiset ende geordiniert in haer inreste. *Augustinus*: So wie an dat nederste goet mit minnen niet en hanget, noch in sinen voertganc hem niet en verhoverdicht, die wort bequaem den oversten goede an te hangen ende mach wel volcomen hieten. *Barnardus*: Want volcomenheyt is een stadige begeerte ende <een> eenperlike vliticheyt totter volcomenheyt. Niet dat yement in desen leven also volcomen is, hi en mach altoes der volcomenheyt naere comen. Hier om was Abraham gehieten dat hi uut drien steden gaen soude, als uut sinen lande, uut sijnre maechscap ende uut sijns *vaders huse.

<Na enen anderen sin.>

DU BISTE EEN BESLOTEN HOF, MIJN SUSTER */84ra/* MIJN BRUUT etc. In desen woorden mach die brudegom oec wel bewisen hoe die minnende ziele voer gode gerekent wort, in dien dat hise noemt SIJN SUSTER ende SIJN BRUUT te wesen; ende hoe dat si inder menschen achtinge gerekent wort, in dien dat si DEN HOVE, DER FONTEYNEN ende DEN PARADISE geliket wort; ende oec hoe sulc ende hoe crachtich dat si in anderen menschen stichtinge gevonden wort, want si overmids den stichtigen exempelen DER UUTSENDINGE<N> DES PARADIJS geliket wort. Inden eersten wort si geordiniert tot gode, inden anderen tot haer selven, in den derden tot haren evenmenschen. Hier om seyt hi tot haer: DU BISTE EEN BESLOTEN HOF. Recht of hi seggen soude: Hier om heb ic te voeren geseit dat DIE ROKE DIJNRE SALVEN BOVEN ALLE WELRUKENDE CRUDE gaet, dat niet te verwonderen en is, want DU BISTE EEN BESLOTEN HOF. Een HOF, meen ic, dat van weelden ende van vroechden vruchtbaer is, ge-*/84rb/*bouwet ende besneden mit des conincs hant. *Gilbertus*: Nu merket uten woerden des loves die minlike begeerte des brudegoms die vander minnen des minnenden zielen verwonnen scijnt te wesen, want hi en liet hem niet genoeghen haer eens gepriset te hebben, mar hi verhalet haren lof anderwarf ende derde warf mit genuecheliker vroelicheden. Wat dunct u van haer, die also sulc ende also groten brudegom tot sijnre bruut vercoren heeft? En mach si niet wel van

---

Le1 Da Be2 Le5 Be3

2245 -den *om Da Be2* **2245/6** seit / die brudegom driewerve *Da Be2* **2246** creaturen *:* dingen *Da Be2* **2250** Als sunte *(*augustinus*)* seecht *Da Be2* **2252** goede *:* gade *Da Be2 Le5* Barnardus: Want *:* want als sunte bernardus seit *Da Be2* **2253** een *om Le1 Le5* **2257** vaders *:* selfs *Le1 Le5* <patris> **2258** Na enen anderen sin *om Le1 Le5* Na enen *:* naden *Be3* **2261** noemt *na* bruut *trnsp Da Be2* **2262** dien *om Da* **2263** ende *(*der*) Da Be2* hoe sulc *:* woedaen *Da Be2* **2264-6** want – wort*(1) om Be3* **2265** wtsendinge *Le1 Be2 Le5 Be3* <emissionibus> **2266** *(*iersten*)* soe *Da Be2* **2268** wolde *Da Be2 Be3* *(*ic*)* dy *Da* **2271** van vrouden ende van weelden *Da* **2273** begeerten *Da* **2276** vroelicheit *Da Be2 Be3* also sulc *:* alsoedanigen *Da Be2*, alsulken *Be3* **2277** groten – bruut *:* groten heer tot oeren brudegom *Da Be2*

sinen medegaven ende van sijnre weerdicheyt verbliden, die daer toe vercoren is ende also geminnet is ende aldus gelovet wort? Hier om, o bruut, so mogeste wel mit rechte hieten EEN BESLOTEN HOF, die van dinen brudegom mit also weel weelden begavet biste. Dat *eertsche paradijs is harde genuechelic, mar dat paradijs dat inden gemoede der minnender zielen geplant is, */84va/* is harde veel genoecheliker. O bruut, aldus *wortste wel mit rechte een hof gehieten die van alsulken hofman, die dijn geminde is, geplantet biste, <gebouwet biste> ende mit sijnre genaden vruchtbaer biste gemaket. Du biste slechts niet een gemeen hof als ander hove, mar EEN BESLOTEN HOF. Een HOF overmids overvloedicheyt der genaden, ende BESLOTEN overmids den wackeren toesien te bewaren dat daer in geplant is. Hi seit twewarf dat si EEN HOF is, om des utersten [menschen] ende des inresten menschen willen, ende twewarf BESLOTEN, om der godliker bescerminge ende om der engelen bescerminge willen, daer dat hof mede bewaert blivet; want die brudegom bewaert sijn bruut mit alle sine gesinde also varre alst in hem is. *Gilbertus*: Hi wil sijn weelden verliesen die hi hevet, ja of hise hadde, die vander bewaeringe ende van der ommetuninge sijns hoves */84vb/* *murmert. O bruut, hier om laet die poerte dijns hoves besloten wesen, ende en ontsluutse nyement dan alleen den prince. Als *Eseciel*, die propheet, seyt: Laet die prince alleen sinen vrien inganc ende uutganc hebben. Laet Cherubin wachter van dijnre poerten wesen, op dat daer niet in en coem, het en si eerst mit sinen vierigen swaerde wel besocht. Want daer en moet niet incomen, het en si mitter lichtscinender waerheyt ende mit vieriger minnen gecleet. Isset dat wi die roke der goeder salven ende die weelden der welrukender cruden begeren, so en laet ons niet verdrieten selve besloten hove te wesen. *Gregorius*: Ene ygelike minnende ziele is EEN BESLOTEN HOF, als si der menschen prijs scuwet ende vliet, als si hoer goede werken voer der menschen ogen verberget, ende haer selven also van binnen *bemuert, dat die oude wedersaec in geenre siden inbreken en mach. Die minnende ziele is oec EEN */85ra/* GETEYKENDE FONTEYN, want als si hemelsche dingen stadelic gedenket ende scouwet, ende als si godlike wijsheit van boven altoes inden buuc haerre memorien vergadert, dan en ophout dat heylige gemoede niet levendich water voert te baren, ende wort recht EEN GETEYKENDE FONTEYN gehieten; want dat geestelike verstant wort haer geopenbaert ende den onweerdigen ontfanger verburgen. *Dyonisius*: Sich daer toe dat nyement ongeleerdes dit en hoer. Die sijn ongeleert, die also mit formen ende mit beelden in beeldeliken dingen gebonden staen, dat si niet overweselijcs

---

Le1 *Da Be2* *Le5* *Be3*

2281 eertsche *:* eerste *Le1 Da Be2 Le5* **2283** wortste *:* waertste *Le1* <diceris> **2284/5** gebouwet biste *om Le1 Le5* <culta> **2285** mit *:* van *Da* gemaect / biste *Da* **2290** *(*utersten*)* menschen *Le1 Le5* <interiorem et exteriorem hominem> **2293** hadde *:* hevet *Da Be2* **2294** murmert *:* versumel is *Le1*, murmeriert *Da Be2* <submurmurat> hier om / o bruut *Da Be2* **2300** dan *(*dat*) Da Be2 Be3* **2302** besloten hove *:* een beslaten hoff *Da Be2* want als sunte *(*Gregorius*)* seget *Da Be2* **2305** bemuert *:* bescermet *Le1* <circumsepit> **2311** hier aff spreket sunte *(*dyonisius*)* tot thimotheus *Da Be2*

begripen en connen. Want het is [hen] seer swair, ja <bi na> onmogelic, dat een vleyschelic gemoede ende onbesocht in geesteliker oefeninge, tot verstandeliker vernemelheyt soude mogen opstaen, ende daer in dat oge des scouwens vestigen ende vast soude mogen houden. Hier om is een innich gemoede dat in vliticheden des scouwens geoefent is, EEN TOEGESEGELDE */85rb/* FONTEYN gehieten, want het die geestelike verborgen leeringe diet inden scouwen geleert heeft, voer die onverstandele verbergen can, ende houden dat HONICH alst tijt ende stonde eysschet heymelic ONDER DIE TONGE. Want dat is <die> overgrote soeticheyt die den ghenen die in knechteliker vresen staen ende in geesteliker oefeninge noch onbesocht sijn, verborgen blivet, ende den godminnenden oefenaers overmids den smaec der inrester innicheyt ondecket ende geopenbaert wort. *Gilbertus*: Bi deser TOEGETEYKENDER FONTEYNEN moegen wi verstaen die minnende[n] ziele die mit sonderlingen vordel der sueticheyt begavet is ende rijc gemaect. Dit is die soeticheyt die alle bloeseme ende vruchten der doechden vroelic maect. Dese sonderlinge, edele ynnicheit in gode begiet dat herte der bruut in die weelden des brudegoms recht als een fonteyne[n], ende maketse in vruchtbaerre genaden */85va/* nat, in dien dat des brudegoms aensicht altoes over haer geteykent staet. Wie sel minen hoveken van desen water geven ende laten die geteykende fonteyn also daer invloeyen, op dattet mitten rivierkijn<s> des honichs ende der vrolicheyt also begoten worde, dat daer niet onvruchtbaers noch drovichs in en blive? Want een verslagen, drovich gemoede dat mit geenre geesteliker vroechden vermaket en wort, dat scijnt den onvruchtbaren hove naeste gebuer te wesen. Hier om hiet dese fonteyn geteykent te wesen, want si gesloten staet voer die vreemde ende voer die huusgenoeten opgeloken is. DIJN UUTSENDINGE SIJN ALS EEN PARADIJS DER APPELEN VAN GERNATEN. *Gilbertus*: Daer en sijn geen cleyn overvloedicheden der weelden van binnen verborgen, daer een geheel paradijs uutgesent wort. Du hebste veel din-*/85vb/*ghes: du hebste beyde dat dat paradijs uutgesent heeft ende dat dat nochtan van binnen besloten blivet. Het is uutgesent inden werken des mededogens ende der minliker goedertierenheyt, het blivet van binnen besloten in die begeerte der kuuscher reynicheyt. Alle dijngen sijn daer orberlic voertgeset ende soetelike gescicket. Hier om mogestu recht in die uutwendige wisen ende werken een paradijs scouwen in die eersamige stichticheyt van buten ende in die soete begavinge van binnen. *Richardus*: Die heylige scrift coemt der menschelike crancheyt te gemoet, overmids datsi onsienlike dingen mit formen ende mit gelikenisse<n> der

---

Le1 Da Be2 Le5 Be3

2314 *(is)* hen *Le1* bi na *om Le1 Le5* <quasi impossibile> **2316** vernementheit *Da Be2* **2317** enich *Da* **2321** heymelic *om Da* **2322** die *om Le1 Le5* <illa magna> **2326** minnenden *Le1* **2329** in *:* tot *Da Be2* **2330** fonteynen *Le1* **2331** altoes *om Da* over *:* op *Da Be2* **2333** rivierkijn *Le1* <riuulis> **2334** droevicheit *Da* **2335** vroechden *:* vrolicheit *Da Be2* **2336** gebuert *Da* **2337** vreemde *:* vriende *Le1 Le5* <alienos> **2341** dat*(1)* *:* daer *Da Be2* **2342** heeft *:* is *Da Be2 Be3* dat dat *:* dat *Da*, dattet *Be3* **2349** gelikenisse *Le1 Le5* <formas>

si[e]nliker, mateerliker dingen *bescrivet, ende print mit haerre gehoechenisse die onsienlike dingen in *onsen zielen overmids suverlicheyt summiger begeerliker <ende orberliker> uutwendiger [begeerliker] dingen. Hier uut coemt dat die heylige scrift ons belovet alse nu een lant /*86ra*/ dat honich ende melc vloyt, *alse nu suverlike blomen, alse nu goede roke; ende soude ons gherne alse nu bider menschen sanc, alse nu bider vogelen sanc die hemelsche vroechde beduden. Aldus werden oec nu al hier mit steden, mit vruchten, mit hoven, mit welrukenden cruden die gestande vanden ynnigen gemoeden beduyt. Want het is veel beter in alsulken gelikenissen mit begeerten becommert te wesen, dan dat dat gemoede andersins in onnutter becommeringe verdwaelde. Aldus wort dat scouwende gemoede dat mit geesteliker begavinge <begavet is>, alse nu den hove der weelden, alse nu den fonteynen, alse nu den putte der wateren, alse nu den eertschen paradise ende alse nu der hemelschen stat geliket. Mar wat scoenheyt, wat weelden in alle desen gevonden wort, het en mach daer niet tegens geliken, mar van varren recht als in eenre vreemder figueren volgen. Hier om wort oec alsulken ynnigen gemoede niet /*86rb*/ alleen bi enen dinge mar menigerhande dingen geliket, op dat so wat daer anden enen gebreket, dat men dat ant ander mach verhalen. Nochtant, al namense al te gader, men en mochtet nochtant nyemmermeer geheellic beduden. Hier om sijn DIJN UUTSENDINGE, dat sijn die vruchten die van dinen woerden ende van dinen exempelen comen, recht ALS EEN PARADIJS om der overvloeyender soeticheyt willen, ende GELIKEN DEN APPELEN VAN GERNATEN MIT VRUCHTEN DER APPELEN. Recht of die brudegom seggen woude: O mijn bruut, om di na te volgen ende te geliken, so nemen sommige menschen een gemeen leven aen, dat bi den APPELEN VAN GERNATEN beteykent is; die sommige onder enen geesteliken vader gehoersamich te staen, dat bider rondicheyt der APPELEN beteykent is; ende die sommige pinen der hermiten leven /*86va*/ inder woestinen te volgen, dat biden anderen welrukenden cruden beteykent is. *Gilbertus*: Dese inprintinge der soeter woerde wort genoecheliken gehoert, mar die gelikenisse der APPELEN VAN GERNATEN gaet op <ons> die canoniken *regulier sijn ende onder een ordene leven, ende besloten sijn recht alse corlekens onder die scelle van enen appel. Ende vergave god dat wi dese corlekens volgeden, dat wi alleen in den getale der personen ende niet inden gemoede versceiden en waren, want wat batet dat een huus onse lichaem besluut ende menigerhande wille onse gemoede gesceiden hout. Daer om, laet

---

Le1 *Da Be2* *Le5* *Be3*

2350 sienliker *Le1 Le5* <rerum sensibilium> bescermet *Le1 Le5* <describit> **2351** onser *Le1 Le5* <mentibus nostris> **626/7** **2352** ende orberliker *om Le1 Le5* <ac utilimium> orberlicker ende begeerliker *Da Be2* begeerliker *(*dingen*) Le1* **2354** alse*(1) :* also *Le1* **2361** begavet is *om Le1 Le5* <refecta> **2366** bi *om Da Be2* **2372** mit *:* mitten *Da Be2 Be3* **2373/4** ende – aen *:* soe nemen somige menschen *(*een *add Be2)* gemeen leven an om dy te geliken *Da Be2* **2375** gehoersamich *:* in gehoersamheit *Da Be2*, ghehoersaem *Be3* **2376** der *:* hem *Da Be2* **2379** ons *om Le1 Le5* <nos qui> **2380** regulier *:* ende regeliers *Le1*, die regheliert *Le5* <regulares> **2383** gescheiden *Da Be2 Be3*

ons die minne verenigen, ende die rode verwe totten liden Cristi *leiden, ende die witte verwe mitten roden gemenget totter cuysscher scamelheyt in allen werken voer te nemen; laet ons alle minne der ey-*/86vb/*genre sokelicheyt oflaten, op dat ander menschen van onsen exempel leren mogen hoe goet ende hoe vrolic dattet is die broederen in een te wonen. Want alsulken eninge is noet, daer dat beste deel in gelegen is. Dese appelen sijn genuechelic aen te sien ende worden den geminden gehouden. Want hi in alsulken leven <sonderlinge> genoechte heeft, overmids dat mitter menschen kinderen te wesen, sijn weelden sijn. Waer om die gene wel DER APPELEN VRUCHTE mogen hieten, daer die vruchten des geests, alse vroechde ende vrede, lancmoedicheyt, gelove, saticheyt, sachtmoedicheyt, reynicheyt, onthoudinge ende minne sonderlinge in gevonden worden. *Gilbertus*: So wie waerachtelike den vrede van binnen mint, die moet mit lijtsamicheden veel dingen leeren liden, op dat hi den costeliken scat des vreets niet en verliese. Ende daer om begroef die man dien scat inden acker doe hien gevonden hadde. Aldus */87ra/* is die heylige scrift EEN GETEYKENDE FONTEYNE gehieten, want si menichsins toegesloten scijnt – alse mit *simpelheit der woerden, ende mit hoecheyt der materien, ende swaerheyt des verstaens – ende naden figueren ende naden *parabolen dicwijl schijnt contrari te wesen ende mit menigerhande sinne; want uut enen woerde mach men dicwijl vierrehande verstande nemen ende dicwijl scijnt die een sin opten anderen niet te sluten, als inden souter ende in den propheten. Also dat die heylige scrift dat boec is dat sinte Johan in Apocalipsi mit zeven segelen toegesegelt sach. Daer hiet die scrift een boec ende hier een fonteyn. Si hiet een boec, want si ons leert; si hiet een fonteyn, want si ons laeft van binnen. *Barnardus*: Die slotel der scrifturen is oetmoedicheyt. *Bonaventura*: Die slotel der heyliger scriften is te begeren *smakende wijsheyt, die vanden vader des lichts nederdaelt in die ziele ende doerscijntse mit sinen */87rb/* radien daer hise godformich mede maect; want hi verlicht haer verstant, hi verwackert haer minne in nuwer vroechden, ende starct haer oefeninge mit nuwer crachten.

DU BISTE EEN FONTEYN DER HOVEN, EEN PUT DER LEVENDER WATEREN, DIE DAER VLOEYEN MIT EENEN DRUST VAN LIBAEN. STANT OP, NOERDENWIJNT, ENDE COM, SUDENWIJNT, ENDE BEWAEY MINEN HOF, ENDE DIE WELRUKENDE CRUDE DES HOVES SELLEN VLOEYEN. Hier te voeren hevet Cristus, die brudegom, sijn bruut,

---

Le1 *Da Be2* *Le5* *Be3*

2385 leiden : leggen *Le1 Le5* <nos inducat> **2388** achterlaten *Da Be2* **2391/2** sonderlinge *om Le1* <specialiter> **2392** overmids : om *Da Be2* **2395/6** sonderlinge / minne *Da Be2* **2396** hier om seyt (gilbertus) *Da Be2* **2397** lijdsaemheiden *Da Be2 Be3* **2398** groeff *Da* man : mensche *Da Be2* **2400** geteykende *om Da* **2401** simpelheden *Le1 Le5* <simplicitas> **2402** verstants *Da Be2 Be3* die (naden(*1*)) *Da Be2* perabolen *Le1* **2407** toegesegelt : toegeslaten *Da Be2 Be3* heilige (scrijfft) *Da Be2* **2409** heyliger (scrijfftueren) *Da Be2* **2410** smakende : godlike *Da Be2 Be3* **2413** in : mit *Da Be2 Be3* ende : hi *Da Be2 Be3* **2415** fons ortorum puteus (puteus *om Be2*) *opschrift Da Be2*, dat xlvi capittel *opschrift Le5* **2418** sellen : moeten *Da Be2*

die heylige kerke, van menigerhander vordel der doechden gepriset, hier coemt die bruut weder ende offert hem die sake ende die oerspronc alle dies prises ende alle die doechden weder op, ende seit tot hem mit enen weerdigen love: DU BISTE EEN FONTEYN DER HOVE<N>. Want Cristus, die brudegom, is een levendige fonteyne alre genaden, die overmids */87va/* sijnre invloeyinge der geloviger menschen herten begavet ende vruchtbaer maect. Als een *propheet* seyt: Een open fonteyn sel wesen den huse Jacobs, ende alle den genen die te Jherusalem wonen. *Barnardus*: Alre fonteynen ende alre rivierkens oerspronc ende begin is Cristus Jhesus. Want reynicheit, onthoudinge des vleyschs, wijsheyt des herten ende alle goetwillicheyt vloyen uut deser fonteynen; ende niet alleen dese, mar isset dat yement wijs van sinnen is of besceidelic dat uutspreken can, ende is<t> dat yement<s> seden stichtich sijn, dat comt *daer van, ende alle stichtighe rade, alle gerechtige ordele, alle heylige begeerten sijn rivierkens ende vloeyen uut deser fonteynen. Hier om sellen alle rivieren der genaden wederkeren totter steden daer si uut gecomen sijn, op dat si weder mogen vloeyen. In deser fonteynen machmen alle onreynicheyt wassen, */87vb/* alle onvruchtbaerheyt begieten ende vruchtbaer maken, ende alle dorstige gemoede mit drancke versaden. Want so wie van desen water drinct en sel niet meer dorsten, mar het sel worden een fonteyn des levenden waters, springende in dat ewige leven. Hi is oec EEN PUT DER LEVENDER WATEREN DIE MIT ENEN DRUUST VLOYEN VANDEN LIBAEN, overmids dat nyement die afgrondicheyt sijnre sonderlinger genaden begripen en mach. Want dat hieten levendige wateren te wesen, die uter adere deser fonteynen ewelic vloeyen sonder ophouden; ende hieten levendige watere te wesen, want si doden verwecken ende [si] geestelic leven geven. Dese vloeyen mit eenre druustecheyt, dat is mit groter onbegripeliker overvloedicheyt, alse *David*, die propheet, seyt: Die druusticheyt der rivieren verblijt die stat gods, ende die alre overste heeft sinen tabernakel geheylicht. Dese wateren vloeyen vanden Libaen, dat is van den ewigen */88ra/* vader wies glorie wi gesien hebben, recht als die glorie des enichs geborens soens. Hier om, STANT OP, DU NOERDENWIJNT. Want die bruut den brudegom <oetmoedelic> van sijnre genaden gedancket heeft, so wil hise noch meer voertsetten ende anderwarf prisen. *Casciodorus*: So wie die gegeven genade mit rechter dancbaerlicheyt vander herten niet en laet sceyden, die verdient noch beter ende meerre gaven te ontfanghen. Ende hier om

---

Le1 *Da Be2* *Le5* *Be3*

2420 *(*hem*)* weder *Da* **2421** draget hem *(*alle*) Da* draget *(*alle die duechden*)* hem *Be2* **2422** hove *Le1* <ortorum> **2425** alle *om Da* **2426** hier aff spreket sunte *(*bernardus*) Da Be2* **2428** die *(*vloeyen*) Da Be2* **2430** ist *:* is *Le1 Le5* yement *Le1 Le5* daer van *:* van hem *Le1*, daer af *Be3* **2437** in hem *(*werden*) Da Be2* **2439** -den *om Da Be2* **2441** ewichlike *Da Be2* **2442** si *(*hieten*) Da Be2* die *(*doden*) Da* **2443** *(*ende*)* si *Le1 Le5* **2445** rivieren *:* vloet *Da Be2* **2446** -den *om Da Be2* **2447** vader *:* woerde *Da Be2 Be3* **2449** oetmoedelic *om Le1 Le5* <ex humili gratitudine> **2450** weder *(*noch*) Da Be2* **2451** dancbaerheit *Da Be2 Be3* **2452** meerre ende beter *Da Be2 Be3*

seit hi: STANT OP, DU NOERDENWIJNT, ENDE COM, SUDENWIJNT. In desen woerden lovet hi die bruut dat si starc ende crachtich in haren wederstoten is, ende oetmoedich ende minlic in haerre voerspoedicheyt, ende seit: STANT OP, ende ganc en wech, DU NOERDENWIJNT des wederstoets, die veel menschen om haerre crancheyt willen in onlijtsamicheden *nederwerpste, ENDE COM, SUDENWIJNT, die veel menschen mit hoecheden ende mit voerspoedicheden *plegeste te bedriegen, DOERWAEY MINEN /*88rb*/ HOF mitter aenvechtinge menichfoudiger becoeringe, op dat dies hoves WELRUKENDE CRUDE VLOYEN hem selven te openbaren inder besokinge ende in der beprovinge gods. Als die engel tot Tobiam seyde: Want du gode genaem waerste, so wasset noet dattu mit becoringe geprovet soudste worden. *Beda*: Wel te recht mach men biden NOERDENWIJNDE die scarpicheyt deser verveerliker werlt nemen, ende biden SUDENWIJNDE haer bedriegelike smeken ende toelachen verstaen, mar so wanneer des heren hof mit beyde desen temptacien aengevochten wort, dan wort men inden verwinnen der heymeliker crachte gods gewaer. Want als die heylige kerke haren hemelschen brudegom mit onverwinliker begeerten der gemoets aenhanget ende also volhardende is, dan en wortse in genen voerspoedicheyt ydelic verheven, noch /*88va*/ in geenen wederstoet mit mismoedicheden verslagen; ende want si mitten genen die onverwinlic is, stantachtelic vereniget staet, so en wortse in al haren becoringen niet nedergeworpen noch verwonnen, mer geprovet ende gepuert gelike den goude inden vier. Hier om seyt die brudegom: STANT OP, NOERDENWIJNT, COM, SUDENWIJNT ende besoec MIJN HOF mit temptacien. Want god temtiert den mensche, op dat hien leren mach, mar die viant temptierten, op dat hien bedriegen mach. Die werlt temptiert recht als een meerminne die mit haren soeten sange die sciplude verdrencken doet; dat vleysch temptiert recht als dat wijf Dalida, die mit haren smeken den starken Sampson verscalkede; die viant temptiert ons recht als een wreet brijschende leeu ende soect wien dat hi verslinden mach. Dit sijn drie valsche /*88vb*/ bedriegers daer die onversichtige menschen dicwijl of bedrogen worden. Die werlt comt mit haren sachten smekinge, dat vleysch comt mit sinen onaerdigen begeerlicheden, ende dan comt die viant ende beslutet al mit sinen ewigen tormenten. Mar wat is in al desen anders te doen dan te bidden dat DIE WELRUKENDE CRUDE, °die te voren van binnen° verborgen waren, also uut moeten VLOYEN datmen alle becoringe niet alleen liden, mar oec daer mede verwinnen

---

Le1 *Da Be2* *Le5* *Be3*

2453 du *om Da Le5* **2454** hi *:* die brudegom *Da Be2* is / in oeren wederstoten *Da* **2455/6** ende ganc en wech *na* wederstotes *(2456) trnsp Da* **2457** onlidsamheiden *Da Be2 Le5 Be3* nederwerpt *Le1*, nederwarpen *Le5*, nederworpes *Be3* <deicis> **2458** plegen *Le1 Le5* <decipis> **2459** der *(*menichvoldiger*) Da Be2 Be3* **2466** temptacien *:* becaringen *Da Be2* **2469** toegevoecht *(*is*) Da Be2 Be3* toe *(*is*) Le5* **2475** temptacien *:* becaringen *Da Be2* temtiert *:* becaert *Da Be2* **2476** temptierten *:* becaerten *Da Be2* temptiert *:* becaerten *Da Be2* **2478** temptiert *:* becaerten *Da Be2* **2479** temptiert ons *:* becaertten *Da Be2* **2481** onvoersichtige *Da Be2 Le5 Be3* **2485** van binnen die te voren *Le1 Le5 Be3* <prius intus>

mogen. Want in genen dingen en wort die scoenheyt der bruut meer gepriset, ende die almachtige mogentheyt des brudegoms *sueteliker geopenbaert, dan dat geen bedriegelicheyt, geen verleydende onreynicheyt dat trouwe gemoede dat mitter hopen op den brudegom leent, nederwerpen of verwinnen en mach. *Barnardus*: Die werlt grimmet, dat lichaem drucket ende is lastich te dragen, ende die viant leyt sijn lagen. Nochtan en valle ic niet, want ic */89ra/* bin gefondiert op Cristum, den vasten steen. Ende al isset dat die NOERDENWIJNT der ongenuechten pijnt neder te warpen, ende die SUDENWIJNT der smekender geluckicheyt die onvoersichtige verscalken wil, nochtan die een bruut is en vallet niet. *Augustinus*: Also als<t> een vier is daer dat gout in gepuergiert wort ende dat stro in roket ende assche wort, also pleget een becoringe die goede te proven ende reyn te maken, ende die quade te verwerpen ende te verdomen. Ende in eenre plagen plegen die goede gode te dancken ende te glorificieren, ende die quade over hem te clagen ende te blasphemieren. Ende hier om wort alleen totter goeder behoef geseit: STANT OP, NOERDENWIJNT der becoringe, ENDE COM. Het sijn veel redene waer om god die menschen laet temptieren. Die eerste is een beginnende inleydinge der oetmoedicheyt, overmids dat hi hem selven daer in leert bekennen. *Gregorius*: Die mensche[n] soude[n] wanen van starken crachten te wesen, waer dat hi geen ge-*/89rb/*brec der doechden in hem selven gewaer en worde. Ende daer om pleget die almachtige god in den somigen die hi grote genade gegeven heeft, sommige cleyn berespelike dingen te laten, op dat si altoes wat in hem houden tegens te striden, ende haer gemoede niet en verheffen noch ledich en houden. Want al sijn die meeste viande verwonnen, daer sijn noch cleyne wedersaken gebleven daer si hem altoes voer moeten hoeden. Die ander sake is een verwackeringe der innicheyt inden vierigen gebede. Want als die mensche gewaer wort dat hi van hem selven [als van hem selven] niet en vermach, daer in leert hi tot wies hulpe hi mit sinen gebede sijn toevluchte maken sel. Die derde sake is een vermeeringe der cronen inden manliken verwinnen. Want hoe meer stridens, hoe meer verwinnens; ende hoe meer verwinnens, hoe die croen meerre ende scoenre wort. *Isidorus*: Die uutvercoren vriende gods en wor-*/89va/*den niet meer getemptiert dan die wille goids tot haren orber ende tot haren voertgange verhenget. Die vierde sake is een gerechte wrake der sonden daer die mensche van naturen toe geneyget is. *Gregorius*: Het gevallet dicwijl dat die sonde die

---

Le1 *Da Be2* *Le5* *Be3*

2487 moge *Da Be2 Be3* **2488** suetelic *Le1 Le5* <dulcius> **2490** mitter *:* mit vaster *Da Be2 Be3* **2491** Want alse sunte *(*Bernardus*)* seit *Da Be2* lasterlic *Da* **2493** gefondiert *:* gevestiget *Da Be2* **2498** Daer sunte *(*augustinus*)* aff seit *Da Be2* alst *:* als *Le1 Le5* purgiert *Da Be2* **2502** *(*com*)* zuden wint *Da Be2* dat *(*god*) Da Be2* **2503** temptieren *:* becaert werden *Da Be2* **2504** Alse sunte *(*gregorius*)* seit *Da Be2* **2504/5** menschen souden *Le1* <homo crederet> **2507** in *om Da Be2* **2508** in hem / wat *Da* **2511** sake *:* reden *Da Be2* **2513** *(*selven*)* als van hem selven *Le1* **2514** sake *:* reden *Da Be2* **2517** Ende hier om seit *(*ysidorus*) Da Be2* **2518** getemptiert *:* becaert *Da Be2* **2519** sake *:* reden *Da Be2* rechte *Da Be3* **2520** Want als sunte *(*gregorius*)* seyt *Da Be2*

mit rechten rouwe ende mit rechten leetwesen ofgedaen is, mit wederuutsprutinge vernyet wort. Die vijfte sake is een waerscuwinge om die doechden bet staende te houden. Want een becoert mensch en leert niet alleen hoe hi doechden vercrigen mach, mar oec mede verstaet hi hoe hise behoeden mach. Want het gevallet dicwijl dat een mensch die vanden stride der becoringe niet verwonnen en mochte worden, dat hi inden tijt des vreets veel scadeliker nedergeworpen wort. Die seste sake is een vermaninge der sorchfoudicheyt in die oefeninge der doechden. *Ysidorus*: Het is den knechte gods orberlic nader bekeeringe getemtiert */89vb/* te worden, op dat hi vander trager versumelheyt verwackert worde[n], ende sijn gemoede van binnen also bereyde tot doechden. Die sevende sake is een ontfunckinge der minnen vander ontfarmhertichede die hi begeert. *Barnardus*: *Der tribulacien volget dicwijl een bekeeringe tot gode, *der bekeeringe volget een verlossinge, ende nader verlossinge volget een dancbaericheyt. Ende also beghint die mensche gode te minnen, niet alleen om sijns selves willen, mar oec mede om goids willen selve. Die achtende sake is een leeringe des medelidens van eygenre besochter droefheyt. Die *wise man*: Wat weet hi die niet getemtiert en heeft geweest? *Gregorius*: Die almachtige god verhengede dat sinte Peter getemptiert ende verwonnen wort, op dat hi in hem selven mochte leren <hoe> dat hi mit anderen becoerden menschen ontfarmhertelike soude liden.

<Na enen anderen sin.>

DU BISTE EEN FONTEYNE DER HOVEN, EEN PUT DER LEVENDER WATEREN. Dit mogen oec woerde der bruut, der */90ra/* minnender sielen wesen, die mit enen wederdancberliken love den brudegom priset, want hi een beghin ende een oerspronc alre gaven ende alre goeder werken is. Oec mogen die navolgende woerde in desen text den brudegom wel toebehoeren, die sijn bruut mit noch meerre gaven verhogen wil, want si hem van sinen gaven mit wetentheden dancbaerlic was. Gelikerwijs alst al verloren is datmen den onwetenden ende den ondanckbaerliken doet, also wortet overmids verdienten der dancberlicheyt vanden oversten gever lieflic vermeerret ende vermenichfoudiget dat den oetmodigen, dancbaerliken ontfanger gegeven wort. Die bruut priset den oefenaer haers hoves, daer si seyt: DU BISTE EEN FONTEYNE DER HOVEN. Ende

---

Le1 *Da Be2* *Le5* *Be3*

2522 sake *:* reden *Da Be2* **2523** te *(*bet*) Da* **2524** verstaet hi / mede *Da* **2527** sake *:* reden *Da Be2* **2528** Hier aff *(om Be2)* spreket sunte *(*ysidorus*) Da Be2* **2529** getemtiert *:* becaert *Da Be2* trager *:* crancker *Da* **2530** worden *Le1* **2531** sake *:* reden *Da Be2* **2532** want alse sunte *(*bernardus*)* seit *Da Be2* Der *:* Na *Le1* **2533** der *:* Na *Le1* **2534** dancbaerheit *Da Be2 Be3* **2536** sake *:* reden *Da Be2* **2537** Ende daer om seit *(*die*) Da Be2* getemtiert *:* becaert *Da Be2* **2538** hier aff spreket sunte *(*gregorius*) Da Be2* getemptiert *:* becaert *Da Be2* **2539** leren / mochte *Da Be3* hoe *om Le1 Le5* <qualiter> dat *om Be3* **2541** Na enen anderen sin *om Le1* Na enen : Naden *Be3*, een *Le5* **2542** *(*haven*)* ende *Da Be2* *(*wateren*)* etc *Da Be2 Be3* **2543** die *(*woerde*) Da* wesen *na* oec *trnsp Da* **2549** ondancbarigen *Da Be2*, ondancbaren *Be3* dancbaerheit *Da Be2* **2551** dancbarigen *Da Be2*

rechte voert *loent haer die brudegom van dier dancbaerlicheyt, daer hi seyt: STANT OP, NOERDENWINT, want die vrie genade des brudegoms en can niet verbeyden haer weder te *lonen. */90rb/* Die bruut seyt eerst totten brudegom: DU BISTE EEN FONTEYN DER HOVEN. Recht of si seggen soude: O brudegom, du priseste mi recht als een hof der weelden, du hieteste mi een geteykende fonteyn te wesen, mar wat ist dat ic in mi hebbe, dattu mi niet gegeven en hebste? Mit wat gaven scijn ic verciert te wesen, die du selve in mi niet onthouden en hebste? Ende ben ic een hof van weelden, sekerlic du biste die fonteyn die dat hof begoten hebste ende vruchtbaer gemaket; ende bin ic een geteykende fonteyn, sekerlic du biste die diep[st]e put die mi geteykent hebste. Hier om, o brudegom, so biste selve die FONTEYNE DER HOVEN, daer *die wise man* of seyt: Dat woort goids inden alren oversten is een fonteyn der wijsheyt. Du biste dat ongescepen woert, du biste dat woert dat mensche geworden is, du biste dat woert des alren oversten goids, dat inden zielen dijnre minres ingegeest is. Du biste die fonteyne daert al of levet dat daer is; di be-*/90va/*geren alle creaturen, in di is scoenheyt ende weelde, salicheyt, conincrijc, macht ende victorie. Ende want du een fonteyn des levens biste, so dorstet hem allen na di ende begeren van di versadet te wesen, die in desen onwege vermoeyt sijn. Si loven di, si bidden di ende si benedien di, ende verhalen dinen naem menich warf. Hier om bistu die FONTEYN daer die *propheet* of seyt: Mijn ziel heeft ghedorstet na gode der levender fonteynen. O honeer sel ic comen ende openbaer worden voer dat aensicht mijns gods? Het en is mi niet genoech een pant des geests te hebben, daer wi dijn soeticheyt in gevoelen, mar wi begeren di, die selve een fonteyne des levens biste. Want alle dat gevoelen datmen van di al hier gecrigen mach, en is anders niet dan een verwackeringe onser begeerten ende een ontfonckinge tot dijnre minnen, daer du ons dorstige menschen in */90vb/* deser pelgrimaedse mede laveste mar niet en versadeste, noch droncken en makeste, mar daer du ons mede verwackerste ende vermaenste. O wanneer sel ic al daer comen ende bliven, daer ic van deser levender fonteynen mit vollen monde sel drinken mogen, ende mitten alren liefsten also droncken worden vander lopender rivieren dijnre weelden, dat mi voert an niet meer en dorste, noch en behove te gaen om die putten van Samarien te soeken? O brudegom, waer om priseste mi recht als een hof der weelden te wesen, alstu selve den naem ende dat werc eens hofmans of eens gardenaers in mi hantierste? Du biste die fonteyn die vander steden der weelden uutgaeste om dat paradijs nat ende vruchtbaer te maken. Mar wat wonder ist dat ic een hof der weelden bin, want du also riken oefenaere mijns hoves biste. Hier om is mijn

---

Le1 *Da Be2* *Le5* *Be3*

2553 loent *:* lovet *Le1*, *om Le5* <remunerat> dancbaerheit *Da Be2 Be3* **2555** loven *Le1 Be2* **2556** wolde *Da Be2 Be3* **2560** seker *Da* **2561** dat *:* desen *Da Be2* **2562** diepste *Le1* <altus> **2568** victorie *:* verwinninge *Da Be2* **2570** wesen *:* werden *Da Be2* **2571** si *(*verhalen*) Da Be2* **2573** honeer *:* wanneer *Da Be2 Be3* **2577** gecrigen *:* gevoelen *Da* **2585** te wesen *om Da* **2586** dat werck ende den naem *Da*

hof der menigherhande weelden altemael dijn eygen, du, die niet alleen een fonteyne des hoves, mar een FONTEYN */91ra/* DER HOVEN gehieten biste. Want also menigerhande doechden alstu planteste, also menichsins sijn die hove ondersceiden. Doe Salomon jonc ende verweent was, makede hi hem selven hove ende bomgaerden, ende plantede daer in alle manieren van bomen. Du biste oec EEN PUT DER LEVENDER WATEREN, die daer niet of en verminren dat si in mi vloeyen, ende di niet en laten, al isset dat si mi nat ende vruchtbaer maken. O hoecheyt der rijcheden, der wijsheden ende der consten goids, nyement en mach die levende wateren uutputten die du uutsendeste. Wie sel minen hovekijn dese salige vruchtbar wateren geven? O hoe geerne ende hoe blidelic soude ic den Philistinen al haer putten laten, die niet dan een bedriegelike gedaente des vernogens en hebben, ende en mogen die begeerte des dorsts niet versaden, want rechte voert verdrogen si inden hoven ende en vloeyen uter ewiger aderen niet. Hier om isset dat mijn siele, die na desen water */91rb/* te dorsten niet gescepen en is, hier ende daer verstroeyet wort, mar wort altoes dorstich, recht als van doden wateren, mit verdriete verdreven. O mijn geminde, du biste die FONTEYN, du biste EEN PUT gehieten. Een FONTEYN, want du di selven ende dat dijn nu also mildelic geveste; EEN PUT, want du noch veel wonderliker dingen dinen geminden verborgen hebste. O hoe ongelijc is dat rivierkijn onser fonteynen, dat nu recht al springende haestelic ende onvoersien in onsen dalen coemt; mar die watere des afgrondigen puts dier saliger scouwinge gods van aensichte tot aensichte, die sijn onvermenget ende dueren ewelic. Ende al isset dat die radien des ewichs lichts ende die vloet *dijnre rivieren in deser pelgrimaedsen dinen minres somtijt in stelender wisen te gemoete comen ende noedense toten ewigen vaderlande, */91va/* si en maken geen *satheit noch en geven geen overvloedicheyt, mar doen alleen die gehuechnisse dijnre overvloediger soeticheyt <gedencken, ende in al dijnre gerechticheit> een luttelkijn verbliden. Hier om bistu EEN PUT DER LEVENDER WATEREN die dat ewige leven voeden, dat leven daer rust is sonder verdriet, werc sonder arbeyt, kennisse sonder dwalinge, minne sonder mishagen, vroechde sonder droefheyt, vrede sonder anderheyt, wille sonder wederstaen, licht sonder duusternisse, ende regnieren sonder eynde, <ende> ewelike gode loven, die al in al is. O levende leven, o soete gedenkenisse, tot desen wateren leydestuse selve gaerne, du, die dat lam god biste. O brudegom, du biste selve EEN FONTEYN DER HOVEN ENDE DIE PUT DER WATEREN die mit druyst vloeyen. Mar leyder si lopen alte haestelic voer bi, mar si laten wat smaecs achter hem

---

Le1 Da Be2 Le5 Be3

2591 *(*fonteyn*)* en biste *Da Be2* *(*mer*)* oec *Da Be2* biste / geheiten *Da Be2* **2593** doe *(*makede*) Da* **2599** hovekijn *:* have *Da* ende *(*vruchtbaer*) Da* **2604** wort*(2) :* blijfft *Da Be2* **2606** een put gehieten *:* die putte *Da* **2610** dier *:* der *Da Be2 Be3* aenschouwinge *Da Be2* **2612** dijnre *:* der *Le1 Le5* <tui> **2615** satheit *:* salicheit *Le1*, sachtheit *Le5* <habundanciam> **2616/7** gedencken – gerechticheit *om Le1 Le5* <et in iusticiam> **2621** ende *om Le1* **2622** o soete *:* van zueter *Da Be2* **2623** al *(*geern*) Da* **2624** een *:* die *Da Be2 Be3* **2625** mar si laten *:* nochtan laten si *Da Be2 Be3*

bliven. */91vb/* Want dat overblivende relijf dijnre wateren maken dijnre bruut eenen groten feestdach als si alrehande blomen der minliker gedachten doen bloeyen. Want hoe druustelic die rievier dijnre genaden voerbiloept, nochtan is si vol weelden ende seer genoechelic als si al die stat goids [al] verblijt; ende, o goede Jhesu, wat soude die rivier maken of si lange bi ons bleve, ende niet also haestelic voer bi en liep? Ende trouwen, isset dat haer snelle voerbilopen die minnende ziele verblijt, so soude dat bibliven harde droncken maken. Ende waer om dat? Want si vloyet vanden Libaen, die een blenckinge of een scijnsel beduut. Want, o goede Jhesu, du biste selve dat scijnsel des ewighen lichts ende een spiegel sonder vlecke der godliker mogentheit, ende dijn invlietinge, hoe snel ende mit hoe sulker druusticheyt dat si coemt ende <gaet, si> doet die minnende ziele in sinen ogen suverlic blencken. *Gilbertus*: Cristus selve is onse Libaen, die de levende */92ra/* ghenoechten haestelic mit druuste inden scoet sijnre bruut der minnender zielen pleget te storten. Die wateren der genaden sijn harde crachtelic in die bruut gevloyet, die noch vervolginge, noch armoede, noch honger, noch sweert van der minnen Cristi sceyden en mach. Ja, die hinderlike wederstote selve worden haer mede gewrocht int goede ende comen haer te baten, want honeer die rechte doechde gemoeyet ende mit onrechte aengevochten wort, daer of pleget si <te> meer toe te nemen ende te wassen. Ende so wie overmids eenre cleynre becoringe weder tot weerliken begeerten keert, dat is een teyken dat dese wateren daer niet crachtelic in gevloeyet en waren. Hier om vergadere al dese weelden in een ende besich mit nauwen gemerke den put, *den Libaen[s], die druusticheyt, die levende wateren; in den put die heymelicheyt, ende nem inden Libaen die bleynckende suverlicheyt; */92rb/* in die druusticheyt wort alle minlike begeerte uutgeput, nochtan dat die levende wateren daer niet of en verminren. Hier om STANT nu OP NOERDENWIJNT. In desen woerden wil die brudegom die dancbaerlike bruut mit meerre gaven verheffen ende mit hoger genaden begaven, ende roept toten noerden der sonden, daer alle quaet uut coemt, *dat si voervlien ende rumen; ende seit totten suden [wint] der genaden ende der gracien dat si comen ende doerwaeyen dat hof der consciencien, *op dat si die godlike ingeestinge ontfange[n], ende HAER WELRUKENDE CRUDE in haren hof mogen VLOEYEN. Hier om, die brudegom die vander oetmoediger dancbaerlicheyt der bruut verwackert was, seit: STANT OP, NOERDENWINT, dat is, oerspronc alre tracheyt ende alre

---

Le1 Da Be2 Le5 Be3

2627 gedachten *:* begeerten *Da* **2629** (goids) al *Le1 Le5* **2632** verblijt *:* verlicht *Da* si (dat) *Da Be2 Be3* **2633** blancmakinge *Da Be2* **2636** hoe sulker *:* woe groter *Da*, hoedanigher *Be2* gaet, si *om Le1 Le5* (si) ende *Le5* **2637** dinen *Da Be2 Be3* **2639** te storten / pleget *Da* **2643** honeer *:* wanneer *Da Be2 Be3* **2644** te*(1) om Le1 Le5* **2645** totten *Da* **2648** den Libaen *:* des libaens *Le1* <Lybanum> **2649** nem *:* minne *Da Be2 Be3* **2652** du (noerdenwijnt) *Da Be2 Le5 Be3* **2654** dat *:* daer *Le1 Le5* <ut> **2655** (suden) wint *Le1* **2656** op dat *:* of dat *Le1 Le5* <ut> **2656/7** ontfangen *Le1 Be2 Le5 Be3* <recipiat> **2657** haer *:* die *Da Be2* **2658** dancbaerheit *Da Be3* **2659** alre*(2) om Da*

versumelheyt, alre droefheyt ende alre vreemder becommeringe, ende oersaec alre crancheyt ende alre onvolcomenheyt. */92va/* Hier om, STANT OP, NOERDENWINT. *Gilbertus*: O here, wanneer sel die coude, bevroren wint die uutden noerden coemt mit allen rusten, wanneer selt gescien dat ic voer sijn coude geen vrese hebben en sel, die hart te liden is ende niet licht nader begeerte te ontvlien en is? O Jhesu, goede brudegom, satige dien wint der becoringe, want ic roep mitten apostel: Ic onsalich mensche, wie sal mi vanden kerker deser doot verlossen. O goede Jhesu, hoe lange seltu die grote moeynisse dijnre geminde zielen liden? Traecheyt hevetse node, si neemtet swaerlic dat si alleen in di, die haer geminde biste, na haerre begeerten al haer genoecht niet setten en mach. Si wijttet haer selven dat si lidet. Wie sel haer te hulpe comen jegens den noerdenwint dan du, die selve van den noerden gecomen bist? O goede Jhesu, hoe lange sel die noerdenwint der weder-*/92vb/*spannicheyt onse welrukende cruden verdrucken ende bedwingen? O heer, spaer, spaer, heer, dijn bruut vanden noerdenwijnde; haer suchtinge sijn veel, haer harte is bedrovet, ende vander stemmen des suchtens verget si haer hemelsche broet teten. Uutwendige wederheyt is een haert noerdenwint, mar inwendige anxt ende bangicheyt is noch veel harder. O heer, laet dinen sudenewint uut, die den baernden oven des conincs van Babilonien recht als een dou vercoelde. Ic en *dar niet bidden dat dese sudenwint altoes waeye, mar verleen mi doch dat ic een luttel vertroest ende vercoelt mach worden. Isset dattie noerdenwint van buten stormet, so laet dat den sudenwint van binnen weder satigen. Die noerdenwint is verwoet ende ongescicket, mar die sudenwint mach dat wel weder salven. Laet den noerdenwint grimmen hoe dat hi wil, mar dat die inrelike vroechde des herten */93ra/* die in Cristo is, vanden noerden niet verstroeiet en worde. *Vercellencius*: De bedudinge vanden NOERDENWINT machmen oec wel int goede nemen ende totten groten love der bruyt, want die noerdenwint bevrieset die watere ende doet veel dingen te gader crimpen. Dese samencrimpinge beduut een simpele eenvoudicheyt des gemoedes inden scouwer gods, so wanneer alle menichfoudicheyt der bevoeliker dingen <ende> der verstandeliker dingen die daer sijn, uutgesloten wort, ende dan dat gemoede der bruut noch hoger ende afgrondiger scouwinge mit scarpicheden doerdringet. Want dan staet die bruut vanden noerden op, als si haer selven *in die overscinende radien uutstrect. Ende van desen noerden isset daer *Job* of seit: Vanden noerden coemt dat gout, daer aldustanich scouwen mede ghemeent is. *Gilbertus*: O goede Jhesu, isset dat die noerdenwint wat goeds beteykent, so

---

Le1 Da Be2 Le5 Be3

2660 (versumelheit) ende *Da* **2662/3** mit allen rusten / die wt den noerden comet *Da* **2665** dien : den *Da Be2* **2666** kerker : lichaem *Da Be2* **2675** des : oers *Da Be2 Be3* **2677** (vele) meerre ende *Da* **2679** dar : daer *Le1* <audeo> **2685** De : Dese *Da Be2* **2686** totten : tot *Da Be2 Be3* **2687/8** te (samen crimpinge) *Da Be2* **2689** ende *om Le1 Da Be2 Le5 Be3* <et intellectibilium> **2692** in : van *Le1* <in> **2693** noerden : woerden *Da*

node[t] hem mitten suden winde te gader, ende laetse te samen elc mitten sinen haren dienst */93rb/* ende haer officie doen. Laet mi den NOERDENWINT te samen dringen ende den SUDENWINT weder ontbinden. Want die NOERDENWINT bedwinget dat gemoede van uutvlietender sinlicheyt, ende die SUDENWINT vertroest dat gemoede weder mit geesteliker vrolicheyt; die NOERDENWINT bescermt <die> reynicheyt, ende die SUDENWINT vervroelicht die consciencie; die NOERDENWINT maect dat gemoede eenvoudich ende simpel inden oftrecken van allen hinderliken dingen, mar die SUDENWINT doet hem mit vroliker getroestheyt alle dingen te recht nemen. Aldus waeyen si beyde gader wel te rechte, als alle die uutwendegen mitten coutvorstigen geeste der reynicheyt te gader gedrongen ende ghecrompen worden, ende alle die inreste crachten mit rijcvloeyenden vlogelen begavet worden. Hier om, COM ENDE DOERWAEYE MINEN /93va/ HOF, OP DAT DIE goede, WELRUKENDE CRUDE MOGEN VLOEYEN. Een heylich opset, een puer conciencie ende soete, reyn begeerten sijn *goede, welrukende crude, ende vloeyen in weelden als die SUDENWINT dat hof der zielen doerwaeyet. O goede Jhesu, daer om COM ENDE DOERWAEYE selve MINEN HOF, op dat sijn goede crude mogen vloyen recht als een revier die al springende loept mitten SUDENWINDE. Mijn ziel is dat HOF, wes du die SUDENWINT; want dat hof dat dijn geest doerwaeyet, daer vloeyen costelike crude der heyliger gedachten, daer sijn versuchtinge, daer sijn weenlike verlangen, daer sijn tranen der innicheyt, daer sijn gebede, daer sijn heylige medesprake mitti in dat heymelic; o bruut, daer sijn dijn lippen dan recht als een geel geverwede huve. Alle dese dingen vloeyen daer recht alse welrukende crude, want si alle */93vb/* uut minnen comen, ende daer om sijn dese crude vol genaden costelic ende overvloedich. Die bruyt en seyt niet allene: WAEYE IN MINEN HOF, mer: DOIRWAYE MINEN HOF, want dese SUDENWINT waeyet in die inreste heymelicheyt ende daer en is niet, hi en plegetet te doerdringen. Ende want hi een subtijl, doerdringende wint is ende beroerlic, so doerwaeyet hi alle dat inreste van binnen ende ondersoket oec die afgrondige dingen goids; daer om is hi een doerwaeiende wint gehieten. *Vercellencius*: Also als wi biden NOERDENWINT verstaen mogen die sympele eenvoudicheyt des gemoets, also mogen wi oec biden SUDENWINT die bernende, lichtende viericheden des overclaers ende overscinenden lichts nemen. *Job*: En sijn dijn cleder niet heet, als die eerde [die] mitten sudenwinde doerwaeyet wort? Biden HOVE neemt men die eerste heylige oerdinancie des gemoets, dat een hof der weelden is, ende biden costeliken, WELRUKENDEN CRUDEN verstaetmen die */94ra/* mededeylinge der

---

Le1 *Da Be2* *Le5* *Be3*

2696 nodet *Le1 Le5 Be3* <inuita> **2697** officie *:* ambocht *Da Be2* **2701** die *om Le1 Le5* vervroelicht *:* maect vroelic *Da Be2* **2704** getroesticheit *Da*, vertroestinghe *Be2 Be3* **2705** *(*wtwendigen*)* dingen *da Be2 Be3* **2709** goede *:* gode *Le1 Le5* <bonum aroma> **2711** com / daer om *Da Be2* **2715** weelike *Da Be2 Le5 Be3* **2720** bruut *:* brudegom *Da Be2 Le5 Be3* **2722** doer / te *Da Be2* **2723** waeit hi *(*om *Be2)* / doer *Da Be2* **2728** Als in *(*iobs*)* boec gescreven staet *Da Be2* **2729** *(*eerde*)* die *Le1 Le5* <cum perflata fuerit>

godliker lichten, die boven den gemoede welrukende sijn. Mit deser vermaeninge wort die bruut geleert dat si crachtelic ende sonder ophouden opwarts crige ende uutgerecket worde, om dat godlike licht mit meerre volcomenheden te ontfangen ende dat vaste te houden, ende anderen menschen sonder scade haers lichts dat mede te deylen. *Gregorius*: Wat is biden NOERDENWINDE, die mit sijnre couden dat water bevriest ende trage maect, anders dan die bose geest beteykent, die de boese menschen die hi besit van allen goeden werken trage pijnt te maken. Mar biden SUDENWINDE is die heylige geest beduut, want als hi der goeder menschen gemoede ruert, dan verwackert hise van alre tracheyt ende maectse vuerich in allen goeden werken. Want als die boese geest vander zielen sceydet ende die heylige geest daer wedercomt, dan stort hi dat vuer der minnen in onsen gedachten ende */94rb/* ontbint ons van alre trager versumelheyt; ende dan VLOEYEN DIE WELRUKENDE CRUDE rechte voert, als die roke ons goeden geruchtes soetelic onder al ons evenmenschen gebreidet wort. Die roken der doechden waeyen, op dat dat heilige hof over al bloeyende worde ende naden bloeysel welrukende, versadende vruchte voert moge[n] brengen.

Le1 Da Be2 Le5 Be3

2735 vaste *:* nauwe *Da Be2* hueden *Da Be2 Be3* **2748** mogen *Le1 Be2 Le5 Be3*

MIJN LIEF COM IN SIJN HOF OM TE ETEN DIE VRUCHTEN SIJNRE APPELEN. Hier te voeren heeft die brudegom der heyliger kerken geseyt dat si vanden NOERDENWINDE aengevochten moste worden, al hier in desen woerden consentiert hem dat die bruut, ende en wil sijnre ordinancien in geenre wijs wederstaen, mar begeert sijn hulpe, want si inden stride der becoringe sonder sijn genade niet volherden noch verwinnen en mach, ende seit: MIJN LIEF COM */94va/* IN SIJNS SELFS HOF. Recht of si seggen soude: O brudegom, du seggeste dat ic menich sins getemptiert sel worden, mar want ic dat om dijnre minnen wille gheern liden wil, so isset wel redelic ende dijnre goedertierenheyt gelijc, dattu mi dijn hulpe niet en weygerste, die ic niet ontberen en mach. Want ic weet wel dat aenvechtinge ende becoeringe in hem selven geen sonde en is, mar een oersaec ende een rescap doechden mede te oefenen ende verdienten mede te vercrigen. Daer om wil ic bereet wesen ende onversaget toten stride te gaen, in dien dattu mi die gewoenlike hulpe dijnre tegenwoerdicheyt niet weygeren en wilste; ende en wil geen pijnlic verdriet ontsien, want du mit mi altoes inden stride plegeste te wesen. Hier om begeer ic nu dat MIJN LIEF IN SIJNS SELFS HOF COM als een mees-*/94vb/*ter die onbekenden te leren. O ongescapen wijsheyt, die uten monde des alren oversten voertgecomen biste, com om ons den wech der wijsheit te leren. Ic begeer dat HI OEC COEM IN SINEN HOF als een rijc here om die gevangen te verlossen. O Adonay ende leydsman des huus van Ysrahel, die Moysen inden bornenden doernenbosch openbaertste ende inden berch van Synay die ewe gaefste, com ons te verlossen mit dijnre uutgereckeder hant. Ic begeer dat MIJN LIEF OEC COEM IN SIJN HOF als een machtich here. O wortel van Yesse, du staeste tot enen teyken des volcs op, di sellen die coningen haren mont toehouden, die heydene sellen di aenbeden; com om ons te bescermen, en wil niet langer merren. Ic begeer dat MIJN LIEF OEC COEM IN SIJN HOF als een slotel daer sijn stat mede gesloten is. O Davids slotel ende troen des huus van Ysrahel, du ontsluutste ende nyement en sluut weder toe; du sluteste toe ende nyement */95ra/* en luket weder op; com ende leyt die gevangen uutten huse des kerkers, die in duusternisse ende inder sceme der doot sitten. Ic begeer oec dat MIJN LIEF IN SIJN HOF COME als een licht den blinden te verlichten. O oprisende sonnescijnsel des ewigen lichts ende sonne der gerechticheyt, com ende verlichte die gene die in duusternisse ende in die scade der doot sitten. Ic begeer

---

Le1 *Da Be2* *Le5* *Be3*

1 Dat vijfte capittel Veniat dilectus meus meus *(om Be2)* in ortum suum *opschrift Da Be2*, dat xlvij capittel *opschrift Le5*, Dat .v. capittel *opschrift Be3* om te *:* op dat hi *Da Be2* **6/7** sijns selfs *:* synen *Da Be2* **7** wolde *Da Be2* **8** getemptiert *:* becaert *Da Be2* **15** *(*ende*)* ic *Da Be2 Be3* **19** in sinen hoff / come *Da Be2* **21** openbaerdeste *Da Be2 Be3* **24** du *:* die *Da Be2* **24/5** di – aenbeden *:* wien die coningen horen mont sullen toe holden ende dien die heidene sullen aenbeden *Da Be2* **25** com om ons *:* com ons *Da*, com *Be2*, om ons *Le5* **26** ende *(*en*) Da Be2 Be3* **27** troen *:* coninclike teyken *Da Be2*, croen *Le5* **28** du*(1) :* die *Da Be2* weder toe / en sluut *Da Be2* du*(2)* – toe *:* die toe sluteste *Da Be2* toe*(2) om Be3* **29** weder op / en luket *Da Be2* wt *(*leide*) Da Be2* **31/2** oprisende sonnescijnsel *:* opgaende schijnsel *Da Be2* **33** scade *:* sceme *Da Be2 Be3*

oec dat MIJN LIEF COEM IN SIJN HOF als een coninc om den verloren te behouden. O coninc der heydenen ende haer begeerte, o horen steen die twe dingen een makeste, com ende behout den mensche die du vander eerden gemaect hebste. O Emanuel, du biste onse ewesetter, du biste der heydene verbeider ende hoer behouder, com ons te behouden. O heer onse god, o vreedsamige coninc, du biste voer die werlt geboren, com doer die gulden poerte ende vande dijn verlossede, ende roepse daer weder, daer si mit haerre scout uut gevallen waren. Ic begeer dat aldustanigen */95rb/* geminden COEM IN SIJN HOF, dat is in die gemene, heylige kerke mitter aenneminge der menscheliker natueren; of dat hi COME INDEN HOF der minnender zielen mit sijnre onvernemeliker inwoeninge, daer *Job* of seit: Coemt hi tot mi, ic en sels niet sien; ende gaet hi weder en wech, ic en sels niet verstaen. Want sijn voetstappen, als die *propheet* seyt, en sellen niet bekent werden. Ic begeer aldustanige toecoemst IN SINEN HOF, OP DAT HI DIE VRUCHT SIJNRE APPELEN ETE, dat is, dat hi die hemelsche begeerten der minnender sielen ende die werke sijnre oefenaers danckelic ontfange: die dwalende toten rechten wege te helpen, die cranke op te boeren ende starc te maken, die wel staen daer in te starken, die volcomen sijn daer in te onthouden. *Gregorius*: DIE GEMINDE COEMT IN SIJN HOF ENDE ET SIJNS SELFS */95va/* VRUCHTEN alse Jhesus Cristus der godminnender menschen gemoeden vandet mit sijnre genaden ende hem selven versadet mitter genoechten haerre goeder werken. Sijn spise is sijns vaders wille te doen, ende sijns vaders wille is onse salicheyt.

Na enen anderen sin.

Naden anderen sinne mogen dese woerde wel toebehoren der vieriger zielen. Want een gemoede daer die ziele in den hemelschen brudegom overmids der begeerten vereniget is, en mach geen tijtlic troest deser werlt vernuegen, mar altoes staet si mit verlangen, mit versuchten, mit aenhanginge, mit anxvoudicheden ende mit begeerten gekeert totten ghenen die haer al in al is. Si en acht haers selfs gemac noch vrede niet, <si en acht haers selfs lichaemlike ruste niet>, want si is mitten scutte der minnen doerscoten. Ende daer om, doe si inden voergaenden woerden gehoert hadde dat die */95vb/* NOERDENWINT op soude staen ende die SUDENWINT comen soude, en[de] badt ende en smeecte <si> mit haren geminden niet allene in sijnre tegenwoerdicheyt, mar wort oec

---

Le1 Da Be2 Le5 Be3

35 o*(2)* : ende *Da Be2* horen : hoernic *Da Be2 Be3* **35/6** twe dingen : si beide dat is joden ende heidenen *Da Be2* **37** du*(2)* : ende die *Da Be2* **37/8** verbeidinge *Da Be2* **38** te behouden : gesont te maken *Da Be2* O *om Da Be2* *(*god*)* antifoon *Da* **39** du – geboren : die voer die werlt gebaren biste *Da Be2* **40** mit : by *Da Be2* **41** waren : sin *Da Be2* **52** cristus / ihesus *Da Be2 Be3* **54** want *(*sijn*) Da Be2 Le5 Be3* **56** Mijn lieff come in sinen hoff op dat hi ete die vrucht sijnre appelen *(*Nae*) Da Be2* **57** Naden : Nae enen *Da Be2* **58** in *om Da Be2 Le5 Be3* <in qua !> **60** *(*versuchten*)* ende *Da* anhangen *Da* **61** mit *om Da* **62** gemac noch vrede *om Be2* noch : off *Da* **62/3** Si en ruste niet *om Le1 Le5* <uilis sit ei salus sui corporis> **65** en : ende *Le1 Le5* **66** si *om Le1* mit : niet *Be3* si *(*wert*) Da Be2*

mede vierich ende barnende mit alre begeerten tot haren geminden, die si nochtan niet tegenwoerdich en gevoelde. Want onrechte, gheveynsde minne verblijt haer alleen in die tegenwoerdicheyt ende verget den geminden als hi *haer genomen is; also en doet die minnende ziel niet, mar bidt mit anxtvoudicheden ende seit: MIJN LIEF COM IN SINEN HOF. Recht of die minnende ziel seggen woude: Mi en genueget an sijn gaven niet, mar alleen an sijns selfs tegenwoerdicheyt. Die SUDENWINT daer du mi toe nodeste, en is mi niet genoech, het en si dattu selve coemste. Du selve, du biste die SUDENWINT die ic soke; du selve biste DIE WELRUKENDE CRUDE die ic begeer, want alstu selve coemeste, so toevloyen mi alle goede dingen mit di. */96ra/* Du biste mijn minne, du biste mijn brudegom, du biste mijn geminde, du biste mijn UUTVERCOREN UUT DUSENDEN; ende hoe groet die overvloedicheyt is die du selve niet en biste, dat en is mi niet dan een ellendige armoede. O goede Jhesu, du en hebstes geen noet voer die doer te wachten ende lange te cloppen eer du ingelaten wortste, want ic come di te gemoete om di in te noeden, ende verwachte dijn toecomste mit begeerten. Hoer mijn begeerte ende COM selve IN DIJN HOF. Hier voertijts quaemste SPRINGENDE INDEN BERGEN, want daer veel middelen tusscen waren, com doch nu te voete wanderende inden dalen, ende weerdich di dijnre groter mogentheyt een luttel te vergeten. Want ic weet wel dattu biste een godlic, blinckende licht des hemelsche vaders, een scijnsel des ewigen lichts, een spiegel sonder vlecke, der engelen vroechde ende hemelsche weelden, die glorie des he-*/96rb/*mels ende een gedaente des vaderliken wesens. Mar waer toe wil al dit dijn snoede creatuer, die uut vriheyt der minnen die scoenheyt dijns huus begeert, al dit overtellen? Al en machse dese scoenheyt niet te vollen scouwen, si begeert doch van dijnre tegenwoerdicheyt getroest te wesen. O uutvercoren mijns herten begeerte, hoe lange sel ic dijnre derven, hoe lange sel ic na dijnre minliker toecoemst wachten, hoe lange sel ic versuchten, hoe lange sel dijn oghe van varren op mi sien? O minnentlike heer, waer woenste, waer is dijn huus, waer plegeste neder te gaen sitten eten onder dijn alre liefste? Doch mi te weten WAER DU HOEDESTE ENDE WAER DU DES MIDDAGES RUSTE. Verget dijnre groter hoecheyt een luttel, ende wil dijnre oetmoedicheyt ende mijnre menscheliker noettorfticheyt een luttel gedenken. Want du hebste */96va/* mit dinen gebenediden monde selve geseit: Het sijn mijn weelden mitter menschen kinder te wesen; het is mijn spijs mijns vaders wille te volbrengen; ende so wie mi mint, dien sel mijn vader minnen, ende wi sellen tot hem comen ende een woeninge mit hem maken. O goede Jhesu, al

---

Le1 Da Be2 Le5 Be3

67 mede *:* meer *Da Be2* **69** *(*tegenwoerdicheit*)* des geminden *Da Be2* den geminden *:* hem *Da Be2* **70** haer *:* hem *Le1 Le5* sy *(*biddet*) Da Be2 Be3* **74** du*(2) om Da Be2 Be3* **83** soe *(*quamestu*) Da* **88** weelde *Da* die *om Da Be2* **90** al dit overtellen *:* over te tellen *Da Be2*, over halen *Be3* **96** hoedeste *:* noetste *Da*, voedeste *Be3* **97** luttelkijn *Da Be2 Le5 Be3* **98** luttelkijn *Da Be2 Be3* **99/100** Het – weelden *:* Mijn weelden sijn *Da Be2* **100** het – spijs *:* Mijn spijs is *Da Be2*

ben ic noch alte snode daer toe di in mijnre woninge te ontfangen, sich doch an die begeerte dijnre armer deernen; laet di gedenken ende laet di bewegen dattu alleen die geminde biste, dat du alleen die uutvercoren biste ende die uutgelesen voer alle creaturen; di alleen soect ende begeert mijn herte boven alle dinc. En wil doch niet meer seggen dit drovige woert: *Ontbeyt, *ontbeyt, een luttel hier, een luttel <daer>. O hoe groet is dat luttel, ende hoe lange ende vol rouwen wort den minre /*96vb*/ een cort verbeit. Sich aen die minne dijnre geminden ende wil hoerre woeninge wat nare comen, want die minne daer si di in minnet, <daer> plegestu mede *genoedet te worden. Ende ic weet wel, so wat mi goets van di gedaen wort, dat gesciet mi overmids die minne. Daer om en can ic di niet bet noeden dan uut minnen te seggen: MIJN LIEF COME IN SIJNS SELFS HOF. O wonderlike cracht der minnen, die den geminden noedet, die de herberge bereydet, die den genoden ontfanget, ende als hi ontfangen is vander minnen spise teten gevet. Waerlic het en is geen wonder dat die heyligen mitter minnen conincrike verwonnen hebben, want die minne heeft inden coninc der coningen wonderlike dinghe gewrocht. Mi en verwondert nu niet dat die minne in die heylige martelaers die lewen verwan, die hetten des viers lessede, dat venijn wederstont, siecheden genas ende die vianden vanden beseten men/*97ra*/schen verdreef, want als mi donct, soe mach die minne den onverwinliken verwinnen ende den almachtigen verweldigen ende binden. Hier om, die die minne selve is, COM IN SINEN HOF. *Gilbertus*: O goede Jhesu, ic en derre di niet noeden te comen in alsulken hof als di die bruyt bereyden wil, het en waer dattu eerst alle oncruut uut minen hove roden woudeste, ende planten daer na dijns selfs planten <daer> in. Ic en derre di niet noeden tot eniger werscappinge of weelden, mar tot stadigen arbeyde ende tot drover banghicheyt. Ja, doch die bruut, als ic wane, en nodet di niet tot haren hof – want dat waer alte vermetel –, mar tot dijns selfs hof, die van di gerodet, geplant ende begoten is. Want het is een teyken der vermetelheit Jhesum te noeden in dijns selfs hof eer du bequaem biste in die oefeninge des scouwens hem te ontfangen. Du noedeste hem mitti te wersscappen, ende du en biste noch van dinen sonden niet gereynicht. Dijn hof is vol doernen /*97rb*/ ende onvruchtbaerheden, daer du Jhesum toe nodeste. Ende wat selstu dinen geminden doen als hi coemt; wat aensicht, wat gemoede, wat *gedaente selstu hem togen of hi quaem? Waer selstu di selven van scaemten laten, die de vruchte der scamelheyt niet reyn gehouden en hebste? Ende wat sel dijn geminde doen ende waer sel hi

Le1 *Da Be2* *Le5* *Be3*

103 soe *(*sich*) Da* **105/6** ende die wtgelesen / biste *Da Be2* **107** Ontbeyt ontbeyt *:* arbeyt arbeyt *Le1 Le5* <expecta rexpecta> *(*Ontbeit*)* weder *(*ontbeit*) Da Be2* **108** daer *om Le1* woe *(*vol*) Da Be2 Be3* **110** die minne *:* in dier minnen *Da Be2* **111** daer *om Le1* gevoedet *Le1 Da Be2 Le5* <inuitacio> **112** van dy / goets *Da Be2* **120** dat venijn *:* den venijnden *Da Be2* die vianden *:* den viant *Da* **123** derre *:* daer *Da* **126** daer *om Le1 Le5 Be3* **127** droeviger *Da Be2 Be3* Ja *:* Mer *Da Be2* **135** gedaente *:* aensicht *Le1 Le5* <facies..mens..uultus> tonen *Da Be2 Be3*

hem keren, als hi sijn *begeerde vruchten in dinen hove niet en vint? O goede Jhesu, dat is een salige ziele, die di wairdeliken noeden mach, ende geven di teten vander vruchten die du selve mit dijnre rechterhant geplant hebste; ja, ripe vruchten ende soete vruchten, daer geen zuericheit noch onripicheyt mede gemenget en is. Het waer nochtan ymmer te liden dat die vruchten wat suer waren, op dat si niet quaet en waren. Want hoe goet die appelen sijn, si hebben een sueren smaec, wil men daer niet mede verbeyden, thent haer tijt gecomen is. Het is een salich hof */97va/* wies vruchten goet van naturen ende van eerden sijn, al smaken si alle tijt niet even wel. Aldustanich was dat hof daer die bruut haren brudegom toe noede, doe si seyde: MIJN GEMINDE COM IN SIJN HOF ENDE ETE DIE VRUCHTE SIJNRE APPELEN. *Vercellencius*: Die bruut noedet den brudegom in desen woerden mit begeerliken suchten, dat hise altoes van nyes vanden wil mitten overvloedigen overganc sijnre minliker goetheyt, want geen dijnc en vordert die bruut crachteliker tot haren stadeliken voertgange dan hem in *alsulker wisen stadelic te noeden. Want die hemelsche, salige geesten gaen in alsulken oefeninge stadelic ende eendrachteliken voert sonder ophouden, ende die godlike nodinge verwackert die minlike gemoeden onvernemelic tot hem mitter uutvloeyinge sijnre godliker lichten, daer si mede bestort worden ende getogen totter eenperliker, vueriger begeerten */97vb/* der radien die uut gode als uut eenre fonteynen vloeyen. Dit mach dan wel een hof vol weelden hieten, om der uutsprutender bloemen willen, dat sijn die reyne gedachten; om der vruchtbare boemen willen, dat sijn die goede werke; om der singender voegelen willen, dat is die eenperlike dancbaerheyt ende offerande des loven gods. Daer help ons god toe.

COM IN MIJN HOF, MINE SUSTER, MIJN BRUUT; IC HEB *GEMAEYET MIJN MIRRE MIT MINEN WELRUKENDEN CRUDEN, IC HEB GHEGETEN MIJN HONICHRATE MIT MINEN HONICH, IC HEB GEDRUNKEN MIJN WIJN MIT MIJNRE MELKE. Hier te voeren is geseyt vander bruut begeerte, hier wort bewijst dat haer bede gehoert is, in dien dat die brudegom seyt: COM IN MIJN HOF, MIJN SUSTER, MIJN BRUUT. Recht of hi seggen woude: Sich, ic bin hier, want du mi geropen hebste, ende bin gecomen in minen hof, dat is in die gemeen, heylige kerke, om die dwalende */98ra/* totten rechten wege te helpen, om die crancke te starken, om die twivelachtige te leren, om die dwalende te leyden, om die inden stride sijn te helpen ende om die verwijnres te cronen. Daer om, com du oec in desen hof, die ic mit mijnre bitteren doot gecoft heb. Ic bin voer di gestorven die te voeren een warmoes hof plageste te wesen, ende nu bistu een hof der wijngaerde geworden. Dit hof is ghesticht mitter uutstortinge mijns bloets, dit hof

---

Le1 *Da Be2* *Le5* *Be3*

138 begeerde *:* geminde *Le1 Le5* <optatos> **149** versuchten *Da Be2 Be3* **152** alsulker *:* alre *Le1 Le5* <predictum modum> **161** Daer – toe *:* daer ons god toe helpen moet *Da Be2* **162** veni in ortum meum soror mea *opschrift Da*, na enen anderen syn *opschrift Be2*, dat xlviij capittel *opschrift Le5* gemaeyet : gemenget *Le1 Le5* <messui> **166** *(*bruut*)* etc *Da Be2*

is geplant mit mijnre vlitiger leeringe. *Psalmus*: O heer, sich vanden hemel neder ende vandet desen wijngaert dien dijn rechterhant geplant hevet. Dit hof is van mi overgeplant ende gebrocht uut Egipten, dat is uter verblinder heydenscap. *Psalmus*: Du hebste den wijngaert overgebrocht uut Egipten ende die heyden uutgeworpen. Mar leyder, desen wijngaert wort onder die voete getreden vanden onbekenden, vieliken menschen. *Psalmus*: Die beer uten bossche heeft desen wijngaert */98rb/* verdervet, ende dat sonderlinge dier heeften verwoestet. Mar IC HEBBE MIJN MIRRE MIT MIJNRE WELRUKENDE CRUDEN GEMAEYET. Daer om, o moeder heylige kerke, bruut Cristi, want Cristus, dijn brudegom, dijn broeder, dijn coninc ende dijn heer, heeft nu uut dinen hove – dat getemptiert, geprovet, doerwaeyet mitten noerdenwinde, mar mit sijnre genaden verlosset <is> – [ende] gemaeyet sijn mirre, dat sijn die gheen die hoer bloet om die minne goids gestort hebben. Oec so heeft hi gemaeyet sijn welrukende crude, dat sijn die geen die mit trouwen arbeyde jegens die sonden ende jegens die begeerlicheden striden ende hem selven crucen. Dese worden uut desen wijngaerde opgemaeyt ende gevoert totten loen der ewiger salicheyt. *Gilbertus*: O hoe salich waren die tide inden beghin der heyliger kerken, hoe vet was doe hoer acker ende <hoe> overvloedige vruchten brochten si doe voert; hoe groet was */98va/* die vette vruchtbaerheyt der mirren inden martelaers, hoe overvloedich waren die welrukende crude der menigerhande doechden inden confessoren; o hoe menige bie waren daer doe, die de honichraten der geesteliker leeringe buten mit wasse ende binnen vol honichs maecten. Mar waer sijn nu die maertelaers mitter mirren, ende waer sijn nu die lerers mitter honichraten? Waer sijn nu die vuerige inden geeste, wijs int goede ende simpel int quade? IC HEB oec GEGETEN, dat is, mitter onversceidenre eninge heb ic tot mi genomen, DIE HONICHRATE, dat sijn die gene die minen geminden de soeticheyt der saliger leeringe weerdelic aengedient hebben, ende oec mede mitten HONIGE, dat sijn die ghene die de leeringe der heyliger ewangelien gehoert ende mitten werken vervollet hebben. IC HEB oec GEDRONKEN */98vb/* inder saliger eninge der lede mit minen lichaem DEN WIJN, dat is die vertroestinge der leeraers mitter heyliger scrifturen. Desen WIJN HEB IC GEDRONKEN MIT MIJNRE MELKE, dat is, mit alle den genen die nader volcomenheyt der heyliger ewangelien pinen [te doen]. Die leeraers mogen wel mit rechte den goeden WIJN geliken, die ander lude mit haren goeden exempelen

---

Le1 Da Be2 Le5 Be3

175 Psalmus : daer die propheet inden salter om bidt ende seget *Da Be2* **178** Psalmus : Als die propheet inden salter seit *Da Be2* den : dijn *Da* **180** Psalmus : Als die selve propheete spreket (seit *Be2*) *Da Be2* **184/5** dat getemptiert : die becaert *Da Be2* **185** doerwaeyet – winde : ende mitten noerden wynde doerwayet (doerweyt / met den noerden wijnde *Be3*) was *Da Be2 Be3* sijnre : mijnre *Da*, dijnre *Le5* **186** is *om Le1 Le5* ende (gemaeyet) *Le1* **190** opgemaeyt : opgevoert *Da Be2* **192** hoe*(1) om Le1 Le5 Be3* <quam copiosus> **193** groet : goet *Da* der mirren *om Da* **195** doe die de : die die *Da*, doen die *Be3* **199** oec *om Da* **207** (pinen) te doen *Le1*, te leven *Da* **208** lude : menschen *Da*

verwermen, mitten woerde der waerheyt dronken maken, mitten roke der goeder wercken uten bosen leven trecken ende mitter goeder verwen hoers stichtichs levens ander menschen voeden ende staende houden. Ende die MELKE mach ons wel mit rechte die goede hoerres beduden, want also als die melke uten borsten gemolken ende geperset wort, also worden die goede ondersaten uutten borsten des ouden ende des nyen testements gebaert ende gewonnen. Als *Johel*, die propheet, seyt: In dien dage sel uut den bergen soeticheyt drupen, ende die cleyne bergekijn sellen melc ende */99ra/* honich vloeyen. Oec is die melke geverwet gelike den snee, also sellen dese oec den snee mit simpelheden der goeder meninge geliken ende noch blenckender wesen dan die snee. Oec wort die melc lichtelic verduwet, also sijn oec dese toten goeden of toten quaden – na dien dat haer exempelaer is – lichtelic te brengen. Daer om seyt onse lieve heer vanden cleynen kinderen: Laetse tot mi comen ende en wilts hem niet verbieden, want alsulken is dat rijc der hemelen. Of na eenre ander bedudinge mogen wi bi den HONICHRATEN nemen dat leven der prelaten, die overmids hoecheyt hoers levens sculdich sijn te hebben HONICH in dat wasse verborgen, dat is een scouwende leven in dat werckelike leven verborgen ende vermenget. Dat HONICH beduut alre ofgesceidenre, geesteliker lude leven, die alleen in die scouwinge hemelscer dingen geoefent warden. Die WIJN ende die MELC beduden twerehande werclic leven, als der geenre die in hoger werclich-*/99rb/*heyt, gelike den prelaten, of in nederre werclicheyt, gelike den ondersaten, becommert sijn.

Na enen anderen sin.

IC BIN GECOMEN IN MIJN HOF, MIJN SUSTER, MIJN BRUUT; IC HEB MIJN MIRRE GEMAEYET etc. Naden anderen sin mogen dese woerde wel den brudegom toebehoren, die mit wonderliker snelheyt der bruut salige[r] begeeringe gehoert heeft ende seyt, recht medevervroechdende haerre goeder begeerten: Sich, IC BIN alre<de> GECOMEN IN MIJN HOF, MIJN SUSTER, MIJN BRUUT. Dit *woert comen mach men na tween sinnen verstaen. Die een is dat die brudegom totter bruut al gebiedende seyt: <COM IN MINEN HOF, die ander is dat die brudegom van hem selven seyt>: IC BIN IN MINEN HOF GECOMEN, ende elc sin is goet.

Gilbertus: Die starke, weldige minne<r>, Cristus Jhesus, haest hem garen sonder marren in dat hovekijn der bruut te comen, als hi mit vueriger minnen daer genoet wort. O wonderlike vergaderinge, dat die geminde enige soen goids des */99va/* hemelschen vaders, die een glorie alre saliger is, hem tot onsen armen hovekijn<s> also lichtelic laet noeden ende rechte voert coemt

---

Le1 *Da Be2* *Le5* *Be3*

211 stichteliken *Da Be2* **215** sel wt den bergen *:* sellen die berge *Da Be2*, sullen uten berghe *Be3* **216** zueticheiden *Be3* cleyne bergekijn *:* hovelen *Da Be2* **220** of *:* ende *Da Be2* dien *om Da* **221** lieve *om Da Be2* cleynen *om Da* **224** die *(*hoecheit*) Da* **225** werkende *Da* **228** warden *om Da* **232/3** gemaiet / myn mirre *Da Be2* **233** Naden *:* Nae enen *Da Be2* den brudegom / wal *Da* **234** saliger *Le1 Le5* **236** alre *Le1* woert *:* voert *Le1 Be2 Le5* <istud ueni> **238/9** Com in seyt *om Le1 Le5* **239** gekomen / in mynen hoff *Da* **240** minne *Le1* <amator> **244** hovekijn *Le1* <ortulos>

als hi genoedet is, ende seyt: IC BEN GECOMEN. Hi en *verslaet des minres begeerte niet, hi en doet geen onscout, hi en begeert geen vertrec, mar rechte voert is hi bereet te comen daer men sijns begeert, recht als die vierige minre plegen, ende seyt: IC BIN GECOMEN, MIJN SUSTER, MIJN BRUUT. SUSTER overmids medeformicheyt der naturen, BRUUT overmids der eenformicheyt der genaden inden geeste, ende beide SUSTER ende BRUUT overmids der mededeylinge der hemelscher glorien. *Rychardus*: Een yegelic merke ende ghisse, of hi mach, hoe eendrachtich ende hoe vrolic die eenlike versameninge des sceppers ende sijnre gescepenre creaturen is: dan sel die claerheyt, die de scepper in vollicheden heeft, sijn creatuer hebben overmids */99vb/* mededeylinge der selver vuericheden, ende dat hi van naturen heeft, dat sel haer van genaden mede gegeven worden. O hoe groten sca<n>de isset den ghenen die haer genoechte inden nedersten dingen setten, ende nochtan weten datter inden hemel tot hoerre behoef alsulken dingen bereyt sijn. Hier om seyde hi: COM, MIJN BRUUT. MIJN BRUUT, om des eens beddekijns wille te samen op te rusten; MIJN BRUUT, om dat onse gemoede te samen vereniget sijn, want MIJN LIEF MI ENDE IC HEM; MIJN BRUUT, want ic di al mijn heymelicheyt geopenbaert hebbe. IC BIN GECOMEN IN MINEN HOF, wat van mijnre voer[t]gaender genaden recht als mit enen SUDENWINDE doerwaeyet is ende begoten van mijnre vertroestinge, want ic EEN FONTEYNE DER HOVEN BIN. Dit hof is van mi besloten vander engelen ende vander menschen hoede die dit hof bevolen is. Also dat der bruut begeerte gehoert is, want die brudegom in horen hove gecomen is ende dit hof aldus besorget. Ende HEEFT SIJN MIRRE GHEMAEYET MITTEN WELRUKENDE CRUDEN. */100ra/* In desen woerden vervroechdet hem die brudegom dat hi, doe hi quam, also genoechelic ontfangen wort ende gespiset, want in die weerscappinge sijn twe dingen die den menschen verbliden, alse spise ende dranc. Eerst beliet die brudegom hoe dat hi gespiset wort van der mirren die hi maeyde. *Gregorius*: Dan maeyet die geminde DIE MIRRE MITTEN WELRUKENDEN CRUDEN, so wanneer Cristus sijn geminde uut desen sterfliken leven mit goeden werken brenget ten ewigen leven; dan ET HI DIE HONICHRATE MITTEN HONIGE, als hi die heymelike, heylige begeerten volbrenget in den goeden werken; dan DRINCT HI DIE WIJN MITTER MELKEN, als hi van sommiger menschen volcomenheyt versadet wort. *Barnardus*: God behaget wel een scamelic belien des menschen tegen hem selven, op dat hi hem selven daer mede vernederen mach; hem behaget wel vuerige innicheyt, op dat hi hem selven in nuwer genaden vermaken mach; hem behaget wel een vroelike godscou*/100rb/*winge, daer die mensche mitten overtreden sijns selfs in rusten mach;

Le1 *Da Be2* *Le5* *Be3*

245 versmaet *Le1*, versaet *Le5* <differt> **251** genaden *(*hemelscher*) Da* **256** scade *Le1 Le5* <erubescat> **260** om dat *:* want *Da Be2 Be3* **262** wat *:* die *Da Be2*, want hi *Be3* voertgaender *Le1 Le5* <gracie preuencione> **267** hi *(*heefft*) Da Be2* **276** goeder *(*menschen*) Da Be2 Be3* **277** schamel *Da* **279** vernederen *:* ververen *Da* hi *:* die mensche *Da Be2*

op dat hi hem selven also becommer somtijt mitten bitteren rou der voergeledenre sonden, somtijt sinen broederen in alre tijt te dienen, ende somtijt mitter hemelscher scouwinge; op dat also Maria van haren gode hogelic gevoele, ende Marta haren evenmensche met ontfarmharticheden besorge, ende dat Lazarus oetmoedelic van hem selven gevoele. Aldus mogen wi bider MIRREN MIT HOREN WELRUKENDEN CRUDEN bekennen dat Lazarus innich ende oetmoedich was, biden WIJN MIT HARE MELKE dat Martha voer horen evenmensche sorchfoudich was, bi der HONICHRATE MIT HAREN HONICH dat Maria een overgrote godscouster was. Welc scouwen biden HONIGE ende bider HONICHRATE beteykent is, want geen dinc en is vorderliker totten *saligen leven, dan die sinnen des lichaems van buten toe te */100va/* sluten, ende die werlt ende die natuer ende eygen lantscap te verdriven van binnen, ende keren hem selven tot hem selven, daer hi alleen mit gode spreken mach. In desen spreken worden die vleyschelike begeerten vercoudet, die verganclike dingen vergheten, die inreste dingen der sielen doerdrongen, in die alre inreste begeerten *een barnende vuericheyt, *een overforminge inden geeste goids, ende een ontbreken des natuerliken levens. *Gilbertus*: Also als Cristus sijnre geminder geen karich loenre en is, also en is hi oec niet trage mitten loen lange te verbeiden, want doe hi vander bruut in sinen hof genodet was te comen, doe noede hise rechte voert weder, ende seyde: COM IN MINEN HOF, MIJN SUSTER, MIJN BRUUT. Recht of hi seggen soude: O mijn bruut, du hebste mi genodet tot dinen hove, ende ic, aensiende eersamicheyt mijns selfs naem, node */100vb/* di danckelic weder in minen hof te comen. Ic hebbe tot dinre tafel geseten, daer om behoert mi di alsulke dingen weder te bereyden. Du hebste mi di selven al gegeven ende daer mede hebste mi gedwongen al mi selven di weder te geven. Het is een grote soeticheyt ende een genoechlic ondersceit dat die bruut bidt ende begeert, ende die brudegom hiet ende gebiet, ende seit: COM. O hoe veel sceelt die minne, hoe ongelic is dat wederdoen. Si noedet hem tot haer te comen, ende hi noedetse ende gebyedetse tot hem weder te comen. Het is een genoechelike ondercallinge an beyden siden, mar wat is si teghens hem te leggen? Also veel als die glorie Cristi hoger ende meerre is dan die glorie der zielen, also veel is sijn noedinge meerre ende genoecheliker dan die haer. Hier om, com blide ende vrolic, want du van also groten waerde genodet biste. Mar besich wat herberchge dattet is, daer du toe genoedet */101ra/* wortste, daer hi seit: COM IN MIJN HOF. O goede Jhesu, ende wat is dijn hof? Ic wil gheern dat gloriose paradijs Cristi, dat mit alre weelden beset is, voer dat verweende hof

---

Le1 *Da Be2* *Le5* *Be3*

282 alsoe / hem selven *Da Be2 Be3* berou *Da Be2 Be3* **282/3** voerledenre *Le5* voergeledenre sonden *:* sunden die voerleden sijn *Da Be2* **283** tijt *:* doechden *Da Be2 Be3* **291** saligen *:* ewigen *Le1 Le5* <uitam beatam> **294** van binnen *(*alleen*) Da Be2 Be3* **296** een *:* ende *Le1 Da Be2 Le5 Be3* <in intimis precordiis estuacio> **297** een *:* ende *Le1*, ende een *Le5* **302** wolde *Da Be2 Be3* **306** mi selven *(om Be2)* di / al *Da Be2* **310** weder / tot hem *Da Be2 Be3*

des brudegoms nemen, dat hi van den eersten beginne ende sonderlinge nu mit sijnre godliker ende menscheliker natueren te gheven heeft. Want so wanneer die minnende ziele in desen hove geleyt wort, so en is si niet anders verwachtende dan vroechde ende vrede ende hemelsche weelde. O mijnnende ziele, ganc in, ganc in, ganc in dijns geminden hof, daer sel di dijn brudegom leeren mit alre vrolicheyt, ende leyden di mit sijnre rechterhant in sinen wonderliker dingen; hi sel di spisen mitten appelen des levens ende der verstandelheyt, want HI HEEFT SIJN MIRRE GEMAEYT. SIJN MIRRE is sijn sonderlinge, overdragende, maechdelike reynicheyt, daer nye vlecke in en quam. Dan gaen wi in sinen hof, als wi waerdelic mit alre begeerten begeeren te merken */101rb/* hoe sulc dat wi overmids hem sellen worden, ende oec in hoe sulker wijs dat wi sijn exempelen sijn sculdich te volgen, want al sijn leven ende al sijn hantieringe is ons een spiegel eens suverliken hoves. In genen dingen en wort dat gemoede meer veroetmoedicht, noch die begeerte meer verwackert, noch die honger meer versadet, dan sijn exempelen na pinen te volgen. Die WELRUKENDE CRUDE sijns hoefs, dat sijn sijn volcomen doechden die ons voergeleyt sijn uut volcomenre minnen. Bi DEN HONICHRATE MITTEN HONICH mogen wi verstaen dat die godlicheyt in die menschelike natuer verburgen was: eer die soen gods mensche wort, was dat honich recht sonder honichrate, <mar daer na quam dat honich in die rate> doe dat woert mensche wort ende god mitter menschelicheyt gecleet was. O goede Jhesu, beyde dese naturen sijn dijn, <mar dijn godlike natuer is dijn> als dijns selfs wesen, mar die menschelike natuer */101va/* hebstu van ontfarmherticheden angenomen. Ende DINEN WIJN MIT DIJNRE MELKEN GEDRONKEN, dat is, du vervroechste di in die glorificeringe beyde der engelen ende der menschen. *Gilbertus*: O minnende ziele, loep ende haest di tot also soeten ende genoecheliken hove, ende drinc daer van des brudegoms WIJN ENDE MELC, ende et daer beyde <dat HONICH ende> dat HONICHRATE. Die brudegom wil mitti werscapen, drinc van sinen wijn ende verget alre voerledenre banghicheyt ende smaec die sueticheyt des nyes, verresens levens. O goede Jhesu, roep dijn geminde altoes totti. Waer om beydestu, waer om merrestu? Si sel hoer noch verbliden voer di als die gene die hem inden bouwe verbliden, ende die campen vol vruchten sijn.

ETET, MIJN VRIENDE, <ENDE DRINCKET>, ENDE WART DRUNCKEN, MIJN ALRE LIEFSTE. IC SLAPE ENDE MIJN HERTE WAKET. Hier te voren heeft die brudegom sijnre bruut */101vb/* redelike begeerte gehoert, al hier noedet hise noch anderwarve

Le1 Da Be2 Le5 Be3

322 brudegom *:* geminde *Da* **327/8** hoe sulc *:* woedaen *Da Be2* **328** hoe sulker *:* woedaniger *Da Be2* **329** schuldich / sijn *Da Be2 Be3* **330** suverliken *:* suveren cuuscheliken *Da Be2* **335** godlicheyt – natuer *:* gotlike natuer in die menschelikheit *Da Be2* **336** soe *(was) Da Be2* **336/7** mar daer na quam dat honich in die rate *om Le1 Le5* <postea mel in fauo> **338** was *:* wert *Da Le5*, wort *Be2*, waert *Be3* **339** mar dijn godlike natuer is dijn *om Le1* <naturaliter diuina>

Le1 Da Be2 Le5 Br3

340 ende *breekt af tot 497 Be3* **344** dat honich ende *om Le1 Le5* <fauus cum melle> **350** Comedite amici *(*amice *Be2)* etc *(om Be2) opschrift Da Be2*, dat xlix capittel *opschrift Le5* ende drincket *om Le1 Le5 Br3* <bibite>

tot meerre volcomenheyt haer te bereyden, ende vermaentse inden eersten aen te sien der voergaender heyligen exempelen, daer hi seyt: ETET MIJN VRIENDE. Want op dese stede hietet dat die bruut eet als si der heyligen exempele eernstelic aensiet ende in haer trecket. *Gregorius*: Als ons die heylige scrift der heyligen werken vertrecket, daer mede verwecket *si der crancker lude herten dien heyligen te volgen; ende als die heylige scrift der heylegen victorien gedenct, dan starket si onse crancheyt inden stride jegens die sonden; ende als si ons der heyligen val somtijt te kennen geeft, daer worden wi oec in geleert hoe dat wi ons voer alsulken valle sculdich sijn te hoeden. Hier om, als wi der heyligen manlike werke geestelic eten ende incorpereren, dan vinden wi hoe veel wi gevordert hebben ende hoe varre dat wi noch vander volcomenheyt gesceiden sijn. Hier of staet hier te voeren gescreven: IC HEB MIJN HONICHRATE /*102ra*/ MITTEN HONIGE GEGETEN. Dan et die bruut dat honich mitter honichraten, als si der heyligen starcheyt ende haer crancheyt eernstelic overdenct ende aensiet, ende daer uut neemt wat si doen of laten sel dat haer seer vorderlic is, in dien als die brudegom seit: Ghi sijt mijn vriende, want ic u die *hemelsche verborgenheyt te weten hebbe gedaen, also dat ic u voert an geen knechten hieten en sel, mer vriende. <MIJN VRIENDEN>, want gi mijn gebode gehouden hebt. Want dan sel di mijn vriende wesen, isset dat ghi doet dat ic u gebieden sel. MIJN VRIENDEN, want ghi uwen vrienden mit onderlingen banden der minnen medeformich maect. Want so wie een vrient is, die minnet in alre tijt, ende den vrienden is een wille ende een onwille in allen dingen. Daer om DRINCKET. In desen drincken worden wi geleert der heyligen voetstappen vlitelic <na> te volgen. *Beda*: Het en is niet genoech der heyligen exempelen mit gehuechnisse aen te sien, het en si dat mense oec mitten leven pijnt /*102rb*/ na te volgen. Daer om seit die brudegom: DRINCKET, dat is, verblijt u inden exempelen der heyligen hem na te volgen, als hier te voren geseyt is: IC HEB MINEN WIJN MIT MIJNRE MELKEN GEDRONKEN. Dan drinct die bruut den wijn mitter melke, als si der heyliger vaders exempelen ende voetstappen soetelic ende al verblidende inden heer navolghet, ende seyt mitten propheet *Ysayas*: Al verblidende sel ic in den heer verbliden, ende vervroechden in Jhesum, minen god. Hier in WORT DRONCKEN MIJN ALRE LIEFSTE. Die drincken ende werden alre dronckenste inder minnen, die overmids begeerte der hemelscer dingen al

Le1 Da Be2 Le5 Br3

353 (Ende) hi *Da Be2* **356/7** der heyligen werken : die werken der heiligen *Da Be2* **357** si : hi *Le1 Le5* **358** dien : den *Be2 Br3* dien heyligen : der heyligen leven *Da* victorien : verwinninge *Da Be2* **362** incorporeren : in nemen *Da*, in lichaemen *Be2* **365** mitten : mit minen *Da* **368** in dien als : van dien ist dat *Da Be2 Br3* **369** hemelsche : heymelicste *Le1 Le5* <celestium> **370** hieten – vriende : mer vriende hieten sal *Da Be2 Le5 Br3* Mijn vrienden *om Le1* want : omme dat *Da Be2 Le5 Br3* **372** gebieden sel : gebiede *Da Be2* uwen : minen *Le5* **374** Daer om : hier om *Da Be2* **376** na *om Le1 Le5* <imitari> want als die eersamige (eersame vader *Be2*) (beda) seget *Da Be2* **377** mit : mitter *Da Be2 Br3* **378** na *om Da Be2* **382** al *om Da Be2* inden heer / verblidende *Da Be2* **384** ghene (drincken) *Da Be2*

dat verganclic is scuwen ende vergeten. *Gregorius*: Dit sijn die ALRE LIEFSTE gehieten, want al sijn si lief overmids dat si creatueren sijn, nochtan sijn si noch veel liever om dat si *der genaden goids ontfanclic sijn, ende noch wel mit rechte ALRE LIEFSTE, want si mit sonderlinger invlietinge goids */102va/* dronken gemaket sijn. Dit sijn die alre liefste kinder daer sinte Paulus tot veel steden of gescreven heeft. *Gregorius*: Het sijn VRIENDE die eten, mar dat sijn die ALRE LIEFSTE, die drincken ende droncken worden. Dat eten is goet, mer te drincken ende droncken te worden is alre best. Veel isser in die heylige kerke die die gebode gods also horen, dat si die hemelsche dingen meer dan die eerdsche leren minnen, waer om dat si den armen gaern hoer aelmossen geven; si en nemen nyement dat sijn mit onrechte, si horen gheern die leeringe der heyliger kerken, si hoeden hem selven van quaden werken, si laten hem dat gelove te rechte leren, si belevent oec mit heyligen werken, si hebben wive, si houden haer kinder in doechden op, si minne<n>t *ende besorgent al dat hem te besorgen staet, nochtan setten si die minne goids boven die minne alle deser dingen. Dese eten ende sijn VRIENDE ende horen die heylige scrift, daer si van bin-*/102vb/*nen of gevoedet worden; ende al isset dat si noch totter hoechster volcomenheyt niet op en clymmen, nochtan sijn si na hoerre manieren rechtvaerdich inden geboden gods ende leven buten groven sonden. Het sijn veel ander menschen die mit also groter, minliker begeerten die heylige scrift horen ende lesen, dat si rechte voert alle eerdsche dingen die si hebben, versaken, ende omvaten mit begeerten alleen die hemelsche dingen. Ouders ende wive ende kinder ende huse ende alle verganclike dingen sijn hem een pine ende soudense gaerne laten, op dat si Cristum alleen mochten volghen ende vercrigen. Om sijnre minnen willen pinighen si hem mit arbeyde, mit vasten, mit tranen, mit hemelschen begeerten ende dencken alleen om die hemelsche dingen. Si ledigen hem van al datse mogen ende gheven hem totter scouwinge goids. Si arbeyden alle dingen die geleden sijn te vergheten, op dat si des te meer hem mochten keren tot die dingen die si noch voer hande */103ra/* hebben. Wat sijn aldustanige menschen of wat doen si anders, dan dat si drincken ende droncken worden, op dat, als si alre eerdscher dingen mitter hemelscher begeerten vergeten, dat si dan wel mit rechte vanden hemelschen brudegom niet alleen VRIENDE, mar oec die ALRE LIEFSTE gehieten mochten worden.

Na enen anderen sin.

ETET, MIJN VRIENDE, <ENDE DRINCKET>, ENDE WORT DRONCKEN, MIJN ALRE LIEFSTE etc. *Barnardus*: Die ETEN in desen weghe der pelgrimaedsen daer wi noch

Le1 *Da Be2* *Le5* *Br3*

386 hier aff seit sunte *(*gregorius*)* *Da Be2* **388** der *:* dar *Le1* **391** Ende van dusdanigen seit oec sunte *(*gregorius*)* *Da Be2* **395** willen *(*geven*)* *Da* **397** van *:* voer *Da Be2 Br3* **398** si hebben *:* ende al hebben si *Da Be2* **399** minnet *Le1* ende *:* si *Le1 Le5* **407** mit *:* mitter *Da Be2 Br3* **411** *(*tranen*)* ende *Da* **413** te vergeten / die geleden sijn *Da Be2* **413/4** hem / des te meer *Da Be2 Br3* **414** moegen *Da Be2* **418** moegen *Da Be2* **420** ende drincket *om Le1 Le5 Br3*

in sijn, wies troest noch mit pinen vermenget is; die zielen DRINCKEN inden hemelschen vaderlande, wies salicheit noch niet al vervullet en is, want si mit haren lichamen niet versament en sijn; mar die WORDEN DRONCKEN ende sijn die ALRE LIEFSTE, die beyde inden lichaem ende inder zielen vergadert sijn ende gesalicht inden ewigen leven. Of aldus mach ment nemen: si ETEN, die goede, uutwendige werken lovelic ende doechdelic werken, alser gescreven staet: Dat is mijn spise, dat ic des gheens wille doe, die mi gesent heeft; */103rb/* si DRINCKEN, die in die oefeninge des gebeets sijn. Want inden gebede drinct men den wijn die des menschen herte verblijt ende droncken maect, ende doet allen sinliken troest ende vleyschelike weelden vergeten, ende maect die inreste dorheyt der consciencien vuchtich, ende doet [so] die spise der goeder werken verduen. Als dese spise ende dranc aldus genomen is, wat gebrect daer dan anders, dan dat die droncken ziele te bedde geholpen warde, op dat si na den zwetighen arbeyde inder ruste der scouwinge mach ontslapen worden? Als si selve seyt: IC SLAPE ENDE MIJN HERTE WAKET. Recht of si seggen woude: O brudegom, du hebste mi genodet dat ic om den voertganc mijnre salicheyt der heyligen exempel in mijnre gehuechenisse voer soude nemen, ende ic bin bereet dat ic dinen raet in desen dingen mit alle mijnre herten oetmoedelic ende geern soude volgen. Hier uut comtet dat IC */103va/* SLAPE, in dat leven der heyliger vaders mitten gemoede stadelic over te dencken, MAR MIJN HERTE DAT WAKET, strengelic ende sonder ophouden haer leven mitten werken te vervolgen. IC SLAEP inden sinne<n> van buten, mar ic wake mitter herten van binnen. Want in allen dingen die ic doe mitter oefeninge der goeder werken van buten, die werc ic uuten exempelaer der heyliger vaderen van binnen. Hier om en SLAPE IC niet inden slaep der lawicheit ende der versumelheyt, die seer te beruspen is, niet in den slaep der natuerliker complexien, die men van noets wegen liden moet, mar IC SLAEPE inden slaepe der inniger gedachten, die voer desen voerseyden slaep te begeren is; als ons van onsen lieven heren wel bewijst is, die driewarven tot sinen *discipulen quam ende vantse slapende. Den eersten slapen berespede hi, den anderen leet hi ende den derden *prijsde hi. */103vb/* Het en is niet sonder saec dat men in die heylige scrift sommighe slaepers vint, die in menigerhande wise geslapen hebben. Job sliep inden gestubbe, Sampsoen sliep in eens wijfs scoet, sinte Peter sliep inden kerker, die vergichte man sliep op een siecbedde, Samuel sliep inden tempel, Jacob, die patriarch, sliep inden camp, Joseph sliep

Le1 Da Be2 Le5 Br3

422 wies : welker *Da Be2* **423** wies : welker *Da Be2* **424** licham *Da* **426** soe (machment) *Da* **432** dorricheit *Da Be2* (doet) so *Le1* **435** -der *om Da Be2* gotscouwinge *Da Be2 Br3* **437** gevoedet *Da* **438/9** nemen / solde *Da* **443** sinne *Le1 Le5* **449** voer : boven *Da Be2 Br3* **450** lieven *om Da Be2* **450/1** discipulen : iongeren *Le1 Le5 Br3* <discipulos> **451** berispten *Da* **452** prijsde : berespede *Le1 Le5* <approbauit> **454** stubbe *Da Be2 Br3* eens : des *Da* **455** siec- *om Da Be2*

inden huse. Dit sijn die seven slapers, daer die vier eerst of ontslaep geworden sijn inden slaep der traechger versumelheit, ende die drie leste inden slaep der soeticheyt ende der godliker genaden. So wie in lichtverdigen seden verblijt ende sijn genoechte set, die slaept mit Job inden stubbe. So wie in vleyschelike genuechten sijn ruste soect, die slaept mit Sampson op des wives scoet. So wie van binnen verblint is ende daer gheen druc of en gevoelt, die slaept <inden kerker. So wie mitten banden der sinlicheyt gebonden is, die slaept> mitten vergichten man op der sieken bedde. Alle dese worden van sinte Paulus van den slaep opgewrecket, daer hi seyt: Stant op, die daer slaepste, stant op uten */104ra/* doot, ende Cristus sel u verlichten, want het is nu tijt ons op te staen vanden slaep. Die drie leste slapers slapen inden slaep des innigen, godscouwenden levens. Want Samuel wort vanden here inden slaep toegesproken ende geleert, Joseph hoerde dat hem die enghel inden slaep minlike vermaende, ende Jacob wort van den here inden slaep grote dingen belovet. Van desen drien slapers mach ment oec verstaen dat onse here van Lasarus seyde: Isset dat hi slaept, hi sel behouden bliven. Ic wake oec, op dat ic van Iudith mit Holophernus al slapende niet verslagen en worde; ic slaep oec, op dat ic van der ghiericheyt der eerdscher dingen, noch vander begeerlicheyt der vleischeliker weelden niet verleit en worde. ENDE MIJN HERTE WAKET, want als die vielike crachten rusten in desen slaep, dan worden die geestelike crachten gestarket. Ende daer om mach dese slapinge wel den staet der gracien beduden, die dat horen doet rusten */104rb/* dattet geen ydel dingen en hore, ende dat gesichte dattet geen scadelike dingen en scouwet, ende den smaec dattet mit gheenre gulsicheyt beswaert en worde, ende dat ruken dattet geen ongheoerlofde ghenoechte en soect, ende dat tasten dattet in ghenen wederworp verleit en worde. Ende aldus comen in desen slaep die vielike crachten te rusten, ende die geestelike crachten nemen toe ende worden gestarct. In dese manier van slapen slapen die sommige op dat bedde der penitencien ende <die> *sommige op dat bedde der ontfermharticheyt, die sommige slapen op dat bedde des lidens, <die sommige op dat bedde des medelidens> ende die sommige op dat bedde des overnatuerliken scouwens. Helias sliep onder den sceem des gorsboems, die also vol scarper prekelinghe is, ende beduut die scarpicheyt der penitencien, daer die sonder onder bescermt wort ende sijn sonden mede bedect. Sinte Stephanus bugede sijn knien ende wort ontslapen inden heer, ende badt uut groten, ontfarmhertigen mede-*/104va/*liden voer die ghene die hem steenden. Jacob, die patriarch, sliep ende sach inden slaep een leder op

Le1 Da Be2 Le5 Br3

457 die*(1) om Da Be2 Le5* **461** soect *:* settet *Da* **463** inden kerker slaept *om Le1 Le5* <in carcere, dormit cum paralitico, qui exultat cum dissolucione> **466** doden *Da* u *:* dy *Da Be2* **470** Iacob wert vanden here inden slaep grote dinge belavet / Ende *na* geleert *(469) trnsp Da Be2 Br3* **472** behouden bliven *:* gesont werden *Da Be2* **475** verleit *:* verwonnen *Da* **482** te gader *(te) Da Be2* **484** die*(2) om Le1 Le5* sommich *Le1* **486** die sommige op dat bedde des medelidens *om Le1 Le5* <aliqui in lectio compassionis> **488** gorsboems *:* damberen bomes *Da Be2* **490** Stephanus *:* steven *Da Be2 Br3*

die eerde staen opgerecht totten hemel toe, ende die engelen sach hi op ende neder climmen ende den here op die leder lenende. Welc visioen wel een overnatuerlic scouwende leven beduden mach, als die minnende ziele oec seyt: IC SLAEP ENDE MIJN HERTE WAKET. Al slapende waec ic, want ic mit Moysen, den groten propheet, stadelic gedenken <ende> vuerliken geern doen soude na den exempelaer der volcomenre oetmoedicheyt, die mi gewiset is inden berch, dat is, in der heyliger doechdeliker wanderinge. *Gregorius*: Die heylige manne die inden uutwendigen goeden werken trouwelike dienen, die plegen stadelic haer toevlucht totter heymelicheyt haers herten te maken, ende al daer clymmen si op die overste scarpicheyt haerre inrelicste begeerten, daer si die ewe goids mit */104vb/* Moyses op dat hoechste vanden berge ontfangen, als hem die sentencie des godliken wils hier toe te kennen wort gegeven. Als die salige ziele vanden brudegom inden hove der heyliger kerken of inden hove haerre sonderlinger volcomenheyt genoedet ende ingeleyt wort om die vruchten des verweenliken hoves genoechelic te gebruken, dan wort haer toegesproken aldus: ETET, MIJN VRIENDE, ENDE DRINCT, ENDE WORT DRONCKEN, MIJN ALRE LIEFSTE. In welken woerden drierhande smaec na drierehande oefeninge des scouwens gheruert wort. Want een scouwende siel soect onder tiden hoer neringe *inder aenmerkinge der dingen die beneden den hemel sijn, somtijt inden dingen die inden hemel sijn ende somtijt in overhemelsche dingen. Als si haer oefeninge inden nedersten maket, so ET SI recht die grove spise; als si inden hemel wandert, dan DRINCKET SI recht subtijlre dingen te smaken; mar wanneer si mitten begeerten boven hemelsche */105ra/* dingen getogen wort, dan wort si noch hoger uut enen verwonderen der dronckenscap des ghemoets gewaer. Ende want men aldus mit ordinancien vanden nedersten dingen totten hoechsten opclimmen moet, so wort die minnende ziele eerst genoedet totten eten, anderwarve totten drincken, ende derdewarf mit allen droncken te worden. Eerst seyt hi: EET MIJN VRIENDE, dat is, smaect ende gevoelt mijn soeticheyt inden scouwen der creaturen die beneden den hemel sijn. Dese sueticheit was die *propheet* ghewaer geworden, doe hi seide: Heer, du hebste mi een genoechte gegeven in dinen maeckinge, ende ic sel verbliden in dinen werken. Dat gesciet als een godscouwende mensche mit enen innigen, doersichtigen gemoede aensiet hoe dat hem alle dese nederste dinghen ghegheven sijn tot enen spiegel der scouwinge, tot enen troest der vermaeckinge, tot eenre hulpen in deser pelgrimaedsen, tot eenre oefeninge mede geprooft te worden, ende tot eenre leeringhe ondersceit */105rb/* in te vercrigen. Dese soeticheyt vercriget die mensch als hi uten spiegel der scouwinge sinen scepper lovet ende

---

Le1 *Da Be2* *Le5* *Be3*

497 prophete *herneemt (cf. 340) Be3* ende *om Le1* vuerichlike *Da Be2 Be3* **499** hier aff seit sunte (gregorius) *Da Be2* **502** scarpicheyt *:* vernufticheit *Da Be2* **505** haerre *:* der *Da* **506** geleit *Da* **506/7** verweenden *Da Be2 Be3* **510** inder *:* inden *Le1 Le5*, in dien *Da* **510/1** inden aenmerken *Be3* **511** ende (somtijt) *Da* **513** dingen (maket) *Da Be2 Be3* **522** een *om Da Be2* **523** maecsel *Da Be2* Ende (dat) *Da Be2*

waerdige reverencie[n] bewiset, als hi uten troest der vermakinghe sinen scepper dancbaerlic is, als hi vanden troest der vermakinge in deser pilgrimaedsen voertgaet ende niet en ontblivet, als hi vander oefeninge der provinge niet nedergeworpen mar besocht wort, als hi vander leeringe des onderseeits niet verleyt en wort mar verlicht van binnen. Dit sijn vijf talente die der scouwender zielen in desen nedersten dingen tot haren orber ghegheven sijn. HIER OM ETET, MIJN VRIENDE, ENDE DRINCKET, MIJN ALRE LIEFSTE, want ghi noch soberlike minnet ende daer om oec soberlic geminnet wort. Ende waer om en seit die brudegom der minnender zielen niet, die hi aldus sueteliken ende mit minliken woerden totten eten ende totten drincken */105va/* noedet, ende geen gewach en doet wat spise of wat dranc het si dat si nemen sel? Ic vermoede, behoudelic eenre beter sentencien, dat die bruut dese spise mit ondervinden ende mit gewaerworden wel kennede. Oec en mach men dat verborgen hemelsche manna mitten woerden niet wel beduden, daer sinte *Johan* of seyt: Den verwinre sel ic geven dat verborgen manna. Also dat hi mitten *propheet* waerlic wel seggen mach: Nader veelheyt mijns rouwes in mijnre harten, so hebben dijn troestinge mijn ziele verblijt. Dese salige vertroestinge is ons wel mit rechte onder die gedaente des hemelschen broets beduut, ende dat overmids sinen oirspronge, *overmids sijnre soeticheyt ende overmids sijnre edelheyt. Want also als dat hemelsche broet oersprongelic vanden hemel quam ende den kinderen van Ysrahel die daer bereyt waren, teten was gegeven, also coemt */105vb/* oec die godlike troest oersprongelic vanden hemel der overgebenedider, heyliger drievoudicheit, ende wort gegeven den gheesteliken kinderen van Ysrahel die daer toe ontfangelic sijn ende genen vreemden troest en begeren. Hier toe nodet ons die brudegom ende seit: ETET, MIJN VRIENDE. Die kinder van Ysrahel en mochten niet toecomen dese spise teten, dan na dat si uut Egipten ghegangen waren ende doer dat roede meer geleden waren, ende quamen inder woestinen daer si bitteren dranc mosten drincken. Also weerliker dinc, so wie dese spise des godliken scouwens mitten vrienden gods ende mitten gheesteliken kinderen van Ysrahel begeert te eten, die moet eerst gaen uut Egipten, dat is, hi moet eerst die duusternisse der weerltliker verleydinge laten, op dat men van hem segghen mach: Gi hebt hier voertijts [in] duusternisse geweest, mar nu si di een licht in den heer geworden. Hi moet oec liden doer dat roede */106ra/* meer, dat is bitterheyt des berouwes ende des leetwesens sijns ouden levens, op dat hi dan na veelheyt des berouwes veelheyt des troests mach vercrighen. Hi moet oec comen in die woestijn, dat is allen aerd-

---

Le1 Da Be2 Le5 Be3

530 reverencien *Le1* **536** drincket *:* niet *Da Be2 Be3* **538** wat spisen hi meent *(*die*) Da Be2* **540** die *(*spise*) Da Be2* **541** dese *:* die *Da Be3* **545** waerlic *om Da Be2* **546** vertroestinge *Da Be2 Be3* **548** overmits*(1) :* ende *Le1* **550** toe *(*bereit*) Da Be2 Be3* **555** mochtenre *Da Be2 Be3* **557/8** weerliker dinc *:* inder waerheit *Da Be2* **561** *(*voertijts*)* in *Le1* **563** doer *(*bitterheit*) Da Be2* **564** des*(1) :* sijns *Da Be2* **565** oec *om Da Be2 Le5 Be3*

schen troest te begheven ende der menschen aenhanghinghe te begheven, op dat hi mit sinte *Paulus* segghen mach: Onse wanderinghe is inden hemel. Want die kinderen van Ysrahel en mochten in Egipten noch in dat lant van beloften dat hemelsche broet niet eten, mar alleen in die woestijn. Hi moet oec ten lesten dat bitter water vinden ende dat overmids den houte des crucen in soeticheden verwandelen, dat is die bitterheyt des crucen voer den aertschen troest in die memorie te dragen, op dat die gehoechenisse des heren liden den smekeliken troest der werlt altoes verdrive. Die godlike troest */106rb/* wort oec den hemelschen brode gheliket om sijnre edelheyt ende om sijnre soeticheyt willen, als in den *boec der wijsheyt* hier of gescreven staet: O heer, du hebste dijn volc ghevoedet mitter enghelen spise, die alle ghenoechelicheyt ende soeticheyt alles smakes in *haer selven heeft. Want in dien hemelschen brode wort enen ygheliken na sinen begheerten, so wat smakelicheyt hi woude, ghegheven. Hier om, DRINCKET, dat is, smakettet mit enen soberen ghemoede. *Vercellencius*: DRINCKET, dat is, trecket mijn licht noch naerre ende volcomeliker tot uwen binnensten, ende merket mijn hemelsche ierarchien <noch grondeliker – *Bernardus*> -: Hoe dat die godlike moghentheyt barnt in *seraphin als die minne, kennet in cherubin als die waerheyt, sit in tronis als die gherechticheyt, gebiet in domi*/106va/*nacionibus als die mogentheyt, regiert in principatibus als dat beghin, bescermt in potestatibus als die salicheyt, werket in virtutibus als een crachte, openbaert in archangelis als een licht, bistaet inden engelen als een goedertierenheyt. In desen ghemerke WORT DRONCKEN, MIJN ALRE LIEFSTE. Mar welc dese begheerlike dranc is daer die ALRE LIEFSTE mit allen <also> droncken in *worden dat si voert meer van ghenen dorste gequelt en worden, dat bewijst ons sinte *Antcelmus* suverlic, daer hi seyt: O heer god, die heylighe geest is een springende rivier dijnre weelden, daer du die verweende ende die gloriose stat Jherusalem sonder ophouden van te drincken gheveste, ende maecstese mit eenre vroliker dronckenscap also dronc-*/106vb/*ken, dat si inder stemmen der vrolicheyt ende des beliens dat onversadelike lof goids sonder ophouden *jubilieren. Dese dronckenscap wort gevoelt als men die seven heymelicheden der scouwinghe goids of die seven smaken der innicheden mit enen innigen gemoede van binnen overtrecket. Want een godscouwende ziele gevoelt dat eerste beghin als enen god, als eenen heer, als enen vader, als enen vrient, als enen broeder, als enen rechter

---

Le1 *Da Be2* *Le5* *Be3*

566 te begheven*(2) :* op te seggen *Da Be2* **573** smekeliken *:* sinneliken *Da* **575** O *om Da* **577** hem selven *Le1 Le5* **579** geven *Da* **581/2** noch grondeliker – Bernardus *om Le1 Le5* <profundius...Bernardus> **582** woe dat als sunte *(*bernardus*)* seget *Da Be2* seraphin *:* seraphium *Le1* <seraphin> **583** in tronis *:* inden tronen *Da Be2* **584** inden dominacionen *Da Be2* **584/5** inden principaten *Ba Be2* **585** inden potestaten *Da Be2* **586** inden virtuten *Da Be2* inden archangelen *Da Be2* **589** also *om Le1* worden *:* wort *Le1* <totaliter inebriantur> **590** sinte *om Da Be2* O *om Da* **593** maecstese *:* maect se *Da* **595** iubiliert *Le1* <iubilant>

ende als enen brudegom. Die scouwende siel gevoelt[en in] dat eerste beghijn als enen god, die alle dinghen ghescapen heeft ende alle dinghen onthoudet. Daer comt haer een bevoelen der scamelheyt uut, daer si al haer begheerten mede onder sijn godlike mogentheyt stadelike nederbughet. Die scouwende ziele ghevoelten als enen heer die */107ra/* alle dinghen regiert ende scicket, ende daer coemt haer een bevoelen der vresen uut, daer si altoes mede vreset den heer te vertoernen, want hi alle dinghen tegenwoerdelike siet ende scouwet. Si gevoelten als enen vader [ende] die alle dingen te rechte stuert ende corregiert, daer haer een vaderlike vrese of opstaet, ende hevet altoes anxt dat si dat vaderlike welbehaghen mit onversichticheden lichtelic mochte vertrecken. Si gevoelten als enen vrient die hem selven ende alle dingen ghevet ende mededeylt, dair of wort die minne in hair also vermeerret, datsi hem van sijnre mildicheit nemmermeer te vollen dancken ende loven en mach. */107rb/* Si gevoelten als haren brueder ende haren verlosser, die om horen willen mensche geworden is, daer in wort si also gestarct ende ontfanget alsulke crachten, dat si bereyt is om sijnre minnen willen voer hem te liden ende te sterven. Si gevoelten als een toecomende rechter, ende soude hem daer om also eren ende voercomen, dat si hem een genadich rechter mochte vinden. Si gevoelten als enen brudegom mit eenre blenckender cronen, daer si alsulke soeticheyt in vint, dat haer die allenken dropelen toegedropen wort, thent si die mit vollicheden mach gebruken. Mar want dese geestelike dronckenscap niet alle menschen, mar sommige sonderlinge personen gegeven wort, so seit hi: MIJN ALRE LIEFSTE. *Gilbertus*: Dat sijn die VRIENDEN, dien hijt condich gemaect heeft dat hi vanden vader hoerde, dat sijn die ALRE LIEFSTE, dien hi volle kennisse des */107va/* vaders ingestort heeft; dat sijn [sijn] VRIENDE, die den wille gods gehoersamich sijn, dat sijn die ALRE LIEFSTE, die de weelden der minnen gebruken. Die VRIENDE hebben dicwil becommernisse inden uutwendigen dingen van buten, mar die ALRE LIEFSTE becommeren hem mit<ten> enen dat daer noet is. Die overdragende minne maect die ALRE LIEFSTE, mar gemene minne die uut ongevensden gelove coemt, maect die VRIENDE. Hier om, mijn broeders, gedencket deser soeter woerde ende stort u herte voer den brudegom uut, want dese vierige gedenkenisse sel dijn ziel doen smelten ende uutstorten in genoechten ende in hemelschen begeerten, alstu overliden selste toter steden des wonderlikens tabernakels inder stemmen der vrolicheyt ende inden gelude des beliens. Recht als des gheens die inder werscappinge is, daer wort alden

---

Le1 *Da Be2* *Le5* *Be3*

600 gevoelt *:* gevoelten in *Le1* <ipsum principium> **605** der vresen *:* des anxtes *Da Be2* vreset *:* ontsiet *Da Be2* **607** scuwet *Da* *(*vader*)* ende *Le1 Le5* <patrem regulantem> **608** vrese *:* reverencie *Da Be2* **609** onvoersichticheden *Da Be2 Be3* **610** vertrecken *:* overtreden *Da Be2 Be3*

Le1 *Da Be2* *Le5* *Br3*

613 Si *breekt af tot 859 Be3* **616/7** soude – voercomen *:* pijnt oer hem daer om alsoe te eren ende voer te comen *Da Be2* **617** moge *Da Be2* **619** die wort *:* allensken dropelen daer wt toegedrapen werden *Da Be2* **621** so *:* Daer om *Da Be2* **624** *(*sijn*)* sijn *Le1*, die *Be2* <amici sunt> **627** hem *om Da Br3* mitten *:* mit *Le1 Le5*, mit dat *Br3* **629** gevensden *Da* mijn *om Da* **630/1** wt / voer den brudegom *Da*

VRIENDEN, daer wort den ALREN LIEFSTEN te drincken */107vb/* gegeven ende droncken gemaect. Mar also en isset in desen dale der tranen niet, want hier sijn veel VRIENDE ende luttel ALRE LIEFSTE. Hier wort haerre veel te drincken ghegeven, mar luttel wartter droncken gemaect. IC SLAEP ENDE MIJN HERTE WAKET. *Vercellencius*: Die bruut was mit also overvloedighen lichte der godliker wijsheyt begavet, dat si in die omvatinge des brudegoms vriliken mochte scouwen, ende seggen: IC SLAEP. Die slaep beneemt dat gebruuc der uutwendiger, si[e]nliker dingen van buten, ende becommert hem alleen in die oefeninge ende in den gebruke der sinnen van binnen, want die *oververstandelike oefeninghe sijn veel inreliker dan die redelijc oefeninge die inden sinnen staen. Daer om isset dat si voert seyt: ENDE MIJN HERTE WAKET. Inder herten is een levendich geest, daer die bruut dat leven of ontfanget, als sinte Paulus seit: Ic leve, mar ic niet, mar Cristus levet in mi. Dat is die levendige geest des brudegoms die mi levendich */108ra/* maect, ende waket altoes wackerlic in mi, stuerende ende oefenende totten godliken radien die van boven comen. *Gregorius* seit dat dit recht een stemme des brudegoms is, die van hem selven ende van sijnre bruut verblidet als vander volcomenre stilheyt sijnre ghebenedider glorificieringhe, daer sijn bruut, die minnende siel, altoes na haket, ende seit hem: IC SLAEP. Oec mede verblijt hem die brudegom vander heyliger pijnlicheyt ende vander arbeydeliker verdienlicheyt daer sijn bruut noch in is onder die ewe der menscheliker crancheyt, daer si veel onder verdienen mach, want hi haer altoes bistaet, ende seit: MIJN HERTE WAKET. Aldus slapet die brudegom mitter zielen als si scouwet, ende sijn herte waket mit haer als si werket. Want nu Cristus in die ewige salicheyt geglorificeert is ende rustet, so wie hem volcomelike minnet ende vander prekelinge der minnen tot hem gejaget wort, die ontsiet hem geens arbeits, also dat dese */108rb/* uutvercoren, die in alsulker wisen tot Cristum gejaget worden, wel des brudegoms herte mogen hieten. Ende hoe dat si meer die uutwendige dingen der werlt scouwen, hoe dat si heymeliker die inreste dingen des brudegoms inden scouwen bekennen. IC SLAEPE ENDE MIJN HERTE WAKET. Dit mogen oec wel woerde der bruut wesen die twerehande oerber vander voerseider dronkenscap ontfangen heeft. Dat eerste oerber is een heylich versakinge alre uutwendiger, tijtliker dingen, ende dat hiet een slaep te wesen. Dat ander orber is een vlitige, heylige ondersokinge inreliker, geesteliker dingen, ende daer om seit die bruut: MIJN HERTE WAKET. So wanneer ic van waerlike gerusche van buten slape, so denc ic mitten inresten gedachten ende wake om te vernemen wat dat hemelsche dingen sijn. Want als die heylige manne alle eerdsche dinghen versmaden, als si der menichfoudicheyt der werlt scuwen, */108va/* als si dat scouwende leven inden weghe goids beghinnen, soe en soken si die lichamelike ruste van buten niet,

---

Le1 *Da Be2* *Le5* *Br3*

636 werden (droncken) *Da Be2 Br3* **642** sienliker *Le1 Le5 Br3* <sensibilium> **643** onverstandelike *Le1 Da Be2* <superintellectualia> **644** van binnen (syn) *Da Be2* **647** niet / ic *Da Be2* **649** Sunte (gregorius) *Da Be2* **654** noch *om Da* **655** ende (daer) *Da*

mar arbeyden van binnen om te weten wattet is daer si toe gemaect sijn, ende pinen dat aen te sien mitter herten. Want si en slapen niet van traecheyt, mar si rusten vanden vergancliken dingen, op dat si die ewige te vriliker mogen scouwen. Uut desen slaep was sinte *Gregorius* gewrecket, doe hi al versuchtende seyde: Nu mijn onsalige gemoede mitter wonde sijnre uutwendiger becommeringe gequetset is, beghint het te gedencken hoe sulc dattet voertijts inden cloester plach te wesen, doe hem alle wechlidende dinge onderdanich waren, doet boven alle verganclike dingen geclommen was, also dattet niets niet dan hemelsche dingen en plach te gedencken. Ende al was oec mijn gemoede inden lichaem mit gewelde */108vb/* gehouden, nochtan bracket dicwijl mitten scouwen uten slote des lichaems, dattet die doot, die bi na allen menschen pijnlic is, begeerde recht als een inganc des levens ende een loen sijns arbeyts. Mar nu moetet overmids sorgen die den oversten bisscop toehoert, der waerliker lude saken hantieren, ende wort na dat suverlike scouwende leuen vanden stubbe der eertscher werken bevlecket. O goede man, ic en bin nu die gene niet dien du plagheste te kennen. Want also veel als ic buten voert gae ende opwarts climme, also veel ducht ic dat ic van binnen weder nedervalle, ende hebbe anxt dat ic van der geenre getale bin daer of gescreven staet: Du worpstese neder, doe si opgeboert worden. Voer alle dingen plach ic te begeren die wege Cristi, mijns *voergangers, te volgen, ende een lachter der lude ende een verwerpinge des volcs te wesen, ende mit hem te delen daer die *propheet* of seyt: Hi hevet die opclymminge in sijnre */109ra/* herten gescicket, in dat dal der tranen; op dat ic also veel te waerachteliker van binnen op mochte clymmen, als ic inden dale der tranen van buten lager nedergeworpen bin. Mar nu verdrucket mi alte seer dese laste[r]like eer der werlt, ongetellede sorgen der werlt ombegripen mi, ende als [hem] mijn gemoede hem selven tot gode vergaderen wil, so wortet vander menichfoudicheyt recht als mit swaerden ontween gesneden. *Mijnre herte en is geen rust, het leit mit allen nedergeworpen ende mitter borden sijnre gedachten toegedrucket, ende het wort selden of nymmermeer mitten vlogelen der godscouwinge in dat hoge opgevoert. Dat ghemoede wort trage ende al om ende omme mit *tijtliken sorgen beset, ende moet van noede ende van bedwange somtijt eerdsche dingen hantieren, ende somtijt oec vleyschelike dingen dispencieren, ende somtijt *om meere quaet te scuwen, quaetheit [te] liden. Wat wilstu dat ic segghe? Mijn

---

Le1 Da Be2 Le5 Br3

677 gewecket *Da Be2 Br3* **679** soe *(*beghintet*) Da Be2* hoe sulc *:* woedaen *Da Be2* **680** alle *om Da* overlidende *Da Be2* **682** smaecte *(*plach*) Da* **683** mit geweelde / inden lichaem *Da* **684** alsoe *(*dattet*) Da Be2* **686** den *:* enen *Da Be2* **689** niet / die geen *Da* **692** here *(*worpstese*) Da Be2* **693** voertganges *Le1* <mei capitis> laster *Da Be2* **694** lude *:* menschen *Da Be2* **698** lasterlike *Le1 Le5*, lastige *Br3* <onerosus> ontellike *Da Be2* **699** *(*als*)* hem *Le1 Le5 Br3* **701** Mijnre *:* ende in mijn *Le1* **702** het wort *om Da Be2 Le5 Br3* **704** tijtliker *Le1* <curis temporalibus> **706** ende*(1) om Da Be2 Br3* om *:* overmids *Le1 Le5 Br3* **707** te *(*liden*) Le1 Le5 Br3* want *(*wat*) Da*

gemoede is also */109rb/* van sinen *laste verwonnen, dattet recht bloet mach sweten. Mar onder alle dese dingen so bid ic di biden almachtigen god, dattu mi, die inden wagen der ongestuericheyt gevallen bin, mitter hant dijns gebeeds wilste op helpen rechten. Ic voer recht voer winde ende voer wage doe ic in minen cloester een effen, stille leven leyde, mar die ongestuer storm is op mi in die see der werlt opgestaen, ende hebbe die oude wegestueringhe verloren, ende daer toe overmids verliese des vreets scipbrokich geworden. Want dat oude, crancke scip der heyliger kerken, dat ic uter heimeliker ordinancien gods te regieren ontfangen heb, wort also vander wagen deser werlt gestoten, dat icket totter rechter haven gheens sins geheel brengen en mach; alse nu comen die vloede recht tegens vallen, alse nu comen si vander siden in, alse nu volgen mi di tempeesten after na, also dat ic somtijt gedwongen worde dat scip te-*/109va/*gens die wagen te stueren, somtijt weder omme die wagen te wiken. Ende die tempeest die mi bejeghent, is also starc, dat die plancken des sceeps beghinnen van malcander te sceyden, ende bin recht mit allen onder dat water gecomen, ende begeer een plancke dijns ghebeets, op dat ic, die niet weerdich en was mit enen helen scepe rijc over te comen, dat ic doch nader scipbrokinge mit eenre plancken te lande comen mach. Mit screyenden oghen overdencke ic hoe dat ic den genoecheliken oever mijns vreets verloren hebbe, ende sie dat lant weder al versuchtende van varren an, dat ic nochtan overmids wederstoet niet houden en mach. Mijn alre liefste broeder, isset dattu mi minste, so reyc mi die hant des gebeets. Ende boven al dit, so worde ic seer vander gichte of artrike gequellet. Ja doch ic mach mi in desen */109vb/* drucke te lichter getroesten, als ic mijn gebreke overdencke daer ic den almachtigen god mede vertoernt hebbe. Want die gheselinge goids en coemt niet uut toern mar uut genaden, als men inden lichaem weder lijt daermen in gesondicht heeft. Hier om seyde die bruut die vanden wijn haers brudegoms droncken gemaect was, als voerseyt is: IC SLAPE. *Gilbertus*: Het is een soet slape ende het is een soet droem, o Jhesu, di alleen te kennen ende geen ander dinge te weten, jegen di alleen te bereyden ende di alleen te scouwen. Dit scouwen heeft wat gelijcs mitten droem, want het niet uut menscheliker cloecheyt ende uut eygen wille, als die mensche selve wil, en gesciet, mar overmids vandingen des brudegoms, die van boven coemt. *Job*: God spreect eens, ende dat selve en verhaelt hi niet anderwarf; so wanneer die vakericheit den menschen aencoemt ende op haer bedde slapen, dan luket hi die *oren der */110ra/* mannen op ende leertse overmits den droem inder nacht. *Gregorius*: Dan ontfanget dat gemoede die woerden gods inder °inrelicheyt alre inrelicste°, alst mitter werlt menichfoudige

Le1 Da Be2 Le5 Br3

708 luste *Le1 Le5* <pondere> **713** ic *(*hebbe*) Da* **714** bin *(*daer*) Da Be2* **718** mi *(*die*) Da Be2 Le5* **722** sceyden *:* vallen *Da* **724** over te comen / rike *Da Be2* **726** den *:* dat *Da Be2* **729** des *:* dijns *Da Be2 Br3* **733** daer *(*weder*)* voer *Da Be2* **740** hier omme *(*of *Be2)* seit *(*iob*) Da Be2* **742** ogen *Le1 Le5* <aures> **743** Hier aff seit sunte *(*gregorius*) Da Be2* **744** alre inrelicste / inrelicheyt *Le1 Le5* <uiuacius>

verstueringe niet becommert en is. Want die scare der eertscer gedachten sluut dat oer des herten toe, ende als dat uutwendige geluut buten der heymelicheit des gemoeds niet buten geweert en wort, so machmen die stemme des rechters, die int gemoede spreect, veel te qualiker horen. Aldus is der heyliger mannen slapen in die heymelicheyt haers gemoeds te rusten, ende <si> kennen der godliker dingen alre meest, als si van deser ongestueriger werlt begeerlicheyt alre meest ontslaep sijn geworden. Want alle werken ende oefeninge worden over doot gerekent, isset dat si mitten geeste der innicheyt niet levendich gemaect en sijn, want elc goet werc is ghemaect van eenre uutwendiger werclicheyt ende van eenre inwendiger innicheyt. Nu is dat uut- */110rb/*wendige werc recht als een lichaem, ende die inwendighe innicheyt recht als een geest die dat lichaem van buten levendich maect; ende geliker-wijs als die lichaem sterft ende te niete gaet als die ziele daer of sceidet, also stervet oec dat werc dat sonder innicheyt gewrocht wort. Hier om seit die bruut: IC SLAPE in die vergetelheyt alre dingen, mar ic wake des te meer in die minne des brudegoms te vierichliker verwarmt te worden. In desen soeten slaep dromet der minnender zielen soetelic vanden geminden. *Gilbertus*: O broeder<s>, vergave god dat mijn ziele tot desen slape gecomen waer, ende mijn wakinge oec mede des gelike waer. Men sel begheren dat die lichaem van buten na wisen der saliger bruut inden overliden alre dingen ontslape moet worden, op dat die gheest inden smaec der ewiger dingen altoes te wackerliker opclimme. */110va/* Want al isset dat men dat gegeven goet stadelic smaket, nochtan so pleget die smaec die minnende ziele tot anderen goede sonder ophouden te verwrecken. Ende hieten daer om altoes wakende te wesen, want si dien dronckenmakenden wijn nymmermeer en verduwen; si worden altoes vander vetticheyt der hemelscer genoechten gevoedet, haer waernemen ende haer waken duert altoes; in hem en wort geen vleischelike minne gevoedet, noch geen lichaemlike gemac begeert. O vergave god, dat ic in dien vrede tot enigen tijt mochte slapen ende rusten. *Gregorius*: Het sijn vier oefeningen des innigen gemoets, ende isset dat het daer in wel ende wackerlic becommert is, het vercriget een recht bewegen. Dat eerste *is alst al sijnre sonden ghedenct ende merket waer dat het geweest heeft. Also dede sinte *Paulus* doe hi hem selven */110vb/* besculdigde, ende seyde: Cristus Jhesus is in deser werlt gecomen om die sonders te behouden, daer ic die alre meeste of bin. Ende op een ander stat seyt hi: Ic bin die minste vanden apostelen ende niet waerdich een apostel te hieten, want ic die kerke gods vervolget hebbe. Dat ander is alst

---

Le1 *Da Be2* *Le5* *Br3*

749 si *om Le1 Le5 Br3* **751** ontslapen *Da Be2* **752** over *:* voer *Da Be2* **753** elc *:* alle *Da Be2* **757** of *:* wt *Da* **758** gewrocht *:* gedaen *Da* **760** minnender zielen *:* sielen die minnende is *Da Be2* **761** Hier om seget *(*gilbertus*) Da Be2* **762** broeder *Le1 Le5 Br3* <fratres> **764** ontslapen *Da Be2* moet *:* moegen *Da*, moghe *Be2* **768** verwecken *Da Be2 Br3* **772** dien *:* dinen *Da* **775** is alst *:* ist dattet *Le1* <cum> al *om Da* **777** selven *om Da Be2* **778** meeste *:* yerste *Da Be2* **779** segede *Da Be2* bin *(*niet*) Da Be2* **780** heylige *(*kerc*) Da Be2*

gemoede die sentencie der ordele goids mit vresen voerneemt, ende dencket ende vraget hem selven waer hi dan gewiset sel worden. Also dede sinte *Paulus*, doe hi seyde: Ic castie minen lichaem ende dwinge dat inden dienste goids, op dat als ic ander lude predike, dat ic dan selve niet onrustich ende verworpen en worde. Dat derde is als men die pijnlike verdrietelicheyt des tegenwoerdigen levens te rechte aensiet ende merket waer men is. Als sinte *Paulus* dede, *doe hi seyde: Die wijl dat wi in desen lichaem sijn, so si wi vreemde pelgrim vanden heer; ende: Ic sie een ander ewe in minen leden, die jegens die ewe mijns gemoets vecht, /*111ra*/ ende vangetse ende leytse in die ewe der sonden die in minen leden is. Ic onsalige mensche, wie sel mi verlossen vanden lichaem deser doot? Dat vierde is alst gemoede na sinen vermogen hemelsche dingen scouwet, ende, alst die noch niet vercrigen en mach, hem selven al weenliken beclaget ende merket dattet al daer niet en is, daert wesen soude. Also dede sinte *Paulus* doe hi seyde: Wi sien nu doer enen spiegel ende in gelikenissen, mar dan sel wi van aensichte tot aensichte scouwen. Dese ofeninge pleget die ziele alre meest ende alre heymelicste te bewegen. Want si alle lichaemlike verbeeldinge die haer mit gewelde jegens comen, pijnt te verdriven, ende stuert dat oge des herten in die radien des onbegripeliken lichts, daer si haer selven nader verstroyinge in vergadert, ende wort somtijt tot eenre ongewoenliker soeticheyt haesteliken ingelaten, daer al haer crachten mit vuericheden des /*111rb*/ geests in vernyet worden. Ende hoe si des dat si minnet, meer smaect, hoe si meer daer om arbeyt ende begeert altoes daertoe te comen dat haer van binnen also smakelike was; ende begint haer selven mit veronwaerden te mishagen, want si van der minnen soeticheyt gesmaket heeft. Hier om hiet die slapende bruut te waken, want si haer selven in desen voerseyden ofeninge<n> wackerliken hielt.

DIE STEMME MIJNS GEMINDES CLOPPET, ENDE SEYT: LUUC MI OP, MIJN SUSTER, MIJN VRIENDINNE, MIJN DUUE, MIJN ONBEVLECTE, WANT MIJN HOEFT IS VOL DOUWES, ENDE MIJN VLECHTEN SIJN VOL DROPELEN DER NACHTEN. Hier te voren was die bruut genoedet ende geeyschet tot enen meerre, volcomenre voertganc, al hier wort bewijst wat die vrucht dies voertgancs wesen sel. Ende want *Senica* seyt dat niement /*111va*/ wel leven en mach die hem selven alleen levet ende aensiet; want wil hi hem selven wel leven, so moet hi anderen luden mede leven. Ende seyt voert: Daer om wil ic leren, ende verbliden mi dat ic voert leren mach, ende geen dinc en mach mi genogen – hoe goet dattet oec si – dat ic alleen tot mijns selfs behoef weet. Ende hier om, op dat die bruut haer selven niet alleen en levet, so wort hoer bewiset waer die vrucht haers voert-

---

Le1 *Da Be2* *Le5* *Br3*

784/5 onrustich ende verworpen *:* wederproefft *Da Be2*, onsticht ende verworpen *Br3* **787** doe hi *:* ende *Le1 Le5* <cum diceret> **788** ende *(*pelgrime*) Da* **796** mynnende *(*siel*) Da Be2 Br3* **799** nader verstroynge / oer selven *Da* **806** oefeninge *Le1 Be2* **807** Vox dilecti mei pulsantis *opschrift Da Be2*, dat .I. capittel *opschrift Le5* die *(*cloppet*) Da Be2* **814** hi *(*seget*) Da Be2*

gancs in gelegen is, daer *si seyt: DIE STEMME MIJNS GEMINDEN CLOPPET, ENDE SEYT: LUUC MI OP etc. In welken woerden si vermaent wort ander menschen herten mit leeringe op te luken, op dat die brudegom van dien mede gemint worde. So wie den anderen leren sel, dien behoert toe dat hi inder minnen gods gewortelt ende gevesticht staet. Daer om seit hi: MIJN SUSTER, dat is, een mit */111vb/* mi inder minnen. Hem behoert toe dat hi inder volcomenheit ende inder waerheyt der ewangelien geoefent si, ende daer om seyt hi: MIJN VRIENDINNE, dat is, een medeweetster al mijnre heymelicheyt. Hem behoert oec toe dat hi mitten gaven des heyligen geests verlicht si, ende daer om seyt hi: MIJN DUVE, daer die begavinge des heyligen geests om der duven eenvoudicheyt bi beteykent is. Hem behoert oec toe dat hi een stichtich exempelaer in alle sijnre wanderinge si, ende daer om seyt hi: MIJN ONBEVLECTE, dat is, eerbaer ende stichtich in alle sijnre hantieringe te wesen. Dese vier suverlike vercieringe der geenre die ander menschen leeren, sijn beteykent in der bruuts woerden, daer si seyt: DIE STEMME MIJNS GEMINDEN CLOPT. Recht of si seggen soude: Ic seyde hier te voeren dat ic al slapende wake, want ic die stemme mijns gemindens die mi cloppet, *bekenne, ende verstae oec mede wat hi seit, als ic – daer <ic> toe genoet worde – */112ra/* niet en weygere hem op te luken. Dat anders niet en is dan der godminnender menschen herten mit *vermaninge der doechden helpen te bereyden, op dat die middele der sonden ofgedaen mogen worden, ende die dore des herten opgeloken die instortinge der godliker genaden daer binnen te ontfangen. Ende want die minlike minre der menschen veel ofkeeringe ende wederspannicheit der onbekender in dese werlt al lidende lijt, daer om isset noet dat een ygelic godminnende mensch hem mit goeder vermaninge helpe opluken. Als sinte Paulus dede doe hi, al was hi vry, alre menschen knecht wort. Ende een ander, doe hi seyde: Bereydet u herten den heer, ende dient hem alleen. *Richardus*: Die stemme des geminden is nutte ende noet tegens vierrehande nachts vrese, daer die menschen dicwijl van geesteliken voertganc of ontbliven. Die eerste vrese coemt van ongestadicheyt des herten, die ander vrese coemt van dunckel canc-*/112rb/*heyt des lichaems, die derde coemt van plompicheyt des verstandes, die vierde coemt uut verhevenheyt des gemoets. Uter eerster vrese seggen die sommige: Mijn gemoede is seer licht ende ongestadich, ende wilt ende woest ende wandelbaer, het dwaelt over al, het en volget nyemens raet; alse nu heeftet des eens wille te doen, alse nu eens anders. Hoe soude ic in enen goe-

---

Le1 Da Be2 Le5 Br3

818 si : hi *Le1 Le5* die (cloppet) *Da Be2* **819** (op) mijn suster *Da Be2* **824** ewangelien : ewe *Da Be2* **828** wille (bi) *Da Be2* **830** alle sijnre : alre *Da Be2 Br3* **831** sijn : si *Da* **832** die (cloppet) *Da Be2* **833** soude : wolde *Da Be2* seyde : seechden *Da*, zede di *Br3* **834** bekende *Le1 Le5 Br3* <agnosco> **835** ic *om Le1 Le5 Br3* <me...inuitatam> hem / niet en weigere *Da* **837** vermakinge *Le1 Le5* **839** binnen : in *Da Be2 Br3* **840** (onbekender) menschen *Da Be2* **846** die (coemt) *Da* **847** vrese *om Da Be2 Br3* **850** licht : lichtveerdich *Da Be2* **852** des eens wille : wil dies *Da Be2*, dat een wille *Br3*

den leven volherdende bliven, die van also menigerhande gedachten gejaget worde? Hier toe seyt die *propheet* aldus: Die stemme des heren is boven die wateren. Dat is te verstaen: die heer selt geven datti also veel goeder gedachten in comen sellen, als di te voren quade gedachten plagen in te comen, also dat di die goede sonder dinen groten arbeyt also bereyt sellen wesen als die quade plagen. Want die stemme des heren is boven die wateren, dat is, si ghevet cracht jegens alle */112va/* die uutvlietinge der sinnen. Uter ander vrese seggen die sommige: Hoe soude ic gemeen leven mogen houden? Want so wat ander broeders hebben, dat en genoget mi geen tijt; dat si niet en hebben, dat had ic gheern. Ic bin opgevoedet in een lant daer men sachtelic levet, ic en mach om die tederheyt mijns lichaems geen herdicheyt liden. Ic gelye dattu segste, mar hoer den *propheet*, daer hi seyt: Die stemme des heren is in mogentheden. En ontsich die niet, cleyn cudde, die heer sel sinen volc cracht geven. Uter derder vresen seggen die sommige: Ic en *hebbe niet veel sins, mijn verstant is cleyn, ic en can den sin der scrifturen niet begripen. Hier toe antwoert die *propheet*, ende seyt: Die stemme des heren is in groetheden, dat is, si is rijc ende milde genoech di te geven al dattu behoefste. Als sinte Jacob seyt: So wie */112vb/* wijsheyt behoeft, die eyssche van gode, diese alle den genen diese begeren, overvloedelic gevet, ende niement en *verwijt. Uter vierder vresen seggen die sommige: Inden geesteliken leven en worden niet alleen harde ende swaer dingen geboden, mar oec mede dicwijl dingen die niet veel en vorderen; daer worden oec somtijt overste gemaket, die hem des regiments niet en verstaen, die meer haren wille dan den orber aensien. Hoe soude ic dat liden ende mijn gemoede oetmoedelic onder hem bugen? Hier toe antwoert die *propheet*, ende seyt: Die stemme des heren sel die cederboem breken, ende nederwerpen die cederboem des Libaens. Het is een ondersceyt tusschen slechte cederboem ende cederboem des Libaens, want hoverdige vermetelheyt die uut waerliker ydelheyt comet, is een slecht cederboem, mar hoverdi[g]e die uut verwaentheden van heyligen levene comt, dat is een cederboem des Libaens. Beyde dese sel */113ra/* die stemme des heren breken. Hier om cloppet die stemme des geminden ende seyt totten genen die in die oefeninge des godscouwenden levens slapen, ende seyt: LUUC MI OP, MIJN SUSTER, mitter vermaeninge der doechden niet di selven – want ic bin in di –, mar luuc mi op die gene daer ic noch buten sta, ende niet in en mach, op dat si oec mede mit ons een sijn. WANT MIJN HOEFT IS VOL DOUWES, dat is, die overste sijn vol heerscappien ende vol begeerlicheden der eerdscer dingen, ENDE MIJN VLECHTEN, dat sijn haer ondersaten, SIJN VOL DROPELEN DER

Le1 *Da Be2* *Le5* *Br3*

855 aldus *(*te*) Da Be2* **856/7** in te comen *om Da Be2 Le5 Br3*

Le1 *Da Be2* *Le5* *Be3*

859 cracht *herneemt (cf. supra 613) Be3* **861** dat*(2) :* wat *Da Be2* **866** hebbe *:* hadde nie *Le1 Le5* <est michi> **869** behoefste *:* begeerste *Da Be2* **870** eyssche *:* eischet se *Da* **871** begeren *:* behoeven *Da* verwijt *:* weigert *Le1* <improperat> **876** onder hem / oetmoedelic *Da Be3* **881** hoverdige *Le1 Le5* **885** doget *Da Be2*

NACHTEN, dat is, traecheyt inden gelove ende boesheyt inden werken. *Gregorius*: Hier om wil die brudegom datmen ondertiden dat scouwende leven late ende den evenmensche totter doechde trouwelike vermaen. Want als die volcomen manne hem selven alleen in haren inwendigen vrede besorgen, dat beclaget die brudegom, ende het is hem leet, dat die weerlike gemeente meer ende meer */113rb/* in noch argeren dingen vallen. Daer om roept hi ende seyt: LUUC MI OP, MIJN SUSTER. Recht of hi seggen soude: O MIJN SUSTER, MIJN VRIENDINNE, <MIJN DUVE>, MIJN ONBEVLECTE, wiltu mijn geminde bliven, so denc ende aensich mijnre minnen werke. Ic heb di opgeloken minen mont, om di te leeren op den berch die viii salicheden ende die volcomenheden des kerstens geloves; ic heb di opgeloken mijn side, om di daer in te ontfangen doe een vanden ridderen mit sijnre lancie daer in stac; ic heb di opgeloken den hemel in te wonen, die te voren gesloten was. Dit soude di billics mit redene <vermaninge> genoech wesen mi op te luken, hier om: LUUC MI OP, MIJN SUSTER.

Naden anderen sin.

DIE STEMME MIJNS GEMINDEN CLOPPET, ENDE SEYT: LUUC MI OP. Naden anderden sinne behoren dese woerden der minnender zielen toe, die der heyliger kerken kinder toesprect ende */113va/* noedetse tot minliker dancbaerlicheyt. Want een luttel hier te voren had si geseyt: IC SLAEP ENDE MIJN HERTE WAKET. Dat waken bewise ic hier in, want ic des geminden cloppers stemme hoer ende bekenne, ende mijn oren jegens die stemme des vleischs, der werlt ende des viants toegesloten houde, mar die stemme des geminden hoer ic blidelic ende mit groter vrolicheyt. *Gilbertus*: O broeders, die bruut hadde grote wijsheyt in die onderscheidinge der geesten, want si also *wel ondersceyde bekende tusschen haer viande scalkicheyt ende haers brudegoms goedertierenheyt. Dat en was oec geen wonder, want des geminden cloppers stemme en mach nyements stemme geliken, noch der philosophen, noch *der wisen der werlt, noch der ongeloviger, noch der propheten. Want hare geens stemme en *glidet also sachtelic inder zielen, noch en leert also soetelic, als die stemme des brudegoms so wanneer si te */113vb/* rechte gehoert wort. In desen voerseyden woerden bewiset die ynnige ziel dat si inden slaep des scouwens soetelic begavet, vriendelic genoemt was, ende tot hogeren dingen geropen, in dien dat si seyt vander stemmen, vanden geminden ende vanden cloppen. Bider stemmen ver-

Le1 *Da Be2* *Le5* *Be3*

890/1 Gregorius: Hier om *:* Hier om als sunte gregorius seit *Da Be2* **891** soe *(*wyl*) Da Be2* **892** trouweliken / totter doechde *Da* trouwelike *om Le5* **896** *(*suster*(1)) etc Da Be2 (*suster*(2))* o *Da Be2* **897** mijn duve *om Le1 Le5* **898** gedenck *Da Be2 Be3* **899** viii *:* acht *Da Be2 Le5 Be3* **900** geloves *:* levens *Da Be2 Be3* **901** mit sijnre lancie *om Da* lancie *:* glavien *Be2* **903** vermaninge *om Le1* **905** Naden *:* Nae enen *Da Be2*, een *Le5* **906** die *(*cloppet*) Da Be2 (*op*)* mine suster *Da Be2 Be3* **909** si *:* ic *Da* **914** die *om Da* wel *:* veel *Le1 Le5* kenne *Da*, kende *Be3* **915** haer *:* der *Da Be2 Be3* **917** der *:* den *Le1 Le5* **918** glidet *:* ludet *Le1* <illabitur> **919** des *:* mijns *Da Be2* **921** *(*begavet*)* was *Da Be2* **922** was *om Da Be2*

sta ic des brudegoms ingeestinge, biden geminden der ingheestinghe soeticheit, biden cloppen die gehuechenisse der sueticheit niet te vergeten. Des brudegoms stemme daer hi die scouwende ziele mede toesprect, is drierhande. Die eerste is die stemme alre creatueren, daer si na hare wisen mede spreken. Als sinte *Paulus* seit: die onsienlike dingen gods worden vanden creaturen der werlt overmids den dingen die gemaect sijn, verstaen ende gescouwet. *Augustinus*: Ic sprac allen creaturen toe die voer die doer mijnre zielen staen, dat si my seggen souden van minen gode, ende of si mijn god yet waren. Doe riepen si alle mit luder stemmen: Soect boven ons, hi hevet ons gemaect ende wi */114ra/* ons selven niet. Die gescreven, godlike boeken leeren ons niet alleen onsen god te bekennen, mar al dat bi ons inder natueren is, roept ende seit mit sijns selfs wesen dattet eenen edelen scepper heeft, daert of gescepen ende ghemaect is, elc na sijnre wisen, als sinte *Dyonisius* seyt. Die ander is die stemme des redeliken onderscheits van binnen, daer wi overmids den verlichten verstande den engelen eens deels mede geliken, daer die *propheet* of seyt: Heer, dat licht dijns aensichts is op ons geteykent. Ende dat is dat licht daer beide engelen ende menschen inden verstande mede verlicht worden, die menschen min ende die engelen meer. Want god is een verstandelic goet daer men niet boven gedencken en mach, ja geen gescepen verstant en mach dat verstandelike goet dat god is, te vollen begripen, ende in hem is die overste vroelicheyt, die overste <salicheyt, die overste> minne van ewen tewen geweest. Die derde is die stemme der *hemelscher inlichtinge, van gode inden minnenden zielen */114rb/* ingestort, dat is dat onghescepen woert [wort] in ons overmids den heyligen geest *geseyt, ende mach, als sinte *Jacop* seyt, onse zielen behouden. O hoe soetelic luut die stemme inder minnender zielen oeren. Daer om laet mi dijn stemme horen, want dijn stemme is suet ende dijn aensicht is scoen. *Ezechyel*: Doe daer een stemme boven den firmament ghehoert wort, doe lieten die diere haer vlogelen nedervallen. *Gregorius*: Die hoert die stemme boven den firmament, die mitten oghen der verstandelheyt aen gode clevet, ende der ewicheyt, der simpelheyt ende der eenheyt gods, also veel als hi vermach, gedencket. Dit is die stemme daer die minnende ziele of opgewrecket wort ende jegens waket. Die eerste stemme van desen drien cloppet sachtelic, ende die ziele wort daer vierich in; die ander cloppet blidelic, ende die ziele wort daer in verclaert; die derde */114va/* cloppet soetelic, ende die siele versmelt daer in gelike den wasse. LUUC MI OP, MIJN SUSTER, overmids gelicheyt ende medeformicheyt der naturen; LUUC MI OP, MIJN VRIENDINNE,

---

Le1 *Da Be2* *Le5* *Be3*

925 die *:* een *Da Be2 Be3* der *:* dier *Da Be2 Be3* **930** hier om seecht sunte *(*augustinus*) Da Be2* **932** hem *(*boven*) Da Be2* **939** dat is *om Da* **944** salicheyt, die overste *om Le1 Le5* <beatitudo, summa caritas> *(*minne*)* heefft in hem *Da Be2* **945** hemelscher *:* godliker *Le1 Le5* <supernarum> **946** *(*woert*)* wort *Le1* **947** gesaeyt *Le1 Da Be2 Le5* <quo loquitur> **951** Op dese woerde spreect sunte *(*gregorius*) Da Be2* gene *(*hoert*) Da Be2* **953** ende *(*der*(2)) Be2* der*(2) :* ende *Da* **956/7** blidelic – cloppet *om Da*

overmids sonderlinge verbant onser onderlinger minnen; LUUC MI OP, MIJN DUVE, overmids vruchtbaerheyt der menigherande uutwendiger minnen werke; LUUC MI OP, MIJN ONBEVLECTE, overmids scouwinge ende aenstaeringe der hemelscer scoenheyt. Di meen ic, [di] die also menichsins ende also vriendelic genoemt biste: LUUC MI OP. O hoe geern mocht men alsulken gast ontfangen, die also veel mit hem brenget, daer men alden cost mede betalen mach, ende daer dicwijl also veel relijfs overblijft, dat al dat gesinde overvloedelic mede gesaedet wort. Wi mogen ses reden in desen voerseyden woerden merken waer om dat die bruut haer herberge den */114vb/* brudegom geern mochte opluken. Die eerste is sijn oetmoedige, volherdende bidden ende cloppen. Want hi staet ende clopt, ende en sceyt vander doren niet, ende seit ende lovet: So wie mi in laet, ic sel mijn aventmael maken mit hem ende hi mit mi. Die ander reden is natuerlike maechscap, want hise om der *naheit willen sijn SUSTER hiet te wesen. Die derde reden is dat vriendelike verbant daer si onderlinge in minnen mede gebonden sijn, ende daer om hiet hise sijn VRIENDINNE. Die vierde reden is die goede, eenvoudige sympelheyt, ende daer om noemt hise sijn DUVE. Die vijfte reden is scoenheyt der werken, ende daer om hiet hise <sijn> ONBEVLECTE. Die seste reden is dat overvloedige loen dat hi mit hem brenget so waer hi coemt, WANT sijn HOEFT IS VOL DOUWES. O minnende siele, hier om luuc alsulken geminden dinen mont op mit hem te spreken, dijn herte hem hertelike te minnen, dijn oren */115ra/* hem te hoeren, dijn ogen hem te scouwen. *Gilbertus*: O goede Jhesu, wat isset ende wat bedudet dattu bidste datmen di opluuc, ende du selve Davids slotel hebste? Du lukeste op, ende nyement en luuct toe; du sluteste toe, ende nyement en luuct op. Mar ic vermoede dat dijn oplukinge dijn openbaeringe is, daer du te voren verborgen waerste. Du lukeste op, ende niement en sluut di uut. Als een luttelkijn glorien *dijnre mogentheit beginnet te verschinen, dan trecket si tgemoede <haestelic> tot haer ende keertet om. Hier is der bruut oplukinge des brudegoms openbaeringe ende sijn *toescickinge tot haer. Hier om, recke uut dijn tenten ende dijn pauwelioenen, als *Ysaias* seyt. Du Libaen, luuc op dine poerten. Dese poerten worden opgeloken so wanneer alle die ontfanclicheden des gemoeds jegens die godlike inlichtinge opwaerts uutgerecket worden, ende also vanden godliken vier *verteert, dat si tot sijnre gelikenisse verwandelt werden ende daer in verswolgen. Want god heet een */115rb/* verterende ende een verslindende vier te wesen. *Gilbertus*; Wat isset anders te seggen: LUUC MI OP, dan mit eenre smekeliker treckelicheyt dat begeerlike gemoede tot hem te locken, op dattet hem tot meerre ontfanclicheyt des lichts mach bereyden? Hier om

---

Le1 *Da Be2* *Le5* *Be3*

963 di *(*die*) Le1* **966** aff *(*over blivet*) Da* daer *(*mede*) Da Be2* **970** lavet ende seget *Da Be2* **972** naheit *:* nacht *Le1 Le5* **976** sijn *om Le1* **980** herteliker *Da* **986** dijnre *:* der *Le1* <maiestatis tue> haestelic *om Le1 Le5* <subito> **988** toescininge *Le1* <coaptacio> **992** verciert *Le1 Le5* <comedit> gewandelt *Da Be2* **994** Item *(*Gilbertus*) Da Be2*

seyt hi: LUUC MI OP. In desen opluken mach men oec merken behoetheyt des huus, want tgemoede des godminnenden menschen en sel ghien huus der neeringe wesen, wies doren jegens elkermalc opgeloken staen, ende so wie wil, mach daer in gaen; mar daer Jhesus ancloppet isset gesloten, ende naden cloppen en gaet hi daer niet in, het en si dat sijn stemme eerst gehoert worde <ende bekent worde>. O hoe salich waer ic, moecht men van mijnre zielen seggen: Dese poerte is gesloten, ende doer hoer en sel heymelic noch openbaer geen ongeordinierde begeerte ingaen, mar si sel alleen jeghens den prince, alse hi coemt, opgeloken worden, ende hi isser */115va/* alrede in ende begeert noch vorder inwerts te comen. MIJN HOEFT IS VOL DOUWES. *Gilbertus*: Wat wil ic langer bider verborgenheyt der menseliker natueren cristi merren? MIJN HOEFT OVERVLOEYT VAN DOUWE, want aenscouwinge der godliker natueren baert in mi hoge, vruchtbaer sinne, die vloeyen gelike den douwe als die heymelicheyt der godheyt haer openbaert. Die menschelicheyt verdient die genade, mar die godlicheyt gevetse. Hier om IS MIJN HOEFT, dat is, die godlicheyt, VOL DOUWES, dat is, noch heymeliker hemelscer gaven. Want al isset dat dat menschelike gemoede, alst vanden ongemetenheyt des godliken lichts verslagen wort, haestelic weder tot hem selven keert, nochtan is hem dat harde vorderlic een luttel voersmaecs vander godliker sueticheyt gehat te hebben. Want *het wort daer mede ontfoncket */115vb/* mit meerre minnen, ende pijnt boven hem selven te clymmen om eens deels weder te vinden dat het te vollen niet gebruken en mochte. Want al isset dat god onsienlic ende onvernemelic is, nochtan wort hi vanden reynen ghemoeden sonder geluut gehoert, sonder beroerlic beweghinge ontfangen, sonder lichaemlike *lede geruert, sonder stat ende stede gehouden. *Gilbertus*: Wacht di voer die bedriegelike vergevinge des princen der duusternisse, die <hi> sachtelic ende heymelic pleget te scencken, ende scijnt recht of si den hemelschen douwe gelijcten. Sluut di toe voer hem ende <hout> hem buten, ende al seyt hi tot di: SUSTER, LUUC MI OP, sech hem weder dattu geen maechscap noch vrienscap mit hem hebben en wilste. Die een suster Cristi is, behoert onbevlecket te bliven. Dropelen des douwes sijn cleyn ende cout ende reyn <ende> ront ende claer ende smakelic ende crachtich. Aldes gelijc wort een godminnende ziele die mitten hemelschen douwe begauet is, cleyn overmids */116ra/* oetmoedicheyt, cout overmids reynicheyt, reyn overmits puerheyt, ront overmids gehoersamicheyt, claer overmids verstandelheyt, smakelic ende suet overmids goedertierenheyt, crachtich in menigerhande goede werken. MIJN VLECHTEN SIJN

Le1 Da Be2 Le5 Be3

998 des godminnenden *:* der gotminnender *Da Be3* **1000** *(*mer*)* et sal wesen *Da Be2* **1002** ende bekent worde *om Le1 Le5* <et notatur> **1007** lange *Da* tegenwoerdiger *(*menscheliker*) Da* **1008** als *(*mijn*) Da Be2* **1014** dat *om Da Be2* **1016** het *:* hi *Le1 Le5 Be3* **1020** lede *:* lude *Le1* **1021** Item *(*gilbertus*) Da Be2* **1022** hi *om Le1* **1024** toe *om Da* hout *om Le1 Le5* seechde *Da Le5 Be3*, sey *Be2* **1026** want *(*die*) Da Be2* **1027** cout ende reyn ende *om Le5* ende*(3) om Le1* **1028** ygelike *(*gotminnende*) Da Be2 Be3* **1030/1** gehoersamheit *Da Be2 Be3*

VOL DROPELEN DER NACHTE<N>. Also als wi biden HOEFDE dat godlike wesen verstaen, also mogen wi biden VLECHTEN alle volcomenhede der onbegripeliker goetheyt gods wel te rechte nemen. Die daer om den vlechten ghelikenen, want als wi na onsen verstande elke uutvloeyende goetheyt sonderlinge ende mit ondersceyde ontfangen, so vinden wi dat si vanden simpelen wesen der godlicheyt oersprongelic tot ons comen. Dese sijn VOL DROPELEN DER NACHTEN, want si den scouwenden gemoeden, dat dicke mit drucke belast is, een soete vercoelnisse gheven. *Barnaerdus*: Als men in gode die macht sijnre *hulpcominge, die waerheyt sijnre beloften, die minne sijnre uutverkiesinge aenscou-/*116rb*/wet ende merket, dat gevet enen yegeliken die in druc is een suete, vercoelende hope. Aldus is dat HOEFT VOL DOUWES, als die godheyt aenghescouwet wort, die die genade der vertroestinge invloeyt sonder ophouden; ende die VLECHTEN SIJN VOL DROPELEN DER NACHTEN, als men die eerste waerheyt ende die eerste minne merket, die ons tot alre volcomenheyt scicken ende ordinieren. *Vercellencius*: DIE VLECHTEN sijn die subtijl overste uutreckinge des gemoets, VOL DROPELEN DER NACHTEN, dat is, vol suptijlre, heymeliker indrupinge der overschinender duusternisse. *David*: Die nacht is een verlichtinge in minen weelden. Van desen dropelen der nachten vraget die heylige man *Job* ende seyt: Wie is die vader des regens, ende wie hevet die dropelen des douwes gebaert?

IC HEBBE MI BEROEFT VAN MINEN ROCKE, HOE SEL ICKEN WEDER ANTRECKEN? IC HEBBE MINE VOETTE GEWASSEN, HOE SEL ICSE WEDER BEVLECKEN? *Gregorius*: Hier te voren /*116va*/ is bewiset hoe dat die brudegom die bruut vermaent dat si ander menschen mit vermaeninge der doechden tot hem waerts soude trecken, al hier doet si haer onscout ende bevet van anxte voer den last die daer anhanget. Want si besorget al wijslic ende hevet vrese, isset dat si haer uutwaert keert anderen menschen te regieren, dat si vander sorchfoudicheyt der werlt alte seer becommert sel <moeten> worden, ende also, overmids dier uutwendiger menichfoudicheyt, die ruste ende den gewoenliken vrede haers herten daer mede te verliesen, ende weder van den vlecken der sonden verduustert te worden. Hier om antwoerde si den brudegom doe si van hem daer toe vermaent wort, ende seyde: IC HEBBE MI BEROVET VAN MINEN ROCKE. *Gregorius*: Dat is, <die> becommeringe ende die versceifelinge der werlt, sonder

---

Le1 *Da Be2* *Le5* *Be3*

1033 nachte *Le1 Le5* <noctium> **1036** elke *:* alle *Da Be2* **1040** hier om seget sunte *(*bernardus*) Da Be2* macht *:* nacht *Da* **1041** hulpcominge *:* hulp condige *Le1* <subuencionis> **1042** aenscouwet *:* aensiet *Da* **1049** Daer *(*david*)* inden salter aff seget *Da Be2* **1050** een *:* myn *Da Be2* inlichtinge *Da*, lichtinghe *Be2 Be3* **1053** Expoliaui me tunica mea quomodo induar illa laui pedas meos quomodo inquinabo illos opschrift *Da*, Expoliaui mea tunica quod*(!)* induat*(!) opschrift Be2*, dat .li. capittel *opschrift Le5* **1055** vermaenden *Da*, vermaende *Be2 Be3* **1059** te *om Da* **1060** moeten *om Le1 Le5* <necesse sit> **1062** te *om Da Be2* **1063** te *om Da Be2* antwoert *Da* **1064/5** Gregorius: Dat is *:* dat is als sunte gregorius seget *Da Be2* **1065** die *om Le1 Le5*

welc dat men selden of nymmermeer voer ander lude sorge en mach dragen, die heb ic van mi ge-*/116vb/*daen, hoe soude icse weder aennemen? *Baernaerdus*: Den ghenen die alleen om die eer dencken, lachen die prelaetscappen toe, mar den ghenen die om den menichfoudigen last dencken die daer toe hoert, staense mit verdriet in. Haerre veel en souden niet also boudelic mit vrolicheden totter eren lopen, waert dat si dochten omden arbeyt die daer toe hoert. Hier om hadde die bruut vrese voer haren scade ende seyde wijsselic: IC HEB MI BEROEFT VAN MINEN ROCKE. IC HEB MIJN VOETE GEWASSEN, HOE SEL ICSE WEDER BEVLECKEN? *Beda*: Het en is niet te verwonderen dat si node tot dier officien quam, want het gesciet selden dat enich leerre – hoe volcomen dat hi is – in dier sorchfoudicheyt sonder vermetelheyt of toernicheyt gevriet mach bliven. Want als hi godlike, salige dingen leert ende niet oetmoedelic gehoert en wort, so wort hi dicwijl verarret; ende isset datmen hem gheern */117ra/* hoert ende volget, so wort hi van vermetelheden bewegen. Wort hi versmaet, hi wort vertoernt; ende wort sijn leeringe gepriset, die ydel glorie is hem na bi. Hier om was den discipulen Cristi gehieten dat si dat stubbe van horen voeten souden scudden, ende als si van prediken quamen, plachmen hoer voeten te wasscen. Die voeten sijn die begeerlicheden, dat gestubbe is eygen behagen, daer hem een yghelic in elken goeden werken seer voer heeft te hoeden. *Barnardus*: Doe ic neffens die voeten Jhesu[s] plach te sitten ende beclagede mijn gebreke, ende offerde die sacraficie des bedructen geests in een overdencken mijnre sonden; of trouwen, doe ic somtijt tot sinen hoefde mit vroelicheden stont, mit enen overdenken alle sijn goeder, groter gaven, doe hoerde ic hoerre somich seggen ende *claegen dat ic mi selven alleen levede, die veel menschen soude <mogen> winnen. Mar het en waer mi geen goede comenscap dat ic alle die werlt wonne ende mijnre zielen scade */117rb/* dede. Die geestelike voete daer die ziele inden wege gods mede wandert, die selmen ontscoeyen mit enen berouweliken beclagen elcker vlecke, alse Moyses toegesproken was: Doch dat gescoeyte van dinen voeten, want die stede daer du op staetste, is heylich lant. Men selse wasschen mit enen rouweliken belien, als sinte Peter toegesproken was: Isset dat ic di niet en wasse, du en selte gheen deel mit mi hebben. Men selse salven mit inreliken medeliden, als Maria Magdalena dede; si wiesch die voeten Jhesu, si droechdese, si cussedese ende si

Le1 *Da Be2* *Le5* *Be3*

1066 sorge – dragen *:* mach sorge dragen *Da Be2 Be3* **1067/8** hier om seget sunte *(*bernardus*) Da Be2* **1070** mit vrolicheiden *(*alsoe*) Da* boudelic *:* coenlike *Da Be2* **1072/3** Ic – rocke *om Be3* **1073** *(*rocke*)* woe sal icken weder aentrecken *(*aen doen *Be3) Da Be2 Be3* **1074** si *:* die bruut *Da Be2* **1074/5** tot dier officien *:* totten ambochte *Da Be2* **1076** in dier *:* inder *Da Be2* **1078** dicwijl *:* ducke *Da Be2* verarret *:* vertornet *Da Be2* **1083** stubbe *Da Be2 Le5 Be3* **1085** hier om seit sunte *(*bernardus*) Da Be2* ihesus *Le1 Be3* <ihesu> ende beclagede *:* beclagen *Da Be2 Be3* **1086** sacraficie *:* offerhande *Da Be2* **1089** clageden *Le1 Le5* **1090** mogen *om Le1* <potuissem> **1091** dede *:* lede *Da Be2* **1093** rouweliken *Da Be2 Be3* **1095** een *(*heylich*) Da Be2* **1096** was *:* wert *Da Be2* **1097** enen *(*innerliken*) Da*

salvedese. Men selse weder scoeyen mit alre doechdeliker oefeninge, als sinte Paulus seyt: Hebt ghescoeyde voete in die bereydinge der ewangelien des vredes.

Naden anderen sin.

IC HEB MI BEROVET VAN MINEN ROCKE etc. Na enen anderen verstande mogen dese woerde recht der godminnender /*117va*/ zielen toebehoren. *Vercellencius*: Nader ingeestinge die der inniger zielen van horen brudegom gedaen wort, begeerde si alle die heymelike hoken haers gemoets totten ontfangen des godliken lichts gemeenlics sonder ophouden *uut *te recken, ende wiste wel datsi <dat> anders mit haers selfs cloecheyt niet volbrengen en mochte, het en waer dat si inden eersten graet der scouwinge van alre sinlicheyt ofsceyde, ende also voert mit ordinancien totten oversten mochte comen. Hier om *ontsculdicht si hair, ende quam node weder totten gemerke der nederster dingen, want haer naden oversten seer verlanget, ende seyt: IC HEB MI BEROVET VAN MINEN ROCKE. Dese ROC beteykent alle uuterlicheyt, dat is al dat van buten een gedaente heeft, daer die hemelsche wesene of ontbloetet ende beroeft hiet te wesen. *Dyonisius*: Bloetheyt ende *ontscoeyinge inden hemelschen gemoede /*117vb*/ bedudet dat si onbedecket ende vry sijn, ja dat si van geenre becommeringe der nederster dingen gehindert en mogen worden, ende dat men geen uutwendige, sinlike dingen mit redene hem toeleggen en mach. Ende dan wort die ziele beroevet van horen rocke, als si van allen uutwendigen dingen sceydet, ende daer na haer selven laet, ende dan mitten overschinenden radien vereniget wort overmids der overtredinge ende den uutganc haers selfs, ende van allen dingen ontcommert opwaerts *gewrocht wort totten overweseliken radien, die der sonnen licht eens deels geliken.

[Inlassing 4]

<Der zonnen licht wort [in drien manieren of] in drierehande wijs ghescouwet. Inden yersten aen lichaemliken dinghen daer si aen schijnt, als op die erde of aen die want. Ten anderen male wort sij ghescouwet in haer zelves radien in die locht. Inden der-/*302v*/den male, in haers selfs lichaem, dat een springhende fonteyne alles lichts is. Al des ghelijc openbaren hem die godlike radien den mynnenden zielen in desen leven in drierehande wijs. Inden yersten in die heilighe scriftuere, als daer overmits die ghave der verstandelheit een gheestelijc, opkrigende zinne onder den bast der letteren ghevonden wort, daer dat ghemoede, recht als overmits godlike, optreckende radien, tot der mynnen

---

Le1 Da Be2 Le5 Be3

1099 scoeden *Da* **1102** Naden *:* Nae enen *Da Be2*, een *Le5* **1103** woe sal icken weder aentrecken *(*etc*) Da Be2* **1104/5** want alse *(*vercellensis*)* seget *Da Be2* **1107** uut te *:* wte *Le1* si *(*wist*) Da Be2* **1108** dat *om Le1 Be3* <id implere> **1112** ontsculdichde *Le1 Be3* <excusat> **1113** *(*rocke*(1))* woe sal icken weder aentrecken *Da Be2* wterscheit *Da Be2* **1115** hier aff seyt sunte *(*dyonisius*) Da Be2* ontstroeyinge *Le1 Le5*, ontschoedinge *Da* <discalciacio> **1120** onverscheiden *Da Be2* **1122** gevoert *Le1* **1123** geliken *breekt af tot 1181 Le1 Le5*

Be3 Da Be2 Br3 Be4

1125 *(*wort*)* in drien manieren of *Be3* **1128** Inden *:* Ten *Da Be2*

sijns sceppers menichfoudelijc ende wonderlijc gheleert ende toeghestuert wort. Van desen radien die den gheest aldus toeschinen, zeet sinte *Dyonisius* aldus: Wy sullen die onsprekelike dinghen gods eren met enen reynen swighen, ende van haren toelichtenden schijnselen gheoeffent ende verlicht worden. Inden anderen male schijnt die godlike radie vander gheesteliker zonnen inden gheest sonder enich middel. Ende in desen wort dat ghemoede *mit enen verwonderen verhanghen, */303r/* ende gheleert van overhemelschen dinghen te ghedencken, als vander ewigher gheboerten des zoons, vanden ewighen wesen des vaders ende vander zamenbijndinghe des heilichs gheestes. Want alsoe als dat mateerlic oeghe overmits den schinenden radien der zonnen inder locht, ende met ghenen anderen vernemeliken licht <totten scouwen der sonnen> opgheboert en wort, al des ghelike wort dat oghe der verstandelheit met den radien die vander gheesteliker zonnen daer in gheseynt *worden, totter kennissen der overhemelscher verborghenre dinghen opverheven, ende niet overmits enichs sterfelijcs leeraers konste of cloecheit, die hi daer toe ghedoen can. Hier af scrijft sinte *Dyonisius* tot Tyton in eenre epistelen ende seet: Keere dy totten radien. Recht of hi zegghen woude: En neme anders gheen leere, noch anders gheen exemplaer om die godlike dinghen te vernemen, mer inganck in di selven ende oeffent dy sterckelijc met den radien die dy van boven ghe-*/303v/*gheven sijn, godlike dinghen te scouwen. Want alsoe die redelike gheest edelre <is> dan alle creaturen die beneden hem sijn, alsoe openbaert haer die godlike wijsheit inden selven gheest alre edelicste overmits den ingheseynden radien der goetheit gods. Inden derden male, daer die zonne, die fonteyne alles lichts ende alre zalicheiden, aldus ghescouwet wordt, dat gheschiet als tghemoede van den lichaem ende van alle der leden *bevoelicheit met der ghenaden gods boven der naturen moeghelicheit tot overhemelschen dinghen ghetoghen wort, ende daer den brudegom van aensicht tot aensicht scouwet, van welken gloriosen *gesichte alle dat hemelsche hof vervroudet wort. Overmits der yerster radien, die onder die scriftuere verborghen is, clymmet men op *totter verenigender mynnen, daer die ander radie dicwijl rechtevoert navolcht. Want hoe dat ghemoede overmits begherte<n> der mynnen der fonteynen des lichts meer ghena-*/304r/*ket, hoe dattet metten godliken

---

Be3 *Da Be2* *Br3 Be4*

1134 gheleert *:* gekiert *Da Be2* **1138** Inden *:* Ten *Da Be2* **1139** mit *:* in *Be3 Br3* <cum> **1143** mateerlic *:* natuerlic *Da* **1144/5** totten scouwen der sonnen *om Be3 Br3* <ad contemplacionem solis> **1146** wort *Be3 Br3* <radios immissos> **1148** overmits *:* mit *Da* **1149** af *:* om *Da* tyton *:* tytum *Da Be2*, timoteom *Be4* **1152** ganc *Da Be2 Be4* **1153** *(*alsoe*)* als *Da Be2* **1154** is *om Be3* <nobilior est> **1155** geeste / selve *Da Be2 Be4* **1156** goetheden *Da Be2* Inden *:* Ten *Da Be2* **1157** ene *(*fonteyn*) Da Be2 Be4* *(*lichts*)* is *Be2* **1152** *(*salicheiden*)* is *Da Be4* aldus *om Da Be2 Be4* gescuwet *Da* ende *(*dat*) Da* **1158** bevoelicheit *:* bewegelijcheit *Be3 Br3* <sensificacione membrorum> **1160** al *(*daer*) Da Be2 Be4* **1161** gesichte *:* licht *Be3 Br3* <aspectu> **1163** totter verenigender *:* wt der verenichder *Be3 Br3 Be4* <ad amorem unitiuum> **1164** begherte *Be3 Br3* <affectiones>

radien crachteliker overmits der meerre naheit vervullet wort; recht als wy sien dat vander *oprisinghe der dagheraet die landen die haer naest sijn, yerst verlicht ende vander zonnen beschenen worden. Overmits der derder radien beghert dat ghemoede met onverzadeliken verzuchtinghen den gheminden gheheelliken verenicht te wesen, ende worter van gods ghenade alsoe mede opgheboert, dattet meer ghewrocht wort dan sijn werc is, ende hem wort van synen gheminden aldus toeghesproken: Vrient, clymme bat op. <*Dyonisius* seit:> O ombekende, stant mede op tot sijnre eninghe die boven den ghemoeden ende boven kennisse is. Al daer staet die mynne mede op, daert verstant niet af weet. Hij zeet merckelijc: Stant mede op, want natuer ende ghenade werken daer inden beghinne te gader. Mer namaels wort dat ghemoede opwaerts ghewrocht, want het wort, overmits der ghenaden ende niet overmits der natueren, opgheboert */304v/* zonder middel tot smakeliker kennissen der hemelscher dinghen,>

[Einde inlassing 4]

die om haerre onbegripelicheyt willen duusternisse gehieten sijn. Al des gelijc mach die kennisse van hem – want si om haerre hoecheyt boven alle kennisse gaet – wel duusternisse hieten. Hier om mach also saligen scouster ende alsulken minster der godscouwinge wel seggen: IC HEB MI BEROVET VAN MINEN ROCKE, dat is van allen uutterlicheyt. Het is mi hier goet wesen ende te bliven in desen */118ra/* lichte, want IC HEB MIJN VOETE GEWASSCHEN mitten water des snees, dat is, mitten scijnsel des ewigen lichts, dat die innige gemoede *pleget te reynigen ende eenvoudich te maken. *Job*: Ic plach mijn voete – dat is minne ende verstant, daermen die wege der ewicheyt mede wandert – mit boteren te wasschen. *Abbacuc*: Hi sel mijn voete setten recht als der herten voete. *Vercellencius*: Dat sijn twee ogen des gemoedes claerlic mede te scouwen, twe oeren die godlike ingeestinge suptijllike mede te vernemen, twe handen vruchtbaerlic mede te werken, twe voete haestelic mede te lopen. Ende al isset dat dat redelike gemoede sympel ende eenvoudich in sinen wesen is, nochtan hietet inden navolgen des ewigen, godliken wesens na sijnre *mogelicheyt bi gelikenisse veel lede te hebben om sijnre menigerhande werkelicheyt willen, nochtan dattet selve niet dan een cracht in hem selven en is, crachtich tot menigerhande werc te volbrengen. HOE SEL ICSE WEDER BEVLEC-*/118rb/*KEN, in die vermenghinge mitten scemen der lichameliker beelden, die in deser

---

Be3 Da Be2 Br3 Be4

1167 oprisender *:* oprisinghe der *Be3 Br3* <de aurore consurgente> haer *:* daer *Da* **1170** verenicht *:* gheenicht *Da Be2 Be4* **1171** opgevoert *Da Be2 Be4* **1172/3** Dyonisius seit *:* Hier aff seit sunte dyonisius tot sunte thimotheus *Da Be2*, *om Be3 Br3* **1173** thimothee *(*ombekende*) Da Be2* den *:* dat *Da Be2* **1175** af *:* op *Da* **1178** opgevoert *Da Be2 Be4*

Le1 Da Be2 Le5 Be3

1181 die *herneemt (cf. 1123) Le1 Le5* **1182** *(*hoecheit*)* willen *Da Be2* **1185** uterscheit *Da Be2*, uterheit *Be3* te *(*wesen*) Da Be2 Be3* **1186** want *om Da Be2* **1187** plegen *Le1 Le5* **1188** Hier aff sprect *(*iob*) Da Be2* **1190** Ende *(*abbacuc*)* seit *Da Be2* **1191** Dat *:* Het *Da Be2* **1195** mogentheyt *Le1* <possibilitatem> **1196** menigerhande *om Da*

ofeninge vlecken ende hindernissen gerekent worden. *Augustinus*: Dat overste goet en mach niet dan van den alren reynsten gemoeden gescouwet worden. *Gilbertus*: Als hem die lichaemlike *beelden inden scouwende gemoede indringen, al isset dat si geen begeerte der tijtliker dingen en saken, nochtan so wort dat geestelike gesicht van hem verstuert <ende gehindert>; ende hoe vlitelic datse dat gemoede van hem pijnt te weren, nochtan so wortet alleen vanden aenrynen der invallender gedachten yets wat bevlect. Want so wie dat pec aenruert, die sel pekich worden. Hier om, want die innige ziele gevoelde dat si tot desen vergancliken dingen wedergeropen was daer haer verstandelheyt plomp ende duuster of wort, so seyde si mit versuchten ende mit enen beclagen haers selfs dese woerde: IC HEB MI BEROVET VAN MINEN ROCKE, HOE */118va/* SEL ICKEN WEDER AENDOEN? Want in die oefeninge des scouwens wort der zielen inder kennissen alle duusternisse ofgenomen, ende hoe si langer ende meer in die ofeninge der kennisse merret, hoe si meer ende grondeliker verlicht wort. *Gregorius*: Want hoe dat gemoede in die hoecheyt des scouwens meer verheven wort, hoe dattet hem selven van dien dat hem ontbrect ende geern hadde, meer crucet, ende pijnt te crygen dat hem ontbrect. Ende wanttet nymmermeer al gecrygen en can dattet begeert ende hem onthouden wort, so moetet van noede in sijns selfs crusinge ende beruspinge mit enen verlangen bliven. *Job*: Mitten horen des oers heb ic di gehoert, mar nu scouwet di mijn oge. Daer om berespe ic mi selven ende doe penitencie. *Gregorius*: Hoe dat een gemoede die hemelsche dingen meer doervaert ende merct, hoe dattet in die eerdsche gebreclicheyt meer gecastiet ende gepinicht wort. Die scouwende gemoede beroeven hem selven */118vb/* vanden voerseyden rocke. Inden eersten mael, <op> dat si vander claerheyt der godliker kennisse verlicht mogen worden. Ende om dat te bewisen, so toech Saul sijn cleet uut doe hi onder die propheten quam ende soude mit hem prophetieren. Inden anderen mael, op dat si vander heymeliker geselscap der godliker minnen te vroeliker mogen verbliden. Ende om dat te bewisen, so leestmen in der *coningen boke* dat Jonathas sijn roc uuttoech doe hi dat verbant der minliker ende der heymeliker vrienscap mit David makede. Inden derden mael, op dat si vander onsalicheyt der werltliker vertesinge verlosset mochten warden. Ende om dat te bewisen, so ledichde haer Maria Magdalena, ende sat neven die voeten ons heren om dat ingesaeide woert des heren te ontfangen, dat dat beste deel gehieten is. Want een scouwende ziele en ontsiet haer niet alleen becommert te

---

Le1 Da Be2 Le5 Be3

1200 hindernisse *Da* want alse sunte *(*augustinus*)* seit *Da Be2* **1202** weelden *Le1 Le5* <ymaginaciones> **1204** ende gehindert *om Le1 Le5* <tardant uel turbant> **1207** anrueren *Da Be2* **1209** enen *(*versuchten*) Da* **1214** Gregorius: Want *:* want als sunte gregorius seit *Da Be2* dat *:* dattet *Da Be2* **1219** Als *(*iob*)* seyt *Da Be2* **1220** hier aff seyt sunte *(*gregorius*) Da Be2* **1224** op *om Le1 Le5* **1226** Inden *:* Ten *Da Be2* **1230** Inden *:* Ten *Da Be2* **1231** mochte *Da Be2* **1233** des heren *om Da*

wesen mit tijtliken dingen die overvloedich sijn, mar verscrycket daer oec of daer si wel geoerloeft ende verdienlic sijn. Om alrehande saken */119ra/* wille daer dat scouwende leven boven dat *werkelike leven gaet, so wil die scouwende ziele den uutgetogen rocke node weder antrecken, mochte sijs verdragen wesen. Die eerste is, want dat scouwende leven scouwet claerliken die waerheyt des godliken lichts, daer die redelike cracht der zielen mede volmaket wort: als dat gemoede hem totter oefeninge des scouwens keert, so wort sijn gesichte scaerp ende bekennet veel dingen. Ende gelikerwijs als dat lichamlike gesicht der ogen van buten wederslagen ende gequetset *wort ende overdragende claerheyt niet liden en mach, al des gelijc daer weder tegens, hoe dat verstant meerre ende overdragender verstandelike[r] dingen bekennet, hoe dattet crachtiger ende scarper wort. Ende om dit te bewisen so was Raechel scoen van aensicht ende Lya, haer suster, hadde lijpoghen. *Gilbertus*: Want hoe soude dat oghe dat ontoegankelike licht mogen scouwen, dat van sorgen ende van menichfoudicheden ontscicket is, totten welken */119rb/* licht nyement dan mit reynen oghen toegeraken en mach? Nochtan ist hem dicwijl na hoerre begeerten onbereet. Dat scouwende leuen rustet oec mit meerre sekerheden, alst die ongemetenheit der godliker mogentheyt begrijpt, daer die eernstelike cracht der zielen in rustet. Want Maria sat neven die voeten ons heren ende gebruucte die begeerde ruste des gemoets in Cristo, want si alle stueringe der menichfoudicheyt onder die voeten getreden hadde. Mar Martha stont, want dat werckelike leven moet altoes inden arbeydeliken stride vechten. *Hugo*: Die ziele mach mit wijsheden den vrede eernsteliken soken ende mit vlitigen gedachten subtijlliken soken, mar nymmermeer vinden, het en si overmids den smakenden medeweten gods ende overmids der genaden des scouwens. Ende so wanneer tghemoede mit claerre verstandelheyt boven */119va/* hem selven begint te treden, ende in die claerheyt des ongescepenen lichts mit allen te comen, ende den smaec der inreliker soeticheyt uutten inresten dattet vernomen heeft, trecket, ende daer of sijn verstandelheyt smakeliken maket, van dien overgange des gemoeds wort een vrede gevonden die onverstuerlic is, ende dan wort daer een stilheyt inden hemel gemaect, die een halve ure duert. Dat halve beduut onduericheyt ende onvolcomenheyt der pelgrimaedsen in desen leven. O hoge ende overhoge ruste, daer alle vrese *daer die menschelicheit of verveert is, verloren pleget te worden, ende daer

---

Le1 Da Be2 Le5 Be3

1235 si (verscricket) *Da Be2 Be3* **1237** werltlike *Le1 Le5* <actiuam> **1239** wesen : sijn *Da Be2 Be3* sake (is) *Da Be2 Be3* **1243** worde *Le1 Le5* **1244** die (overdragende) *Da Be2* **1245** verstandeliker *Le1* **1247** Gilbertus: Want : want als gilbertus seit *Da Be2* **1249** -ten *om Da Be2 Be3* **1252** alst : alse *Da* **1254** verstoringe *Da Be2* **1256** weerlike *Da* -den *om Da* **1257** want als (hugo) van sunte victoer spreect *Da Be2* sueken / eernstelic *Da* **1258** soken : ondergronden *Da Be2* **1263** trecket : te trecken *Da Be2* **1264** maket : te maken *Da Be2* **1267** pelgrime *Da Be2 Be3* **1268** daer die : der *Le1 Le5* <metum, quod> mensche *Da*

alle ontsich dan alleen in gode, of verdeluet is. Dat scouwende leven volget oec volcomeliker die goetheyt der godliker puerheden, daer die begeerlike cracht der zielen scoen ende suverlic in gemaket wort. O HOE SCOEN BISTU, MIJN VRIENDINNE, HOE SCOEN BISTU, DIJN OGHEN SIJN ALS DER DUVEN. Dat is, overmids */119vb/* den aenscouwen der geesteliker dingen, so is dijn bevoelen van binnen overdragende hoge ende reyn. Ende want hi twewarve seyt dat die minnende ziele scoen is, daer priset hi der minnender zielen twerehande scoenheyt, die gelegen is in kennisse ende in minne. Want dat overste goet, als voerseyt is, en wort niet dan van reynen oghen gescouwet, mar dat werclike leven wort dicwijl nader scoenre rusten vanden stubbe der eertscher wercken bestoven. Dat scouwende leven minnet vierichliker den smaec der godliker sueticheyt. *Gregorius*: Dat scouwende leven rustet van alre uutwendiger werclicheyt, op dat<tet>, alst die sorchfoudicheyt onder die voet getreden heeft, des sceppers aensicht te vierichliker mach begeren te scouwen. *Barnardus*: Also als die uutwendige werkelicheyt ende oefeninge die sinnen plegen te verstroyen, also plegen si oec dicwijl den geest te verteren ende te versliten. *Gregorius*: Alst gemoede hem selven om ander menschen willen in veel uutwendigen dingen */120ra/* verstroeyt heeft, ende weder van binnen tot hem selven begeert te comen, dan vintet hem selven sonder twivel oncrachtiger dan het te voren was. *Gilbertus*: Hoe dat gemoede onbecommerder is, hoe dattet crachtiger is tot dien dattet minnet hem te keren. Het coemt van gewoenten, als wi ledich ende onbecommert sijn, dat wi dan vieriger vermaninge totter minnen gods gevoelen; daer weder tegens coemtet van ghewoenten, dat menichfoudige sorge ende verstroeyinge der werlt tghemoede in die minne goids onbevoelic maket. Ende want die minnende ziele dat gewaer wort, so seyde si: IC HEBBE MINEN ROC UUT GETOGEN, HOE SEL ICKEN WEDER AENDOEN. IC HEB MINE VOETE GEWASSEN, HOE SEL ICSE WEDER BEVLECKEN. Dit waren der minnender zielen woerde, doe si vanden smaec der godliker soeticheyt aengerijnt wort. *Barnardus*: Die siele die eens vanden heer geleert ende ontfangen heeft tot haer selven in te gaen, ende in haer inreste die tegenwoerdicheyt haers goids mit versuchten te be-*/120rb/*geren – ic en weet niet of alsulken ziele der hellen pijn totter tijt te liden verveerliker ende pijnliker soude seggen te wesen, dan nader gesmaecter soeticheyt van alsulker geesteliker oefeninge weder uutwaerts te keren totter lasteliker bevleckinge des herten ende der sinnen, daer

---

Le1 *Da Be2* *Le5* *Be3*

1269 verdeliget *Da Be2* **1271** *(*wert*)* alse hier te voeren die brudegom totter mynnender bruut seghede *(*seit *Be2) Da Be2* **1275** hi *:* die brudegom *Da Be2 Be3* **1277** weerlike *Da* **1280** Hier aff seit sunte *(*gregorius*) Da Be2* **1281** -tet *om Le1 Da Be2 Le5 Be3* die *:* alle *Da Be2 Be3* **1282** Ende hier aff seit sunte *(*bernardus*) Da Be2* **1283** pleget *Da Be2 Be3* **1285** Want als sunte *(*gregorius*)* seit *Da Be2* **1286/7** tot hem selven / van binnen *Da Be2* begheert / tot hem selven *Be3* **1288** Ende hier aff spreect *(*gilbertus*) Da Be2* dat *:* dattet *Da Be2* **1290** sin / ende onbecommert *Da Be2* **1291** soe *(*coemtet*) Da Be2* **1296** angeroert *Da Be2* **1297** Daer sunte *(*bernardus*)* aff seget *Da Be2* die*(2) :* diet *Da Be2 Be3* **1300** totter tijt *:* ter tijt toe *Da Be2* **1301** geesteliker *om Da*

een onversadelike cueriosicheyt in gelegen is; ja den genen die mit enen ledigen gemoede die feestelike bliscappen des vrien scouwens smaken can. Want dan wasschet die ziele haer voete, als si in die oefeninge des scouwens haer inrelike begeerte mitter sueticheyt der godliker goedertierenheyt vervullet. Van deser voetwasschinge wasset, dat *Job* seyde: Wie sel mi geven dat ic bin als ic in voerleden dagen plach te wesen, doe ic mine voete mit boeteren wiessche? *Gregorius*: Dese voete ontsach hem dat innige gemoede <weder> te bevlecken, want het sorgede alte seer, waer dattet geset worde ander menschen te besorgen ende mit eertschen dingen omme */120va/* moste gaen, dattet weder bevlecket soude worden. Daer om woudet node uutter eenvoudicheyt weder sceyden, want doet vander wagen der see gevriet was, stontet recht gevriet opten over der see geset. Die voet der minliker begeerten wort gewasschen mitten water des inreliken beliens. Want so wie gewasschen ende reyn is inden werken, die en behovet anders niet dan dat hi wassche ende reyn houde die voete der begeerten, op dat hi also reyn worde van sonden, ende noch reynre van dat den sonden pleget te volgen, ende alre reynste van allen oersaken die daer toe mogen dienen. Ende als die voet[en] der minliker begeerten also gewasschen *is, dan wort si nat gemaket in dat bloet Cristi overmids medecrusinge ende mededogen mit hem te hebben; hi volget sinen voetstappen sijn gelijcheit na te wanderen, hi wort gesalvet mitter olyen der innicheyt. Als die minlike begeerte gode toegevoget */120vb/* wort, dan worden alle bedriechlike fantasien verdreven, die heymelike figueren ende gelikenissen worden ondecket, die salvinge der genaden worden ingestort, die welrukende cruden geven haer roke der weelden uut. Ende want hier of een luttel tijts te sceyden der minnender zielen pijnlic ende bitter was, daer om clagede si ende seyde: IC HEBBE MIJN VOETE GEWASSCHEN, HOE SEL ICSE WEDER BEVLECKEN? MIJN GEMINDE STAC SIJN HANT DOER EEN GAT, ENDE MIJN BUUC BEVEDE VAN SINE AENTASTINGE. IC STONT OM MINEN GEMINNEDEN OP TE LUKEN, MIJN HANDEN HEBBEN MIRRE GEDROPEN, MIJN VINGEREN SIJN DER ALRE *GEPROEFSTER MIRREN VOL. IC HEBBE MINEN GEMINDEN DIE CLINCKE MIJNRE DOREN OPGELOKEN, ENDE HI NEYGEDE HEM OF ENDE GHINC VOER BI. Hier te voren hadde haer die bruut oetmoedelic ontsculdiget haer gewasschen voete weder vul te maken ende den uutgetogen roc weder aen te trecken, mar op dat si den behagenden wille haers brudegoms ymmer */121ra/* niet wederspanich en si, <so> neemt si die officie

---

Le1 *Da Be2* *Le5* *Be3*

1303 cueriosicheyt *:* nyplichticheit *Da Be2*, curioesheit *Be3* **1307** bin *:* si *Da Be2* **1309** Ende alse sunte *(*gregorius*)* seit *Da Be2* weder *om Le1* **1310** alte seer *om Da* waer *:* waert sake *Da Be2* **1319** voeten *Le1 Be3* <pes> **1320** is *:* sijn *Le1 Le5* <ablutus> si *:* hi *Da Be2 Be3* **1321** mededodinge *Da*, mededoeghinghe *Be2* **1325** salvingen *Da* **1327** daer *:* hier *Da Be2* **1329** Dilectus meus misit manum etc *opschrift Da*, dilectus meus *opschrift Be2* Dat .lij. capittel *opschrift Le5* **1330** aentasten *Da Be2 Be3* op *(om) Da Be2 Le5* **1331** hebben – gedropen *:* dropen mirre *Da Be2* ende *(*myn*) Da Be2* beproefster *Le1* **1332** vol *na* sijn *(1331) trnsp Da Be2* **1335** walbehagenden *Da Be2 Be3* **1336** so *om Le1* **1336/7** die officie die *:* dat ambocht dat *Da Be2*

die haer bevolen was mit vresen aen, ende seyt: MIJN GEMINDE STAC SIJN HANT DOER EEN GAT; dat is, die brudegom gaf mi starcheyt ende cracht DOER EEN GAT, dat is, doer sijn heymelike ingeestinge, daer hi mi mede begavet ende gesterket heeft anderen menschen mede totten rechten wege te wisen. Dit was die hant die de heylige propheet *David* begeerde, doe hi seyde: O heer, sende dijn hant van den *hogen, ende verlosse mi van veel wateren ende uutter hant der vreemder kinderen. ENDE MIJN BUUC BEVEDE van mensceliker anxtvoudicheyt. Bi desen BUUC machmen dat herte des menschen verstaen, want gelikerwijs als inden buke die spise gecoket ende verduwet wort, also worden die goede gedachten in dat herte tot rechter ripicheyt ende tot volre vruchtbaerheyt gebrocht, daer menich arbeyt ende we eerst om geleden wort. Als *Yeremias*, die propheet, seyt: Mi sweert mijn buuc, mi sweert mijn buuc. Ende hier of wasset oec dat *Job* seyde: */121rb/* Sich, mijn buuc is recht als een vat vol nyes wijns, dat geen ademtocht en heeft ende die lagelijn pleget te doen borsten. Hier om STONT IC OP OM MINE GEMINDE OP TE LUKEN. So wie den anderen *opluken ende leeren sel, dien behoren vier dingen toe. Dat eerste is dat die vuericheyt inden gemoede si, ende dat is bewiset mitten OPSTAEN. Dat ander is dat sijn wanderinge ende sijn leven anderen luden goet exempel si, ende dat is bewiset biden HANDEN DAER DIE MIRRE OF DROEP. Dat derde is dat hi gerechtich ondersceyt in die aenwisinge der menschen hebbe, ende dat wort bewijst biden VINGEREN DIE DER ALRE GEPROEFSTER MIRREN VOL waren. Dat vierde is dat woert goids mit crachtiger stichticheit onververlic uut te spreken, ende dat wort bewijst inden OPDOEN DER CLYNCKEN VANDER DOREN. Hier om stont die bruut op vander eenvoudiger ledicheyt des scouwenden levens, op dat si den brudegom anderen menschen */121va/* herten op soude luken mitten arbeyde dat woirt goids te leren. *Barnardus*: [Want] Wi sijn overmids misdaet onser eerster ouders in drierehande onkennisse gevallen: als in duusternissen der waerheyt ende der logene, des goets ende des quaets, *des gemackes ende des ongemackes. Van desen drien onkennissen behovet een ygelic leerre op te staen die ander menschen herten opluken sel. *Ysaias*: Stant op, Jherusalem, ende wort verlicht, want dijn licht is gecomen. MIJN HANDE HEBBEN MIRRE GEDROPEN. Die HANDE sijn die goede werken, die MIRRE is dat liden dat daer op

---

Le1 Da Be2 Le5 Be3

1338 sterkicheit *Da Be2 Be3* **1341** O *om Da* **1342** hogen *:* hemel *Le1* <de alto> uutter *:* vander *Da Be2* **1346** tot*(1) :* totter *Da Be2* **1348** mi*(1) :* mijn *Da Be2* mi sweert mijn buuc *(1x) om Le5* mi*(2) :* mijn *Da* **1350** lagelen *Da Be2* **1350/1** te – borsten *:* doen te bersten *Da*, doen te breken of te barsten *Be2* **1352** opluket *Le1* behoert *Da Be2* **1353** die *om Be2 Be3* **1354** sijn*(2) om Da* **1355** die *om Da Be2 Be3* **1357** biden *:* inden *Da Be2* **1361** mogen *(*luken*) Da Be2* -ten *om Da Be2* **1362** Want *(*wi*) Le1* **1363** onbekennisse *Da Be2* duusternissen *:* duuster onbekentheit *Da Be2* **1364** des*(3) :* ende *Le1 Le5 Be3* **1365** onbekennissen *Da Be2* behovet *:* belavet *Da Be2* **1366** herten *om Da* als *(*ysaias*)* seit *Da Be2* **1367** werde *Da Be2 Be3* **1367/8** hebben – gedropen *:* dropen mirre *Da Be2*

vallet, ende beduut oec een dodinge des vleyscheliken levens. *Gregorius*: Want so wie mit weldoen ende mit leeringe veel menschen vorderen wil, het is noet dat hi hem selven in alle sinen werken dode ende onderhoude. *Ysydorus*: Des leerrers leeringe moet mitten werken also geconfirmiert wesen, also dat hi mitten woerden segge, */121vb/* dat hi dat mitten exempel mede bewise. Want niet en is leliker dan dat goede mitten woerden te prisen, ende recht contrarie daer jeghens te doen. Hier om waren der bruut VINGEREN DER ALRE GHEPROEFSTER MIRREN VOL. Die VINGEREN sijn besceidenheyt des leerres in den uutspreken der waerheyt enen ygeliken na sijnre ontfanclicheyt die spise der zielen voer te leggen. Als sinte *Paulus* dede, doe hi seyde: Ic bin alle menschen al geworden, den wisen ende den dwasen, op dat icse Cristo alle mochte winnen. Nochtan gaf sinte Paulus also enen ygeliken dat sijn, dat hi vanden wege der gemeenre stichticheyt niet en ginc. *Richardus*: So wie die officie des lerens oefenen sel, dat is also groet, dat hi van noede een wagescael des ondersceits daer bi moet hebben. *Augustinus*: Als ic aensie die minres der werlt, so verwondert mi waer men alsulken leeringe soude vinden daer men haer zielen mede genesen mach. Want so wanneer dattet den weerliken minres na haren begeerten wel */122ra/* gaet, so versmaden si alle salige vermaninge ende rekenent niet te wesen, recht als een dwalinge of een verwisseltheyt; ende wanneer si van wederstoet in bangicheden sijn, so arbeyden si veel meer hoe si uten uutwendigen last mochten comen, dan hoe dat si in haer concien-cien mochten genesen. Ende hier om, want den leerer een sonderlinge voerdel van eenre doechde niet genoech en is, mar menigerande doechden hebben moet, daer om seyt die bruyt: MIJN VINGEREN [die] SIJN VOL, dat is aen elke doechde wat te deylen. *Ysidorus*: Die eerste vinger is gehieten pollex, dat is die duum, want hi boven alle die ander vingeren starcste ende alre noettorftichste is. Dese vinger is VOL MIRREN als wi in al onsen werken die passie ende dat liden Cristi, in also veel als wi vermogen, pinen na te volgen. Die ander vinger is index gehieten, ende dat is die vorste vander hant, want wi daer mede plegen te wisen. Dese vinger is VOL MIRREN als wi die werken der penitencien ende een exempel des gedruckeden levens ende die passie Cristi */122rb/* anderen menschen voerdragen, ende wisen hem die na te volgen. Die derde vinger is gehieten medius, dat is die middelste, so wanneer wi wat vuyls of wat onreyns handelen moeten, dat plegen wi mit die middelste vinger of te

---

Le1 *Da Be2* *Le5* *Be3*

1369 si *(*beduut*) Da Be2* **1369/70** Gregorius: Want *:* want alse sunte gregorius seit *Da Be2* **1371** hem *(*noot*) Da* **1371/2** Ende daer aff *(*om *Be2)* seit sunte *(*ysidorus*) Da Be2* **1372** also *:* over al *Da Be2 Be3*, alle *Le5* geconfirmiert *:* medeformich *Da Be2* **1373** seit *Da Be2*, segget *Le5* exempelen *Da Be2 Be3* **1378** wel *(*dede*) Da* **1381** Ende hier om alse *(*richardus*)* van sunte victoer seit *Da Be2* **1381/2** die officie *:* dat ambocht *Da Be2* **1383** Ende daer aff ist dat sunte *(*augustinus*)* spreket *Da Be2* **1384** *(*mi*)* oec *Da* **1386** salige *om Da* **1392** die *(*sijn*) Le1* **1393** Hier aff spreket sunte *(*ysidorus*) Da Be2* is gehieten *:* hiet *Da Be2* **1394** die *(*stercste*) Da Be2* *(*ende*)* die *Da* **1400** mede *(*na*) Da Be2 Be3*

wisschen. Dese vinger is VOL MIRREN als wi mit enen onderhouden onser sinlicheyt ende mit crachtigen wederstaen die becoringe des viants ende des vleyschs ende alre onreynicheyt van ons verdriven. Die vierde vinger is gehieten medicus, dat is die afterste sonder een, want mit dien vinger plegen die meesters van medicinen haer costelike crude suverlic mede te vergaderen als si gestoten sijn. Aen dien vinger pleget men oec vingerlijnc te dragen. Dese vinger is VOL MIRREN als overmids waerachtich berou ende penitenti die wonden ende die sweeringe der zielen worden genesen, ende die vingerlijn, dat sijn die blenckende ende inlichtende gaven goids, worden weder vercregen, ende dat vingerlijn – dat ront, */122va/* sonder begin of eynde is – der ewiger glorien wort vercreghen. Die vijfte vinger is geheten auricularis, dat is die afterste ende die minste, want mit dien vinger pleget men dat oer van sijnre vulnissen te reynigen ende dat horen mede te verclaren. Dese vinger is VOL MIRREN als overmids enen goeden leven niet alleen die sonde<n> mar oec die oersake ende die wortel der sonden worden uutgerodet, ende als dat horen van binnen jegens dat inspreken goids te rechte opgeloken wort. Aldustanigen hant mach wel hieten VOL te wesen DER ALRE GEPROEFSTER MIRREN. Die GEPROEFSTE MIRRE vloeyet bi haer selven sonder menschen toedoen uut ende is die beste, mar die ander mirre die men mit gewelde uutperst, en is niet also goet. Aldes gelijc sijn al die werken die uut moetwille ende uut minnen gescien, gode veel genamer dan die van noede of van bedwange plegen gewrocht te worden. */122vb/* Of bi der HANT mach men nemen die openbaer werken van buten, ende biden VINGEREN die heymelicheden des herten van binnen. *Gregorius*: Het gevallet somtijt dat men dat lichaem van buten mit vasten castiet, ende dat ghemoede wort van binnen des te meer opgeblasen; het gevallet dat dat lichaem van buten mit versmaden clederen gedecket wort, ende datmen mit hoecheyt des herten boven purperen ende alle costelicheyt van clederen clymmet; het gevallet datmen somtijt oetmoedige, lager steden heeft, ende hoge mitten gemoede geresen is; het ghevallet dat men somtijt die oetmoedige leert, ende blivet der hoverdiger voerganger ende leydsman; het gevallet dat men somtijt der wolvetande onder scaepsvelle bedecket. Aldustanige leerers en luken den geminden niet op, mar sluten die doere voer hem toe. Hier om seyde die bruut: IC HEB MINEN GEMINDEN DIE CLINKE MIJNRE DOEREN OPGELOKEN. *Gregorius*: */123ra/* Dan doen wi die clinke op, als wi alle begeerlicheyt der sinnen onder die voete treden, ende onse herte, dat te voeren seer hart was, in die minne Cristi bemorwet wort, ende wi den brudegom, die aen die doer cloppet, enen vrien inganc maken. Die clyncke daer die doer mede toegesloten wort, mach

---

Le1 *Da Be2* *Le5* *Be3*

1410 vingerlinge *Da Be2*, vingherlaen *Le5* **1412** vingerling *Da Be2*, vingherlaen *Le5* der ewiger glorien *na* vingerling *trnsp Da Be2* **1413** wort vercreghen *:* gebruuct wert *Da Be2 Le5 Be3* <promeretur !> **1426** sonde *Le1* <peccata> *(*oec*)* mede *Da Be2* oersaken *Da Be2 Be3* **1417** wortelen *Da Be2 Be3* **1423** van bedwange *:* wt dwange *Da Be2*, van dwanghe *Le5*, by bedwanghe *Be3* **1431** *(*blivet*)* nochtan *Da Be2*

oec wel een grendel hieten, die wi also dicke voer die doer scieten, als wi die doer ons herten mit vleyscheliken weelden voerden brudegom sluten. Ende want wi hem somtijt mit gesloten doren soken ende noeden tot ons in te comen, so gescietet dat hi des te meer van ons vervarret ende vervreemdet wort, alst hier na bewijst wort: ENDE HI NEYGEDE HEM OF, ENDE GHINC VOER BI. *Gregorius*: Die verdienten der regieres ende der geenre die geregiert worden, volgen malcander, also dat dicwijl om misdaet der overster der ondersaten leven verergert wort, ende dat dicwijl om der ondersaten misdaet wille, god den oversten sijn /*123rb*/ gracie ontrecket. Also en wasset mitter bruut niet van wies hande die eerste mirre droep. *Gilbertus*: Rekenstuut niet recht alse DROPELEN DER MIRREN te wesen in oerdene geestelic te leven, daer dat gemoede *alse nu in gesalvet wort ende die natuer alse nu in gebreydelt wort mit waken, mit vasten, mit arbeyden, mit castiinge, mit crancker noettorften, mit groven broede, mit scarper cledinge, mit discipline der roeden, mit salmen te lesen, mit stillen gebede, mit vieriger innicheit. Alle dese dingen offert die bruut wel mit rechte haren geminden, so wanneer [als] si die selve vermaninge ende leeringe die si vermach, haren ondersaten mededeylt. Want al isset dat die geminde hem selven ofneyget ende gaet voer bi der discipelen herten, hi doet dat licht uut sijnre minliker voersichticheyt, want noch die leerer, noch die hoerres en sellen hoers /*123va*/ loens niet beroevet worden. *Barnardus*: Doch dat dijn dat in di is, plant ende maket die planten nat, god sel dat sijn doen of hi wil, du en selte van dat dijn niet verliesen.

Naden anderen sinne.

MIJN GEMINDE STAC SIJN HANT DOER EEN GAT, ENDE MIJN BUUC BEVEDE VAN SINEN AENTASTINGE etc. Naden anderden sin mogen dit oec woerde der godscouwender zielen wesen, die, na dat si haer oetmoedelic ontsculdiget hadde, al hier bewiset dat si van deser oetmoediger ende redeliker ontsculdinge meerre genade ende vertroestinge van haren brudegom ontfangen hadde. Want so wie tot meerren dingen tiden wil, die moet oetmoedelic van hem selven gevoelen, want die wateren die vanden hogen berge<n> comen, die vloeyen te gader in den dalen. *Augustinus*: Hoe dat Maria oetmoedeliker ende lager sat, hoe dat si vander gracien gods meer ontfinc. Hyer om bewi-/*123vb*/set die minnende siele wat genaden ende wat troest dat si inden dale der oetmoedicheyt ontfenc, ende seyt: MIJN GEMINDE STAC SIJN HANT DOER EEN GAT. In welken woerden eerst bewiset wort dat die innige ziele vanden godliken

---

Le1 Da Be2 Le5 Be3

1444 alst : alse *Da* **1445** verdienten : verdiente *Da Be3* **1449** hier om seit (gilbertus) *Da Be2* **1451** alse : also *Le1 Da Le5* **1452** crancker : spariger *Da Be2* **1455** als (si) *Le1 Le5* **1459** loens : laves *Da* als sunte (bernardus) seit *Da Be2* **1461** mer (du) *Da Be2* (dijn) is *Da Be2 Be3* **1462** Naden : Nae enen *Da Be2*, een *Le5* **1464** aentasten *Da Be2* Naden : Nae enen *Da Be2* **1464/5** scouwender *Da Be2 Be3* **1466** deser : dier *Da Be2 Be3* **1467** hadde : hevet *Da Be2* **1469** voelen *Da* berge *Le1* <moncium> die *om Da* **1470** hier aff ist dat sunte (augustinus) seit *Da Be2* **1474** wort : is *Da Be2 Be3*

radien dieper doerdrongen wort dan si te voren was, van welker doerdringhinge si hoer meer vervreemdet ende verwondert; van welker *verwonderinge si hoger ende naerre in gode verheven wort. Ende hoe si gode naerre coemt, hoe dat si vanden hindernissen die tusschen god ende haer een middel maken, meerre mismogen ende ongenoechten heeft; ende hoe dat dat mismogen meerre is, hoe dat die scoet haerre begeerlicheden wider uutgerecket wort. Mar ten lesten valtet somtijt, dat die geminde haer ont<g>lidet ende mit allen scijnt voer bi te gaen, ende dat om des willen, want hi wil noch neersteliker gesocht worden. *Vercellencius*: Om die goedertieren, oetmoedige ontsculdinge der bruut, so doerdringet */124ra/* ende doerscijnt die brudegom haer inreste mit sinen scarpen radien, die doersnidender sijn dan enich zwaert dat an beyden siden snijt, ende geraket totten gesceyde der zielen ende des geests. Als die minnende ziele hier toe genoedet ende getogen wort, mach si wel mit rechte seggen: MIJN GEMINDE STAC SIJN HANT DOER EEN GAT. Bider HANT des geminden verstaet men die godlike inscinende gaven. Dese inscininge wort gesendet DOER EEN GAT, als overmids subtijlre onvernementheyt dier inraeyinge alle die inrelike crachten der minnender zielen scarpelic ende heymelic doerdrongen worden. Dese inscinende genade is dat verborgen woert, dair *Job* aldus of seyt: Tot mi is een verborgen woert gesproken, ende mijn oer heeft die aderen sijnre inruninge recht als stelende ontfangen. Die aderen sijnre inruninghe sijn gehieten die subtijl manieren der heymeliker ingeestinge, die de ziele al stelende, dat is onversienlic ende dicwijl onvernemelic, in stilre heymelicheyt pleget te ontfangen, want die geest gheestet waer hi wil. */124rb/* Ende isset, als *Job* seyt, dat hi coemt, ic en sels niet sien; ende al gaet hy, ic en sels niet verstaen. *Gregorius*: Die geminde sent SIJN HANT DOER EEN GAT, als hi mit enen subtilen verstande der minnender zielen ingeestet, ende te kennen gevet hoe groet die cracht des godliken wercs is. Ende daer om seyt si voert: MIJN BUUC BEVEDE VAN SINEN AENTASTINGE. Dat beven quam uut groter verwonderen, want hoe dat innige gemoede inreliker vanden inwerken gods geroert wort, hoe dattet meer van verwonderen bevet. *Ysayas*: Dan selstu sien ende toevloeyen, <ende> dijn herte sel verwonderen ende wide uutgesparret worden. Biden BUKE, daer al des lichaems voetsel in bereyt wort, verstaet men dat nader engelen ordinancie dat voetsel der geesteliker lichte eerst inden oversten crachten des gemoets ontfangen worden, ende daer na [in]den nedersten crachten medegedeylt; ende overmids der doer-

---

Le1 *Da Be2* *Le5* *Be3*

1476 vervreemdet *:* vervrouwet *Da Be2 Be3* **1476/7** verwonderen *Le1* **1478** dat *om Da* **1479** ongenoechte *Da Be2 Be3* **1480** begeerlicheit *Da Be2 Be3* **1481** soe *(*valtet*) Da Be2* ontlidet *Le1*, ontgildet *Da* <elabitur> **1487** soe *(*mach*) Da Be2* **1489** die *(*wort*) Da Be2* **1490** geseynt *Da Be3* onvernemelicheit *Da Be2 Be3* **1494** *(*inruninge*)* gehoert *Da* als *:* al *Da Be2 Le5 Be3* **1498** waer *:* daer *Da Be2 Be3* al *(*isset*) Da Be2 Be3* **1502** antasten *Da Be2* **1505** Als *(*ysaias*)* seget *Da Be2* ende *om Le1* <et> **1506** wt ghespreidet *Da* **1509** in*(*den*) Le1 Le5* <ad inferiores>

scinicheit des bleynckenden lichts gesciet */124va/* daer een wonderlike vervreemdinge sijns selfs. Ende na dier ongewoenliker inscininghe des gemoets volget een eysinge inden beeldeliken gedachten, ende een vrese inden gemoede, ende een bevinge inden leden, ende een gaderstotinge inden benen, ende een gadercrimpinge inden velle. Want alsulken hoecheyt der scouwinge gods en mach die menschelike crancheyt niet verdragen, als *Job* vanden verborgenen woerde dat hem toegesproken was, hier te voeren heeft geseyt, daer hi veel dingen subtijllic in heeft geruert, die in dier scouwinge plegen te gescien. Dat eerste is een verlichtinge van binnen der godliker ingeestinge, daer hi seyt: Tot mi is een verborgen woert gesproken, daer *Ozeas*, die propheet, of seyt: Ic selse leyden in die woestijn ende al daer sel ic tot haerre herten spreken. Dat ander is claer kennisse der eygenre gebreke, ende dat meent *Job* daer hi seyt: In die verveernisse een visyoens. Want kennisse */124vb/* der eygenre gebreke is een verveerlic nachts visione. *Gregorius*: Dan alre eerst bekennet een mensche volcomelic sijn crancheyt, alst tghemoede mitten inblicken des godliken lichts mit allen doerdrongen *wort. Want een ygelic wort dan mitten aenrueren des waerachtigen lichts verlicht, als hi hem selven in dien licht vertoget wort, ende leert daer uut kennen wat gerechtich of ongerechtich voer gode is. Ende hier om, hoe die heylige manne in hem selven hoger in doechden gaen, hoe si hem selven snoder ende onwaerdiger rekenen te wesen; want hoe si nare den licht comen, hoe si claerliker vinden dat te voren in hem verborgen was. Dat derde is een vervreemdinghe des gemoets vander minnen alre sinliker dingen, ende dat meende *Job* daer hi seide: Als die slaperyge vakericheyt die mensche overvallet. *Cassianus*: Gheenssins en mogen wi die weelden der tegenwoerdiger dingen versmaden, het en si dat dat gemoede mitter minnen der scouwinge gods aencleve ende in die scoenheyt der hemelscer dingen sijn genoechte settet. Dat hiet */125ra/* dan een manier van dronckenscap te wesen. *Yeremias*: Ic bin geworden recht als een dronken man. Ende doe Jacob, die patriarch, van alsulken dronckenscap ontslapen was geworden, sach hi een leder totten hemel toe opgerecht staende, ende die engelen gods daer aen op ende neder climmen. Dat vierde is een bevende aensien der godliker, onbegripeliker groetheyt, ende dat meende *Job* doe hi seyde: Vrese ende bevinge quamen op mi. Want als wi die ongemeten groetheyt ende gerechticheyt gods aensien, so plegen ons al onse goede werken voer niet gerekent te wesen, want alle onse gerechticheyt is tegens die puerheyt gods te

Le1 Da Be2 Le5 Be3

1513 inden*(2) :* der *Da* **1517** gotschouwinge *Da Be2* pleget *Da* **1520** dat is myn vriendinne *(*leiden*) Da Be2* al *om Da Be2 Be3* **1522** daer *:* in *(*dien *add Be2)* dat *Da Be2 (*visioens*)* der nacht *Da Be2* **1523** Hier aff seit sunte *(*gregorius*) Da Be2* **1524** alst *:* als *Da Be2* **1525** worde *Le1*, worden *Le5* <penetratur> **1527** vertoent *Da Be2 Be3* **1528** is / voer gade *Da Be2* **1532** daer *:* in dien dat *Da Be2* **1533** Daer om seit *(*cassianus*) Da Be2* **1537** als *(*iheremias*)* seit *Da Be2* **1541** doe *:* in dien dat *Da Be2* **1543** ons *:* wy *Da Be2* **1544** gerekent te wesen *:* te rekenen *Da Be2* gerecheit *Da* is *na* leggen *(1445) trnsp Da Be2* leggen recht als een onreyn, bevlect cleet. *Ancelmus*: Wee den geprijsden leven, is<t> dattet sonder godliker goedertierenheyt gevonden wort. Dat vijfte is een voerbilidende, corte vertroestinge des geests, ende dat meende *Job* doe hi seyde dat die geest voer bi hem heen ginc. *Barnardus*: Het is een salige ure, mer die merringe is cort. Ende al isset dat die vandinge des geests wat verblidet, die corte ofsceidinge maket ver-/*125rb*/swaernisse weder, als *Job* op een ander stede seyt: Du vandeste hem vroe ende rechte voert provestu hem weder. Mar al isset dat dat menschelike gemoede [dat] vander onbegripelicheyt des oversten lichts haestelic gevandet wort – ende also cort als een blixen uten oesten in dat west slaet – ende dan weder op hem selven gewiset wort daert te voeren was, nochtan vordertet hem seer in meerre starcheyt, overmids dattet vander godliker soeticheyt yets wat voersmaecs vernomen heeft. Dat seste is een verdringinge alre vleyscheliker gedachten, want als geestelike dingen te rechte gesmaket worden, dan beginnen alle vleyschelike dingen te mis<s>maken. Om dat te bewisen, doe Jacob mitten engel gewrostelt hadde, verdorrede sijn dye ende bleef lam. Dat sevende is een openbaeringe der godliker tegenwoerdicheyt in beeldeliker gelikenisse, ende dat meende *Job* doe hi seyde: Voer mi stont een wes aensycht ic niet en kende. *Ancelmus*: /*125va*/ Mijn verstant en mach in dat licht gods niet sien, want het blenket alte claer; noch mijn oghe en mach dat niet scouwen, want het wort van dien blenckenden radien wederslagen, van breetheden verwonnen ende van onbegripelicheden nedergeworpen. Dat achte is een inreliker vermakinge °ende vernyinge der zielen°, ende dat meende *Job* doe hi seyde: Ic hoerde sijn stemme recht als een cleyn windekijn. Want die stemme die dat verstant verlicht, is licht, ende *geliket recht enen coelen winde die vleyschelike begeerlicheyt mede te vercoelen. Hier om HEB IC MINE GEMINDE DIE CLINCKE MIJNRE DOREN OPGELOKEN. Daer in is bewiset een innich verheffen des gemoets in gode. Want wanneer die bruut opluket, so gaet die brudegom overvloedelic in na sijnre beloeften, daer hi seyde: Ic stae ende cloppe, ende so wie mi opluket, daer sel ic toe incomen. Hier /*125vb*/ om seyde die bruut: Ic stont op mit ynniger opwaertsuutstreckinge des gemoets, op dat ic op soude luken mit nyeuer ontfonkinge der begeerten minen geminde, dien ic mit sonderlinger begeerlicheyt des gemoedes minne. Aldus hadde hem sinte *Ancelmus* opgeloken, doe hi mit groter vuericheyt inden geest sprac ende seyde: O overste ende

---

Le1 *Da Be2* *Le5* *Be3*

1545 hier om *(*of *Be2)* seit *(*ancelmus*) Da Be2* **1546** ist *:* is *Le1 Le5* **1547** doe *:* in dien dat *Da Be2* **1548** Hier om seit sunte *(*bernardus*) Da Be2* **1551** vroe *:* vroemorgens *Da Be2* rechte voert *:* haestelike *Da Be2* **1552** dat *(*vander*) Le1 Le5* **1553** aldus *(*haestelike*) Da Be2 Be3* **1559** mismaken *Le1 Da Le5 Be3* geworstelet *Da Be2 Le5 Be3* **1562** wes *:* welkes *Da* Ende hier aff seit *(*ancelmus*) Da Be2* **1565** achtende *Da Be2*, achtste *Be3* **1566/7** der zielen / ende vernyinge *Le1 Le5* **1568** cleyn *:* subtijl *Da Be2* **1569** gelijc *Le1* **1569/70** begeerlicheiden *Da Be2 Be3* **1573** seit *Da Be2 Be3* ende*(2) om Da Be2* **1578** begeerten *Da Be3* sinte *om Da Be2*

ontoegangelic licht, o seker ende salige waerheyt, hoe verre bistu van <mi, die di also na bin, hoe vreemde bistu van> minen aensichte, ende ic altoes in dijnre tegenwoerdicheyt stae. Du biste altemael over al tegenwoerdich, ende nochtan en sie ic di niet. Ic worde in di beweget ende ic bin in di, ende nochtan en can ic niet totti geraken. Mijn ziele siet om over al, ende nochtan en machse dijn scoenheyt niet bescouwen; si luustert ende neems nauwe waer, ende nochtan en machse dijn soete geluut niet horen; si ruket, ende nochtan en verneemtse dijn soete roec niet; si smaket, ende nochtan en wort si dijnre soeticheyt /*126ra*/ niet gewaer; si tastet, ende nochtan en gevoelt si dijn effenheyt niet. Ende want die minnende ziele aldus rouwelic tegen alle dese hindernisse claget, so wort si in hoer selven recht bedrovet ende begangen. Ende hoe si meer, als sinte *Gregorius* seyt, van binnen gedrucket wort, hoe die duusternisse des gemoets bet ofgeveget worden ende bereydet vanden ongescapenen licht verlicht te worden. Daer om seyt si voert: MIJN HANDE HEBBEN MIRRE GEDROPEN. Daer in is bewiset een *verbitteringe of een voersichtige neernsticheyt des gemoeds jegens alle hindernisse der aenscouwenge gods. Want hoe dat innige gemoede meer boven hem selven pijnt te clymmen, hoe dattet meer jegens die hinderlicheyt der natueren vertornt ende verbittert wort. Ende dit selve beclagede sinte *Paulus*, doe hi seyde: Ic, onsalige mensche, wie sel mi verlossen vanden karker deser doot. *Augustinus*: Die heer laet mi somtijt in een harde ongewoenlike, bevoelike minne, /*126rb*/ mar rechte voert val ic mit eenre zware bordene weder of, ende worde vander gewoenliker sorchfoudicheyt weder verswolgen. Al hier mocht ic wel bliven, mar ic en wil; al daer waer ic geerne, ende ic en mach. Aldus blive ic onsalich over al. Ende dit is die redene: want hoe dattet soeter is, dat hi van binnen siet, hoe dattet hem meer al in bitterheden verwandelt wort, dat hi tegens sinen danc van buten liden moet. *Vercellencius*: Hier om DRUPEN DIE HANDE DER BRUUT MIRRE, want si bitterheyt des gemoets oec mede bewiset inden uutwendigen sinnen. Mar DIE VINGEREN SIJN DER ALRE GEPROEFSTER MIRREN VOL, want dat innige ghemoede der minnender zielen behout veel meer bitterheden van binnen dan het van buten mitten werken bewijst. Ende daer om wort die bitterheyt des onblivens dat van binnen verborgen is, wel DER ALRE GEPROEFSTER MIRREN geliket, want /*126va*/ al scijnt si groet die van buten vertogen wort, si is nochtan veel meerre die van binnen verborgen blivet. Want doe hier te voren die bruut haren brudegom EEN BONDEKIJN VAN MIRREN gelijcte te wesen, seyde

---

Le1 *Da Be2* *Le5* *Be3*

1579/80 mi van *om Le1 Le5* <me, qui tam prope sum tibi, quam remote es> **1583** tot dy / niet *Da Be2 Be3* **1584** neemtet *Da*, neemt *Be3* **1586** soete *om Da Be2 Be3* **1587** voelet *Da* **1588** rouwelic : vrolic *Da* **1590** bedruct *Da Be2* **1591** duusternissen *Da Be2* **1593** verbeteringe *Le1 Le5*, bitterheit *Be3* <amaricacio> **1598** karker : lichaem *Da Be2* hier aff seget sunte (augustinus) *Da Be2* **1601** soe (mochte) *Da* **1602** soe (waer) *Da* **1606** (gemoedes) van binnen *Da Be2* **1607** Mar – sijn : Mer nochtan sijn die vingeren *Da Be2 Be3* **1611** vertogen : getoent *Da*, vertoent *Be2 Be3*, vertoghet *Le5*

si rechte voert dat die bitterheyt der mirren TUSSCHEN HAER BORSTEN SOUDE WONEN, mar so wanneer dese dingen heymeliken van binnen inder minnender sielen worden gewrocht, dan wort die doere hoers gemoeds tegens den brudegom opgeloken. Ende hier om seyt si voert: IC HEBBE MINE GEMINDE DIE CLYNCKE MIJNRE DOREN OPGELOKEN. Hier in wort bewiset die uutreckinge des gemoeds der inniger zielen, dat haer van bitterheden des onblivens is gecomen. Want so wanneer DIE CLINCKE of die grendel, dat sijn alle oersaken des hinders, ofgenomen worden, so wort dat gemoede totter godliker ontfanghinge te meer bereyt. Dat gemoede */126vb/* heeft twee doren: die een beneden, daer of gescreven staet: Alstu bidden wilste, ganc in dijn camer ende sluut dijn doer toe; die ander boven, daer Abraham vredelic in sat des middaghes in die hette[n] vanden dage, doe hem god in drien engelen openbaerde. Die clincke van deser doren doen wi op, so wanneer wi ons niet alleen van quaden gedachten, mar oec mede voer ydel gedachten hoeden. Want so wie totter genaden des godscouwenden levens comen wil, die moet hem voer alle dingen hoeden, dat hi voer die ogen des gemoeds niet en breynge daer die reynicheyt des harten of bevlecket worden mach, soe wat tot ghiericheden dienen mach, so wat die gulsicheyt verwackert, so wat tot vermetelheden verheffet; alle dese dingen moet hi recht alse een clincke sijnre doren varre van sinen gedachten sceyden. Ende al isset dat alle dese dingen mit vlitiger volcomenheyt volbrocht worden, nochtan so wort die geminde */127ra/* na begeerten der ynniger zielen cuym tot horen wille gehouden, als si voert seyt: ENDE HI NEYGEDE HEM OF, ENDE GHINC VOER BI. Hier in wort bewijst een minlike verscalkinge des innigen gemoedes, die uut godliker voersichticheyt coemt. Want HI NEYGET HEM OF, als men sijnre na bevoeliker wise niet gewaer en wort, HI LIJT VOER BI, als hi hem selven in dat alre heymelicste der sielen verberget. Ende dat gesciet hier om, op dat men te vuericliker soke ende op dat hy te soeteliker gevonden worde. *Barnardus*: O genoechelike spiegel der godliker goedertierenheyt. Hi selve die men soect, wort verborgen ende weder geopenbaert. Daer om is hi verborgen, op dat men te vuerichliker soude soken; ende als hi gesocht wort, op dat men dan te genoecheliker soude vinden; ende als hi gevonden is, op dat men dan starkeliker soude behouden. *Gregorius*: Het gevallet somtijt, als wi in aldustanigen banghicheyt gode soken, */127rb/* dat hi na onsen doncken vorder van ons scijnt te vervreemden dan tot ons waerts yets te genaken, als die minnende ziele seyde: HI NEYGEDE HEM OF ENDE GIJNC VOER BI. Want alse nu beroerde hi mit innicheden sijn geminde

---

Le1 *Da Be2* *Le5* *Be3*

1615 so *om Da Be2 Be3* **1616** hoers *:* des herten *Da* **1620** die*(2) om Da* **1623** soe (ganc*) Da Be2* **1624** is *(*boven*) Da Be2* **1625** die hette *:* die hetten *Le1 Le5*, der heyten *Da Be2* **1628** comen *:* clymmen *Da* voer *:* boven *Da Be2* **1630** mach / werden *Da Be2* **1634** na *:* nader *Da Be2* **1635** cuym *:* nauwe *Da* segede *Da* **1637** voersienicheit *Da Be2 Le5 Be3* **1640** hem (te) *Br3 Be3* **1641** hier aff seit sunte *(*bernardus*) Da Be2* **1643** hem *(*te*) Br3* **1644** hem *(*dan*) Br3* **1645** hem *(*dan*) Br3* te *(*sterkeliker*) Da Be2* halden *Da Be2* **1649** soe *(*beruerde*) Da Be2* innicheit *Da Be2*

bruut, ende alse nu so sceen hise mit allen te laten. Want als hi ons in traecheden <ende in versumelheden> vint, so verwackert hi ons tot sijnre minnen; ende alst scijnt dat hi recht van ons ontfangen soude mogen worden, so NEYGET HI HEM OF ENDE GAET VOER BI. Dat van sijnre groter genaden in ons also gewrocht wort, op dat wi in onser traecheit ende versumelheyt hem niet mit allen en verliesen, ende op dat <wi>, als wi wat van sijnre sueticheyt ontfangen hebben, in geenre vermetelheyt en vallen <als rechte of ons grote dinge bejegent waren>. Nochtan als hi gegangen is, keert hi <cort> weder omme, ende op dat die innighe ziele niet te lange also gepinicht en wort ende tot wanhope gebrocht, so stort hi mitten */127va/* woerde[n] sijnre ingeestinge hem selven der minnender zielen weder in, ende dan seyt si mit groter vroelicheyt als hier na volget.

[*Na enen anderen sin.*]

MIJN ZIELE IS GESMOUTEN DOE MIJN GEMINDE SPRAC. IC HEBBEN GESOCHT, ENDE IC EN HEBS NIET GEVONDEN; IC RYEPEN, ENDE HI EN ANTWOERDE MI NIET. DIE WACHTERS DIE DE STAT HOEDEN, VONDEN MI, *SI SLOGEN MI ENDE WONDEN MI; DIE HOEDERS DER MUEREN BENAMEN MI MINEN MANTEL. Hier te voren heeft die bruut, die heylige kerke, bewiset hoe dat si den dienst ander lude te leren, die haer bevolen was, oetmoedelic annam, al hier openbaert si die oerberlike vruchte ende salicheyt die daer of gecomen is. Want het gevallet dicwil, als die officie des lerens niet vermetelic mar noede ende oetmoedelic aengenomen wort, dat dan geen cleyn vruchte van alsulker leerin-*/127vb/*ge in die herten der hoerres vercregen wort, als in dese woorden der bruyt wel bewiset wort, daer si seyt: DOE MIJN GEMINDE SPRAC. Het was mijn geminde diet wrochte, niet ic, die den dienst der woorden van buten oetmoedelic hantier; het is mijn geminde die overvloedelic mont ende wijsheyt gevet, niet ic, die mijn onvermogentheyt ende mijn snodicheyt oetmoedelic bekenne. Want so wanneer die geminde die aldustanich ende aldus groet is, van binnen leert, so en roept die tonge des predicaers niet te vergeefs van buten. Want hi isset alleen, die de gemoeden der hoerres mit sijnre levender stemmen bewegen mach, ende als hi daer in spreect, so mach die bruut, die heylige kerke, wel seggen: MIJN SIEL IS GESMOUTEN. Recht of si seggen soude in een yegelics menschen persoen die van binnen vanden woerde gods beruert is: O geminde, die ziele die onsalichlike mijn was in die overtredinge der misdaden, die is */128ra/* salichlic ge-

---

Le1 *Da Be2* *Le5* *Be3*

1651 ende in versumelheiden *om Le1* **1652** dat hi recht *:* recht off hi *Da Be2* so *:* dan *Da Be2* **1653** Mer *(*dat*) Da Be2* **1654** wert *na* dat *(1653) trnsp Da Be2* **1655** wi *om Le1 Da Be2 Le5 Be3* <ne...superbiamus> van sijnre sueticheit / wat *Da Be2* wat *om Le5* **1656/7** als rechte waren *om Le1 Le5* <quasi de plena eius apprehensione> **1657** cort *om Le1 Le5* <mox> **1659** woerden *Le1 Be2 Be3* <uerbo> **1662** Nae enen anderen sin *opschrift Le1*, Anima mea liquefacta est etc *(*etc *om Be2) opschrift Da Be2*, dat liij capittel *opschrift Le5* **1664** ic *om Da* **1665** huededen *Da* si *:* ende *Le1 Le5* wondeden *Da Be2*, wondden *Be3* **1665** ontnamen *Da Be2* **1669/70** die officie *:* dat ambocht *Da Be2* **1675** my *(*overvloedelick*) Da* **1679** levendigher *Da Be2 Be3* **1681** wolde *Da Be2 Be3*

smouten ende dijn geworden overmids rechter beweghinge van binnen. Si was dijn, want duse gescapen hebste, mar leyder si was mijn geworden overmids verkeerder minnen; si was dijn overmids dijn costelike verlossinge, mar si was mijn geworden overmids haren lachterliken ofkeeringe. Ende nu is si weder dijn geworden overmids smeltinge van binnen. *David*: die eerde is gesmouten ende alle die daer in wonen, mar ic heb haer calumpnen vastgemaect. Die eerde is die ziele die van ongerechter minnen der eerdscer dingen onsalich was geworden, die is gesmouten van bitterheyt des rouwes, mer du, here, hebste haer calumpnen vast gemaect mitter instortinge dijnre genaden. *Gilbertus*: Ende hoe comt dat die ziel gesmouten hiet te wesen ende niet die gheest, dat mach licht dair om wesen, want si mitten geminden die haer toesprac, der werlt mede een groet deel aenhinc. Si was noch vielic ende niet geestelic, ende een vielic mensche en can */128rb/* niet vernemen dat den geest toehoert. Ende so wie mit *allen crachten gode niet aen en hanget, die en mach geen een geest mit gode worden. Mar doch, het is een grote genade die haer gedaen was, dat si haer selven vyelic mochte belien te wesen ende niet stenich, want vielicheyt is lichter te bemorwen dan stenige hardicheyt. En[de] worden trage begeerten mit prekelinge der woerde niet dicwijl tot vuericheyt verwackert? Ende isset dat die begeerten vuerich sijn, si worden mit vermaninge der woerde vloeyende gemaect. Ende hier om plegen goede wise leerrers menigerhande manieren van aenwisinge te gebruken, ende mit alrehande wise van spreken die gemoeden te verwackeren, of sy iement vonden die si daer mede verwackeren mochten ende haer inreste beroeren. Het scijnt dat die geminde vander minnender zielen harde seer was gemint, ende dat en was geen wonder, */128va/* want hi die innige ziele overmids sijnre scoenheyt tot enen groten verwonderen hadde getogen, als si selve seyt: SICH, DU BISTE SCOEN, MIJN GEMINDE, BLENCKENDE ENDE ROET, ENDE UUTVERCOREN UUT DUSENDEN. Daer *die wise man* oec of seit: Van sijnre scoenheyt sel elc oghe verwonderen. Hi hadse oec mit sijnre sueter uutsprake getogen tot enen nauwen waernemen sijnre woerde, doe *si seide: Sich, mijn geminde spreeket mi toe, ende daer om wil ic horen wat god in mi spreken sel. [want] *Van alsulken toespreken was oec dat wijf getogen die stadelic neven die voeten ons heren sat ende hoerde sijn woerde. Hi hadse oec mit sijnre soeticheyt totter eninge sijns selfs getogen ende mit hem vereniget te wesen, doe si seyde: IC HEBBEN GEVONDEN DIE MIJN ZIEL MINT. IC HEBBEN GEGREPEN, ENDE IC EN SELS NIET LATEN. Hier om isset een

---

Le1 *Da Be2* *Le5* *Be3*

1687 lasterliken *Da Be2 Be3* **1688** Als *(*david*)* inden salter spreket *Da Be2* **1691** berouwes *Da Be2 Le5 Be3* **443** dijnre *:* der *Da* **1694/5** der – mede *:* oec mede der werlt *Da Be2* **1697** allen *:* alsulken *Le1 Le5* **1699** vielicheyt *:* een veelic mensche *Da* **1700** en *:* ende *Le1 Le5* <nonne> **1701** al *(*isset*) Da Be2* **1702** nochtan *(*mit*) Da Be2* **1703** gloeiende *Da Be2* **1711** oec *om Da* **1713** si *:* hi *Le1 Le5* **1714** *(*horen*)* als die propheet seit *Da Be2* *(*got*)* die here *Da Be2* spreken sel *:* spreect *Da Be2* *(*sel*)* want *Le1 Le5* van *:* mit *Le1* **1717** te wesen *:* gewesen *Da* **1718** gegrepen *:* gevattet *Da Be2*

salige ziele, die hoer ogen also toter scoenheyt des brude-*/128vb/*goms keert, dat si mitten *propheet* seggen mach: Ic heb mijn ogen totti opgeboert, die daer inden hemel woenste. Die ziele is salige, die de *oren haers herten toten woerden des godliken insprekens so opluket, dat si mitten *propheet* seggen mach: Ic sel horen wat god in mijnre zielen spreket. Hi heeft mijn oer opgeloken, ic en sels niet wederstaen. Mar die ziele is alre salichste, die den brudegom mitten armen der minnen also ombegrepen heeft ende also vast hout ende mit hem vereniget is, dat si mit sinte *Paulus* seggen mach: Ic bin des seker dat noch leven, noch doet, noch geen creatuer mi vander minnen sceyden en sel die in Cristo Jhesu is. *Gregorius*: Als des menschen gemoede die scoenheyt sijns sceppers niet en soect, so blijftet hert ende cout in hem selven. Mar alst uut begeerten overmids der vueriger minnen verwarmt wort, so begintet te smelten ende al lopende sinen geminden te volgen, */129ra/* ende al dat hem te voeren in die werlt plach te genogen, dat beghinnet hem te mishagen ende seer lastelic te wesen. Ende daer om seyde die bruut: MIJN ZIELE IS GESMOUTEN. Welke smeltinge drierehande is. Die eerste smeltinge bemorwet alle herdicheyt in rechten berou der sonden, daer die salige wedue Iudith of sprac, doe si seyde: Heer, die stenen sellen voer dinen aensichte recht alse wasse smelten. Dat is gesproken vanden verhaerden sonders die overmids kennisse van binnen tot berou beweget worden. Die ander smeltinge werket alle goede stichticheyt mit allen menschen gevoechelic te wesen. Ende dese comt uut oetmoediger onderworpenheyt gode ende alle creatueren mit weerdiger reverencien onderdanich te wesen. Ende hier of seyt die *propheet*: Die eerde is gesmouten ende alle die daer in wonen. Die derde smeltinge werket een uutvloeyinge sonder ophouden tot alre goedertierenheyt. Ende dese coemt uut smakeliker *innicheyt die */129rb/* haer selven binnen haer selven overmids vollicheyt des herten niet onthouden en can, si en moet na ordinancien godliker caritaten der minnen werke werken. Ende hier *of isset *dat die *propheet* seyt: Hi sel sijn woert uutsenden ende smeltense; sijn wijnt hevet gewaeyet ende die wateren sellen vloyen. Dese drierhande vloyinge ghesciet in ons overmids den toespreken des geminden. Daer om seyde die minnende ziele: MIJN ZIELE IS GESMOUTEN DOE DIE GEMINDE SPRAC. Somtijt spreect hi om ons te vervaren, ende dan smelt die ziele nader gedaenten des waters, als *Yeremias* seyt: Des volcs herte wort verveert ende smelt als water. Somtijt spreect hi om ons te leren, ende dan smelt die ziele gelike den wasse, daer die brudegom sinen heymeliken wille in

---

Le1 Da Be2 Le5 Be3

1721 wones (woenste *Be2*) / inden hemelen *Da Be2* saliger *Da Be2 Le5 Be3* <felix !> oren : ogen *Le1 Le5* <aures> **1722** so : alsoe *Da Be2 Be3* **1723** (got) die here *Da Be2* mijnre zielen : mi *Da Be2 Be3* **1725** ombegrepen : omgevatet *Da Be2* **1726** wel (seggen) *Da* noch *om Da Be2* **1728** hier aff seit sunte (gregorius) *Da Be2* **1738** schickelicheit *Da Be2*, stichtelicheit *Le5* **1739** genoechlic *Da Be2*, ghevoelic *Le5* **1740** alle creatueren : alre menscheliker creatueren *Da Be2 Be3* **1743** innicheyt : reynicheyt *Le1 Le5* <deuocione> **1746** of : om *Le1 Le5* <de hoc> dat : als *Le1 Le5* **1747** smeltense : sal se smelten *Da* hevet gewaeyet : sal wayen *Da Be2*

scrivet ende bezegelt dat mitter gelikenisse goids. Hier of seyt die *propheet*: Mijn herte is midden in minen */129va/* buuc recht geworden als wasse dat gesmouten is. Somtijt *spreect hi sijn soeticheyt ende sijn gaven ons te bieden, daer *af smelt die ziele nader gelikenisse ende soeticheyt der costeliker crude, daer in *Moeyses boec* of gescreven staet: Doe die sonne began te scinen, smelt dat hemelsche broet. Dat is te verstaen: als die sonne der gerechticheyt, Cristus, onse god, sijn radien der genaden op die ziele scijnt, ende mitten beloeften sijnre gaven tot hem trect, dan smelt si ende wort sachte die te voren hert was. Hier om seyt die minnende siel voert: IC HEBBEN GESOCHT, ENDE <IC> EN HEBS NIET GEVONDEN. Hier <in> machmen merken dat die ziele die te voeren in die minne goids traech stont, nu verwackert wort in hoerre begeerten. Ende daer om seyt si: IC HEBBEN GESOCHT, dat is, ic hebben mitter begeerten gesocht, MAR noch */129vb/* NIET GEVONDEN tot minen wille, want leyder ic hebben also menichwerven tot mijnre scanden van mi verdreven. Ende daer om en ist geen wonder dat ic hem also haestelike rechte voert also niet vinden en mach als icken begeerde. Het waer mi al genoech, mocht ic doch sijn genade vinden, die ic also menichwarve mit mijnre scout verjaget hebbe. IC BEGAN HEM TE SOKEN doe ic van sijnre ontfarmherticheyt geleert ende onderwiset wort, MAR IC EN VANTS niet sijn soeticheyt rechte voert te smaken, mar meer van sijnre wredicheyt verveert te wesen, doe ic eerst vanden slaep der doot ontwaken wort. IC HEBBEN GESOCHT, ENDE IC EN HEBS NIET GEVONDEN, want ic hem des nachts mit rouwen sochte, ende niet des dages mitter minnen. Daer om en heb ic die begeerde smakelicheyt van hem niet gevonden, dat wel recht is, want die godlike vertroestinge is alsoe verweent, dat si den genen niet */130ra/* lichtelic gegeven wort die anderen vreemden troest begeren. IC EN HEBS NIET GEVONDEN, want ics niet te recht en sochte. *Barnardus*: O mijn siel, isset dattu den brudegom mit wijsheden eernsteliken soeken wilste, dat moetstu mit drien teykenen bewisen. Inden eersten een waerachtich licht, dat hi selve is, van hem te begeren, op dattu in die duusternisse[n] niet en verdwaelste, ende seggen mitten *propheet*: God moet onser ontfarmen ende ons gebenedien, ende moet sijn aensicht op ons verlichten, op dat wi sinen wech op deser eerden moeten bekennen. Dat ander is den genen om dien wech te vragen, dien gewandert hebben, op dattu inden soken te eer ontcommert mogeste worden. Also vrageden die drie coninghen: Waer is hi, die geboren is die coninc der Joden? Also vragede oec die minnende ziele, doe si

---

Le1 *Da Be2* *Le5* *Be3*

1755 geworden / recht *Da Be2 Be3* **1756** spreect *:* pleecht *Le1* **1757** af *:* om *Le1 Le5* smelt *:* doe smolte *Da Be2* **1759** aldus *(*te*) Da Be2* **1760** scijnt *:* schinen doet *Da Be2* **1761** hem *:* oer *Da Be2* **1763** ic *om Le1 Le5* in *om Le1 Da Be2* in *(*merken*) Da Be2* **1769** begeer *Da Be2* **1770** weder *(*vinden*) Da Be2* **1773** weerdicheit *Da* **1776** -ter *om Da Be2 Be3* **1781** bewisen / mit drien teykenen *Da* Inden eersten *:* Dat yerste is *Da Be2* **1782/3** die duusternissen *Le1*, -der duusternissen *Be3* **1784** *(*verlichten*)* ende moet onser ontfermen *Da Be2* deser *:* der *Da Be2* **1787** heylige *(*drie*) Da Be2* ende seiden *(*waer*) Da Be2*

seyde: DIE WAKERS VAN DER STAT VONDEN MI, ende ic vragede hem: EN HEB DI HEM NIET GESIEN, DIEN MIJN ZIELE MINNET? */130rb/* Dat derde is dattu di van dien dattu minneste, [om] geen dijnc of en laetste trecken, mar sonder marren ganc daer voer bi mit toegesloten ogen, thent dattu dinen geminden vinste. Also dede Maria Magdalena: si neygede haer ende sach neder in dat graf haers geminden, daer si die engelen in sach, die se nochtan niet toe en sprack noch lange aen en sach, mar doe si haer vrageden, andwoerde si hem mit corten woerden ende keerde haer van daen. Doe Maria ommesach, sach si Jhesum bi haer staen. *Augustinus*: Wildi dat salige leven soken in desen lande der doot? Al dat hier is selmen overliden, als die minnende ziele seyde: DOE IC EEN LUTTEL VOER BI HEM GELEDEN WAS, DOE VANT ICKEN DIE MIJN ZIELE MINNET. IC RIEPEN ENDE HI EN ANTWOERDE MI NIET. In desen woerden scijntet dat die siele die te voeren al stom lach, nu overmids den inspreken gods inden gebede ropende is */130va/* geworden, al en wort si niet na horen duncken rechte voert gehoert, ende seyt: Ic hebben geropen inder begeerten, mar hi en hevet mi niet geantwoert sijn godlike licht mede te deylen; ic heb aengeropen sijn ontfarmherticheyt, <mar> hi en antwoerde mi niet volle kennisse mijns selfs te verlenen. Mar wat mach die sake wesen dattu, goedertieren, milde heer, somtijt also lange vertreckeste te openbaren dattu alrede gegeven hebste of cortelic bereet biste te geven? Ic vermoede, als sinte *Gregorius* seyt: Want ic sijn salige stemme, die tot mi riep ende seyde: Du hebste gesondicht; laet of, keer weder, keer weder, Sunamitis, keer weder, keer weder, op dat wi di aen mogen syen – om dat ic dese gebenedide stemme also late hoerde ende volgede, daer om antwoert hi mi traechelic sijn gaven mede te deylen. O hoe menichwarve heeft hi mi geropen? */130vb/* Ic swige van al dinen anderen stemmen: die hoge armoede dijnre apostelen, die stantachticheit dijnre maertelars, die doechde dijnre confessoren, die minne dijnre leerers, die reynicheyt dijnre maechden, die sober noettorfte dijnre eenzedelen ende heremiten, ende menigerhande manier der geesteliker menschen; want mit alle den volcomenheden deser gerechter mannen hebstu mi geropen, mar ic en antwoerde di niet na haren exempelen di te volgen. DIE WAKERS DIE DE STAT BEHOEDEN, VONDEN MI. Hier wort bewijst hoe dat si overmids leeringe tot kennisse haers selfs gecomen is. Want als die heylige scrift devotelic beduut wort, dan wort daer een spiegel voir onsen ogen geleyt, daer wi al datter vul ende onreyn in ons is, claerliken mogen bekennen. Aldus vinden ons DIE WAKERS, dat sijn die leerers der heyliger scriftueren, als si ons ons selven openbaren. *Gregorius*: Als die

---

Le1 *Da Be2* *Le5* *Be3*

1790 hem *om Da Be2 Be3* **1791** om *(*geen*) Le1* of *om Da Be3* **1794** die*(1) om Da Be2*

Le1 *Da Be2* *Le5* *Br3*

1797 hier om seit sunte *(*augustinus*) Da Be2* sueken *breekt af tot 2042 Be3* **1798** Al – selmen *:* soe moet men al dat hier is *Da Be2* seyde *:* is *Da* ic *:* icse *Da Be2* **1799** hem *om Da Be2 Br3* **1802** nae hoeren duncken rechtevoert / niet *Da* **1805** mar *om Le1 Le5* <sed> mi *(*te*) Da* **1820** keer weder*(1) om Da Br3* **1811** late *om Da* **1812** mi *(*sijn*) Da Be2 Br3* **1813** dinen *:* -den *Da*, den *Be2* **1818** gerechtiger *Da Be2* **1822** inwendigen *(*ogen*) Da Be2*

bruut om den geminden te soken sorchfoudich /*131ra*/ is, dan so geraket si onder DIE WAKERS, want als dat heylige gemoede den brudegom begeert te kennen, dan verneemtet uutten woerden der heyliger scriftueren hoe verre dattet noch van Cristo vervreemdet is. Ende wat hem dan bejegent, bewijstet voert, ende seyt: SI SLOGEN MI ENDE WONDEN MI, want als die heylige leerers hemelsche dingen voertbrengen, dan verwackeren si die innige ziele ende doerscietense recht als mit scarpen scutten der mijnnen. *Beda*: DIE HOEDERS DIE OM DIE STAT der heyliger kerken GAEN, sijn die heylige leerers die die sorch der kerken bevolen is, om dat si <sie> mit woerden ende mit exempelen ende mit scriften vander aenvechtinge der onrechter aenwisinge sellen bescermen. Dese vinden dan die ziele, al isset dat si noch[tan] die gaven des geminden na horen wille niet mit hem en brengen. Nochtan wort si geslagen ende gewont, want si mitten woerden der waerheyt van haren ontbliven /*131rb*/ ende van haren sonden scaemte criget. Ende also was Mannasses, die coninc van Iuda, geslagen, doe hi seyde: Ic hebbe gesondicht boven den getale des sandes dat biden meer leyt, ende ic en bin niet weerdich die hoecheyt des hemels te sien. Van aldustaniger scaemten wasset dat *Ysaias*, die propheet, sprac, doe hi seyde: Scaemdi, Sydon, *seide *dat meer. Dat meer is scarpe beryspinge of bitterheit van leven des leeraers, Sidon beduut jaghinge der sonden, daer des sonders leven bi beteykent is. Als dan een sonder overmits vermaenijnge des leeraers hem begint te scamen, dan heeft [hi] dat meer Sydon ten wege gebrocht. Dit slaen pleget te gescien recht als een vader mit sinen onsedigen soen doet: eerst in dryeget hien, dan slaet hien mit roeden, daer na mit groten slagen. Ende isset dat hi geens sins daer of en betert, so werpet hi hem uut /*131va*/ sinen huse, ende seyt: Voertmeer en selstu mijn kint niet wesen. Aldes gelijc doet onse hemelsche vader: eerst in drieget hi ons, ende seyt: Isset dat ghi niet bekeert en wort, mijn boge sel op u gespannen worden; daer na ontrecket hi ons die tijtlike dingen, ende isset dat dat niet en baet, so sendet hi siect ende quellinge an onsen lichaem. Ende dat doet hi al, op dat hi ons berechten ende genesen mochte, als in *Moyses boec* gescreven staet: Ic sel slaen ende weder genesen. Recht of hi seggen soude: Daer om sel ic slaen, op dat icse genesen mach. Ende isset dat een ongehoersamich kint hem daer niet of en betert, so slaet *hiet mit geesteliker castiinge, die also veel swaerre sijn, als die ziele beter is dan die lichaem. Als die here *inden selven boec* seyt: Die here sel di castien mit sweren, mit *scorftheden, mit iuecten, mit ontsinnicheden, mit

---

Le1   *Da Be2*   *Le5*   *Br3*

1831 gescutten *Da Be2*   **1833** sie *om Le1 Le5* <hanc>   ende*(1) om Da Be2 Br3*   **1835** noch *:* nochtan *Le1 Br3* <adhuc>   **1842** seide dat *:* dats een *Le1* <ait mare>   **1845** *(*heeft*)* hi *Le1*   **1847** in *om Da Be2*   **1848** en betert *:* verbetert en wort *Da Be2*   **1849** wesen *:* hieten *Da Be2*   **1850** in *om Da Be2*   **1853** qualinge *Da Be2 Le5 Br3*   **1854** Moyses boec *:* een van moyses boeken *Da Be2*   **1855** wolde *Da Be2*   **1857** hiet *:* hyen *Le1*   **1858** die*(2) :* onse *Da Be2*   *(*boec*)* moysi *Da*, moyses *Be2*   **1859** scorftheden *:* droefheden *Le1*, scorfticheiden *Da Be2* <ulcere>   onsinnicheden *Da Be2*

/131vb/ blintheden ende mit verwoetheden des gemoeds. Die sweren, dat is malaetscheyt, daer onberechtelike hertneckicheyt bi beteykent is. Want so wie vol sweren is, die en wils niet gehengen dat men <hem> ergent anruert. Recht also en willen verherde, stienige menschen niet berecht wesen, ende dat is een openbaer teyken der verwerpinge goids, als *die wise man* seyt: Dien god versmaet heeft, en mach van nyement berecht wesen. Bider scorftheyt is beteykent een quaet exempel des levens. *Gregorius*: Dan wort die mensche scorft, als die venijnde vervultheyt der ingedoemte van binnen uutgetogen *wort buten op dat vel. Aldes gelijc, so wanneer die boesheyt des herten van binnen buten mitten exempel inden werken bewijst wort, dan is die mensche mit geesteliker scorftheyt geplaget. Bider iuect is beteykent weelde der vleysceliker genoechten. Want so wie iuckich is ende */132ra/* clouwet, dan gevoelt hi wat genoechten daer in, mar als hi mitten clouwen dat vel gequetset heeft, so lijt hi grote pijn daer of. Aldes gelijc is inden werken der vleyscheliker sonden een cleyn genoechte ende naden werken een alte groten bitterheyt. Ende het en *si dat men waerachtige penitencien doet, so volget daer die ewige verdomenisse na. Ontsinnicheyt dat is onbevoelicheyt ende blintheyt. Dese twe beteykenen dat die mensche totter minnen des ewigen levens ende totter vresen der ewiger pinen der hellen niet beweget en wort. Die verwoetheyt des gemoets gesciet inden mensche als hi also bout is, dat hi die menichfoudige saken ende oersaken niet scuwen en wil. En is dat niet een verwoet mensch, die hem selven mit sijns selfs sweerde doot slaet, of die selve den bast om sinen hals stricket, daer hi mede verhangen wort? Dit doet een ygelic hem selven, die in doetliken sonden vallet. Voert so seyt Moeyses dat alsulken mensche hem selven stoet */132rb/* ende snevelt midden inden dage. Die middach, dat is die staet des geloves dat wi ontfangen hebben. Want nu vervullet is dat die propheeten prophentierden, dat die figueren beduden, dat die apostelen predicten, dat die maertelaers mit groten tormenten hebben doergeleden, dat die leerars hebben beduut. Hier ist gelove, overmids veelheyt des lichts daert mede verlicht is, opten hogen middach gecomen, dat die heylige kerke wel seggen mach: Heer, dijn getuge sijn seer lovelic geworden. Op desen middach snevelt hi, so wie inden gelove yet wagghelt of twivelt. En is hi niet harde swaerlic geplaget, die in alre berespinge onberechteliken blivet, die onstichtich van wanderinge is, die vander genoechten der werelt altemael verleyt is, die de hemelsche vroechde niet bewegen noch trecken en mach, [Ende] die de ewige verdomenisse der hellen niet ververen en mach, ende die gene oersake der sonden

---

Le1 *Da Be2* *Le5* *Br3*

1862 hem *om Le1 Le5* <se tangi> anruere *Da Be2 Br3* **1863** stienige *:* stive *Da Be2 Br3* **1865** wesen *:* werden *Da Be2* scorffticheit *Da Be2* **1866** Alse sunte *(*gregorius*)* seget *Da Be2* **1867** worden *Le1 Le5 Da Be2 Br3* <extrahitur> **1870** scorfticheit *Da* **1871** hem *(*clouwet*) Da Be2* **1873** pijn *:* smerte *Da Be2* **1874** si *:* is *Le1 Le5* **1879** bout *:* coene *Da Be2* **1879/80** *(*oersaken*)* der sunden *Da Be2* **1881** den bast *:* dat seel *Da*, dat stricke *Be2* **1883** so *om Da Be2 Br3* **1889** alsoe *(*dat*) Da Be2* **1890** geloeflijc *Da Be2 Br3* **1892** wandelinge *Da* is *om Da* **1894** Ende *(*die*) Le1 Le5*

scuwen en */132va/* wil? Edel, rike lude plegen onder<tiden voer> haer gesinde haer selfs kinder van haren wanseden seer te castien, recht of si daer mede segghen souden: Siet, isset dat die kinder niet gespaert en worden, veel te min sel men u sparen. Aldes gelijc en heeft die hemelsche vader sinen enigen soen niet gespaert, mar voer ons allen overgelevert. *Ysayas*: Om die sonden mijns volcs heb icken geslagen. Ende op wien sel ic meer slaen om uwen wille, die sonde op sonde legget? Dat hoeft is in qualen ende dat herte is in seerigen rouwen: vanden ondersten des voets totten oversten des hoefts en is geen gesondicheyt in hem. Recht of die hemelsche vader seggen woude: Ic heb u geslagen mit driegen, mit tijtliker scade, mit evelen, mit lichaemlike siecten, mit geesteliken plagen. Ende ten lesten heb ic om uwen willen minen enigen soen geslagen: sijn oghen mit */132vb/* wenen ende mit tranen, sijn oren mit blasphemien ende mit lachterliken woerden te horen, sinen smaec des mondes mit bitterheden des edics ende der gallen, sijn aensicht mit bespuinge ende mit kinnebacslagen, sijn hoeft mitten riede ende mitter doernen croen, sijn voete ende sijn hande mit yseren nagelen, al sijn lichaem mit slagen ende mit geselen, also dat an hem niet gesonts en bleef. Ende niet alleen en was hi aldus van <buten> <ge>slagen an den lichaem, mar oec mede veel meer van binnen inder zielen. So wanneer een gelovige ziele aldustanige slagen overdenct, so mach si wel seggen: SI SLOGEN MI. Want wel mit rechte wort si mitten scutte der [be]rouwelicheyt hare sonden gewont, als si vander verlorenre tijt ende vanden versumenden werken der doechden berespet wort. *Barnardus*: O goede Jhesu, waer om heb ic in al mijn leven yet gemint of yet begeert dan di? Waer om heb ic enige tijt ver-*/133ra/*suumt, ic en hadde di altoes in mijnre herten gehadt ende mit al mijn gemoede omgevaet? Ende waer waren die inreste crachten mijnre zielen, doe si niet en waren mitti? O god mijns levens, hoe ydelic ende hoe onvruchtbaerlic is mijn tijt versleten ende van mi gegleden, dien du mi gegeven hadste dat ic dinen wille daer in doen soude, ende ic en hebs niet gedaen. Hoe sel ict ontherden, hoe sel ic mijn oeghen voer dijn aensicht op mogen boren in dat strenge ordel, alstu <al> mijn tijt tellen selste wat vrucht daer in gewrocht is? Ic begeer dat alle die tijt die ic onvruchtbaerlic verloren hebbe, heen moeten gaen ende voer di vergeten worden. O minnentlike vader, ic bidde di dat die tijt die ic noch leven sel in dijnre genaden, also geheylicht moet worden, dat *hi inden dage dijnre ewicheyt een stede moet vinden, ende

---

Le1 Da Be2 Le5 Br3

1896 tiden voer *om Le1 Le5* <in conspectu familie> **1898** wolden *Da Be2* **1900** Als *(*ysaias*)* seget *Da Be2* **1903** gesuntheit *Da Be2* **1904/5** mit driegen *om Da* **1908** lasterliken *Da Be2 Le5* **1911** mit*(1) :* mitten *Be2 Le5 Br3* **1912** niet*(2) om Da* buten *om Le1 Le5* **1913** slagen *Le1* **1915** gescutte *Da Be2* **1916** berouwelicheit *Le1* <doloris> **1917** Hier om *(*of *Be2)* seget sunte *(*bernardus*)* al clagende *(*beclagende *Be2) Da Be2* **1918** ende *(*waer om*) Da* **1925** al *om Le1 Be2* <omnia tempora> **1926** is / gewrocht *Da* **1927** moet *Da Be2 Br3* <abeant tempora !> voer – worden *:* vergeten werde / voer di *Da* moet *(*worden*) Be2* minlike *Da Be2 Br3* **1929** hi *:* ic *Le1 Le5*, si *Da Be2* <inueniat>

voer di gerekent moet worden in die ewicheyt te blyven. *Gilbertus*: DIE WACHTERS */133rb/* VANDER STAT, dat sijn die heylige leerers. Als ic mijn zeden overmids haerre leeringe leer bekennen, alse si mijn gebreken mi openbaren, als si hem selven neernstelic jegen mijn gebreken versetten, also dicke als ic hoer woorde lese, so vinde ic mi selven. Want haer woerde vermanen mi ende scieten mi mit scutten; SI WONDEN MI als ic in mi gebroken vinde dat ic waende heel te wesen; si nemen mi dat decsel der onbekentheyt ende der vergetelheyt of; si beroven mi vanden mantel der geveynstheyt ende der ydelre glorien, als si die crancheyt mijnre conciencien ondecken. Aldus worde ic orberlic tot mijnre behoef vanden wachters gevonden, al isset dat ic den geminden na mijnre begeerten noch niet en vinde; ende hoe ic min vinde daer ic mi in verlaten mach, hoe ic inder minnen mijns geminden */133va/* van minnen meer ontfoncket worde. SI NAMEN MI MINEN MANTEL, DIE WACHTERS VANDER MUEREN. *Beda*: Der geslagenre ende der gewonder bruut mantel nemen die wachters, dat sijn die leeraers ende die gerechtige mannen, als si alle wederhoudinge der vergancliker dingen ofdoen, op dat die bruut vander sorge<n> der nederster dingen ontcommert si ende mit enen vrien loep dat aensicht haers sceppers soken mach. *Gregorius*: So wie mit goeden vermaninge<n> die behagelicheyt der werlt vanden gemoede des hoerres ofwisschet, DIE HEVET der bruut HAREN MANTEL GENOMEN. Men vint enen mantel der minliker berespinge, ende die selmen wasschen, alser gescreven staet: Hi sel sijn stoel inden wijn, ende sijn mantel inden bloede der druven wasschen. Men vint een mantel der vley-*/133vb/*scheliker begeerten, die selmen laten, als Joseph in Egipten dede doe hi sinen mantel in des wijfs hant liet ende vloch van haer. Men vint enen mantel des werltliken levens, ende die selmen ofwerpen, als Helyas dede doe hi mitten vuerigen wagen heengevoert wort. *Gilbertus*: Dat verstant wort mit verbeeldinge recht als van enen mantel gehouden ende gehindert dat het die puer waerheyt niet scouwen en mach; die minne wort also inden mantel der eren ende des voertsettens bewonden, dat si mit vryheden niet ghestuert en wort in dien dingen die god alleen toehoeren; geestelike vruechde wort vander sorchfoudicheyt recht alse van enen mantel inden gemoede van binnen bedecket. Mar die heylige leerars nemen alle dese mantelinge of als si die oude figueren ontbinden ende die waerheyt ondecken.

<Naden anderen sin.>

MIJN ZIEL IS GESMOUTEN DOE MIJN GEMINDE SPRAC. */134ra/* IC HEBBEN GESOCHT, ENDE IC EN HEBS NIET GEVONDEN. Na enen hogeren verstande worden dese woerde vander godscouwender zielen beduut, ende dat om die heymelicste

---

Le1 Da Be2 Le5 Br3

1933 voersetten *Da Be2*, versteken *Br3* **1935** geschutten *Da Be2* **1939** ende *(*al*) Da* **1940** min *:* mijn *Da Be2* **1942** wachters *:* hueders *Da Be2* vander *:* der *Da Be2* **1944** wachters *:* hueders *Da Be2* **1945** sorge *Le1 Le5* <ab..curis> **1947** moegen *Da* want sunte *(*gregorius*)* seit *Da Be2* vermaninge *Le1 Le5*, vermanen *Br3* <exhortacionibus> **1963** Naden anderen sin *om opschrift Le1* Naden *:* nae enen *Da Be2* een *Le5*

ende om die inrelicste oefeninge haers scouwens. Hier te voren clagede die bruut weenlic dat haer geminde hem ofneygede ende voerbiginc, hier bewijst si weder die salige vrucht sijns wedercomens – al was sijn tegenwordicheyt cort ende cleen –, ende seyt: MIJN SIEL IS *GESMOUTEN DOE MIJN GEMINDE SPRAC. Want mijn geminde, die een scijnsel der vaderliker glorien [is] ende een vroelic spiegel der godliker mogentheit ende een beelde sijnre goetheyt is, die wort somtijt verborgen ende somtijt geopenbaert, op dat hi te vuerichliker gesocht wort; ende als men soect, gevonden wort; ende als hi gevonden, is mit alre vliticheyt behendelic gehouden wort, op dat die scouwende ziele dan seggen mach: IC HEBBEN GEHOUDEN, IC EN SELS NIET LATEN GAEN. *Gregorius*: */134rb/* God, onse heer, laet hem selven in die heylige scriftuer nomen somtijt een heer, als hi ontsien wil wesen; somtijt enen vader, als hi geeert wil wesen; somtijt een vrient of een brudegom, als hi gemint wil wesen; want overmids vresen coemt men totter eerweerdicheyt, ende overmids eerweerdicheyt coemt men totter minnen. Ende also veel als die minne weerder is dan die vrese, also veel genoecheliker ist hem vrient of brudegom dan een heer genoemt te worden. Hier om wort in desen boec brudegome ende bruut veel dicker genoemt dan heer ende deerne, op dat si niet en scinen van vresen mar van minnen malcanderen te dienen. Als hem onse heer god een heer noemt te wesen, daer in bewiset hi dat wi sijn gescepen creatueren sijn; als hi hem enen vader noemt, daer in bewiset hi dat wi °kinder sijnre uutverkiesinge sijn°; */134va/* als hi hem een vrient of een brudegom noemt, daer in bewiset hi dat hi ons garen soude trecken een mit hem te wesen inder minnen. Ende dat saghe hi alre liefste van ons, want het is veel meerre mit gode verenighet te wesen dan van hem gescepen ende tot hem geropen te wesen. [ende] Daer om seyt die minnende ziele: DOE MI DIE GEMINDE TOESPRAC. Ende dat is die geminde die alles minlics goeds oersprongelic begin is, wies ofwesen ende sijnre te derven ic seer beclage, wies tegenwoerdicheyt ic geens sins liden en mach. Dien ic daer om wel mit rechte den geminden nome, want ic hem alleen ende enichlic [hem alleen] boven alle dingen minne, ende bekenne [dat hi mi alleen boven alle dingen minne ende bekenne] dat hi mi in allen dingen minnet ende alle dingen om minen wille gescepen heeft. Wies minne daer om mit rechte eenlic ende sonderlin-*/134vb/*ge gehieten is, want hi ghenen mededeylre inder minnen ontfanget, want hi eenlicheyt mitten geminden begeert, ende want hi hem selven altemael den minre overgevet. Dese geminde, die also sulc ende also begeerlic is, al isset dat hi mi altoes toesprect in scriftueren, in figueren ende in allen

Le1 Da Be2 Le5 Br3

1968 weelic *Da Le5* **1970** gesmouten *:* cleen geworden *Le1* <liquefacta> **1971** *(*glorien*)* is *Le1 Le5* **1980** -ter *om Da Be2* **1982** een *om Da Be2* **1986** hi *om Da* **1987** kinder sijn *:* sijn kinder sijn der wtverkiesinge *Le1 Le5* **1991** ende *(*daer om*) Le1 Le5* <Dicit ergo> **1993** een *(*oersprongelic*) Da Be2* **1994** beclagede *Da Be2*, clage *Le5* **1995/6** *(*enichlijc*)* hem alleen *Le1 Le5* <unice ipsum diligo> **1996/7** *(*bekenne*)* ende bekenne minne *Le1 Le5* <ipsum me in omnibus et omnia propter me diligere recognosco> **1998** wal *(*mit*) Da Be2 Br3* **2001** also sulc *:* alsoe daen *Da Be2*

creatueren, nochtan heeft hi mi nu – al en vallet dat niet dicke – in mijn inreste toegesproken een verborgen woort, wies aderen sijn<re> runinge mijn oer heymelic ontfangen heeft. O bruut, het is een wonderlic dinc: dijn geminde ruert di, ende dijn buuc bevet van vresen sijnre weerdicheyt; hi spreect di toe, ende du smelste van sinen woerden. Ja doch dat comt dat hi di in die woestijn geleyt heeft ende al daer tot dijnre herten gesproken. Sich, dat was een vriendelic leyden tot eenre bequamer stat, daer een toespreken sonder sprake was. Daer hoerdestu heymelike woerde die de mensche, die wijl dat hi mensche is, niet geor-/*135ra*/loeft en is te spreken. Ja doch al ist licht niet geoerloft uut te spreken, het is licht wel geoerloeft te horen. Van wien? Ic vermoede vander bruut. O mijn geminde, hier om sprec dattu wilste, want dijn bruut ende vriendinne hoertet. *Hugo*: Dese woerde sijn also eenrehande ende also sonderlinge hoge, dat mi dunct dat den mensche in desen leven niet meer en mach gegeven worden. Mar het mach licht gevallen, dat wi der hemelscher heymelicheyt niet ontfangelic en sijn als wi vander heymelicster oefeninge der scouwinge die bruut horen spreken, ende seggen dattet een doenreslach was, het en waer dat wi licht een luttel verlicht waren – al en waert licht niet veel – <ende seiden: die engel heeft hem toegesproken>; op dat wi also begonnen te verwonderen ende daer na wat verlicht te worden. Want soete, hemelsche woerde en sijn niet alleen te verwonderen, mar oec mede te minnen; ende niet alleen van ons gehoert te wesen, mar /*135rb*/ yets wat mede gekennet. Want si en worden niet verstaen, het en si dat si geminnet sijn; men en minnetse oec niet, het en si dat si yets wat gesmaect worden. *Gilbertus*: O wonderlike cracht des woerdes dat also die brudegom spreect, het ontfonket dat herte, het verwandelt dat gemoede, het maket eygen bevoelen te niet, het doet die ziele van haer selven keren <ende smelten> ende recht te niet gaen, also dat si niet <mit> haer selven en is mar mitten brudegom, ende mach seggen: Ic bin altoes mitti, want MIJN GEMINDE MI ENDE IC HEM. *Gregorius*: Die ziele seyt dat si vanden woerde des geminden gesmouten wort, want als Cristus hem selven overmids sinen geest der minnender zielen instort, dan beweect hi alle herdicheyt haers herten ende doet somtijt dat gemoede mit also veel tranen uutvloyen, dat het nauwelic begripen en mach dattet in hem selven mit groter vroelicheyt gewaer wort, ende verwondert wattet /*135va*/ in hem selven geweest heeft, ende bekennet wat dat het nu also haestelic geworden is. Ende *alst dese smeltinge gewaer wort, so begeertet daer volcomelicker ende meer of te

---

Le1 *Da Be2* *Le5* *Br3*

2004 sijn *Le1* inruninge *Da Be2 Br3* **2010** hi levet ende (hie) *Da* **2011** is : sijn *Da Be2 Br3* doch – ist : al en isset doch *Da* licht niet : niet *Da Be2*, doch yet *Br3* **2013** mijn *om Da Be2* **2015** dat(*1*) : als *Da Be2* **2017** heymelicster : hemelscher *Da Be2* **2019** licht *om Da Be2 Br3* **2020** ende seiden toegesproken *om Le1* <dicamus angelus ei locutus est> **2021** die (zuete) *Da Be2* **2023** wesen : werden *Da Be2* bekennet *Da Be2 Br3* **2025** Hier aff seget (gilbertus) *Da Be2* **2026** also : alset *Da Be2* **2028** ende smelten *om Le1 Le5* <liquescere> **2029** mit *om Le1* <secum> **2033** haers : des *Da Be2* dat : oer *Da Be2* **2034** mach : can *Da* **2036** alst : alse *Le1*

begripen; ende somtijt alst daer om denct ende arbeyt meer te vercrigen, so verlieset dat selve dattet te voren ontfangen hadde. Ende wie is dese geminde, die sijn woert aldus wonderlike werke werket? Ic vermoede dat die innige ziele die van gode begavet was, scouwe[n]de dat ewige woert, daer *Job* of seyt: God spreect eens ende en verhaelt dat selve niet weder. Hier om, die vader is die geminde ende sijn soen is dat woert. Ende also sulken woert, datmen niet waerachtigers daer boven *geloven en mach, want dat begin sijnre woerden is waerheyt; daer men niet hogers boven soken en mach, want inden beginne was dat woert, ende dat woort was bi gode, ende god was dat woort; */135vb/* daer men niet afgrondigers onder soken en mach, als sinte Paulus seyt: O hoecheyt der rijcheden, der wijsheden ende der wetentheden gods, hoe onbegripelic sijn dijn ordele ende hoe onbesoekelijc sijn dijn wege. Den monde en is niet soeters te spreken, den oren en is niet genoechelikers te horen, den herte en is niet saligers of te denken, der memorien en is niet saligers of te onthouden, want salich sijn si, die dat woort gods horen ende dat bewaren. Niet oerberlikers en mach men prediken, want dat woert en keert niet te vergeefs weder daent gecomen is; niet en isser crachtiger te bewegen, want het is levendich ende crachtich ende doersnidender dan enich zwaert; niet en is rikers te besitten, want men alle dingen daer in vint; niet en is saliger te gebruken, want het is ewich leven. IC HEBBEN GESOCHT ENDE NIET GEVONDEN. *Gilbertus*: Die den brudegom geveynsteliken minnet, die scuwet voer sijn aensicht te */136ra/* comen; mar so wie een rechte bruut is ende mitter gaven der minnen gegoedet is, al vliet hi voer, si volget hem na. Want als die minne genen wederstoet en heeft, so oefent si dat gebruuc haerre begeerten veel te vuerichliker. Mar want die brudegom nader begeerten der minnender zielen tot alre tijt na haerre genoechten niet en pleget te openbaren, so mochte si wel seggen: IC HEBBEN GESOCHT ENDE NIET GEVONDEN. Dat soeken is genoechelic, mar het is alte swaer datter na volget: IC EN HEBS NIET GEVONDEN, dat is, ic en hebs na sijnre *gewoenliker minnen niet gevoelt. *Gregorius*: Die bruut soect haren geminden, mar si en vints niet. Want dat gemoede dat van gode begavet is, begeert altoes dier groter soeticheyt te gebruken, mar die crancheyt haers selfs, daer si in desen leven niet of verlosset en mach worden, die beneemtet [haer]. Hier om soect si ende en vint niet. Want al begeert si mit gebede */136rb/* ende mit oefeninge vander soeticheyt sijnre tegenwoerdicheyt versadet

---

Le1 *Da Be2* *Le5* *Br3*

2040 die sijn *:* wies *Da Be2* **2041** scouwende *Le1 Be2* <contemplabatur>

Le1 *Da Be2* *Le5* *Be3*

2042 die *herneemt (cf. supra 1797) Be3* **2043** sijn *:* die *Da Be2* also sulken *:* alsulken *Da Be2 Be3* **2044** gevoelen *Le1 Le5* <credendum> **2048** rijcheit *Da* *(*rijcheit) ende *Da* **2049** ende *om Da Be2* onbesoekelijc *:* onondervindelic *Da Be2* **2050** aff *(*te*(1)) Da Be2 Be3* aff (te*(2)) Da Be2 Be3* **2052** of *om Da Be2 Be3* **2054** van *(*daent*) Da Be2* **2057** ic en hebs *(*niet*) Da Be2* **2064** ic en hebs *om Da* **2066** gewoenentliker *Le1* **2068** groter soeticheit *:* sueticheit die soe groet is *Da Be2* **2069/70** *(*beneemtet*)* haer *Le1*

te wesen, het en bejegent haer niet na haren wille dat si begeerde. *Beda*: Dit mach oec wel der geenre beclaghinge wesen in die heylige kerke, die die sorchfoudicheyt alre vergancliker dingen overgeclommen sijn ende haecken alleen naden oversten goede, hoe si best totten ingange des hemelschen vaderlande mochten geraken. Daer geen twifel aen en is, dat si altoes even gelijc mitter begeerten der overster goede begavet mogen wesen. Dat oec geen wonder en is, want daer in verheven te wesen en staet niet inden wille des gemoeds dat hem garen verheffen soude, mar het staet inden goetduncken des verheffers. Ende hier om, so wanneer een reyn ziele uut haer selven begeert totten heer te gaen, ende noch inden lichaem staende vanden smaec der overster soeticheyt begeert verheven te wesen, ende haer dat tot */136va/* haren wille niet geboren en mach, dan mach si wel versuchtende seggen: IC HEBBEN GESOCHT ENDE NIET GEVONDEN. Ende hoe die voersmaec soeter is, hoe dat dat lange vertrecken daer weder bi te comen, sware te liden is. Mar die moeynisse geeft der minnen verstant ende vermeerret die minlike begeerten. Hier om seyt si voert: IC RIEPEN, ENDE HI EN HEEFT MI NIET GEANTWOERT, want het en is niet genoech hem te soeken, het en si datmen mede rope mit reynen gebede. *Gilbertus*: Alse nu vandet die brudegom sijn vriendinne, alse nu ontscuult hi haer weder ende moeytse. Ende dat hier om, op dat *dese menigerhande wise des minres herte tot meerre begeerten mochte verwecken. Die geminde spreect, die ziele smelt van sijnre sprake ende on<t>blivet van haerre crachten; nochtan en machse niet liden dat haer geminde van hoer sceyt. Aldus staet si tusschen tween */136vb/* die sake sijns sculens is: want si sijn tegenwoerdicheyt niet liden en mach, si smelt ende verliest haer crachten; ende als hi hem selven so ontrecket, so wort si verversscht ende gecriget eens deels haer crachten weder. Ende isset dat een luttel bi haer te wesen haer also crachteloes maect, hoe soude sine dan liden of hi eenperlike bi haer bleve? Ende hier om, al isset dat si hem riep mitter begeerten, hi en antwoerde haer niet na haren begeerten mar na haren orber. *Gilbertus*: Brueders, merket die druustige cracht der minnen, die den geminden niet derven en mach <noch tegenwordich liden en mach>: inden biwesen worden die crachten verteert, inden ofwesen worden si een deels weder vercregen. O minnende ziele, du en konste inden enen noch inden anderen mate houden, daer om moet dijn geminde die sorge dragen ende geven di alsulken mate sijnre tegenwoerdicheyt na dat die tijt eysschet. Hier

---

Le1 Da Be2 Le5 Be3

2072 wesen *:* werden *Da Be2* bejegent *:* geschiet *Da Be2* begeert *Da Be2* **2073** beclagen *Da*, claghe *Be2* **2082** tot *:* nae *Da Be3* **2083** geboren *:* geschien *Da Be2* (wael) al *Da Le5 Be3* **2085** is / te liden *Da Be2* **2089** hier om seget (gilbertus) *Da Be2* **2090** dese *:* hi in *Le1 Le5* <uarietas hec> **2091** verwecken / mochte *Da* **2092** onblivet *Le1*, verblivet *Da Be2 Be3* **2094** scuwens *Da Be2 Le5*, scouwens *Be3* **2095** mochte *Da* **2096** so*(1)* *:* haer *Da Be2 Be3*, alsoe *Le5* vercriget *Da*, crighet *Be2 Be3* **2098** sine *:* si *Da Le5* **2099** begeerten *:* wil *Da Be2 Le5 Be3* **2100** Item (gilbertus) seget *(om Be2) Da Be2* **2101/2** noch mach *om Le1 Le5* <nec sufficit presentem> **2101** niet (liden) *Da Be2* **2103** (conste) noch *Da Be2*

om sokestu ende du en vindestes niet; */137ra/* du roepeste ende hi en andwoert di niet. Het is een salige minne die anter in hem versmouten wart of mit begeerten hem sokende is. O hoe menichwarve heb ic den heer, Jhesum Cristum, gesocht mit gedachten, mit inroepinge ende mit gebede. Die vruchten der gedachten sijn soete, ende die vruchten des gebedes sijn vet. DIE HOEDERS DIE DE STAT BEWAREDEN, DIE VONDEN MI, SI SLOGEN MI ENDE WONDEN MI. *Vercellencius*: DIE HOEDERS VANDER STAT sijn die engelen, doer welken god sijn genade in die minnende ziele werket. DESE WONDENSE mit vierigen scutten der godliker lichten, ende SLAENSE harde seer haer inreste doer te dringen mit alsulken scutten. Dan mach si wel seggen als hier te voeren gescreven staet: IC HEBBEN GEVAET, [ende gehelft] IC EN SELS NIET LATEN GAEN, THENT ICKEN INBRENGE IN MIJNRE MOEDERHUUS ENDE IN DIE SLAEPCAMER MIJNRE WINSTER. *Hugo*: Het en is der groter minnen niet groet noch niet veel inden huse gebrocht te wesen, het en si dat si voert in die */137rb/* camer come ende in die slaepcamer gebrocht worde, daer si in haer inreste mitten brudegom rusten moge. Si wil liever in die slaepcamer der moeder dan in die camer eens vaders ontfangen wesen, want die minne teder is ende mit *sachter smekinge gehouden wil wesen, op dat die brudegom geen herdicheyt noch geen strafficheyt bi haer en vinde, mar op dattet al dat in haer is, mitten overheten vuer der minnen sachte ende *weec gemaket worde. Daer wort haer die mantel ofgenomen. *Gilbertus*: Hoe dat die mantel alre aentreckinge der creaturen meer ofgenomen wort, hoe die vlitige ziele meer tot begeerten der vueriger minnen verwrecket wort; want hoe si min in haer selven vint daer si mit genoechten in rusten mach, hoe si mitten vier der minnen totten geminden meer ontfonket wort. Dit werken DIE HOEDERS VANDER STAT, dat sijn die engelen, si vinden die ziele ende verlichten-*/137va/*se mitten godliken lichte; SI SLAENSE, dat is, si begavense mit vieriger minnen daer si mede tot volcomenheden geraket; SI NEMEN HAREN MANTEL alle middele der creaturen of te doen. Want dan wort die mantel genomen, als alle behagelicheyt van alre uutwendiger wisen vanden vier der godliker minnen verteert wort, op dat die minnende siele haer selven also veel te vriliker uut mach recken inden overste, hemelschen dingen, als si vanden nedersten, eertschen dingen verre gesceyden is. *Hugo*: Ghi weet wel, so wat over een heet vuer hanget ende siedet, dat dat van gewelde der hetten des brants uut hem selven geworpen wort ende boven hem selven verheven wort; ende maect een grote beroeringe overmids hetten

---

Le1 *Da Be2* *Le5* *Be3*

2112 heylige *(*engele*) Da Be2* **2133** geschutte *Da Be2* **2114** doer te dringen *:* doerdringende *Da Be2* **2115** geschutte *Da Be2* **2116** *(*gevaet*)* ende gehelft *Le1* ende *(*ic*) Da Be3* **2117** inbrenge *:* in sal brengen *Da*, inbrenghen sal *Be3* **2120** mitten brudegom / in oer innerste *Da* **2121** mogen *Da Le5* **2122** sachten *Le1* **2125** dwee *Le1*, wee *Le5*, ghedwee *Be3* <emollescat> **2126** daer *(*gilbertus*)* aff seget *Da Be2* **2128** verwackert *Da*, verwecket *Be2 Be3* **2133** of te doen *:* affdoende *Da Be2* **2137** eertschen *om Da Be2* **2138** Ende hier aff seyt *(*hugo*)* van sunte victoer *Da Be2*

des viers, die men niet sien en mach ende heymelic daer in verborgen blivet, mar dat daer beroert wort, mach men wel sien. Aldes gelijc */137vb/* mogen wi een heymelic verborgen crachte der godliker minnen inden groten uutwendigen werken gewaer worden, ende daer dat werc uut gewrocht wort, dat blivet verborgen.

[*Naden anderden sin.*]

IC BESWEER U, GI DOCHTEREN VAN JHERUSALEM, IS<T> DAT GHI MIJN GEMINDE VINT, BOETSCAPT HEM DAT IC VAN MINNEN QUELLE. HOEDANICH IS DIJN GEMINDE VANDEN GEMINDEN, O ALRE SCOENSTE DER WIVEN, HOE DANICH IS DIJN GEMINDE, WANT DU ONS ALDUS BESWOREN HEBSTE? Hier te voren heeft die heylige kerke bewijst hoe si die officie ander luden te leeren angenomen hadde, al hier begeert si oetmoedelic daer toe geholpen te wesen. Want dat is, als sinte *Gregorius* seyt, een teyken van rechter oetmoedicheyt ende een bewisen der vercorenre gods, dat een mensche altoes lager dingen dan si sijn van hem selven gevoele, ende hope overmids ander lude verdiente te crigen dat hem gebreect. Ende hier om seyt si: IC BESWEER U, GHI DOCHTEREN VAN JHERUSALEM etc. Recht of si seggen woude: O ghi heylige */138ra/* leerars, die DOCHTEREN VAN JHERUSALEM geheten sijt, al isset dat mi die hoeders vander stat den mantel ofgenomen hebben ende mi menigerhande gebreke ende wanseden onderwijst hebben, also dat mijn gedachten, mijn begeerten ende mijn werken daer mede geopenbaert sijn, dat ic voertan niet meer te seggen en hebbe: O goede Jhesu, verberch dijn aenschijn een luttel van minen sonden, want icse nu bekenne ende ic en macher niet langer liden. Ic bin berovet vanden mantel der eygenre ontsculdinge; ic bin geslagen ende gewont mitter wonde des saligen berouwes; ic bin salichlike gevonden van den wachters der mueren [ende] overmids den lichte dijnre leeringe. Hier om BOETSCAP HEM DAT IC VAN MINNEN QUELLE, ende dat van sijnre minnen, want hoe ic vinde dat hi mit rechte meer te minnen is, hoe ic in mi selven meer bescaemt worde ende QUELLE VAN MINNEN. Want hoe ic die openbaer litteyken sijnre minnen bet aensie ende */138rb/* merke, hoe ic meer in mi selven beweget worde ende versuchte: Ay, mi onsalich, hoe veel waer ic hem mit rechte sculdich te minnen, die mi gescepen heeft doe ic niet en was, ende verlossede mi doe ic verloren was. Die onsterflike is totten sterfeliken nedergedaelt, die onlidelike heeft dat liden aengenomen ende die doot mitter doot verwonnen, ende heeft mi also weder-

---

Le1 *Da Be2* *Le5* *Be3*

2144 ende *:* mer *Da Be2* **2146** Naden anderden sin *opschrift Le1,* Adiuro vos filie iherusalem *opschrift Da Be2*, Dat liiij capittel *opschrift Le5*, *om Be3* **2147** ist *:* is *Le1 Le5* soe *(*baetscappet*) Da* **2151** *(*woe*)* dat *Da Be2* die officie *:* dat ambocht *Da Be2* **2152** geholpen *:* gelopen *Da* wesen *:* werden *Da Be2* **2153** van *:* der *Da* **2153/4** wtvercarenre *Da Be2* **2155** vercrigen *Da Be2 Be3* ontbreket *Da* **2162** aensicht *Da Be2* **2165** wachters *:* hueders *Da Be2* *(*mueren*)* ende *Le1*

Le1 *Da Be2* *Le5* *Br3*

2167 quele *breekt af tot 2329 Be3* **2172** mi / verlossede *Da Be2* mi *om Br3*

gemaect. Mit sijn genade heeft hi mi altoes voercomen ende uut veel vresen verlossent; doe ic dwaelde, haelde hi mi weder totten rechten wege; doe ic bedroeft was, troeste hi mi; doe ic wanhoepte, starcte hi mi; doe ic gevallen lach, boerde hi mi weder op; doe ic stont, hielt hi mi staende; doe ic ghinc, leyde hi mi; ende doe ic tot hem quam, ontfenc hi mi. Dese dingen ende veel ander goeds heeft mi mijn god gedaen, die [alle] mitten mantel der blintheyt also bedecket *was, dat ics niet en bekende, noch dat ics hem oec genen danc en wiste. */138va/* Ay, dat noch arger is, so heb ic boven al dit minen minliken minre mit veel sonden op sonden te leggen alte seer vertoernt. Hier om mach ic wel mit rechte VAN MINNEN QUELLEN, want ic nu, overmits dat mi die mantel ontnomen is, nu clagelike bekenne hoe sulc dat ic in *minen <sonden> geweest hebbe. Och, och, tot noch toe heb ic hem alte laeulike gesocht ende niet gevonden, geropen ende hi en heeft mi niet geantwoert. O, GHI DOCHTEREN VAN JHERUSALEM, tot u wil ic nu mijn toevluchte maken. Is<t> dat ghi minen geminden gevonden hebt – het si in naturen, het si in scrifturen, het si in figueren –, hebt medeliden mit mi ende ontfarmt u mijnre, ende doet mijn boetscap den goedertierenen, sachtmoedigen brudegom te bidden den toernigen te versoenen, ende helpet mi mijn gebreke beclagen, want ic en der overmids mi selven tot hem niet comen sijn */138vb/* goedertierenheyt te begeren. Ende hier om, GI DOCHTEREN VAN JHERUSALEM, die den brudegom te rechte sochtet °ende lange hier te voren° gevonden hebt, BOETSCAPT HEM van mijnre wegen – want ic selve niet comen en dar – DAT IC VAN MINNEN QUELLE. *Ancelmus*: Ay here god, leer der quellender zielen herte hoe ende waer si di soeken sel, hoe ende waer si di vinden sel. Want du woenste in een licht daer geen toeganc toe en is; ende wie soudese anders daer toe mogen leyden <ende daer in mogen leyden> di daer in te vinden, dan du selve? Si en heeft di nye gesien, si en kennet dijn aensicht niet; o alre goetste heer, wat selse doen ende wat machse doen? Si is elendich ende onsalich ende varre van di gesceyden; si is recht verbannen van di ende van dinen aensichte recht verre verworpen. Nochtan quellet si van minnen, si begeert di te vinden, mar si en weet niet waer du woenste; si begeert di te soeken, mar si en kent dijn gedaente niet. Du hebstese gemaket <ende weder vermaket> ende haer veel goeds gedaen, ende nochtan */139ra/* en bekennet si niet waer toe dat si gescepen is. O goede Jhesu,

Le1 Da Be2 Le5 Br3

2175 mit *om Da Be2 Le5 Br3* hi *om Da Be2 Le5 Br3* **2180** (die) alle *Le1 Da Be2 Le5 Br3* **2181** waren *Le1 Da Be2 Le5* <que ego, pallio cecitatis uelata, non agnoui> ics*(1)* : icker *Da Be2* **2182** Ay : Mer *Da Be2 Br3* oec (noch) *Da* boven al dyt / soe heb ic *Da* noch (boven) *Be2* **2183** sonden – leggen : sunden sunde op sunde leggende *Da Be2* alte seer *om Da Be2* **2185** nu clagelike : claerlike *Da Be2 Br3* hoe sulc : woe daen *Da Be2* minen sonden : minnen *Le1* <in peccatis> **2188** Ist : Is *Le1 Be2 Le5* **2192** mi *om Da* **2195** gesocht *Da*, sochten *Br3* ende *om Le5 Br3* lange hier te voren / ende *Le1* <iam dudum inuenistis> **2199/2200** ende leyden *om Le1* <ducet et inducet> **2203** (recht) als *Da Be2* **2204** niet *om Da* **2205** bekent *Da* **2206** ende vermaket *om Le1 Le5* <fecisti et refecisti>

trecse totti, want du goedertieren biste; vermeerre haer betrouwen ende haer toeverlaet totti, want du ontfarmhertich biste; helpse totten lichte, want si dijnre begeert; gif haer teten, want si hongherich is, op dat si onderwege niet blive; gif haer te drincken, want si dorstich is; haer heeft lange na di verlanget; gif haer dat si begeert, want si lange na dijnre minnen gequellet heeft. HOE SULC IS DIJN GEMINDE, O ALRE SCOENSTE DER WIVEN. Die ALRE SCOENSTE DER WIVEN is die heylige kerke, die scoen was eer die gescreven ewe quam, ende noch scoenre wort doe die gescreven ewe gecomen was, mar in die tijt der gracien, daer wi nu in sijn, is si alre scoenste geworden. Dese heylige kerke was dat alre scoenste wijf die sinte *Johan* in Apocalipsi sach, mitter sonnen al ombevangen, die maen onder haren voeten ende een croen op haer hoeft van xij starren. Desen sconen wive vragen weder DIE DOCHTEREN VAN JHERUSALEM */139rb/* – dat sijn die hemelsche geesten – hoe sulc haer geminde is vanden geminden, dat is, *hoe sulken scoenheyt Cristus Jhesus, die soen goids, vander ewiger geboerten des vaders ontfangen heeft. Ende noch anderwarf vragede<n> si: HOEDANICH IS DIJN GEMINDE, WANT DU ONS ALDUS BESWOREN HEBSTE. Dat is hoe sulc is die menschelike scoenheyt Jhesu Cristi, die hi vander geboerten der moeder ende der maget Marien ontfangen heeft. *Gregorius*: Die geminde soen is vanden geminden vader ewelic geboren; dese geminde soen is oec nader menscheliker naturen vander moeder inder tijt geboren. *Barnardus*: O onbevlecte geboert, eerlic der werlt, minlic den menschen, onbevindelic den hemelschen geesten, een wonderlike nyeheyt ende vol pinen in allen arbeyt. Dese pijnlicheyt bewijst coutheyt des winters daer hi in geboren was, die herdicheyt der crebben daer hi in geleyt was, ende die tederheyt sijnre jonger, kinscheliker lede. Dese geboorte */139va/* was seer oetmoedich om die weerlike vermetelheyt daer mede te verwinnen. Dat bewijst ons die armoede der moeder daer hi of geboren was, die snoedicheyt der steden daer hi in geleyt was, ende die oncostelicheyt der doecken daer hi in gewonden was. Dese geboerte was oec seer arme om die rijcdom der werelt daer mede te versmaden. Dese armoede began inder geboerten, si bleef ende wort volherdet al sijn leven lanc, si wort voleyndet in sinen sterven. *Crisostimus*: Die moeder Cristi had nauwe enen roc. Ende wat mach een arm wijf hebben die op reysen was? Hier om was die geboerte seer arm. Want daer was gebrec bedde, daer was gebrec deckleder, daer was oec gebrec steden. Nu besich ende vraech mit verwonderen HOE SULC DESE GEMINDE IS, die aldus in

---

Le1 *Da Be2* *Le5* *Br3*

2211 ontblive *Da Be2* **2213** hoe sulc *:* woe daen *Da Be2* **2214** oec *(*schoen*) Da* **2219** xij *:* twaleff *Da Be2* **2220** hoe sulc *:* woe daen *Da Be2* **2221** hoe sulken *:* hoe alsulken *Le1 Le5*, woedaen *Da Be2* ihesus / cristus *Da Be2* **2223** vrageden *:* vragede *Le1 Le5*, vragen *Da Be2* **2224** hoe sulc *:* woedanich *Da Br3*, *om Be2* **2226** *(*Dese*)* selve *Da Be2 Br3* **2228** Daer sunte *(*bernardus*)* aff seget *Da Be2* **2229** onbewijndelic *Da Be2* Een *:* ende *Da* nywicheit *Da* **2233** daer *om Da Be2 Br3* **2233/4** ons / bewiset *Da Be2* **2238/9** Crisostimus *:* hier om *(*of *Be2)* seit sunte Iohan *(*ian *Be2)* guldemont *Da Be2* **2239** mocht *Da Be2 Br3* **2242** hoe sulc *:* woedanich *Da Be2*

die werlt gecomen is om die menschen te behouden. Dese geminde is uuter godliker voersichticheyt /*139vb*/ van ewen tot ewen daer toe geordiniert, in die tijt der natuerliker ewen mit figueren bewijst, in die tijt der gescreven ewen vanden propheten geprofentiert, ende in die tijt der gracien – daer wi nu in sijn – geopenbaert ende selve gecomen, ende heeft geseyt: Sich, hier bin ic selve.

Naden anderden sinne.

IC BESWEER U, GHI DOCHTEREN VAN JHERUSALEM, IS<T> DAT GI MIJN GEMINDE VINT etc. Naden anderden sin mogen dese woerde toehoeren der minnender zielen die mitter begeerten der godliker minnen begavet is, ende gevoelt dat si mitter invlietinge des godliken lichts opwarts gewrocht wort ende mitter vueriger minnen der overster engelen ontfonket is, ende dat nochtan haerre begeerten niet genoech gedaen en is. Ende daer om begeert si hulpe alre hemelscer geesten ende seyt: IC BESWEER U, GHI DOCHTEREN VAN JHERUSALEM. *Vercellencius*: Biden DOCHTEREN VAN JHERUSALEM *meent si alle vruchtbarige, begave[n]de, hemelsche gemoeden die alrede dat hemelsche palaes bewonen, doer wien die godlike lichten in deser pilgermaedsen /*140ra*/ der minnender zielen aengedient worden. Want inden hemelschen geesten sijn eenrehande nederste crachten, daer die lichaemen der menschen of geregiert ende bewaert worden; daer sijn oec middel crachten in, daer si die redelike zielen mede regieren. Want si sijn toedragers der gaven goids, ende si boren *der menschen verstande op ende bereydense die godlike lichten te ontfangen. In hem sijn oec overste crachten, daer si hem selven mede tot gode keren, ende daer si mede ontfangen die godlike scijnsele ende dat ewige licht dat si minnen. Ende mit alle dien dat si ontfangen hebben, keren si weder tot gode ende offerent hem overmids minne ende dancbaericheyt weder op. *Job*: Waer waerstu, doe mi die morgen sterren loveden ende alle die kinder der menschen? Om deser menichfoudiger vruchtbaerheyt ende begavinge der doechden, so sijn die hemelsche geesten wel mit rechte DOCHTEREN /*140rb*/ VAN JHERUSALEM gehieten. DOCHTEREN om die vruchtbaerheyt, JHERUSALEM om die salicheyt hoerre woeninge. Ende waer om sijn aldustanige gesellen des brudegoms meer dochteren dan sonen genoemt? Dit is die redene: want die bruut, die minnende ziele, seer verweent is ende vanden vuer der heyliger begeerten gesmouten is, so gelikenen hoer die soete, sachte dingen veel bet dan dat starc ende hart is, ende daer om woude si die hemelsche geesten liever dochteren dan sonen nomen. Ende want si den geminden sochte, so en woude si noch heer, noch meester op die tijt ropen, ende seyde: IC BESWEER U, DOCHTEREN VAN

Le1 *Da Be2* *Le5* *Br3*

2244 voersienicheit *Da Be2* **2248** Naden *:* Nae enen *Da Be2*, een *Le5* **2250** Naden *:* Nae enen *Da Be2* behoeren *Da Be2* **2251** die *(*gevoelt*) Da Be2* **2253** dat *om Da Br3* **2256** neemt *Le1* **2257** begavende *Le1 Le5* **2262** si*(2) om Da* der menschen *:* die hemelsche *Le1 Le5* **2266** hem *na* dancbaerlicheit *(2267) trnsp Da* **2267** dancbaerlicheit *Da Be2*, dancbaerheit *Br3* Alse onse here tot *(*iob*)* spreket *Da Be2* **2269** *(*vruchtbaerheit*)* wil *Da Be2* **2275** ende *(*sachte*) Da* **2278** die *:* dese *Da Be2*

JHERUSALEM, OF GI MIJN GEMINDE GEVONDEN HEBT. *Vercellencius*: Ic besweer u, dat is, ic bid u mit groter vuericheyt; want sel dat gebet gehoert worden, so moetet wesen vuerich inder begeerten, stadich sonder ophouden inder oefeninge, */140va/* ende oec vast betrouwen ende gelove hebben sijn begeerte te vercrigen. Aldustanigen ropen hoert seraphin, den oversten enghelen toe, *die niet of en laeten nacht noch dach, si en ropen mit vueriger begeerten ende seggen: Heylich, heylich, heylich, here, god van sabaoth, hemel ende eerde sijn dijnre glorien vol. Ende hier om, isset dat die ziele lauwe is inder begeerten, ende *quellende trage [is] in die oefeninge, ende twivelachtich inden gelove te vercrigen daer si om bit, si en sel na haerre begeerte niet verdienen gehoert te worden. Hier om seyde die bruut mit vueriger begeerten: IC BESWEER U. Recht of si seggen soude: ic bin op den geminden mit groter begeerten geset, mar ic en dar overmids mi selven niet tot hem gaen, noch alsulken vriheyt hem bewisen. Ende hier om, GHI DOCHTEREN VAN JHERUSALEM, so coem ic eerst tot u ende beveel u mijn sake */140vb/* ende besweer u daer toe dat ghi mi niet en weigert. En weet ghi niet dat trage begeerte<n> mit prekelinge van woerde dicwijl verwackert worden, ende dat innige vermaninge dicwijl gevoelt worden van den ghenen die te voeren anxtvoudich ende in tragen gebede verlaeut stonden? Die geminde sprac, die ziele die smoute, die wakers vondense, die hoeders der mueren beroefdense van horen mantel. Hier om en isset geen wonder, GI DOCHTEREN VAN JHERUSALEM, dat ic u mijn begeerte openbaer ende daer toe besweer den geminden die ghi gevonden hebt, te boetscapen dat IC VAN MINNEN QUELLE. Want overmits u worden <ons> die boetscappen der overster salicheyt aengedient ende die alre heymelicste, overste raeyen geopenbaert, overmids u so worden die conincriken geregiert. Gi sijt des hemelschen conincs edel banierdragers; gi sijt die voerbaerste edelinge des conincliken palaes; gi sijt des oversten hemels levendige starren; */141ra/* gi sijt lelyen des inresten paradijs, ghi sijt rosen geplant op dat water <van> Syloe, dat mit stilheden pleget te vloeyen; gi sijt die bloeyende joget die altoes blicket ende blencket in veel godliker wijsheden, in maechdeliker reynicheden ende in ewigen branden der godliker minnen. Ende al isset dat ghi hier in ende in menigen anderen gaven veel voerdels hebt, nochtan si di van der overster wijsheyt geoerdeniert onser cleynheyt, die den stubbe ende der asschen geliken, te hulpe <te> comen, op dat ghi onsen voertganc mit uwer hantleydinge in die duusternissen deser werlt

---

Le1 *Da Be2* *Le5* *Br3*

2279 of – hebt *:* is dat gij mynen geminden vint *Da Be2* **2281** inder *:* mer *Da* **2284** die *:* dat si <qui non> vueriger begeerten *:* luder stemmen *Da Be2* **2285** van *om Br3* van sabaoth *:* der heren *Da Be2* **2287** quellende *:* quellet ende *Le1*, quellen ende *Le5* <languida in exercicio> *(*trage*)* is *Le1* **2290** wolde *Da Be2* **2295** begeerte *Le1 Le5* <uota> van *:* der *Da Be2 Br3* **2302** soe *(*werden*) Da* ons *om Le1 Le5* <ad nos> **2303** so *om Da Be2 Br3* **2304** regiert *Da Be2* **2305** ende *(*gij*) Da* **2307** dat *:* die *Da* van *om Le1 Le5* pleget / mit stilheiden *Da* **2311** si di *:* sijt *(*sijn *Be2)* gij *Da Be2* **2312** gelike *Da* te*(2) om Le1* **2313** der *(*die *Le5 Br3)* duusternisse *Da Be2 Le5 Br3*

soudet te rechte stueren, ende ons voer <die> aenvechtinge der viande bescermen, ende brengen die begeerte ons gebeets totten gulden outaer des hemelschen conincs. U BESWERE IC, OF GHI MIJN GEMINDE GEVONDEN HEBT. Haer woerde luden twivelachtich, niet dat haer yet twivelde, mar om des brudegoms onbegripelike groetheyt ende onbevindelike afgrondicheyt; */141rb/* ende oec, hoe veel dat si vanden oversten hemelschen geesten meer ende naerre gevonden wort, nochtan begeert si altoes sijn aensicht naerre ende afgrondeliker te soeken. Daer om seit si: OF GHINE GHEVONDEN HEBT. Die minnende siel mocht oec wel dese[r] woerde sonder alle twifel seggen: GHI HEBTEN GEVONDEN, want hi u mit alle den voerseyden gaven rijc heeft gemaect, ende daer toe mit veel ander vercieringe die ons onbekent is, verciert heeft. *Barnardus*: O seer vercierde coninc ende seer te minnen, dijn werckinge sijn levende gemmen ende onsterflic, daer du die hemelsche sale inden beginne der werlt suverlic mede verciert hebste, totten love ende totter glorien dijns hemelschen vaders. Overmids di so barnen die seraphinne inder minnen, die cherubinne blencken in die godlike wijsheyt, ende voert elc choer der engelen nader ordinancien gods daer si in gescepen sijn. Hier om, GHI, DIE DEN GEMINDEN */141va/* aldus GEVONDEN HEBT ende also veel gaven van hem ontfangen sonder verdiente, U BESWEER IC, BOETSCAPT minen geminden DAT IC VAN MINNEN QUELLE. *Gilbertus*: O hoe soete is die medesprake ende die runinge die tusschen der bruut ende des brudegoms gesellen pleget ghehaentiert te worden, want die bruut pleget alsulken boden gheern te soeken, die haer van haren geminden altoes wat nyes mogen brengen. Si is verweent ende begeert meer soeticheyt dan herdicheyt van hem te horen; si soect den geminden, si begeert den brudegom. Daer <om> laet [si] anderen luden fabelen vertrecken, mar laet dijn mont wijsheyt overdencken ende laet dijn tonge van des brudegoms weelden spreken, wiltu der bruut boetscapen brengen. Ende of ghi den geminden gevonden hebt ende u wel mit hem is, so gedenct mijnre ende segt hem DAT IC VAN MINNEN QUELLE. Si en vraget */141vb/* niet hoe sulc dat sien gevonden hebben, <mar of sien gevonden hebben>, want het is hoer genoech van hem alsodanighe dingen te horen als si van hem bekennet. Ende gheen verdriet en gaet den horen aen als die minne vuerich is, ende daer om begeert si alleen te horen van den geminden, ende seyt: BOETSCAPT HEM DAT IC VAN MINNEN QUELLE. *Vercellencius*: Dat is, ic bid u dat ghi mi mit uwer *opwerkinge ende invloeyinge tot hem wederleyt, op dat ic mit *gewaer-

---

Le1 *Da Be2* *Le5* *Br3*

2314 die *om Le1* **2316** of – hebt *:* ist *(*is *Be2)* dat gij mynen geminden vint *Da Be2* **2321** of – hebt *:* ist dat gij en vint *Da Be2* **2322** deser *Le1*

Le1 *Da Be2* *Le5* *Be3*

2329 voert *herneemt (cf. 2167) Be3* **2331/1** *(*ontfangen*)* hebt *Da Be2* **2332** uwe *(*verdiente*) Da Be2* **2333** O *om Da* die*(2) om Da* **2338** Daer om laet *:* Daer laet si *Le1 Le5* <narrent> **2339** vertellen *Da Be2 Be3* overpensen *Da Be2* **2343** hoe sulc *:* woedanich *Da Be2* dat *om Da Be2* mar hebben *om Le1 Le5* <sed si inuenerint> **2347** Vercellencius: Dat is *:* Dat is alse vercellencis seit *Da Be2* **2348** opweckinge *Le1* <sursumactionibus> **2348/9** gewaerwordinge *:* verweckinge *Le1*, waerwerdinge *Da Be2*, ghewaer worden *Be3* <per experienciam>

wordinge sijns selfs hem te weten mach doen wat ic lide ende wat ic begeer. Want die innige ziele die een ondersoecster der godliker werken is, <bekennet> dat die engelen goids boden sijn, overmids wien ons dat welbehagen des godliken willes geboetscapt wort, ende overmids wien wi in die kennisse der ewiger dingen verlicht worden ende ontfonket die te begeeren. Dese quellinge der minnen leytse totter doot. Dese doot en is anders niet dan een geheel sceidinghe der begeerten */142ra/* van allen dingen overmids den overtreden des gemoeds. *Gilbertus*: DIE WAKERS VAN DER STAT VONDEN MI, ENDE SLOGEN MI ENDE WONDEN MI, ENDE NAMEN MI DEN MANTEL der menichfoudiger beelden ende den mantel der figueren, daer ic van binnen mede gehindert was, ende hebben die waerheyt daer voer weder ingebrocht. Ende wanneer die simpele waerheyt bloetelic ondecket is, so baert si vuericheyt der minnen. Daer om seyde si: BOETSCAPT den geminden DAT IC <VAN MINNEN> QUELLE. Ende want anxtvoudige hemelsche begeerten aen haer verdienten ende vermogen niet en *genogen, daer om begeert si hulpe van vreemden gebede, want volcomen oetmoedicheyt set altoes meer betrouwens in vreemden verdienten dan in haers selfs. Die minne en quellet niet mar die minre, ist dat hi niet en heeft dat hi mint. Wat is dese quellinge dan een inrelic verlangen totten geminden als hi niet tegenwoerdich en is? */142rb/* Dese quellende minne quellet geest ende natuer des minres ende verteert sijn crachte. O mogende ende overmogende cracht der minnen, wort si niet getempereert ende gematicht, si en is niet te liden. Want so wanneer si des minres gemoede beseten heeft, <so> maect sine sijns selfs onmachtich. Want een gerecht minre en is sijns selfs niet, mar des geens dien hi mint. HOE SULC IS DIJN GEMINDE VANDEN GEMINDEN, O ALRE SCOENSTE DER WIVEN. Mit desen woerden vragen die hemelsche geesten der minnender zielen hoe sulc haer geminde vanden geminden is, ende seggen: O ALRE SCOENSTE DER WIVEN. Scoen om der minnen vuericheyt, noch scoenre om der minnen *doersninende scarpicheyt, ende noch alre scoenste om der minnen *oversiedende druusticheyt. *Gilbertus*: O hoe minlic is dijn geminde, wies minne altoes in di */142va/* wasset ende wies geminde altoes liever wort; sijn minne maect di scoen, sijn gewaerworden maect di sijnre noch ghieriger, sijn ghiericheyt maect di anxtvoudich. Du biste scoen, want di is ofgenomen DIE MANTEL des lasts alre verbeeldinge, daer dat verstant mede ghehindert was dattet die bloete waerheyt niet scouwen en mochte; du biste scoenre, want di is ofgenomen DIE MANTEL alre weerliker hoecheyt, daer die minlike begeerten in

---

Le1 Da Be2 Le5 Be3

2350/1 bekennet *om Le1 Le5* <nouit> **2356** mi*(2) om Da Be2 Be3* **2359** soe *(*wanneer*) Da Be2 Le5* **2360** ende *(*daer om*) Da Be2* **2361** van minnen *om Le1 Le5* **2362** begeerte *Da Le5* **2363** genoget *Le1 Da Be2 Le5 Be3* <anxia uota..nesciunt esse contenta> **2365** ist *:* is *Da Be2 Le5 Be3* **2366-8** wat is – crachte *om Da* **2369** ende *(*wert*) Da* **2370** so *om Le1* **2372** Hoe sulc *:* woe daen *Da Be2 Be3* vanden geminden *om Da Be2* **2374** hoe sulc *:* woe daen *Da Be2* **2376** doerschinende *Le1 Le5* **2377** onversiende *Le1* <feruidus> hier om seit *(*gilbertus*) Da Be2* **2381** lasters *Da* **2382** niet en mochte scouwen *Da* noch *(*schoenre*) Da*

bewonden plagen te wesen dat si den geminden niet puerlic en mochten minnen; du biste alre scoenste, want di ofgetogen is DIE MANTEL alre uutwendiger sorchfoudicheyt, die de geestelic vrolicheyt ende inden here te verbliden pleget te benemen. Dan mach die bruut wel mit rechte die ALRE SCOENSTE DER WIVEN hieten, als si van allen desen hinderen ont-*/142vb/*bloet is ende mitten godliken lichte geliken enen clede wedergecledet is, ende also die bloete waerheyt scouwen mach; dan hevet si dat beste deel vercoren, als si in die claerheyt der godliker wijsheyt blencket. Want bloete waerheyt baert die minne, ende vuerige minne vermeerret altoes der sielen scouwinge. Die minnende ziele is wel mit rechte een wijf gehieten, want si den hemelschen brudegom getrouwet is. Haer edelheyt ende haer scoenheyt heeft hi vermeerret, want si dat medegeselscap goids heeft. O ALRE SCOENSTE DER WIVEN, HOE SULC IS DIJN GEMINDE? *Gilbertus*: Die hemelsche *wesen sagen dat in die bruut een overvuerige minne was, ende vermoeden dat die oersaec ende die verwackeringe *alsulker minne uut den brudegom waren gecomen, ende daer om vragen si oetmoedelic, niet van onwetentheden mar van overvloedicheyt des verwonderens, ende seggen: */143ra/* HOE SULC IS DIJN GEMINDE? Recht of si seggen souden: O hoe scoen is hi in hem selven die di, die te voren onreyn waerste, gereynicht heeft ende also wonderlike scoen gemaect. O hoe vol minnen is hi die di, die te voeren trage ende lauwe waerste, also sonderlinge van sijnre minnen heeft ontfenget. O hoe begeerlic is hi die di, die *te voeren onsmakelic ende onbevoelic waerste, mit sijnre sueticheyt also genoechelic heeft begavet. Ende al isset dat aldus die hemelsche geesten alre dingen scoenheyt inden ewigen woerde scouwen, nochtan om onse verstant te verwrecken tot haerre gelikenisse, so scouwen si in dat scoen den alre scoensten, in dat goede den alren besten, in dat groet den alre meesten, ende vervolgen den geminden overal mitten ingeprinten voetstappen in allen gescapenen dingen. Si verwonderen in hem dien si scouwen, si gebruken sonder verdriet, ende */143rb/* begeren dat wi hem mede gebruken mochten, ende seggen mit verwonderen ende mit groter medevrolicheyt: HOE SULC IS DINE GEMINDE? Sijn wesen is onbevindelic, sijn gedaente is ongelijc, sijn groetheyt is ongemeten. Sech ons oftuut weetste: HOE SULC IS DIJN GEMINDE in di ende in dijns gelijc, die also begeerlic is dat buten hem dijn begeerten geen ruste en mogen vinden, daer alle creaturen of hebben al dat si vermogen; HOE SULC IS HI, die de sonne, die mane ende die starren mit also sconen lichte gecleedet heeft; ya wat is die sonne, wat is die mane, wat sijn alle creatueren jegens hem te geliken anders

---

Le1 *Da Be2* *Le5* *Be3*

2384 plegen *Da Be2 Be3* wesen : werden *Da Be2* moegen *Da Be2 Be3* **2395** hoe sulc : woedaen *Da Be2*, hoedanich *Be3* **2396** wesen : geesten *Le1 Le5* <substancie> **2398** alsulken *Le1* **2400** hoe sulc : woedaen *Da Be2* **2401** wolden *Da Be3*, woude *Be2* **2403** van : mit *Da Be2 Be3* **2404** te voeren : daer *Le1 Le5*, *om Da Be2* <adhuc> **2407** verwecken *Da Be2 Be3* **2413** Hoe sulc : woedaen *Da Be2* **2415** hoe sulc : woedaen *Da Be2* **2417** hoe sulc : woedaen *Da Be2*

dan puer duusternissen. Hi heeft dat firmament verciert mit sterren, den hemel mit engelen, <die lucht mit vogelen>, dat water mit visschen, die eerde mit blomen ende mit sconen, groeyenden crude, ende in al desen en is */143va/* noch scoenheyt noch gedaente jegens hem te geliken. Hi heeft den honich sijn soeticheyt gegeven, ende hi is soeter dan dat honich; hi heeft der olyen sachticheyt gegeven, ende hi is sachter dan die olye; hi heeft al welrukende crude haer goede roke gegeven, mar sijn roke gaet varre boven al. Hier om seg du, o scouwende ziele: HOEDANICH IS DINE GEMINDE? Dat is, mit hoe sulken weelden pleget hi di dronken te maken, mit hoe sulker prekelinge der minnen pleget hi di te ontfoncken; want hi van di also gepriset ende gescouwet is, ende boven datmen seggen mach begeert ende gemint is. Van desen geminden wort somtijt gevraget wie hi is na sijnre persoenliker waerdicheyt, alser gescreven staet: Wie is dese die oec die sonden vergevet? Men mach weder daer op antwoerden dat hi is */143vb/* van groter *mogentheyt, want hem alle macht in hemel ende in eerde gegeven is; dat hi oec van groter wijsheyt is, want hi alle dingen inder wijsheyt ghescapen heeft; dat hi oec van groter goedertierenheyt is, want hi gecomen is om te soken ende te vinden dat daer verloren was. Somtijt pleget men oec te vragen hoe sulc dat hi [oec] is nader gedaenten sijnre menschelicheyt. Men mach daer weder op antwoerden dat hi boven allen kinderen der menschen scoen is van allen vlecken der sonden, want HI BLENCKENDE ENDE ROET IS, ENDE *UUT DUSENDEN UUTVERCOREN. Men pleget oec somtijt te vragen hoe groet dat hi is in sijnre mogentheyt. Daer mach men op antwoerden dat hi verheven is boven alle creatueren, want hi boven alle volke als een heer verheven is ende sel regnieren van ewen tot ewen.

MIJN GEMINDE IS WIT BLENCKENDE ENDE ROET, *UUT DUSENDEN UUTVERCOREN. SIJN HOEFT IS DAT BESTE GOUT; SIJN HAERREN SIJN ALS DIE OVERSTE TELGE DER PALMBOEM, ZWART ALS EEN RAVEN. SIJN OGEN SIJN ALS DER DUVEN OP DIE RIVIEREN DER WATEREN, DIE MIT MELKE GEWASSCHEN SIJN ENDE SITTEN BIDEN ALREN VOLSTEN RIVIEREN. SIJN WANGEN SIJN ALSE HOVEKIJNS DER WELRUKENDER CRUDE VANDEN APOTEKERS GEPLANT. SIJN LIPPEN DRUPEN DIE EERSTE MIRRE. SIJN HANDE SIJN RECHT ALS OF SI GEDRAEYT WAREN, GULDEN VOL JACINCTEN. SIJN BUUC IS ELPENBENICH, BESET MIT SAPHIEREN. SIJN BENE SIJN ALSE MARMEREN CALUMPNEN, GEFONDIERT OP GULDEN FONDAMENTEN. SIJN GEDAENTE IS ALS DES

Le1 *Da Be2* *Le5* *Be3*

2421 die vogelen *om Le1 Le5* <aerem uolucribus> **2422** groeyenden : gruenen *Da* **2424** den olie *Da Be2* **2427** hoe sulken : woedanen *Da* **2428** hoe sulker : woedaner *Da Be2* **2433** mogentheden *Le1 Le5 Be3* <potencie> **2437** hoe sulc : woedanich *Da Be2* oec (is) *Le1 Le5* **2438** Ende (men) *Da Be2* **2440** blenckende : wit blanc *Da Be2* is *na* hi *trnsp Da* uut : van *Le1 Le5* wtvercaren / wt dusenden *Da Be2* **2441** Ende (daer) *Da Be2* **2442** op / machmen *Da* **2445** Dilectus meus candidus (est *add Be2*) et rubicundus (-cundus *om Be2*) *opschrift Da Be2*, dat .lv. capittel *opschrift Le5* **1** uut : van *Le1 Le5* wtvercaren wt / dusenden *Da Be2* **2446** als (dat) *Da Be2 Be3* **2451** recht *om Da Be2 Be3*

LIBAENS, UUTVERCOREN ALS DIE CEDERBOEM. SIJN KEEL IS ALRE SOETSTE ENDE ALTEMAEL BEGEERLIC. ALSO SULC IS MIJN GEMINDE, ENDE HI SELVE IS MIJN VRIENT. Hier te voren heeft die heylige kerke die /144rb/ oerberlike vruchte der inniger leeringe bewijst, al hier wil si ondersceyden wat den voerganger ende den leerar der volcomenheyt toebehoert, en<de> seyt: MIJN GEMINDE IS WIT BLENCKENDE. Dit mogen recht woerde der heyliger kerken wesen, daer si vander weerdicheyt der prelaten haer verblijt ende prisetse mit menigerhande lof. Inden eersten priset si dat blenckende schijnsel der hemelscher kennissen, ende seyt: MIJN GEMINDE IS <WIT> BLENCKENDE. Want wat is een wijs prelaet die in leven ende in leeringe voer[t]gaet dan een scijnsel des ewichs lichts, daer inden *werken der apostelen* of gescreven staet: Broeders, soeket onder u enen man die van goede getuge is ende vol des heyligen geests ende der wijsheyt goids, die wi setten mogen over dit werc, dat is dat woert goids te leeren. Die aldustanich is mach wel goids geminde hieten, want HI IS WIT BLENCKENDE, dat is /144va/ bloeyende in rechter kennisse; hi is ROET, dat is vierich barnende in die minne gods; ende hi is UUTVERCOREN UUT DUSENDEN, want onder veel menschen worter luttel gevonden. SIJN HOEFT IS DAT ALRE BESTE GOUT. *Gregorius*: Een prelaet of een voerganger die sel voer ander menschen wesen verheven inden scouwen, allen menschen na bi overmids den medeliden, reyn inden gedachten, sonder ophouden altoes wat goets te doen, orberlic ende stichtelic inden spreken, ondersceyden inden swigen, den *weldoenden menschen als een gelijc geselle inder oetmoedicheyt, opgerecht tegens die overtreders mit neernsteger gerechticheyt, [op dat hi] overmits der uutwendiger sorgen sijns selves van binnen niet *te vergete<n>, ende overmids inwendiger oefeninge die uutwendige voersichticheyt niet te versumen. Ende aldus mach hi wel geliken den GULDENE HOEFDE inden scouwen, den ZWARTEN HARE /144vb/ inden medeliden, der DUVEN OGEN inden reynen gedachten, den VOLLEN HANDEN VAN JACINCTEN inden vruchtbaren werken, den LIPPEN DAER DIE BESTE MIRRE UUTDRUPET, overmids den stichtigen woerden, der ALRE SOETSTER KELEN overmids den besceydenen swigen, den WANGEN DIE DEN HOVEKIJNS MITTEN WELRUKENDEN CRUDE GELIKEN, overmids sinen oetmoedigen biwesen onder die goede, den MARMEREN CALUMPNEN overmids scarpe berespinge onder die quade; hi geliket oec recht wel den ELPENBENEN BUUC DIE MIT

Le1 *Da Be2* *Le5* *Be3*

2454 *(*ende*)* hi is *Da Be2* **2455** Also sulc *:* Aldusdanich *Da Be2*, alzulcken *Be3* **2455/6** *(*vrient*)* ghi dochteren van iherusalem *Da Be2 Be3* **2458** ende *:* en *Le1* **2460** -se *:* die *Da* **2461** Inden *:* Ten *Da Be2* der *:* oerre *Da Be2 Be3* **2462** wit *om Le1 Be3* **2463** voertgaet *Le1* **2464** boeke vanden *(*werken*) Da Be2* **2468** rechter kennisse *:* kennisse die gerecht is *Da Be2* **2470** worter *:* wert dier *Da Be2* als *(*dat*) Da Be3* **2473** te *om Da Be2* **2474** stichtich *Da Le5 Be3* **2474/5** voldoenden *Le1* <bene facientibus> **2476** op dat hi *(*overmits*) Le1* **2477** niet en vergete / van bynnen *Da* te vergeten : en vergete *Le1 Da Be2 Le5 Be3* <internorum causam occupacione exteriorum non minuens> **2478** te versumen : versume *Da Be2 Be3* **2479** soe *(*mach*) Da Be2*

Le1 *Da Be2* *Le5* *Br3*

2486 elpenbeenen *breekt af tot 2637 Be3* mit *:* mitten *Da Be2*

SAPHIEREN BESET IS, overmits sijnre oeffeninge van binnen, der GHEDAENTEN DES LIBAENS ENDE *DEN UUTNEMENDEN WELRUKENDEN* CEDERBOEM overmids sijn orberlike becommeringe van buten. Aldus sel hi voer ander gemeen menschen verheven staen inden scouwen, op dat hi mit goedertierenhede anderen menschen crancheyt te bet moge dragen. Dan heeft hi een GULDEN HOEFT inden scouwen der godliker */145ra/* dingen ende ZWART HAER ALS DIE RAVEN overmids den oetmoedigen medeliden mitten crancken, op dat hi seggen mach mitter minnender zielen: IC SLAPE inder vredeliker aenstaringe der hemelscer dingen, ENDE MIJN HERT WAKET overmids minlike medebesorginge mijnre evenmenschen. Om aldustanige staet ende hanteeringe van leven wasset dat Jacop, die patriarcha, die engelen goids op sach clymmen ende neder sach clymmen boven hem daer hi lach; hier om wast oec dat Moyses dicwijl inden tabernakel plach te gaen ende dicwijl weder uut, want al wort hi van binnen menich warve totten scouwenden leven getogen, hi en woude nochtan die besorghinge sijnre crancker broederen daer om niet versumen. Aldes gelijc, al was sinte Paulus inden derden hemel opgetogen, daer hi heymelike hemelsche dingen sach, nochtan daelde hi neder ende maecte hem selven alre menschen */145rb/* knecht. Aldus hebben dese mannen ende alle die haers gelike sijn, GULDEN HOEFDE inder scouwinge goids, mer dat HAER IS ZWART GELIKE DEN RAVEN overmids medeliden haerre broedere. Voert sel een prelaet of een voerganger reyn wesen van gedachten, want so wie die vlecke<n> van sijnre broederen herte ofvegen sel, die behovet selve reyn te wesen. Ende also mach hi geliken DEN OGEN DER DUVEN DIE OP DIE RYVIEREN DER WATEREN MIT MELKE GEWASSEN SIJN, ENDE SITTEN BIDEN ALREN VOLSTEN VLOEDEN, daer die heylige scrifture bi beteykent is, want so wie den raet der salicheyt daer in soect, van wat dingen dattet oec is, die wort al daer overvloedelic in gevonden. Hi sel oec stadelic in goeden werken becommert wesen, op dat hi niet alleen die goede, gerechtige meninge inden herte en heb, mar dat <hi> oec alle die ghene die bi hem sijn, mit sinen exem-*/145va/*pel tot goeden werken trecke; geluckelicheyt en moets niet verheffen, noch wederheyt verstoren, noch smekelicheyt verwinnen, noch geen scarpicheyt doen mishopen, dan sijn SIJN HANDEN RECHT ALSE GEDRAEYT VOL JACINCTEN. Biden GEDRAEYDEN HANDEN sijn beteykent werken der gerechticheyt, biden GOUDE vuericheyt der minnen, ende biden JACINCTEN die goede meninge alle dingen totter eeren ende totter glorien goids te doen. So wat ront gedraeyt is, dat mach men lichtelic mit cleynen arbeyde

---

Le1 Da Be2 Le5 Br3

2488 den – welrukenden *:* der wtnemender welrukender *Le1 Le5* uutnemenden *:* wtvercaren *Da Be2* **2297** sach*(2) om Da Be2 Br3* **2499** daer *(*weder*) Da* **2500** gotscouwenden *Da Be2 Br3* **2507** vlecke *Le1 Le5* <maculas> **2508** ofvegen *:* aff wisschen *Da Be2 Br3* **2512** overvloedichlic *Da* **2513** hi *om Da* **2514** hebben *Da* hi *om Le1* **2515** geluckicheit *Da Be2 Br3* **2516** wederheyt *:* wederstoet *Da* **2517** sijn*(2) :* die *Da* **2519** gotliker *(*minnen*) Da Be2 Br3*

vander eenre stede totter ander bewegen. Daer *is bi beduut die redicheyt des gemoeds in allen dingen gehoersamich te wesen. So wat gedraeyt is, dat en heeft geen hoevel noch geen onneffenheyt, daer alle verkeerde ongadelicheyt mede ofgewiset is; so wat gedraeyt is dat en heeft geen heymelike hoeke, daer alle gevenstheyt mede uutgesloten /*145vb*/ is. Aldus moet een voerganger den gedraeyden handen des brudegoms geliken, dat hi bereet ende bewegelic si in allen doechdeliken werken, dat hi si sonder hovel eygenre vermetelheyt, ende dat hi oec geen hoeken noch winkelen en hebbe eniger gemaecter geveynstheyt. SIJN WANGEN sellen oec wesen ALSE HOVEKIJNS DER WELRUKENDER CRUDEN, daer oetmoedicheyt sijns biwesens bi beteykent is als hi onder die goede is. SIJN BEEN sellen oec den MARMEREN CALUMPNEN gelikenen, daer scarpicheyt der correxien bi beteykent is, die hi onder die verkeerde ende onder die wederspannige hantieren sel. Mar nochtan sel hi in alle dese dingen voer ogen hebben dat alle menschen gelijc gemaect sijn van natueren, mer die ongelijcheyt der verdienten *settet den enen op ende den anderen neder. Want het is [een] noet dat die quade haer overste also ontsien, dat si doch ten minsten van vresen der pinen dat quade /*146ra*/ laten. Die mensche is natuerliken een heer over die beesten geset, op dat een voerganger dencken soude dat hi dan wel regiert, als hi meer over die gebreke gebots heeft dan over die menschen. Aldus sellen SIJN WANGEN DEN HOVEKIJNS DER WELRUKENDER CRUDEN overmids der oetmoedicheyt geliken ende houden hem even gelijc mitten goeden, mar die BENEN sellen DEN MARMEREN CALUMPNEN geliken overmids starke correccie onder die verkeerde. Also dede sinte Peter doe hi, alsmen inden werke der apostelen vint, mit Cornelio recht als een gelijc geselle was, ende over Ananiam ende Saphira, sijn wijf, die boeslike deden, sijn bevolen macht mit eenre scarper sentencien bewijste. Sinte Paulus en was oec onder die goede broeders niet als een heerlic prelaet mar recht als een medegeselle, doe hi seyde: Wi en hantieren geen heerscapie over u gelove, mar wi sijn medehulpers uwer vroechden. Mar alst die gebreken eysscheden ende het /*146rb*/ noet was, conde hi wel een scarp meyster wesen, als doe hi seide: O ontsinnige Galathe, wie heeft u bedrogen, dat gi der waerheyt niet en geloeft? Wa[n]t wildi? Weder dat ic mitter roeden coem of mitten geest der sachtmoedicheyt? Oec wasser sommich die hi den vianden overleverde, op dat *si leeren soude<n> niet meer te blasphemieren. Dese HOVEKIJNS sijn VANDEN APOTEKERS GEPLANT. *Gregorius*: Die leerre sel onderscEyden wesen inden

---

Le1 *Da Be2* *Le5* *Br3*

2522 is *:* si *Le1* by / is *Be2* gereidicheit *Da*, gherechticheit *Be2*, redelicheit *Le5*, gereetheit *Br3* **2524** hoevel *:* hover *Da Be2 Br3*, horne *Le5* **2528** hovel *:* hover *Da Be2 Le5* hovel eygenre *:* hoeveerdighe *Br3* **2529** hoeken noch *om Br3* noch *:* off *Da* **2536** setten *Le1 Le5 Br3* <postponit> **2537** een *(*noet*) Le1* **2540** regierde *Da* gebades / over die gebreke *Da Be2* **2542** geliken / overmyts der oetmoedicheyt *Da* **2544** doe hi *na* vint *(2545) trnsp Da Be2* **2547** die *om Da Be2* **2551/2** ongesinde *Da Be2*, onzinnige *Br3* **2553** wat *:* want <quid uultis> **2554** si *:* hi *Le1 Le5* **2555** soude *Le1 Le5* **2556** bescheiden *Da Be2*

Een ander sin.

<MIJN GEMINDE IS WIT BLENCKENDE ENDE ROET>. Hier te voeren vrageden die hemelsche geesten van den geminden een oetmoedige, innyge vrage, ende al hier – want der minnender zielen die hemelsche heymelicheden niet al oncondich en sijn – so antwoert si oetmoedelic, ende mach aldus wel seggen: O ghi hemelsche boden, wat vraget ghi mi vanden geminden? Ghi wetet dat hi in een ontoegangelic licht woent, ende geen dijnc en is dat daer */148ra/* mach comen ende hem volcomelike mach kennen als hi is. Mijn verstant en machs niet begripen, want het is alte claer; *dat *oge mijnre zielen en machre niet op sien, want het wort vanden overscijnsel des lichts wederslagen, [ende] van sijnre groetheyt verwonnen, van sijnre overgroetheyt bevallen ende van sijnre *onbegripelicheyt verdruct. Want al isset dat dit hoghe, ontoeganckelike licht ende salige waerheyt in mi inreliker is dan ic mi selven bin, nochtan bin ic noch harde verre van sijnre kennisse ofgeweert, want hi scuult noch voer die ogen mijnre zielen ende laet mi van sijnre salicheyt recht als een ellendich pelgrim bliven. Die ogen mijnre zielen sien omme ende en mogen sijn scoenheyt niet scouwen; die oren sijn opgeloken ende en horen sijn genoechlike woert niet; hoer ruken en wort sijnre goeder roken niet gewaer; si ruerten ende en gevoelt */148rb/* sijn sachticheyt niet; si smaect daer na ende en bekennet sijn *soeticheyt niet. Also dat al mijn sinnen wederstoten ende plomp gemaket worden die onsprekelike dingen mijns geminden volcomelic te bekennen. Nochtan weet ic dat, nochtan belie ic dat ende houde dat vast in mi, ende kennet van yets wat mededeylens sijns selves dat mijn geminde, dien ic enichlike ende in eenvoudiger minnen minne, WIT BLENCKENDE ENDE ROET IS, UUTVERCOREN UUT[TEN] DUSENDEN. Want die minnende ziele overmids den godliken mededeylinge geworden is een medescijnsel des ewigen lichts, ende een medespiegel sonder vlecke der godliker mogentheyt, ende een medebeelde sijnre goedertierenheyt. So wort in haer bewiset die claerheyt der godliker wijsheyt, daer si den soen mede gelijct; ende die spiegel der godliker mogentheyt, daer si den vader mede gelijct; ende in haer */148va/* wort bewijst dat beelde sijnre godliker goedertierenheyt, daer si den heyligen geest mede gelijct. Also dat si, als sinte *Dyonisius* seyt, een claer, onbevlecket spiegel geworden is, *dat in hem* die scoenheyt des goets, dat god is, ontfanget, ende [dat] doet uutschinen die goetheyt der stillen, die in dat verborgen is. Ende also

---

Le1 *Da Be2* *Le5* *Br3*

2629 Een ander *:* Nae enen anderen *Da Be2*, Naden anderen *Br3* **2630** Mijn – roet *om Le1 Le5* (root) wtvercaren wt dusenden etc *Da Be2* **2635/6** comen / mach *Da* **2636** mach *om Da* bekennen *Da Be2* Mijn *:* ende dat *Da*, ende *Be2*

Le1 *Da Be2* *Le5* *Be3*

2637 dat oge *:* die ogen *Le1 Le5* <oculus> en macher *herneemt (cf. 2486) Be3* **2638** (wederslagen) ende *Le1* **2640** onbegripelikeheyt *Le1* **2642** hi *:* et *Da Be2* **2648** scoenheyt *Le1 Le5* <saporem> sinnen *om Da* **2650/1** bekennet *Da Be2 Be3* **2653** wtten *Le1* **2654** medeilinge *Da* schijnsel *Da* **2659** sijnre *:* der *Da Be2 Be3* **2661** dat in hem *:* die si in *Le1*, in hem *Le5* <in se suscipiens> **2661/2** dat (doet) *Le1*

deylt haer die overgebenedide drievoudicheyt haer waerdicheyt, daer si uut kennet ende beliet dat haer geminde WIT BLENCKENDE ENDE ROET IS ende UUT DUSENDEN UUTVERCOREN. SIJN OGEN SIJN ALS DER DUVEN. Recht of die minnende ziele seggen woude: O ghi jonge deernen, gi hebt gehoert dat des brudegoms HOEFT DAT ALRE BESTE GOUT is, overmids der vueriger minnen daer hi die bruut mede begavet; nu sel di weten dat haer OGEN om die overvloedicheyt des godliken lichts SIJN ALS */148vb/* DER DUVEN overmids haer eenvoudige simpelheyt, ende SIJN MIT MELKE GEWASSCHEN, want si alle dwalinge ende scadelike vermetelheyt vlitelike scuwen. Ende dat daer om, want SI OP DIE RIVIEREN DER WATEREN wonen ende op DIE ALRE *VOLSTE VLOEDEN. Want si leven op dat water der saliger wijsheyt dat uutter eerster fonteynen der godliker wijsheyt springet, wies volheyt mit geenre uutvloyinge noch van geenre medeylinge benauwet noch verminret en wort. Ende want die minne<n>de ziele overmids volcomenre oetmoedicheyt ende haer selfs verworpenheyt alre best tot enen scouwenden leven gescicket ende bereyt wort, so wort si geliken den raven SWART gehieten te wesen. Die scouwende ziele geliket den swarten raven overmids der uutwendiger verworpenheyt, overmids der hemelscher voedinge ende overmits verwerpinge alre verwen die hair niet geliken. Want die raven en pleget sijn jongen niet te voeden, */149ra/* thent si beginnen swart te worden ende hem in sijnre natuerliker verwen te geliken; also plegen oec die godscouwende mannen van uutwendiger versmadinge te verbliden, van hemelscher voedinge te leven ende scuwen alle ongelike verwe, dat sijn vreemde gedachten ende ongheordinierde begeerten, daer si hem of scamen so wanneer si daer in belopen worden. Ende want si vanden heer gevoet worden, so verwonderde hem *Job*, ende seyde: Wie heeft den raven sijn spise bereyt? Daer op antwoert die *propheet*, ende seyt: Die heer geeft den beesten hoer voeder, ende den jongen raven haer spise, die hem aenropen. Hier om seyt sinte *Augustinus*: O hoe seer waer ic sculdich te minnen <minen> god, die mi makede doe ic niet en was, ende verlossede doe ic verloren was, ende wederhaelde doe ic dwaelde, ende mi leerde doe ic onwetende was, ende berespede mi doe ic misdede, ende troestede mi doe ic bedrovet was, ende starkede */149rb/* mi doe ic wanhopich was; so waer ic mi bewende, hi en laet mi niet, mar altoes biet hi hem selven tegenwoerdich ende offert hem mi bereet te wesen, op dat ic hem niet en laet ende mi <hi> bereet vint. Ende voer al dit en

Le1 Da Be2 Le5 Be3

2663 mede *(*deilt*) Da Be2* **2664** kennet *:* bekennet *Da Be2 Be3* **2664/5** wtvercaren / wt dusenden *Da Be2* **2672** wonen *om Da Be2 Le5 Be3* volste *:* beste *Le1 Le5* <plenissima> *(*vloeden*)* sitten *Da Be2 Be3*, rusten *Le5* **2674** mededeylinge *Da Be2 Le5 Be3* **2675** minnede *Le1* **2678** Die *:* Dese *Da* **2682** in *:* nae *Da* **2688** antwoerde *Da* **2689** raven / iongen *Da Be2* **2690** minen *om Le1 Le5* <deum meum> **2691** mi *(*verloessede*) Da Be2* mi *(*wederhaelde*) Da Be2* **2692/3** my / berespede *Da Be2* **2693** mi / troestede *Da Be2* **2693/4** mi / stercte *Da Be2* **2695** my *(*hem*) Da Be2 Le5 Be3* **2696** hi *om Le1 Da2 Be2 Le5* <inueniat> *(*dit*)* soe *Da*

heb ic hem niet weder te doen dan alleen dat icken minne. Want hoe soude ment bet ende behoerliker dan mit minnen verghelden ende dancken mogen, dat van minnen gegeven is? Hier om mogen der minnender zielen lippen daer die dancbaerheyt uutcoemt, wel lelyen hieten, daer die alre eerste mirre uutdruupt. Want die lelye is groen inder stamme, overmids onsprekelike scoenheyt der hemelscher stat daer si een medeborger in is; si heeft witte blade, overmids der onbegripeliker vroelicheyt die si heeft inden scouwen der eerster waerheyt; si hevet rode blomen, overmids der minliker weelden die si heeft int gebruken der godlicheyt; si heeft /*149va*/ *vale wortelen, overmits die onbegripelike afgrondicheyt die si vint in die ongemeten see der godliker mogentheyt. Ende wat volghet hier anders na dan ontfonckinge der minnen, inwendighe jubilacie, volhertelike bliscap, dancbaerich lof ende een inrelic voersmaec der godliker soeticheyt, die si ontfanget in haren ELPENBENEN BUUC. *Beda*: Die BUUC is dat alre weecste ende alre crancste dat een mensche an sinen lichaem heeft, ende nochtan pleget *hi overmits den onthouden der ingedoemte alle den anderen leden oetmoedelic te dienen, want wat hi van boven ontfanget, dat is tot alle des lichaems behoef ende niet alleen totten sinen. Aldes gelijc plegen die innighe gemoeden, die den buke inder weker goedertierenheyt gelikenen, so wat si goeds van boven ontfangen haren medeleden mildeliken mede te deylen. Dese /*149vb*/ BUUC is ELPENBENEN gehieten om der blenckender reynicheyt willen, daer dat innige gemoede altoes toe geneyget is, *op dattet alle vlecken, die den brudegom ongelike sijn, mach scuwen. Op een ander stede in desen selven boec is oec die hals den elpenbenen geliket, also dat biden elpenbenen halse soberheyt beteykent is, ende biden elpenbenen buuc reynicheyt. Dese sellen beset wesen mit SAPHIEREN, dat is verciert mitter gaven der scamelre ontsichlicheyt die biden saphier beteykent is. Want gelikerwijs als die saphier een costelike gemme der gemmen is om sijnre weerden ende om sijnre scoenheyt willen, aldes gelijc is die heylige scamelheyt die alre scoenste doechde der doechden, ende verciert ende maket uutterlike scoen so wie scamelheyt over hem heeft. Die *wise man*: Een reyn, scamel wijf is een genade boven genade. *Augustinus*: Scamelheyt is een vercieringe der edelinge, [ende] een verheffinge der oetmoediger, een edelheit /*150ra*/ der onedelre, een starcheyt der crancker, een rust der arbeyders, een vertroestinge der bedroefder, een vermeeringe alre scoenheyt, een vercieringe alre geestelicheyt,

---

Le1 *Da Be2* *Le5* *Be3*

2700 dancbaerlicheit *Da Be2* **2705** vale *:* veel *Le1 Le5*, voele *Da* <pallorem in radice> **2705/6** onbegripelike *:* onbevindelike *Da Be2 Be3* **2708** dancbaerlic *Da Be2 Be3* **2710** *(*ende*)* dat *Da Be2 Le5 Be3* **2711** pleget hi *:* pleget si *Le1*, pleghet *Le5*, pleechtet *Be3* **2714** weker *:* sachter *Da Be2*, weder *Be3* **2718** op dattet *:* opdat si *Le1* **2719** toern *(*gelijct*) Da Be2 Le5 Be3* **2721** verciert *:* si sullen verciert wesen *Da Be2* **2725** si *(*verciert*) Da Be2* maket *:* maecten *Da Be2*, maecse *Be3* uutterlike *om Da Be2* **2726** alse *(*die wise man*)* seit *Da Be2* een*(2) om Da* **2727** hier om seit sunte *(*augustinus*) Da Be2* **2728** ende *(*een*) Le1* verheffen *Da Be2 Le5 Be3* **2729** arbeydender *Da*, arbeydenre *Be2*

een bescerminge voer die sonden, een vermeeringe der verdienten ende een vriendinne gods des sceppers alre creatueren. Rechte scamelheyt is gelegen inder uutwendicheit der wisen des lichaems van buten <ende> inder neygeliker begeerlicheyt van binnen. Uutwendige scamelheyt <des lichaems> van buten is niemens dingen te begeren, alle onreynicheyt te scuwen, voer die rechte tijt uut gulsicheden niet begeren te eten, *onnutte woerde te scuwen, geen scadelike lichtverdicheyt te maken, simpelheyt van habite na behoerlicheden te hebben, mit oneerbaern geselscap geen gemenc te hebben, mitten ogen niet wiltweydich te wesen, ghenen hoverdigen ganc te hebben, niement te doen scamen, niement te [doen] veronrechten, niet te spreken daer men niet of en weet, ende oec niet al */150rb/* voert te halen dat men weet, den ouden niet te bespotten, den oversten niet te wederstaen. Inwendige scamelheyt der zielen is meer voer gods ogen te wanderen dan voer der menschen, quade gedachten te verwinnen, elker malc beter te rekenen dan hem selven, niement te beniden, [ende] hem selven niet te betruwen ende der genaden goids alle dingen te bevelen, altoes voer die ogen gods te wanderen, die heylige scrift mit ghenen vreemden sinnen te beduden, die sentencie der heyliger kerken altoes te concentieren, tegenwoerdige opval mit starkicheyt des gemoeds niet verslaen te laten, inder eerden niet boven onsen evenmensche te minnen, alle den scat der minnen inden hemel op te leggen, alle goede begonnen werke niet voer die doot of te laten. Aldustanige scamelheyt maect die mensche sinen evenmensche minlic ende god ontfanclic. ALSO SULC IS MIJN GEMINDE, ENDE HI SELVE IS MIJN VRIENT, daer ic */150va/* sonder twivel meer of gemint bin, dan ic hem minnen mach. Want so wie, heeft hi geseyt, [die] mi minnet, die sel van minen vader gemint worden, ende ic sellen minnen ende vertogen hem mi selven. Daer om is hi mijn vrient, want isset dat in onderlinger minnen wort aengesien gelijcheyt der natueren, jegenwoerdicheyt des persoens ende orberlicheyt der minnen, so mach hi wel mit rechte mijn vrient hieten, want die minne die in hem is, gaet hier boven. Ende hier om, bin ic eens menschen vrient, om dat hi een mensche mit mi is, so sel ic billiker sijn vrient wesen, die om minen willen mensche geworden is; bin ic eens menschen vrient, die verganclic is ende sterven moet, veel te meer sel ic sijn vrient wesen, die onsterflic is; bin ic eens menschen vrient, die niet en is dan slechts een mensch, veel te meer sel ic sijn vrient wesen, */150vb/* die de overste der menschen is, ja god ende mensche

---

Le1 *Da Be2* *Le5* *Be3*

2733 ende *om Le1 Le5* <et> **2734** des lichaems *om Le1 Le5* <corporis> **2736** onnette *Le1* <uerba uana> **2739** wiltveerdich *Da Be2* **2740** doen *(*veronrechten*)* <neminem blasphemare> *Le1* **2741** halen *:* brengen *Da Be2* **2742** den – wederstaen *na* veronrechten *(2740) trnsp Da Be2* **2743** dan voer den menschen / te wanderen *Da* **2745** ende *(*hem*) Le1* **2748** hem *(*niet*) Da Be2* **2749** inder eerden *:* in eertschen dingen *Da Be2* onsen *:* den *Da Be2* **2752** also sulc *:* alsoe daen *Da Be2* **2753** *(*vrient*)* gij dochteren van iherusalem *Da Be2* **2754** so – geseyt *:* hi heefft geseyt Soe wie *Da Be2* *(*geseyt*)* die *Le1 Le5*, dat *Be3* <qui diligit me> **2755** vertoenen *Da Be2 Be3* **2756** aengesien / wert *Da Be2* **2760** mit my / een mensche *Da* veel *(*billiker*) Da Be2 Be3*

beyde. Ende isset dat die tegenwoerdicheyt die minne verwackert ende staende hout, so gaet sijn minne daer boven, die altoes ende overal mi inreliker *tegenwoerdich is dan ic mi selven; ende isset dat men orberlicheyt der minnen begeert, so gaet sijn minne *daer boven, want si sonder twivel meerre ende orberliker is ende duerachtiger dan die minne der creatueren. MIJN GEMINDE IS WIT BLENCKENDE ENDE ROET, UUTVERCOREN UUT DUSENDEN. *Gilbertus*: Want die love des brudegoms den mont der bruut also soeteliken smaken, so informiert die bruut als een goedertieren wise moeder haer dochteren in dien dat si haren geminden aldus priset. Si mach wel mit rechte wijs hieten, want si den lof des brudegoms also overvloedelic uutspreken can. Ende hoe soude si alle den lof haers geminden also rede hebben inden <uut>spreken, het en waer dat si sijn scoenheyt nauwe gemerket hadde ende dicwijl */151ra/* overgetogen ende overgeleyt in haren gedachten? Het verwackert haer minne, al dat si van hem in hare memorien also vast ghesloten hadde: het si sijn gedaente, het si hoeft, het si haer, het si oghen, het si wangen, het si lippen, het si handen, het si buuc, het si sijn keele, het si sijn scoen gedaente; alle dese dingen overleyt si ende scrivetse in hare harten tot sijnre loveliker weerdicheyt, ende ten lesten besluut sijt al mit enen corten woerde, daer si seit: HI IS ALTEMAEL BEGEERLIC. ALDUSTANICH IS MIJN GEMINDE, ENDE HI SELVE IS MIJN VRIENT. Besiet in allen desen die leeringe der bruut, besiet haer *innicheyt ende merct haer neernsticheyt, het si in haren geminden te soken, het si in haren dochteren te informieren, het si sijn lof menichsins over te dencken; si bezweerten oetmoedelic, si antwoert goedertierlic, si spreect van hem in suverliken figueren, si ondersceydet die scoenheyt sijnre gedaenten, si gaet daer haesteliken mede doer, si beslutet */151rb/* ten lesten al mit enen corten woerde. Want si al dat dair op te seggen was, niet uutspreken en conde, so seyde si mit groter begeerten: ALDUSTANICH IS MIJN GEMINDE, ENDE HI SELVE IS MIJN VRIENT. O gracilic brudegom ende minlike vrient, daer die godlike geboerte als een ewich scijnsel des lichts in blencket, ende daer die menschelike geboerte niet uut bloede, niet uut wille des vleyschs, niet uut wille des mans, mar vanden alren puersten bloede sijnre moeder Marien geboren is. Want Jhesus, die brudegom, heeft sijn bruut also gemint, dat hise mit sinen bloede wasschen woude. Die minne is vuerich ende heeft mi den brudegom roet gemaect. In hem blencket mi die waerheyt, in hem barnt mi die minne, want hi beyde BLENCKENDE ENDE ROET is. Hoe en soude hi niet BLENCKENDE wesen, want god is een licht ende

---

Le1 Da Be2 Le5 Be3

2767 oec *(*dat*) Da Be2 Be3* **2766/7** tegenwoerdiger *Le1 Da Be2 Le5* <presens> **2768** daer *:* der *Le1* **2769** ende duerachtiger / is *Da Be2 Be3* **2773-5** wel – heb*(*ben*) om Be2* **2774** des *:* oers *Da Be3* **2775** inden uutspreken *:* wt te spreken *Be2* spreken *Le1* **2776** overtagen *Da Be3* **2777** overleecht *Da* hadde *(*in*) Da Be2* **2780** sijn*(1) om Da Be2 Be3* **2783** *(*vrient*)* gij dochteren van iherusalem *Da Be3* **2783-5** besiet – so*(*ken*) om Be2* **2784** innicheyt *:* ioncheyt *Le1* **2790** op *:* aff *Da Be2 Be3* **2791** *(*vrient*)* gij dochteren van iherusalem *Da Be2 Be3* **2792** ewich *om Da* **2797** In hem *:* ende *Da Be2 Be3*

in hem en sijn geen duusternisse? Hoe en soude hi niet */151va/* ROET wesen, want god is een verteerende vier ende heeft dat in die eerde gesent om dat dat bornen soude? Dan is hi die BLENCKENDE, als hi di dat licht der verstandelheyt gevet, mar isset dat dijn gemoede tot sijnre minnen niet ontfoncket en wort, so en gevoelste niet dat hi ROET is. Hi is beyde BLENCKENDE ENDE ROET in hem selven, mar di niet, het en si datse beyde in di werken. Bistu een bruut, soe minne die gadermenghinge van desen tween verwen in dinen brudegom, op dattu oec des gelijc mogeste wesen BLENCKENDE ENDE ROET, dat is reyn ende vol minnen. Want also als hi die machte heeft reynicheyt te geven, also heeft hi oec macht die minne tot hem waerts te ontfonken. Sijn verlossinge tot onser behoef is beduut in sijnre BLENCKENDER RODER verwen, sijn wijsheyt inden GULDEN HOEFDE, sijn bedructe gemoede in die SWARTICHEYT DES RAVENS. sijn min-*/151vb/*like meninge tot onser salicheyt inder DUVEN OGEN, sijn scamelheyt inden WANGEN DIE DEN HOVEKIJNS GELIKENEN, sijn soete uutsprake inden LIPPEN die den lelyen geliken, daer DIE EERSTE MIRRE UUT DRUUPT, sijn minnen werc inden GEDRAEYDEN HANDEN VERGULT ENDE VOL JACINCTEN, sijn reynicheyt inden ELPENBENEN BUUC MIT SAPHIEREN BESET, sijn volharden inden liden totter doot toe inden BENEN DIE DEN MARMEREN CALUMPNEN GELIKEN, sijn scoenheyt inden LIBAEN ENDE IN<DEN> UUTVERCOREN CEDERBOEM, sijn goedertyerenheyt in DIE SOETE KEEL; aldus mach hi wel mit rechte ALTEMAEL BEGEERLIC hieten.

Dit boec is uut, Gog*(!)* si geloeft. Bid om gods willen een pater noster ende een ave maria voer Margriete, Jan Beleyns dochter, diet gescreven heeft.

Le1 *Da Be2* *Le5* *Be3*

2810 beduut *:* beteikent *Da Be2* **2813-5** wangen – gedraey*(*den*) om Be2* **2818** inden *:* in *Le1*

Got si gelaefft altoes *colofon Da*, Hier eyndet dat ander deel vander bedudinghe op cantica canticorum Ende in beyden delen te samen sijn begrepen ende verclaert vijf capittelen des textes van cantica *colofon Be2*, Deo nostro iocunda sit laudacio alleluya *colofon Le5*, God heb lof *colofon Be3*

III. Paleografisch addendum

Vooraf

De volgende elementen werden genoteerd.
- Woorden of letters boven of onder de schrijfregel of buiten de kolom; vermeld is waar de woorden of de letters zijn geschreven.
- Evidente schrijffouten; de verbeterde vorm is in de editie opgenomen, alleen de schrijffout is genoteerd.
- Verbeteringen die de kopiist heeft aangebracht; vermeld is de verbeterde vorm, gevolgd door de vorm die eerst werd geschreven.
- Doorhalingen en rasuren; vermeld zijn de woorden die voorafgaan aan en volgen op de doorhaling of rasuur, gevolgd door de verwijderde woorden of letters (indien leesbaar).
- Diverse uitzonderlijke kwesties, die telkens duidelijk worden beschreven.

1. Göttingen, Niedersächsische Staats– und Universitätsbibliothek, Theol. 160

Proloog
17 *boven regel*: al 21 soect soct 29 soenre 43 een – elephant, elle *doorgestr*

Hoogl. 1,1
86/7 vreedsomighe 102 scrftuer 137 berch *(1)* bech 159 ende – hoecheyt, die *doorgestr* 167 des – ewighen, hemell *doorgestr* 173 ewangelien – van, begheer ic gheleert *doorgestr* 175 onreyn – Noch, *twee letters doorgestr* 182 ontommert *marge:* salichlijc 222 *marge:* den ghenen 232 die di 244 *marge:* der minnen

Hoogl. 1,1(2)-2
388 blenckende – puerheyt, n *doorgestr* 431 mit – enen, mi *doorgestr* 442 bitter biter 476 sorchfoudicheyt – voer, ghemue *doorgestr* 482 ende – helpt, verbi *doorgestr* 497 *marge:* dat 527 was – sijn, barnardus Als die mensche in deser ioncheyt gheleert heeft *doorgestr* 547 gheuestighet – is, wort *doorgestr*

Hoogl. 1,3
557 onser onse heyligher heylighe 587 verdrieteluc 606 dier – steden, stade *doorgestr* 615 sijn – minlike, *letter doorgestr* 683/4 oeueruerstandelike –

suete, sueticheyt *doorgestr* 704 drie drien 756 sijn sijnre 764 gheests – ende, totten oerspronghelike ghebruken ende onuersceideliker eninghen der godliker goetheyt. ende begheert ende seit. trec mi na di *doorgestr*

Hoogl. 1,3(2)
793 in gheleit, sijn *doorgestr* 806 goetheyt groetheyt 854 *marge:* of *(3)* 857 neder – ghedaelt, neder *doorgestr* 877 *marge:* eynde 881 die – rechte, re *doorgestr* gherucht – onder, onder *doorgestr*

Hoogl. 1,3(3)
895 haren – ouergroten, groten ouergroten van haren *doorgestr* 905 *marge:* wort 909 rechte reghel, *omkering aangegeven door aanhalingstekens bij* reghel 913 ouerster – dinghen, reden *doorgestr* 927 *marge:* dijn 942 suettelicste 956 doet *(1)* doot 960 *marge:* gods 962 behaghelic behaghedelic 975 waerheyt – des, in die waerheyt *doorgestr* 991 blijstu 1011/2 leue nu, ic *geradeerd*

Hoogl. 1,4-5
1035 buten – sculdich, sijn *doorgestr* 1039 *over radering, deels in marge:* vertoninge ende 1040 verghrten 1045 op dat dat 1048 alre – verste, beste *doorgestr* 1053 der – verdiender, me *doorgestr* 1093 *ondermarge:* der minnen 1111 mede – deckede, droech *doorgestr* 1120 te – wesen, we *doorgestr* 1132 *boven regel:* ende 1133 *marge:* swert 1136/7 verswaert verswart 1168 *boven regel:* si *(2)* 1198 mi – in, *twee letters geexpungeerd* 1209 niet – die, in onse oghen schijnt se swart *doorgestr* 1213 verscrimpen – sel, en *doorgestr*

Hoogl. 1,5(2)
1228 ghemeent ghement 1253 si sijn *(jn geradeerd)* 1268 berus–pelike, pelike *doorgestr* 1270 goet groet 1273 die *(3)* di 1275 totten – gheloue, ker *doorgestr* 1277 orberliken – scade, *twee letters geexp* 1314 *marge:* gods 1317 doerdringhende – vlieghende, vierighe *doorgestr*

Hoogl. 1,6
1381 begauet – is, wort *doorgestr* 1392 *marge:* na menigherhande begheerten 1393 der – hemelscher, sueticheyt *doorgestr* 1417 werckelike werckelik 1434 *boven regel:* ic 1438 mach – wesen, worden *doorgestr* 1448 *boven regel:* is 1463 stede – der, der eyghenre soekelicheyt *doorgestr* 1465 scu–wen, *1 letter geexp* 1475/6 nederhanghende – ende, de *doorgestr* 1481 *marge:* daer in – herberghen, ede *geexp* 1552 *boven regel:* du 1563 dier – sueter, se *geexp* 1583 middachs – viant, duuel *doorgestr* 1600 ommevaten ommvaten 1619 *boven regel:* is 1621 middaghe – is, is *doorgestr* 1627 ziel – mit, mit enen *doorgestr*

Hoogl. 1,7
1645 bekennestu kennestu, *(marge:* be*)* 1658 dant dan 1663 der – volcomenre, heylighe *doorgestr* 1672/3 te – volghen, houden *doorgestr* 1676 *potlood marge:* vloe *bij* ouervldicheyt 1689 substacie 1698 *potlood marge:* dert *bij* ghehinder 1725 *marge:* noch 1751 mochten mocht 1758 efrnisse 1771 *boven regel:* van 1774 ghesmaect ghesmect 1759 heymeliker – scouwinghe, heme *doorgestr* 1783 plagheeste 1808 haerre harre 1821 iearchien 1824 *boven regel:* te 1824/5 midde

Hoogl. 1,8
1874 *marge:* snel 1901 ieghens – die, die ieghens *doorgestr* 1909 worde *halve letter achter de* e *geexp* 1912 *marge:* in den hemel 1917 sat – eunuchus, een *doorgestr* 1918 philippus *geschreven met één verticaal streepje te weinig* 1925 vrese – der, in *doorgestr* der – wederheyt, herten *doorgestr* 1943 bagavet 1948 meer – vermanen, verwackeren *doorgestr* 1961 wedersaken – mede, te ver *doorgestr*

Hoogl. 1,9-10
1994 *toegevoegd in regel:* hem 2009 *marge:* dese 2025/6 der – ghauen, ghenaden *doorgestr* 2026/7 verstande verstaende 2032 *marge:* –der 2054 mijn – suluer, se *geexp* 2084 *marge:* aen

Hoogl. 1,11
2108 *marge:* mi*(*nen*)* 2128 dat – als, is *geexp* 2139 slumerighe slumeringhe wonde wonden 2141 wassen – want, *letter doorgestr* 2156 omua–tinge, *tussenruimte door geradeerde letter*

Hoogl. 1,12
2178 hebste – mi, di seluen *doorgestr*

Hoogl. 1,13
2244 troests troets 2246/7 cleyn boemkens, *letter doorgestr* 2247 wan want, t *geradeerd* 2276 hoe – groet, ve *doorgestr* 2299 roec roc

Hoogl. 1,14
2308 ende – godformich, een *doorgestr* 2324/5 is – Die, was *doorgestr* 2335 verstroeit verstroit 2342 ghetrasformiert 2375 minnen – ghevriet, ghehindert *doorgestr*

Hoogl. 1,15-16
2426 also sulc alsulc 2447 mach – wel, te *doorgestr* 2463 vakericheyt vakerlicheyt 2507 onthouden – moghen, conne *doorgestr* 2530 verstuert – is, verstuert *doorgestr* 2535 daer – gods, in *doorgestr* 2537 groetheyt goet-

heyt 2540 die – gode, altoes pinen bi te staen *doorgestr* gode – mitten, n *doorgestr* 2543 *marge:* een cleyn beddekijn gheheten is 2555/6 *marge:* ende verghet ende mitter minnen gheheel gaet 2563 bestroeyt gestroeyt mitten – schijnsel, schijise *doorgestr* 2565 *marge:* ghe*(*moeden*)* 2566 beteyken haer – een, seluen *doorgestr* 2573 ruket ruste 2581 dron–cken, *tussenruimte door slecht perkament*

Hoogl. 2,1
6 arbeydeliker – werckelicheyt, werlclicheyt *doorgestr* 7 veldes veeldes 11 te – kundighen, con 13 om in 17 roede – wtgaen, op *doorgestr* 23 wesen – Want, w *doorgestr* 24 besloten beloten 29 *marge:* op te plucken waerachteliken – om, liken *doorgestr* 42 cristi – dat, ihesu *doorgestr* dat – scoen, son *doorgestr* 48 *boven regel:* mar 56 niete – gaen, ga *doorgestr* 57 hemenschen 63 veruulle veruullen 70 barnaerds 70/1 *boven kolom:* dat is – een bloem 75 *onder kolom:* in den loen verbeide ic di 81 hoe – dat, si *doorgestr* 83 der – godliker, ghenaden heeft *doorgestr* 83/4 ontfanget, et *in marge* ontfanget – Daer, –ghen heeft *doorgestr* 86 is – ruuch, rot *doorgestr* 90 woude – wesen, in *doorgestr* 94 een – soen, son *doorgestr* 100 Die – stamme, di *doorgestr* 103 sijn – die, haer *doorgestr* mit – goudtverwen, in *doorgestr* 108/9 sijn – Hier, *2 regels blanco*

Hoogl. 2,2
131 men *doorgestr*, se *boven regel*

Hoogl. 2,3
219 hout – in, en mach *doorgestr* 225 en – vinden, vn *doorgestr* Die D

Hoogl. 2,3(2)
251 *marge:* onder onder – die, in *doorgestr* 259 exempelen – haerre, der *doorgestr* 286 hebt heb 300 te – wesen, worden *doorgestr* 304 gheens – dien, des gheens *doorgestr* 335 sueticheyt – der, *letter geexp* 339 subtijl subtijlste 348 druwen

Hoogl. 2,4
374 scriftuer scrifuer 375 voert voer 385 alle mar, *omkering aangegeven door aanhalingstekens bij* mar 429 doen – wt, ouermids *doorgestr* 443 ernstelic rnstelic 448 *marge:* segghen mach 466 dwanghe, *marge:* dwa, *doorgestr:* dwalin*(*ghe*)* 472 doechde doede

Hoogl. 2,5
476 ghewont – is, *letter doorgestr* 482 confesoren 498 *onder kolom:* mit deser vruchten onderscoerde 505 barnadus 513 na – te, die *doorgestr* 518 aldustaniger dustanigher 530 godscouwinghe – van, onttog *doorgestr*

551 minnen binnen van minnen quelle, *omkering aangegeven door aanhalingstekens bij* quelle

Hoogl. 2,6
571 beder 579 yasaias 622 laet lat

Hoogl. 2,7
631 *potlood marge:* dat xxiiij capittel *marge:* gheiten ende bi den (cf. variant De!) 633 herten – der, ende *doorgestr* 639 moeyen moyen 693 *boven regel:* toe 700 ontcommertse becommertse 734 enich–heyt

Hoogl. 2,8
763 berghen beghen 769 spranc – in, va *doorgestr* 782 *boven regel:* wel magheden – bouen, mit rechte seer te minnen *doorgestr* 785/6 sorchfoudic–dicheyt 787 *boven regel:* hi *(1)* 822 verenighende vereninghende 842 richar 847 bedwonghen gedwonghen 850 spronc – gheciet, ben *doorgestr* gheciet

Hoogl. 2,9
869 ofter 893 godliken – troest, *letter doorgestr* 893/4 *boven kolom:* also alst hier nu is 929 *marge:* blide 932 *ondermarge:* hi comet onbegripelijc 939 sonnen – sonder, vast *doorgestr* 949 *marge:* ghegheuen 950 siet – doer, seit *doorgestr* 959 menscheliche–it, *tussenruimte door radering*

Hoogl. 2,10–13
971 is – in, ghe *doorgestr* 1034 zielen – te, die *doorgestr* 1039 wasset waset vermenichfoudicht vermenichfoudich 1054 *initiaal* S *in zwarte inkt over geradeerde initiaal* 1080 te – houden, besa *doorgestr* 1113 ghetoghen – wort, was *doorgestr* 1121 *boven regel:* di 1168 ontfangen der 1179 *onder kolom:* die totter eerden neder 1196 *boven regel:* hi, *doorgestr:* si 1207 mach – naest, oec *doorgestr* 1208 alre – volcomenheyt, *letter doorgestr* 1232 ghehoert – als, in onse *doorgestr* 1233 ghemoede ghenoede 1236 scou–wende, wen *doorgestr* 1243 ende – vriendelike, meyster *doorgestr* 1258/9 *boven kolom:* des ghemoedes voedet si in der nachten 1270 strfliken 1272 over–verschinende

Hoogl. 2,13(2)–15
1301 sant 1332 bereidet – heeft, *radering* 1338 stichtich, *marge:* tich, *doorgestr:* dich 1346/7 wtuercoren – die, dat *doorgestr* 1388 Dan Daen 1418 mach – also, so *doorgestr* 1431 *boven regel:* den *(2)* 1442 *boven regel:* in 1443/4 moyses – in, in *doorgestr* 1458 stenen – wanden, te maken *doorgestr* 1458/9 phatriarchen 1469 moghenheit moghenit 1482 barnardus – Dat, Soe wanneer dat scouwende ghemoede in die gate des steens ende in

die holen der stenen wande stadelic van der ghenaden gods *doorgestr* 1485 vertoghen – bewijst, sel *geradeerd* 1499 u – wesen, we *geradeerd* 1503 *boven regel:* al 1513 volicheyt

Hoogl. 2,16-17
1525 voeren – seyde, seide *doorgestr* 1531 der – heyligher, zielen *doorgestr* 1538 *marge:* claerlike verschinen veschinen 1542 ghif – dattu, op *doorgestr* 1564 *onder kolom:* in wat manieren 1572/3 bliuet – mit, i *doorgestr* 1593 *boven regel:* hi *(1)* 1615 als – al, *letter doorgestr* 1641 waent want 1649 *naast kolom:* tegens 1652 miiij

2. LEIDEN, UNIVERSITEITSBIBLIOTHEEK, Ltk. 240

In dit handschrift heeft ook soms een andere corrigerende hand dan die van de kopiist ingegrepen. Deze hand is vermoedelijk wat jonger. De ingrepen zijn tot de geëditeerde tekst toegelaten, omdat niet altijd is uit te maken welke ingrepen van de kopiist zijn en welke van de latere hand. Er zijn enkele vormen van ingrepen van de latere hand te onderscheiden: (1) Een -e- wordt toegevoegd in woorden met een korte of een lange -o-; die extra -e- is gewoonlijk overbodig. (2) Een genitief -s- wordt toegevoegd, eveneens ten overvloede. (3) Een -i- wordt in een -y- veranderd. (4) Een -n- wordt veranderd in een -y-, en een afkortingsteken voor -n- wordt toegevoegd (gepens: gepeyns). Al deze ingrepen zijn niet zeer talrijk en ze hebben geen invloed op de betekenis van de tekst.

Hoogl. 3,1-2
7 doe do 85 soeken – den, den *doorgestr* 102 is – mijn, *overbodige letter* 110 overscinnender 191 lichtvaerdichet 198/9 *marge:* begrepen is altoos mit nuwer 215 goede gode

Hoogl. 3,3-4
250 gheuouden ghehouden 301 teghenwoerdiger teghenwordiger 309 dienstacheit 318/9 ghenen – dient, niet *doorgestr* 350 *marge:* siele 371 runige 377 *ondermarge:* onder die huysgenoten des des – brudegoms, ende *doorgestr* 433 nyewen nyew 447/8 *onder kolom:* Hier si die derde manier des scouwens 476 *marge:* niet 477 alr 487 aenuoerden aenuorden 488 twiedrachtich twidrachtich 504 wonninghen 519 *boven kolom:* sonder hem en minde si niet, *door vervaging dan wel radering is* minde si niet *moeilijk leesbaar*

Hoogl. 3,5
528/9 besweerin

Hoogl. 3,6
548 die *(3)* di 558 apotekers apotkers 600 *marge:* si en 606 *boven regel:* te *(*voeren*)* 650 hebben heb

Hoogl. 3,7-8
711 starsten 714 leeras 739 noerdes 803/4 ghebruuc – der, ende *doorgestr* 874 versoenen versonen

Hoogl. 3,9/10
914 verblijt verbijt 924 beteykent betykent 963 Daer op Daer scicker scicker 1036/7 *marge:* niet dan onsprekelike 1123 ghenoechten ghenochten 1145 *ondermarge:* die minne is inden inresten 1186 *onder kolom:* sonnen Inden opclimmen der 1190 *marge:* die *(2)*

Hoogl. 3,11
1210 philisophen plariseen 1269 *marge:* sach 1281 starc star 1303/4 *onder kolom:* die alle dingen bewaert 1360 patriarchen patriachen 1378 verdijf 1431 verwinnre 1444 innich–heit 1446 in – waerdigen, mede *doorgestr* 1454 verwonderen vander, ende *doorgestr* 1455 medeformich–heit 1476 butten

Hoogl. 4,1
9 Daer Dae 10 haerr 30 vaders vader 45 lichaems lichaem andtwoerde andtworde 182 vergaue – god, *tussenruimte twee letters* 213 si sie 226 opbaer 253 gesmouten – is, is *doorgestr* 276 ghenoech ghenoch 303 quaet quat 321 *boven regel:* in 325 *marge: (*Rich*)*ardus 342 ontreynicht onreynicht

Hoogl. 4,2-3
375 predikers prediker 412 gepeyns gepens 416 gepeynse gepense 425 ghepeynse ghepens 532/3 *onder kolom* sanghe en wil niet wenen 439/40 kennissen kennisse 449 gepeynse gepense 484/5 *boven kolom:* totten scouwen der onsienliker dingen

Hoogl. 4,3(2)-4
590 aenschts 599 ghelijt 648 *boven kolom:* Den verkeerden hert ende wreet 675 onachtsamichet 677 genoech genoch 701 toern – starc, die *doorgestr* 784 sac

Hoogl. 4,5-6
793 *initiaal* D *was eerst* M 804 on–recht, *twee woorddelen met streepjes verbonden* 847 *marge:* wort 848/9 die – navolgers, sijn *doorgestr* 859 leleyen 885 ghelijcheit ghelicheit 896 *onder kolom:* al gheworden ende my seluen

alre menschen 917 siele – verbliden, in *doorgestr* 929 mensscheit

Hoogl. 4,6(2)-7

1013 uutwendger 1033 castijnge castiinge 1047 die – vrie, die *doorgestr* 1063 *onder kolom:* so wortet wtgeworpen van hem seluen. 1089 *boven regel:* si *(2)* 1095 dat – si, dat *doorgestr* 1114 onbekendelic – uerstandelike, ouer *doorgestr* 1116/7 *marge:* becommert mitter ouertredinge 1128 leerin 1179 niet – alleen, haer *doorgestr* 1180 *marge:* mer 1206 begeerten geerten 1228 altemael – scoen, ael *doorgestr* 1229 vruchtbaeriger vruchbaeriger haer – seluen, *letter doorgestr*

Hoogl. 4,8

1263 sijn – beda, *letter doorgestr* 1272 reynicheyt – is, eyt *doorgestr* 1273 machden 1290 gescien – ouermids, O *doorgestr* 1295 die – crone, te *doorgestr* 1307 dorste: – daer, *twee letters doorgestr* 1311/2 *boven kolom:* dat ontbliuen noch den 1327 veel weel 1348 tegenwordicheyt – Want, eyt *doorgestr* 1359 gesien – rechte, *letter doorgestr* 1357 be–wijst, *letter doorgestr* 1364 was – hier, *letter doorgestr* 1378 hoech–heyt 1392 reynch–heyt 1419 *marge:* ende

Hoogl. 4,9

1459 sterue – voer, *letter doorgestr* 1462/3 ondancsamich–heyt 1479 *marge:* wel 1482 insterumenten 1498 want – heeft, *letter doorgestr* 1504 *marge:* niement dan voir, dan *is moeilijk leesbaar geschreven* 1543 bewiset hi, *letter doorgestr* woerden worden 1545 gehoersamicheyt gehoersamiheit 1598 *marge:* een 1619 alleen allen 1625 petrus peterus 1634 hem – niet, hem *doorgestr* 1635 genoech genoch 1640 maechscaps maechscap 1662 anden – hals, *letter doorgestr*

Hoogl. 4,10

1672/3 *boven kolom:* brudegom eendrachticheyt in sijn bruut die 1695 *boven regel:* een 1712 suetich–heyt 1735 borsten – Dat, *doorgestr* men 1744 hade 1750 gesalicht gesalich 1751 geopenbaert gopenbaert 1767/8 vettich–heyt 1821 *boven regel:* die 1830 teghens tegehens

Hoogl. 4,10(2)-11

1841 *marge:* is als roke des wieroecs 1849 dijn – leeringe, leer *doorgestr* 1878 veroerdel verordel 1879 ontfarmhartich–heit 1884 heylge 1911/2 oetmoedige oetmedige 1937/8 *boven kolom:* of den voirtgaenden 1951 suetich–heden 1972 *naast kolom:* welrukende ouermids der *marge:* ro*(*ken*)* 1985 innige, *verticaal streepje te veel* 2018 weelden welden 2029 begeeren – is, en *doorgestr* 2031 ende – aendient, ende *doorgestr* 2061 minnen *verticaal streepje te veel* 2068 honichs honich 2071 honichs honich

2087 *onder kolom:* des honichs ende der melken 2092/3 *boven kolom:* die inden ewigen leuen vrolijc ende blide sijn. want die scouwende siel spreect

Hoogl. 4,12–14

2125 cypers cyper 2137 *marge:* besloten hof want 2151 goedertirenheyt 2152 gehoersamicheyt gehoersamcheyt 2160 beuoelike beuolike 2163 wermoes wermos 2164/5 *marge:* in sijnre becoringe 2165 warmoes warmos 2166 vieliker veliker sinlich–heyt 2196 menichfoudiger menichfoudger 2219 *onder kolom:* minen vrede gheue ic u 2232 gesichte gesich 2247 verlosset verlossent 2249 geordiniert geordinert 2255 naere nare 2320 geleert – heeft, leet *doorgestr* 2326 minnenden, *verticaal streepje te weinig* 2334 drouichs drouich 2355 hemelsche hemelsch 2358 alsuken 2359 becommeringe bcommeringe 2380 *boven regel:* ende *(*regeliers*)* 2385 *marge: (*le*)*ggen 2404 vierrhande 2406 Sinte Snte

Hoogl. 4,15-16

2427 vleyschs vleysch 2457 onlijtsamcheden 2469 volhardende is, toe *doorgestr* 2483 begeerliheden 2496 go–ut, *tussenruimte slecht perkament* 2503 inleydeinge 2508 berespelile 2528 oefenninge 2533 vol–get, *cf 2496* 2553 reechte 2559/60 *boven kolom:* Mit wat gauen scijn ic verciert te wesen die du selue in mi niet onthouden en hebste 2575 soetich–heyt 615 salich–heyt 2616 soetich–heyt 2620 wederstaen wedestaen 2652 dancbaerlile 2668 traech–heyt trach–heyt 2681 *onder kolom:* so laet dat den sudenwint 2605/6 *boven kolom:* machmen oec wel int goede nemen ende totten groten loue der bruyt. want die noerdenwint 2720 bruyt en, gom *doorgestr* 2720/1 *boven kolom:* mer doirwaye minen hof

Hoogl. 5,1

18 weth 77 barnnende 88 gedante 98 noettorofticheyt 103 wonninge 108 luttel – O, daer *doorgestr* 132 wersscappen 136 scaemtem 143 *onder kolom:* op dat si niet quaet en waren

Hoogl. 5,1(2)

207 boven kolom: pinen te doen. Die leeraers mogen 219 verduuet 224 hoech–heyt 255 vuerich–heden 296/7 barnnende 303 eersamich–heyt 326 reynich–heyt 327 begeerten begeeren, te doorgestr 330 In genen, en doorgestr 347 altos

Hoogl. 5,1(3)-2

350 *geradeerd:* Na enen anderen sin 381 vaders vader 392/3 *boven kolom:* dat eten is goed. mer te drincken ende droncken te worden 397 laden 410 minnen – willen, en *doorgestr* 427 *onder kolom:* louelic ende doechdelic werken 432 *boven regel:* so 433 goeder goder 441 vaders vader

484/5 *boven kolom:* penitencien. ende sommich op dat bedde der 520 soetich–heyt 537/8 brudegom – der, *toegevoegd in latere hand op open plek:* niet 548 *marge:* sinen oirspronge ende 602 een en 639 wakeet 675 traecheyt Mar, den *doorgestr* 694 ververpinge 700 menichfoudich–heyt 701 *boven regel:* in 710 ongestuerich–heyt gewallen 747 so – machmen, en *doorgestr* 757 lichaen 766 opclimme, *verticaal streepje te veel* 770 vettich–heyt 785 Dat – derde, an *doorgestr* 785/6 tegenwoerdigen tegenwordigen 791 doot dooet

Hoogl. 5,2(2)

832 bruuts bruut 856/7 *naast kolom:* in te comen 902/3 redene – genoech, vermaningen *doorgestr* 924/5 *boven kolom:* Biden geminden der ingheestinghe soeticheit 982 davits 1015 voersmaects 1023 scijnt – recht, echt

Hoogl. 5,3

1057 trechken 1078 gheern, aern *boven* eern 1098 woeten 1132 opkrigende opkigende 1194 eenwoudich 1210 mi – berouet, be *doorgestr* 1246 scarpper 1248 ontoegankelike ontogankelike 1250 nochtan nochan 1309 wiessche wessche

Hoogl. 5,4–6

1341 davit 1365 ongemackes ongemakes 1384 men *(2) verticaal streepje te veel* 1392 *marge:* vol 1441 brudegom brdegom 1480 begeerlicheden – wider, *letter doorgestr* 1483 goedetieren 1494/5 *ondermarge:* recht als stelende ontfangen Die aderen sijnre inruninghe 1499 hy hi 1528 ongerectich 1562 aensycht aensicht 1598 mi *verticaal streepje te weinig* 1615 wanneer *verticaal streepje te weinig* 1627 gedachten – hoeden, te *doorgestr* 1648 innich–heden 1663 gesmuten 1672 *bovenmarge:* als in dese woorden der bruyt wel bewiset wort

Hoogl. 5,6(2)-7

1693/4 *ondermarge:* ende niet die gheest dat mach licht dair om wesen 1696 vielic velic 1701 vueriheyt 1756 pleecht pleech 1786/7 ontommert 1791 *boven regel:* om 1794 sprach 1801 die di 1812 antwoert antwort 1857 hyen hien castiinge castinge 1886 *boven kolom:* dat die apostelen predicten 1902 *boven regel:* in *(1)* 1911 mit – yseren, –ten *doorgestr, overbodige* y 1917 werken – der, der *doorgestr* 1919 *boven regel:* en 1920 gemoede – omgevaet, ende *doorgestr* 1924 *boven kolom:* hoe sel ict ontherden 1970 *boven kolom:* mijn siel is cleen geworden doe 1996 alle – dingen, alle *doorgestr* 1997 minnet *verticaal streepje te weinig* 2019/20 veel – Op, seyden die engel heeft hem toegesproken. *doorgestr* 2040 dat – die, –tet *boven regel, doorgestr* 2055 doersnidendender 2056 men *verticaal streepje te veel* 2098 *boven regel:* in 2116 geuaet geuat 2130 hoeders hoders

Hoogl. 5,8-9
2163 macher – niet, niet langer *doorgestr* 2175 *marge:* mit 2240 daer – was, en *doorgestr* 2242 vraech vrach 2254 genoech genoch 2256 *onder kolom:* vercellencius. biden dochteren van iherusalem neemt neemt – si, hent *doorgestr* 2270 hemelsch 2272 brudegoms brudegom 2294 *boven regel:* u 2312 hulpe comen, te *doorgestr* 2414 gedaentte

Hoogl. 5,10–16
2470 weel 2475 geselle – inder, inder *doorgestr* 2491 moge mogen 2499 wort – hi, ert *doorgestr* 2521 ander – bewegen, n *doorgestr* 2524 ongadelicheyt – mede, mede *doorgestr* 2536 anderen – neder, een *doorgestr* 2540 rigiert 2573 ander – mirre, ander *doorgestr* 2583 soetich–heyt 2607 hemelcher 2636 machs mach 2639 ouergroethet ouergeroethet 2645 woert wort 2663 waerdich–heyt 2699 minnder 2701 lelye lelyen 2706 afgrondich–heyt 2726 schamelhey 2744/5 *boven kolom:* niement te beniden ende hem seluen 2754 heeft heft 2772 informiert informert 2808 reynicheyteyt 2822 beleyns, s *geexp?*

MISCELLANEA NEERLANDICA

Gesticht door en onder hoofdredactie van
Drs. Frans HENDRICKX

Werken in deze reeks verschenen

I. *Opstellen voor Dr. Jan Deschamps ter gelegenheid van zijn zeventigste verjaardag: Bio-bibliografie, Handschriftenkunde, Miniatuurkunst*, onder redactie van Elly COCKX-INDESTEGE & Frans HENDRICKX, 1987

II. *Opstellen voor Dr. Jan Deschamps (...): Geestelijke en wereldlijke literatuur, Vakliteratuur, Taalkunde*, onder redactie van Elly COCKX-INDESTEGE & Frans HENDRICKX, 1987

III. *Opstellen voor Dr. Jan Deschamps (...): Bibliotheek- en geestesgeschiedenis, Kunst- en cultuurgeschiedenis*, onder redactie van Elly COCKX-INDESTEGE & Frans HENDRICKX, 1987

IV. JAN VAN RUUSBROEC, *Un Miroir de l'Éternelle Béatitude ou du Saint Sacrement.* Traduction structurelle du moyen-néerlandais par sr. Francis Joseph LEGRAND, crw, 1991

V. Charles M.A. CASPERS, *De eucharistische vroomheid en het feest van Sacramentsdag in de Nederlanden tijdens de Late Middeleeuwen*, 1992

VI. *De Brieven uit 'Der rechte Wech' van de Oisterwijkse begijn en mystica Maria van Hout (†Keulen, 1547)*, toegelicht, uitgegeven en vertaald door J.M. WILLEUMIER-SCHALIJ, 1993

VII. Alfons K.L. THIJS, *Antwerpen, internationaal uitgeverscentrum van devotieprenten (17de-18de eeuw)*, 1993

VIII. Jeroen M.M. VAN DE VEN, *Over Brabant geschreven: Handschriften en archivalische Bronnen in de Tilburgse Universiteitsbibliotheek.* Dl. 1: *Middeleeuwse handschriften en fragmenten*, 1994

IX. Jeroen M.M. VAN DE VEN, *Over Brabant geschreven: Handschriften en archivalische Bronnen in de Tilburgse Universiteitsbibliotheek.* Dl. 2: *Jonge handschriften en archivalische bronnen*, 1994

X. Robert STEIN, *Politiek en historiografie: het ontstaansmilieu van Brabantse kronieken in de eerste helft van de vijftiende eeuw*, 1994

XI. *Pampiere Wereld: litteraria Neerlandica uit het bezit van de Universiteit Antwerpen*, onder redactie van Frans HENDRICKX, met medewerking van Piet COUTTENIER & Hubert MEEUS, 1994

- XII. J.G. SMIT, *Vorst en onderdaan: studies over Holland en Zeeland in de late Middeleeuwen*, 1995
- XIII. Manuel INSOLERA & Lydia SALVIUCCI INSOLERA, *La spiritualité en images aux Pays-Bas méridionaux dans les livres imprimés des XVI*[e] *et XVII*[e] *siècles, conservés à la Bibliotheca Wittockiana*, 1996
- XIV. Gerda C. HUISMAN, *Catalogus van de middeleeuwse handschriften in de Universiteitsbibliotheek Nijmegen*, 1997
- XV. Karl STOOKER & Theo VERBEIJ, *Collecties op orde. Middelnederlandse handschriften uit kloosters en semi-religieuze gemeenschappen in de Nederlanden*. Dl. 1: *Studie*, 1997
- XVI. Karl STOOKER & Theo VERBEIJ, *Collecties op orde. Middelnederlandse handschriften uit kloosters en semi-religieuze gemeenschappen in de Nederlanden*. Dl. 2: *Repertorium*, 1997
- XVII. Kristina FREIENHAGEN-BAUMGARDT, *Hendrik Herps 'Spieghel der Volcomenheit' in oberdeutscher Überlieferung. Ein Beitrag zur Rezeptionsgeschichte niederländischer Mystik im oberdeutschen Raum*, 1998
- XVIII. *E codicibus impressisque. Opstellen over het boek in de Lage Landen voor Elly Cockx-Indestege*. Dl. 1: *Bio-bibliografie, Handschriften, Incunabelen, Kalligrafie*, onder redactie van Chris COPPENS, Jan DESCHAMPS, Frans HENDRICKX (eindred.), Jos.M.M. HERMANS & Jan STORM VAN LEEUWEN, 2004
- XIX. *E codicibus impressisque. Opstellen over het boek in de Lage Landen voor Elly Cockx-Indestege*. Dl. 2: *Drukken van de zestiende tot de twintigste eeuw*, onder redactie van Chris COPPENS, Jan DESCHAMPS, Johan HANSELAER (eindred.), Frans HENDRICKX, Jos.M.M. HERMANS, Hubert MEEUS (eindred.) & Jan STORM VAN LEEUWEN, 2004
- XX. *E codicibus impressisque. Opstellen over het boek in de Lage Landen voor Elly Cockx-Indestege*. Dl. 3: *Band en papier, Verzamelaars en verzamelingen*, onder redactie van Chris COPPENS, Jan DESCHAMPS, Frans HENDRICKX (eindred.), Jos.M.M. HERMANS & Jan STORM VAN LEEUWEN, 2004
- XXI. Raymond JAHAE, *Sich begnügen mit dem Ungenügen. Zur mystischen Erfahrung Hadewijchs*. Dissertation zur Erlangung des theologischen Doktorgrades des Fachbereiches Katholische Theologie der Johannes Gutenberg-Universität Mainz, 2000
- XXII. Jeroen M.M. VAN DE VEN, *In facie Ecclesiae. De katholieke huwelijksliturgie in de Nederlanden, van de 13de eeuw tot het einde van het Ancien Régime*, 2000
- XXIII. *Liber amicorum Raphaël de Smedt*. Dl. 1: *Bio-bibliographia*, door André TOURNEUX, 2001

XXIV. *Liber amicorum Raphaël de Smedt*. Dl. 2: *Artium historia*, onder redactie van Joost VANDER AUWERA, 2001

XXV. *Liber amicorum Raphaël de Smedt*. Dl. 3: *Historia*, onder redactie van Jacques PAVIOT, 2001

XXVI. *Liber amicorum Raphaël de Smedt*. Dl. 4: *Litterarum historia*, onder redactie van André TOURNEUX, 2001

XXVII. Erik KWAKKEL, *Die Dietsche boeke die ons toebehoeren. De kartuizers van Herne en de productie van Middelnederlandse handschriften in de regio Brussel (1350-1400)*, 2002

XXVIII. Jos HULS, *'Seuen maniren van minnen' van Beatrijs van Nazareth. Het mystieke proces en mystagogische implicaties*, 2002

XXIX. Maria SHERWOOD-SMITH & Patricia STOOP, *Repertorium van Middelnederlandse preken in handschriften tot en met 1550 / Repertorium of Middle Dutch Sermons preserved in manuscripts from before 1550*. Dl. 1: *Antwerpen – Brussel*. Dl. 2: *Den Haag – Leiden*. Dl. 3: *Appendices – Indices*, 2003

XXX. Gilbert Huybens, *Thesaurus Canticorum Flandrensium. Het gedrukte Nederlandse liedboek in Vlaanderen (1508-1800)*. Dl. 1: *Bibliografie*, 2004

XXXI. Hans KIENHORST, *Lering en stichting op klein formaat. Middelnederlandse rijmteksten in eenkolomsboekjes van perkament*. Dl. 1: *Onderzoek*, 2005

XXXII. Hans KIENHORST, *Lering en stichting op klein formaat. Middelnederlandse rijmteksten in eenkolomsboekjes van perkament*. Dl. 2: *Handschriften*, 2005

XXXIII. José VAN AELST, *Passie voor het lijden. De 'Hundert Betrachtungen und Begehrungen' van Henricus van Suso en de oudste drie bewerkingen uit de Nederlanden*, 2005

XXXIV. Kees SCHEPERS, *'Bedudinghe op Cantica Canticorum': vertaling en bewerking van 'Glossa Tripartita super Cantica'*. Dl. 1: *Teksthistorische studies*, 2006

XXXV. Kees SCHEPERS, *'Bedudinghe op Cantica Canticorum': vertaling en bewerking van 'Glossa Tripartita super Cantica'*. Dl. 2: *Kritische editie*, 2006

Werken in voorbereiding

Karen Lee BOWEN, *Marian pilgrimage sites in Brabant: A bibliography of books printed between 1600 and 1850*. Introduction by Alfons K.L. Thijs

Frans HENDRICKX, *Vijfenzeventig jaargangen 'Ons Geestelijk Erf' analytisch doorgelicht (1927-2001)*

Frans HENDRICKX & Hans KIENHORST, *De Middelnederlandse handschriften en handschriftfragmenten bewaard in de Bibliotheek van het Ruusbroecgenootschap te Antwerpen*

Gilbert HUYBENS, *Thesaurus Canticorum Flandrensium. Het gedrukte Nederlandse liedboek in Vlaanderen (1508-1800).* Dl. 2: *Liedincipits en wijsaanduidingen*

Alfons K.L. THIJS, *'Komt pelgrims, komt hier'. Gedrukte propaganda voor bedevaartplaatsen in Vlaanderen (16de - midden 19de eeuw). Een studie over massacommunicatie en religie*

Stijn VAN ROSSEM, *Revolutie op de koperplaat. Repertorium van de politieke prenten tijdens de Brabantse Omwenteling (1787-1792).* Inleiding door Jan Roegiers

Lydia S. WIERDA, *Catalogus van de handschriften, incunabelen en postincunabelen uit het bezit van de orde der minderbroeders-kapucijnen in Nederland, nu aanwezig in de Bibliotheek van de Theologische Faculteit Tilburg*

Dit boek werd gezet uit de letter Times New Roman
en gedrukt op de persen van de
drukkerij Peeters te Herent (Leuven)
in juni 2006